스코트 니어링 평전

Scott Nearing : The Making of a Homesteader
by John A. Saltmarsh

이 책은 1991년에 《Scott Nearing : An Intellectual Biography》라는 제목으로 출판되었다가,
1998년에 《Scott Nearing : The Making of a Homesteader》로 제목을 바꾸어 다시 나왔습니다.

스코트 니어링 평전
Scott Nearing : The Making of a Homesteader

존 살트마쉬 씀 | 김종락 옮김

보리

차례

조화로운 삶 살기

1995년 초여름에 나는 다시 메인 농장(Forest Farm)을 방문했다. 아흔 아홉 살이던 스코트 니어링과 인터뷰를 하려고 처음 메인 농장에 갔을 때로부터 12년이나 지났다. 처음 메인 농장에 갔을 때 스코트의 부인 헬렌(Helen Nearing)은 남편이 의식을 잃지 않고 착실히 삶을 마무리할 수 있도록 사려 깊게 도와 주고 있었다. 젊은 대학원생이던 나는 더러 여물지 못한, 소박하고 틀에 박힌 질문을 했다. 그것이 결국 이 전기를 집필하는 것으로 이어졌다. 그리고 몇 해가 지나 1995년, 나는 다시 그 곳에 가서 아흔한 살의 나이에도 꼿꼿한 헬렌에게 또다시 질문을 퍼부었다.

1995년 여름에 내가 헬렌과 맺은 관계는 9월 하순 헬렌이 자동차 사고로 세상을 떠나면서 슬프게 끝났다. 헬렌은 마지막이 되어 버린 자신의 책을 홍보하려고 여행하던 중이었다. 헬렌이 '다음 모험'이라고 부르면서 죽음을 준비했다는 것을 알면서도 나는 헬렌을 잃어버렸다는 허전함을 메울 수 없었다. 감정이 많이 혼란스러웠다. 하지만 그 해 여름 헬렌과 함께한 시간은 니어링 부부가 살아온 삶을 깊이 생각하게 했으며, 많은 사람에게 영감을 주고 영향을 끼친 이 두 사람이 어떤 이였는지 되묻게 했다.

두 사람의 삶이 갖는 특징은 뚜렷하다. 자신이 생각하는 대로 살 것, 말과 행동이 하나가 될 것, 삶이 정치적으로 올바르도록 할 것, 소박한 삶을 살면서 사회 정의를 이끌 것, 무엇보다 조화롭게 살 것. 니어링 부부는 스스로 집을 짓고, 채소를 가꾸고, 땔감을 마련하고, 그 지역에서 나는 자원을 쓰면서 자급자족하는 삶을 살았다. 두 사람의 삶은 원칙을 잘 지키면서도 계속 살아갈 수 있는 삶을 꿈꾸는 우리의 바람을 현실에서 이루어 낸 것이다.

니어링 부부의 이야기는 조화로운 삶을 살며 개인 정체성과 사회 정체성이 조화를 이루면 의미 있는 사회 변화를 일으킬 수 있다는 것을 일깨워 준다. 스코트는 펜실베이니아 대학에서 경제학자로 지낸 젊은 시절부터 건실하게 자급자족하며 지낸 만년까지, 항상 착취에 반대한다는 원칙을 지니고 살았다. 그 원칙은 스코트가 학자이던 젊은 날부터 사회 정의로 정해 놓은 것이었다. 스코트는 1911년에 쓴 《어린이 노동 문제의 해결 The Solution of the Child Labor Problem》에서 어린이 노동 착취 문제를 다루었다. 이 생각은 수십 년 뒤 사람, 동물, 땅, 자연을 착취하지 않는 것으로까지 넓혀졌으며, 단순하고 자급자족하는 삶을 통해 좀더 폭넓고 깊이 있게 표현되었다. 착취하지 않는다는 원칙은 공동체 속에 사람뿐 아니라 사람이 아닌 것들도 모두 포함한다. 그리고 평화주의, 채식주의, 환경주의 같이 착취하지 않는 정치 논리를 실천하는 것을 뜻하기도 한다.

니어링 부부는 두 사람이 쓴 책 가운데 가장 널리 알려진 《조화로운 삶 Living the Good Life》(1954)에서 다음과 같이 말하고 있다. "우리는 지구를 약탈하며 사람과 짐승을 노예로 만들고, 전쟁으로 사람을 죽이거나 고기를 먹으려고 짐승을 죽이는 야만스러운 착취에서 우리 스스로를 해방시키기를 바란다." 니어링 부부가 '조화로운 삶'이라고 부른 것은 다음과 같은 실천의 정치학으로 표현되었다. "사람은 자신의 소신에 따라 살수도 있고 그에 어긋나게 살 수도 있다. 가장 조화로운 삶은 이론과 실천이 하나가 되는 것이다."

베리(Wendell Berry)는 니어링 부부나 자급자족하는 삶에 대해 직접쓰지는 않았지만, 저항 행위에 그저 참가하는 것이 아니라 살아가는 것이그대로 저항이 되는 사람에 대해 이야기하면서 니어링 부부의 모습을 잘그리고 있다. "희망이 좀더 커진다는 것은, 자신이 맞서는 악에 빠지지 않고 될 수 있는 한 멀리 떨어져서 대안의 가능성을 찾는 것이다." 사람은어떻게 일상에서 자신의 믿음과 양심에 따라 살 수 있을까? 베리는 다음과 같이 덧붙인다.

> 악한 삶의 방식을 편들고 거기에 기대어 살면서 악에 맞선다고 말하는것은 분명히 모순이고 위험하기까지 한 일이다. 만약 지금 이 사회에서 벌어지는 떠돌이 같은 생활과 폭력에 동의하지 않는다면, 이 곳에서 완전히떨어진 곳에 평화롭고 안전한 삶의 공간을 새로이 가꾸어 나가야 한다. 자본주의 경제의 파괴성과 낭비가 싫다면, 힘닿는 대로 그 테두리 밖으로 나가서 살아야 한다. 노동을 착취하는 산업과 관계를 끊어야 한다. 물건을 좀더 적게 쓰고 오래 쓰는 법을 배워야 한다. 또 삶이 허무하고 자기 존재가위태롭게 느껴진다면, 알맹이 없는 즐거움을 뿌리치고 의미 없는 일에 저항해야 한다. 그리고 '나 혼자 도덕의 평안을 얻거나 내 일만 잘 하면 살아남을 수 있겠지.' 하는 자본주의식 사고를 기꺼이 버릴 줄 알아야 한다.
> ─《긴 다리를 가진 집 The Long-Legged House》(1969)

베리는 그렇게 할 수 있는 방법 중 하나를 이렇게 말했다. "삶에 필요한것들을 스스로 해결하지 못하고 억지로 소비하게 만드는 도시 생활을 마다하고, 시골로 내려가 먹고사는 문제를 해결하고, 최대한 충만하고 영속적인 느낌을 가지고 살아가는 것이다." 그것은 니어링 부부가 1932년 '지속 가능한 자급자족 경제'를 꾸리기 위해 택한 길이기도 하다.

스코트는 자급자족하는 삶을 실험하기에 앞서 자신의 이념을 발전시키고 반체제 정치 활동과 저항에 적극 참여하면서 수십 년을 보냈다. 책자를 쓰고 연설을 했으며, 시민 불복종 운동에 참여하고 공직 선거에 출마했다. 또한 체포되고 1918년 간첩법에 따라 기소되었으며, 2개 대학에서 파면당하고 1930년 노동당에서 쫓겨났다. 젊은 날 스코트가 한 정치 투쟁은 모두 사회악에 반대하는 것이었다. 다시 말해 착취를 부추기는 가치와 실천에 대항하는 것이었다. 스코트의 정치 행동 방식은 헬렌과 함께 조화로운 삶, 소신대로 사는 삶, 삶이 곧 저항인 삶을 살면서 극적으로 바뀌었다. 《조화로운 삶》에도 썼듯이, 두 사람은 세계를 바라보는 방식으로 긍정적인 삶, 조화로운 삶에 보탬이 되는 가치가 조금이라도 있으면 그 어떤 활동이라도 직접 참여하고 스스로 행동하면서 살았다.

니어링 부부가 책에 쓴 대로 사는 것이 바로 조화롭고 올바른 삶이었다. 헬렌의 바람대로 '굿 라이프 센터(Good Life Center)'를 만들고 메인 농장에서 사는 것이 바로 긍정적인 삶이었다. 건실하고 뜻있는 삶의 방식에 독자 수천 명이 신선한 자극을 받았다. 니어링 부부는 앞으로도 사회 가치와 개인 가치가 밀접한 관계를 가진 삶의 본보기가 되어 줄 것이다. 두 사람이 보여 준 모범은 받아들이기가 쉽지 않다. 하지만 그것은 자기만족에 빠져 있는 우리들에게 경각심을 주고, 원칙에 따라 살아가도록 우리를 이끌 것이다.

나는 지금도 가끔 안식과 영감을 찾으려고 메인 농장에 간다. 그 여행은 어떤 완전성을 느끼게 한다. 농장은 조화로운 삶의 본보기와 가능성을 모두 보여 주는 곳이다. 나는 이제야 안다. 수십 년 전 첫 방문이 나를 발견과 변화로 이끌고, 모험과 귀향으로 정의할 수 있는 가장 멋진 순례였음을. 순례자가 집으로 돌아와 자신과 세계를 바꾸는 길에 대해 이야기할 때까지 순례는 끝나지 않는다. 이 전기는 바로 그 순례의 이야기이다.

— 1998년 9월

머리말

소름끼치는 자유

소름끼치는 자유……. 사람의 마음 속으로 들어가 사람이 얼마나 자유스러운지를 아는 것은 무서운 일이다. 존경할 만한 명성의 그럴듯한 장막 뒤에는 얼마나 놀랄 만한 추악함이 넘쳐나는가. 아는 사람, 또 때로는 모르는 사람들 사이에서 사람은 외양을 유지하느라 겉으로는 금기투성이이지만, 내면에서는 얼마나 소름끼치는 자유를 누리는가!

─에머슨(Ralph Waldo Emerson), 《일지 Journals》 (1932)─

한 사람의 사상이나 생각, 저술, 경험 따위를 모은 지적인 삶이 한 시대의 문화를 설명할 수 있는 경우는 흔하지 않다. 개인의 삶이 시대를 비출 수 있을 만큼 역동성을 지닐 경우, 그 사람의 전기는 곧 한 시대를 비추어 볼 수 있는 역사가의 프리즘으로 바뀐다. 이 프리즘은 과거 사실을 특정 시각을 가지고 재해석해서 성격을 완전히 바꾸고 새롭게 정의해 내놓는다. 이런 점에서 스코트 니어링(1883~1993년)의 삶은 상징적이다. 니어링의 삶이야말로 20세기 미국을 고스란히 설명하기 때문이다.

이 책은 니어링의 지적인 삶을 기록한 것이다. 이 책은 니어링의 사상과, 그 사상이 어떻게 삶에 펼쳐지고 실천과 하나가 되었는지에 초점을 맞춘다. 니어링의 사상은 매우 복잡하며 사회 구원, 초월주의, 실용주의, 자연주의, 유토피아주의, 19세기 사회주의, 20세기 공산주의 따위가 뒤섞인 혼합체이다. 이렇게 폭넓게 섞인 니어링의 사상은 논리의 모순을 낳았으며, 그것은 결국 니어링을 이해하는 데 걸림돌이 되거나 니어링을 깎아 내리는 비판자들에게 편리한 도구로 쓰이기도 했다. ▪

훅(Sidney Hook)이 그랬듯이, 니어링이 좀 순진하다고 말하는 것은 손쉽다.[1] 니어링이 가지고 있는 모순을 똑 부러지게 지적하는 것 또한 그리 어렵지 않다. 하지만 니어링을 제대로 이해하려면, 그 사상의 가치를 떨어뜨리지 않은 채 일반 지식인과 니어링이라는 특정 지식인의 주된 차이점이 무엇인지 알아야 한다. 니어링의 가까운 친구인 프리먼(Joseph Freeman)은 편하게 만나는 사람들에게 이렇게 말했다. "스코트는 정직함의 표본이지. 자기 의견에 따르지 않는 사람에게도 감동을 줄 만큼 진실했어. 스코트는 자기가 갖고 있는 정치적 모순을 스스로에게는 물론 다른 사람들에게도 절대 속이려 하지 않았지." 프리먼에 따르면 니어링은 이런 부조화를 잘 알고 이를 극복하려고 애썼다. 하지만 극복할 때까지는 모르는 체하거나 숨기지 않았다. 니어링의 삶에서 무엇보다 인상 깊은 것은 '확신'이 아니라 '모색'에 방점이 찍혀 있었다는 것이다.[2]

▪ 유일하게 니어링 전기를 쓴 휘트필드(Stephen J. Whitfield)는 이렇게 말했다. "니어링의 사상은 철저하고 정밀한 분석을 감당하지 못한다. 그러므로 니어링 사상을 철저하게 분석하는 것을 보류한다." 휘트필드는 니어링 사상에는 지속성을 가진 것이 거의 없다고 전제했다. 로슨(Alan Lawson)은 그러한 분석은 니어링이 가지고 있는 의미의 중요한 부분을 놓치는 것이라고 지적했다. Stephen J. Whitfield, *Scott Nearing: Apostle of American Radicalism* (New York: Columbia University Press, 1974), p. vii; R. Alan Lawson, "The New Left and New Values: A Review Essay," *America Quarterly* 28 (Spring 1976): 121.

그러나 공적인 삶에서 니어링이 주는 인상은 이와 또 달랐다. 니어링은 말하는 태도나 권위 있는 자세를 통해 정직, 신념 따위 모든 것에서 대단히 확신에 차 있는 듯한 느낌을 주었다. 자기 내부의 흔들림을 감춘 채 대중 앞에서 확고한 신념을 가진 것처럼 행동한 것은 니어링의 가장 큰 결점일 수도 있다. 니어링을 이해하려면 공적인 삶과 개인의 삶을 모두 평가해야 하는데, 그것은 이 평전이 의도하는 바이기도 하다.

니어링은 펜실베이니아의 작은 탄광 도시 모리스 런의 영향력 있고 이름난 집안에서 자랐다. 어릴 때는 필라델피아에서 교육을 받았으며, 1905년 펜실베이니아 대학에 속한 워튼 대학을 졸업했다. 그 후 워튼 대학에서 경제학자이자 교사의 길을 걸었으며, 진보 정치 사회 운동에 몸을 던졌다. 힘주어 사회 구원을 말하고, 어린이 노동 착취를 날카롭게 따졌다. 1915년 니어링이 종교와 경제에 대한 견해 때문에 워튼 대학에서 해고되었을 때, 그 사건은 학문의 자유를 짓밟은 주요 사례로 떠오르면서 미국 전역에서 관심을 끌었다. 2년 뒤에는 반전 활동을 했다는 이유로 털리도 대학에서 해고되었다. 대학에서 쫓겨난 뒤에는 마음으로만 공감하던 사회당에 들어가 뉴욕에서 사회당 후보로 연방 의회 의원 선거에 출마했다. 반전 운동을 하다가 간첩과 치안 방해법 위반 혐의로 기소되기도 했으나 극적으로 무죄가 되어 풀려났다.

1919년 좌파가 공산주의와 사회주의, 둘로 갈라졌을 때 니어링은 공산주의에 공감했으나 1922년까지는 사회당에 남아 있었다. 1920년대에는 좌파에서 널리 이름이 알려진 인물이 되었으며, 중국과 러시아를 방문하고, 1927년 노동당에 들어갔다. 그러나 1930년 당의 강령과 견해가 부딪히는 사건이 일어나면서 당에서 제명되었다. 1930년대 초 니어링은 좌파 조직과 인연을 끊고 '단순한 생활과 스스로 충족하는 삶'이라는 철학을 실천에 옮겼다. 버몬트와 메인으로 이어지는 50여 년의 귀농 실험을 시작한 것이다. 1970년대에는 정치와 문화에서 소외되는 것의 해결책으로 땅으로 되돌아가는 길을 제시하는 좌파, 즉 문명을 반대하는 좌파로서 눈길을 끌었다. 그리고 공공 선에 도움이 되는 가치를 주장하고, 사람의 윤리 의무인 환경 보호주의—자연과 동물의 행복을 강조하는—에 드러나지 않게 이바지한 사람으로 꼽혔다.

니어링은 여유 있는 상류 계층의 문화와 기회를 사회 전체로 확대하려는 개혁을 자본주의 사회의 지배 계급이 받아들이지 않는다는 사실을 점차 깨달았다. 워튼 대학에서 해고된 1915년부터 제1차 세계 대전을 거치면서 니어링은 전통 학문에 의문을 제기하는 것으로는 한계가 있다는 것을 깨달았다. 지배 계급에 속한 정통 개혁가에서 출발해 문화를 지배하는 자본주의에 얽매인 관계를 완벽하게 끊기까지 길고도 힘든 여정이었다. 그리고 마침내 1932년, '조화로운 삶 살기'라고 이름 붙인 귀농 실험에 다다랐다.

이렇게 니어링은 기독교와 정치, 나아가 미국 사회 전체에서 벗어났다. 니어링은 마치 순례자가 성지를 순례하듯 거친 들판으로 나아갔다. 이런 니어링의 경험을 보면서 우리는 미국 문화를 좀더 깊이 이해하게 된다. 그리고 자본주의 문화라는 것은 너무도 힘이 세서 없애 버릴 수 없고, 너무도 단단해서 진보적인 목적에 따라 통제하거나 틀을 다시 짤 수 없다는 것을 알게 된다. 니어링은 용감하게도 사회 규범에서 벗어난 행동을 보였다. 이는 미국 사람들이 보통 지니고 있는 윤리 기준에 대한 거부이자, 미국 사회의 본질이 깨어진 유리처럼 조각나고 갈가리 찢기고 흩어졌다는 니어링의 인식을 드러내는 것이다. 오직 사회와 동떨어진 시골에서만 자본주의 문화에 저항하고 도전할 수 있었다.

고지식해 보일 정도로 자급자족하는 삶에 빠져들면서 니어링은 20세기판 에머슨과 소로(Henry David Thoreau)가 되었다. 아마 소로에 더욱 가까웠을 것이다. 소로의 글들을 보면 그이가 사회와 관련된 개인의 문제, 개인과 관련된 정치 문제를 직접 다루었다는 것을 알 수 있다. 소로가 은 둔하면서 제도를 거부한 것 역시 사회를 변화시키고 싶은 소망과 어긋나 는 것이 아니었다. 그러나 니어링의 사상을 이해하는 데 반드시 필요하고, 또 제일 중요한 주제를 이야기한 사람은 《일지》에서 '소름끼치는 자유' 를 읊은 에머슨이다.

어떤 면에서 에머슨은 니어링이 지니고 있는 지적 바탕의 얼개를 파악 하는 중요한 출발점이기도 하다. 20세기 인물로 그려지기는 하지만 니어 링은 19세기 후반에 태어난 사람이었다. 따라서 니어링의 사상은 세기말 을 산 지식인으로서, 뚜렷하게 한쪽으로 치우친 불확실성에 뿌리를 두고 있었다. 니어링은 실용주의에 맞섰고, 윤리의 지침 없이 경험으로만 얻은 지식을 꺼렸다. 니어링은 지나친 결정론에서 벗어나 있었으며, 대단히 자 연스러운 심성을 지녔다. 마찬가지로 니어링의 경제 사상은 근대 과학이 발견한 사실에 뿌리를 두었다. 하지만 니어링은 19세기의 도덕성을 갖춘 사람으로서 경제학이 과학과 윤리를 아우른다는 사실을 결코 의심하지 않았다. 내면에 철학, 종교, 기질, 소명 의식 따위를 지니고 있던 니어링은 사람이 집단으로 살아가는 현실과 개인이 자발적으로 행동을 이끌어 내 야 하는 이상이 서로 모순을 일으킨다고 생각하지 않았다. 니어링은 윤리 에 바탕을 둔 선택이 중요하다는 것을 경험을 통해 증명하려고 했다.

에머슨이 말한 소름끼칠 정도로 과잉인 자유야말로 20세기에 여러 비 극을 불러일으킨 가장 주된 동기이다. 니어링이 평생에 걸쳐 쓴 책들은 개 인의 자유를 지키면서도 사회 변화를 이룬다는 핵심 주제에서 크게 벗어 나지 않았다. 사람은 스스로 강제와 의무를 짊어져야 했다. 진정한 자유 는 각자가 책임을 지고 의무를 다해야만 누릴 수 있는 것이기 때문이다. 에머슨의 추종자들은 '자립'을 이야기했다. 그리고 진실한 자유는 단순히 권리를 적극 보장하거나 어느 정도 제약을 가하는 것이 아니라 완전한 자립을 통해서만 얻을 수 있었다.

에머슨이 현대인을 다른 사람의 눈을 의식해 체면을 지키려고 애쓰는 존재로 보았다면, 니어링은 소비 사회의 대중문화에 맞추려는 노력 때문에 생기를 잃은 모습으로 보았다. 그리고 그런 현대인의 자화상을 안타까워했다. 자본주의에 반대하는 가설이 니어링의 사회주의 사상에서 기초를 이룬다. 그것은 산업 자본주의를 비판하면서, 사회의 억압을 넘어 개인의 잠재 능력을 키우는 사회를 꿈꾸게 만들었다. 물론 사회가 바뀌어야 하지만, 좀더 중요한 것은 사람이 저마다 하나하나 바뀌는 것이다.

여기에 더해, 초월주의자들이 그렇듯이 니어링은 사람은 회개함으로써 변화의 계기를 맞는다고 생각했으며, 거기에는 종교적인 색채가 있었다. 니어링은 자신의 역할을 근대 사회를 탐구하는 사회 과학자일 뿐 아니라 개인의 영혼을 해방시키기 위해 일하는 교사로 보았다. 초월주의자들이 자연에서 벌어지는 여러 사실들이 영적 진리를 꽃피운다는 믿음에 기대고 있듯이, 니어링은 사회에서 일어나는 사실들에 기본적으로 도덕이 있다고 보았다. 에머슨처럼 니어링도 당시의 종교 제도 어디에서도 안식을 찾을 수 없었으나 종교의 여러 가르침에는 매력을 느꼈다. 니어링은 진보 종교, 사랑의 종교, 동료애, 형제애, 사회봉사 같은 19세기 유물에 담긴 원리들에서 내면의 해방을 찾았다. 종교가 개인과 사회의 윤리를 모두 포함하고 있으며, 한 개인의 구원은 나머지 사회 구성원 전체의 구원에 달려 있다는 것을 깨달아야 내면이 해방될 수 있다고 생각했다. 종교가 바탕에 깔린 니어링의 이러한 감수성은 그이의 모든 사상, 심지어는 가장 딱딱한 학문인 경제학에까지 영향을 미쳤다. 니어링은 20세기 사람들이 생각 없이 누리는 자유가 무서운 결과를 낳으리라는 것을 늘 염두에 두었다.

자유의 어두운 면을 강조했지만, 그렇다고 니어링이 자유는 얻을 만한 가치가 없는 것이라고 생각한 것은 아니었다. 니어링의 급진 개인주의는 허무주의로 빠지지 않았다. 에머슨이 자유의 어두운 면을 잘 알면서도 끝내 낙관주의자로 남았듯이, 니어링도 걱정을 하면서도 사회 목표로서 진정한 자유를 찾는 것에 일생을 바쳤다. 자유에는 두려운 일면이 있고, 니어링은 자유가 가져다 줄 수 있는 가능성과 자유가 발하는 위험, 둘 다에 주의를 기울였다. 베르코비치(Sacvan Berkovitch)가 설명한 것처럼, 니어링의 노력은 청교도의 '정치 설교'였다. 타락과 심판을 외치는 모양새가 그야말로 신앙 부흥을 위한 전략이라는 것이다. 소로와 마찬가지로 니어링의 의도는 절망의 노래를 부르는 것이 아니라 '이른 새벽 수탉처럼 이웃을 깨우기 위해 힘차게 홰를 치는 것'이었다.

니어링은 한 세기에 걸친 긴 세월 동안 조화로운 삶을 찾았으며 자유의 가능성을 탐사했다. 1916년 한 강연에서 니어링은 이렇게 말했다. "7·4 독립 선언문이나 다른 공문서에 쓰여 있듯이, 미국은 두말 할 필요도 없이 민주주의 국가이다. 그러나 우리는 민주주의 국가의 실체라는 것이 어떤 모습인지 어느 정도 알고 있다."[3] 버몬트의 숲 속과 메인의 바닷가에서 니어링은 위안을 찾았으며, 원칙대로 사는 삶과 인간 해방을 실험했다. 그것은 사회 비판 의식과 영적인 거듭남을 결합하고, 개인의 정체성과 사회 구성원으로서의 정체성을 하나로 일치시키는 일이었다. 그러는 내내 니어링의 의식에서는 에머슨이 그랬듯이 '소름끼치는 자유'가 사라지지 않았다.

소박한 삶에 이르는 길

강원도 산골의 수은주가 갑자기 뚝 떨어졌습니다. 어제 아침엔 서리가 하얗게 내리더니 오늘 아침엔 곳곳에 얇은 얼음도 보였습니다. 바람도 많이 불었습니다. 산골에서 혼자 오두막을 지으며 일어날 법한 시행착오는 모두 겪고 있는 저는 마음이 급해졌습니다. 아직 흙벽돌도 못다 쌓았는데 지붕을 올리고 구들장을 떼어 온돌방을 만들고 미장까지 마무리하려면 얼마나 시간이 걸릴지 모릅니다.

휴직하고 산골에 들어온 지 약 두 달, 간벌한 뒤 산에 버려 둔 낙엽송을 보고 오두막을 짓겠다며 지게로 져다 나른 지 한 달 남짓 지났습니다. 그 사이 밭에 심어 둔 고추와 들깨, 오이, 가지, 호박, 고구마 따위를 모두 거두었고, 더덕과 도라지, 야생화를 심으려고 새로 밭을 갈았습니다. 심마니를 흉내내 며칠 동안 산골짜기를 누비기도 했고, 마을 사람과 함께 비를 맞으며 새벽 5시에 산에 올라 송이를 캐기도 했습니다.

요즘은 오두막 짓기에 매달려 있다시피 합니다. 집짓기 장인들이야 며칠이면 해낼 만한 일이지만, 집짓기 구경도 못한 제가 혼자서 하려니 제대로·될 리 없습니다. 아침 일찍부터 저녁 어두워질 때까지 일을 해도 끝이 보이지 않습니다. 지게질, 톱질, 끌질, 자귀질, 못질, 괭이질, 메질, 시멘트 비비기, 진흙 이기기, 문틀과 창틀 만들어 올리기, 벽돌쌓기 따위로 일의 종류도 다양합니다. 하루 일을 마치면 한 일의 종류에 따라 팔다리나 어깨, 허리가 번갈아 가며 결리고 아픕니다. 무슨 일을 하든 어김없이 가장 많이 아픈 곳은 손가락입니다. 어젯밤엔, 그 사이 거칠어져 제대로 쥘 수도 펼 수도 없는 손을 어루만지며 몇 해 전 세상을 떠나신 어머니의 마디 굵고 거친 손을 떠올리고 눈시울을 붉히기도 했습니다.

이런 감상보다 더욱 뿌듯하게 가슴을 채우는 것은 역시 기쁨입니다. 무엇보다 큰 기쁨은 '자발적으로' 몸을 움직여 노동을 하는 것, 그 자체입니다. 끌질이나 자귀질은 더없는 단순 노동이지만, 그 때문에 끌질 삼매, 자귀질 삼매에 빠지기 어렵지 않습니다. 벽돌쌓기에 열중하다 보면 어느 사이 주위도 잊고, 자신도 잊습니다. 이런 것을 무아지경이라 하는 것인지, 해 보지 않아 수행이 어떤 것인지 모르지만 육체노동만큼 좋은 수행법도 없을 것 같습니다. 스피노자가 왜 죽을 때까지 안경알을 갈았는지, 백장회해 선사가 왜 하루를 일하지 않으면 하루를 먹지 말라고 했는지 알 것도 같습니다. 밤이면 촛불 아래서 책을 읽습니다. 역시 독서는 촛불이 제격입니다. 산골의 맑은 공기 때문일까, 가슴 가득한 충만함 때문일까, 낮에 중노동을 했는데도 밤늦도록 책을 읽어도 그리 졸리지 않습니다. 그러다 밖에 나서면 쏟아지는 별빛, 달빛, 계곡에서 피어오르는 안개.

무한 경쟁 시대, 한창 나이의 신문 기자로, 앞만 보고 뛰어도 모자랄 제가 이렇게 산골로 스며든 이유가 무엇일까요? 이유는 여러 가지입니다. 40대 직장인 누구나 그런 것처럼 지친 심신을 쉬고 싶기도 했고, 방향도 모른 채 쫓기기만 하는 삶을 돌아보며 앞으로 살아갈 날들을 생각해 보고 싶기도 했습니다. 하지만 여기에 이르게 된 보다 근원적인 계기 중 하나는 몇 년 전에 스코트 니어링, 헬렌 니어링 부부를 만났기 때문일 것입니다.

스코트가 세상을 떠난 뒤, 헬렌이 그이들의 삶을 기록한 책《아름다운 삶, 사랑, 그리고 마무리》가 출간되자, 많은 도시인에게 이 부부의 삶은 언젠가 이루고 싶은 꿈이 되었습니다. 스코트가 진보 교수로, 사회주의와 공산주의 운동가로, 모두가 사람답게 사는 세상 만들기에 몸을 던지다 좌절한 뒤, 헬렌을 만나 함께 버몬트와 메인에서 땅을 일구며 산 단순하고도 충만한 삶은 저에게도 깊은 감동을 주었습니다. 육체노동과 정신노동의 조화, 1년 살 만큼만 저축하는 무소유, 수행 깊은 선사를 능가하는 절제, 명징한 삶의 마무리, 아름다운 사랑…… . 이어서 나온 니어링 부부의《조화로운 삶》,《스코트 니어링 자서전》,《조화로운 삶의 지속》,《소박한 밥상》 같은 책들도 대량 소비와 무한 경쟁에 찌든 현대인들에게 참으로 사람답게 사는 것이 무엇인지 많은 것을 생각하게 했지요. 실제로 이 부부의 책을 본 뒤 귀농을 결행한 사람도 적지 않습니다.

니어링 부부의 책이 많이 나오고 널리 읽히면서 아쉬움도 없지 않았습니다. 두 사람의 삶과 관련해 국내에 소개된 책이 하나같이 그이들이 몸소 쓴 책인 것도 그 중 하나였습니다. 국내에 소개된 책들이 대부분 땅으로 돌아간 뒤의 삶에 집중되어 있어서 귀농 이전에 그이들이 어떻게 살았으며, 왜 땅으로 갈 수밖에 없었는지는 소홀히 다루어진 것도 티로 꼽혔습니다. 스코트의 삶과 사상을 객관적으로 꼼꼼히 추적하며 평가한 이 책을 보고, 제 주제도 살피지 않고 냉큼 번역에 달려든 이유가 여기에 있습니다.

보리 출판사 분들이 꼼꼼하게 손질했는데도 책에 문제가 남아 있다면, 어디까지나 제가 넘긴 초고가 워낙 거친 탓입니다. 책을 매만지느라 수고하신 보리 출판사 분들에게 고개 숙여 감사드립니다.

2004년 10월, 강원도 산골에서 김종락

제1부

희망에 찬 미국

제1장

특권층 신분으로 자라다

펜실베이니아 험한 산중에 있는 탄광 도시를 이끄는 집안에서 자라는 아이에게 19세기 후반의 미국은 개인에게 커다란 가능성을 열어 주고, 높은 문명으로 나아가리라는 이상을 품을 수 있게 해 주는 나라였다. 어린 스코트 니어링은 미국이 발전하는 모습과 그것이 뿜어 내는 경이로운 느낌을 아주 쉽게 빨아들였다. 니어링은 1883년 8월 6일, 모리스 런이라는 작은 도시에서 태어났다. 할아버지 윈필드 스코트 니어링(Winfield Scott Nearing)은 집안을 일으키고 그 도시를 다스리다시피 한 사람이었다. 작은 도시 공동체의 지배층에 속한 집안에서 태어난 니어링은 미국의 가능성에 희망을 품었으며, 미국식 원칙을 믿었고, 미국이 발전할 것이라고 굳게 믿었다.[1] 오랜 세월이 흐른 뒤, 니어링은 유년 시절에만 해도 하늘에는 여전히 빛이 남아 있었다고 회고했다. 니어링은 여러 해 동안 황혼의 마지막 빛을 즐기면서 그 빛이 새로운 새벽의 첫 빛줄기라고 믿었다.[2]

스코트라는 이름은 할아버지의 이름을 따라 지은 것이었고, 할아버지의 이름은 멕시코 전쟁 영웅인 한 장군의 이름을 딴 것이었다. 모리스 런에서 이름의 머리글자만 따 'W. S. N'으로 알려진 할아버지는 서른다섯 살이던 1864년, 토목 광산 기술자로서 탄광 지대인 티오가 군에 일자리를 얻었다. 그 해가 다 가기도 전에 할아버지는 '모리스 런 탄광 회사'의 감독이 되어 전권을 쥐고 광산을 운영했으며, 그 뒤 43년 동안 그 자리를 지켰다.[3] 탄광 회사의 감독이 되면서 할아버지는 '차르 니어링'이라는 별명을 얻었다. 자비심은 많지만 마치 전제 군주처럼 그 도시를 다스렸기 때문이다.[4] 그러나 할아버지는 자신의 지위를 높이려는 목적으로 도시를 통치한 것은 아니었다. 부유한 계층이 지도력을 발휘해야 공동체가 더 나아질 수 있다고 믿었기 때문이었다. 그것은 당시 공화주의자라면 누구나 당연한 의무라고 믿던 것이다. 이런 시민 의식을 가지고 할아버지는 광산의 능률을 높이고, 광부의 건강과 안전을 꾀하는 제도를 만들고, 여러 시설을 개선해 광산 개혁을 앞당겼다. 할아버지가 책임지고 있던 광산은 펜실베이니아에서 통풍이 잘 되고 관리 상태가 가장 훌륭한 광산 가운데 하나라는 평판을 얻었다.[5] 할아버지는 도시의 생활 여건을 좀더 낫게 하려고 몸소 나서기도 했다. 이를 지켜본 어떤 사람은 1883년에 이렇게 썼다. "니어링 씨는 교회와 숙박 시설, 각종 협회를 설립하도록 지원하고, 그것들이 체계를 갖추고 잘 운영되도록 도왔다."[6] 할아버지는 모리스 런에 처음으로 학교를 세우는 일에도 영향을 미쳤다. 그리고 학교 이사회의 재정 담당, 인근 블로스버그에 있는 주립 병원의 병원장, 재판관, 시 재정 담당 따위로도 일했다. 1879년에 '티오가·모리스 런 전신 회사'를 세우고, 웰시 침례교회의 재산 관리인으로 일한 것도 도시 생활을 개선하기 위해서였다.[*] 이런 것들로 보아, 어린 니어링이 규모가 작긴 하나 그래도 독재자임에 분명한 할아버지를 보며 특권층에서 삶을 시작했다고 보는 것은 자연스러운 일이다. 나중에 니어링이 돌이켜보아도 모리스 런은 선택된 소수의 사람이 다스리는 독재 국가의 축소판이었다.[7]

니어링의 아버지 루이스 니어링(Louis Nearing)에 대해서는 알려진 것이 별로 없다. 아버지는 1860년 뉴욕 북부 지역에서 태어났으며, 모리스런에서 기술자로 일하던 중 1882년에 미니 재브리스키(Minnie Zabriskie)와 결혼했다. 아버지는 빅토리아풍 신사의 본보기로, 교양 있고 겸손했으며 가족과 공동체에 모범이 되는 사람이었다.▪▪ 가정의 작은 일에는 신경 쓰지 않아야 한다는 빅토리아식 사고방식 때문에 아버지는 집안에 별다른 영향을 미치지 않았다. 확실히 집안 분위기는 어머니 몫이었다. 세 아들과 세 딸에게 아주 중요한 영향을 끼친 이도 어머니였다. 아버지는 아내와 아이들이 모이는 것을 '니어링 토론 모임'이라고 부르면서도 쉬 그 안으로 들어오지 않았다. 아버지는 이 모임의 구성원이 아닐 때가 더 많았다. 조용하고 말수 적고 꼿꼿한 아버지는 어린 니어링이 지나치게 말이 많은 것을 나무랐다. 니어링은 자신이 유년 시절에 가장 영향을 많이 받은 사람으로 어머니를 꼽았다. 니어링의 말에 따르면 어머니는 가정 예찬론자로, 가족을 다른 무엇보다도 우선으로 여기며 살았다고 한다.[8]

니어링은 또 어머니를 젊고 활기차고 정열과 이상주의로 가득한 사람이라고 회상한다. 니어링은 삶에 녹아 있는 고결한 것들이 지닌 진정한 가치를 어머니가 전해 주었다고 믿는다. 니어링이 차별 없는 교육을 시작하게 된 것도 어머니 덕분이었으며, 니어링을 자연과 책과 예술의 세계로 안

▪ John L. Sexton, Jr., *History of Tioga County, Pennsylvania* (New York: W.W. Munseu and Co., 1883), pp. 179, 181. 웰시 침례교회는 1864년 설립되었으며, 1874년에는 다양한 인종이 사는 이 지역에서 가장 많은 이민자 집단이 등록한 교회로 꼽혔다. 할아버지의 종교관에 대해 니어링은 자서전에서, 할아버지는 회의론자이면서도 관용적이었다고 회상하고 있다. 감리교 목사가 저녁 식사를 하러 와서 기도를 할 수 있겠느냐고 물었을 때 할아버지는 "그럼요, 나쁠 것 없지요."라고 대답한 것으로 기록되어 있다.

▪▪ 1986년 11월 8~9일 펜실베이니아 트로이에서 니어링의 둘째 아들 로버트 니어링(Robert Nearing)과 인터뷰를 했으며, 여기서 얻은 정보에 따라 루이스 니어링의 성격을 묘사했다.

내해 준 것도 어머니였다. 니어링은 아버지에게는 무관심했으나 어머니의 교양 있는 세계에는 깊이 공감했다. 니어링은 작은 사업을 하고 주식 중개인 일을 한 아버지보다, 가정을 중심에 둔 어머니의 여성적인 문화에 더욱 가까웠다. 아버지는 실용적인 일에 빠져 살았으며 삶을 성찰하는 것과는 거리가 먼 사람이었다. 어린 니어링은 사업과 일을 남성의 영역으로 보고 이상주의, 문화, 가정을 여성의 영역으로 보면서 그 둘을 철저히 가르는 빅토리아식 윤리가 지닌 단절을 가정에서, 그리고 공동체에서도 겪었다.[9]

할아버지는 이렇게 단절된 문화와 사회를 잇는 다리 노릇을 하면서 어린 니어링에게 좀더 오랫동안 영향을 미친 것으로 보인다. 니어링은 할아버지를 '손과 머리를 모두 써서 일하는 숙련 노동자, 독학으로 공부한 노동자'라고 말했다. 니어링은 과학, 기술, 토목 공학의 기초 기술을 일부 가르쳐 준 할아버지를 높이 떠받들었다. 또한 여행, 자연 과학, 경제학, 역사학, 생물학, 동양의 종교, 형이상학에 관한 책들, 거기다 디킨스(Charles Dickens), 새커리(William Makepeace Thackeray), 스코트(Walter Scott), 뒤마(Alexandre Dumas), 발자크(Jean-Louis Guez de Balzac), 위고(Victor-Marie Hugo), 셰익스피어(William Shakespeare) 따위 유명 작가의 전집으로 가득하던 할아버지의 커다란 도서관을 떠올리며 늘 즐거워했다.[10] 니어링은 할아버지를 따라 작업 현장에 나갔고, 할아버지의 감독을 받으며 도시에서 임시 일자리를 얻었다. 회사 안에 있는 매점에서 점원 일을 하거나 정육점, 대장간에서 일했으며, 도로와 철도 공사장의 십장, 벌목공, 측량 기사 보조 따위로 일하면서 가끔 광산에도 들어갔다.[11]

니어링은 이렇게 말했다. "할아버지 세대는 일에 빠져 사는 사람들로, 모두 마을 공동체에 속해 있었으며 협력해서 일하고 그 열매를 같이 나누었다."[12] 할아버지는 베블런(Thorstein Veblen)이 말한 '의식이 깨인 기술자'의 본보기였으며 성취를 추구하는 성향, 즉 일꾼 의식을 가지고 있었다. 니어링은 그것을 소중하게 여겼다. 할아버지의 성격은 사회가 진보하는 데 필요한 이상적인 형태였기 때문에 니어링은 어렵지 않게 좋아할 수 있었다. 베블런은 일꾼 의식을 이렇게 정의했다. "감독관의 권한을 써서 효율성 있게 일하는 것을 좋아하고 쓸데없는 일을 싫어한다. 쓸모나 효율에 대한 감각이 있으며 쓸모없는 것, 낭비, 무능을 싫어한다. 이런 태도나 성향을 일꾼 의식이라고 부를 만하다."[13]

베블런은 사회의 기준으로 보아 분명히 권력이 아닌 일꾼 의식을 가지고 있었으나, 사실 할아버지는 그렇지 못했다. 할아버지는 산업 경제가 품은 모순을 매끄럽게 처리할 능력이 없었으며, 내면에 보수 시민 의식을 지닌 권력자였다. 할아버지는 계획하고 건설하고 방향을 제시하는 것과 동시에, 지배를 유지하는 수단으로 협박을 사용하는 독재 감독관이었다. 노조를 무너뜨리고 공동체 안에서 인종 차별을 부추겨 이익을 추구한 이가 바로 회사를 경영하는 이 학식 있는 기술자였다.* 나이가 들면서 할아버지의 평판은 더 나빠졌다. 첫 번째 사건은 1873년, 노조를 만들려던 이들을 회사 주택에서 모두 쫓아 내라고 할아버지가 지시하면서 시작되었다. 할아버지는 한겨울의 매서운 추위도 아랑곳지 않았다. 1904년 임금을 14퍼센트 삭감한 것에 맞서 미첼(John Mitchell)과 광산 노동자 조합이 파업을 했을 때, 할아버지는 또 한 번 노동자들과 맞섰다. 공화당 마름이라 할 만한 할아버지는 당시 늙은 산업 독재자가 되어 있었다.[14] 니어링은 자서전 초고에서 이렇게 적었다. "할아버지는 회사 정책을 수행하고,

---

■ Nearing, *Making of a Radical*, p. 16. 니어링은 훗날 무연탄 산업 연구서에서 이렇게 썼다. "아마도 광산 경영자들이 노동자들을 통제하는 것 중 가장 강력한 무기는 산업예비군일 것이다. 새로 투입된 집단과 기존의 노동자 집단은 서로를 탄압했다." 이는 자신의 젊은 시절 경험에 의존한 것으로 보인다. Nearing, *Anthracite: An Instance of a Natural Resources Monopoly*, 1915, p. 204.

임금을 깎았으며, 그에 따라 일어나는 광부들의 파업에 맞섰다." 파업 위원회는 민주 방식으로 선출된 조직으로, 그 도시 사람들을 대표했다. 그럼에도 할아버지의 명령 한 마디로 모리스 런의 시민 대표들은 즉각 해체되었다. 이것이 미국의 한 독재자가 펜실베이니아의 작은 도시를 운영하는 방식이었으며, 니어링은 그 독재자에게 문제를 제기하는 사람으로 자랐다.[15)

━━ 니어링은 지배 계급이 흔히 그렇듯 돈 걱정 없고 안락하며 당시에 비추어 어느 정도 사치하기까지 한 집안에서 태어났다. 니어링은 어려서부터 신분의 차별을 겪었다. 니어링은 이렇게 말했다. "집 뒤뜰은 높은 나무 울타리로 둘러싸여 있었는데, 어린 시절 나는 그 울타리 밖으로 나가는 것이 금지되었다. 울타리 밖으로 나가면 엄한 벌을 받았다. 이웃 아이들은 울타리 밖 풀밭에서 크리켓을 했다. 난 정말 밖에 나가 보고 싶었다."[16) 니어링이 열세 살 되던 해 집안 어른들은 아이들이 고급 교육을 받을 수 있도록 필라델피아에 겨울용 집을 마련했다. 필라델피아에서 충만한 삶을 살면서 니어링은 다른 사회 환경과 만났으며, 이로 인해 결정적인 변화를 겪게 되었다. 드디어 울타리 밖에 있는 삶을 발견하게 된 것이다.[17)

니어링의 정규 학력은 필라델피아에 있는 센트럴 실업 고등학교에 등록하는 것으로 시작되었다. 이 학교는 산업 사회에 필요한 것들을 충족시킬 수 있도록 교육이 바뀌어야 한다는 주장이 설득력을 얻으면서 1885년 필라델피아 시가 세운 공립학교이다. 그 동안 공립학교가 실생활과 동떨어진 채 지나치게 학과 공부 위주로 흘렀으며, 산업 사회에 발맞추어 학교에서 실업 교육을 해야 한다는 목소리가 커졌다. 여기에 도제식으로 이어지는 전통 방식으로는 분업과 전문화가 심한 산업화 시대의 공장에 필요한 인력을 제대로 공급할 수 없다는 믿음이 더해지면서 교육 개혁은 더욱 힘을 얻었다. 실업 학교 설립에 이어서 공립학교도 산업화 시대에 필요한 준비를 할 수 있도록 학과 교육과 실업 교육을 함께 진행했다.[18]

1901년, 니어링은 펜실베이니아 대학에 진학했다. 거기서 한 해 동안 법을 공부한 뒤 워튼 대학으로 옮겨 금융 경제학을 전공했다. 이를 두고 훗날 니어링은 대기업이 법과 법률가를 다스리는 것이 싫었다고 말했다.[19] 니어링이 내면에 서로 다른 가치를 지니고 있음은 직업을 선택하는 시기에 이르러서야 비로소 나타났다. 그 때 이미 미국은 사람의 가능성에 거의 기회를 주지 않는다고 생각하게 된 니어링이 시민으로서 무슨 노릇을 할 수 있을까?[20] 그리고 어떤 직업이 어린 시절 공화주의자로서 가진 이념과 기독교의 이상을 조화시킬 수 있을 것이며, 공공의 의무와 개인의 믿음을 화해시킬 수 있을까?

1903년, 니어링이 고를 수 있는 직업 중 하나는 군인이었다. 부모도 웨스트포인트 육군 사관학교에 들어가라고 말했고, 니어링 또한 군인의 미덕과 명예에 매력을 느꼈다. 당시는 미국-스페인 전쟁 뒤 애국주의가 열풍을 타고 일어나던 때였다. 벨러미(Edward Bellamy)가 산업화 시대의 군대를 일컬어 국가와 개인의 삶을 조화시켜 의무, 협동, 봉사, 희생이라는 좀더 높은 가치 속에서 남자답고 보람 있는 삶을 살게 했다고 지적했듯이, 군인이라는 직업은 봉사를 실천하고 활기차게 삶을 꾸리고 싶은 니어링의 욕구를 모두 충족시킬 수 있었다. 장래에 평화주의자로 산 니어링의 마음 속에 자리잡은 '군인에 대한 열망' 이라는 모순은 결국 니어링이 눈을 다치면서 마감되었다. 그러나 자신의 삶을 실제 사회에서 가치 있게 펼치려는 니어링의 노력은 계속되었다.[21]

또 다른 가능성은 목사가 되는 것이었다. 니어링은 주일 학교 교사를 지냈으며, 1900년대 초에는 필라델피아 침례교회 기독교 조직의 지도자로도 활동했다. 니어링은 필라델피아에 오자마자 그레이스 침례교회에 나갔으며 주일 학교에도 참석했다. 왜 니어링이 침례교회에 나갔는지는 여러 가지 그럴듯한 이유를 들 수 있다. 첫째, 니어링의 할아버지까지만 거슬러 가도 식구 중 일부가 침례교회와 관계가 있다. 둘째, 니어링은 형식뿐인 강령과 교리를 강조하지 않으면서 일정 정도 신학에서 자유를 허용하는 교파가 마음에 맞은 듯하다. 라우션부시(Walter Rauschenbusch)가 〈나는 왜 침례교도인가 Why I Am a Baptist〉라는 글에서 설명했듯이, 침례교의 유일한 필요조건은 강령이나 교리 문답이 아니라 체험이었다. 셋째, 니어링이 직접 이렇게 말했다. "침례교는 사회성 있는 발언을 요구하며, 오직 다른 사람과 함께할 때만 그 권능과 부가 온전해질 것이라고 말한다."[22]

그레이스 침례교회는 이런 복음주의 열정을 충족시키면서, 필라델피아 공동체에서 지상 천국을 향해 나아가는 것처럼 보였다. 콘웰(Russell Conwell) 박사가 목사가 되어 교회를 이끌면서 교회는 규모가 무척 커지고 제도권에 속한 교회가 되었다.[23] 콘웰은 가르치고 치료하는 가치를 공동체에 집어넣기 위해 애썼으며 마침내 템플 대학과 사마리아 병원을 세웠다. 니어링이 볼 때 콘웰은 자신의 이념을 행동으로 옮기는 사람이었다. 니어링은 "예수는 설교하고 가르치고 치료했다. 이제 우리도 같은 일을 해야 한다."[24]라는 콘웰의 설교에 이끌렸다. 이와 함께 니어링은 노동과 부를 대하는 콘웰의 자세에도 공감한 듯하다. 콘웰은 이렇게 말했다. "우리 세대에서 부자의 아들딸은 가장 동정을 많이 받아야 하는 사람들이다. 그 이유는 그이들이 남에게 기대 먹고살면서 삶에서 가장 중요한 것을 결코 알 수 없기 때문이다."[25]

니어링은 젊은이다운 열정에 눈이 어두워, 처음에는 콘웰이 그 가르침을 스스로에게 적용할 때는 속물적인 이해를 앞세운다는 것을 몰랐다. 콘웰은 '다이아몬드 밭'이라는 설교로 유명했는데, 그 설교에서 가난한 사람은 타락했다는 믿음을 드러냈을 뿐 아니라 "부자가 되어야 한다. 부자가 되는 것은 의무이다."[26]라며 성공과 윤리를 연결시켰다. 이처럼 도덕에 대한 콘웰의 이중적인 태도는, 니어링이 정치 부패의 한 본보기로 여기던 어떤 것에 콘웰이 정략적으로 접근하는 것을 보면서 좀더 분명해졌다. 이 사건은 신앙의 위기를 앞당겨서 조직화한 교회와 모든 관계를 끊게 했다고 니어링은 고백했다. 콘웰이 말한 부의 복음은 실은 썩을 대로 썩은 기독교의 타락한 설교임을 온 세상에 드러낸 것이다. 니어링은 이렇게 말했다. "정치와 기독교가 달라붙었으며, 기독교가 독점 자본주의의 시녀라는 것을 고백하는 힘겨운 여정 끝에 나는 어떤 형태든지 권위주의에 바탕을 둔 믿음에는 헌신하지 않기로 했다." 그리고 기독교 교회가 개혁을 반대하는 부패의 도구가 되었다는 것을 확신했다.[27]

니어링뿐 아니라 다른 사회 개혁가들도 기독교에 대해 같은 반응을 보였다. 그들은 일반 교회가 가르치는 교조주의식 교리에서 눈을 돌렸다. 그것은 진정한 그리스도의 가르침을 왜곡하는 행위였다. 개혁가들은 초기 교회가 지닌 소박하고 순수한 믿음을 애타게 바랐으며, 진정한 영성과 기독교 신앙이 잘 맞아떨어진 본보기로 신약 성경에 눈길을 주기도 했다.[28] 이렇게 신앙과 얽힌 문제들이 큰 전환점이 되면서 니어링은 자부심을 느낄 수 있는 직업 목록에서 '목사'를 제외했다. 그러는 한편 니어링은 비록 갈 곳 없이 떠다니고 있기는 하나 자신이 전례 없이 역동적인 시대를 살고 있음을 깨달았다. 니어링은 당시를 '인류 진보의 미래로 들어가는 역동적인 성취의 시대'로 바라보았다. * 하지만 특권층 신분으로 태어났

▪ Nearing, *Making of a Radical*, p. 24; "The Dawn of Optimism," *The Public*, February 9, 1912, pp. 135-36. 니어링이 종교가 가진 장점에 대해 고민하다가 결국은 목사가 되는 가능성과 함께 종교를 버렸다는 한 학자의 주장과는 달리, 니어링은 깊은 종교적 감수성은 그대로 유지한 채 교회만 버렸다. Gerald Stuart Coles, "Political Economy and Education in Progressivism and Socialism, 1905-1932: Scott Nearing," Ph. D. diss., State University of New York at Buffalo, 1974, p. 109 참조.

니어링 식구들. 왼편부터 아버지, 할머니, 스코트, 메리(Mary, 유모차 안), 어머니. 1887년

윈필드 스코트 니어링과 손자들. 왼편부터 메리, 가이(Guy), 도로시(Dorothy), 스코트.
1892년, 모리스 런에서

스코트. 1902년, 모리스 런에서

니어링 가의 아이들. 왼편부터 스코트, 메리, 도로시, 가이, 비어트리스(Beatrice), 맥스(Max). 1906년

으면서도 그 특권층의 의무가 무엇인지 찾고, 이상과 현실을 조화시키는 길을 찾고, 활기차게 생활하며 미국이 진보하는 것에 이바지하기를 바라는 사람에게 과연 미국이 내어 줄 만한 분야는 무엇이 있었을까?

대학 시절 니어링이 관심을 가진 일은 대체로 '가르치는 것'과 '경제학 연구'로 요약할 수 있었다. 그레이스 침례교회 주일 학교에서 교사를 하기 전에 니어링은 이미 필라델피아 사회 복지관에서 아이들을 가르친 경험이 있었다. 1903년에는 콘웰이 세운 템플 대학에서 신학과 학생들에게 사회학을 가르치기도 했다.[29] 그리고 유능한 교사로서 실력을 쌓으려고 4년 과정의 수사(修辭) 학교에 등록했으며, 워튼 대학에서 경제학 학사 학위를 받으면서 수사학 학사 학위도 받았다. 이렇게 남을 가르치는 일은 1903년 가을 학기, 니어링이 패튼(Simon Nelson Patten)을 만나면서 제대로 방향을 잡았다. 패튼은 니어링이 나아가야 할 길을 결정하는 데 깊은 영향을 미쳤다.[30]

▄▄▄ 패튼이 워튼 대학의 학장을 맡아 자신이 뜻한 대로 학교를 이끌어 가기 시작한 지 8년쯤 되었을 때 니어링이 워튼 대학에 입학했다. 패튼의 목표는 '이념을 표현하고 훈련하는 것'이라고 할 수 있었다. 그것이 경제학자 제임스(Edmund J. James)가 1887년에 패튼을 워튼 대학에 불러들인 까닭이었다. 패튼은 독일 할레에서 함께 공부한 옛 동급생 제임스가 고마워할 만한 것을 가지고 필라델피아로 왔다. 바로 사회 과학을 발전시키고 대학을 개혁하는 데 필요한 능력이었다. 미국 중서부에서 자란 패튼은 2년 동안 독일에서 공부하면서 독일 대학의 이념을 배웠다. 그것은 '과학 발견과 실용성'으로, 당시 미국에서 환영받던 것이었다. 독일 대학은 역사 방법론으로 실험과 세미나에 중점을 두었으며, 사회 제도의 발전을 연구할 때도 기본이 되는 현장 조사 자료와 실험 증거를 아주 중요하게 여겼

다. 19세기 후반 독일에서 공부한 미국 학자들이 그랬듯이, 패튼도 전통의 윤리 철학과 고전 경제학에 도전하고, 자유 방임인 개인에 대한 대안으로 조직적이고 통계적인 기법들을 내놓았다. 또한 개인보다는 사회에 초점을 맞추는 방법론에서 지적인 해방감을 느꼈다. 독일 대학은 지도자를 기르고 공공 정책을 세우는 데 필요한 실용성 있는 연구를 강조했다. 대학은 사회적인 기능을 가지고 있었으며, 역동성이 넘치는 국가는 사회를 변화시키는 역할을 맡았다.[31]

이러한 배경을 가진 패튼은 워튼 대학 설립자가 본디 뜻한 바를 보완할 수 있는 사람으로 보였다. 과거 1881년, 필라델피아 산업계의 거물이던 워튼(Joseph Wharton)은 지적이고, 재력이 있고, 성품 좋은 청년들을 훈련시키려고 경제 금융 학교를 만들어 펜실베이니아 대학에 기부했다. 그것이 워튼 대학이다. 워튼은 '성공하는 기업 관리'와 '정부 운영'에 중점을 두고 적절하게 교육하면 국가의 기둥이 될 인재들을 길러 내는 데 큰 도움이 될 것이라는 믿음을 가지고 있었다.[32] 워튼은 정치, 경제 엘리트를 교육하고, 뼈대 있는 집안의 젊은이를 책임감을 지닌 지도자로 기르는 전문 대학을 세우려고 했다. 패튼이 워튼 대학에 왔을 때, 워튼은 여전히 학교에 상당한 영향력을 미치는 사람이었다. 워튼은 특히 무역 부분에서 무엇을 가르쳐야 할지에 큰 관심을 가지고 있었다. 워튼은 다른 필라델피아 실업계 사람들과 마찬가지로 강력한 보호 무역주의 신봉자였다. 경제가 발전하려면 국가가 지원해 주는 것이 필요하다고 믿었으며 고전파 경제학자들이 떠받드는 자유 무역주의를 매우 싫어했다. 패튼은 이러한 워튼의 사고방식을 받아들이는 것에 별 어려움이 없었다. 그 믿음이 서로 다른 뿌리와 근거를 가지고 있기는 해도 크게 어렵지 않았다.[33]

니어링이 워튼 대학에 입학할 즈음, 패튼은 경제학에서 보호 무역주의 문제를 넘어서 있었으며 미국의 대표 경제학자이자 대학의 주요 인물로 자리를 잡고 있었다. 패튼은 보호 무역주의, 소비, 분배 문제에 다양하게 초점을 맞추며 자신의 연구에 경제학, 역사학, 심리학, 사회학, 철학, 종교를 끌어들였다.[34] 패튼이 가장 중요하게 생각하는 경제 사상이자 경제학의 밑바탕은, 사회 성원이 다 쓰고도 남을 만큼 물건을 많이 만들고 풍요로운 사회를 건설하는 활기 넘치는 확대 경제였다. 패튼은 경제에 대해 지극히 낙관하는 전망을 가지고 있었다. 패튼은 고전 경제학에서 물자가 한정된 세상의 경제 원칙이라고 말한 수확 체감의 법칙을 받아들이지 않았다. 그러나 1922년 패튼이 죽은 뒤 니어링은 이렇게 말했다. "만약 혁명이라는 말의 뜻이 지금 여기에 있는 사회 형태가 갑작스럽게 변하는 것이라면, 패튼의 가르침에 혁명이라고 할 만한 것은 아무것도 없었다."

패튼은 근본부터 변화하기를 바랐으나, 그것이 이미 세워져 있는 질서 안에서 이루어져야 한다고 믿었다. 패튼은 어디까지나 체제 안에 있는 학자로서 교회에 가고, 공화당에 표를 던지고, 효율성 높은 기업 시스템을 만드는 것을 도왔다. 그러나 이 모든 것을 하는 데 한 가지 핵심 사상이 있었다. 그것은 사람이 살아가는 조건을 좀더 낫게 만들 수 있는 가능성이었다.[35]

니어링의 젊은 열정은 패튼의 가르침을 받으며 갈 길을 찾고 풍요로워졌다. 니어링은 공동체에 책임을 지는 지도자로 자신의 자리를 맡아 일을 해낼 수 있도록 실용적인 경제학을 교육 받았다. 패튼은 사회 과학이 확고한 도덕성을 유지하면서도 어떻게 견고하고 독선적인 신념을 깨뜨리며 진보하는 미래로 이끌 수 있는지를 보여 주었다. 패튼의 학문은 새로운 상황을 다스리고 전통 이론을 딛고 일어서 새로운 것을 창조하는 지성과 관계가 있었다. 비록 당시 경제학이 분명하게 독립된 하나의 학문 분야로 자리를 잡아 가는 과정에 있었지만, 패튼은 경제학이 그 출발점에서 윤리학자, 정치학자, 역사가들의 연구 분야와 다르지 않았다는 것을 수긍했다.[36] 패튼이 받아들인 경제학은 사실상 사회 과학과 철학의 전 분야를 아우르고 있었다. 패튼은 윤리가 지닌 가치와 그것을 실제로 적용하는 일에 열정을 가지고 뛰어들었다. 패튼은 경제학자는 문명의 최전선에 있다고 강조했다.[37] 그 말에 따르면, 경제학자들은 활동가이면서 또한 사회에 대해 도덕성 있는 처방도 내려야 했다.

니어링은 패튼이 보여 주는 활기 넘치는 경제학을 받아들이면서 진보적인 사회 과학과 어린 시절 도덕 세계에서 얻은 이상을 조화시키는 길을 찾았다. 니어링은 자신을 '설교'에서 '강의'로 돌아서게 만든 이는 패튼이라고 밝혔다.[38] 경제학을 가르치는 직업을 택하면서 니어링은 설교대 대신 강단에, 교회 대신 교실에 자리를 잡았다. 패튼이 니어링의 사상에 크게 이바지한 점을 꼽아 보면 다음과 같다. 첫째, 주어진 틀에 관계 없이 상황을 마음대로 다스리는 지성의 힘, 다시 말해 상황이 빚어 낸 어려움에서 벗어나 새롭게 출발하고 명쾌하게 문제를 생각하는 능력이다.[39] 둘째, 경제학 연구에서 윤리를 강조하면서 여기에 반드시 필요한 윤리와 인도주의가 담긴 이상에 관심을 갖는 것이다. 이처럼 니어링의 사상이 발전한 것에 패튼의 영향이 무척 크고 중요하므로, 여기서 간략하게 패튼의 사상을 살펴보도록 하자.

▬▬ 패튼의 영향을 받은 니어링은, 전통 경제학 이론과 사람의 본성에 따른 경제 가설을 비판하면서 경제학에 다시 활기를 불어넣으려고 애쓴 역사학파의 상속자가 되었다.[40] 한 역사가가 지적했듯이 이 학파는 영국 고전파 경제학의 기본 가설 대신 우선 총체적인 문화 전통의 한 분야로 경제학을 연구하려고 했다. 이 학파에서 사리사욕의 추구나 사유 재산 같은 것

들은 불변의 법칙이라기보다 발전이라는 관점에서 검토되었다.[41] 패튼은 많은 경제학 법칙들은 인간 본성의 표현이라고 가르쳤다. 이 법칙들은 스스로 변화할 능력이 있을 뿐 아니라 실제로 끊임없이 변화하고 있다. 우리가 인간답다고 말하는 특성들도 점차 진화하면서 변화한다.[42] 패튼은 엄격하게 환경에 따라 결정되는 것이 아니라 객관과 주관 세계의 반작용을 거쳐 사회가 진보하는 움직임에 따라 틀이 잡히는 동적 경제학을 가정했다. 그 움직임은 사람의 감정과 정신의 특징이 바뀌면서 이루어지는 새로운 삶의 기준이었다.[43] 패튼은 이렇게 말했다. "현재 경제학의 잘못은, 쓸모도 없는데 단순히 오래 된 것이기만 하면 진리로 받아들이는 것이다. 그래서 현재의 사실을 중요하게 여긴다는 이유만으로도 그 경제학자는 고전 경제학에 반대하는 것처럼 보인다."[44] 그래서 현재의 경제, 사회에서 보이는 사실들을 발견해 경제학 이론을 되살리고 협소한 경제 결정주의를 뒤엎으려는 시도가 있었다. 이런 시도는 사회 변화와 통제에 대한 진보주의자의 믿음을 담고 있었다. 패튼은 이 '새로운 경제학'을 적극 옹호했으며, 전통 경제학 법칙들은 자연 법칙이 아니라 사회 법칙이며, 진보와는 거리가 먼 사람들이 그것들을 발전시켰다고 생각했다.[45]

패튼은 니어링에게 미리 낡은 사고에 따라 단정하지 않고, 현재의 사실에 맞설 새로운 사회 과학, 새로운 철학, 새로운 정신 질서가 필요하다는 깨달음을 주었다.[46] 이런 폭넓은 시각은 실용주의 철학과 밀접한 관계가 있었고, 사실 그것에 크게 기대고 있었다.[47] 새로운 경제학자들은 제임스(William James), 듀이(John Dewey)가 쓴 책을 보면서 실용주의 철학이 쾌락주의 심리학이나 영국의 고전 합리주의 철학보다 사람과 집단의 행동을 더 잘 설명하고 있다는 것을 알았다.[48] 패튼은 이렇게 말했다. "내가 제임스의 실용주의에 영향을 받은 것은 그것이 새로운 것이어서가 아니라, 나 같은 경제학자들이 애썼는데도 확실하게 다가오지 않던 것들을 분명하게 표현했기 때문이다."[49] 패튼은 미국 사상의 새로운 기원은 이성 위주의 합리주의에 반대하는 실용주의와 더불어 시작된다며, 새로 세워진 경제학 이론은 이성주의의 독선이 담긴 신념을 거부한다고 선언했다. 경제 사상에 적용된 실용주의는 실제 경제에서 나온 것들을 가지고 역사의 중요한 사건을 검증하는 것을 뜻했다. 이는 밀(John Stuart Mill), 칼라일(Thomas Carlyle), 스펜서(Herbert Spencer), 마르크스(Karl Marx)가 장차 일어나리라고 예견한 것이 아니라 실제로 현실에서 일어나 당대 사람들의 흥미를 끄는 것이었다.[50] 실용주의자와 경제학자들은 다 함께 독특한 논리 체계, 검증 방식을 가졌다. 패튼은 훗날 이렇게 말했다. "실용주의 철학자와 경제학자 모두 결과를 놓고 진리인지 아닌지 검증하는 방식을 받아들여야 했으며, 이 결과는 여러 사회 연구 분야에 광범위하게 적용되었다. 결국 결과도 없이 미리 무언가 전제하는 방법은 신뢰를 잃을 수밖에 없었다."[51]

이렇게 경제학이 기존의 틀에서 벗어나 현실의 사회 문제들을 다루는 데 알맞은 새로운 방식을 내놓은 것과 비교해서, 종교 쪽에서도 이와 같은 방식으로 근대의 윤리에 맞는 종교로 기독교를 변화시킬 수 있을까? 윤리와 사회 과학, 절제와 경제 성장이 모두가 바라는 목적을 위해 서로 손을 잡을 수 있을까?* 패튼은 종교는 사회를 다시 건설해야 하는 과제를 안고 있다고 주장했다.[52] 패튼은 과거 한때 기독교가 사회 구원보다 개인의 구원을 강조한 것은 역사 상황으로 보아 어느 정도 정당성이 있다고 보았다.

■ 패튼의 사회 비판은 개인과 국가 모두 경제적인 풍요 가운데서 어떻게 절제할 것인가 하는 문제에서 결코 멀리 벗어나지 않았다. 소비 문화에 대한 호로비츠(Daniel Horowitz)의 저술들은 패튼의 사상에 대해 중요한 정보를 제공하지만, 니어링과 관련해서는 한계가 있다. Daniel Horowitz, *The Morality of Spending: Attitudes towards the Consumer Society in America, 1875-1940* (Baltimore: Johns Hopkins University Press, 1985), "Consumption and Its Discontents: Simon N. Patten, Thorstein Veblen, and George Gunton," *Journal of American History* 67 (1980), pp. 302-7.

그러나 이제는 그런 식의 윤리관이 사회에 해를 끼치고 있으며 실패한 것으로 판명났으니 잘못되었다는 것이다. 패튼은 다른 사상과 마찬가지로 종교도 사회 변화와 함께 바뀌어야 한다고 주장했다. 종교의 새로운 목표는 과거 부유한 사람들이 자신의 부를 늘리거나 지위를 높이는 것에서 벗어나, 생각과 행동을 바꾸어 사회 전체를 위해 일하는 것이 되어야 했다.[53] 개인주의와 물질의 잉여로 특징지을 수 있는 새로운 시대는 가치에서도 걸맞는 변화를 바랐다. 새로운 경제학에 맞아떨어지는 기독교 신앙은 순수하고 때 묻지 않은 초기 기독교에서 찾을 수 있었다.

《종교의 사회 기반 The Social Basis of Religion》이라는 책에 종교가 사회에 미치는 영향과 관련한 패튼의 생각이 가장 폭넓게 나타난다. 패튼은 여기서 새로운 시대에는 새로운 선교 운동이 필요하며, 이는 그리스도의 권능을 전파하려는 바울의 첫 번째 여행처럼 정열과 확고한 믿음이 깔린 것이어야 한다고 강조했다. 패튼은 이렇게 주장했다. "옛 종교의 유산들이 근대 종교에 들어왔으나, 현재의 긴급한 요구를 만족시키기에는 영 도움이 되지 않는 형태였다."

초기 기독교에서 그리스도가 시작한 일들은 어려운 여건 때문에 충분히 실현될 수 없었다. 그러나 이제는 제대로 마칠 수 있다. 여건이 좋아져 인류의 적대감이 서로 협력하는 마음으로 바뀌었기 때문이다. 이는 소외와는 대비되는 것으로, 사회가 거듭 태어나는 길을 열었다. 오늘날 종교는 이런 새로운 도전을 받아들이기 위해 필요하다.[54]

경제에서와 마찬가지로 종교에서도 진리는 상대적이었다. 이와 함께 패튼은 경제학 연구에서도 윤리, 인도주의, 이상과 함께 도덕성이 필요하다고 강조했다.

도덕을 강조하는 패튼의 경제학으로 인해 니어링은 경제 문제들을 기독교 교리, 실천 종교와 연결해서 생각해 볼 수 있었다. "종교에는 과학이라는 밑받침이 있어야 하고, 교리도 전통에서 사회 과학의 테두리로 옮겨가야 한다."[55]라는 패튼의 말이 니어링의 머릿속에 담겨 있었던 것이 분명하다. 종교의 해법과 경제의 해법을 어렵지 않게 통합하던 이 시기의 경제학자에 대해 한 역사학자는 이렇게 말했다. "필요한 것은 새로운 종류의 전문가인 듯이 보인다. 이 전문가는 폭넓게 아우르고, 공평하고 윤리적인 눈으로 사회 정책을 분석하고 이끌 수 있는 사람이다. 또한 권위를 세워 말하면서도 근대와 과학의 목소리를 전달하는 사람이다. 이는 둘 다 한때 성직자가 가지고 있던 성향이다."[56]

패튼은 사회 과학 분야의 경제학자가 종교 분야의 신학자와 같은 사람이 된다는 것을 아주 자연스럽게 생각했다. 패튼은 학생들에게 이렇게 말했다. "초기 경제학자들은 신학자였으며, 경제학 사상의 밑바탕은 자연신학으로 알려져 있다는 것을 깊이 새겨야 한다."[57] 따라서 경제학과 종교가 좇는 개혁이 다른 것이 아니며, 종교 활동을 하고 경제 활동을 하는 집단의 관심은 똑같았다. 종교의 동기와 이념, 경제의 동기와 이념은 같은 사람이 공유한 것이며, 사회를 경제적으로 만드는 힘이 또한 사회를 종교적으로 만들었다.[58] 패튼은 이렇게 말했다. "이렇게 본질에서 다른 두 사유 형태가 비슷한 생각을 나타내기 위해 다른 말을 쓰는 것은 놀라운 일이 아니다. 윤리 구조가 경제 생활의 구조와 같기 때문에 윤리 교육은 경제학에서 얻은 교훈들로 시작해야 한다."[59]

패튼과 그 추종자들에게, 윤리 경제학의 표현인 이 실천 종교의 결과가 사회주의 프로그램과 닮은꼴로 보인다는 것은 부인할 수 없는 사실이었다. 이렇게 패튼의 경제학 강의는 급진이고 당파성을 띤 것으로 해석될 수 있었다. 이 때문에 새로운 경제학은 제대로 된 학문인지 의심을 받기도 했다. 새로운 경제학은 경제 사실들을 연구하는 것에 객관성이 유지되어야 한다고 주장했다.[60] 그럼에도 패튼은 기존 사회를 뒤엎는 것에는 관심 없이, 낡고 틀에 박힌 사고방식을 공격하는 것에만 집중했다. 패튼이 그린 사회 변화는 사회를 다스리는 계층의 의식을 변화시키는 것에만 초점을 맞추었다. 사회 전체의 사고방식은 지배 계급의 행동에 영향을 받는다고 믿었기 때문이다.[61] 패튼은 사회 개혁을 상류층이 앞장서서 이끄는 과정일 뿐 아니라 상류층 자체를 활기차게 만드는 과정으로 생각했다. 상류층의 타락은 많은 사람을 가난하게 만든 경제 질서에서 생긴 단순한 결과였다. 패튼은 이렇게 주장했다. "부와 가난은 서로 맞서면서 인간 본성에 영향을 끼친다. 부는 인간의 욕망을 채워서 노곤한 충만감으로 의욕을 잃게 하는 반면, 오랜 가난과 굶주림은 사람의 능력을 둔하게 한다. 여유 있는 부자들은 자극을 받지 못해 기본 욕구조차 일으키지 못하는 반면, 가난한 사람들은 모자람으로 숨이 막힌 채 퇴보한다."[62]

부자들에게 사회 변화의 열쇠는 여가 활동에 있었다. 패튼은 이렇게 설명했다. "목적의식을 가지고 전념할 만한 여가 활동이 없는 삶은 실패한 삶이다. 사회에서 경제 가치는 노동의 결과로 결정되지만, 그 전체 양상은 삶의 다른 절반인 여가에서 결정된다. 이는 이상 사회를 만들려는 동기가 여가 활동에서 나오기 때문이다."[63] 부자는 강렬하고 활기차게 여가 활동에 참여함으로써 무기력에서 빠져 나올 수 있다는 말이다.

생산 노동을 하는 가난한 이들의 문제는 여가를 낭비하는 것이 아니라 지나치게 일을 많이 하느라 적절한 자유 시간을 가지지 못하는 것이었다. 1909년에 패튼은 "미국에 가치 없는 상업이 성장하고 있다. 그것은 새롭고 다양하고 자극적인 삶을 좋는 사람의 욕망을 만족시키지 못한다."라고 말했다. 곧 산업화 시대에는 끝없는 생산만 있다는 것이다. 패튼은 몹시 단조로운 생산은 영감을 얻으려는 사람의 목표를 없애 버린다고 안타까

위하며 다음과 같은 처방을 내렸다. "억압과 퇴보에 짓눌린 사람에게 좀 더 강렬한 동기를 불어넣기 위해 열정적인 행동이 필요하다. 이들은 미치도록 무언가에 몰두하고, 생생한 관심을 가지며, 활기찬 육체노동을 해야 한다."[64]

지배 계급의 도움을 받아서 사회 개혁을 이룩하려는 패튼의 계획은 미국의 이념을 위협하지 않았다. 패튼은 이를 현재 사회주의와 민주주의에는 차이가 없기 때문이라고 설명했다.[65] 지배 계급의 후원으로 사회 개혁을 이룩하려는 사회주의는 미국의 이념을 위협하는 사회주의와 다음과 같은 점에서 차이가 있었다.

상층 계급 사람들이 하층 계급의 상황을 개선하려는 것은 하층 계급이 자신들의 상태를 좀더 낫게 하려고 상층 계급에 압력을 가하는 것과는 다르다. 하층 계급의 운동은 하층 계급의 이해에 맞게 하층 계급이 직접 다스리는 것을 목표로 한다. 하지만 상층 계급의 운동은 개성의 표현을 가로막는 나쁜 환경을 개선하는 길로 나아간다.[66]

이 같은 상층 계급 사회주의를 두고 패튼은 그 선전 활동이 대학을 중심으로 이루어진다는 이유로 '대학 사회주의'라고 이름을 붙이기도 했다. 패튼의 대학 사회주의는 니어링이 사회주의에서 자신의 입지를 찾았을 즈음 가장 강하게 드러났다. 패튼은 이렇게 정리했다. "이 개혁의 윤리 강령은 인격의 부활, 경제 강령은 가난을 몰아 내는 것으로 요약될 수 있다."[67]

이런 사회주의 개념은 패튼이 교수 노릇을 하는 것에 방해가 되지 않았으며, 패튼이 가르치는 뛰어난 학생이나 대학에 기부하는 부유한 사람들에게 직접 맞서는 것도 아니었다. 이는 패튼이 가지고 있는 반(反)결정주의, 진화주의, 이상주의 성향 때문에 마르크스주의에서도 뚜렷하게 벗어나는 사회주의였다. 패튼은 마르크스가 쓴 경제학 책을 읽은 터라 제도 변혁 문제에 대한 마르크스주의의 관심을 잘 알고 있었다. 패튼은 고전 경제학자들이 결정론 자연 법칙을 거부한 것과 같은 이유로 마르크스주의와 갈라섰다. 패튼은 '사물이 있는 곳에 중력 법칙이 작용하는 것과 마찬가지로, 토지와 도구를 빌려 주는 곳에 있는 사람은 어디에서나 작용하는 경제 법칙의 손아귀에 있다'는 마르크스의 주장을 받아들일 수 없었다. 패튼은 사람은 하나의 보편 법칙에 따라 한 가지로 설명되지 않는다고 강조했다.[68] 패튼이 경제학에서 벌인 새로운 운동은 마르크스를 마다하고 사회주의를 찾는 것이었다. "마르크스주의는 사회주의를 받아들이지 않을 것이다. 마르크스주의자들은 이를 만든 사람이 조심성 없이 내뱉은 선언 때문에 무작정 빠져든 함정에서 벗어나야 한다. 또 역사, 사회학, 과거의 경험에 지나치게 무게를 두는 법칙들에서도 완전히 벗어나야 한다."[69] 나아가 패튼의 새로운 경제학과 관련이 있는 개혁은 급속한 변화에 매달리는 것도 아니었다. "마르크스와 미국 급진주의자의 차이는 그것을 받아들인 위치에 있는 것이 아니라 사회에 적용한 치유책에 있다. 진보는 점차점차 진화에 따라 온다는 이론들에는 모두 근거가 있다."[70]

마지막으로, 마르크스주의나 다른 경제학 체계들은 치유해야 할 정신의 갈등을 풀려고 물질적인 처방에 지나치게 무게를 두었다. 산업화한 미국의 문제를 푸는 것은 사회 상황에 달려 있으므로 종교의 부활에서 해답을 찾아야 했다.[71] 패튼에 따르면 마르크스는 사회주의의 토대를 감정에서 과학으로 바꾸었다. 하지만 패튼은 감상에 빠진 사회주의자는 그대로 미국에 남아 있다면서 다음과 같이 말했다.

미국 사회주의자들의 감상에 빠진 태도의 핵심은 물질을 혐오하는 것이다. 결론을 말한다면, 사회주의가 온전히 물질의 조건 안에 있는 한 그이들은 그것을 받아들이지 않을 것이다. 미국 사회주의자들은 마르크스가 세우려고 애쓴 그 과학 사회주의를 신봉하지 않는다. 주요 사회주의 작가들은 모두 이상주의자였으며, 사회주의가 물질에 강조점을 두기 시작하자 그것과 결별해 버렸다.

패튼은 무지한 사람들에게 마르크스는 신화와 공포로 계속 남을지 모르지만, 마르크스가 말한 사유 형태는 현재가 아니라 과거에 속한 것이라고 확신했다.[72]

패튼의 경제학은 그 속에 들어 있는 '실천하라!'는 가르침 때문에 학생들 사이에 큰 관심을 불러일으켰다. 독일 대학의 이념처럼, 패튼의 경제 사상과 가르침은 사회 개혁에 실제로 이바지하라고 강조했다. 패튼은 첫째, 경제학이 강의실에서 벗어나 사회 속으로 들어가지 않는 한 의미가 없으며, 둘째, 대중이 교육을 받지 않는 한 새로운 경제학은 진보하고 성취할 수 없다고 강조했다. 대중의 식견이 충분히 높아져야 합법의 테두리에서 토론의 장이 넓어질 수 있다는 것이다.

패튼의 이러한 견해는 독일식 방법론과 독일 대학의 핵심 요소인 '학문의 자유'라는 개념을 바탕으로 해서 만들어졌다. 이는 미국의 학자들에게 호소력이 있었다. 독일에서 '학문의 자유'라는 개념은 주로 교육학의 뜻을 지녔으며, 대학 안에서의 자유와 대학 밖에서의 자유를 조심스럽게 구분했다. 그러나 독일식 교육을 받은 미국의 학자들은 학문 연구와 사회 개혁의 차이를 인정하지 않고 그 개념을 확대하려고 했으며, 더 나아가 제도로 바로세우려고 했다.[73] 학문의 자유가 사회와 정치 개혁에도 적용되어야 한다는 주장은 지식인이 사회 문제 해결에 나서야 한다는 실용주의의 신조 덕분에 더욱 힘을 얻었다. 패튼이 행동하라고 요구한 것은 학자로서 대학에서 해야 할 역할을 할 뿐 아니라, 공동체에도 좀더 큰 책임이 있다는 것을 뜻했다.

이런 논리에 따라 패튼은 자신의 연구가 활발한 사회 활동을 위한 기반이 되어 일반인의 관심을 끌게 되기를 바랐다. 니어링이 박사 학위를 딴 1908년, 패튼은 '미국 경제학회(American Economics Association)'의 회장 자격으로 연설하면서, 그 동안 경제학자들이 일반 대중과 단체에게 사회의 새로운 꿈을 내놓고 그 꿈을 이룰 행동 양식을 찾아 주는 데 실패했다면서 이렇게 안타까워했다. "미국에서 큰 문제치고 완전히 해결된 것이 없다. 중요한 의문을 모두 안은 채 우리는 중간 지점에 서 있으며, 낡은 것과 새 것 사이에 멈추어 서 있다. 우리는 새로운 문명의 기초를 놓아야 하며 점차 커지는 사회의 악덕을 경제의 힘으로 어떻게 치유하는지 보여 주어야 한다."[74] 이에 앞서 리프먼(Walter Lippmann)이 명쾌하게 지적한 것처럼, 패튼은 사람들에게 발전의 결정적인 전기를 알아차리고 그것을 다스릴 것인지, 아니면 높은 파도에 휘말려 그냥 표류할 것인지를 물었다. 젊은 경제학도들이 학문도, 미국의 발전도 성취하지 못한 채 떠밀려 다녔다는 말이다.[75]

현재 진행 중인 결정적인 투쟁에 전사로서 첫걸음을 내딛는 경제학자들이 설 곳은 일반인의 의식이 다다를 수 있는 곳이어야 했다. 패튼은 정보와 영감에 목말라하는 대중이 가까이 있다는 것을 알았다. 경제학자는 공공의 일을 관리하는 사람들에게 좀더 분명한 이상과 좋은 프로그램을 제시하면서 여론을 움직이려고 노력할 필요가 있었다.

경제학자의 본거지는 도서관이 아니라 강의실이어야 하며, 충분히 일에 익숙해지면 대학에서 나와 사회 문제를 제대로 다룰 수 있는 정부나 지방 위원회, 기관 따위로 들어가야 한다. 경제학자가 글을 쓰는 매체는 과학 전문지가 아니라 신문이나 잡지가 되어야 한다.

패튼은 "일반 용어와 동떨어진 경제 용어는 있을 수 없다."라고 말했다. 경제학자에게는 공동체에서 맡아야 하는 역할이 있었다. 공동체는 이제 특별한 생각을 가진 사람이나 계층에게만 영향을 미치는 영역에 고립되어 있지 않았다. 경제학자들이 새로운 사회의 청사진을 내놓으려고 활기차게 일하기 위해서는 효과 있는 대항 세력으로서 공공의 여론이 함께해야 했다. 경제학자는 열린 곳에서 일해야 하며, 투쟁과 사건의 전모가 밝혀지면서 진행되는 진화 과정에서 영감을 얻어야 했다. '변화가 있는 곳에 경제학자가 있어야 한다.'[76] 그것이 패튼의 신념이었다.

━━ 니어링은 스승에게서 경제학뿐 아니라, 활동가로 일하는 데 필수인 '학문의 자유'라는 이념도 함께 받아들였다. 그리고 학교 안에서 하는 활동과 밖에서 하는 활동 사이에 실제 차이가 없다고 보았다. 니어링은 조직화하고 상호 의존하는 사회에서 대학이나 연구, 바깥세상은 모두 똑같은 역사의 한 부분이라고 믿었다.[77] 니어링은 학문의 자유를 이렇게 보았다.

　유능한 교사가 되려면 효율 있고 정직하게 대화해야 한다. 강의실 안의 학생이나 강의실 밖의 일반 대중이나 관계 없이, 누군가 질문하면 교사는 사실에 비추어 철저하고도 정직하게 대답해야 한다. 이렇게 할 수 있는 것을 '학문의 자유'라고 한다. 교직에서 일하는 사람은 모두 자기 양심에 걸고 이렇게 해야 하는 의무가 있다.[78]

니어링과 워튼 대학 사람들은 사회 변화에 대한 패튼의 청사진을 다음과 같은 단순한 공식으로 간추렸다. "진실을 배우고, 진실을 가르치며, 공동체의 삶이 진실해지도록 돕는다."[79]

이런 원칙들을 굳건히 지키면서 대학과 일반 세상 사이의 울타리를 서로 넘나드는 방법은, 니어링이 생각하기에 학문의 성과를 대중 매체를 이용해 널리 퍼뜨리는 것이었다. 그래서 니어링은 패튼의 지도로 워튼 대학이 펴내는 〈미국 정치 사회 과학 회지 Annals of the American Academy of Political and Social Science〉를 비롯해 〈정치 경제학 저널 Journal of Politics and Economics〉, 〈교육학 저널 Journal of Education〉, 〈미국 사회학 저널 American Journal of Sociology〉, 〈계간 미국 통계 연합회보 Quarterly Publication of the American Statistical Association〉 따위 전문 학술지뿐 아니라 〈저마다의 것 Everybody's〉, 〈월간 대중 과학 Popular Science Monthly〉, 〈네이션 Nation〉, 〈레이디즈 홈 저널 Ladies Home Journal〉, 〈아메리칸 매거진 American Magazine〉, 〈우먼즈 매거진 Woman's Magazine〉, 박애주의 잡지인 〈서베이 Survey〉, 근본 민주주의와 역사 이야기를 다루는 전국 주간지인 〈퍼블릭 Public〉 따위 대중 잡지에도 자주 글을 실었다. *

공동체의 삶이 진실해지도록 하는 또 다른 방법은 자신의 경제 소신을 실제로 적용할 기회를 열심히 찾아 나서는 것이었다. 니어링은 자신의 생각을 실천하고자 대학 밖에서 일을 맡았다.[80] 대학생 때부터 니어링은 정치학 수업의 연장으로 필라델피아 정치에 뛰어들었다. 부패한 정치에 분노한 담당 교수가 니어링을 필라델피아에서 악명 높은 제5선거구로 보냈으며, 거기서 니어링은 부패 정치의 표본을 보았다. 이 일은 니어링에게 필라델피아 정치를 생생하게 볼 수 있는 기회를 주었으며, 정치 개혁에 관심을 불러일으켰다.[81] 대학원에서 조교로 일하는 동안 니어링은 '필라델

■ 니어링이 1914년에 이 출판물들에 기고한 글들은 목록으로 정리되어 있다. Wharton School File, 1914, University of Pennsylvania Archives, Philadelphia.

피아 어린이 노동 위원회' 사무 총장의 보좌관으로 일하기도 했다. 위원회에서 일하면서 니어링은 갖가지 형태의 어린이 노동과 빈민의 생활을 보았으며, 노동하는 어린이와 그 부모, 그이들의 고용자와 긴밀하게 만났다.[82]

이런 활동에서 니어링은 혼자가 아니었다. 니어링은 자신뿐 아니라 패튼의 다른 제자들도 교실을 떠나 유나이티드 가스 회사, 필라델피아 전기 회사, 하드 탄광 회사, 그 외 도시와 주를 손에 넣고 주무르는 다른 자본의 집합체들을 조사했다고 기록했다.[83] 공통의 관심사를 논의하기 위해 자주 만나는 사람들이 여덟 명 있었는데, 그이들은 과거에 패튼의 제자였거나 현재 워튼 대학 사람이었다. 학생 신분과 대학에서 벗어나 일반 사회에도 이바지해야 한다는 확신으로 모인 이 '워튼의 여덟 명'은 패튼의 열정에 깊은 영향을 받았다.[84] 니어링이 '패튼 사람들'이라고 부르기도 한 이들 여덟 명은 자기들 주변에 있는 경제와 사회 문제를 모두 공격했으며,[85] 동시에 대학 교원이 대학 밖에서 활동할 수 있는 권리를 보장받기 위해 투쟁했다.[86]

니어링은 패튼 밑에서 전문 사회 과학자가 중요한 역할을 맡을 수 있는 지적이고 윤리적인 세계를 찾았다. 니어링은 신입생이던 때 경제학을 다소 딱딱한 과목으로 여겼으며, 패튼이 밀의 《원리 Principles》를 강의하는 2학년 과정에 등록할 즈음에는 경제학에 별반 큰 기대를 가지지 않게 되었다고 밝혔다. 그러던 니어링이 패튼에게서 스미스(Adam Smith)와 자본에 관한 강의를 듣고는 깜짝 놀랐다.[87] 학생들에게 기존 법칙이 전부가 아닐 수도 있다고 말하는 교사가 나타난 것이다.[88] 니어링은 법률, 군사, 성직에 비해 경제학은 좀더 실용적인 분야를 제공하고 있다고 생각했다. 그리고 경제의 힘이 사회에 미치는 영향에 매력을 느끼면서 경제학을 가르치는 일을 하기로 결심했다.[89] 니어링은 자본주의 사회에서 일반 복지를 늘리는 수단은 대체로 경제이며, 경제 조건은 정치에도 중요한 영향을 미친다고 믿었다. 니어링은 패튼이 그 길을 가르쳐 주었다고 회고한다.[90]

이와 같은 패튼 경제 사상의 활력에도 아랑곳하지 않고 워튼 대학은 오히려 틀에 박힌 편이었다. 니어링은 자서전을 쓰던 공책에 이렇게 적었다. "나는 대학과 대학원에서 사회 과학을 전공하면서도, 마르크스의 〈공산당 선언 Communist Manifesto〉에 대해 교실에서 강의하는 것을 듣지 못한 채 10여 년을 할 일 없이 보냈다는 것을 고백한다." 학생들의 시간과 관심을 끈 것은 밀, 생시몽(Claude Henri de Rouvroy Saint-Simon), 푸리에(François Marie Charles Fourier), 콩트(Auguste Comte) 따위 다른 사회 과학자였다.[91] 니어링은 "워튼 대학의 교육은 그 학교를 세우고 돈을 대는 사람, 학교의 일상 행정을 책임진 사람, 아주 솔직하고 공개적으로 학교 설립을 지지한 사람, 미국식을 확고히 믿는 사람들의 경제, 사회 이해에 철저하게 갇혀 있었다."라고 회상했다.

워튼 대학의 한 구성원으로서, 니어링은 자신 역시 이런 구속이 적용되는 사람들 가운데 한 명이었으며, 충성스럽고 헌신을 다한 시민이었다고 평가했다. 출생과 교육, 훈련에서 니어링은 금세기 초 미합중국 체제의 한 부분이자 같은 패거리였다.[92] 자신이 속한 계급의 특권에 물들기는 했지만, 니어링은 시민으로서 의무와 책임에 대해 강하게 의식했으며, 이는 미국이 진보하리라는 뿌리 깊은 낙관주의와도 관계가 있었다. 자신이 사회에서 속한 위치와 자기가 꿈꾸는 미국 사이에 긴장이 있었다 하더라도 그것이 회의를 불러 올 만큼 심각한 것은 아니었다. 니어링이 갖고 있는 진보주의에 대한 이 같은 모순은 당분간 방해받지 않은 채 더욱 커질 터였다.

제2장

새로운 경제학

니어링은 여유 있는 소수 부유층이 자신들의 기준을 대중에게 퍼뜨리는 시대에 살고 있다는 것을 체험으로, 그리고 교육을 통해서 알았다. 그러면서 거기에 자신이 해야 할 일이 있음을 깨달았다.[1] 이 시대야말로 지배 계급 중 한 사람인 자신이 활약할 시기이며, 자신의 인생에 무언가 역사적이고 문화적인 일을 이룰 시기였다. 또 진보하리라는 굳건한 믿음을 가지고 사회를 발전시킬 기회이기도 했다. 니어링이 사회에 대해 가지게 된 새로운 시각은, 사회는 언제나 진보할 수 있고 희망과 약속으로 가득 찼다는 것이었다. 니어링은 이렇게 말했다. "사람은 스스로를 확실하게 발전시킬 수 있으며, 사람이 가지고 태어난 이런 능력을 믿는 것이 사회가 진보하리라는 사상을 이끈다."[2] 니어링은 미국이 발전하리라는 믿음 속에서 분배 경제학을 20세기 문명이 지닌 영광스러운 가능성에 문을 활짝 열어 주는 열쇠로 보고 여기에 관심을 집중했다. 니어링은 이렇게 말했다. "워튼 대학에서 보낸 9년 동안 분배 경제학이 내 사상과 교수, 강연, 저술에서 큰 부분을 차지했다."[3] 이 믿음은 만약 그것이 지나쳐서 집착이 될 경우 한낱 환상일 수도 있는, 진보와 완벽한 사회에 대한 신앙 같은 것이기도 했다.

▬▬ 1908년에서 1915년까지, 니어링은 워튼 대학에서 학생과 일반 시민을 가르치는 일에 몰두했다. 니어링에게 배우는 워튼 대학 학생이나 일반 시민은 모두 진보하는 미래를 앞당길 위치에 있는 지배 계급 출신들이었다. 《경제학 Economics》(1908), 《사회 조정 Social Adjustment》(1910), 《경제학의 요소 Elements of Economics》(1912), 《임금 소득자 가족의 경제 Financing the Wage Earner's Family》(1913), 《건전한 사회 Social Sanity》(1913), 《미국의 임금 Wages in the United States》(1914), 《소득 : 미국의 노동 제공과 재산 소유에 대한 보수 조사 Income: An Examination of the Returns for Services Rendered and from Property Owned in the United States》(1915), 《무연탄 : 자연 자원 독점 사례 Anthracite: An Instance of a Natural Resources Monopoly》(1915) 따위 수많은 책과 대중을 상대로 한 글을 발표하면서 니어링은 새로운 경제학을 퍼뜨렸다. 니어링은 제도를 개혁하는 것만으로는 충분하지 못하며 정치, 경제, 사회를 개혁하면서 가치관 역시 함께 변해야 한다고 생각했다. 부유층의 책임 의식을 일깨워 사회 전체의 가치관이 변화하기를 기대한 것이다. 당시 미국의 풍요로움을 생각해 볼 때 이런 기대가 터무니없는 것은 아니었다. 니어링은 부유하고 큰 공동체는 개인에게 발전할 수 있는 기회를 좀더 많이 줄 것이라고 생각했다.[4] 니어링은 이런 공동체는 진보를 위한 잠재력을 풍성하게 지니고 있으며,[5] 상실과 고통을 불러일으키는 사회 여건은 교육과 법 제도를 통해 개선할 수 있다고 주장했다.[6] 니어링은 풍요로운 나라, 비참한 가난과는 거리가 먼 번영하는 나라, 물자가 넘치는 나라에 살고 있었던 것이다.[7]

진화론은 삶의 다른 분야나 마찬가지로 경제 사상 또한 변화하는 과정 중 하나라는 것을 분명히 했다. 낡은 철학은 희망이 없고, 역동성이 없고, 인간이 지닌 의지 중 소극적인 체념에 바탕을 두고 있으며, 사람을 숙명론자로 만들었다. 그에 반해 새로운 사상은 영감과 희망으로 가득 차 있고, 역동성이 있으며, 사람들이 열정을 가지고 활기차게 더 나은 방향으로 애쓰도록 힘을 불어넣었다.[8] 옛 경제관과 사회관은 지나치게 결정론 위주였으며 사회가 변화하도록 이끄는 주체로서 개인이 지닌 중요성을 깎아내렸다.■ 새로운 경제학은 다음과 같은 주장으로 시작되었다.

경제학자들은 인구 과잉이고 다수가 굶주리는 세계, 경쟁이 지상 과제인 현실에 좌절하거나 주관에 따른 평가, 개인 우선, 사유 재산, 또는 다른 우상들로 구성된 불길한 모습에서 벗어나야 한다. 그리고 기존 법칙들을 부담스러워하고 저주로 여기면서 견디기만 할 것이 아니라, 이를 축복으로 여겨 어떻게 결합하거나 재구성하는지, 아니면 어떻게 극복하거나 이용하는지를 단순하고도 명쾌한 언어로 말해야 한다. 이제 경제학자들은 복지가 부유함보다 우선해야 하며, '수요와 공급에 따른 임금'이라는 철칙이 '최소 임금' 법칙에 의해 깨어져야 한다는 것을 이야기할 때가 되었다. 또한 전세계에 걸친 인구 과잉은 출생률을 제한해 막아야 하며 지나친 노동, 조기 사망, 기타 경제 분야에 도사린 여러 가지 모순은 교육과 입법으로 없애야 한다. 그리고 무제한 경쟁이 일으키는 인간성을 말살한 요구는 단결과 협력으로 영원히 침묵시킬 수 있다는 점도 말해야 한다.[9]

■ Nearing, "Welfare and the New Economics," 1913, p. 505 참조. 왓슨(Frank Watson)과 공동 집필한 *Economics*, pp. 443-44에서 니어링은 이렇게 말했다. "경제학의 아버지들은 불변의 경제 법칙이라는 신념에 물들어 있었다. 임금의 법칙, 리카도(David Ricardo)의 지대론, 수확 체감의 법칙, 그리고 맬서스(Thomas Robert Malthus)의 인구 법칙 따위가 구체적인 사례들이다. 그이들에게 머릿속에 깊이 새겨진 기본적인 경제 법칙을 버리라고 하는 것은 어리석은 일이다."

새로운 경제학에서는 개인의 타락이 아니라 경제와 관련된 문제가 사회 문제를 일으키는 원인이라고 보았으며, 따라서 새로운 경제학의 관점에서 보면 세계는 발전할 수 있는 기회로 가득 차 있었다.[10]

　여기에 새로운 경제학은 일정 부분 자유의사를 존중하고 환경 보호에 관심을 가지는 것을 포함했다. 또한 새로운 경제학은, 경제계에는 직접 가해지는 통제를 넘어서 사회의 힘이 많이 작용한다고 보았다. 인구 증가, 금 공급이 변화하는 것, 좀더 나은 기술이나 공정을 발견하거나 발명하는 것 따위에 개개인이 영향을 미칠 수는 있지만 그것은 매우 제한되어 있다는 것이다.[11] 니어링은 새로운 경제학이 개인과 사회 상황, 둘 다에 관심을 기울여야 한다고 말했다. 왜냐하면 근대를 사는 사람의 사고와 행동이 순수해지기를 바란다면 사회 상황 역시 그렇게 바뀌어야 하기 때문이다. 사람에게 거듭나는 것이 필요한 것처럼 사회 환경 또한 개선이 필요하다. 결국 인간성을 혁신하기 위한 유일하고도 효율이 높은 방법은 건전한 환경을 제공하는 것이다. *

　니어링은 개인의 자유 의지는 사회의 힘이 개인에게 지운 한계를 깨닫는 것에 정비례해서 실현된다고 보았다. 니어링은 이렇게 말했다. "좋은 기획이나 계획은 한때 좌절되거나 꺾이는 일이 있어도 다시 이어지며, 이는 결국 사회의 힘이 사람에게 이롭게 작용하도록 만든다."[12] 이 말은 자

* Nearing, *Social Adjustment*, p. 9. 결정주의에 대한 반발 때문에 니어링이 당시 발전하던 학문인 심리학에 한 번도 진지하게 접근하지 않은 것 또한 지적되어야 한다. 많은 급진주의자들이 프로이트 심리학을 개인 해방을 위한 만병통치약으로 여긴 데 반해, 니어링은 프로이트 심리학에서 잠재의식이 뜻하는 개인주의, 결정주의 경향과 거리를 두었다. 1952년 니어링은 프로이트(Sigmund Freud)에 대해 개인주의 신화를 영속화하는 데 다른 누구보다 크게 기여한 사람이라고 말했다. Nearing, *World Events* newsletter, summer 1952, p. 23, Scott and Helen Nearing Papers, Boston University Special Collection, Boston, Mass., box 9, folder 7 참조. 니어링이 유일하게 프로이트에 대해 언급한 메모가 있다. 날짜는 기록되어 있지 않으며, 내용은 이렇다. "성욕은 프로이트가 과장한 절박한 욕구들 중 하나와 결합해, 다른 것들과 전혀 균형잡힌 관계를 이루지 못하게 되었다."

유, 지성, 지식, 교육 사이에는 서로 밀접한 관계가 있음을 뜻하기도 했다. 니어링이 과학을 이용해 불변하는 자연이 사람에게 유용하게 변하는 일이 일어났다고 말한 것도 이 때문이었다. "20세기에 우리가 해야 하는 일은 경제학이 '법칙을 위한 과학'에서 '사회를 위한 과학'으로 변하도록 하는 것이다. …… 경제학이 사회 과학으로 바뀌면서 법칙은 인간을 위해 봉사했다. 만약 그것이 해를 끼치거나 하면 법칙은 먹혀들지 않든지, 다른 법칙으로 바뀌었다. …… 인간이 사고를 지배하면서 인류는 어디에서나 승리를 거두었다."[13]

새로운 경제학의 배경에 대한 니어링의 생각은 〈월간 대중 과학 Popular Science Monthly〉 1913년 5월호에 〈복지와 새로운 경제학 Welfare and the New Economics〉이라는 제목의 글로 실렸다. '경제학, 이 우울한 학문에 무슨 구원이 있는가?'라는 질문에 니어링은 이렇게 답했다. "낡은 목소리가 사라진 대신 경제 사상이 크고 빠르게 변화하고 있다. 고전주의자들은 이러한 변화에 헛되이 반발하고 있지만, 허무가 이 교조주의의 숨통을 조르고 있다."[14] 또 부패하고 고립되어 있으면서도 무오류를 주장하는 교회나 성서에 의문을 제기하는 존재로 새로운 경제학을 비유했다. 니어링은 분명한 어조로 이렇게 말했다.

경제학 법칙을 불변인 것으로 본다면 인간은 그만큼 그 법칙의 손아귀에 잡혀 있을 것이다. 마르크스(Karl Marx)가 경제 결정주의를 논하는 것도 헛되고, 조지(Henry George)가 가난과 진보에 관련된 법칙을 찾는 것도 부질없다. 사람들이 경제학을 기하학만큼이나 정확한 과학이라고 믿는한 미래는 희망이 없다. 경제 법칙의 지배 아래 정복자는 정복을 계속할 것이고, 피정복자는 계속 고통을 받을 것이다. 자신들 스스로가 경제 법칙의 창조자이자 조정자라는 것을 깨닫기 전까지, 경제 법칙은 인간의 복지에 이바지하지 않을 것이다. 새날은 경제 결정주의를 맹목으로 숭배하는 것을 넘어서면서부터 시작된다. 경제학을 취사선택이 가능한 철학으로 만드는 인간의 역량에 미래의 희망이 달려 있다.[15)

그래서 새로운 경제학자는 경제학의 전체 주제를 사람이 만든 것, 곧 인간 활동의 결과물로 파악했다. 경제 법칙을 만든 이도 사람이고, 만든 것을 파괴하거나 고치는 이도 사람이었다.[16) 니어링은 경제학이 불변의 법칙에 근거한 것이 아니라 사람의 생활에 바탕을 두고 있는 것이라고 결론지었다.[17) 이 경우 경제학자는 단순한 과학자에 그치는 것이 아니라, 폭넓은 경제학 지식을 갖추고 근대 사회에서 중요한 역할을 수행하는 철학자이기도 했다. 니어링이 말하는 경제학자의 역할은 다음과 같았다. "이제 경제학자들은 복지가 부유함보다 우선해야 하며, '수요와 공급에 따른 임금'이라는 철칙이 '최소 임금' 법칙에 의해 깨어져야 한다는 것을 이야기할 때가 되었다. …… 요컨대 경제학자가 자신의 존재를 정당화하려면, 동료 경제학자들과 협력해서 보통 사람들이 무거운 짐을 좀더 쉽게 견딜 수 있도록 해 주는 이론을 내놓아야 한다."[18)

이런 주장은 다음과 같은 이유들 때문에 중요하다. 첫째, 경제학의 정의에서 '부'라는 개념의 범위를 확장해 사람을 요소 중 하나로 포함시켰다. 니어링은 영국의 윤리 예술 비평가인 러스킨(John Ruskin)의 말을 거꾸로 인용해서 '부는 없고 삶은 있음'ⁿ을 선언했다. 삶에 봉사하는 것이라면 모두 경제학의 영역에 넣을 수 있다는 말이다. 니어링은 이렇게 말했

■ 니어링은 자신의 저술에 자주 러스킨을 인용했다. 주로 윤리 기준으로 경제학을 판단해야 한다고 강조하기 위해서였다. "이성은 우리가 인간의 삶과 복지에 미치는 영향을 고려해서 부를 판단해야 한다고 명령한다."와 같은 문장이 전형적이다. 특히 니어링은 "삶은 없고 부만 있다. 이것이 사람들의 경제 기준이다."라는 러스킨의 유명한 문장을 자주 인용했다. Nearing, *The Human Element in Economics*, pamphlet, 1919.

다. "부는 물질일 수도 물질이 아닐 수도 있으며, 경제학은 물질이 아닌 부가 물질인 부를 생산할 때 나타나는 문제와 어느 정도 관계가 있다."[19] 둘째, 사람들에게 깨달음을 주었다. 경제학은 원래 정치와 연관이 있기 때문에 당연히 새로운 경제 철학은 당시 서구 세계를 틀어쥔 진보주의의 소용돌이 속으로 휘말려 들어갔다.[20] 그리고 물질인 부가 커지면서 사람들은 이상으로 꿈꾸는 문명이나 기대할 권리가 있는 무언가를 아직도 얻지 못했다는 사실을 깨닫게 되었다.[21]

━━ 개혁의 논리는 실제 사회 상황과 맞물리면서 미국에서 부를 재분배하는 문제에 초점을 맞추는 것처럼 보였다. 패튼(Simon Nelson Patten)이 주장한 '풍요의 경제학'에 근거해 니어링은 사람들에게 골고루 돌아갈 만큼 소득이 충분하다고 믿었다. 그리고 만약 부를 생산한 이들이 모두 그 부를 평등하게 분배받는다면, 전체 미국 사회는 더할 나위 없이 안락한 수준의 삶을 누릴 수 있다고 생각했다.[22] 미국 사회가 풍요하다는 사실은 패튼에게 기쁨을 주었지만, 한편 두려운 것이기도 했다. 풍요는 절제라는 문제를 야기했다. 물질주의자의 잔치판에서 사람의 인격과 윤리에 어떤 일이 벌어질 것인지가 문제였다. **

이런 문제와 함께, 경제학 논쟁에 직접 이해관계를 가진 대학 이사들의 눈이 구석구석 미치는 사립대학에서 경제학을 가르치는 사람으로서, 패튼은 분배가 아니라 소비 문제에 집중했다. 풍요가 일으키는 문제들을 소

━━━━━━

** Daniel M. Fox, *The Discovery of Abundance: Simon Nelson Patten and the Transformation of Social Theory* (Ithaca: Cornell University Press, 1967), Patten's classic, *The New Basis of Civilization* (1907) (repr. Cambridge, Mass.: Belknap Press, 1968) 참조. 니어링은 자신의 스승인 패튼이 경제 논리의 목표를 '소비'에 맞추었으며, 그것이 이론으로는 정당한 것처럼 보인다고 말했다. 그러나 니어링은 곧, 그것은 현실적으로 불가능하며—최소한 현 단계의 인간 지식으로는—'소비'를 소득 현실을 알기 위한 출발점으로 삼는 것은 무의미하다고 주장했다. Nearing, *Income*, pp. xvi-xvii.

비를 적절히 훈련함으로써 해소할 수 있으리라고 생각한 것이다. 분배라는 주제는 사립대학 교수직을 흔들 수도 있었기 때문에 패튼은 학생들이 이것을 연구하는 것을 말리려고 했다. 니어링은 1906년에 워튼 대학에서 신입생들에게 경제학을 가르치기 시작했는데, 어느 날 패튼이 니어링을 사무실로 불러 이렇게 말했다고 회고했다. "자네가 관심 있는 것은 어떤 것이라도 연구해도 좋네. 하지만 말해 둘 게 있네. 소득 분배를 다루는 것은 바람직하긴 하지만, 여기서는 미묘한 주제라네."[23] 패튼의 한 전기 작가는 이렇게 기록했다. "니어링은 패튼의 논리에서 이끌어 낸 원칙을 지닌 투사가 되었다. 그 원칙은 패튼 자신도 표현하기를 주저하던 것이었다."[24]

스승의 충고보다는 사회 현실에서 더 많은 영향을 받은 니어링은 분배와 관련된 사실을 찾아 내고, 그 문제의 해결에 이바지하겠다고 결심했다. 니어링은 근대 사회가 당면한 문제에는 상호 협력하는 산업을 기반으로 삼아 생산된 풍성한 부를 공평하게 분배하는 것도 포함되어 있다고 주장했다.[25] 니어링은 근대 산업이 재화를 충분히 많이 생산하고 있다고 믿었기 때문에 낡은 분배 체계가 생산에서 얻은 승리를 헛되게 만든다고 말했다.[26]

니어링의 분석과 결론은 강의에 그대로 반영되었다. 니어링의 강의실은 진정한 광장이 되었다. 학생들은 니어링의 강의실에서 각자 의견을 제출하고 검증받고 착상을 가다듬었으며, 그것들은 논쟁을 겪으면서 확산되었다. 니어링에게 배우고 훗날 뉴딜 정책의 급진 전문가 집단의 일원이 된 터그웰(Rexford Guy Tugwell)은 니어링의 강의를 이렇게 회상했다.

강의는 상당히 어려운 이론을 핵심부터 다루었다. 대다수 학생들은 생산, 소비, 교환, 분배의 요소를 배우는 것부터 시작해야 했다. 하지만 생산은 우리를 오래 붙잡지 않았으며 소비도 마찬가지였다. 강의의 많은 부분은 곧 가치 이론과 그 이론이 재화, 서비스의 교환에 미치는 영향에 초점을 맞추는 것으로 나아갔다. 그리고 결국은 몫을 분배하는 것과, 그것을 어떤 방법으로 적절하게 할 것인지에 대한 긴 강의로 이어졌다. 이는 당시 논란의 중심에 있던 것이다. 그 동안 누구도 정통 이론을 수정하는 것 이상을 이야기하지 않았다. 상당히 급진인 사람들도 그 때까지의 경제 체제를 받아들였다. 그이들의 급진주의란 기업가가 자신들 이론의 규범을 위반했다는 것을 폭로하는 수준 정도였다. …… 학생들은 대부분 니어링의 경제 체제 비판이 그 가치에 의문을 제기하는 것과는 다른 그 무엇이라고 생각했다.[27]

니어링이 발견한 '분배'는 경제학에서 가장 재미있으면서 또한 가장 어려운 부분이었다.[28] 미국 사회는 사람이 어떻게 부를 생산하는지 배우는 단계까지는 갔으나, 모든 이를 만족시키려면 그것을 어떻게 분배해야 하는지는 전혀 배우지 못했다. 이 시기 모든 개혁 운동과 선동은 대부분 부를 분배하는 방법에 대한 불만이 그 원인이었다. 좀더 많은 임금을 보장할 것을 요구하는 노동조합의 파업이든, 토지에만 세금이 부과되어야 한다는 토지 단일세주의자의 요구이든, 사회 잉여를 좀더 평등하게 분배하려는 사회주의자의 투쟁이든 간에 그 뿌리는 모두 '분배'라는 커다란 문제에 있었다.[29] 니어링은 자신이 세운 논리로 사기업 자본주의가 비윤리적이고 사회에 반하는 분배 제도를 창출했다는 것을 보여 줄 수 있다고 생각했다.[30]

분배와 관련해 니어링이 쓴 책에 함축된 논리는 니어링이 노동자 계급의 이익을 대변하는 것처럼 보이게 했다. 하지만 부유층이 문화를 지배하고 그이들의 손에 사회 변화가 달려 있는 것이 현실이었으며, 이를 아는 니어링은 부자들이 변화해야 할 필요가 있음을 역설했다. 니어링의 경제학은 지배 계급이 책무를 다하지 않기 때문에 사회가 파괴되고 타락하고 있다는 것을 폭로하는 것이었다. 그 결과는 특히 부자들에게 불길했다. 부자들은 생계를 위해 일하지 않았다. 그래서 도덕성이 약해지고 생산하는 계층에 기대게 되면서 인격이 타락했다. 사회 파괴와 타락의 책임은 명백히 부자들에게 있었다. 니어링의 경제학에 따르면 이런 말이 나올 수밖에 없었다. "내가 부자이고 네가 가난하다면, 우리는 모두 불평등 때문에 타락한다."[31]

니어링의 경제 분석은 소득을 '근로 소득' 대 '불로 소득', 또는 '노동 소득' 대 '재산 소득'을 구분하는 사회 분류로 이어졌다. 니어링은 만약 현실로 나타나는 소득에 근거해서 계급을 나눌 수 있다면, 소득 분배와 관계된 경제 문제를 논의하는 것이 훨씬 쉬워질 것임을 알았다. 그것은 노동의 대가에 따른 소득과 재산 소유에 따른 소득을 구별하는 것이었다.[32] 니어링은 고전 경제학자들은 생산 노동과 비생산 노동을 구별하는 것이 옳다는 것을 입증하지 못했다며,[33] 소득의 종류에 따라 새롭게 계급을 분류할 필요가 있다고 말했다.

이 분류는 전통보다는 기능에 기초하게 될 것이다. 또 일반과 추상에 따르기보다는 개별에 따라 구체화한 것이 될 것이다. 이 분류는 재산 소득(재산을 소유함으로써 나오는 소득)과 노동 소득(노동으로 생기는 소득) 사이에 존재하는 상반된 사실에 근거한다. 이 구분은 소득자가 생산 과정에서 어떤 역할을 했는지를 말해 준다.[34]

베블런(Thorstein Veblen)이 그런 것처럼 '유한 계급' 대 '노동 계급'으로 분류하는 것은 당시 경제학자나 사회 비평가들에게 그리 특별한 일이 아니었다. 베블런은 유한 계급은 금전을 소유하고 있고, 생산하지 않으면서 얻고, 서로 돌보는 것이 아니라 일방으로 착취하는 계급이라고 보았다.[35) 그러나 터그웰에 따르면 처음으로 '근로'와 '불로'를 소득 연구의 주요 범주로 삼은 사람은 니어링이었다. 니어링은 사실상 생산과 부의 근원을 가장 먼저 연구한 사람 중 하나였다. 터그웰은 그런 한편 니어링은 자신의 주장을 지키기 위해 경제 현실에서 벗어나 정통 경제학에 많이 기대기도 했으며, 경제가 고전 이론이 기대한 대로 계몽의 방향으로 나아가기를 바랐다고도 말했다.[36)

한 분석가는 니어링이 사용한 근로 소득, 불로 소득 구분은 조만간 경제 정책에 실제로 적용될 것이라고 평가했다. 윤리의 관점에서 그것은 처음 출현하던 때의 시대정신에 크게 어긋나지 않았으며, 재산 소득 관례에 도전하는 것은 사회 과학에 소중한 이바지를 하는 것이라고도 덧붙였다.[37) 또 다른 관찰자는 "니어링 교수는 명백히 진보 배경을 가지고 있으며, 일부 학설에는 사회주의 경향이 보인다."라고 말했다. 니어링의 견해는 실제로 경제 문제에 사회 통제를 크게 강화하는 것을 옹호하는 상당수 경제학자들의 견해와 동일했다. 니어링은 이렇게 말했다. "현재처럼 부를 분배하는 것은 자본이 여러 가지 형태로 이익을 추구한 결과이다. 그것은 법제화된 특권을 내세우고 임금 노동자의 희생을 발판삼아 점차 늘어난다. 오늘날 개인이 가지고 있는 부는 대부분 그 소유자가 생산한 것이 아니라 약탈한 것이다." 쉽게 말해 니어링은 불로 소득을 없애고 약탈을 불가능하게 해서 좀더 평등하고 건전한 사회를 만드는 것을 지지했다. 또한 진보가 진정한 것이 되도록 사회가 생산과 분배에 크게 개입해 통제를 강화하는 것을 옹호했다. 그리고 무엇보다도 니어링은 공공연하고 겁 없이 이런 것들을 주장했다.[38)

니어링은 1915년 〈미국 사회학 저널 American Journal of Sociology〉

5월호에 〈소득의 근거 The Why of Income〉라는 글을 기고했다. 거기에서 근로 소득과 불로 소득을 구별하고 체계를 세워 소득 분배를 분석했다. 니어링은 과감하게 주장했다. "많은 사람들이 부를 창출하기 위해 애쓰지만 결국은 창출한 부의 일부만 가질 뿐이고, 오히려 생산 활동에 전혀 참여하지 않은 엉뚱한 사람들이 소득을 얻는다. 근대 경제는 이상한 모습을 연출하고 있다." 생산의 결과를 분석해 보면, 생산에 참여한 이와 분배에 참여한 이가 같은 집단이 아니라는 결론에 쉽게 이르게 된다. 새로운 경제학은 이러한 모순이 간단한 것이 아니며, 그런데도 이에 대한 설명은 지금까지 단순하고 소박했다는 것을 밝혔다.

고전 경제학자를 비판한 러스킨, 정면 공격을 한 마르크스, 적극 공세를 취한 조지에 이어서 니어링의 새로운 경제학은 경제 사상의 주류를 '부와 생산'에서 '복지와 소비'로 전환하도록 했다. 하지만 거기에는 과학으로서 경제학을 옹호하는 사람이 해야 하는 중요한 임무가 한 가지 더 남아 있었다. 니어링은 분배 이론이 현실과 일치하게 바뀌어야 하며, 소득을 분류해서 지급하기 위한 이유를 새롭게 공식화해야 할 때가 되었다고 생각했다.[39]

진보 개혁을 어둡게 만드는 불길한 그림자가 있었다면, 그것은 미국 사회에서 엄격한 계급 분류가 발전하는 것을 두려워하는 사람들에게서 나왔을 것이다. 니어링은 경제학 논쟁이 노동 소득과 재산 소득을 수령하는 사람들 사이에 분명하게 선을 그으면서 빠르게 형태를 갖추어 가는 것을 지켜보았다.[40] 니어링은 이렇게 말했다. "노동 소득과 재산 소득을 대비시키는 것은 중요하다. 왜냐하면 그것이 생산 계급과 유한 계급을 나누어 주기 때문이 아니라, 한편으로는 착취하고 다른 한편으로는 다른 계급에 기생하는 짓을 하지 못하게 만드는 근거를 마련해 줄 수 있으므로. …… 경제적 구원은 계급 간에 갈등하게 만드는 것으로 이루어지는 것이 아니라, 일하는 사람에게 그 일에 해당하는 가치를 충분히 지급하고, 게으른 이는 사회에서 추방하는 계급 분류를 통해 이루어진다."[41]

니어링은 지배 계급이 임금 소득자를 착취하고 있음을 지적하는 글을 많이 썼다. 《소득》에서 니어링은 재산 소득과 노동 소득 사이의 대비가 극명함을 지적하고, 또 갈수록 분열이 분명해진다고 설명했다. 그리고 이는 결국 무산자 대중이 의문을 제기하고 항의하고 반란을 일으키게 하며, 노동자와 재산 소유자가 좀더 큰 몫을 차지하기 위해 서로 반대편으로 나뉘어 격렬하게 투쟁하게 하는 원인이 된다고 말했다.[42]

니어링이 경제 생활에 대해 가지고 있는 이상은 "사람은 에너지를 소비했을 때 그것을 되돌려주는 재화를 생산하는 것에만 효율 있게 에너지를 사용해야 한다."라는 소신에 중심을 두고 있었다. 경제 생활은 완벽하고 충만한 삶이 되어야 하며, 그 안에 노동뿐 아니라 여가와 놀이까지 포함해야 한다. 그런데 이것이 잘못되어서, 부자들은 생산 노동을 활성화시키지도 못한 채 여유를 몽땅 독차지하고 있으며, 노동자들은 개인의 발전과 도덕성을 함양하는 데 필요한 시간조차 가지지 못할 정도로 착취당하고 있다. 니어링은 이렇게 지적했다. "사람 기계(노동자)도 사회의 기생충(게으른 부자)도 모두 경제 생활과는 거리가 있다."[43] 니어링은 현재의 경제 체제가 굳건하게 되어서 노동자나 그 자손들이 소득을 높일 가능성이 전혀 없어지는 것을 두려워했다. 현행 경제 체제는 자기 마음대로 운명론에 입각해서 노동자의 손발을 묶어 전혀 손을 쓸 수 없을 정도로 낮은 소득 수준에 머물도록 했다.[44] 니어링의 희망이자 개혁 방안은 노동을 가장 가치가 높은 자산으로 인정해서 노동이 창출하는 가치를 보상해 주는 효율적인 소득 분배 체계를 세우는 것이었다.[45] 니어링은 이렇게 강조했다. "세계는 노동할 수 있는 사람이라면 그 누구도 게을러서는 안 된다는 것을 알아야 한다. 누구든 자신이 제공한 노동보다 많은 가치를 받는다면 그

것은 가장 큰 비윤리이다."▪

니어링은 이렇게 말했다. "나는 학교에 다니면서 부자들의 비열함에 대해 알게 되었다. 썩어빠진 부자들이 가난하고 힘없는 자들을 착취해서 돈을 번다."[46] 단지 부자들이 기생하는 것 때문에 착취는 계속되고 개혁은 방해를 받았다.[47] '하느님인가, 물질인가?' 하는 선택에 직면했을 때 대다수 미국인은 주저하지 않고 물질을 택했다. 부자들이 물질을 선택하는 것은 마치 유행처럼 번져 일종의 신조나 신앙 고백이 될 정도였다.[48] 니어링은 이런 경제 체제에서 가장 나쁜 영향을 받는 이는 오히려 노동자가 아니라고 보았다.

부가 낳는 결과 중 하나는 그것이 부자들에게 재앙을 불러 온다는 것이다. 부자들, 특히 2세들은 무엇인가를 성취해야 한다는 요구에 직면하지 않는다. 그이들은 존재할 필요가 없어진다. 그이들의 힘과 창의성은 감퇴한다. 성취할 목표가 없다는 사실이 자존심이 훼손된 부자, 심한 불만과 권태에 차 있는 부자, 정신의 고통인 무료함으로 하루하루를 보내는 부자의 상태를 가장 잘 설명해 준다.[49]

니어링은 자신과 같은 계급에 속한 사람들 중에서, 문명을 발전시켜야 하는 임무에 실패하고 의존과 무능력 상태에 빠진 무기력한 사람들을 경

▪ Nearing, *Reducing the Cost of Living*, p. 65. Veblen, *Theory of the Leisure* Class, pp. 204-5, 209, 246. 베블런도 자신의 책에서 게으른 부자가 노동자를 타락시키고, 개혁을 방해하는 사회의 기생충이 되었다는 것과 비슷한 진술을 하고 있다. "유한 계급은 하층 계급이 자신에게서 벗어나지 못하도록 생계 수단을 이용해 제도적으로 통제한다. 여기에 더해 하층 계급이 소비를 줄이고, 결과적으로 새로운 사고 습관을 배우고 실천하기에 필요한 노력을 할 수 없는 수준까지 에너지를 저하시킨다. 그것이야말로 부의 불평등한 분배가 낳은 직접적인 억제 효과이며, 그것이 결국 문화가 발달하지 못하게 가로막는다."

멸했다.[50) 니어링의 분노는 《건전한 사회》에서 강하게 나타났다.

노동이라고는 모르는 한 줌밖에 안 되는 사람들이 있다. 그이들은 세상에서 격리된 채 삶에 존재하는 어려움을 모르고 만족에서 동떨어져 쉽게 살아간다. 그이들은 마치 동물원의 동물들 같다. 온도가 정해진 맞춤 환경에서 지내고, 자신이 좋아하는 것들만 빼고는 모든 것에서 격리되어 있고, 위험에 처해지지 않도록(아니면 달아나지 못하도록) 지키는 경비들에게 둘러싸여 있으니 말이다. 움직이라고 만들어진 기관을 쓰지 않으니 그것들은 어쩔 수 없이 퇴화한다.[51)

니어링은 더 부유한 사회는 부자들을 더 많이 육체적, 정신적 죽음으로 이끈다고 선언했다. 그리고 지배 계급의 부패는 불가피하게 공동체 사회를 죽음으로 내몰았다.[52) 가난한 자들의 창의력은 고갈되는 반면 부자들은 폭식하는 상황은 결국 가난한 자와 부자 둘 다에게 창의력이 파괴되는 결과를 가져온다.[53) 니어링은 자신이 속한 계급의 부자들에게 거침없이 말했다.

우리는 우리 형제들의 지킴이임을 자처해 왔으나, 수백만 명을 산업 현장에 고용하면서 기본 생활필수품도 사지 못할 정도로 임금을 적게 주는 경우가 수없이 많다. 우리는 그늘을 만들었고, 사람들은 그 그늘에서 고통받으며 죽어 간다. 이는 우리의 죄이다. 우리는 비난받아 마땅하다. 사람들이 가난한 것은 우리가 그이들을 가난하게 만들었기 때문이다. 우리는 지배자이다. 우리는 지식과 문화와 부와 권력이라는 특권을 가지고 있다. 우리는 청지기의 임무를 띠고 있으므로, 문화도 교육도 기회도 없이 살아가는 수백만 명의 동료들이 있는 수렁으로 내려가야 한다.

니어링은 자신과 같은 계급의 청중에게 다음을 되새기게 했다. "문제를 해결해야 하는 것은 재산과 문화, 기회를 가진 우리의 책임이며, 우리는 문제를 해결할 위치에 있는 유일한 사람들이다."[54]

니어링은 명백히 지배 계급이 문제의 원인인데도, 이 계급이 권력을 독점하고 문화를 지배하고 있다고 생각했다. 그래도 니어링은 위로가 되는 믿음을 하나 지니고 있었다. '부자로 태어난 이들만 이득을 취하는 일이 지속될 경우 세상은 지옥이 될 것이라고 타락한 부자들에게 경고해 주는 건전한 동료들이 딱 필요한 수만큼 존재한다'[55]는 믿음이 그것이다. 니어링은 '반역의 영혼'이 있다면 그것은 대중이 아니라 지배자 속에 있다고 보는 쪽이었다. 착취자라 할지라도 어쨌든 지배자가 경제, 사회의 불의에 대항하는 반역을 이끈다고 생각했다. 니어링은 큰 부자의 반열에 오른 클리블랜드의 존슨(Tom L. Johnson), 착취의 성채에서 자라난 퍼킨스(George W. Perkins), 백만장자인 펠스(Joseph Fels), 록펠러(John Davison Rockefeller), 스토크스(Stokes), 패터슨(John Patterson), 핀초트(Gifford Pinchot)를 보기로 들었다. 그리고 니어링 자신도 대단치는 않지만 그 중에 속한다고 생각했다.

니어링의 표현을 빌리면 그이들은 자본주의 지배자들 가운데 위대한 불만 운동의 대표자들, 자신이 대항하는 사회 체제에서 혜택을 받은 바로 그 사람들이었다. 어느 때보다도 환경이 어려운데도 니어링이 개혁이 가능하다고 믿은 것은, 이러한 지배자의 반역이 깊고 넓게 자리하고 있다는 희망이 있었기 때문이다. 그리고 그렇게 해야만 지배 계급이 자신들의 숙명인 의무를 다하고 지도력을 발휘하는 본연의 자리로 돌아올 수 있었다. 니어링은 이렇게 말했다. "지배자, 기득권을 가진 자들이 불공정한 부의 분배 체계에 의문을 제기하고 비난하기까지 하는데, 다른 계급이 구경꾼처럼 이 문제를 한쪽으로 제쳐두는 것은 이상하지 않은가?"[56]

니어링은 자신의 계급에 지워진 슬픈 숙명을 이야기하면서도 부활하리라는 약속에 뿌리를 둔 희망 또한 버리지 않았다.

역사를 볼 때 문명은 예외 없이 기생 집단을 발전시켰으므로 이 집단이 문명 발달에 필수라고 말하지 마라. 역사에 그런 어두운 예언은 없다. 역사가 주는 것은 경고인데, 역사를 잘 읽으면 이 경고가 어떤 것인지 알게 될 것이다.

그 경고는 부자들이 시민으로서 이상에 부끄럽지 않게 생활하라는 것이었다. 니어링은 사람들에게 자신의 견해는 급진에서 출발한 것이 아니라 분명히 서구 문명이 강조해 온 단순한 목표에 지나지 않는다는 점을 설명했다. 그것은 그서 평등 사상이 아니라, 모든 사회 계급의 남녀에게 동등한 기회를 부여할 것을 열망하는 매우 강력한 감정이었다. 그것의 목표는 모두 동등하게 기회를 갖는 것이다. 그러므로 부자는 생산 노동자의 미덕을 배워야 하며, 서구 문명이 노동의 유효함 위에 세워졌음을 깨달아야 한다.[57]

이렇게 객관적인 증거와 함께 제시된 사실과 각종 통계를 종합한 것 뒤에는 경제학 못지않게 윤리가 있었다. 니어링은 개인의 자유 대 집단의 협력, 사고 대 행동, 여가 대 노동으로 벽을 쌓으면서 생겨난 고정관념을 지배 계급이 스스로 바꾸어 자신들을 개혁하기를 바랐다. 나아가 노동 소득과 불로 소득에 근거한 계급 분류를 아예 없애 버릴 수 있기를 바랐다. 이것은 메마르고 이론으로 가득 찬 경제 분석의 문제가 아니었다. 그것은 윤리의 문제였다.

제3장

부자의 윤리

부자가 타락하고 부유층이 부패하는 것은 미국의 사회 경제적 현실일 뿐만 아니라 문화 역사적 사실이기도 했다. 미국 정치사를 보면, 시민들이 부패한 부와 사치에 젖어 가장 소중한 자유의 꿈을 잃게 되면 고대 공화국처럼 퇴조하게 된다는 것을 알 수 있었다. 사치가 심해지면 사회가 부담해야 하는 것이 늘어나고[1] 부는 무의미하며 헛된 것이 된다*는 생각은 니어링의 삶에 걸쳐 한결같았다. 1913년 니어링은 이렇게 지적했다. "사회가 타락할 때 무너지지 않은 집단이 없었다는 것을 역사는 아주 분명하게 가르쳐 준다. (고대 공화국들은) 차례차례 부와 권력의 자리에 올랐으나 부패하고 타락하면서 다른 정복자의 먹이가 되었다. 그리고 역사에서 사회가 타락하는 것은 흔한 일이다."[2] 니어링과 다른 진보주의자들에게 중요한 과제는 '역사에서 어떤 교훈을 찾아 미국에 적용할 것인가?' 하는 것

■ Scott and Helen Nearing Papers, card file, "Writing Plans," January 11, 1944, Boston University Special Collections, Boston. 카드에는 이렇게 기록되어 있다. "철학—삶의 방식. 부가 무의미하며 헛되다는 금언에는 번득이는 지혜가 담겨 있다."

이었다. 이제 막 출현하는 사회 조건 속에서 공화주의는 위기에서 벗어나는 길을 찾을 수 있을까? 풍요로운 경제에 고도로 개인주의화한 사회 안에서 스스로 자원해서 시민의 의무를 짊어지는 공화주의가 가진 미덕이 되살아날 수 있을까?[3]

니어링은 18~19세기 미국의 자유주의는 공화주의의 미덕에서 점점 멀어지고 있다고 보는 진보 역사관을 가졌다. 미국 사회는 소유에 집착하는 개인주의 덕분에, 자립이 강조되고 공공 선에 바탕을 두던 국가의 이상이 자유 시장을 토대로 한 무한 경쟁으로 바뀌고 있었다. 니어링은 20세기 초반 경제 전쟁에서 빚어진 결과들이 사회가 감당할 수 없을 정도로 많아지고 있다고 주장했다. 그리고 사회 구성원들이 인간성을 회복하기를 바라는 시민들은, 그 경제 체제가 나름대로 성취한 바가 있기는 하지만 이제는 폐기되기를 바란다고 단언했다. 이에 진보 역사 이론인 '진화론적 낙관주의'에 힘입어 공화주의의 위기를 극복하기 위한 새로운 발전상이 선보였다. 니어링은 근대의 경제 발전과 협동 생산 체제, 상호 의존과 풍요로움 따위가 누구나 여가를 누리고 환경을 다스릴 수 있게 만든다고 보았다. 이 모든 것이 꽉 짜인 삶에서도 개인의 독립을 실현할 수 있게 한다고 여긴 것이다. 니어링은 풍요가 고르게 분배되고 산업에 질서가 잡히면 이런 이상이 실현될 수 있다고 주장했다. 나아가서 이러한 개혁이 성공하도록 미국 사회는 가치를 변화시켜야 한다고 믿었다. 그러기 위해서는 공공 선을 위해 노력하던 예전 공화주의의 시민 의식으로 돌아가야 했다.

니어링은 사회가 변화하려면 사회에 대해 더욱 많이 책임감을 가져야한다고 주장했다. 그래서 소극적이지 않고 적극적인 자유, 권리보다 의무가 더 중요하다고 강조했다. 니어링은 권리에는 늘 의무가 따른다고 말했다. 근대에 개인의 자립은 구성원 간의 상호 의존으로 대체되기 때문에 적극적인 자유로 개념을 변화시킬 필요가 있었다. 니어링은 이렇게 말했다.

"권리가 있으면 거기에는 언제나 책임이 따른다. 선택할 권리를 가진 사람은 책임을 완수할 의무가 있으며, 권리와 의무는 둘로 나눌 수 없다."[4] 이런 말도 했다. "노예에게는 책임이 없다. 주인이 노예의 삶을 대신 결정하기 때문이다. 노예는 자신의 미래를 선택하라고 강요받지 않는다. 그러나 자유인은 그 자유가 방종으로 해석되지 않으려면 자신의 행동을 모두 설명할 수 있어야 한다. 자유인은 스스로 주인이고, 주인은 자신의 행동에 책임을 져야 하기 때문이다."[5] 근대 사회에서 자유는 단순히 고이 간직하는 어떤 것이 아니라 적극적으로 실천해야 하는 것이었다. 자유에는 사회적 책임이 있다는 이런 개념은 자유뿐 아니라 재산권과 국가의 역할을 다시 정의하는 것에도 적용되었다.

니어링은 민주주의의 네 가지 기본 개념—기회 균등, 시민의 의무, 민주 정치, 인권—에 바탕을 둔 경제 공화주의를 내놓았다. 니어링은 이렇게 주장했다. "민주 시민이라면 시민권에 따르는 책임을 져야 한다. 그 시민권은 만약 잘못을 저질렀을 경우에는 혜택을 잃는 것을 조건으로 한다." 그런 사회에서 가장 중요한 가치는 사람이고, 가장 위대한 권리는 인권이다. 민주 정부에는 정부를 지지하는 사람들에게 봉사한다는 오직 한 가지 의무만 주어지기 때문에, 의욕을 갖고 열심히 일하는 정부를 위협적인 존재로 보는 일은 없을 것이다. 니어링은 자신이 지지한 이념이 정치 민주주의를 시험하는 데 적합했으므로 경제 민주주의를 시험하는 데에도 유용할 수 있다고 생각했다. 니어링은 "이제 경제 문제에 중점을 두고 기회 균등을 위해 투쟁해야 한다."라고 말했다. 그 다음에 이어질 자유를 위한 투쟁에서 이길 것인지 질 것인지가 거기에 달려 있었다.[6]

▬▬ 새 공화주의의 논리는, 민주 사회에서 개인이 자발적으로 사회에 책임 의식을 느끼게 하는 열쇠는 바로 '교육'이라는 믿음으로 이어졌다. 듀

이(John Dewey)는 '교육은 사회 진보와 개혁의 근본 수단'[7]이라고 말했다. 그래서 진보주의 시대에는 교육 개혁이 깊이 있게 논의되었으며, 니어링은 교육을 모든 점에서 혁명적으로 변화할 것을 추구했다.[8] 니어링은 자주 교육 문제에 집중했으며, 사회 변화 과정에서 교육이 중요함을 깊이 생각했다.[9] 교육 개혁의 초점은 두 가지였다. 하나는 잘 짜여지고 상호 의존하고 고도로 산업화한 사회에서 살아갈 수 있도록 개인을 준비시키는 교육이고, 다른 하나는 현명한 정치 행동을 이끌어 내도록 해 주는 교육이다.

니어링이 교육 문제에 내놓은 해법은 스펜서(Herbert Spencer)가 대중화한 진화론에서 출발했다. 진화론의 시각에 따르면 교육의 목적은 변화하는 생활환경에 개인이 적응하도록 돕는 것이었다. 니어링은 '교육의 목적은 완전한 삶'이라는 스펜서의 말을 인용해 이렇게 주장했다. "완벽한 교육은 사람들이 삶의 단계를 모두 제대로 살 수 있도록 준비하고, 삶에서 얻을 수 있는 이익을 모두 끌어 내도록 가르치는 것이다."[10] 그러나 사람은 오직 진화에 따른 발달만 할 뿐이라는 스펜서의 주장은 개혁이 끼어들 여지를 배제한 강한 결정주의였다. 이에 니어링은 스펜서에 의지해 자신의 교육 철학을 설명하는 것을 포기하고, 사람이 보편적으로 지닌 지적 능력에 대해 말한 워드(Lester Frank Ward)에 주목했다. 워드는 사회를 변화시키고 개혁할 수 있게 하는 것은 목적을 가진 사람의 마음이라고 보았다. 워드는 기회가 부족해서 쓰이지 못했을 뿐, 사회는 발전할 수 있는 잠재 능력으로 가득 차 있다고 확신했다.[11] 진보 사상가는, 누구도 반박할 수 없는 방법으로 인간의 능력과 적응 가능성을 사람들 앞에 분명하게 보여 줄 의무가 있었다.[12] 이러한 워드의 견해는 평등을 추구하면서도 민주적이고 낙관에 가득 찬 것이었다. 교육은 진보의 열쇠였다.

개혁은 교육 체제를 바꾸는 것부터 시작해야 했다. 근대 공장 체제에서

도제 제도는 사라졌으며, 이제 삶을 준비하는 방법을 가르치는 기능은 학교가 떠맡아야 했다. 니어링은 이렇게 비판했다. "수천 가지 서로 다른 삶을 준비하는 수단으로 학교들은 대부분 그저 전통적인 형식의 고전적인 교육만 제공했을 뿐이다. 그런 교육으로는 특정한 어느 공장에서 평생을 보내야 하는 사람에게 기본이 될 만한 것을 전혀 가르칠 수 없다."[13] 새로운 시대는 새로운 교육을 요구했는데, 새로운 교육의 이상은 3H, 즉 머리(Head), 손(Hand), 마음(Heart)이었다.[14]

듀이와 보른(Randolph Bourne)에 이어서, 니어링은 새로운 교육의 모델로서 인디애나 주에 있는 게리라는 도시의 학교 체제를 적극 받아들였다.▪ 《새로운 교육 The New Education》(1915)에서 니어링은 이렇게 적었다. "게리에서 교육의 목적은 어린이의 전인 교육이다. 정신과 육체, 손과 머리, 일과 휴식을 하나의 완전한 체제 안에서 결합하기 위해 노력하는 것을 지금까지 다른 어떤 학교에서도 볼 수 없었다."[15] 니어링은 또 이렇게 지적했다. "새로운 교육 이념 아래 학교는 삶을 준비한다. 사실 학교는 삶을 준비할 뿐만 아니라 그 삶의 한 부분이기도 하다. 그래서 봉사할 수 있는 기회를 좀더 많이 제공하며, 좀더 폭넓고 심오한 삶을 살 수 있게 한다."[16] 학교는 민주주의를 위한 실험실이었다.[17] 니어링은 공공 교육 기관에서 사회의식이 자랄 수 있고, 또 자라날 것이라고 믿었다.[18]

지성을 훈련한다는 목표[19]에 바탕을 둔 효율적인 교육은, 근대 사회가 유기적인 특징을 갖고 있음을 강조하고 개인이 사회에 책임을 다할 수 있도록 준비시킨다. 니어링은 지금까지는 학교가 개인 윤리를 가르치는 데 만족했지만, 이제는 사회 윤리를 교육하는 것으로 그 폭을 넓혀 가고 있다고 보았다. 니어링은 이렇게 말했다. "사회 일반이 좀더 폭넓고 건전한 토

▪ Dewey, *Schools of Tomorrow* (New York: Dutton, 1915), Bourne, *The Gary Schools* (Boston: Houghton Mifflin, 1916). 듀이와 보른은 각각 자신들의 저서에서 게리의 학교 체제를 지지했다.

대 위에서 책임 의식을 생각하도록 준비해야 할 때가 되었다."[20] 공립학교는 사회적 책임감을 발전시킬 것으로 기대할 만한 유일한 조직이었다.[21]

여기에 교육과 사회 개혁 사이의 고리, 곧 여론이 있었다. 니어링은 새로운 문명의 바탕은 이미 뚜렷하게 마련되었는데, 다만 여론이 각성된 듯하지 않고 의지도 부족한 것처럼 보인다고 생각했다. 사회적 책임감을 만들어 낼 여론을 형성하기 위해서는 오직 한 가지 방법밖에 없었다. 그것이 교육이다. 니어링은 학교와 여론을 연결하면서 이렇게 주장했다. "공공 교육이 올바른 바탕 위에서 슬기롭게 제공되면, 결국은 중요한 모든 문제에서 여론을 좋은 쪽으로 이끌 것이다."[22] 공공 의식을 각성시킴으로써 사회 문제가 없어질 수 있다고 믿은 니어링은, 공공 의식을 교육하면 사회적 책임감이 좀더 넓고 깊고 커질 것이라고 기대했다.[23]

대중의 책임감을 키우고 여론을 모아 법률을 제정하는 것은 단기 조치였다.[24] 공공 교육을 개혁하는 목표는 시민들이 사회적 행동을 준비하고, 그 행동이 입법의 형태로 표현되게 하는 것이다.[25] 사고와 행동, 교육과 입법을 연결하는 것은 민주주의가 건강해지는 데 대단히 중요하다. 니어링은 설령 대다수가 강하게 느낀다 하더라도, 사회적 책임감을 구체화하는 법률이 없다면 그 다수의 감정을 표현할 수단이 없는 것이라고 생각했다.[26] 니어링의 낙관주의는 사람의 본성이 선하다는 믿음을 넘어 민주 정치 과정을 굳게 믿는 것으로까지 이어졌다. 니어링은 이렇게 강조했다. "가장 중요한 것은 생각하는 사람들이다."

생각하는 사람들은 오직 교육 체제가 좋아야만 길러질 수 있다. 생각하는 사람들은 곧 행동도 하게 된다. 슬기롭게 생각하면 슬기롭게 행동한다. 민주주의에서 슬기로운 생각은 슬기로운 행동으로 검증된다. 민주주의에서 사람들은 자신들이 배운 수준에 맞추어 행동한다. 사람을 가르쳐라. 그러면 반드시 훌륭한 행동을 하는 것을 보게 될 것이다.[27]

좀더 나은 민주주의를 위해 공공 의식에 호소하는 것이 민주 국가인 미국의 병리를 치유하는 수단이었다. 니어링은 이렇게 말했다. "여론은 사회를 통제할 수 있는 기회를 제공하는데, 그것은 완전히 새로운 민주 정부로 나아가기 위한 장기 조치가 될 수 있다."[28] 그러나 사회적 책임과 시민의 의무라는 미덕으로 여론을 일깨우는 것만이 전부가 아니었다. 교육은 기존 사회 질서와 사고방식을 뒤엎는 수단이기도 했다. 니어링이 대중이 받아들이기 어려운 급진적인 표현이 어느 정도는 필요하다고 말한 것도 우연이 아니었다.[29]

▄▄▄ 이 고상한 공화주의는 새롭고 풍요로운 사회에서 미국 여성의 역할과 관련해 좀더 진전된 형태로 나타났다. 니어링은 이렇게 말했다. "여성은 능력을 가지고 있으나 기회가 부족해 세상일에 참여하지 못했다."[30] 그러나 이제 여성들도 기회를 가졌으며, 그이들이 그 기회를 어떻게 활용하는지가 국가의 미래에 중대한 영향을 끼치게 되었다. 니어링은 여성 해방을 옹호했으나 니어링의 페미니즘은 그다지 큰 호응을 받지 못했다. 니어링은 여성 앞에 놓인 장벽을 끔찍이 싫어했으며, 여성을 풍요로운 사회에서 남에게 기대거나 성을 수단으로 기생 생활을 해야 하는 '희생양'[31]으로 보았다. 하지만 니어링의 페미니즘은 가정 예찬의 범위를 넘어서는 전망을 거의 내놓지 못했다. 이것은 사실, 새로운 시대에 모든 미국 사람들이 맞닥뜨린 난처한 상황을 은연중에 보여 주는 것이기도 했다.

니어링은 이렇게 말했다. "전통이 붕괴하면서 가정 내에 혁명과도 같은 변화가 밀어닥치고, 교육 기관이 설립됨으로써 여성을 대하는 사회의 분위기가 바뀌었다. 수백 년 만에 처음으로 여성들에게 인생을 바쳐 추구할 것을 고를 수 있는 기회가 폭넓게 주어졌다." 여기에 뒤따르는 문제는 '이러한 선택에 무엇이 포함되는가?' 였다. 니어링은 '고대에 가장 위대한 공화국이던 로마' 대 '현대에 가장 위대한 공화국인 미국' 의 사회상을 대조하면서 나름대로 답을 내놓았다.[32] 로마의 커다란 변화는 노예들이 생산을 도맡아 해 준 덕분에 부가 늘어나고, 그 결과 남성과 여성이 비슷하게 여가를 누릴 수 있게 되면서 생겼다. 로마 사람들은 사회에 유용한 삶과 자신의 사치를 추구하는 삶 사이에서 하나를 골라야 했다. 니어링은 로마 여성들이 이기적으로 행동할 것인지 사회적으로 행동할 것인지, 또 쾌락을 추구할 것인지 일할 것인지 사이에서 선택하도록 요구받았다고 말했다. 니어링에 따르면 로마 여성들은 출산을 기피하고 게으름, 사치, 방종을 선택했다. 결과는 공화국의 쇠퇴였다. 로마 여성들이 맞닥뜨린 것과 똑같은 선택이 미국 여성들 앞에 놓여 있다고 니어링은 말했다. 니어링은 질문을 던졌다. "미국 여성들은 이기적인 쾌락을 추구할 것인가, 아니면 사회봉사의 길을 택할 것인가?"[33]

물론 이것은 여성들만이 아니라 남성들이 맞닥뜨린 문제이기도 했다. 결국 이것은 미국의 모든 소득 계층이 맞닥뜨린 문제였다. 미국 사람들은 지나간 역사 속 사람들이 저지른 잘못을 피할 수도 있었다. 여성들뿐 아니라 모든 사람을 언급하면서 니어링은 이렇게 말했다. "최근 사회가 변화함으로써 얻은 자유와 그 결과로 선택이 중요해졌다. 이는 미국 사람의 삶에서 가장 중요하고 또 풀기 어려운 문제이다." 니어링은 미국 여성들에게는 선택의 자유가 있다며 이렇게 질문을 던졌다. "그이들의 자유에 무엇이 포함되고, 또 그이들의 선택으로 과연 무슨 일이 일어날까?"[34]

미국 여성들은 해방으로 엄청난 기회를 잡았지만 이 새로운 기회는 모두 선택해야 하는 것들이었다. 여성들은 로마 여성들처럼 이기적으로 선택하고, 걱정이나 책임에서 벗어난 삶을 살 수도 있었다. 부유층 여성들은 게으르게 남에게 기대는 삶을 선택해 사회에서 행복이라고 잘못 알고 있는 허황한 것들에 빠질 수도 있었다. 이런 삶을 택하는 여성들은 자신들이 일해서 사회에 되돌려주는 것보다 더 많은 것을 사회에서 얻어 간다. 그것은 곧 노동하는 사람들에게 기대어 살아가는 기생충 같은 삶이다.[35] 니어링은 여성들이 사회적 책임을 선택하고, 권리에는 의무가 따른다는 것을 깨닫기를 바랐다. 장미를 즐기려면 가시를 받아들여야 하는 것처럼.[36]

니어링은 여성들이 건강하고 훌륭한 아들딸을 낳아 기르며 좋은 가정을 꾸리고, 산업과 교육, 자선 사업에서 남을 이끄는 자리를 맡아 시간을 슬기롭게 쓰는 따위, 이기적이 아니라 사회적인 선택을 하기를 바랐다.[37] 그러나 이것은 단지 여성의 목표인 것만은 아니었다. 여성이 마주친 문제는 여성만의 문제를 넘어 근대가 마주한 어려움을 똑바로 보여 주는 것이기도 했다. 그것은 '자유'와 '사회적 책임' 사이의 선택이었다. 풍요로운 새 사회에서 선택은 노력한 사람에게 반드시 보답을 약속하는 쪽으로 이루어져야 했다. 청교도인 윈스럽(John Winthrop)이 1630년 인용한 성서의 금언을 약간 바꾸어서 니어링은 이렇게 말했다. "20세기 미국 사회는 '언덕 위에 자리한 도시이자 촛대 위의 양초'이다. 세계의 모든 이가 미국의 진보를 바라보고 있다."[38]

이런 여성 해방에 대한 전망은 '시민권을 가지면서 새로운 힘이 생긴 여성이, 남성의 지배에서 벗어나 독립을 주장하면서 사회의 구성 요소로서 진정한 입지를 확보할 것'[39]이라는 믿음에 어느 정도 뿌리를 두고 있었다. 그런데도 이것은 빅토리아식 가정 중심주의―여성은 가정을 지켜야 한다는―에서 벗어나기보다는 오히려 그것을 강화했다. 니어링은 이렇게 말했다. "여성이 진보하는 것은 곧 여성이 인격화함을 뜻한다. 선택할 권리와 자유를 가진 여성만이 자유인인 아들딸을 가르칠 수 있다. 미국의 어머니들이 아들딸을 가르칠 준비가 되어 있는 것은 이들이 가장 좋은 것들을 생각하고, 가장 중요한 것들을 할 수 있도록 교육 받았기 때문이다."[40]

여성은 가정 윤리의 핵심이자 도덕 교육의 근원이라고 믿으면서[41] 니어링은 윤리와 사회 경제는 여성에게 직접적인 책임이 있다고 생각했다.[42] 니어링은 이렇게 주장했다. "공화국의 미래는 전부 여성의 품에 있을지도 모른다. 그 곳이야말로 새로운 세대가 태어나고 자라는 곳이기 때문이다."[43] 니어링의 가정 이데올로기에서 가정은 인간에게 가장 고귀한 영역이며 영혼을 빚는 곳이었다.[44] 여성 해방은 여성들이 가정에서 자신의 의무를 다하는 것을 뜻했으며, 독립적이고 경제 능력이 있는 사람이 되어야만 그 의무를 다할 수 있었다.[45] 니어링에 따르면 여성이 선택할 수 있는 사회적 삶은 두 가지이다. 하나는 어머니가 되는 것이고, 다른 하나는 직업을 갖는 것이다. 니어링은 이 두 가지 중 어느 것도 다른 하나를 내치지 않지만, 둘 중 훨씬 더 중요한 것은 어머니라고 말했다.[46]

니어링과 결혼한 넬리 마거리트 시즈(Nellie Marguerite Seeds)도 이런 견해를 공유했다. 넬리는 니어링이 여성에 관해 쓴 중요한 책인《여성과 사회 진보 : 미국 여성의 생물학, 가정, 산업, 사회 책임에 대한 논의 Women and Social Progress: A Discussion of Biologic, Domestic, Industrial, and Social Responsibilities of American Women》(1912)의 공동 저자로, 1911년 여름에 함께 유럽을 여행하면서 이 책을 썼다. * 넬리는 펜실베이니아의 독일인 마을에서 부동산업을 하는 이의 딸로 태어났

■ 넬리는 '1911년 6월 10일, 필라델피아에서 항해를 시작한 우리의 첫 유럽 여행'이라는 제목의 여행 일지에서, 저녁에는 연극을 보고 낮에는 연구와 저술 활동을 하는 휴가 일정을 자세히 기록했다. 넬리의 일지는 펜실베이니아 트로이에 사는 둘째 아들 로버트 니어링(Robert Nearing)이 소장하고 있다.

다. 브린 마우어 대학을 졸업했으며, 어린이 노동 반대 투쟁에 참여했고, 미국 성공회 신자(Episcopalian)였다. 넬리는 니어링과 같은 시기에 펜실베이니아 대학에 다녔으며, 1910년 교양학 석사 학위를 받고 5년 뒤에는 박사 학위를 받았다. 두 사람은 학자로서의 삶뿐 아니라 개혁가로서의 신념도 공유했으며, 1908년 6월 결혼했다. 터그웰(Rexford Guy Tugwell)은 도시 변두리에 있는 두 사람의 집을 이렇게 떠올렸다.

그 집에서 나는 지성이 주 관심사인 가족의 생활이 어떤 것인지 알았다. 그 집에서는 학문적인 관심사를 일부러 시간을 내서 이야기할 필요가 없었다. 두 사람에게 학문은 날마다 있는 일상이었다. 스코트의 아내인 넬리는 남편과 다름없이 날마다 변화와 개혁을 위한 활동에 빠져 있었다.[47]

넬리는 여성 해방에 관해 남편과 같은 신념을 갖고 있는 듯이 보였다. 그러나 가정에서 전통적인 역할은 그대로 다 하면서 사회에서 좀더 큰 성공을 거두기 위해 노력하는 것, 이 두 가지 목표를 조화시키는 것이 어렵다는 것을 금방 알았을 것이다. 넬리는 박사 학위 논문 주제로 '교육과 출산'을 잡았고, 여성에게 좀더 교육을 많이 시키는 것이 어머니의 수준을 높이는 것으로 이어진다는 논리에 의문을 던졌다. 고등 교육을 받는 여성이 늘어나는 것이 출산에 어떤 영향을 미치는지와 관련해, 넬리는 대학을 졸업한 여성은 대학을 나오지 않은 여성보다 절반 정도 적게 출산한다는 사실을 밝혀 냈다.[48] 니어링 부부는 1912년에 태어난 존(John)과 1914년에 태어난 로버트(Robert), 두 아들을 두었다. 그 중 로버트는 입양한 아이였다. 니어링 부부는 깨우친 어머니야말로 고결한 공화주의자를 기르는 초석이 된다는 여성주의자의 이상을 가정에서 실현하기 위해 노력했다.

▬▬ '사회적 책임'이라는 가치관은 공화주의에 뿌리를 두고 있었으며, 기독교 전통으로 더욱 강화되었다. 공화주의와 기독교는 사회의 지배 집단에게 도덕적 책임이 있고, 신학은 사회를 위해 무언가 해야 한다는 사회 복음(social gospel) 운동으로 통합되었다. 홉킨스(Charles Hopkins)는 이렇게 말했다. "이 새로운 운동은 깨우친 보수주의자에게서 커다란 자극을 받았다. 이들은 과학과 기독교의 진리를 조화시키고, 청교도 윤리를 산업 사회의 필요에 따라 변화시키려고 노력했다."[49]

사회 복음 운동의 지도자 가운데 한 사람인 라우션부시(Walter Rauschenbusch)가 쓴 책을 읽으면서 니어링은 '일하지 않는 신앙은 죽은 것'이라는 말에 크게 동의했다.▪ 니어링은 20세기 초 과학 공동체의 일원이었다. 이 공동체는 철저하게 기독교 문화에서 나온 것으로, 새로운 과학을 받아들이면서도 전통 기독교의 가르침을 그대로 이어 갔다. 신약 성서에 대해서 니어링은 사회 과학이 다다를 수 있는 테두리 안에서 볼 때 가장 소중한 책 중 하나라고 말했다.[50] 경제 문제에서 윤리적인 해답을 찾는 사회 과학자에게 가장 중요한 것은 종교와 과학을 조화시키는 것이었다. 종교와 과학의 조화를 통해 세 가지 밀접하게 연관된 사상이 선보였다. 그것이 신앙을 정화하기 위한 기초가 되었으며, 그 위에서 윤리적인 가르침을 사회에 적용하는 방안이 모색되었다. 그 세 가지는 다음과 같다. 첫째, 구약 성서는 사회관계의 법칙으로, 신약 성서는 예수의 가르침을 실제로 적용한 사례로 강조했다. 그렇게 해서 사회 과학이 복음서의 가

▪ Nearing, *Social Religion*, p. xi. 라우션부시가 자신의 저서 *Christianizing the Social Order*(New York: Macmillan, 1912, p. 248)에서 니어링의 책 *Wages in the United States*에 나오는 다음 구절을 인용한 것은 흥미롭다. "단순히 살아가는 것은 삶이 아니다. 미국의 경제 체제는 최소한의 요구도 만족시키지 못한다. 천연자원이 풍부하고 인구가 상대적으로 넓은 땅에 분포하는 것에도 불구하고, 수백만의 노동자들이 정상적인 육체 능력을 발휘할 수 있을 만큼의 수입을 전혀 받지 못하고 있다."

르침을 현대 사회에 적용할 수 있게 한 것이다. 둘째, 진화는 성서와 어긋나지 않는 발전이라고 주장하면서 자연도태에 목적이 없다는 말을 비판했다. 그것은 발전이라는 성스러운 목적에 따라 이 땅에 하느님의 왕국을 건설한다는 신앙과 일치했다. 마지막으로 셋째, 상호 협력과 연대를 강조하는 유기체적 사회관은 형제애라는 종교적 믿음으로 더욱 강화되었다. 사회의 분열은 모두들 같은 창조물이라는 인식을 통해 메워질 수 있었다.

특히 조화와 형제애를 이렇게 기독교 안에서 해석하는 것과 함께, 그리스도의 두 번째 가르침(네 이웃을 네 몸과 같이 사랑하라 — 옮긴이)을 사회적 측면에 중점을 두어 해석함으로써 상류층이 의무를 다해야 한다고 강조했다. 기독교 명령에 바탕을 둔 사회적 책임으로 만들어진 생산과 분배 체제는 환영을 받았다. 이 체제 안에서는 모두 정당한 소득을 얻고, 노동의 열매도 공평하게 나누어졌다. 니어링은 이렇게 발전된 개념으로 종교를 받아들이면서 정치 경제 개혁에는 도덕 개혁이 뒤따라야 한다고 주장했다. 니어링은 항상 교회에 관심을 가졌다고 밝히면서 이렇게 고백했다. "설교자는 사회에서 가장 힘든 직업이라고 생각했기 때문에 설교에도 마음이 끌렸다."[51]

독실한 기독교 신앙은 니어링의 삶에 많은 영향을 끼쳤다. 니어링은 경제학자 못지않게 예언자였다.[52] 니어링이 진보주의 철학을 받아들이면서 제임스(William James)에게 관심을 가졌을 때 니어링의 눈길을 끈 것은 철학자가 아니라 신약의 사도들이었다.[53] 과학의 임무에 대해 쓰면서 니어링은 사물의 체계에서 사변(思辨) 철학과 종교가 설 자리가 없다며 추론을 경계했다. 이들 분야는 이미 확대되고 있었으며, 과학 연구가 나아갈 방향을 가리키고 미개척 분야를 제시하는 한편 이끌고 있었다.[54] 니어링의 깊은 종교적 감수성, 즉 터그웰이 '도덕적 급진주의'라고 이름 붙인 것은 과학으로는 증명되지 않는 주장으로 남을 수밖에 없었다.[55] 니어링이 이렇게 도덕을 기준으로 모든 것을 판단하는 습관은 그이가 신약 성서의 정신을 행동과 믿음에서 가장 중요한 길잡이로 받아들였음을 보여 주는 것이다. 과학은 사람이 무엇을 할 수 있는지는 말해 주지만, 무엇을 해야 하는지는 가르쳐 주지 않았다. 자유 의지로 이웃에 선행을 베풀려면 이를 안내하는 훌륭한 가치관이 필요했다. 니어링은 모든 것에서 그것들을 안내하는 어떤 원칙이 있어야 한다고 주장했다.[56]

니어링은 이를 '사회 종교', 즉 사랑, 우애, 형제애, 봉사로 가득한 종교라고 부른 19세기의 자유주의 종교 전통에서 찾았다.[57] 니어링은 개인의 양심을 굳건히 지키면서 믿을 만한 원칙을 찾았다. 니어링에게 개인과 사회라는 두 가지 요소는 사회 종교에서 뚜렷하게 나타났다.[58] 개인적인 요소는 선천적으로 사람은 선하다는 믿음이었다. 비록 보이지 않는다 하더라도 모든 사람에게는 양심이나 영혼이라고 불리는 신성한 불꽃이 있었다. 사회적인 요소는 가난과 고통은 개인이 아니라 사회에 원인이 있다는 것이다. 그것은 사회 과학이 연구를 통해 밝혀 낸 것이다.[59] 니어링은 자신을 연구자이자 영혼의 해방을 위해 일하는 교사로 보았다.[60] 사회 종교는 산업 자본주의가 몰고 온 도덕의 위기를 극복하기 위해 해결책으로 '정신의 가치를 배제하지 않는 사회 과학'을 내놓았다. 그리고 그것은 도덕적 가르침과 현실을 결합한 것이었다.

종교가 새롭게 태어나야 한다고 절감하면서[61] 니어링은 정통 교회가 갖고 있는 '내세의 구원'을 도덕 개혁의 가장 큰 장애물로 여겼다. 새로운 종교는 교회와 기독교 신앙을 분리하려고 했으며, 기존 청교도주의를 비판했다. 니어링은 예전 교회는 대중을 위해 봉사했지만, 근대 교회는 사회 개혁을 추구하는 데 실패했다고 믿었다. 니어링은 이렇게 말했다. "사실 중세와 19세기 초반까지만 해도 교회는 사회적 책임감에 초점을 맞추고 사람들에게 그것을 가르쳤다."[62] 산업 자본주의와 개인주의가 나타나면서 그리스도의 가르침은 잘못 알려지고 잘못 이용되었으며, 결국 그리스도의 교훈이 전혀 실천되지 않았다.[63] 교회가 개인주의적인 도덕을 부추기는 부자에게 휘둘리면서 교회는 영향력을 많이 잃었고 대중을 조정하는 힘도 대부분 잃었다.[64] 이것이야말로 니어링이 기독교 교회가 신학 도그마의 거대한 장벽으로 둘러싸였다고 주장하면서 교회가 제도화하는 것을 거부한 진짜 이유였다. 종교가 결과로 판단되고, 그 결과가 너무 자주 신학 도그마로 얼룩졌기 때문이다.[65]

그 대안으로 신앙을 보편화해서 사회 변화를 이끄는 도덕적 원천으로 되살리는 방법이 있었다.

율법 학자와 바리새파 사람들은 신학을 철저히 이해했다. 하지만 그이들은 성서의 뜻만 알았지, 그 정신까지 이해한 것은 아니었다. 예수는 자신의 원칙을 확고부동한 어조로 말했다. "네 하느님을 사랑하라. 네 이웃을 네 몸과 같이 사랑하라." 이것이야말로 예수가 이야기한 종교론의 전부이다. 하느님에 대한 믿음은 오직 사람에 대한 믿음을 통해서만 증명할 수 있다. 간단히 말해, 우리의 신앙은 우리가 하는 일을 통해 진위가 드러날 것이다.[66]

니어링은 만약 교회가 하느님의 뜻에 따라 움직이기를 원한다면, 교회는 도그마 만들기를 그만두고, 예수를 본받아 설교하고 치유하고 가르쳐야 할 것이라고 강조했다.[67] 조직화한 종교가 사회 종교가 되려면 교회는 무쇠처럼 단단한 신조라는 제단에 인류를 희생물로 바치는 것을 중단해야 한다는 것이다.[68] 교회가 사회를 개혁하는 데 실패하고 임무를 저버린 것에 맞서, 니어링은 기독교에서 신앙만큼이나 중요하다고 보는 노동을 감싸기 위해 복음서의 정신에 의지했다.

니어링은 《사회 종교 : 현대적인 기독교 해석 Social Religion: An Interpretation of Christianity in Terms of Modern Life》(1913)에서 이런 확신을 강력하게 주장했다. "어떤 사실과 마주쳤을 때 예수는 말하고 행동했다. 예수를 따르는 이들도 자기들이 고백한 대로 신자가 맞다면, 비슷한 일을 당했을 때 예수가 한 말과 행동을 모방해야 할 것이다. 이렇게 모방하는 것이 사회 종교를 만든다."[69]

종교가 생기를 불어넣어 주는 힘이 되려면, 상황에 부딪치고 적절하게 대처해야 한다. 니어링은 사회 종교가 그런 힘을 보여 줄 것이라고 주장했다.[70] 과거에는 사람들이 약속된 지상 천국을 보기 위해 천 년이나 기다렸으나, 결핍이 계속되고 그것에 시달린 사람들은 이제 지상 천국이 실현되리라 바랄 수 없게 되었다.[71] 하지만 이제 환경을 다스리고 여유를 즐기는 데 필요한 풍요를 이룩했으므로 지상 천국은 즉각 실현될 수 있는 가능성이 있었다.[72]

형제애는 일치, 협력, 사회적 책임으로 표현되는 믿음이었다. 형제애는 서로 의존하는 유기체 사회 안에서 실현될 수 있었다. 니어링은 이렇게 말했다. "우리는 모두 하느님의 아들이다. 사회 종교를 신봉하는 사람은 개인으로서가 아니라 사회의 일원으로서 정의를 강력하게 주장하면서 자신의 믿음을 실천해야 한다."[73] 그러면 니어링이 생각하는 신학을 따를 경우, 경제가 잘못된 원인은 무엇일까? 니어링은 이렇게 질문했다. "왜 모든 가정에 최소한의 생활을 유지할 수 있는 임금조차 주지 못하는 분배 체제가 그대로 이어지는가?" 답은 이미 분명했다. 일상생활에서 기독교의 가르침인 형제애를 진정으로 실천하지 않았기 때문이다.[74]

일상생활에서 형제애와 복음을 실천하는 것은 기독교가 모든 경제, 사회 문제를 윤리 문제로 전환시키는 토대이다. 이는 또한 경제학 연구가 사회라는 이름으로 사람을 연구하는 폭넓은 작업의 바탕이기도 하다. 그럼에도 어떤 과학 연구도, 보편적으로 받아들여지는 사회 정의와 책임에 원칙을 내놓을 수도, 분배 문제를 해결할 수도 없었다. 사회 과학은 윤리 기준을 내놓을 수 없었다. 니어링은 모든 경제 문제의 본질은 도덕 문제라는 주장을 굳게 지켰다. "분석과 비판의 바탕에는 뭔가 그것들을 인도하는 사상이 있어야 한다. 그렇지 않다면 아무리 노력해도 회의나 환멸뿐, 아무 것도 없을 것이다."[75] 니어링은 '물질주의 학문에서 만물에 깃든 희미한 영성의 흔적을 포착하는 예언자들'에 관해 이야기했다.[76] 니어링은 좀더 넓은 범위에서 보면 모든 인간의 목적 뒤에는 아주 높은 정신적 가치가 있으며, 진리와 정의, 사랑이야말로 가치를 평가하는 진정한 잣대라고 생각했다. 경제 문제를 바로잡고 사회를 개혁하며 미국의 진보를 이루려는 니어링의 희망은 과학과 신앙에 바탕을 둔 낙관주의 속에서 열정을 담은 실천으로 나아가고 있었다.[77]

하지만 복음서의 윤리를 실천하는 기독교에 대해 니어링이 가지고 있는 낙관주의는 주로 지배 계층을 향한 메시지로 표현되었다. "여러분과 나는 우리 사회의 잘못된 경제 질서에서 이득을 누리고 있다. 우리는 이런 이득을 우리끼리만 나누면서 이것을 지속시킨 것에 책임이 있다."[78] 니어링은 지배 계급에게, 사회 문제를 대하던 예수의 자세를 기억하라고 촉구했다. 상류 계층이 자만심으로 가득 차 위선과 자기만족에 머무는 것은 하느님이 싫어하는 것이다.[79] 예수가 이기적인 욕심에 가득 차 전통이 옳다고 고집하며 이미 획득했거나 상속받은 권력을 휘둘러 인간의 삶을 황폐하게 만든 율법 학자와 바리새파 사람들을 비난했듯이, 니어링도 자신이 속한 계급을 고발했다. 이것은 중대한 고발이었다. 그이들은 이득을 풍성하게 누리며, 하느님이 택한 지도자로 태어났으면서도 사람들의 믿음을 저버렸다. 그이들은 중요한 역할을 맡고 있으면서도 사회에 책임을 지지 않았다. 방탕하게 생활하고 헛소문이나 퍼뜨렸으며, 국가의 자산을 낭비하고 종교의 가치를 떨어뜨렸다.[80] 니어링은 자신과 같은 계급 사람들에게 힘주어 말했다. "나는 여러분이 신약 성서가 말하는 윤리와, 최악의 불평등을 일으키는 '부자 되기 시합'을 나란히 놓아 보기를 바란다. 기독교의 윤리와 부자 되기 시합을 조화시키는 방법은 없으며, 그런 바탕 위에서 움직이는 체제는 기독교의 모든 가르침에 정면으로 어긋난다."[81]

이렇게 현실을 탄식하면서도 니어링은 《사회 종교》라는 책을 구원과 부활의 희망을 말하는 것으로 끝맺었다. 독자를 사망의 어두운 골짜기, 가난과 참혹한 삶의 밤으로 이끈 뒤, 니어링은 이렇게 주장했다. "밤은 지나갔고 새날이 가까웠으며, 이미 우리는 새로운 새벽을 맞고 있다."[82] 희망은 활기찬 종교가 미국인을 지배한다는 굳건한 믿음에 바탕을 두고 있었다. 즉 미국인은 제대로 쓰여지기를 바란다는 것이다.[83] 분석 결과는 미국은 부자 나라이고, 최저 생활비를 지급할 수 있으며, 국민은 교육을 받고 멀리 내다보는 눈을 지녔다는 것을 똑똑히 밝혀 주었다.[84] 그러니 이제 종교와 경제가 '윤리 경제학'으로 통합되면 산업 자본주의는 구원받을 수 있었다.

▬ 여기서 니어링이 경제 사회 개혁의 기초를 제공하고 그 지평을 확대하는 분야로 여긴 사변 철학을 돌아볼 필요가 있다. 니어링의 경제학에 핵심 역할을 한 것은 실용주의 철학이었다. 니어링은 실용주의의 모든 면을 받아들였다. 화이트(Morton White)가 1912년에 실용주의는 이미 국가적인 암호가 되었다고 주장했듯이, 실용주의는 그 시대의 지적 환경이었다.[85] 실용주의는 상대적이고 개방적이고 다원적인 세계에 대한 전망, 인간의 자유와 선택을 상당 부분 허용하는 세계, 개인보다는 사회를 중시하는 자유, 실천하려는 뜻을 강하게 담고 있는 의지 따위가 특징이었으며, 결정주의의 굳고 단단한 벽을 깨부수는 철학이었다. 새로운 과학 철학으

로 실용주의는 발견된 것보다는 그 과정에서 나타난 진리, 존재보다는 생성으로 인식되는 분석 기법을 제공했다. 이런 개념은, 인간에 대한 연구는 모두 역사적이며, 진리는 모두 상대적이어서 오직 경험으로 검증되어야만 알 수 있다는 것을 뜻했다. 패튼(Simon Nelson Patten)이 말한 '검증'은 유동적인 상황에 적용되며 해당 시점에 알려진 사실에 근거한 것으로, 이를테면 다음과 같은 것들이었다. 경제적인 검증 기준은 번영, 평화, 협력이고, 물질적인 검증 기준은 효율, 활력, 수명이며, 정서적인 검증 기준은 봉사, 공익을 위한 마음, 임무를 수행하는 열정이다.[86] 그리 확실하게 드러나지는 않았지만, 니어링도 사회 진보를 위한 새로운 철학을 흡수했기 때문에 그 검증 기준 역시 비슷했다.

실용주의는 니어링에게 경제 분석 기법 중 하나로 매력을 갖고 있었다. 실용주의 시각에 따라 니어링은 과학적인 태도를 견지하거나, 편견을 싫어하고 도그마에 저항하거나, 내면의 변화를 좇았다. 니어링은 이 방법으로 사회 진보를 지적인 방향으로 이끌 수 있다고 보았다.[87] 사람의 행동은 보통 변화할 가능성이 커서, 재능과 덕성을 적절히 훈련함으로써 형태를 바로 갖추고 방향을 바로잡을 수 있었다. 니어링의 경제학은 '지식은 경험에 따르고 변화하며 진리는 실제에서 찾을 수 있다'는 실용주의의 조건 아래 있었다. 실용주의 책들을 읽은 뒤 니어링은 이렇게 말했다. "그 철학의 핵심 주장은, 진정한 사상은 현재 작용하는 사상이며 진리는 신조나 믿음처럼 현실에 도움이 되는 가치라는 것이다."[88] 한편으로 니어링은 이렇게 말했다. "과거는 그것대로 이바지했으며, 그 후 사라졌다. 현재는 그 공헌을 고맙게 여겨야 한다. 그러나 현재가 과거의 계율에 묶이는 것은 현재와 미래라는 이름으로 단호하게 거부해야 한다."[89] 사회 개혁을 검증하고 판단하는 잣대는 개인의 발전을 가능하게 하는 자유가 있는지 없는지였다. 그리고 구성원들의 정신을 넓고 깊고 강하게 하는 동기와 기회를 얼마나 효율적으로 제공하는지를 측정해 사회 개혁의 정도를 알 수 있었다.[90] 실용주의는 사회 진보를 위한 수단을 분석하는 방법을 제공했다. 그것의 목표는 자유가 확장되고, 자아에 대한 깨달음이 풍성하게 넘치고, 협력을 통해 창의와 독창성이 풍부한 새로운 개인을 만드는 것이었다.

니어링은 분석을 위한 방법과 기술의 원칙이 실용주의라고 보았다. 니어링은 방법론과 관련해 다음과 같은 듀이의 말을 거리낌없이 인용했다. "결국 과학은 완성된 어떤 것이거나 그 자체로 절대가 아니다. 과학은 어떤 기법이 결과로 나타난 것으로, 의문을 해소하는 데 필요한 기술이다."[91] 그러나 경험은 일정한 원칙과 사회 일반의 가치를 적용해 검증할 수 있지만, 과학적인 기법에는 어떤 변화를 추구해야 할 것인지 목표를 결정할 가치가 모자랐다. 니어링은 검증을 위한 방법과 목표를 결정하는 방법을 엄격히 구별했다. 과학과 실용주의를 사용해 검증은 할 수 있지만 목표를 정하는 것은 불가능했기 때문에, 니어링은 자신의 스승만큼 실용주의에 열성을 다하지 않았다. 과학은 사회 연구를 이끌 수는 있지만 가치를 내놓을 수는 없었다. 가치는 다른 곳에서 나와야 했다. 니어링의 경우 가치는 복음서에 뿌리를 둔 사회 종교에서 나왔다. 니어링은 종교 감수성이 깊어서 필요할 때만 실용주의에 관심을 가졌다. 세계는 절대적이지도 변덕스럽지도 않았으며, 니어링의 이상과 목적은 실천 기독교가 그 뿌리였다.

제4장

활기찬 삶

사회를 도덕적으로 새롭게 바꿀 필요가 있다는 깨달음은 자본주의가 품고 있는 문제 때문에 생겨났다. 자본주의가 일상에 공허와 무의미함을 불러일으킬 뿐 아니라 퇴폐와 타락을 부추긴다고 본 것이다. 니어링은 경제 발전이 권태, 퇴폐, 기생하는 삶의 원인이 되었으며, 이 때문에 사람들이 활력을 잃었다고 주장했다.[1] 니어링은 또 산업 자본주의가 사람들을 피상적인 삶, 의미 없는 삶, 황폐한 삶으로 몰아넣은 주 원인이라고 말했다. 자본주의야말로 진정한 삶을 실현할 가능성을 줄이고, 생활의 활력을 빼앗은 가장 큰 원인이었다.[2]

진정한 삶이 사라지고 육체와 정신이 기력을 잃어 가는 문제를 풀기 위해 니어링은 활력을 북돋워 줄 대안을 찾았다.[*] 젊은 시절부터 니어링은 무기력한 생활에서 벗어나려고 노력했으며, 육체의 건강을 외친 맥패든(Bernarr McFadden)의 잡지를 구독했다. 니어링은 곧 맥패든의 건강 공식인 '충분한 운동, 신선한 공기와 햇빛, 단순한 음식, 단식'의 신봉자가 되었다.[3] 니어링은 미국에 살면 삶을 헛되이 보낼 뿐 뜻있는 생활을 할 가능성이 적다고 생각했으며, 그 생각이 언제나 경제, 사회를 분석하는 작업의 밑바탕에 깔려 있었다. 이것을 두고 프리먼(Joseph Freeman)은 이렇게 전했다. "니어링은 부, 사치, 풍요, 잉여가 사람의 영감을 파괴한다고 어느 정도 확신했다."[4]

진보주의 시대를 맞아 신체와 정신의 활력이 더 뒷걸음질치기 전에 위기를 극복하고 사람의 열정을 다시 활성화해야 할 필요가 있었다. 미국 사회의 병리를 치유하는 방법 중 하나는 군인 정신에 호소하는 것이었다. 이것은 나라 전체의 분위기를 새롭게 하는 방법이기도 했다. 베블런(Thorstein Veblen)은 유한 계급이 남자다움을 강조하기 위해 전투에 맞서는 용맹함을 수단으로 활용했으며, 경쟁에서 승리하려는 태도, 호전적인 기질, 군인다운 용감함이 모두 그런 수단이라고 설명했다.[5] 제임스(William James)는 군에 복무함으로써 전쟁에 나간 것과 동등한 교훈을 얻을 수 있으며, 군대 생활을 체험하는 것이 활력을 되찾아 주고 맥 빠진 삶을 되살린다고 찬양했다. 제임스는 이렇게 질문을 던졌다. "사치와 부를 숭배하는 것이 우리 시대의 정신에서 지나치게 큰 부분을 차지하고, 이는 일종의 정신 폐기물을 만들지 않았는가?"[6] 패튼(Simon Nelson Patten)이 간추렸듯이, 고통과 두려움 속에서 살아온 인류가 '쾌락 경제'로 옮겨

■ 리어(Jackson Lears)는 세기의 전환기에 미국 문화는, 물질적으로 안락하고 정신적으로 권태로움에 젖은 무기력한 부르주아지가 불만으로 가득 차서, 억지로 살아가는 것이 아니라 어떤 뚜렷한 형식과 실질을 갖춘 강렬한 체험을 다시 해 보기를 열망하고 있다고 보았다. 빅토리아조 말기의 부르주아지들에게 육체적이건 정신적이건 강렬한 체험을 할 가능성은 이미 사라진 것으로 보였다. 시골의 삶에서 얻을 수 있는 육체적인 도전도, 옛 청교도적인 삶의 양식으로 전환함으로써 절망을 열정으로 변화시키는 것도 이제는 불가능했다. 부르주아지의 생활 반경은 좁았다. 그래서 빅토리아조 말기의 부르주아지들은 자신들이 '현실'과 단절되어 있으며, 삶의 모든 것을 직접 몸으로 체험하기보다는 책을 통해 간접적으로 경험하고 있다고 느끼기 시작했다. Lears, *No Place of Grace: Antimodernism and the Transformation of American Life, 1880-1920* (New York: Pantheon, 1981), pp. 32, 48 참조.

가고 있으며, 만약 그것에서 파생되는 나쁜 영향을 막지 못할 경우 많은 이가 목숨을 잃을 수도 있다는 것이 문제였다. 하지만 제임스는 군대가 고난과 규율이라는 장점을 갖고 있다고 말하면서, 전시 체제에 인간 속에 내재한 짐승 같은 측면이 나타나는 것은 언급하지 않았다. 군인 정신 중 고결하게 여겨지는 부분만 강조했다. 다른 말로 하면, 제임스는 군인 정신이 전쟁 없이 길러지기를 희망했으며, 꿋꿋한 명예와 공정함만 넘치기를 바랐다.[7]

군인 정신을 강조하는 제임스의 주장은, '활기찬 삶'을 가장 강력하게 주장한 사람 가운데 한 명인 루스벨트(Theodore Roosevelt)의 생각과는 조금 달랐다. 루스벨트는 활력을 불러일으키기 위해 호전적인 국가주의, 활력 자체를 위한 활력, 범세계 규모의 적극적인 신체 운동을 주장했다. 하지만 루스벨트 역시 실제 삶에서 벌어지는 가혹한 투쟁에서 이길 수 있을 만큼 남성다움을 많이 갖춘 사람들을 찬양했다. 루스벨트는 이렇게 강조했다. "우리는 수치스러운 편안함에 조금이라도 머물러서는 안 되며, 경쟁으로 가득 차 충만한 삶, 힘들고 위험스럽지만 소망을 가진 삶을 포기해서는 안 된다." 루스벨트는 또 '겁 많은 사람, 게으른 사람, 조국을 믿지 않는 사람, 투쟁의 미덕을 잃어버리고 문화에만 목맨 사람, 무지한 사람, 전율이 일도록 힘차게 솟구치는 감정을 느끼지 못할 만큼 감성이 둔한 사람'을 못마땅하게 여겼다. 루스벨트는 근대 문명이 메마른 생활만 가져왔을 뿐이라는 진보주의자의 탄식에 고개를 끄덕이며, 편안한 삶이 아니라 분투하고 노력하는 삶을 좇았다.[8]

니어링에게 활기찬 삶은 근로 소득과 불로 소득에 근거한 경제학의 의미를 부자들이 깨닫도록 호소하는 것을 뜻했다. 이것은 단순히 사도 바울이 말한 '일하지 않는 자는 먹지 마라'는 가르침을 전하는 것만이 아니었다. 만약 지배 계층이, 생산 노동이 얼마나 가치 있는지 깨닫고 그것을 실천하게 된다면, 그이들은 노동의 덕으로 이윤을 얻고 삶의 활기를 되찾게 될 것이다. 사람은 누구나 자신이 일한 것의 열매를 가져야 한다는 사실을 지배층이 받아들인다면, 그이들은 이제 사회의 진보를 막고 국가를 타락의 길로 이끌지 않을 것이며, 진정한 삶에서 따돌림당하지도 않을 것이다. 진실하고 윤리적인 부는 오직 생산 노동에서만 나온다.

니어링은 이렇게 말했다. "훌륭한 사회는 노동의 바탕 위에 세워지고, 노동으로 지속되며, 노동으로 부를 재창조한다. 좋은 사회는 일하는 것을 부추긴다. 노동은 열정을 북돋우며 행동하도록 부추기는 것을 목표로 삼고 있다."[9] 부자는 생산 노동을 함으로써 얻을 수 있는 폭넓은 창의력과 성취를 빼앗겼을 뿐 아니라, 남아도는 부를 혼자 차지해 노동자에게서 노동의 열매를 강제로 앗아 갔다. 문제는 물질을 더 많이 차지하려는 유한계급의 욕심에 있었다. 니어링은 물질에 대한 욕망이 바쁘고 혼란스러운 미국인들의 삶에 바탕으로 깔려 있다고 강조했다. 그것은 아무것도 없는 공허와 내면의 고통으로 이끄는 잘못된 욕망이었다. 사실 근대를 사는 사람의 삶과 만족 사이에는 깊은 연못처럼 엄청난 거리가 있었다.[10] 부자는 물질을 소유해야 구원을 얻는다는 잘못된 믿음을 넘어서지 않으면 어쩔 수 없이 삶이 황폐해지는 것을 막지 못할 것이다.[11]

그래서 니어링이 《생활비 줄이기 Reducing the Cost of Living》(1914)에서 내놓은 해결책은 적극적으로 '단순한 삶'을 실천하는 것이었다. 이 책에서 니어링은 지배 계급의 나쁜 습관을 고치기 위한 치유책을 처방했다. 처방은 각자 생활을 단순하게 만들고, 욕망을 다스리고, 될 수 있으면 어디에서나 일하고, 소득을 좀더 효율적으로 쓰는 것이었다. 이것은 특히 부자들이 활기찬 삶을 얻도록 해 주는 처방이었다.[12] 기독교 윤리와 실용주의는 '노력해서 구원을 얻는다'는 개념과 '창의성을 갖춘 지성'을 섞어 놓은 인생관에 적절하게 동화되었다. "구원은 행위에 있으며, 여기서 행위는 나무가 자라거나 꽃봉오리가 열리는 것과 같은 뜻이다. 사람은 무언가를 성취하면서 살아야 최상의 행복을 누릴 수 있다. 축복은 세상일을 하는 사람의 머리 위에 쏟아진다. 아직은 평화롭게 앉아서 지상 천국이 도래하기를 바랄 때가 아니다."[13] 니어링은 정신의 욕구를 충족시키고 의미 있는 가치를 안겨 줄 수 있는 사회에서만 활력과 보람을 얻을 수 있다고 믿었다. 이런 사회에서는 노동을 부의 축적으로 생각하는 것이 아니라 인간의 성취로 생각한다. 그것이 노동 윤리의 바탕인 '일꾼 의식'으로, 니어링은 진정한 노동 정신은 사람이 자기 일에서 자부심을 가지는 것이라고 강조했다.[14]

니어링이 생활의 활력을 되찾는 방법으로 군인 정신을 강조한 제임스에게 호감을 가지지는 않았지만, 두 사람의 교정 수단이 결국 비슷하다는 것은 주목할 만하다. 황폐한 문명을 극복하기 위해 니어링과 제임스는 주로 기독교에서 활력을 찾았으며, 개인을 활기차게 하고 사회에도 이바지하는 적극적인 생산 노동을 제안했다. 제임스는 부잣집 아들들을 강제로 모아서 탄광이나 철광, 화물 열차, 한겨울의 고기잡이배, 접시 닦기, 세탁, 창문 닦기, 도로와 터널 공사, 주물 공장이나 열차의 화부실, 고층 빌딩의 골조 조립장 따위로 보낼 것을 제안했다.[15] 제임스는 청빈을 숭배하던 옛 수도사와 활력 문제를 연관지어 생각하면서, 자발적으로 가난을 택하는 것이 활기찬 삶의 수단이 될 수 있는지 고심했다. 결론은 사치와 부를 포기하는 것이 잘사는 계층에게는 영웅다운 삶이 될 수 있다는 것이었다. 제임스에 따르면 가난은 곧 활기찬 삶이다. 부유한 삶이 이상이 되어 우리 삶의 중심을 파고드는 현실을 보면, 가난이 종교적으로 가치 있는 소명이라는 믿음을 부활시키는 것이 군인다운 용맹의 다른 형태일 수 있었다. 그래서 제임스는 가난을 이상화하는 정신 개혁을 내놓았다.[16] 제임스는 활기찬 삶을 살고자 하는 자신의 방안이 정치적인 이점도 지녔다고 생각했다. 가난을 받아들이는 것이야말로 권력에 아첨하고, 권력을 좇고, 그런 것이 사회를 다스리는 가치로 통하는 것에 마지못해 동의하는 수준에서 벗어나 어느 정도 자유를 준다고 본 것이다. 제임스는 이렇게 말했다. "세상과 타협하지 않고, 가난을 대수롭지 않게 여기는 것이 우리에게 얼마나 활력을 주는지 생각해 보라."[17]

니어링에게 활기는 육체만 튼튼한 삶을 뜻하는 것이 아니었다. 정신의 활력과 새로운 생각이 넘치는 것도 아우르고 있었다. 활기찬 삶을 살기 위해서는 그것을 이끌어 갈 만큼 활력에 찬 이상을 가지고 있어야 했다. 니어링은 이것들을 기독교 윤리와 노동에서 찾았다. 자서전 가운데 '반역의 정신'이라는 제목을 붙인 노트에서 니어링은 라우션부시(Walter Rauschenbusch)의 글을 길게 인용하고 있다. 다음은 그 일부이다.

하느님의 왕국은 분투하는 정신과 경쟁을 일깨운다. 진실로 하느님의 왕국은 사람이 지금까지 기록한 것 중 가장 위대한 전투요, 지금까지 있었던 것 중 가장 큰 경기이다. 승산은 항상 당신 반대편에 있다. 그것은 마치 보잘것없는 꼬마 미식 축구 팀이 경기장에서 전체 군중을 대면하고 경기를 하기 위해 운동장으로 뛰어나와 줄지어 서는 것과 같다. 그럼에도 당신의 내면에서는 이겨야 한다는 것을 안다. 하느님이 당신 편이고, 하느님은 오래 견디는 힘을 지녔기 때문이다. 하느님의 왕국을 위해 싸운 사람들은 모두 이상하기는 하지만 거기에 기쁨이 있다는 것을 안다. 자유나 정의를 위해 싸운 기억은 평생토록 가슴 떨리는 보람을 선사할 것이다. 심지어 당신은 당신 위로 굴러 떨어지는 사람들을 보면서 당신이 그 사람들 밑에 깔릴 때를 기다리며 슬며시 웃을 수 있는 여유도 있을 것이다.[18]

니어링에게 활기는 지적으로 큰 의미를 지닌 것이었다. 활기는 엄격히 자신을 수양하는 태도에서 나오는 것이며, 완전한 자립을 뜻했다. 또한 개인의 자율과 사회의 발전 사이에 존재하는 문화 차이를 나타내는 것이기도 했다. 활기 있게 사는 사람은 내면의 영성에서, 그리고 외면의 적극성에서 모두 자극을 얻었다. 진정으로 활기 있게 사는 사람은 완벽하게 자립하는 삶을 살 수 있었다. 사실 활기찬 삶에는, 위에서 인용했듯이 전투적인 삶을 향한 자극과 함께 고독하게 투쟁하려는 용기 있는 마음가짐도 있었다. 니어링은 소로(Henry David Thoreau)에 대한 에머슨(Ralph Waldo Emerson)의 말을 떠올렸다. "소로의 본성에는 군사적인 뭔가가 있었다. 소로는 어려움이 존재하지 않으면 스스로를 느끼지 못하는 듯했다. 소로는 허위가 폭로되기를 바랐고 잘못이 단죄되기를 바랐다. 소로는 승리감에 차서 승리의 북소리를 듣고, 가진 힘을 몽땅 써 보기를 희망했을지도 모른다."[19] 늘그막에 삶을 되돌아보면서 니어링은 이렇게 말했다. "세상에는 두 가지 종류의 사람이 있다. 하나는 부드럽고 감성적인 삶을 살기를 바라는 사람이고, 또 하나는 결단과 투쟁으로 가득 찬 어려운 삶을 살기를 바라는 사람이다." 니어링은 활기찬 생활과 정신은 이상을 향한 투쟁에 큰 힘이 되어 육신의 뼈, 근육과 더불어 정신의 덕, 지성도 단련시킬 것이라고 생각했다.[20]

▬ 니어링이 내놓은 '활기찬 삶'에는 도시에 반대하는 것과 이상적인 농촌 생활도 들어 있었다.[21] 한 사회가 경제에서 윤리를 지니고 있는지는 생산 노동으로 평가할 수 있으며, 그것은 자급자족하는 농촌의 삶에서 찾을 수 있었다. 도시 산업화로 메말라 가는 삶의 대안으로 농촌이 제시되었다. 니어링은 도시에 사는 사람들은 무서운 상황에 마주쳤다고 말했다. 도시 생활은 사람의 정신을 짓누르며 구속하기 때문에, 도시에 산다면 어쩔 수 없이 전망이 모자랄 수밖에 없었다. 도시 사람을 구속하는 이런 강

제력에 맞서 니어링은 적극적으로 투쟁해야 한다고 외쳤다.[22]

도시 생활은 사람에게 강한 압박감을 주고 항상 긴장해서 신경질적으로 반응하게 하고 힘과 정력이라는 대가를 요구하는 반면, 농촌은 어느 면에서 보든 도시와 정반대이다. 항상 지쳐 있고 지나치게 많은 일에 시달리는 도시인의 대안은 이모저모 실험하며 열정을 갖고 살 수 있는 매력적인 농촌 생활이다. 농촌 사람은 활기찬 삶을 살 수 있으며, 농촌이야말로 적극적으로 행동하는 사람들에게 발전을 위한 모든 기회를 내줄 수 있다. 농촌 생활은 도시와 비교해 더욱 생생하며, 육체와 정신의 건강을 선사한다. 농촌에 사는 사람들은 존재하는 것들에 경이를 품고 있다. 농촌 사람들에게는 그 자체로 완벽하고 아름다운 자연이 있다. 농촌은 세상에서 사용되는 것들을 생산하면서 내적인 힘을 내뿜고 있다. 그 힘은 삶에 근본이 되는 것들을 가깝게 대할 수 있도록 해 준다.[23]

농촌 생활은 총체적인 삶이며, 머리와 손, 정신과 육체, 생활과 일이 한 유기체 안에 통합되어 있다. 힘든 일을 하며 활기차게 사는 것은 사람을 강하고 결단력 있게 만든다. 니어링은 이렇게 말했다. "농촌으로 돌아가는 것에는 두 가지 요소가 있다. 하나는 일하는 장소를 마련하는 것과 관련된 것이고, 다른 하나는 살 곳을 마련하는 것과 관련된 것이다."[24] 니어링이 부자들에게 내놓은 소박한 처방은 '땅으로 돌아가라'는 것이었다. 농촌 생활로 돌아감으로써 빌붙어 사는 삶을 끝내고 활력을 얻으며, 자립과 노동, 민주주의에 대한 가치를 북돋울 수 있었다. 니어링은 땅으로 돌아가자는 운동은, 지나치게 의존적이 된 사람들을 다그쳐서 강제로 협력하도록 만들어야 하는 사회에 항의하는 것이라고 생각했다.

니어링은 진보하리라는 기대감을 품고 있는 개혁가들이 산업 자본주의 덕분에 가능해진 상호 의존과 협력을 찬양하면서도, 권력에 숨어 있는 상호 관계와 의존 때문에 불평등한 종속 상태가 된다는 사실을 깊이 살피지 못했다는 것을 알았다. 엄격하게 계급이 구분된 사회에서 상호 의존은 평범한 시민을 속이는 것이다. 진정한 공공 선을 좇지 못한 채 통합이라는 이름으로 자기 이익만 좇는 것이다. 도시에서는 생산자 계급이 비생산자 계급을 위해 억지로 일하지만 농촌에서는 그렇지 않다. 농촌에 사는 사람들이 만족하는 가장 큰 이유는, 굴종에서 벗어나 누리는 자유와 비생산자 계급을 위해 일하지 않아도 되는 독립이다. 농촌에서 봉사는 희생이 아니라 독립적이고 민주적인 것이 될 가능성이 컸다. 적극적으로 활동하며 단순하게 살면 스스로 자급자족을 원하게 된다. 삶을 단순하게 만들고 다시 조직하는 것이 부유층의 과제이다. 즉 땅으로 돌아가는 것은 조화로운 삶으로 돌아가는 것을 뜻한다.[25]

▰▰▰ 니어링은 1906년부터 1915년까지 델라웨어 주의 아덴에서 '활력에 찬 노동'이라는 원칙을 실천하면서 땅으로 돌아가는 단순한 삶을 실험했다. 니어링은 아덴에서 살던 때를 떠올리며 이렇게 말했다. "개인과 사회 양쪽에서 이론은 최소화하고 실천은 강조한 삶이었다. 완전히 만족스러웠고 정신도 충만해짐을 실제로 경험했다."[26] 진보주의 시대에 단순하게 사는 것은 뒷걸음질치는 것이 아니라 시대정신에 맞게 사는 것으로 여겨졌다. 1910년에 땅으로 돌아가자는 운동의 한 대표 주자가 주장했듯이, 돌아가자고 말하지만 실은 앞으로 나아가는 진보였다. 땅으로 돌아가자는 운동은 진보에 대한 소망을 나타낸 것이다. 또 다른 사람은, 단순한 삶은 아무것도 하지 않는 것이 아니라 모든 것을 적절하게 하는 것이라고 말했다.[27]

아덴은 1900년에 필라델피아 남쪽에 만들어지기 시작한 마을이다. 조각가 스티븐스(Frank Stephens)와 건축가 프라이스(William Price)가 세웠으며, 백만장자인 펠스(Joseph Fels)가 재정 지원을 많이 했다. 아덴의 목적은 예술을 인생의 중요한 부분으로 삼는 것으로, 이것을 이루려면 예술이 꽃필 수 있는 환경을 만들어야 했다. 그래서 아덴을 세운 사람들은 스티븐스가 자신들을 '헨리 조지(Henry George) 교단'이라고 불렀을 정도로 토지 단일세를 받들었다.[28] 아덴의 한 역사가가 지적했듯이, 아덴을 세운 사람들은 단일세가 실시되도록 하는 것뿐 아니라 실제로 수공업을 이용해 발전하는 것에도 목적을 두고 있었다. 수공업 운동은 아덴의 중요한 부분이며, 공동체에 영향을 끼쳤다.＊

아덴 집단 거주지는 공동체의 이사들이 토지의 대표권을 가지는 운영체제였다. 이 체제는 모든 사람에게 땅을 쓸 수 있는 권리가 있음을 인정했다. 아덴은 또한 공업이나 근검 절약하는 사업에는 세금을 매기지 않고, 토지를 독점하거나 땅 투기하는 것에는 웃돈을 얹어 주지 않는 세금 체계를 제도화했으며, 여성들이 완전히 참정권을 갖도록 보장했다. 아덴은 비례 대표제로 관리를 뽑는 미국 최초의 공동체였다. 또 저당이 아니라 인격에 바탕을 둔 은행을 제도화했으며, 채권을 발행하지 않았고, 누군가 배타적으로 특권을 지니거나 독점하는 것을 인정하지 않았다. 이와 함께 아덴은 국제어인 에스페란토를 연구하는 중심이 되기를 바랐다.[29] 집단 활동은 열 개의 '길드'로 나누어졌다. 여기에는 음악, 강연, 연극, 장식 행렬, 운동, 언어 연구, 니어링이 이끈 경제학 따위가 있었다.＊＊ 설립자들의 이상에 비추어 가장 중요한 것은 '아덴 수공업 길드'였다. 영국의 위대한 장인이자 예언자인 모리스(William Morris)는 "모든 사람이 할 일을 가져야

＊ Huntington, *Enclaves of Single Tax*, Vol. 5, 1925, p. 50. 스티븐스는 이렇게 설명했다. "우리(자신과 프라이스)가 부자와 가난한 자 사이에 있는 무시무시한 심연에 다리를 놓기 전에는 예술을 위해 아무것도 할 수 없으리라는 것을 알았다. 문명에 심한 혐오를 느낀 우리는 넓은 곳으로 가서 크로포트킨(Pyotr Alekseevich Kropotkin)의 산업 이론과 모리스(William Morris)의 예술 이론에 덧붙여, 조지의 토지 단일세 이론이 사회의 기반이 되는 멋진 거주지를 세우기로 결심했다." Stephens, "Arden Enclave," p. 72 참조.

한다. 그것은 할 만한 가치가 있어야 하며, 그 자체로 즐거워야 하며, 지나치게 힘들거나 너무 마음을 쓰는 것이어서는 안 된다."라고 말했고, 아덴 수공업 길드는 모리스의 그 말을 신조로 삼았다.[30]

아덴에서 절제되고 유기적으로 사는 삶은 니어링과 다른 사람들을 끌어들였다. 니어링은 연간 13달러의 돈을 내고 땅 한 필지를 빌렸다. 그리고 그 땅을 손봐서 작지만 여름에 머물 수 있을 만한 집을 짓고 정원을 만들었다.[31] 니어링의 이웃인 싱클레어(Upton Beall Sinclair)는 천막을 치고 밖에서 생활하기를 즐겼는데, 겨울이면 니어링의 오두막을 빌렸다. 싱클레어는 아덴을 이렇게 묘사했다. "대도시에서 30킬로미터쯤 떨어진 매력적인 곳으로, 숲 언저리에 작은 오두막과 별장이 많이 흩어져 있다."[32] 니어링에게 아덴 생활은 토요일에 문을 여는 마을 가게에 생산물을 공급하고, 마을 극장에서 상연하는 연극에서 배역을 맡고, 공동 건축 활동에 참여하는 따위로 공동체의 사업이 성공하도록 이바지하는 것이었다. 한 아덴 출신은 이렇게 회상했다. "니어링은 '네 존재를 바로세우기 위해 너는 무엇을 하고 있느냐?' 따위의 질문을 해서 청년들에게 신선한 자극을 많이 주었다."[33]

니어링은 마을에서 열리는 회의에 모두 참석했다. 아덴에서는 종종 단일세주의자와 몇 안 되는 사회주의자 사이에 활발한 토론이 벌어졌다. 아덴의 사회주의자는 그 마을의 무정부주의자로, 수가 적어 목소리가 잘 들리지도 않았다. 니어링은 조지(Henry George)가 쓴 책을 경제 사상 발전에 신기원을 이루었다며 찬양했지만, 단일세를 실제 적용한 부분은 실패

■■ 1909년에 니어링은 '경제학 길드'의 책임자였으며, 1913년에는 '민속악 길드'의 교사로 이름이 올라 있었다. Amy Potter Cook Collection, Arden, Delaware, "Club Talk," December 1909, "Gild News," December 1912-January 1913 참조. 나는 드레비스(Vivian Drevis) 덕분에 이 자료에 주목할 수 있었다.

라고 생각했다.■■■ 그러나 일부 사회주의자들이 자신들 편으로 끌어들이려고 하자 니어링은 어느 한쪽 편으로 분류되는 것을 거부했다. 이는 아덴의 사회주의자 가운데 한 사람인 블루어(Ella Reeve Bloor)의 회상이다.[34] 사회주의자인 싱클레어는 니어링이 온건한 자유주의자일 뿐, 사회주의 이론은 받아들이지 않는다고 생각했다.[35] 어쨌든 니어링은 편가르기 싸움을 하려고 아덴에 간 것이 아니었다. 니어링에게 아덴은 거듭나는 삶과 구원으로 이끄는 곳, 서로 돕는 환경을 제공하는 곳이었다. 아덴의 가장 강력한 매력은 자연과 접촉하며 먹을거리를 생산하기 위해 일하는 것이었다.[36]

이렇게 생동감 넘치게 사는 동안 니어링은, 이후 평생토록 식생활의 습관이 된 순수 채식을 처음 해 보았다. 진보주의 시대에 채식주의는 종교적 태도와 진보에 대한 낙관적 믿음을 동시에 나타내는 것이었다. 기독교 생리학은 사람의 몸을 하느님의 신전으로 보고, 육체가 순결하려면 도덕적인 의무뿐 아니라 사회적인 순결도 반드시 필요하다고 설명했다. 하느님의 천년 왕국은 건강한 육체에 깃드는 것으로, 사람이 하느님의 일을 제대로 하려면 완벽한 생명력이 부활하는 것에 알맞은 몸을 만들어야 했다. 채식주의와 과학적 낙관주의는 사회적 다윈주의에 대한 반작용이기도 했다. 자발적인 행동이 진화론적인 발달에 영향을 끼칠 수 있다고 믿은 것이다. 채식주의자들은 현대의 사회 환경이 주는 정신적 스트레스를 극복할 만한 신체의 활력을 길러서 스스로 진화를 다스릴 수 있다고 생각했다. 채식주의가 진화론적인 발달의 도구가 된 것이다.[37] 니어링은 그것이 마치

■■■ Nearing, *Social Adjustment*, pp. 299, 360. 니어링은 자신의 저서 *Economics*, 1908, p. 474에서 사회주의자와 토지 단일세주의자의 차이점을 이렇게 설명한다. "사회주의자들은 단일세주의자들이 공동 소유권을 삶의 수단 중 농업과 광업 부문, 두 가지에만 제한함으로써 개혁을 확실하게 추진하지 못하고 있다고 생각한다."

의무인 것처럼, 건강을 더 좋게 하는 방안을 찾고 실천했다. 니어링은 이렇게 주장했다. "삶에서 성공하는 원천은 튼튼한 몸이다. 중요한 일을 해낸 위인들은 대부분 튼튼한 체질과 넘치는 에너지를 가지고 있었다."[38] 니어링의 채식 실험은 개인의 작은 노력이자 아덴의 활기찬 농촌 생활에서 빼놓을 수 없는 부분이었다.

아덴은 또한 유한 계급이 도시 생활의 어려움에서 벗어나려고 가는 곳이기도 했다. 단순하고 활기찬 삶은 메마르고 현대적인 삶에 지친 이들에게 커다란 호소력을 지니고 있었다. 싱클레어는 아덴 시절을 돌아보면서 더러움과 탐욕, 긴장에 시달리다 달아난 사람들이 아덴 숲에 공동체를 세웠다고 회상했다.[39] 사실 아덴은 도피보다는 무언가 모자라는 것을 채우는 치유의 장소였다. 니어링은 아덴을 '즐거운 모험과 휴양을 즐긴 휴가지'로 회상했다. 니어링은 그 곳에서 농촌 생활과 전문적인 일, 먹을거리를 생산하는 노동, 보람찬 인간 관계를 통합해 볼 기회를 가졌다.[40] 아덴은 산업 자본주의가 지닌 주요 가치에 적극 도전하는 공동체로, 그 곳 사람들은 여가 활동을 중요하게 여겼다. 진보주의자들은 산업 발달로 풍요로워진 덕분에 생긴 여가를 제대로 이용해 보려고 의식적으로 노력했다. 휴식과 능률*에 관심을 가지게 되면서 니어링은 여가를 삶에 좀더 고결하고 정신적인 가치를 주는 것, 경제 발전의 파괴적인 영향을 극복하도록 해주는 것으로 여겼다.[41] "여가는 경제에서 잉여를 생산할 만큼 발전한 사회라면 어느 곳이나 보편적으로 존재하는 권리이다. 위대한 생각들은 모두 여가 시간에 이루어졌다. 여가는 게으름을 피우는 것이 아니라 개인의 소망을 좇는 기회이다. 그것은 부리나케 해야 할 일이 아니며, 틀에 박힌

■ Nearing to Frances Perkins, May 27, 1912, Frances Perkins Papers, Columbia University Archives, New York. 니어링은 1912년 5월 27일에 퍼킨스(Frances Perkins)에게 편지를 보내, '휴식과 능률의 상관관계'에 대해 강연하기 위해 그 도시에 간다는 사실을 알렸다.

필요성에 제한되지 않는다. 여가는 사람이 발전하는 것의 본보기가 되어 자발적인 표현을 할 수 있는 기회를 준다."[42] 린드 부부(Robert Lynd, Helen Lynd)는 미국 사람들의 여가 습관을 연구해서, 여가를 '노동의 연장'[43]이라고 부른 자본주의자들 때문에 여가에 대한 인식이 변질되었다는 것을 발견했다. 하지만 그보다 10년 전에 이미 니어링은 여가를 "좀더 거칠고 힘든 생존 투쟁"[44]이라고 불렀으며, 여가를 다르게 해석할 만한 여지를 남겨 두었다.

활력에 찬 삶이 조화로운 삶을 위한 이상이라기보다는 활기찬 여가를 위한 이상이었다는 사실에, 일부 역사가들은 삶에 뒤따르는 긴장과 모순 때문에 그런 이상이 실현되지 못했다는 결론을 내렸다. 땅으로 돌아가는 것은 이상을 추구하는 것이 아니고, 사회 질서를 유지하면서 제한된 방법으로만 변화를 부추기는 것, 즉 일시적인 도피라는 것이다. 그러나 그이들을 순진한 개혁가였다고 주장하는 것은 올바르지 않다. 그렇게 주장하는 것은 진보주의 시대 미국에서 주된 사회 가치에 동의하지 않는 집단들에게도 문화가 개방되어 있었다는 증거와, 대안 가치를 창조하던 몇몇 중요한 장소들을 외면하는 것이다. 아덴만 해도 당시의 억압과 가난을 치유하는 대안 중 하나였다. 니어링은 여름에는 아덴에서 지내고, 겨울에는 필라델피아에서 가르쳤다. 이것은 공적, 사적 영역과 직업, 가정의 영역이 연속적으로 이어졌다는 것을 뜻한다. 그 곳에서는 대안 가치를 만드는 선택이 실제로 존재했다. 아덴은 비록 단순히 즐거운 모험과 휴양을 즐기는 여름 휴가지에 지나지 않았으나,[45] 여가 활동이라는 문화 영역에서 무언가 개선할 수 있는 가능성을 보여 주며 조화로운 삶의 본보기를 제공했다. ■■

■■ 아덴과 관계를 맺은 것에 더해 니어링은 1912년부터 1917년까지 매년 여름마다 6주 동안 '셔토쿼 여름 학교'에서 교사로 일했다. 뉴욕 북부

의 아름다운 호숫가에 있는 이 학교와 마을은 인기 있는 청교도 중산층의 휴가지로, 도시 생활의 긴장에서 벗어날 수 있는 휴식처 역할을 했다. 이 학교는 육체의 활력은 아니더라도 정신의 활력을 좇으며 지적, 윤리적 발전을 북돋워 주는 곳으로, 유한 계급에게 보람 있는 휴가를 안겨 주었다. 당초 서토쿼 여름 학교는 종교 교육 기관으로 출발했으나, 20세기로 접어드는 동안 신학뿐 아니라 과학의 문제까지 아우르는 것으로 프로그램이 다양해졌다.[46] 제임스는 그 곳을 '엄숙함과 부지런함, 지성과 덕성, 현실에 대한 순종과 이상에 대한 상상력, 행복과 쾌활함이 충만한 곳'이라고 묘사했다. 그리고 그 곳에 가는 것을 대규모 소풍이라고 말하며, 문명이 얻으려고 애써 온 이상이 모두 이루어졌다고 말했다.[47]

5년 동안 니어링과 가족은 지적인 활기로 넘치는 이 휴양에 같이 참여했다. 니어링이 학급 두 개를 맡아 가르치고, 하루에 강연을 하나 하는 것

■■ Nearing Papers, October 5, 1967, bk. 6, p. 167, DG 124, SCPC. 쉬(David Shi)의 책 *Simple Life*에 따르면, 이렇게 여가 활동을 경제 문제의 치유책으로 규정하려는 시도는 오히려 기존의 자본주의 체제를 인정하는 작용을 한다. 쉬는 이렇게 말한다. "진보주의 시대의 단순한 삶은, 일부 사람들이 소란스러운 도시 생활로 돌아가기 전에 예민해진 신경을 진정시키는 일종의 '신경 안정제'로 사용한 것이었으며, 그것은 비열한 중산 계급 속에 내재한 단순성일 뿐이었다." 이러한 주장은 그 안에 자기 파괴의 씨앗을 가지고 있던 대안 문화가 결국 소멸한 것을 설명하는 데 도움이 되기 때문에 해석상 매력이 있다. 하지만 이러한 주장이 대안 문화의 붕괴를 설명하는 데는 도움이 된 반면, 그 존재를 설명하는 데는 별로 도움이 되지 않았다. 리어는 1877년부터 1919년 사이에 산업 자본주의의 패권에 동의하지 않는 수많은 집단들이 있었으며, 개방적인 문화가 이들 대안 집단이 번창할 수 있도록 해 주었다고 주장했다. '단순한 삶'에 역설이 있다는 쉬와 같은 주장은, 단지 문화가 개방적이지 않고 다양한 가치들을 향해 닫혀 있을 때에만 적용될 수 있다. 개방성이 있는 동안에는, 대안 문화나 집단들은 그 사회의 사고방식, 전체 실천에서 분리할 수 없는 한 부분을 형성한다. 이러한 관계가 붕괴되어 문화가 폐쇄적으로 되었을 때만 비로소 대안 문화 속에 내재한 자기 파괴적인 모순이 나타나며, 이 때 대안 문화는 사회의 지배적인 가치들을 전복하기보다 오히려 그 가치들을 강화시킨다. Lears, "The Concept of Cultural Hegemony: Problems and Possibilities," *American Historical Review* (June 1985): 567-93. '문화의 개방성'에 대해서는 Sara M. Evans and Harry C. Boyte, *Free Spaces: The Sources of Democratic Change in America* (New York: Harper & Row, 1986); Boyte, "Populism and the Left," *democracy*, April 1981, pp. 53-66 참조.

은 특별한 일이 아니었다. 니어링은 많은 청중을 끌어들였으며, 그것은 니어링의 인간적인 매력뿐 아니라 경제학자, 능력 있는 저술가, 강연가로서 명성을 증명하는 것이기도 했다. 니어링은 마른 몸매, 평균을 넘지 않는 키, 갈색이 일부 섞인 밝은 색 머리카락, 맑고 푸른빛이 도는 회색의 사려 깊은 눈, 솔직하고 밝은 표정을 지닌 사람이었다.[48] 부인인 넬리(Nellie Seeds Nearing)는 대중 강연가이자 저술가로 알려졌으며, 셔토쿼 평등 선거권 연합(Chautauqua Equal Suffrage Association) 같은 곳에서 '여성과 민주주의' 따위 주제로 연설했다.[49] 니어링은 유한 계급이 덕성을 강화하는 데 핵심인, 활력에 찬 정신 활동에 적극 참여했다. 니어링은 부자들에게 사회 구원에 이르는 길을 역설할 기회를 가졌다.

셔토쿼에서 강연하면서 니어링은 유한 계급에게 생동감 넘치는 생활이 가지고 있는 장점을 퍼뜨렸는데, 그것이 사람을 북돋워 준다고 주장했다. 니어링은 이렇게 말했다. "세상은 구원을 좇고 있으며, 그것은 사람의 에너지와 활력, 열정, 꿈에 달려 있다."[50] 단순한 삶을 설명하면서는 이렇게 말했다. "부자들은 '소유'라 불리는 허깨비에 짓눌려 있다. 단순한 삶은 무한한 가능성을 안고 있으며, 단순한 삶이란 좇을 만한 가치가 있는 것들을 좇는 것이다."[51] 니어링은 경제적으로 부족함이 없는 청중에게 이렇게 강연했다. "부는 사람을 나태와 잘못된 지성, 사물에 대한 잘못된 개념, 변화가 없는 판에 박힌 삶, 창의성과 꿈이 모자란 상태로 이끌며, 지치고 고통받는 대중에게서 부자를 고립시킨다."[52]

귀농으로 삶의 비용을 줄이는 미덕을 되살리자며 부자들에게 가한 니어링의 비판은 셔토쿼 사람들 중 일부에게는 받아들여지지 않았다. 니어링이 강연 뒤에 받은 질문에 대해 한 일간지는 이렇게 보도했다. "청중 중 일부는 니어링 박사가 사치를 부리는 중산층에 대해 말한 것들을 취소시킬 생각으로 그 자리에 온 것 같았다." 그이들에게 니어링은 가난에 부딪처 보지 않은 사람은 엄청나게 사치한다고 확신하는 사람처럼 보였다. 질문한 사람들에게 대답하며 니어링은 이렇게 물었다. "우리가 지금 같은 사치와 경쟁을 계속한다면 그 결과가 어떻게 되겠습니까?" 근로 소득과 불로 소득 구분에 초점을 둔 부의 재분배를 강조하면서, 니어링은 사치스러운 생활을 하는 계급에게 필요하지 않은 것들은 버릴 것을 권했다.[53] 서토쿼에서 니어링은 적진에 들어온 심부름꾼이었고, 서토쿼 사람들은 그 심부름꾼을 좋아했지만 심부름꾼이 전달한 내용에는 화를 냈다.

니어링이 서토쿼에서 한 강연 중에는 가끔 자신이 한 것을 비판하는 것으로 해석될 만한 것도 있었다. 니어링은 서토쿼의 지식 재교육을 긍정적으로 받아들였으나, 살아남으려는 힘겨운 싸움에서 눈을 돌린 채 편안하게 있는 것은, 사회적으로 민감한 이들이 보기에 모순된 행동으로 보일 수 있었다. 1896년, 강연을 하려고 서토쿼에 간 제임스는 그 곳의 목적이 삶을 무의미함에서 되찾는 것이라는 점을 알았다. 그럼에도 그 공동체는 균형이 맞지 않고, 극단적인 상황에 있는 인간에 대해서는 이해가 모자라고, 진부하고 열정이 적어 보였다. 제임스는 "이 곳은 너무 무기력하고, 문화는 흉내내기에 지나지 않으며, 따분할 정도로 자극이 없다."라고 불평했다. 제임스에게 서토쿼는 부르주아지와 평범한 사람, 교회 친목회, 교사회의 따위가 오래 된 언덕과 호수, 낭만이 서린 장소를 대표하는 곳이었으며, 어떻게 손을 쓸 수 없는 무미건조함을 상징했다. 제임스는 객관적이고도 보람 있는 삶을 위해 서로 섞이고, 원칙이 무리 없이 결합하기를 바랐다. 결국 제임스는 덜 낡고 감동이 넘치는 곳을 찾아 서토쿼를 떠났다.[54]

생동감 넘치는 삶에 필요한 용기를 불러일으키려고 유한 계급에게 호소하는 것만큼이나, 유한 계급을 향한 니어링의 비판도 커졌다. 그럼에도 니어링은 부유층이 언젠가는 보람 있는 일에 뛰어들어 사회적 책임을 다하리라고 굳게 믿고 있는 것으로 보였다. 니어링은 뜻있는 사람들이 지도

니어링. 1910년

넬리와 니어링. 1911년, 영국으로 가는 길에

두 아들과 함께 있는 넬리와 니어링. 1916년, 오하이오 주 털리도에서

력을 보여 가장 근본적인 경제, 사회관계를 급진적으로 재조정하리라는 것을 낙관했다.[55]

1917년에 니어링의 강연을 들으려고 셔토쿼에 간 마틴(Helen R. Martin)이라는 여성은 훗날 자신의 소설 몇 편에서 니어링을 주인공으로 등장시켜 대단히 사실적인 초상을 그렸다. 니어링의 강연에 반한 마틴은, 강연을 듣고 펜실베이니아 해리스버그의 집으로 돌아온 후에도 다시 일주일 동안 강연을 들으러 가자고 남편을 설득했다. 마틴은 주로 젊은 여성의 지위를 개선하는 문제를 다루면서, 아첨하는 독일계 펜실베이니아 사람을 풍자한 것으로도 잘 알려진, 꽤 성공한 소설가였다.[56] 마틴은 여성 운동가, 여성 참정권 운동가, 사회주의자이기는 했으나 1918년에 경제계와 교회의 부패를 그린 《광신자인가, 기독교도인가? Fanatic or Christian?》라는 소설을 출간하자 세상이 놀랐다. 마틴은 니어링에게 책을 주면서 표지에 '니어링은 나의 영웅' 이라고 썼다.*

《광신자인가, 기독교도인가?》에서 니어링은 실제보다 좀 과장된 모습으로 그려졌다. 소설 속 이름은 데이비드 펠프스로, 서른다섯 살쯤 된 부자 변호사였다. "그이는 크고 비교적 마른 몸매였으며, 편안하면서도 천천히 걷는 모습은 엄청난 힘과 내공을 가진 듯했다. 윤곽이 뚜렷하고 지적인 얼굴은 호색한 분위기라고는 전혀 없이, 맑으면서도 힘찬 남성다움을 나타냈다. 고요한 표정은 진지하면서도 냉정했다. 그러나 미소지으면 표정은 금방 부드러워지고 친절함과 유머로 빛났다."[57] 펠프스의 가장 큰

---

* 니어링의 둘째 아들 로버트(Robert Nearing) 덕분에 마틴과 니어링의 관계, 니어링이 마틴의 소설에 등장하는 인물들과 놀랄 만큼 닮았다는 사실을 알 수 있었다. 니어링이 마틴에게 받은 《광신자인가, 기독교도인가?》는 현재 로버트가 소장하고 있다. 마틴이 쓴 헌사의 전문은 이렇다. "헬렌 마틴의 영웅인 스콧 니어링에게. 니어링 씨가 지나치게 삼가는 탓에 마틴 여사를 대신해 N. M. S.가 헌정합니다." 마틴의 삶에 대한 자세한 이야기와 니어링의 사상에 마틴이 바친 열정에 대해서는 그이의 아들인 프레더릭(Frederick T. Martin)이 1987년 2월 7일에 나에게 보낸 편지를 통해 알게 되었다.

관심사는 종교와 사회를 변화시키는 것이었다. 한편으로 그이는 기독교에 대한 불신을 따졌으나, 다른 한편으로는 이렇게 말한다. "그러나 나는 믿는다. 그것이 문제이다. 나는 그리스도가 가르친 사랑과 형제애를 진심으로 믿는다. 문제는 교회가 그렇지 않다는 것이다. …… 사랑과 형제애를 실천하기만 한다면 기독교는 진정 위대하다."[58] 그이는 자신의 이론이 2000년 전 예수에게서 배운 것이며, 형제애의 복음일 뿐이라고 주장한다. 소설 후반부에서 펠프스는 미국 사회의 전체 상황을 정확하게 인식한다면, 현재 경제 질서가 그대로 있는 한 누구도 온전히 그것을 피할 수 없다는 것을 깨달을 것이라고 말한다. 따라서 필요한 것은 개인의 순교가 아니라, 사회를 고쳐서 새롭게 만드는 것이다.[59] 마틴은 한 발 더 나아가 펠프스가 이렇게 선언하게 한다. "인류의 진보를 위해, 모든 것이 그대로 남아 있기를 바라는 사람들 — 그대로 남아 있는 것이 자신들에게는 편하기 때문에 — 의 머뭇거림과 조소에 맞서려면 엄청난 추진력과 예수의 꿈, 쇼(George Bernard Shaw)가 가진 것과 같은 뻔뻔스러움을 지녀야 한다. 나는 세 가지 모두를 조금씩이나마 가졌다고 생각하기에 이 싸움에 나섰다."[60]

다른 소설에서는 니어링이 또 다른 모습으로 나왔으나 주제는 같았다. 그이는 강력한 기독교 이상과 사회 과학의 이성과 계몽, 도덕적으로 비열한 부자에 대한 비판, 권리를 위한 투쟁에서 용기 따위를 대변했다. 1918년에 나온 또 다른 소설 《버진스버그의 매기 Maggie of Virginsburg》에서는 교사인 헨리 부츠로 그려졌고, 1923년에 나온 《거리의 교회 The Church on the Avenue》에서는 미국 성공회 성직자인 클레멘트 칼로웨이 신부로 묘사되었다. 큰 부자들을 비난하면서 칼로웨이는 이렇게 말한다. "그이들은 인류애에 가장 크게 이바지할 수 있는 자리에서 멀어졌을 뿐 아니라, 시간이 갈수록 우리를 무너뜨리고 진정한 봉사를 하려는 힘과 능력을 없애려고 한다. 인류애는 처음이자 마지막인 인간적, 영적 봉사이다." 칼로웨이의 설교는 마틴이 셔토쿼의 혼잡한 청중석에 앉아 듣던 니어링의 강연을 그대로 따라 한 것이었다.

"자본주의의 목적과 달리, 우리 정부를 사회주의화하려는 사람의 목적은 인도적인 것이다. 그래서 그이들은 기독교의 이상에 더 가까이 있다. 진정한 기독교 정신은 이기심에서 출발한 적대감이나 경쟁심이 아니라, 형제애이다. 자본주의는 기독교인을 탐욕스러운 강도처럼 행동하게 하지만, 사회주의 정부는 나쁜 사람을 착한 기독교인처럼 행동하게 한다. 형제애의 바탕 위에 세워진 사회에서 기독교의 이상이 처음으로 실현될 것이고, 사람을 착취하는 대신 공공 선에 이바지하게 될 것이다."[61]

마틴이 그린 모습이 니어링의 신념을 정확하게 드러낸 것이라면, 적어도 마틴이나 몇몇 이들에게 니어링의 메시지는 아주 뚜렷했다. 지배 가치에 도전하는 것이 유한 계급 사이에서 인기가 있었는지 아닌지는 또 다른 문제이다. 비록 니어링이 말하는 것을 모두 믿을 수는 없다고 할지라도 그것은 대단히 흥미로운 것이었다. 하지만 니어링의 강연에 불쾌해진 셔토쿼의 신사는, 광신자의 말을 들었는지 진정한 기독교인의 말을 들었는지 도무지 알 수 없었을 것이다.

제5장

사회 조정

경제학의 요소들이 통일성을 가지고 하나가 되기 위해서는, 사람과 관련된 것이든 사회와 관련된 것이든 관계 없이 모든 이론을 유기적으로 조화시키고 통합해야 한다. 니어링은 경제와 관련된 논의라면 무엇이든 개혁을 위해 프로그램을 제안하면서 실천도 병행했다. 이것은 경제에 관한 사유가 사회 활동으로 이어지도록 하기 위한 것으로, 생각 없이 하는 행동은 행동이 따르지 않는 생각처럼 헛되기 때문이었다.[1] 니어링은 '사회 조정'이라는 이름으로 과학적 사회 분석을 체계화했는데, 그것은 분석에서 그치지 않고 실천에 적용할 수 있어야 했다. 그래야 재분배를 중심으로 하는 새로운 윤리 경제학이 현실에서 검증될 수 있고, 이론을 실천으로 옮길 수 있었다. 사실 '조정'이라는 낱말의 뜻은 좀 모호했다. 더러는 '복지를 보장하는 과정'으로 정의되었으나, 더러는 '제도를 만드는 과학'을 가리키기도 했다. '사회 조정'이라는 말의 뜻에는 사회 집단에 중점을 두고 진화론적인 발전을 믿는다는 생각이 들어 있었다. 그리고 그 안에는 복지와 보편 기회를 향한 목표가 있었다. 그것은 모든 사람이 공유하는 삶에서 파생된 보편 철학, 곧 이기적이면서 별 볼일 없는 개인의 이해보다 언제나 집단의 이해가 앞서는 철학이었다.[2]

니어링은 이렇게 말했다. "사회 조정의 목적은 사람들에게 보편적으로 기회를 주는 것이다."[3] 소수가 다수를 착취하면서 기회를 독점하는 사회 체제 때문에, 다수가 보장받지 못하던 그 기회 말이다. 그러나 적절한 환경이 갖추어지지 않은 것 역시 보편적인 기회를 보장하지 못하게 가로막는 걸림돌이었다. 이러한 니어링의 환경 결정론은 결정론적 진화론에 반하는 것이었다. 그것은 비록 속도가 늦기는 하지만 꾸준하게 계속되어서 결코 변화를 피할 수 없다는 것을 주장함으로써, 점차 사람들에게 호응을 얻었다. 니어링에게 '조정하다'라는 말은 주로 방향을 다시 잡거나 진화의 흐름을 부추기는 것을 뜻했다. 진화가 아직 끝나지 않았으므로 니어링의 조정 개념은 늘 미래 지향이었으며, 현재의 인간은 미래 사회를 바라볼 수밖에 없었다. 따라서 사회 조정은 현재나 모든 시대에 통하는 치유책이 오직 하나만 있다는 것을 뜻하지 않았다. 이는 광범위한 목표와 폭넓은 응용 형태를 가진 역동적인 개념이었다.

그리고 결국 사회 조정이 표현된 통로는 국가였다. 니어링은 개인을 중요하게 여겼고 정부의 권력이 집중되는 것을 반대했지만, 한편 자본이 집중됨으로써 개인은 이미 위험스러울 정도로 짓눌리고 있다는 것을 알고 있었다. 이런 위협에 맞서 싸울 수 있는 권력은 오로지 정부뿐이었다. 니어링은 근대의 문제 가운데 가장 어려운 문제 중 하나인 정부와 개인의 관계에 대한 문제, 곧 개인이 정부의 도움을 어디까지 받아야 하는지에 대한 문제와 마주쳤다. 니어링은 국가는 공동체 전체의 부를 늘리는 수단으로 존재하며, 될 수 있으면 책임을 지방 정부에 많이 넘겨야 한다고 주장했다. 그러나 산업 자본주의가 가진 권력 때문에 소규모 지방 정부가 목적을 이루지 못하고 실패했을 경우에는 국가로 다시 책임이 넘어가야 한다는 주장에 아무도 반대하지 않을 것이라고 말했다.

현재 사람들이 살면서 누리는 많은 서비스들은 민주적인 정부가 이루어 놓은 것이므로 정부의 활동이 개인의 자유를 짓누른다고 말할 수만은 없었다. 미국 사람들은 정부가 개인보다 훨씬 더 효율적으로 많은 일을 할 수 있다고 굳게 믿었다.[4] 이런 믿음이 진보주의의 중심 주제였으며, 니어링이 생각하는 조정도 적극적이고 활동적이며 힘있는 정부에 크게 기대고 있었다. 이러한 정황에서 니어링은 사회 조정이 미국 사람의 사고에서 가장 중요한 자리를 차지하고 있다고 생각했다. 니어링은 진보주의 시대를 맞아 미국이 필요에 따라 사회 제도를 조정하려고 활발하게 입법 활동을 시작했다고 보았다.[5] 조정이 가진 가능성은 사실상 한계가 없는 듯했다.

▰▰▰ 사회 조정을 향한 니어링의 열정은 유전을 조절하는 우생학에 관심을 기울이면서 최고조에 이르렀다. 그리고 1911년에서 1913년 사이, 교육받은 백인 청교도 중상층 인구가 늘어나면서 사람들은 본격적으로 유전에 관심을 갖게 되었다. 백인 청교도 중상층은 유전의 영향과 국가적인 의미에 논란거리를 던졌다. 우생학 운동은 오랫동안 그 문제에 관심을 가져온 패튼(Simon Nelson Patten) 같은 사회 과학자에게 영향을 미쳤으며, 미국의 사회, 정치, 학계 모든 분야에서 관심을 끌었다. 패튼은 1903년에 발표한 〈유전과 사회 진보 Heredity and Social Process〉라는 논문에서, 그리고 1912년에 쓴 글에서 이렇게 주장했다. "우생학은 우리가 어떻게 해야 하는지를 말해 준다. 다른 어떤 분야보다 우생학 분야에서 강력하고 효율적인 사회 합의가 이루어질 수 있다."[6] 우생학으로 사회가 발전할 수 있다는 생각은 이미 널리 퍼져 있었다. 1910년 브리태니커 백과사전 제11판은 문명화 항목에서 '유전 법칙을 슬기롭게 적용해서 모든 인류를 조직

적으로 개선할 것'을 예고할 정도였다. 1911년 런던에 갔을 때 니어링은 사회 복지관인 토인비 홀, 런던 대학에 있는 골턴(Francis Galton)의 우생학 실험실을 방문하기도 했다.[7] 터그웰(Rexford Guy Tugwell)에 따르면 니어링이 가지고 있던 우생학 개념은 경제 개혁 논리에서 나온 것으로, 인종 개선 사회학과 정부 제도 사회학도 사회 복지에 초점을 맞추고 있었다.[8]

체계적으로 우생학 주장을 담은 책인 《가장 뛰어난 인종 : 미국의 문제 The Super Race: An American Problem》(1912)에서 니어링은 이렇게 말했다. "우생학의 목적은 인간의 결합에 유전 법칙을 적용하는 것이다. 그래서 인류라는 종을 의식적으로 개선하는 것이다." 유전이 진화의 알맹이라고 강조한 골턴, 우생학자인 대븐포트(Charles Davenport)에게서 영향을 받은 니어링은 유전과 개혁이 본래 서로 적대한다는 점을 인정하지 않고, 이 둘이 모두 사회 변화에 이바지했다고 주장했다. 선택된 목표에 맞추어 생물학적 진화를 통제함으로써 우생학이 자연 선택적인 진화론의 결정주의를 대체할 수 있으리라고 본 것이다. 환경 결정론자와 유전 결정론자 사이에 벌어진 논쟁에 참여하면서 니어링은 사람의 재능이나 결점은 배아 세포를 통한 유전의 결과이거나, 훈련 또는 환경의 영향이거나, 아니면 이 둘 모두에 따른 것일 수 있다는 사실을 알게 되었다. 중요한 것은 어떤 경우에도 우연은 아니라는 점이다.[9] 니어링은 환경이 사람을 만든다고 믿었으나, 마찬가지로 사람이 환경을 만드는 것도 아주 중요하게 생각했다. 그러나 유전 결정주의를 극복하기 위해 환경을 조작하는 것이 사람이 할 수 있는 일의 전부는 아니었다. 의식적으로 유전을 선택할 여지가 있었다.

니어링은 '의식이 개입하지 않고, 살아남으려는 투쟁 과정에서 일어나는 자연 선택'과, '의식이 있고 인위적인 사람의 선택'을 견주었다.[10] 인위적인 선택에는 진화에 들어 있는 자연의 힘을 사람이 통제하는 것도 들어 있었다. 진보를 생각하는 니어링이 볼 때, 조절 대상은 뚜렷하게 인류의 업적에 도움이 되거나 혹은 도움이 되지 않는 것이었다. 유전을 조절함으로써 자연법칙이 모든 것을 결정한다는 결정론을 영원히 사라지게 할 수 있었다. 여가를 누릴 수 있을 만큼 풍요로워진 사회는 웬만하면 사람들에게 자유롭게 선택할 수 있는 기회를 주었다. 니어링이 우생학에서 가지고 있는 가장 주된 신념은, 이전 세대보다 좀더 나은 선택을 할 수 있으므로 20세기의 시민은 선택의 자유를 가지며, 그 자유가 오래 가려면 끊임없이 현명하게 선택하면 된다는 것이었다. 우생학에 따른 선택은 다른 국가와 달리 미국이 가진 또 하나의 기회였다.[11]

니어링에게 선택은 사람의 권리일 뿐 아니라 의무였다. 이런 확신은 우생학에 관한 니어링의 글에서, 그리고 "개인은 좀더 큰 공동체나 인종*에게 최선이 되도록 행동할 책임이 있다."라는 말에서 다시 한 번 확인된다. 니어링은 '현명한 결혼으로 인종을 개편하다' 라는 제목의 토론 프로그램에서 자유 의지로 선택하기를 주장하며 우생학에 적극 다가갈 것을 강조했다. 하지만 자유 의지를 가진 우생학을 위해 니어링이 내세운 방법은 계층 편견을 또 한 번 드러내는 것이었다. 우생학에 따른 선택을 하도록 교육하는 것이 중요하다고 부드러운 말로 표현하기는 했지만 말이다. 적극적인 우생학은 지배 계급이 가장 뛰어난 인종이 되도록 이끄는 하나의 수단이기도 했다. 니어링은 자유롭게 선택하되 우생학에 좋은 결혼을 하는 것이 훌륭한 재능을 받아 태어난 사람들의 의무라고 주장했다.

우생학에 더욱더 몰두하면서 니어링의 진보주의 청사진에 우생학의 부정적인 측면들이 겹쳐졌으며, 이로 인해 그이의 인도주의 전망이 빛을 잃

■ 우생학자들이 사용한 '인종(race)' 이라는 단어는, 엄격하게 생물학적인 의미이라기보다 문화 공동체 개념, 더러는 편파적이고 민족적인 뜻을 모두 가진 느슨한 개념이다.

었다. 니어링은 이렇게 말했다. "(나쁜 유전 인자를 가진 아기의) 출산을 막아 결점을 제거하려고 하는 강제적인 우생학은 우생학 전체 중 아주 하잘것없는 한 부분일 뿐이다." 그럼에도 니어링은 유전 결함을 가진 사람들이 자녀를 갖는 것을 부정하는 편에 섰으며, 심지어 그것이 사람들을 짓누르게 된다 해도 관철하려고 했다. 우생학을 소극적으로 적용한다면, 정부는 유전 결함을 가진 사람들이 결혼하지 못하게 하는 법률을 시행할 수도 있었다. 니어링은 유전 결함을 가진 사람들은 따로 살게 하고 아이를 낳지 못하게 함으로써 사회의 쓰레기를 없애고, 사회 오염의 뿌리를 적절히 잘 처리할 수 있을 것이라고 말했다.[12]

이는 사회 신분과 유전 결함 사이의 관계를 강조한 것이다. 능력이 뛰어난 계급이 자녀를 낳지 않고 결함이 있는 계급이 자녀를 많이 낳음으로써 유전적으로 퇴화한 사람들의 숫자가 마구잡이로 늘어나 문명이 황폐해졌다는 어느 맬서스주의자의 공포가 이제 누구나 알기 쉽게 표현된 것이다. 니어링은 이렇게 지적했다. "부모 집단에 따라 출생률이 다르다. 진화론 법칙과는 반대로, 다음 세대에 사회의 가치를 전해 주기에 가장 부적합한 집단에서 인구가 가장 빨리 늘어나고 있다."[13] 니어링은 이것을 '역선택'이라고 불렀으며, 우생학 이론과 인종, 제국주의의 중요성을 널리 퍼뜨린 루스벨트(Theodore Roosevelt)는 이를 '인류 자살'이라고 표현했다.

니어링은 루스벨트가 말한 인류 자살 개념과, 지배 계급이 좀더 아이를 많이 낳아야 한다는 주장을 중요하게 생각했다. 니어링은 인종을 차별하는 우생학이나 루스벨트의 제국주의 성향을 공격하는 것보다 오히려 루스벨트의 우생학 사고에서 환경 결정론의 한계를 드러내는 것에 더 관심이 많았다. 니어링은 우생학의 목적은 사람의 질이지 숫자가 아니라고 말했다. 루스벨트가 '인류 살해자'라고 비난한 지배 계급은 실제로는 진화론의 흐름에 따라 행동하는 인류 구제자로, 그이들은 사람의 숫자를 늘리는 것이 아니라 질을 높이는 것을 좇았다는 것이다.[14] 니어링에 따르면 의식적으로 출생률을 제한하는 것은 민주주의의 승리였다. 그렇게 해서 '자유롭고 평등하게' 자녀의 숫자를 제한했으며, 삶의 수준을 높였고, 어린이를 키우는 데 좀더 나은 환경을 만들었다.[15]

우생학에 대한 니어링의 관심은 열정적이기는 했지만 짧았다. 니어링은 1916년 우생학에 대한 마지막 글을 내놓은 뒤 더는 그것에 관심을 보이지 않았다.＊ 이를 두고 니어링이 틀에 박힌 개혁, 불평등, 인종주의, 인간성이 빠진 윤리를 주장하는 우생학에서 뒤로 물러섰다고 추리할 수 있다. 혹은 니어링의 책《가장 뛰어난 인종》을 논한 비평가가 보인 견해에 니어링도 동의하게 되었다고 생각할 수 있다. 그 비평가는 니어링이 낙관주의를 너무 믿어 잘못을 저질렀으며, 냉혹한 합리주의와 반결정주의 때문에 뜻하지 않게 비인간화를 불러일으켰다고 지적했다.[16] 니어링이 우생학에 흥미를 잃은 이유를 확실하게 보여 주는 증거는 없다. 확인되지는 않았지만 좀더 설득력 있는 주장은, 진보를 위한 니어링의 그림에서 유전을 개선하려는 프로그램이 큰 비중을 차지한 적은 처음부터 없었다는 것이다.

가장 뛰어난 인종은 유전과 사회 환경, 개인의 발전이 낳은 것이라고 강조하면서도 니어링은 우생학만으로 충분한 것은 아니라고 우생학을 부인하는 말을 조심스럽게 덧붙였다.[17] 우생학이라는 과학은 늘 환경과 사회 제도와 함께 이루어져야 했다. 우생학에 대한 니어링의 생각을 이해하는 열쇠는, 환경 결정론은 늘 유전보다 뛰어나다고 가정하는 것이다. 니어링은 평균적인 사람은 대부분 환경에 좌우되고,[18] 알맞은 환경은 유전 재

＊ *Toledo Blade*, February 1, 1916. 니어링은 우생학에 대해 이렇게 썼다. "결론적으로 이 방법이 가장 효율적인 것은 아니다. …… 우생학보다 교육이 더욱 중요하다."

능을 완벽하게 하는 데 필수라고 강조했다.[19] 선택으로 유전을 개선하는 것을 진보주의의 목표로 볼 수는 있으나, 그럼에도 좋지 않은 환경에서 길러지면 결코 좋은 결과를 가져올 수 없었다.[20] 결국 우생학이 가장 효과적인 방안은 아니었다. 니어링은 우생학보다 교육을 중요하게 여겼다.[21]

▬▬ 만약 아이를 골라 가며 낳는 것이 적절하지 않다면, 미래 세대를 골라 가며 키우는 것도 적절하지 않기는 마찬가지이다. 니어링은 이와 관련해 책을 쓰고 '펜실베이니아 어린이 노동 위원회'에서 종신 위원으로 일함으로써 어린이 발달에 높은 이상을 지닌 투사로 널리 알려졌다. 어린이 노동은 우선 사회 경제의 문제였다. 하지만 좀더 중요한 것은, 미래 세대가 나약하고 활기 없고 도덕의 성장이 멈춘 이들로 가득 차면서 사람의 이상이 물질주의에 눌려 짓이겨지는 도덕의 문제라는 것이었다. 니어링은 이렇게 말했다. "일하는 아이의 지능은 발달할 수 없고, 일하는 아이는 도덕적으로 뒷걸음질치며, 육체의 성장 또한 멈추어지기 쉽다."[22] 노동이 어린이의 육체와 정신을 모두 파괴한다고 본 것이다.

니어링이 나중에 알게 된 것처럼 어린이 노동에는 도덕이나 활기보다 더 큰 문제가 도사리고 있었다. 노동 시장에서 어린이를 빼내는 데 앞장서는 행위는, 숙련되지 않은 값싼 노동력이 반드시 필요한 사람들─사회에서 가장 이름난 이들이며 소수인 사람들─의 본거지를 공격하는 것을 뜻했다. 스스로를 방어하고 비판자를 공격하는 가운데 니어링은 자신이 '어린이 노동 개혁가', '광신자', '사기적인 사회 선동가'로 불리는 것을 알게 되었다. 비판자들은 니어링이 산업에서 인간적인 면을 너무 강조하고, 특별한 상황인데다 광범위한 이익을 내는 어린이 노동에 부당하게 개입한다고 비판했다.[23]

니어링은 어린이 노동은 어린이에게서 가장 중요한 것인 '놀이'를 빼앗는다고 지적했다. 놀이를 하면서 자유 의지와 사회 윤리가 길러진다는 점에서 이것은 대단히 큰 손실이었다. 니어링은 이렇게 주장했다. "품성의 기초는 자유 의지인데, 이 기능은 놀이에서 가장 잘 길러질 수 있다."[24] 여기서 자유 의지는 단순히 그냥 내버려 두는 자율이 아니라 자기 억제, 상호 협력, 집단행동을 뜻하는 것이었다.[25] 놀이를 하면서 사회 윤리가 발달하고, 각자 자기가 속한 집단과 완벽한 관계를 맺는 바탕을 다지게 된다.[26] 놀이는 사회적 책임의 핵심인 집단 윤리가 발전하는 것과 긴밀하게 연결되어 있었다. 그래서 니어링은 홀(Granville Stanley Hall)의 《청춘 Adolescence》에서 '잘 노는 것이야말로 도덕의 학교'라는 구절을 즐겨 인용하며, 일하는 어린이는 집단 의식이 모자란다는 사실에 가슴 아파했다.[27] 어린이 노동은 집단행동을 길러 주는 의식을 메마르게 하고 도덕이 때 이르게 타락하는 것을 부추겼다.[28] 니어링은 놀 기회를 가지지 못한 어린이는 도덕 발달의 기회를 잃는다[29]며 다음과 같이 결론을 지었다. "노동은 자라는 어린이의 몸이 완전하게 발달하지 못하게 하고, 도덕 기능이 자라는 것도 막는다."[30]

니어링이 보기에 어린이는 산업 현장과 사람의 가치 사이에서 벌어지는, 용서받지 못할 싸움의 희생자였다. 니어링은 이렇게 말했다. "12~14세 어린이를 하루에 열한 시간씩 기계 앞에 서 있게 해 아이가 자신을 표현하면서 자라는 것을 막고, 변화 없는 단조로운 생활로 퇴화하도록 한다."[31] 어린이 노동자는 열정과 놀이와 생활을 잃어버리고 고통, 지루함, 퇴보를 겪는다. 니어링은 또 이렇게 말했다. "어린이에게는 두 개의 힘이 꾸준히 작용한다. 하나는 어린이를 삶과 성장이라는 좀더 높은 이상으로 올라가도록 북돋워 주는 것이고, 또 하나는 조그마한 손으로 몇 달러라도 벌게 해 어린이를 짐승으로 만드는 것이다. …… 미래는 오로지 투쟁에 달려 있다. 만약 이상의 힘이 강하면 어린이는 정상 경로를 밟아 성숙한 사람으로 자라날 것이고, 돈의 힘이 강하면 어린이는 붙박이가 되어 돈 버는 기계로 굳어질 것이다."[32] 노동에 채 숙련되지 않은 어린이를 표준화된 공장에 맞추어서 노동을 절망적으로 단조롭고 메마르게 만들었으며, 어린이가 활기차고 도덕성을 갖춘 시민으로 성장할 가능성을 없애 버렸다.[33] 이상이 물질에 압도된 것이다.

어린이 노동이 공화주의자의 이상을 가장 크게 훼손한다는 점에서 이 문제는 긴급한 국가 과제이기도 했다. 니어링은 어린이 노동은 가정생활이 무너지는 것을 부추긴다고 경고했다. 일하는 아이들은 가정생활의 의무와 즐거움에 참여하지 않는다. 가정이야말로 공화주의자의 덕성을 교육하는 곳이기에 국가가 통합을 유지하려면 가정이 높은 수준을 지키고 있어야 한다. 그래야 공동체의 수준도 높아질 수 있다.[34] 이것이 니어링이 질 높은 시민 의식에 앞서 어린 시절이 보호받아야 한다고 강조한 까닭이었다.[35]

어린이 노동 문제의 해결책은 어린이를 일터로 보내는 원인을 없애 버리는 것이었다. 니어링은 어린이를 일터로 보내는 이유는 첫째, 집에서 필요하기 때문, 둘째, 학교 체제가 제대로 되어 있지 못하기 때문이라는 것을 알았다.[36] 니어링은 이 문제를 다음과 같이 간추렸다.

1. 평균적으로 노동자의 임금이 너무 적어서 바깥의 도움 없이 가족을 먹여 살리는 것이 불가능하다. 이 모자란 부분은 종종 어린이를 일터에 보내는 것으로 메워진다.

2. 낡은 교육 과정과 완고한 규율, 적은 임금을 받는 경험 없는 교사가 있는 학교는 보통의 소년, 소녀들을 싫증나게 만든다. 어린이는 그 단조로움과 구속에서 벗어나 자유를 찾아 도망치면서 처음으로 노동을 시작하게 된다.[37]

국가는 이 문제를 해결할 책임이 있었다. 그렇다고 부정적이고 강제적인 법률로 풀어서는 안 될 것이다. 학교 개혁은 공공의 이익을 늘리는 쪽으로, 그리고 사람들에게 그것에 대해 이해를 구해야만 가장 효과적으로 이룰 수 있었다. 임금이 적어 생활수준이 낮은 것은 또 다른 문제였다. 니어링이 어린이 노동법과 의무 교육 관련법이 합쳐져서 가족의 수입을 줄어들게 만든다고 주장한 까닭이 여기에 있었다. 그러면 정부는 가족의 수입이 필요한 만큼 충분하지 않은 경우가 수없이 많은데 왜 보상을 하지 않는가? 니어링에 따르면 사회 잉여가 많은 나라는 어린이를 지겨운 노동에서 벗어나게 하는 데 유리했다. 그리고 어린이 노동 문제를 해결하는 데 국가의 역할은 뚜렷했다. "만약 어린이를 철저하게 교육시키는 것이 사회에 이익이라면, 어린이가 교육을 받는 동안 생활비가 모자라는 가족에게 정부가 보상을 하는 것이 사회적으로 합당하게 여겨질 것이다."[38] 니어링이 내놓은 어린이 노동 문제의 해결책은 산업 현장을 규제하는 시도 정도가 아니라, 그 문제를 사회의 약자를 보호하는 관점에서 보자는 것이었다. '사회 조정'은 니어링이 쓴 낱말 이상의 뜻을 담고 있었다. 부분만 바꾸는 것으로는 충분하지 않았다. 니어링은 경제 사회가 근본부터 변하는 것에 관심이 있었다.

■■■ 자신이 하는 일에 정치적인 의미가 있음을 숨기려는 진보 사회 과학자가 '조정'이라는 완곡한 용어를 쓴다고 로스(Dorothy Ross)가 주장한 바 있다.[39] 이 말이 무엇을 뜻하든, 니어링의 용어 선택은 생각할 만한 가치가 있다. 니어링은 진보주의 개혁의 표준 프로그램을 비판했으며, 무수히 많은 '가치와 분배 문제'의 해결책은 경제를 급진적으로 변화시키는 것에서 찾아야 한다고 명백히 말했다.[40] 사회를 개혁하는 중요한 방법과 함께 니어링이 깨달은 것은, 개혁가들은 가끔 동기는 고상하지만 방법에

서 비참하게 실패한다는 것이었다.[41] 니어링은 연합, 개혁 운동, 개혁하는 모임 같은 개혁 기관들의 실효성을 거의 믿지 않았다. 그런 것들은 제 각각 떨어져 있고 또 어떤 면에서는 한 번에 그치기 때문이다. 그들은 사회의식이나 인식의 기초 없이 여러 모로 안전하고 단편적인 진보를 목적으로 했다. 그 결과를 무시할 수는 없지만, 그것은 근본에서부터 상황을 바꾸는 것이 아니었다. 그것은 조정을 보장하는 방법이 되지 못하기 때문에 무시해도 좋았다.[42] 특히 부자가 꾀하는 개혁 시도는 허울뿐이었다. 좋게 나타난다고 해 봐야 약간의 사회적 책임을 드러내는 자선 행위 정도였다. 그리고 자선한다고 내놓은 기금이 때로는 사람들의 삶이나 건강을 파괴하는 산업에서 얻은 수입이라는 사실을 되새기는 것도 중요했다.[43]

사회 문제를 해결할 대안을 찾으면서 니어링은 사회주의 성장이 근대에서 가장 중요한 현상 가운데 하나라는 사실을 발견했다.[44] 사회주의 속에는 민주적으로 성취할 수 있는 좀더 큰 사회 경제 변화 프로그램이 있었다. 사회주의자는 투표라는 수단을 사용해 체제의 목적을 이룰 수 있는 것으로 바꾸기를 요구했다.[45] 니어링은 사회주의가 좀더 합리적인 방법으로 소득을 나눌 수 있는 새로운 체제를 건설하려고 노력하고, 현재 분배 체제에 조직적으로 저항하는 사상이라는 것을 알았다. 그것은 니어링의 경제 이론과도 일치했다.[46] 이제 니어링에게 사회주의는 어떤 정치 성향이라도 설명할 때 고려해 볼 수 있는 요소가 된 것이다.[47]

니어링은 사회주의 개혁의 가능성을 생각하면서 수많은 형태의 사회주의가 있다고 지적했다.[48] 그 중 받아들이기 전에 반드시 비판해 보아야 하는 것은 마르크스주의나 국가 사회주의였다. 니어링은 '국가 사회주의'라는 말을 사용해 사회주의를 모든 면에 적용할 수 있다고 보는 경제 결정론, 국가가 일련의 행위로 경제를 통제하는 것 따위를 나타냈다. 이론 면에서 니어링은 사회주의는 무엇보다 먼저 사실의 문제라고 조심스럽게 말했다. 즉 어떤 사회주의 이론도 새롭게 전개된 사회 상황을 설명할 수 없었다. 그럴 경우 그 동안 주장한 것들이 완전히 잘못된 만병통치약에 지나지 않는 것이 되어 버리기 때문이다. 같은 이유로 니어링은 자유방임 경제학 이론의 자연법칙도 받아들이지 않았다. 니어링은 경제학자들이 사회주의 이론에 가까이 다가가기 위해서는 있는 그대로의 사물에서 나온 논리적인 결론을 기꺼이 받아들이려는 의지와 함께, 솔직하고 열린 마음으로 문제를 대하는 과학 정신이 필요하다고 지적했다.[49] 니어링은 사회 전체에 한꺼번에 적용될 수 있는 위대한 이론은 없다고 굳게 믿었다.[50]

니어링이 사회주의에서 받아들이려고 하지 않은 부분은, 자본을 엄격하게 사회화하는 것이었다. 공동체에 가장 큰 이익을 주면서 개인이 관리할 수 있는 것들은 개인의 통제 아래 남아 있고, 개인이 통제할 경우 공동체의 복지를 위협할 수 있는 것들은 모든 이의 이익을 위해 공적으로 관리되어야 한다는 것이 니어링의 생각이었다.[51] 니어링은 사회주의에 어떤 한계를 그어 놓는 것을 극구 피했다. 부를 재분배하는 것, 협력하는 사회 관계, 자립 경제의 성장, 경제 활동에서 국가 통제를 제한할 필요가 있다고 인정하는 따위, 사회주의는 좀더 폭이 넓어야 희망에 찬 대안을 내놓을 수 있었다. 니어링은 국가 사회주의의 원칙이 고스란히 적용되기는 어렵지만, 다소 수정을 한다면 여러 가지 어려운 문제를 해결할 수 있을 것이라고 보았다.[52]

패튼의 격려와 지도를 받으면서 1908년에 쓴 교과서에서 니어링은 사회주의의 장점을 들었다. 그 책에서 니어링은 사회주의가 고전 경제학의 분배 이론을 다음과 같이 대체했다고 지적했다. 사회주의는 사회 전체의 목적에 가장 잘 맞는 방법으로 사회가 전체의 수입을 통제하는 것이다. 여기에 더해 현재 사회주의의 근본 목적은 국가가 모두 소유하고 경영하는 것이 아니라, 소비자가 가장 적은 비용으로 가장 큰 효과를 얻는 것이라고 적었다. 그리고 이렇게 말했다. "사회주의자는 여러 가지 점에서 사유 재산제를 부인한다고들 생각한다. 그러나 그이들은 토지, 자연 자원, 생산 수단의 사유만 반대한다는 것을 깊이 새겨야 한다. 생산 수단은 삶의 수단이며, 이 수단은 공동으로 소유해야 한다."

당시 정치 분위기에서 사회주의는 두드러지는 존재였다. 니어링은 루스벨트가 말하는 '공정한 거래'는 기존 사회 조직을 그대로 받아들이면서 거래만 공정하기를 요구하는 것이라고 보았다. 루스벨트가 취한 정부 규제 정책은 윌슨(Thomas Woodrow Wilson)이 말한 이른바 '새로운 자유'의 초석으로, 공정한 가격이 매겨질 수 있는 경쟁 체제 아래에서 독점을 해소하는 것을 뜻했다. 사회사업 프로그램이 궁극적으로 각 개인이 동등한 기회를 갖도록 환경을 개선할 방안을 찾는 것이라면, 단일세주의는 토지와 자연 자원을 개인이 독점하는 것을 없애서 사회 정의를 회복하려는 것이었다. 오직 사회주의만이 기존 산업 질서를 전면적으로 반대했으며, 자본주의 생산 체제를 국영 기업으로 대체해 모든 경쟁을 없애지 않고서는 현대의 병리를 치유할 수 없다고 보았다.[53] 이와 같은 사정에서 니어링은 1912년 선거에서 데브스(Eugene Victor Debs)를 지지했다.[54]

하지만 바로 그런 까닭에 사회주의자들의 정치 소신은 널리 받아들여지지 않았다. 니어링은 심지어 사회당의 정강에 크게 고쳐야 할 부분이 여러 곳 있을 정도로 미진했음에도, 사회당 정책은 그 정도의 정강마저 수용할 수 없는 수준이었다고 말했다. 사회주의는 당시 대중의 의식 수준으로는 성공할 수 없었다. 니어링은 필요한 지적 혁명이 이루어질 때까지 사회주의자는 두 단계의 행동 노선을 정하고, 이것으로 산업을 완전히 사회주의화하는 최종 목표를 이룩할 수 있도록 노력해야 한다고 제안했다. 니어링은 사회주의가 일부 중요한 분야에서 사회사업 프로그램에 도움을 받을 수 있을 것이라고 말했다. 사회사업은 개인의 이익을 앞세우면서도 사회 윤리를 안고 있었다. 니어링은 사회사업 프로그램의 최종 목표, 곧 누구나 최고로 발전할 수 있도록 균등하게 기회를 제공하는 사회 민주주의를 찬양했다. 그리고 보편적인 형제애라는 고유 이념에 호소하는 종교성에 가치를 두었다. 니어링은 사회사업 프로그램에 종교적인 부분을 보완하려는 생각이 주제넘을 수 있고, 그것이 성공하기에는 지나치게 거창하다는 것을 알았지만, 프로그램이 폭넓고 유용하려면 중심에는 반드시 확고한 도덕적 정당성이 있어야 한다고 확신했다.

니어링은 또한 사회주의는 개인이 활동하는 분야를 모두 국가 활동으로 대신하려는 일부 낡은 전통을 없애 버림으로써 호응을 얻을 수 있을 것이라고 보았다. 미국에서 차츰 형태를 갖추는 사회주의에서 니어링은 화해가 진행되는 과정을 발견했다. 사회의식이 성장하면서 사회적 '개인주의자'와 개인적 '사회주의자'가 존재할 수 있게 되었다. 과거에는 개성을 표현할 여지를 전혀 주지 않아서 가끔씩 인간의 심리를 오해하던 사회주의자들이 잘못을 깨달은 결과였다. 니어링은 사회주의에 뒤따르는 많은 경제 문제들에 대해 결국은 여론이 통일된 모습을 보이게 될 것이라고 생각했다.

요즈음의 사회주의자는 과거의 사회주의자보다 더욱 개인주의를 지향하는 것처럼 보이는 반면, 아직도 자신을 개인주의자로 보는 사람은 사회주의자에 가깝게 되었다. 이렇게 보는 근거는, 한편으로는 사회주의자인 마르크스(Karl Marx), 엥겔스(Friedrich Engels), 영국의 웰스(Herbert George Wells), 미국의 스파고(John Spargo) 같은 이들의 사상을 견주어 보고, 또 다른 한편으로는 개인주의자인 스펜서(Herbert Spencer), 클라크(John Bates Clark) 교수, 루스벨트 대통령 같은 사람들의 사상을 견주어 보는 데에서 찾을 수 있다.[55]

특히 '발전은 혁명보다 점진적인 진화를 거치며 이루어진다'는 믿음은 사회주의자와 개인주의자가 일치하기까지 했다. 생물학과 사회학의 역사는 느린 변화에 따라 기록되었다.[56)

니어링에 따르면 사회주의는 독특한 성질을 지녔다. 그것은 사회 경제 환경이 변화하는 과정에서 살아남으려면 적절하게 진화해야 하는 이론이었다. 기회를 보장하고 개성 표현을 보호하기 위해서는, 독선을 부리지 않으면서도 정부의 행위를 제한하는 원칙이 있어야 했다. 불로 소득을 없애는 대신 생산 노동과 근로 소득을 장려하며 착취를 없애야 했다. 그래야 노동자들이 노동의 열매를 가지게 된다. 또한 형제애와 협력이라는 종교적 신념에 뿌리를 두고, '책임에 바탕을 둔 자유' 개념을 받아들이는 것도 반드시 필요했다. 사회주의는 가난이라는 올가미에서 사람을 해방시켜 이상과 비물질주의가 삶의 주된 관심사가 되도록 하는 것을 목표로 삼고 있었다. 사회주의는 미국의 상황에 적절할 뿐 아니라 경제, 사회, 정치 발전에 당장 필요한 것이기도 했다. 그것은 사람 내면의 혁명에 따라 점진적, 평화적, 민주적으로 성취되어야 했다.

따라서 사회주의는 공동체가 지닌 문제의 해답이었고, 사회 체제가 지닌 어려운 문제의 대안이었다. 좀더 중요한 것은, 산업화 과정에서 사회주의가 상호 의존하는 경제와 조화를 이루며 도덕적 일치를 이룩하려는 공동체 이념의 기초라는 점이다. 니어링의 공동체 개념은 개인들을 잘 통합해 전체로 일하게 만들면서 개인과 사회, 머리와 손, 이상과 물질을 조화시켜 개인주의에서 벗어나게 하는, 말하자면 새로운 가능성을 꿈꾸는 것이었다. 니어링의 공동체 이념은 사회주의의 물리적인 집산주의를 넘어서 공동체 의식의 일치에 초점을 맞추었다. 좋은 공동체가 유기적으로 유대를 이룩하려면, 개인마다 공동의 목적과 공동의 가치가 지닌 의미를 훨씬 더 잘 이해해야만 했다.

니어링은 이 새로운 의식을 실현하는 것이 여론에 달려 있다고 보았다. 도덕적 일체감의 문제는 지식의 문제이자 의사 소통의 문제이기도 했다. 여론을 조성하는 데 쓰이는 수단은 외관상 나날이 발전하고 있었다. 그것은 개인에게 공동체가 필요하며 동료애, 의무에 대한 윤리를 가져야 한다는 전망을 제공했다. 여론은 대중에게 무한한 정보와 주장을 제공하는 것으로 만들어졌다. 사회주의는 도덕적 통합과 사회의 조화를 이룩하고, 시민 생활을 새롭게 바꾸며, 삶을 지적인 것으로 만든다는 이상을 가진 것이었다.[57]

니어링은 좋은 공동체를 만드는 구체적인 방법으로 대학을 들었다. 대학은 이상적인 공동체 모델이었다. 교육은 새로운 의식을 일구는 알맹이였다. 교육 혁명이야말로 사회를 양심적으로 바꿀 수 있었다. 교육 받은 사고가 중요하다고 강조하며 니어링은 이렇게 말했다. "학교는 모든 사회 기관 가운데 가장 중요하다. 가르치는 것은 가장 중요한 사회 활동 가운데 하나이다."[58] 교수는 자유롭게 탐구하는 것이 모든 지식을 조화롭게 만들 것이라는 신념과 비판적인 지성을 지니면서, 도덕 가치와 자유의 성채로서 고등 교육 기관을 이끄는 존재이다. 니어링은 이를 일컬어 이렇게 표현했다. "교수는 파수꾼, 곧 사상의 영역을 지키는 전초 기지이고, 교육은 공동체의 구원이다."[59] 좀더 수준 높은 교육 기관이야말로 좀더 많이 사회를 변화시키기 위한 디딤돌이었다. 대학의 지식은 단절된 부분을 통합된 전체로 이어 붙여 조직화할 수 있었다. 이에 따라 사상은 삶을 조화롭게 하고 나아갈 길을 가리킬 수 있었다. 그러나 이보다 더 중요한 것은, 대학은 지식이 실제 적용된 곳이며 좀더 큰 공동체로 연결되는 고리라는 점이다. 니어링은 교수는 고립된 채 대학에서 자리나 차지하고 있는 존재가 아니라고 말했다.

강의실에서 무엇을 하든지 교수의 본디 역할은 거기서 끝나는 것이 아니며, 교수는 집단의 삶으로 들어가야 한다. 교수는 강의실에서 진리를 가르쳐야 한다. 또한 강의실 밖의 대중에게도 진리를 가르쳐야 한다. 그래서 교수는 사상의 지도자이자 공동의 큰 관심사를 나누는 공동체의 권위자가 되어야 한다.[60]

욕심 없이 진리를 추구하는 것은 지식 자체를 위한 것이 아니었다. 과학 연구는 가치 평가에서 자유롭고, 과학자는 숨은 채 고립되어 있었다. 사회 과학 연구는 응용뿐 아니라 윤리 가치와 조화시키는 것도 중요했다. 니어링은 이렇게 말했다. "모든 사회 과학 교수는 사안의 중요성과 행동 노선을 평가할 수 있는 어떤 가치 체계를 가지고 있어야 한다."[61] 도덕의 일치와 사상을 실제로 적용하도록 부추기는 점에서 대학이라는 기관은 이상적인 공동체의 발전에 교회보다 더 효율적이었다. 교수는 개인과 사회생활에서 가장 고귀한 것을 널리 알리는 훌륭한 전도자였다.[62]

사회주의는 공동체가 제 역할을 할 수 있는 개념을 제공하면서 협동 정신을 이루는 수단이 되었다. 사회주의는 또한 관념뿐인 공동체에 구체적인 형태를 가져다 주고 사회적 정체성을 길러 주는 이념이기도 했다. 하지만 이러한 이상은 대학 공동체가 사회와 맞서고, 교수가 지식 탐구에만 전념해야 한다는 부담을 느끼면서 무거운 책임과 도덕적인 갈등에 부딪혔다. 니어링에게 이 문제는 근본적인 것이었다. 니어링에 따르면 교수는 둘 중 하나가 되어야 했다. 기존 질서를 변호하고 옹호하는 고용인이 되어 일한 대가를 챙기거나, 공동체의 충직한 머슴이 되어 무슨 긴급한 사정이 생기더라도 공동체의 요구에 따라야만 했다.[63]

▬ 1915년에서 1917년까지, 니어링의 생각에 작지만 중대한 변화가 있

었다는 것이 감지된다. 특권 집단의 개혁 가능성에 의구심이 커지면서 그이들에 대한 비판이 좀더 거칠어졌다. 1917년 1월 초에 대로(Clarence Darrow)와 공개 토론을 하면서 니어링은 민주주의가 미국 사회의 병리를 치유하는 열쇠라고 말했다. "모든 사람들과 관련된 일에서 공적인 부분을 대중이 통제하는 것은 불로 소득을 없애고 상호 의존하는 경제를 옛날의 자립하는 경제로 바꾸는 것을 뜻한다." 니어링은 착취 계급, 소유 계급, 불로 소득 계급인 자신의 출신 계급에 더는 믿음을 갖지 않았다.[64] 그이들이 갖고 있는 경제 이권은 기득권을 지키려고 사람들을 억압하고 강제한 결과였다.[65] 니어링은 특권층을 믿는 대신 민주주의로 대중의 수준을 높이려고 시도했다.

경제 민주주의는 좀더 많은 자유를 주고, 소질을 더 많이 계발하며, 재능 있는 사람들이 자신의 능력을 좀더 효율적으로 발휘해 인류에 도움이 되도록 할 수 있었다. 민주주의가 확대되면 보통 사람들이 수준 높게 행동하게 — 니어링이 과거 지배 계층 사람들에게 바라던 대로 — 될 터였다. "특권 계급에서 다음 세대의 지도자를 고르면 그 특권 계급만이 공공 업무를 담당하게 될 것이나, 공동체 전체에서 지도자를 고르면 그 공동체에 의해, 그 공동체를 위한 공공 업무를 하게 될 것이다." 니어링은 이제 사회 특권층이 덕망 높은 지도력을 발휘할 것을 기대하는 것에서 벗어나, 보통 사람들이 공동의 이익을 위해 재능과 지성을 일굴 수 있도록 하는 데 희망을 걸었다. 그것이야말로 미국의 진보에 대한 희망이었다.[66]

그러나 대로는 도덕 계몽과 사회 정의에 대한 대중의 열정을 니어링이 잘못 이해했다고 반박했다. 대로는 대중은 지배 집단의 가치와 태도에서 자유롭지 못하다고 말했다. 민주주의가 사회 진보를 위한 힘이 되지 않는다는 것이다. 대로는 민주주의를 단순히 복잡하고 뒤죽박죽인 선거라고 생각할 뿐인 대중에게서 지혜를 찾는 것은 신중하지 못하다고 니어링에게 경고했다. 그리고 하층민이 누구이며, 그이들이 어떻게 자신들의 의견을 공식화하기 시작했는지 생각해 보라고 말했다. 사람들이 계몽된 사상을 좋아하고 무분별한 경쟁이라는 주류 가치에서 벗어났을 때에만 민주주의가 세상의 병리를 치유할 수 있는데, 현재 대중은 그렇지 않다는 것이다. 대로에 따르면 대중은 과학, 철학, 논리, 정부 따위에 흥미가 없었다. 그이들의 삶은 온통 야구, 영화, 술집, 교회로 가득 차 있으며, 그이들은 신문 나부랭이나 읽는다. 그이들은 대부분 산업 자본주의의 정치 경제를 좇고, 사회를 다스리는 사람들의 가치를 따라가기에 정신이 없다. 자신의 신념을 민주주의에 두면서 사회를 변화시키려고 하는 니어링은 '아무 생각 없이 살고, 낡은 사고를 고집하고, 변화를 두려워하고, 통속에 감동할 뿐 다른 어떤 것에도 움직이지 않는 보통 사람들'에 희망을 두었다. 대로는 그것은 잘못된 희망이라고 지적했다.[67]

니어링에 대한 또 다른 비슷한 비판이 있다. 보른(Randolph Bourne)이 〈대학 연합 사회주의 Intercollegiate Socialist〉라는 잡지에 니어링의 책 《가난과 부 : 산업 제도 연구 Poverty and Riches: A Study of the Industrial Regime》(1916)를 비판한 글이다. 보른의 주된 논점은, 니어링의 이론이 자본주의자의 우세한 힘을 적절하게 고려하지 않았다는 것이다. 보른은 부자와 가난한 사람의 싸움에는 어떤 일정한 행동 지침이 없으면 희망이 없다고 딱 부러지게 말했다. 나아가 보른은 사실만 제대로 내보이면 대중이 바로 보고 훌륭하게 행동할 것이라는 니어링의 믿음을 비판했다. 보른은 이렇게 강조했다. "산업 민주주의와 중립적인 '대중'이라는 공허한 이념 때문에 가난한 사람과 부자가 희망 없이 서로 싸우게 하는 것은 바람직하지 않다." 니어링은 자신이 옹호하려고 애쓰는 바로 그 대중의 가치에 영향을 미치는 자본의 권력을 무시했다는 것이다.

그래도 보른은 "니어링은 살면서 당연하게 받아들이던 산업 체제를 대

중이 비판하도록 일깨워 주는 대단히 중요한 일을 하고 있다."라고 평가
했다. 니어링에게 희망은 있지만 여전히 지적인 수렁에 빠져 있다고 꼬집
기도 했다. 보른에 따르면 니어링의 절충주의는 뭔가 할 필요가 있음을 분
명하게 해 주는 것 외에는 내면에 어떤 감동도 주지 못했다. 니어링의 절
충주의는 진정한 사회주의로 옮겨 가지 못하는 일종의 급진주의였다. 보
른은 계급투쟁이란 '공동체 전체로 가야 할 사회의 잉여가 자본의 우세한
권력 때문에 자본 쪽으로 가는 것을 막고 다시 사회로 돌리려는 데서 생기
는 근원적인 갈등' 이라고 말했다.[68]

■■■ 1910년대 중반까지 니어링의 지적 발달은 뚜렷한 틀을 갖추었다. 보
른과 대로는 니어링에게서 찾으려던 것을 찾지 못했다. 니어링이 사회 현
실이 아니라 가치에 바탕을 두고 자신의 사상을 세웠기 때문이다. 타락과
경제 혼란을 마주하면서도 니어링은 다른 진보주의자들처럼 사람의 본성
은 착하다고 믿고 커다란 가능성을 꿈꾸었으며 행동을 이끄는 지성의 힘
을 굳게 믿었다. 이런 끝없는 이상주의는 비평가들을 좌절시켰으며, 니어
링을 앞이 안 보이고 위험하기까지 한 환상으로 이끌었다. 그 환상이란 부
자가 자신들의 이익에 반해 행동하고, 민주주의가 결국은 사회 정의와 도
덕 계몽으로 가고, 국가가 사람의 유전을 통제하는 것을 믿을 수 있다는
것들이다.

　니어링의 사상 발전에서 핵심적인 특징은 사회 과학과 종교가 근본적
으로 일치하는 것—듀이(John Dewey)가 '자연 과학과 도덕·종교, 둘 사
이의 중용' 이라고 규정한 바 있는— 이다.[69] 니어링은 무모하게 진보를
낙관하면서 진보주의의 취약한 지적 결합에 대해서는 아무런 의심도 하
지 않았다. 그러나 그 취약성은 쉽게 드러났으며 니어링은 곧 공격을 받았
다. 니어링은 사회 종교를 세속적으로 해석하는 바람에 거기서 찾으려던

도덕의 근거를 훼손했다. 그리고 동시에 니어링의 경제 이론은 비과학적인 낭만으로 물들었다. 니어링이 러스킨(John Ruskin), 모리스(William Morris), 마르크스, 베블런(Thorstein Veblen), 패튼을 비롯한 다른 사람들의 사상에서 찾은 공허한 지적 결합은, 진정한 대안을 바라던 보른 같은 사람들을 화나게 했다.

제2부

지적인 억압

제6장

학문의 질식

대로(Clarence Darrow)에 이어서 보른(Randolph Bourne)까지 니어링의 사유 중 약한 부분이 있다는 것을 지적하자, 니어링은 자신의 사회 청사진이 당초 자신 있게 낙관하던 것에서 더 나아가지 못했다는 사실을 받아들이게 되었다. 미국이 진보하리라고 믿은 니어링의 끝없는 열정은 1913년이 되면서 불신, 우려, 당혹과 함께 혼란, 의혹, 환멸, 불안, 불만으로 바뀌었다.[1] 살아 있는 생물처럼 전체가 조화로운 사회가 되어야 한다는 신념이 파괴적인 분배 체제 때문에 무너지는 것을 지켜보면서 헛된 꿈에서 깨어나기 시작한 것이다.

형제애에 대한 니어링의 희망은 갈등과 미움, 분열이라는 맥 빠지는 도깨비 때문에 흔들렸다. 1915년에 니어링은 다음과 같이 썼다.

미국은 아직 노동 소득을 얻는 사람과 재산 소득을 얻는 사람 사이에 일어날 수 있는 갈등이 불거지는 시점에 이르지 못한 것 같다. 충돌 위기가 아직 임박하지 않은 것이 분명하다. 그렇지만 지난 몇 해 동안 미국의 발전을 지켜본 사람, 로렌스와 패터슨(20세기 초 노동 운동이 활발히 일어난 미국 동부의 공업 도시들—옮긴이)에서처럼 좀더 규모가 큰 노동 운동을 좇아온 사람, 밑바닥에 흐르는 사회주의 사상과 노동조합주의자의 부추김에 귀 기울여 온 사람이라면 미국이 숨가쁘게 위기로 치닫고 있다는 것을 느끼지 않을 수 없을 것이다.[2]

니어링은 저항 정신이 강렬하게 자라는 것을 낙담한 채 지켜보고, 눈앞에 다가왔다고 생각한 충돌을 그저 미리 내다볼 뿐이었다.[3] 니어링은 극적인 사회 조정이 시급히 필요하다는 것을 새삼 느꼈으며, 그것 없이는 곧 충돌이 일어날 것이라고 생각했다.[4]

평범한 조치를 넘어선 어떤 것이 필요했다. 니어링은 이렇게 힘주어 말했다. "권력을 가진 소수가 그것이 필요한 다수에게 권력을 넘기는 사태를 피할 수 없을 것이다."[5] 니어링은 공포와 환멸을 느끼면서 단호하게 말했다. "어떤 조치로 지나치게 물질을 욕망하는 기울어진 상태가 바뀌지 않을 경우, 불로 소득과 노동 소득을 실속 있게 재조정하는 것은 불가능하다."[6] 미국을 진보적으로 발전시키고자 하는 니어링의 이상과 열정은 이런 불안한 상황에 맞닥뜨려서 다시 살아났다. 하지만 일부 사람들이 보기에 니어링은 위험한 사상을 퍼뜨리고 있었다.

니어링은 불온한 사상의 진원지였다. 이 사상이 워튼 대학을 통해 퍼지면서 필라델피아 상류 사회에 충격을 주는 것처럼 보였다. 니어링의 제자인 터그웰(Rexford Guy Tugwell)은 이렇게 전한다. "1911년까지만 해도 니어링은 여전히 고전 경제학 비판이나 그것과 결별해야 한다는 말보다 정통 경제 이론을 해석하는 것을 강조했다. 하지만 해가 가면서 정통 이론에 대한 비판이 더욱 날카로워지고 그 내용이 바뀌었다." 터그웰은 또 이렇게 말했다. "부패한 세력은 너무 단단해서, 그이들을 공격하거나 개혁하려는 온갖 노력에도 아랑곳하지 않고 사회에 폭넓게 영향을 미치고 있었다. 그이들의 힘을 잘 알면서도 교수들이 대부분 죽을힘을 다해 더욱 강하게 반대하는 것을 보고 나는 큰 감동을 받았다. 어떤 것들은 이미 어떻게도 할 수 없는 수준에 이르렀다. 그러나 교수들은 그것들이 언제 어디서 잘못되었는지, 그 때문에 무슨 일이 일어날지 도무지 알 수 없었다."

특히 니어링은 경제학 강의에서 용감하고, 겁 없고, 무모하리만치 적극적으로 자기 주변에 쌓여 있는 불로 소득이 안고 있는 도덕 문제를 공격했다. 터그웰은 이렇게 전한다.

니어링의 공격은 필라델피아 기득권 사회에 커다란 불만을 일으켰다. 기득권자 가운데 다른 누구보다 강하게 불만을 드러낸 사람이 있었다면, 그 사람은 불쾌한 공격에서 벗어나려는 욕망이 더 컸기 때문이었으리라. 그이들은 기업이 자유롭게 활동한 결과로 생긴 일들이라면 아무리 작은 것이라도 가능한 한 모두 감추거나 무시하려고 했다. 언론 보도나 교회의 설교 따위에서 조심스럽게 보호받던 겉치레의 안쪽을 파헤치는 사람은 당연히 미움의 대상이 되었다. 많은 워튼 대학 동문들은 니어링이 쫓겨나기를 바랐다. 니어링의 강의가 대학의 이사나 행정가로 대표되는 전통에 도전하는 것으로 여겨진 것이다.

니어링은 위험한 정도까지 파헤치고 들어가다가 필라델피아의 지배 계급과 제도에 정면으로 맞서고 있는 자신을 깨달았다. 터그웰은 니어링이 혼란에 빠졌으며, 미국 자유주의의 충실한 시민으로서 오도 가도 못하게 되었다는 것을 깨달았다고 말했다.[7] 니어링은 자신이 '사회의 적'이 되는 길을 가고 있다는 것을 알아차린 것이다. 결국 니어링은 만일 자신이 사회 행동의 규범을 실천하고 미래 세대들이 자기처럼 행동하도록 하는 데 성공한다면, 자신은 기존 사회 체제를 흠집내는 것은 물론 무너뜨리는 것조차 도울 것이라고 마음을 먹었다.[8] 니어링이 생각하는 자유는, 다른 견해를 가질 권리가 있음을 의미할 뿐 아니라, 그렇게 해야 할 사회적 의무가 있음을 뜻하기도 했다. 니어링은 현실에서 자신의 이념을 시험하고 있었다. 그래야만 그 이념이 진정으로 가치 있는 것인지를 알게 될 터이므로.

■■■■ 1906년 니어링이 워튼 대학의 교수가 되었을 때, 학교는 세상을 떠난 설립자 워튼(Joseph Wharton)의 유산을 제대로 받지 못해 재정 위기에 빠져 있었다.[9] 워튼 대학은 설립 이후 처음으로 주 정부에 자금을 지원해 줄 것을 요청해야 했다. 대학의 이사로 오래 재직한 페니패커(Judge PenyPacker)가 3년 전인 1903년에 주 지사로 선출되면서 마침 대학 이사회와 주 정부는 친밀한 관계를 맺고 있는 참이었다.[10]

대학이 지방 정부에 재정을 기대게 되면서 필라델피아 정계·재계와, 시정 개혁을 요구하는 워튼 대학 교수진 사이에는 길고도 오랜 싸움이 시작되었다. 1890년대 후반부터 1900년대 초반까지 도시 가스 회사의 운영을 둘러싸고 이른바 '가스 전쟁'이 일어났다. 워튼 대학의 개혁가들은 전문 공무원이 가스 회사를 관리하는 것이 시민들에게 가장 크게 이익이 될 것이라는 분석 결과를 내놓았다. 하지만 여기에는 전제가 하나 있었다. 의회, 그 도시의 실업계 인사들, 시 당국, 30년간 가스 회사를 관리하기로 계약을 맺은 '유나이티드 가스 회사'와 엉겨붙은 정치인들이 부패한 영향력을 행사하지 말아야 한다는 것이었다.[11]

워튼 대학 교수들의 개혁 활동으로 유나이티드 가스 회사가 이윤을 얻는 것은 필라델피아 시의 손실로 이어진다는 것이 밝혀진 것이다. 상류 계급의 부자와 권력자가 이상 도시로 나아가려는 필라델피아 시의 의지를 짓밟는 것을 생생하게 본 한 교수는 이렇게 말하며 상류층을 강하게 비판했다. "시민의 삶에서 지도력을 발휘해야 할 바로 그 상류 계급에서 우리는 개인의 이득과 공공복지 사이에서 벌어지는 갈등을 겪었다. 여기서 승리는 늘 상류 계급의 개인에게 돌아간다."[12] 스티펀스(Lincoln Steffens)가 1903년에 이렇게 말한 것도 무리가 아니었다. "미국의 다른 도시들은 설사 자기들의 행정 상황이 아무리 나빠도 필라델피아보다는 낫다고 말하며 필라델피아를 비웃는다."[13]

대학과 도시는 전환기이자 혼란기였다. 1911년 펜실베이니아 대학의 교원들은 새로운 인물이 대학 권력을 손아귀에 넣은 것을 알았다. 대학이 정치, 도덕면에서 보수인 스미스(Edgar F. Smith)를 새 학무 담당 부총장으로 임명한 것은 새로 재정 지원을 보장받기 위해서였다. 터그웰은 스미스를 가장 완고한 수구 기득권층이며, 종교면에서도 마찬가지로 보수라고 평가했다.[14] 스미스가 부패한 공화당 간부와 가까운 사이라는 것은 잘 알려진 사실이었다. 대학의 한 역사가는 스미스의 정계 인맥과 정치인들이 대학에 미치는 영향력은 전반적으로 해로운 것이라고 평가했다.[15] 하지만 1911년에 주 정부가 승인한 2년간의 재정 지원 예산은 그 때까지 받은 재정 지원 중 가장 많았다는 것을 무시할 수 있는 사람은 거의 없었다.[16] 스미스는 교수들에게 개혁이 대학의 최고 관심사가 되어서는 안 된다는 것을 똑똑히 밝혔다. 스미스는 세 명의 워튼 대학 강사들에게 조심하라면서 이렇게 말했다. "대학 교수들이 정치 문제에 참견하는 이유가 뭡니까? 예를 들어 생각해 보시오. 화학자인 내가 정육 회사가 소시지에 포르말린을 넣고 있다는 것을 밝혀 내야 하는지. 지금 분명히 말하건대, 그건 내가 관여할 일이 아니오."[17]

대학에 미치는 새로운 영향력은 다른 방면에서도 느껴졌다. 1903년부터 1910년까지 이사회에 새로 뽑힌 이사는 단 두 명에 지나지 않았으나, 1910년부터 1911년 사이에는 아홉 명의 이사가 새로 선임되었다. 사업가

여섯, 정치인 하나, 기업의 고문 변호사 하나, 정계 실력자의 형제 하나였다. 1911년 당시 전체 이사의 3분의 1이 이 때 들어온 이사들이었다.[18] 펜실베이니아 대학 동창회보는 이렇게 전한다. "당시 이사회는 처음부터 끝까지 어떤 대규모 금융 회사나 철도 회사의 중역 회의라고 불러도 좋을 만했다. 이사 가운데 교육계를 적극 대변할 수 있는 인사는 몇 명 안 되었다."[19] 한 교수는 그이들이 도시를 다스리는 사회, 경제, 정계 인사들을 대표했다고 덧붙였다.[20] 동창회보는 1911년 예산안 승인이 난 뒤, 주 정부 고위층과 가까운 관계에 있는 인사가 대학의 책임 있는 자리에 취임한 것이 눈길을 끈다고 논평하기도 했다.[21]

그 사이에도 워튼 대학 교수들은 개혁 프로그램을 적극적으로 계속 진행했다. 니어링은 자신과 동료들은 진보 사고를 가진 떠오르는 세대로, 대기업이 국가 경제뿐 아니라 국가의 정신까지 다스린다는 것을 인식하기 시작한 젊은 세대라고 말했다.[22] 니어링의 영향은 학교 밖까지 미쳤다. 니어링은 모든 신입생에게 필수인 경제학 입문 과정을 맡아 워튼 대학에서 가장 수강생이 많은 반을 가르쳤다. 또 당시 펜실베이니아 주는 일하는 어린이가 가장 많은 주 가운데 하나로 꼽혔는데, 니어링은 주 전역을 돌아다니면서 어린이 노동에 대해 별 의식이 없는 여성 단체와 기타 단체의 사람들에게 어린이 노동 착취를 비난하는 연설을 했다. 대학 당국자들은 니어링에게 강의실 안에서만 강의하고 일반인들에게는 연설하지 말라고 말했다.[23] 니어링이 받은 경고는 이런 것이었다. "당신은 어린이 노동과 가난을 없애려고 힘쓰지만, 그것은 지금까지 늘 있었고 앞으로도 사라지지 않을 것이다. 당신에게 뭔가 도움이 될 일을 하라. 그런 연설 따위는 대학을 해칠 뿐이다."[24]

대학 행정 당국은 즉시 워튼 대학 교수들의 활동을 탄압했다. 탄압은 여러 모습으로 나타났다. 니어링과 다른 강사 두 명은 전문성이 있고 교육 분야에서 일정한 성취를 보였으며 동료와 대학 학문 위원회가 호의를 담아 추천을 해 주었음에도 승진에서 밀려났다. 이사들은 교수들이 진보주의를 주장하지 못하게 하려고 학교에 대한 재정 지원을 무기로 사용했다.[25] 1911년 당시 워튼 대학 학장으로 임기가 얼마 남지 않은 영(James T. Young)은 이런 논란이 대학을 위태롭게 하는 것을 알고 앞으로 나섰다. 이것은 니어링에게, 그리고 비정통 견해를 가졌거나 대학 밖에서 대중 활동을 벌이는 교원들에게 압력이 늘어날 조짐으로 보였다. 압력은 공공연했다. 영 학장은 니어링을 자신의 사무실로 불러 이렇게 말했다. "니어링 씨, 내가 만약 당신이라면 어린이 노동에 대해 연설하는 것을 삼갈 거요."[26] 그 뒤에 다시 니어링이 한 지방 유니테리언(삼위일체를 인정하지 않는 미국 기독교의 한 종파―옮긴이) 교회에서 사회 종교에 대해 연설하겠다고 하자, 영 학장뿐 아니라 패튼(Simon Nelson Patten)까지 나서서 집회를 취소하고 한 해 동안 대중 강연을 삼가라고 했다.[27] 니어링은 이에 동의했거나 동의한 것처럼 보인다.

니어링이 대학 행정 당국이 싫어할 만한 활동을 삼가는 동안, 1912년 영의 후임으로 맥크리아(Roswell Cheney McCrea)가 학장에 임명되었다. 맥크리아는 패튼의 제자로, 1911년부터 워튼 대학에서 경제학 교수로 재직했다. 맥크리아가 학장에 임명되면서 그리스 어가 필수 과목에서 빠졌다. 이것은 새 사회 과학 교육 과정이 위로 올라서고 옛 전통이 물러서고 있다는 것을 보여 주는 것이었다. 이러한 개편은 워튼 대학을 비롯해 각 단과 대학의 독자성을 한층 더 강화하는 조직 개편과 같은 시기에 이루어졌다. 이것은 교수 집단에서 진보주의 세력이 큰 승리를 거둔 것으로 풀이되었다.[28] 맥크리아 학장은 임기를 시작하면서, 특별한 사회 조치가 없을 경우 자본주의가 발전할수록 비참한 상태와 실업, 저임금도 늘어날 것이라며 자신의 신념을 공개적으로 표현했다.[29]

니어링은 워튼 대학이 새로 찾은 자율에다 자신과 비슷한 생각을 가진 학장이 임명된 것에 힘입어 일반인을 대상으로 강의하는 활동을 다시 시작했다. 하지만 니어링이나 다른 사람 누구도 그 결과에 대해서는 별로 조심하지 않았다. 터그웰에 따르면 니어링은 승진에서 밀려났고, 워튼 대학의 동문들 중 일부는 니어링을 쫓아 내기를 바랐으며, 니어링의 강의가 대학 이사와 행정 당국으로 대표되는 전통에 어긋난다는 것을 신입생조차도 알 수 있었다. 그리고 마침내 니어링도 대학 사회의 구조와 학문 자유의 한계와 관련해 중요한 문제가 있다는 것을 깨닫기 시작했다.[30]

1912년이 지나면서 긴장이 높아졌고, 주 정부가 다시 재정 지원 예산 승인을 결정하는 1913년 봄이 되자 긴장은 폭발 지점에 이르렀다. 영향력 있는 동문들이 동창회보를 통해 목소리를 높여 니어링을 공격하기 시작했다.[31] 동문들의 영향력이 권력보다는 학교에 대한 물질적 공헌으로 결정되는 판에 박힌 상황에서 다른 많은 동문들의 의견은 무시될 수밖에 없었다. 대학의 동문은 정치, 경제, 학문이 엉겨붙은 이사회와 얽혀 있었다. 영향력 있는 동문들의 의견이 곧 이사회의 의견이 된 것이다.* 그이들은 상당수가 이사들과 직업적, 사업적으로, 또 개인적으로 크고 작은 관계를 맺고 있었기 때문에, 그이들의 의견은 중요하게 받아들여졌다.[32] 한 이사는 "우리는 교수들이 사회에서 가장 위험한 집단이라는 결론에 이르렀다."[33]라고 말하기도 했다. 1912년 3월 정기 동문회에서는 아무리 진보적인 대학이라고 해도 그 진보가 어느 정도까지인지 스스로 결정하는 것은 중요한 문제라고 전제하고, 세계가 받아들이거나 인정한 문명에 적대하

■ Witmer, *Nearing Case*, pp. 79, 87-90. "이사들의 행동은 총동문회 지도부의 커져 가는 불만과 밀접하게 관련되어 있었다. 24명의 이사 중 10명이 동문회의 추천을 받았다." Clyde Barrow, *Universities and the Capitalist State: Corporate Liberalism and the Reconstruction of American Higher Education, 1894-1928* (Madison: University of Wisconsin Press, 1990), p. 215.

는 주장을 퍼뜨리는 것은 비판받아야 한다면서 어디까지가 학문의 자유인지 의문을 제기했다.[34]

9월에 다시 열린 동문회에서는 더 나아가 근본에 반하면서 그저 지엽적이거나 일시적인 문제를 지나치게 과장하는 사람들의 의견에 너무 큰 가치를 부여해서는 안 된다고 경고했다.[35] 이에 앞서 7월 하순, 주 지사는 전보다 50퍼센트 오른 대학 지원 예산안에 서명했다. 그리고 6일 뒤, 니어링을 비롯한 워튼 대학의 강사 몇 명은 1년 기한으로 임명되었으며 문제점을 고치지 않을 경우 해고될 것이라는 내용이 담긴 공식 통지서를 받았다. 워튼 대학의 교수들은 이사회의 이런 조치를 1913~1914학년도 말에 니어링을 포함해 몇 명의 교수를 쫓아 내겠다는 의사 표시로 받아들였다.[36] 이렇게 결전의 날이 어렴풋이 다가오고 있었다.

▬▬ 1913년 12월 하순 미국 경제학회(American Economics Association), 미국 사회학회(American Sociological Society), 미국 정치학회(American Political Science Association)는 각각 연례 회의에서 '사상의 자유, 표현의 자유, 대학 교수의 신분 보장'을 지지하는 결의문을 똑같이 채택했다. 그리고 단체마다 위원회를 만든 다음 서로 합쳐서 '학문 자유에 관한 합동 위원회'를 만들었다.[37] 1년 뒤 이 합동 위원회에서 '미국 대학교수 협회(AAUP, American Association of University Professors)'가 출범하게 된다.[38] 개혁을 지지하는 잡지 〈노스 아메리칸 North American〉에 따르면, 동시에 결의문을 채택하게 된 이유는 진보 교수들을 계획적으로 몰아내려는 펜실베이니아 대학 보수 이사들의 책동 때문이었다고 한다.[39] 스미스 학무 부총장은 이런 대학교수들의 조직을 쓸데없는 것이라고 말했다. 그러면서 교수들이 어떤 입방아를 찧어도 믿지 않지만, 그들이 그리 멀리 가지 못할 것이라는 점만은 굳게 믿는다며 비웃었다.[40]

동문들도 교수들이 표현의 자유와 교수 신분 보장을 위해 '조합'을 결성하는 것을 주의 깊게 지켜보았다. 그이들은 강의에서 입바른 소리를 하면서 한편으로는 이사들과 부유한 기부자들의 의견에 무릎을 꿇은 대학 교수들의 비겁함에 대해 이야기를 나눈 사실이 있다고 인정했다. 그러나 동문들은 잘못된 경제관에 바탕을 두고 세계를 개혁하는 입법을 만들려고 하는 광기를 더욱 격하게 비난했으며, 변덕스러운 대중의 입맛에 따르지 않고 교육을 지키려는 굳은 의지를 가진 이사들을 지지했다.[41] 이런 모든 논란이 소용돌이치는 폭풍의 중심에는 니어링이 있었다. 1월 초, 일부 이사들은 워튼 대학의 긴장이 높아졌으며 니어링이 해고될지도 모른다는 신문 보도를 부인했다. 그러나 맥크리아 학장은 이렇게 잘라 말했다. "특정 업계가 니어링 박사에게 공공연한 적대감을 가졌다는 것은 물어 볼 필요조차 없다."[42]

니어링이 대학에서 어려움을 겪고 있음을 아는 사람들은, 부유한 섬유 제조업자이자 브리스틀의 공화당 소속 정치인인 그런디(Joseph Grundy)가 니어링을 비난하는 것도 알았다. 펜실베이니아 어린이 노동 위원회의 핵심 인물인 니어링이 어린이 노동 관련 입법에 앞장서려 하면서 니어링과 그런디는 사이가 틀어졌다. 그런디는 어린이 노동법 통과를 막는 데 앞장선 사람이었다.[43] 그러던 1913년 11월 하순, 그런디는 니어링이 그런디의 고향인 벅스 군에 있는 모리스빌 감리교회에서 어린이 노동에 관한 연설을 한 것을 알고는 크게 화를 냈다. 니어링은 늘 그랬듯이 이 연설에서도 어린이 노동 문제를 도덕과 공공의 이해관계가 얽힌 경제 문제라고 말했다. 그런디의 고향에서 어린이 노동과 윤리 경제학을 주제로 연설한 것은 의미가 한층 컸으며, 그것 자체가 그런디에게 사회적인 제재를 가하는 상징이었다. 반대자에게 경제적 소신뿐 아니라 도덕적 신념에 대해서까지 다시 한 번 도전을 받은 그런디로서는 더 참을 수가 없었다.

니어링은 경제 체제의 윤리적 바탕을 공격했다. 니어링은 그런디와 그 동료 사업가들이 섬유나 다른 산업에서 하는 개인의 기업 활동은 거의 신성불가침이므로 정부도 개인 재산이 축나도록 간섭해서는 안 된다고 확신하고 있다며 비난했다.[44] 니어링의 연설이 있은 다음 날, 브리스틀의 신문 〈데일리 쿠리어 Daily Courier〉는 니어링을 초청한 교회 목사를 격렬하게 비난하는 사설을 실었다. 편집장은 그 교회를 '사이비 종교 사업'이라고 부르며, 니어링이 전체 문명 질서에 맞서 전쟁을 하고 있다고 주장했다.[45]

이에 대응해 니어링이 그 신문의 소유주에게 편지를 썼는데, 소유주는 니어링에게 산업 현실을 과거에 보던 것보다 좀더 가까이에서 경험하도록 하는 것이 좋겠다는 답장을 보냈다. 소유주는 이렇게 썼다. "경제 현실은 이 도시의 번영이 자유롭고 규제를 받지 않는 산업에 기대고 있다는 것입니다. 그런데 교수님은 경제적으로 죄악이라고 부를 만한 유형으로 한 사람을 골랐습니다. 그 사람은 나와 아주 가까이 지내는 사람입니다. 내가 말하는 사람은 물론 조지프 그런디 씨입니다."[46] 소유주는 니어링이 그런디와 만날 수 있도록 초청하는 것으로 편지를 마무리했다. 니어링은 그런디만 특별히 비난한 것이 아니라 경제 체제 전체를 비판한 것이라고 해명하는 편지를 보냄으로써 초청을 받아들였다. 니어링은 편지에서 개인은 현재 상황에 책임이 없다고 썼다. 개인은 아무도 책임이 없지만, 우리가 살아가고 일하는 사회의 조건을 제대로 재조정하지 못한 것에 대해서 총체적인 책임이 있다는 것이다. 그리고 자신보다 지역 사회의 번영에 관심이 많은 사람은 없다고 덧붙였다. 그러나 번영에 대한 니어링의 정의는 선택된 소수의 복지가 아니라 펜실베이니아 모든 사람들의 복지를 뜻하는 것이었다.[47] 니어링과 그런디는 만나서 서로의 차이에 대해 이야기했다. 이에 그런디는 니어링에 대한 증오를 당분간 물 밑으로 가라앉혔지만, 곧 결정타를 준비했다.

1914년이 되면서 니어링의 대중 활동과 경제관은 대학의 행정가들이 참고 넘길 수 없는 수준이 되었다. 스미스 학무 부총장은 이사들의 의견을 똑바로 전하며, 니어링이 어린이 노동을 주제로 연설하는 것을 멈추도록 하라고 맥크리아 학장에게 요구했다. 니어링 또한 제조업자 단체의 회장이 한 신문에서 자신을 비판하는 것을 보고, 자신이 언론에서 공개적으로 비판받고 있다는 것을 알았다.[48] 주 의회가 대학 지원 예산안 승인을 니어링 해고와 연계한다는 소문도 떠돌았다.[49] 동문들은 계속 니어링을 공격하면서 워튼 대학에 보고서를 보내 부의 분배를 다루는 경제학을 계속 강의하는 것에 우려를 나타냈다.[50] 그러나 니어링을 지지하는 사람이 아주 없지는 않았다. 다른 교수 몇 명도 이사들의 위협을 느꼈으며, 니어링과 동료 교수를 지지하는 대중 운동이 교수, 학생, 일부 동문에 의해 그 도시의 진보 신문에서 시작되었다. 그 해 2월 니어링은 한 친구에게 편지를 보내 이렇게 썼다. "우리는 여기에 작고 멋지면서도 자신만만하게 투쟁에 나설 수 있는 거점을 가지고 있다. 이 곳은 곧 좋은 곳이 될 것이다."[51] 결국 이사회는 논란을 빚은 조교수 두 명을 교수로, 니어링과 또 다른 강사한 명을 조교수로 승진시키기로 결정했다. 이사회의 회의록에는 "통상적인 업무 처리에 앞서 스코트 니어링을 추천하는지 투표를 했다."라고 기록되어 있는데, 니어링은 이 투표에서 찬성 아홉, 반대 다섯을 받아 승진이 결정되었다.[52] 〈뉴 리퍼블릭 New Republic〉 지는 이와 관련해 펜실베이니아 대학에서 최근 벌어진 갈등은 대단히 중요하다면서, 니어링이 승진한 것은 워튼 대학 교원들 일부에 대해 확정된 것처럼 보이던 제재 조치가 세상에 알려지면서, 여론의 역풍이 불어 그 움직임이 곧바로 좌절되었기 때문이라고 설명했다.[53]

그러나 중요한 것은, 새로 조교수가 된 사람들의 임명 기한이 1년이었으며, 기한을 연장하는 것에 대해서는 추가 통보가 있을 것이라고 적힌 통지서를 받았다는 점이었다. 이후에 조교수가 된 사람들은 이사회로부터 그런 통지서를 받지 않았다. 문제를 일으키는 교수를 승진시키는, 겉보기에 어울리지 않는 결정을 내린 이사들의 진정한 속내는 동창회보 10월호에서 뚜렷하게 나타났다. 〈다시 표현의 자유를 Free Speech Again〉이라는 제목의 논설은 니어링의 이름을 거론하면서 상황을 이렇게 설명했다.

정의는 자신이 속해 있는 대학과 타협하지 말 것을 가르친다. 하지만 대학은 사람을 채용해 그 손에 대학의 명성을 맡긴다. 채용된 이는 어떤 측면에서는 대학의 대변인이다. 이런 사실을 인식하는 것이 채용된 이에게 반드시, 그리고 아마도 항상 분명하게 영향을 미칠 것이다. 대학에 채용된 사람은 '도덕적으로 완벽한 표현의 자유'라는 자신의 권리를 포기해야 한다. 만약 솔직하게 표현하는 것이 대학 운영을 어렵게 하는데도 그것이 자기가 대학과 맺은 관계보다 더 중요하다고 생각한다면, 그 사람은 즉각 대학에서 물러나야 한다.

고집센 학자들을 대학이 어떻게 통제하는지 그 대책은 뚜렷했다. 그이들을 대학에 데려오는 것으로 통제권 안으로 끌어들인 다음 논란을 빚고 있는 문제에 대해 공공연하게 말하는 것을 막는 것이다. 대학교수 자리를 받아들인다는 것에는 학문의 자유에 대한 제한도 받아들인다는 것 역시 들어 있었다. 물론 이사들은 전략이 실패했을 경우에 대비한 선택도 공개하고 있었다. 만약 니어링이 대학의 규율에 동의하지 않는다면, 우선 사임할 수 있는 문이 열려 있으며, 이것을 거부한다면 대학이 재임용을 하지 않음으로써 해고할 수 있었다. * 한 이사가 설명했듯이 니어링의 승진은 명백히 유예 기간이 있는 임시 임명이었다.[54] 동창회보 논설은 이렇게 결론을 지었다. "급진 학설을 가르치는 것은 좋다. 그러나 그것을 보수 학설보다 많이 가르치지는 않도록 하라. 사회의 기존 질서는 기초 토대를 가지고 있다. 대학은 지나치게 급진 성향을 드러내는 단과 대학을 참고 받아들일 수 없다."[55] 니어링의 강의와 대학 안팎에서 벌인 활동은 다음 해까지 계속해서 엄격한 검열을 받았다. 검열 대상은 이념과 생활을 모두 포함했다.

그 해 가을 학기까지 니어링이 펜실베이니아 대학에서 처한 상황은 학문의 자유를 침해한 사례로 전국의 눈길을 끌었다.** 이전에도 그랬듯이 대학은 그 문제로 다시 달아올랐으며, 니어링은 자신의 역할과 가르침에 담긴 자유의 의미에 대해 좀더 확실하게 생각을 집중하게 되었다. 12월 하순 열린 미국 사회학회 연례 회의에서 니어링은 학문 자유의 한계에 대한 토론에 참가했다. 이 회의에서 발표한 것을 보면 니어링이 대학이 요구한 순종에 따르지 않고 있음이 드러난다.

니어링은 이렇게 말했다. "치열하게 맞서다 걸린 덫에서 벗어날 수 있을 만큼 공격적이고 의지가 굳고 끊임없이 어려움을 이겨 내는 사람은 가르치는 자유와 관련해서 제기된 문제와 거의 관계가 없다. 이런 사람은 뭔가 할 말이 있고, 말하고 싶은 욕구를 느낀다. 그리고 그 욕구에 정열과 에너지로 응답한다." 듣는 사람들은 누구나 그 말이 니어링 자신의 성품에 대한 말이라는 것을 알았다. 니어링은 가르치는 자유와 관련한 현실적인 문제에는 온갖 것들이 들어 있다고 덧붙였다. 그리고 이렇게 보기를 들었

■ 1897년에 이사회의 통제에 순종하는 대신 사임한 브라운 대학 앤드루스(Andrews) 총장의 사례에서처럼, 사임은 불명예에 맞서는 가장 만족할 만한 행동 양식으로 여겨졌다.

■■ Howard Crosby Warner, "Academic Freedom," *Atlantic Monthly*, November 1914, pp. 689-99 참조. 워너는 미국에서 일어난 '학문 자유를 침해한 사례' 목록을 만들어 일리(Richard Ely), 비미스(Edward T. Beemis), 로스(Edward. A. Ross)의 사례를 비중을 두고 검토했다. 워너는 '지방 토착 기업과 관련된 모종의 사항 때문에 승진을 하지 못한 사례'로 워튼 대학의 니어링과 다른 교수의 상황을 추가함으로써 보고서에 최신 자료를 포함시켰다.

다. "성실하게 자신의 일을 해내는 사람은 대학교수 집단에서도 소수이다. 그이들은 엄청난 어려움에 마주쳐서도 스스로를 돌볼 수 있을 것으로 여겨진다. 그리고 닥치는 도전에 용감하게 맞서는 사람도 많은데, 그것에 따르는 희생이 너무 크다. 미국 대학에는 이런 사람들이 많고, 어려움에 처한 사람들은 결국 좋지 않은 결말을 맞는다."[56] 니어링에 이은 발언자는 니어링처럼 소수의 범주에 드는 로스(Edward A. Ross)였다. 로스는 조사해 본 결과 학문이 목 졸리고 있는 상황은 일반에게 알려진 것보다 훨씬 더 일상적이고, 교수를 해고하는 것만이 학자의 삶에 재갈을 물리는 것은 아니라며 니어링의 견해에 동조했다.[57] 또 이 회의에서는 학문의 자유와 학자의 신분 보장에 대해 합동 위원회가 보고서를 발표했다. 회의는 후속 모임을 가진 데 이어 1915년 초 '미국 대학교수 협회'를 결성했다. 초대 회장은 창립 회원들의 지지를 받은 듀이(John Dewey)가 되었다. 창립 회원에는 패튼, 영, 맥크리아를 비롯해 펜실베이니아 대학의 교수 서른두 명이 들어 있는데, 니어링도 그 가운데 한 사람이었다.[58]

▬▬ 오래지 않아 니어링은 다시 논쟁에 휩쓸려 들어갔다. 이번에는 니어링의 윤리 경제학 핵심과 직접 관계가 있는 문제였다. 대학의 이사 몇 명을 포함한 실업계 인사들이 기독교 부흥사인 선데이(William Billy Sunday)가 4주 동안 필라델피아에서 연 부흥회를 후원했다. 선데이는 1년 전에 스미스 학무 부총장이 사회를 본 대학 예배에서 부흥회를 연 적이 있었다.[59] 선데이의 이런 활동은 1월에 시작되었으며, 선데이는 도덕성을 북돋우는 것보다 복음 전도에 관심이 없는 부유한 후원자에게 더 마음을 쓰는 것 같았다. '도로 전기 철도 연합 노동자 조합'의 한 관계자는 임금 인상을 위한 3년간의 투쟁이 파업으로 치달을 수 있는 중대한 고비에, 선데이가 필라델피아에 오는 것은 신앙 부흥이 아니라 파업을 막으려는 것

이라고 비난했다.

　노동계 사정에 밝은 한 관계자는 이렇게 말했다. "필라델피아에는 침묵을 강요하는 집단이 있다. 이 집단은 백만장자에게 자금을 지원받는다. 빌리 선데이는 미국이 낳은 최고의 파업 파괴자로, 이 집단은 그에게 파업을 막는 대가를 주려고 한다. 내가 아는 '빌리 선데이 위원회' 위원들은 세상에서 가장 보수적인 사람들이다." 파업이 시작되기 직전에 이 노동계 관계자는 '고속 운송 회사'가 선데이에게 파업을 막는 데 협력하면 대가를 주기로 했다고 폭로했다. 운송 회사는 선데이에게 이 세상에서 임금을 많이 받으려고 지나치게 노력하면 내세를 저버리게 될 것이라고 노동자들에게 설교해 달라고 부탁했다. 그래서 선데이가 '여러분이 여기서 하루 2달러를 받든 5달러를 받든 무엇이 다른가. 현세에서 겨우 20년을 살고 영원히 지옥에 떨어지는데.'라고 설교하도록 했다.

　'도로 전기 철도 연합 노동자 조합'의 사무 국장도 선데이는 틀림없이 노동자들의 관심을 노동 시간, 임금에서 내세로 돌리기 위해 왔다며 이에 동조했다.[60] 한 지방 목사는 왜 경제계 인사들이 선데이를 후원하는지 그 배경을 다음과 같이 설명했다. "그이들은 종교가 사업에 이득이 된다는 것을 알았다. 게다가 교회와 대기업은 협력이 잘 되고 있었다. 이런 것들이 실업계가 선데이를 응원하고, 그것이 사업을 위한 좋은 투자라고 생각하게 된 이유이다."[61]

　이 같은 사실은 니어링을 건드리기에 충분했다. 자신의 종교 이상이 이 성직자로 인해 품위가 떨어지고 더럽혀졌기 때문만이 아니라, 대학과 손잡은 실업계가 학교 안에서 선데이의 활동을 후원하면서 대학의 이념 역시 땅에 떨어졌기 때문이었다. 선데이는 스미스 학무 부총장을 '오랜 친구'라고 불렀다.[62] 대학 이사로 상류층이고 성공회 신자인 페퍼(George Wharton Pepper)는 특히 선데이에게 반해 있었다. 페퍼는 물질주의의 공세에서 부활이라는 말을 구하기 위해서는 모두에게 선데이 같은 깊은 종교적 열성이 필요하다며 목소리를 높였다.[63] 선데이는 대학에 와서 대규모 집회를 열고 전교생에게 설교를 하기로 되어 있었다. 선데이는 스미스와 페퍼에게서 따뜻한 환영을 받았다.

니어링이 볼 때 선데이의 존재는 시민의 이상을 북돋워 주어야 할 지성인들이 지도자로서 역할을 제대로 하고 있지 않다는 것을 보여 주는 산 증거였다. 지역 사회의 '훌륭한' 사람들은 임금은 낮추고 이익은 높이는 사업가의 심성을 이상으로 삼는 이념에서 벗어나, 미국의 방향을 올바르게 바꿀 책임이 있었다.[64] 니어링은 2월 첫째 날 열린 부흥회에 메스꺼움을 느꼈고, 신문에 선데이에게 보내는 공개 서한을 싣는 것으로 대중에게 나아갔다. 니어링은 선데이에게 이렇게 질문했다.

오늘날 기독교의 이상에 비춰 가장 나쁜 죄악은 이익 창출을 지상 과제로 삼는 산업 체제가 저지르고 있다는 사실을 세계가 깨닫기 시작하지 않았는가? 비참할 정도로 임금이 낮은 가난한 사람들이 정신적, 도덕적으로 완전해지기 위해서는 여전히 참혹하게 가난해야 한다는 것이 도대체 말이 되는가?

니어링은 선데이가 쓰는 금언을 그이에게 돌려주었다. "당신은 진실한 그리스도의 정신으로 사람들의 영감을 자극하는가?"

구원에 대한 당신의 원칙을 현대 언어로 설명하라. 만약 예수가 일주일에 10달러를 받는 수많은 사람들을 마주한다면 예수는 그이들의 영혼을 구하려 하기 전에 굶주린 육신부터 먹이지 않겠는가? 당신 주변을 둘러보고, 여기에서 구원이 무엇을 뜻하는지 스스로에게 물어 보라.

이 도시는 실업과 가난으로 가득 차 있다. 수많은 사람들이 굶주리고, 수천 명의 어린이들이 공장과 상점에서 괴롭게 일하고 있다. 30만 명이 훨씬 넘는 이 도시의 노동자들에게는 자신을 보호하기 위한 노동법조차 없다. 이에 비해 무연탄 지대를 다스리는 철도업자는 엄청난 이득을 거두어들이고 있다. 수송업자는 미국의 도시민들에게서 가장 높은 요금을 받는다. 제조업자들은 해리스버그의 성채에 둘러싸여, 시대에 맞는 노동법의 통과를 막으려고 온갖 수단을 다 쓰고 있다. 기득권자들은 소유권을 사람의 영혼보다 더 중요하게 여긴다.

이런 인간성에 대한 극악무도한 죄와 그리스도 복음 정신에 대한 도전이 선데이가 메시지를 퍼뜨리는 바로 그 도시에 있었다. 그러나 이것은 니어링이 편지에 쓴 것의 절반에 불과한 것으로, 문제의 핵심은 아직 건드리지도 않았다.

이것뿐이 아니다. 이와 같은 가난에 득을 보고, 어린이 노동을 착취해 편안하고 사치스럽게 잘 먹고 잘사는 사람들이 당신의 청중으로 앉아 있다. 그이들은 당신의 부흥회에 돈을 대고, 당신을 환대하며, 자신들의 가정에서 기도회를 열기 위해 당신을 초대한다.

그이들은 사람의 어깨에 무거운 짐을 지우고, 잔과 접시를 닦게 하며, 가난한 자의 집을 빼앗는 자들이다. 그이들은 그리스도의 저주를 받은 자들이다.

필라델피아의 제사장이나 율법학자, 바리새과 사람들은 당신이 즐거운 신학에 빠져 있는 한 당신을 십자가에 못 박지 않을 것이 분명하다! 그이들이 당신에게 친절한 것은, 당신의 예배가 억압적인 현실 세계에 존재하는 불의에서 천국의 즐거움으로 관심을 돌리는 데 도움을 준 대가가 아닌가?

니어링은 선데이에게 잠시라도 화려한 웅변을 낮은 임금과 지나친 노동, 실업, 독점, 특권에 대한 반대로 돌리고[65], 비겁하게 심판을 두려워하지 말고 진리를 지키면서 스스로의 특권을 가난한 사람들의 이익으로 바꾸라고 요구했다.

니어링은 또한 정치와 경제와 학문이 엉겨붙은 이사회가 학생들을 잘못 이끌어 가는 것에 맞서면서 선데이의 부흥회를 반대했다. 이와 함께 니어링은 전국을 대상으로 활동하는 한 노동 운동 지도자를 대학에 초청했다. 그 사람은 '미국 노동자 연맹(American Federation of Labor)'의 곰퍼스(Samuel Gompers) 회장이었다. 이 일은 또다시 학교 당국자의 분노를 샀다. 때맞춰 필라델피아의 교수들이 조합 결성을 추진한 데 이어 미국 대학교수 협회가 구성되고 노동자들의 시위가 잇따랐다. 스미스 학무 부총장은 니어링의 도발을 더는 참을 수 없었다. 스미스는 곰퍼스 회장의 연설에 대학 시설 중 어떤 것도 사용할 수 없다고 밝혔고, 이에 화가 난 학생들은 '언론 자유 클럽'을 만들고 대학 밖에서 강당을 하나 빌렸다. 거기서 곰퍼스는 학생들에게 '언론의 자유와 진리 추구의 자유'에 대한 원칙을 설명했다. 학생들은 강연을 알리는 포스터가 찢겨 나간 것을 보고 더욱 화를 냈다. 대학 당국자들도 니어링이 곰퍼스의 연설을 듣게 하려고 학생들을 대학 밖으로 데리고 나간 것을 알고는 똑같이 화를 냈다.[66]

▬▬ 니어링이 대학 바깥에서 활동하는 것은 점점 더 논란거리가 되었다. 한 이사는 아무도 순회 강사를 좋아하지 않는다고 말했다. 터그웰이 전하는 바에 따르면, 설상가상으로 니어링의 대학 내 강의도 바깥 활동만큼이나 니어링이 어려움에 처하게 되는 원인이 되었다. 터그웰은 특히 소비 이론에 대한 토론이 주 내용이던 강의를 기억했다. 강의에서 니어링은 핵심을 설명하려고 현실의 사회 문제를 예로 들었다. 니어링은 칠판에 그 도시

에서 나온 두 쪽짜리 신문을 펼쳐 핀으로 꽂아 놓았는데, 거기에는 스토티스버리(Edward Townsend Stotesbury)의 부인이 명사들을 위해 연 만찬의 사진과 기사가 실려 있었다. 터그웰은 신문 기사가 사치하고 불합리하고 분노까지 자아내는 행사를 알리고 있었다고 말했다. 그리고 니어링은 아직도 어린이 노동과 실업이 만연하고 수십만 명이 슬럼에서 거주하고 있는 세상, 스토티스버리의 호화 주택에서 엎어지면 코 닿을 거리에서 추위와 굶주림이 진행 중인 바로 그 세상과 만찬을 뚜렷하게 비교했다. 이것은 단순히 경제학 이론 강의가 아니라 도덕과 사회 구원에 관한 강의였다. 니어링과 학생들 모두 스토티스버리가 필라델피아와 펜실베이니아 주에서 권력을 가진 사업가이며 대학의 이사이자 공화당 소속 정치인이라는 사실을 잘 알고 있었다. 게다가 그 강의에 바로 스토티스버리의 아들이 학생들 사이에 앉아 있다는 것도 알고 있었다. 동문들은 강의를 종교 재판처럼 진행하고, 학생의 가족과 관계 있는 사회 여건을 교재로 사용한 것을 격렬하게 비난했다. 그럼에도 학생들은 도덕 계몽에 굶주린 탓인지, 아니면 니어링이 위험하다는 것을 알면서도 기꺼이 받아들이고 그런 강의를 했다는 것을 알아서인지 길고 열렬한 박수를 보냈다.[67]

니어링은 이와 함께 전에는 일부러 피하던 다른 위험도 받아들였다. 1915년 봄, 니어링은 '대학 연합 사회주의회(ISS, Intercollegiate Socialist Society)' 지부를 재구성하는 것을 후원하는 몇몇 교수 가운데 한 사람으로 나섰다. 대학 연합 사회주의회는 싱클레어(Upton Beall Sinclair)가 창설한 것이었다. 싱클레어는 대학의 구성원들에게 사회주의에 관한 지적인 흥미를 자극할 목적으로 1905년에 이 공부 모임을 만들었다.[68] 이 모임이 만들어진 때는 비정통 경제, 사회 이론이 대학에서 움츠러들었음에도 학생들이 진보 개혁에 열정을 갖고 기존 사상에 과감하게 도전하던 때였다. 하지만 대학 연합 사회주의회에 대한 일반인의 시각은 '미국의 이념을 더럽히려는 학생들의 걱정스러운 시도'[69]였으므로, 니어링의 이런 움직임은 당연히 긴장을 일으켰다. 대학 연합 사회주의회의 펜실베이니아 대학 지부는 대학 행정 당국의 반대에 맞서 싸운 끝에 1908년 2월에 처음 결성되었다. 열세 명의 학생들이 참석한 창립 회의에서 니어링의 친동생인 가이(Guy Nearing)가 회장으로 뽑혔다. 그러나 교수 회의는 회원들에게 탈퇴하라는 무언의 경고를 보냈다.[70] 결국 가이는 회장 자리에서 물러났으며, 이 지부는 이름난 사회주의자가 대학에 와서 연설하는 것을 허락하지 않는 학무 부총장의 조치와 싸워야 했다.[71] 가이의 후임 회장은 사회주의가 순수한 가치의 힘으로 간신히 대학의 벽을 통과했을 뿐이라고 말했다. 대학 연합 사회주의회 회원들은 자신들이 사회주의를 학습하는 것이 곧바로 비정통 견해를 가르치는 교수의 교육권 문제를 표면화시켰다는 것을 알았다. 후임 회장은 이렇게 말했다. "우리는 현행 자본주의 체제 아래에서 틀에 박힌 교육이 어떤 영향을 가져올지 깨닫기 시작했다. 생산과 분배가 개인의 소유권에 속해 있는 한, 교육 하나로 인간의 여건을 조금이라도 나아지게 하는 것은 불가능할 것이다."[72]

대학 연합 사회주의회의 펜실베이니아 대학 지부는 1913년 말에 활동을 멈추었다가 1915년 초가 되어서야 겨우 다시 활동을 시작했다. 그 해 4월, 니어링의 후원을 받아 새로운 지부가 만들어졌다.[73] 이미 몇 년 전에 단체를 만들려는 움직임조차 없애 버리려는 공격을 겪은 터라 이번에는 아예 공개적으로 회원을 모집했다. 회원 모집 시기는 대학 연합 사회주의회가 대학 안에 일고 있는 '마녀 사냥' 풍조를 깊이 우려하던 때와 겹쳤다. 그 해 겨울 대학 연합 사회주의회의 간행물인 〈대학 연합 사회주의 Intercollegiate Socialist〉의 한 논설은 미국 사회학회와 미국 대학교수 협회 구성에 관한 니어링의 발언에 눈길을 주었으며, 전문 사무직 프롤레타리아가 계급의식을 가질 수 있는지 그 가능성을 탐색했다.[74]

니어링은 글쓰기로 지적 자유의 한계를 시험했다. 그 해 봄 니어링의 가장 중요한 학술 작업인 《소득 : 미국의 노동 제공과 재산 소유에 대한 보수 조사 Income: An Examination of the Returns for Services Rendered and from Property Owned in the United States》(1915)에서 니어링은 근로 소득과 불로 소득 문제를 분배와 사회 진보에 끼치는 영향과 함께 조심스러운 한편 강력하게 주장했다. 《소득》은 사회주의에 대한 언급을 조심스럽게 피하고 사회주의 경제학을 크게 감싸지도 않았지만, 사회주의자와 보수주의자 모두 그 책이 지닌 메시지를 이해했다.[75] 한 비평가는 〈대학 연합 사회주의〉에 쓴 서평에서 이 책을 '사회주의자와 사회 개혁가를 위한 무기고에 가장 소중한 이바지'라고 평했다.[76] 니어링은 다른 잡지에도 대중을 위한 글을 계속 썼다. 그 해 봄 〈국제 사회주의 비평 International Socialist Review〉에 처음으로 니어링의 논문이 실렸다. 그 글에서도 명시적으로 사회주의를 주장하지는 않았지만, 소유에 빌붙은 권력과 눈앞에 다가온 갈등을 다루었다.[77] 이 논문은 자본의 영속성을 비판하면서, 특히 자본주의 경제학의 윤리에 관심을 나타냈다. 이것을 보고 이사회—예전에 니어링이 정치와 경제와 학문이 엉겨붙었다고 말한 그 이사회—의 한 이사는 이렇게 비꼬았다. "교수라는 지위는 안전하다. 우리는 당신들 젊은 친구에게 끈을 많이 줄 것이고, 당신들은 스스로를 그 끈으로 옭아맬 것이다."[78] 대학의 사상에 얌전히 따르라는 압력에 맞서 지적인 독립을 선언하듯이, 니어링은 자신의 사상과 행동을 일치시키면서 이념과 금전상의 이해 가운데 어느 것이 대학과 교육, 미국 사회의 중심에 있는지 알기 위해 힘썼다. *

니어링에게 가해지는 압력을 보는 것은 마치 동문과 이사들이 힘을 합쳐 후원하는 고문 잔치를 보는 것 같았다. 일부는 그 잔치가 가까이 다가오는 것을 알고 니어링을 구하려 했다. 워튼 대학의 한 교수는 니어링에게 이렇게 충고했다. "당신은 여기서 멋진 이바지를 했다. 우리는 당신이 떠나는 것이 싫지만, 일이 점차 심각해지고 있다. 차라리 현실을 직시하는 것이 나을 것이다." 니어링의 친구이기도 한 그이는 고위층에 영향력을 행사해서 니어링을 위해 미국 연방 정부 노동부에 교수 월급보다 세 배나 보수가 많은 일자리를 잡아 주었다. 하지만 니어링은 정중하게 거절하면서 이렇게 답했다. "이 곳이 내 자리다. 난 여기에 머물겠다. 가르치는 것이 내 직업이다."[79]

학기가 끝나자 동문들은 적의를 더하면서 공세의 수위를 높였다. 동창회보 1월호 사설에서는 '천직으로서 교수'에 대한 생각을 아래와 같이 천명했다.

교수들, 특히 전공이 정부 정책의 기초가 되는 경제, 금융, 통계, 법률을 다루는 교수들은 자극적이거나 논쟁적인 현실 문제에 참여하는 것을 신중하게 피해야 한다. 교수의 삶은 현실 문제와 동떨어진 채 흘러가므로 일정한 해결책을 요구하는 문제에 올바른 판단을 내리는 것은 보통 불가능하다.[80]

그 다음 달 동창회보 사설은 "우리는 최근 대학교수들이 논쟁적인 문제에 대해 일반 대중 매체에 자주 나오는 것을 반대한다. 교수들이 이런 식으로 현실에 참여한다면 공동체에 중요한 사람이 쉽게 대학과 멀어지기

■ 니어링은 학문의 자유를 포괄적인 용어로 정의했다. 1916년에 니어링은 이렇게 주장했다. "대학은 지적으로 불성실하거나, 학문적으로 무능하거나, 도덕적으로 결함이 있지 않고는, 다른 이유로 교수를 해고할 수 없다! 대학은 진리를 찾고 주장하고 적용하기 위해 설립된 기관이다. 대학원과 단과 대학에서는 토론과 표현의 자유가 제한되어서는 안 된다. 언론의 자유가 있건 없건 간에!" Nearing, "The Teacher, the School, and the Democracy," lecture given at the Garrick Theater, Chicago, March 12, 1916. Stenographer's transcript, Military Intelligence Division, Record Group 165, National Archives, Washington, D.C.

때문이다."[81]라며 대학 밖에서 발언하는 교수들에 초점을 맞추었다. 〈공적인 봉사자 교수 Professors as Public Servants〉라는 제목의 두 번째 사설에서는, 교수는 주변의 사회 경제 문제에 참여해서는 안 된다고 말했다. 이유는 지역 정치에 참여해 대중의 관심을 끌고 논란을 일으키려고 의도하는 것이 명백하기 때문이라고 주장했다.[82] 니어링이 워튼 대학에서 신입생들에게 경제학을 가르치는 것에 대해 "정열적인 젊은 강사들이 발전시킨 괴상하고 급진적인 이론이 신입생들에게 나쁜 영향을 미친다."[83]라고 주장한 것도 목적이 뚜렷했다.

4월, 워튼 대학 동문 위원회는 계급 편견을 부를 위험이 있는 교수와, 연구가 잘못된 결론에 이르는 것으로 보이는 교수를 해고하라고 요구했다. 위원회는 이렇게 자신들의 견해를 발표했다. "대학의 교수 프로그램이나 교육 이념과 무관한 논쟁에서 유리한 위치를 차지하려고 대학 이름을 파는 것을 강력하게 반대하며, 그런 교수들이 대학의 정책에 따르지 않을 때에는 그이들의 교육을 금지하는 방안을 추천한다."[84] 5월, 위원회는 보고서에서 특별히 부의 분배를 다루는 경제학 강의에 우려를 나타냈다.[85] 동문회 집행부는 동문 위원회의 추천을 받아들여 대학 이사들에게 보내는 보고서에서 대학 정책에 따르지 않는 교수를 해고하라고 요구했다.[86] 동창회보 5월호는 이렇게 썼다. "종합 대학과 단과 대학의 모든 당국자를 어렵게 하는, 이른바 '학문의 자유' 에 대해서 이사회는 깊이 고민하고 상당한 주의를 기울여야 한다." 여기에 담긴 취지는 같은 동창회보에 공개된 한 대학 이사의 편지에서 좀더 뚜렷해졌다. 편지는 동문회 집행부의 추천을 지지하고, '설립자 워튼의 견해와 완전히 상반되고 대학 행정가들의 의견을 무시하는 고집스러운 믿음' 에 다시 주의를 촉구하는 것이었다.[87]

혼란스러운 대학의 모습은 다시 한 번 〈뉴 리퍼블릭〉 편집자들의 주의를 끌었다. 그이들은 이 문제가 도덕 위기의 꼭대기에 있다는 것을 깨달았다. 그것이 '지적 억압' 대 '언론의 자유', '단단히 굳어진 금권 정치' 대 '아직 의식하지도 못하는 민주주의' 사이의 갈등을 나타내는 것이며 '특별히 유감스럽고 대단히 중대하다'는 것을 인식하게 된 것이다.[88] 〈뉴 리퍼블릭〉은 이렇게 경고했다. "워튼 대학에서 마녀 사냥이 시작될 것이며, 그 결과 특별 승인을 받은 경제학 강의만이 정통이라는 자격증을 얻게 될 것이다. 향후 몇 달 동안 워튼 대학을 지켜볼 필요가 있다."[89]

6월 중순, 학기가 끝났다. 니어링과 가족은 여름을 보내려고 아덴으로 갔다. 거기서 니어링은 대학 비서에게서 전화를 받았다. 비서는 니어링의 조교수 임명 기간이 끝났으며, 대학 이사회의 지시로 조교수 임명이 연장되지 않을 것임을 통보한다고 알리는 학무 부총장이 보낸 형식적인 통지서를 읽어 주었다. 대학 당국은 이것을 일상 업무인 것처럼 처리했으나 실은 일상적인 것과는 거리가 멀었다. 니어링은 교수회에서 호의가 담긴 추천을 받고도 임명 연장이 거부된 유일한 사람이었다. 니어링은 이 상황에 대해 이렇게 간략히 설명했다. "사전 통보나 문책, 청문, 재심 절차 없이 내가 9년 동안 일해 온 직장에서 해고되었다."[90]

제7장

학문 자유를 위한 투쟁에 불을 붙이다

1915년 여름 학기 말에 이사회가 열렸을 때, 니어링을 조교수로 재임용하자는 움직임이 있기는 했다. 그러나 한 이사가 니어링이 대학에 책임 의식이 있는지 문제를 제기했고, 결국 해고를 할 정도라는 결론이 내려졌다. 토론이 오래 걸린 것으로 보아 이사들도 그 여파에 대해 걱정한 것은 확실하다. 그 해의 중반을 넘어선 때인데도 교수와 학생들의 항의를 피하기 위해 결정을 최대한 늦추었기 때문에, 니어링이 다음 해에 다른 직장을 찾는데 필요한 시간도 거의 주지 못하는 마당이었다. 이사들은 니어링이 대학에서 나간 뒤 1년치 보수를 주는 안건을 놓고 투표를 했다. 그러나 그렇게할 경우 자신들의 조치가 잘못이라는 점을 인정하는 것으로 해석될까 우려해 주지 않기로 결정했다고 회의록에 기록하고 있다.[1]

이사들은 니어링을 해고하면서 그 내용이 바깥으로 나가지 않도록 입을 다물기로 합의했다. 그러나 침묵은 서서히 깨졌다. 니어링 해고는 유나이티드 가스 회사의 고문 변호사 출신 이사, 스토티스버리(Edward Townsend Stotesbury), 페퍼(George Wharton Pepper)가 앞장서 이끌어 낸 것으로 알려졌다.[2] 페퍼는 니어링을 직접 언급하지 않고 표현의 자유 운운하며 문제를 제기했으나, 다른 이사들은 모두 페퍼가 말하는 뜻을 제대로 알아들었다. 페퍼는 이렇게 말했다. "표현의 자유라는 것이 교수가 어쩌다 가지게 된 의견을 퍼뜨리기 위해 자기가 좋아하는 방법이라면 무엇이든지 쓸 수 있는 무제한의 권리를 뜻한다면, 나는 대학이나 다른 어느 곳에서도 그런 권리를 감싸 줄 수 없다." 페퍼가 가장 심하게 공격한 것은 니어링의 도덕관이었다. "표현의 자유가 공동체의 윤리 의식에 일치하지 않는 의견을 주장할 수 있는 권리를 뜻한다면 지지하겠지만, 이것이 나머지 사람들에게 근본이라고 여겨지는 도덕 원칙을 무시한다면 지지할 수 없다."[3] 한 이사는 니어링을 해고한 것에 대해 이렇게 명백하게 설명했다. "이사로서 임무를 수행하면서 공익과 대학을 위해 필요하다고 믿었기 때문이며, 대학교수로서 발언이 교육자에 어울리지 않고 대학과 학생들의 이익에 반하기 때문이다."[4] 한 이사는 좀더 솔직하게 이야기했다. "니어링이 건방지게도 재산의 재분배를 주장했기 때문이다."[5]

결국 니어링이 해고된 이유는 경제관과 종교관이었다는 것이 드러났다. 배로(Clyde Barrow)의 설명에 따르면, 자유방임 경제학과 일반 도덕에 대한 관념이 필라델피아 경제계 사람들의 마음 속에 아주 깊이 박혀 있었다. 니어링이 '잘못된' 경제학으로 어린이 노동을 없애야 한다고 주장하면서 시작된 갈등이 이사들에게 종교, 도덕적 마녀로 몰리면서 끝난 것은 이 때문이었다.[6] 어린이 노동을 반대하는 니어링을 그런디(Joseph Grundy)가 참아 내지 못한 것도 니어링이 대학을 떠나야 한 주된 이유가 된 것으로 보인다. 그런디는 정치 연줄을 동원해 대학 재정 지원을 무기로 활용하면서 이사들에게 니어링을 쫓아 내도록 압력을 가했다.[7] 이렇게 니어링 해고는 단순히 대학 안의 문제 때문에 일어난 일이 아니었다.

니어링에게 해고는 충격으로 다가오기는 했지만 전혀 뜻밖의 일은 아니었다.[8] 니어링의 부인은 아덴 시절부터 7년 동안이나 그것을 각오하고 있었다고 말했다. 부인은 니어링이 무신론자라거나 사회주의를 받들었다는 지적을 반박했다.[9] 해고 통지를 받은 니어링은 곧바로 필라델피아로 돌아와 여론을 불러일으키는 활동에 착수했다. 그것은 대학에 압박을 가해 복직하려는 의도보다 '학문의 자유'라는 문제를 사람들에게 알리기 위한 것이었다. 니어링은 펜실베이니아의 신문은 물론 미국에서 영향력 있는 각종 신문과 신문 발행인 협회, 다른 대학의 교수, 미국 전 지역의 명망 있는 개인에게 약 1500통의 편지를 보냈다.[10] 니어링은 사회주의자인 스토크스(Rose Pastor Stokes)에게 이렇게 썼다.

친구여.

일주일 간 일간지에 신경을 썼으니 다음 주에는 주간지에 신경을 써야 할 차례네. 그 다음 2주 간은 〈리뷰 오브 리뷰 Review of Review〉나 〈커런트 오피니언 Current Opinion〉 같은 월간지와 부피가 큰 잡지를 상대로 홍보를 할 예정이네. 이 싸움은 여론을 통하는 것 외에는 사람들에게 파고들 방법이 없네. 만약 자네가 아는 편집자가 있으면 다음과 같은 것을 강조해 주게나.

1. 이 문제가 가지고 있는 비개인적이고 구조적인 성격
2. 대학을 금권으로 통제하는지, 민주로 통제하는지 여부[11]

니어링은 자신처럼 독립적인 심성을 가진 교수들은 호락호락하게 고개를 숙이지 않는다는 것을 이사들이 깨닫게 하겠다고 결심했다.[12]

■■■■ 〈뉴 리퍼블릭 New Republic〉 편집자는 그이의 경제학 이론이 아주 새롭거나 놀라운 것이 아닌데도 그것 때문에 사람을 무자비하게 해고한

것을 개탄했다. 이사들의 조치는 시대를 거스르는 악의에 찬 행위였으며, 대학 권력은 특정 경제 원리와 이해관계가 있는 기업인들의 손아귀에 사로잡혀 있다고 보았다. 하지만 이 극적인 사건으로 학문의 자유와 관련된 문제가 공공 토론장에 낱낱이 드러나게 되었다. 편집자는 이렇게 강조했다. "이 문제는 일반 미국 사람의 삶에도 대단히 중요하다. 대학이 사상의 중심이기 때문이다. 교수들이 어리석은 부자나 우둔한 정치인들에게 지배당하면 제대로 된 연구를 할 수 없다."[13]

학교에 남은 상당수의 교수들은 니어링을 해고한 이사들의 의도를 깊이 생각한 뒤, 이것이 교직에 대한 위협이라는 결론을 내렸다. 맥크리아(Roswell Cheney McCrea) 학장은 학무 부총장에게 워튼 대학 교수진들이 깊이 우려하고 있음을 전했다.[14] 한 교수는 니어링 사건을 교수라는 전문직에 행정 규제가 내려졌고, 니어링은 그 행징 규제로 피해를 입은 대표적인 본보기라고 풀이했다. 그이는 이렇게 말했다. "스코트 니어링은 교수라는 직업에서 드레드 스코트(Dred Scott, 미국의 흑인 노예. 노예의 자유를 인정하는 주로 이주한 뒤 노예 해방을 요구했으나, 1857년 미국 대법원은 노예는 소유물이지 시민이 아니라며 그 요구를 받아들이지 않았다. 이 판결은 그 뒤 남북 전쟁의 원인 중 하나가 되었다—옮긴이)가 되었다. 니어링이 겪은 것이 앞선 보기가 되고, 니어링이 당한 대우가 관례가 되어 교수들을 위협하고 있다." 그리고 자유를 통제하는 풍조와 진보주의를 숨막히게 하려는 시도가 판치는 것을 격렬하게 비판했다. 니어링 사건에서 배워야 할 교훈이 있다면 정신과 도덕이 독립된 사람은 대학 밖에 있어야 한다는 것이며, 그래서 교수는 고급스러우면서도 공손한 집사로 그 지위가 내려앉게 될 것이라고 비꼬았다.[15]

이 대학의 심리학 교수인 휘트머(Lightner Witmer)는 대학 당국의 조치에 격분해 여름 동안 그 사건을 분석하는 일에 몰두했으며, 곧《니어링

사례 : 펜실베이니아 대학 이사회의 조치로 학문의 자유가 제한되다 The Nearing Case: The Limitations of Academic Freedom at the University of Pennsylvania by an Act of the Board of Trustees》라는 책을 펴냈다. 휘트머는 책에서, 공공 서비스 회사와 정치인들이 이사들의 조치를 부추 겼다는 의혹을 제기했다. 니어링 사건의 배후에는 재정 지원과 행정 통제 라는 문제가 있다는 것이다. 휘트머는 니어링의 경제관을 좋아하지 않았 으며, 니어링이 일반 대중에게 경제관을 설명하는 방식도 좋아하지 않았 다. 그러나 이 사건으로 '학문의 자유'가 위태로워진 것을 보면서, 경제관 과 방식이 자신과 다른 것도 별반 중요하지 않다고 느끼게 되었다. 휘트머 는 이 사건으로 드러난 갈등은 금권 때문에 벌어지는 민주주의의 보편적 인 투쟁이기도 하며, 민주주의 정부 형태의 특징은 정부, 대학, 주를 막론 하고 다른 의견에 관용을 베푸는 것이라고 주장했다. 휘트머는 이 사건이 니어링에게서 그치는 것이 아니라 다른 모든 대학교수들에게도 해당되기 때문에 그 싸움에 대해 쓰지 않을 수 없다고 생각했다. 사실 필라델피아에 사는 사람이라면 누구든지, 상속을 받아서 부자가 되었거나 혼자서 부를 거머쥔 소수 부유층의 고용인으로 떨어지는 운명에 언제든지 빠질 수 있 었다.[16] 역사학과의 한 교수는, 대학 행정가와 교수 사이의 관계가 뜨거 운 문제로 떠오르는 즈음에 니어링을 해고한 것은 대학 행정가들이 교수 를 가볍게 여기는 태도의 전조라는 것을 훗날 대학의 공식 역사에 기록했 다.[17]

휘트머는 니어링 해고는 단순히 해고라는 사실이 뜻하는 것보다 훨씬 더 복잡하다고 결론을 내렸다. 논란의 핵심이자 근본 문제는 서로 엉겨붙 은 상류층이 지닌 주된 가치에 도전하는 종교, 경제였다. 한 이사에 따르 면, 니어링 해고에 앞서 학무 부총장은 니어링을 기독교 이단이라고 고발 하는 편지를 네 통 받았다.[18] 터그웰(Rexford Guy Tugwell)은 해고에 숨겨진 원인이 있는지 조사하다가 니어링이 교회에서 연설하면서 특히 한 사람, 페퍼의 윤리를 집중 공격했다는 사실을 알게 되었다.[19] 페퍼는 "니어링 박사가 정통 경제에 적대할 뿐 아니라 다른 분야, 곧 정통 사회와 정통 종교에 대해서도 적대한다는 것은 잘 알려져 있다."라고 주장했다.

페퍼는 자신의 종교관을 도시와 대학에 널리 퍼뜨렸다. 1915년에 출판된 한 책에서 페퍼는 이렇게 썼다. "기독교 이론은 세속 교육, 종교 교육을 따로 나누지 않는다. 교육에서 하느님을 빼면 세속 교육이 남는 것이 아니라 교육 자체가 사라진다." 휘트머는 페퍼의 책이 종교적인 확신을 가지고 근대 과학과 사회 조직을 적대시하고 있다고 지적했다. 페퍼는 대학에서 그럴듯한 이름으로 가르치는 과정들 중에는, 교수가 삶의 중요한 문제에 대해 자기 개인의 의견을 밝히는 것 외에 거의 의미가 없는 주제들도 많이 들어 있다는 식으로 기술했다. 그러니 니어링의 사회 종교 설명이 페퍼를 화나게 한 것은 아주 당연한 결과였다. 페퍼는 학생들이 하느님을 잊어버리게 만든 책임이 형제애라는 말로 삶의 모든 것을 설명한 교수에게 있다고 믿는 사람이었다. 니어링 사건에서 페퍼가 한 역할을 보고, 휘트머는 지성의 자유와 새로운 지식을 추구하는 사람들은 권력을 위해 부와 한통속이 된 종교에 맞서 싸워야 한다고 주장했다.[20] 그리고 터그웰은 이사들이 기독교의 가르침보다는 자신의 고객이나 동료의 이익에 따라 움직였다는 것을 믿지 않을 수 없었다.[21]

이사회 투표에서 니어링 해고를 반대했다고 밝힌 한 이사는 니어링이 이단 종교보다는 이단 경제 때문에 해고되었다고 전했다.[22] 니어링의 종교관이 문제가 아니라, 이미 한통속이 된 자본의 집합체를 공격했기 때문에 미움을 받았다는 것이다. 한통속이 된 자본은 보통 사람들의 권익을 지나치게 침해하고 있어서 만약 사람들이 저항한다면 견디지 못할 텐데, 니어링이 그 점을 알고 공격했다는 것이다.[23] 니어링의 경제, 사회관에 대한 공격 뒤에는 늘 사회주의와 급진주의라는 비판이 뒤따랐다. 한 교수는 니어링이 극단이라는 비판에 이렇게 반박했다. "일반 경제, 사회 문제에 대한 니어링의 주장은 우리 대학과 다른 대학에서 같은 주제를 가르치는 다른 교수들과 많이 비슷하며, 니어링의 개혁 주장은 일상적으로 이루어지는 것들과 똑같다."[24] 또 다른 저술가는 이른바 '빌리 선데이(William Billy Sunday) 패거리'가 니어링 해고에 책임이 있다고 말했다. 그이들이 현행 경제 체제에 불의와 잘못이 있음을 이야기하는 사람이면 모두 사회주의자로 몰았다는 것이다. 그 저술가는 이렇게 말했다. "니어링이 사회주의자가 아닌데도 사회주의자로 보았으며, 그이들은 모든 것을 이해관계로 따져서 보는 사람들이다."[25]

니어링은 사회주의에 공감하고 사회주의자들이 사회주의 미국을 건설하는 데 도울 수 있는 일을 했다. 심지어 사회주의 간행물에 글을 쓰기까지 했지만, 학문으로나 정치적으로 단 한 번도 스스로를 사회주의자라고 칭한 적이 없었다.[26] 그러나 니어링이 사회주의 운동을 언급하는 것조차 피했음에도 사회주의자들은 니어링을 사회주의자에 속한다고 주장할 수 있었다. 일찍이 〈국제 사회주의 비평 International Socialist Review〉은 니어링의 책 《미국의 임금 Wages in the United States》(1914)이 사회주의에 가장 중요한 책이고, "미국의 사회주의 운동은 이 책이 사회주의 출판사가 아니라 미국의 대학 중에서도 가장 보수적이고 권위 있는 대학의 경제학과에서 나온 것을 축하해야 한다."라고 말했다.[27] 언제나 그랬듯이 니어링은 책과 강의에서 객관적인 태도로 사회주의를 다루면서 그것의 장점과 단점을 지적했다. 니어링이 사회주의와 자신이 어떤 관계인지 공개적으로 밝히고 나선 것은 대학에서 해고된 다음이었다.

10월, 니어링은 뉴욕 브루클린에서 열린 '사회주의, 승리해야 하는가?' 라는 제목의 토론회에 참석해 사회당 지도자인 힐퀴트(Morris Hillquit)와 함께 단상에 올랐다. 반대 토론자 두 명에 맞서 찬성자로 토론을 하기 위해서였다. '집단이나 공동체가 소유하고, 사회가 생산 도구를 관리하는 것'이라고 사회주의를 정의하면서 토론이 시작된 뒤, 니어링은 곧바로 신약 성서를 인용했다. 그리고 개혁과 진보를 빠르게 이루려면 정부는 이런 역할을 해야 한다고 말했다.

나는 "가장 좋은 정부는 가장 적게 다스린다."라는 제퍼슨(Thomas Jefferson)의 금언에, 공동체 다수의 복지가 보장되려면 충분한 역할을 하는 정부가 있어야 한다는 말을 덧보태도 된다고 믿는다. 우리에게 필요한 것은 더 큰 정부가 아니라 충분한 역할을 하는 정부이다.

토론이 계속될수록 니어링은 사회주의가 미국에서 승리해야 한다고 북돋우려는 것이 아니라, 미국 사회의 예리한 관찰자로서 사회주의가 승리할 것이라는 자신의 분석을 전하려 한다는 것이 분명해졌다. 니어링은 사회주의를 피할 수 없도록 만드는 사람들은 공공사업, 철도, 철광, 탄광, 유전을 지배하면서도 자신의 탐욕을 다스리지 못하는 사람들이라고 주장했다. 지배 계층이 다른 모든 것에 앞서 자신의 이익을 보호하기 때문에 지나치게 많은 부와 권력이 아무것도 책임지지 않는 사람들의 손아귀에 들어가면서 민주주의가 그 긴장 때문에 파괴되고 있다는 것이다. 니어링은 바로 그이들이 사회주의를 피할 수 없게 만드는 사람들이라고 강조했다. 토론을 마치기 전에 니어링은 청중에게 자신은 사회주의자도 사회당원도 아닌 경제학자일 뿐이라고 상기시키고, 사회주의는 모든 것을 약속하지 않는다고 경고했다. 그러나 약속을 하지 않기로는 자본주의도 마찬가지라고 덧붙였다.[28]

▬▬ 니어링 사건은 해고를 정당화하려는 사람들과, 그것을 미국 학문의 죽음이라고 보는 사람들, 양쪽에서 국제적인 관심을 끌었다.[29] 이사회는 범국가적인 사회 개혁을 후원하기 위해 구성된 조직인 '국가 시민 연합 (NCF, National Civic Federation)'의 지도자가 자신들을 지지하는 것을 알았다.[30] 1905년에 설립된 이 조직은 대기업이 낳는 부작용을 규제하기 위해 급진 해결책을 택하는 것을 반대했으며, 보수 조합주의로 노사가 협력하는 온건한 프로그램을 찬성했다. 이 조합주의는 데브스(Eugene Victor Debs)가 주장한 것으로, 노동조합이 노동자를 채용하는 따위의 방법을 사용해 노조를 기업에 해롭지 않은 방향으로 이끌어 가는 것이었다.[31] 국가 시민 연합은 대기업 사람들이 주도권을 쥐고 있었는데, 그이들은 사회주의를 가장 위협적이라고 생각하고 적극 반대했다.

이 단체는 사회주의가 널리 퍼지는 것을 막고 그 영향력을 없애는 활동을 했다. 단체는 대단히 진지한 사람들이 사회주의 사상을 퍼뜨리고 있으며 대중이 그 사상을 높이 평가한다고 전제하고는, 자기들이 여론에 영향을 미치려면 솜씨 있고 재치 있게 시도해야 한다고 생각했다.[32] 국가 시민 연합을 창립하고 뒤에서 조종한 사람은 이즐리(Ralph Easley)였다. 이즐리는 이렇게 말했다. "사회주의 저술가들이 나라 전체에서 쏟아 내는 감각적이고 유혹적인 출판물들은 공정하고 인간적인 수많은 고용주들에게 큰 잘못을 저지르고 있다."[33] 그리고 사회주의를 퍼뜨리는 대학 연합 사회주의회(ISS) 같은 단체가 생겨나고 세력이 커지는 것을 몹시 싫어했다.

니어링 해고에 반발하는 거센 비판이 있은 지 얼마 후, 이즐리는 필라델피아 공화당 정치인이자 주 검찰 총장이고 대학 이사인 벨(John C. Bell)에게 편지를 보냈다. 이사회의 결정을 지지하며 그 일에 관해 자료를 직접 준비하고 있으니, 곧 사본 하나를 보내겠다는 내용이었다. 이즐리는 "만약 이사회 구성원들이 스코트 니어링의 글을 읽으면 그이가 훨씬 오래 전에 대학에서 쫓겨났어야 했다는 것을 알게 될 것이다."라고 큰소리쳤다. 이즐리는 니어링이 사회주의자라는 것과 니어링의 발언이 펜실베이니아 대학 같은 기관에서 받아들여서는 안 되는 것이라는 점을 증명하는 데 어려움이 없다고 거듭 자신했다. ▪ 벨은 이즐리의 편지에 감동하며 귀중한 제안을 하고 자신들의 조치에 찬성해 준 것을 고마워했다. 벨은 자기들이 옳은 일을 했다고 확신하며, 니어링이 못마땅한데다 받아들일 수도 없는 사람이었음을 분명히 했다.[34]

시러큐스 대학의 총장이 전문직의 임기는 재무관이나 이사회, 또는 감독관의 결정에 따라야 한다며 니어링이 적법하게 해고되었다고 주장하자, 미국 대학교수 협회(AAUP)의 회장인 듀이(John Dewey)가 대학교수에 어울리지도 않는 '고용인 이론'을 적용했다며 반박하고 나섰다. 듀이는 대학의 이사회가 그런 주장을 지지한다면 그이들은 대학에서 능력 있고 굳건한 사람들을 몰아 내고 이 나라 젊은이들의 내면과 심성을 허약하게 만들 것이라고 주장했다. 그리고 화젯거리나 공부하는 데 일생을 낭비한 자존심 없는 교수들은 그런 환경에서도 아무 문제 없이 자신의 자리를 보전할 것이라고 말했다. 나아가 지배 문화를 무조건 좇아야 한다는 믿음을 가르치려는 치졸한 검열이 어떤 결과를 낳을지 똑바로 보아야 한다고 강조했다. 듀이는 〈이브닝 포스트 Evening Post〉의 사설을 인용해 이렇게 말했다. "급진적인 교수 한 명을 침묵하게 하는 것은 기존 질서를 대표

▪ Easley to Bell, July 2, 1915, box 15, general correspondence, 1915, National Civic Federation Papers, Rare Books and Manuscripts Division, New York Public Library, Astor, Lenox and Tilden Foundation, New York; Schwendinger and Schwendinger, in their *Sociologists of the Chair* (New York: Basic Books, 1974), p. 543. 이 책은 니어링 사건에 국가 시민 연합이 관심을 갖는 것 자체가 강제적이고 억압적인 자본가의 문화 지배를 드러낸다고 강하게 주장하고 있다. 하지만 그이들의 주장은 다소 거친데, 그렇게 된 이유는 증거를 신중하지 못하게 다루었기 때문이다. 그이들은 이즐리가 보낸 편지의 날짜를 1914년이라고 제시함으로써 국가 시민 연합이 니어링을 내쫓는 데 앞장섰다고 결론지었으나, 그 편지는 니어링이 해고된 뒤에 씌어졌기 때문에 이는 사실이 아니다.

하는 교수 백 명이 말하는 모든 것의 가치를 크게 떨어뜨린다."[35]

보른(Randolph Bourne)은 〈뉴 리퍼블릭〉에 쓴 글에서, 니어링 사건은 '누가 대학을 소유하고 있는가?' 라는 문제를 제기한다고 주장했다. 이것 이야말로 명백히 낡은 전통이 새로운 과학에 맞선 사건, 그리고 편견을 가진 직원이 과학이 뒷받침된 자료를 가진 경제학도에 맞선 사건이라는 것이다. 보른은 대학 기능에 대해 아는 바가 없고 교육 정책에도 별로 관심이 없는 사람들로 구성된 금권 정치가 바로 문제의 뿌리라고 보았다. 대학을 지적이고 과학적인 공공 업무 중 하나라고 생각하는 새로운 시각이 필요했다. 보른은 근대 대학의 문제는 사유 재산이 아니라 공공복지라고 말하며, 명백하게 비전문가인 이사회가 무책임하게 대학을 통제하는 것은, 공동체를 위해 효율적인 과학과 사회학을 연구하고 실험하는 대학의 미래상에 맞지 않는다고 주장했다. 그리고 순수 학문만이 아니라 사회 운동에도 관심을 가지는 니어링 같은 교수는 전체 사회에 소중한 자산이라고 말했다.[36]

미국 대학교수 협회는 협회 차원으로는 처음으로 학문 자유 침해에 대해 조사했다. 협회가 그 사건에 직접 뛰어들게 된 것은, 그것이 일개 교수 혼자 영향을 받고 끝나는 일이 아니기 때문이었다. 조사 위원회에 따르면 이 사건은 교수 한 명이 아니라 그 지역 교수 전체, 대학교수직 전체를 겨냥했으며, 본질적으로 교수의 학문이 무엇인지에 대해 간섭한 대표적인 사례였다. 위원회는 니어링 해고가 미국뿐 아니라 다른 나라에서도 대학과 일반 대중 모두에게 전에 없던 관심과 우려를 불러일으켰다고 보고했다. 이런 것들을 근거로 위원회는 해고가 틀림없이 니어링의 사회, 경제학 강의 내용에 대한 반대 때문이라고 결론지었다. 그리고 이것을 '가르치는 자유'를 침해한 것으로 규정했다.[37]

━━━ 9월, 방학을 끝내고 돌아온 학생들은 니어링의 복직을 요구하는 탄원서를 대학 행정 당국에 냈다. 1500여 명이 서명한 탄원서였다. 워튼 대학 교수들도 니어링 복직을 요구하고 나섰으며, 교수직에서 쫓겨난 니어링이 당분간 활동에 전념할 수 있게 하려고 반 년치 보수에 해당하는 돈을 모았다.[38] 대학이 위기의 수렁으로 빠져 들어간다는 것은 숨길 수 없는 사실이었다. 6월부터 워튼 대학 교수들은 니어링 해고는 이사회가 앞으로 또 다른 교수를 해고할 수 있다는 것을 예고하는 것이 아닐까 하는 의혹을 가지고 있었다.[39] 한 교수는 대학 안팎에서 커다란 불만과 불협화음이 일고 있음을 전하며, 사람들 보기에 부끄럽게 느껴진다고 말했다. 젊은 교수들은 대학에 대한 안정감과 충성심이 흔들렸고, 나이 든 교수들은 난처해하면서도 부끄러워했다.[40] 니어링 역시 자신의 해고는 개인 못지않게 대학 전체에도 큰 영향을 미쳤다고 말했다.[41] 교수들 사이에 대학을 떠나려는 움직임도 있었으나, 니어링은 누구든 떠나는 것을 반대했다. 니어링은 이렇게 말하며 동료들을 만류했다. "대학은 이사들의 것이 아니라 교수와 학생들의 것이다. 이사들이 비민주적인 권력을 무책임하게 휘둘렀다고 해서 대학이 그이들 것이라는 근거가 마련된 것은 아니다. 제자들과 대학의 사명을 생각해야 한다."[42]

스미스(Edgar F. Smith) 학무 부총장 또한 니어링 사건이 대학에 미치는 영향이 크다는 것을 깨달았다. 파국을 막으려고 스미스는 지난 6월의 사태가 재발하지 않을 것이라는 점을 재확인해 달라고 이사들을 설득했다. 그 해 연말에 이사들은 정관을 일부 개정해 교수 임명과 승진에 관한 절차상의 지침을 마련했다. 교수 아홉 명으로 구성된 위원회가 교수 해고에 관한 권한을 가지고, 최종 결정권은 이사회가 갖는 방식이었다. 결국 이사회가 생각하는 학문의 자유란 교수직을 보장하는 것과 행정 절차에 초점을 맞추는 관리 개념이었다.

이것을 두고 일부는 대학의 위대한 승리이자 진보로 받아들였으며, 일부는 이사들이 잘못을 시인한 것으로 받아들이기까지 했다. 하지만 이런 조치도 뛰어난 교수들 몇 명이 조용히 물러나 좀더 안전하게 교수 경력을 쌓을 수 있는 대학으로 가는 것을 막지는 못했다.[43] 지리학 교수인 스미스(J. Russell Smith)와 산업학 교수인 맥크리아 학장이 컬럼비아 대학에서 오라는 제안을 별로 시간 끌지 않고 받아들였다. 박사 과정에 있던 강사 터그웰은 배신이 용인되는 곳에서 머물 수 없다며 박사 과정을 마치기 위해 워싱턴 대학으로 옮겼다. 시기는 조금 달랐지만 또 다른 사퇴가 잇따랐다. 대부분 '워튼의 여덟 명'으로 한때 자랑스럽게 대중 활동에 나서던 사람들이었다.[44] 그래도 이사들이 여전히 방향을 바꾸지 않고 억압적인 행정 방식을 버리지 않았다는 커다란 증거는 그이들이 워튼 대학의 지적 반란을 이끈 원조인 패튼(Simon Nelson Patten)을 해고할 때 분명히 나타났다. *

1917년 봄, 미국이 공식적으로 세계 대전에 참여할 즈음, 필라델피아의 한 평화주의 단체가 지방 극장에서 스탠퍼드 대학 총장이자 철저한 평화주의자인 조든(David Starr Jordan)의 연설 행사를 계획했다. 단체는 패튼에게 사회를 봐 달라고 부탁했고 패튼은 받아들였다. 행사 날 저녁, 극장에 간 패튼은 극장이 경찰에게 포위되어 있는 것을 보았고 집회가 금지되었다는 말을 들었다. 패튼은 막 65세가 되었고 통상 은퇴할 나이였으나

■ 맥크리아 학장이 사임하자 워튼 대학 교수들과 아무런 협의도 없이 맥클렐런(W. L. McClellan)이 학장으로 취임했다. 학장에 임명된 뒤 맥클렐런은 교수들이 공적인 활동에 참여하는 것을 금지하는 지침을 내놓았다. 이 지침은 워튼 대학의 특정 교수들이 시민 활동을 하지 못하게 하는 것으로 해석되었다. 미국 대학교수 협회에 맥클렐런의 조치에 대한 항의가 제기되었으며, 협회는 이에 대한 예비 조사를 진행했다. Chairman, Committee on Academic Freedom and Academic Tenure, AAUP to Dean W. L. McClellan, November 27, 1916, and A. A. Young to the Members of the Committee on Academic Freedom and Academic Tenure, March 9, 1917, Nearing Case File, American Association of University Professors, Washington, D.C. 참조.

이사회는 관례에 따라 이름난 교수일 경우 임기를 연장해 주었다. 그러나 이 사건으로 이사회는 패튼이 친독일 성향을 가진 사람으로 알려졌다면서 임기를 연장하지 않고 대학에서 내쫓았다.[45] 한 필라델피아 신문은 패튼이 전쟁 반대에 관여한 것은 해고 사유가 아니라 해고하는 데 필요한 핑계였을 뿐이라고 보도했다. 이사회가 기득권에 반대하는 모든 주장의 원천이자 기원인 패튼을 한동안 겨냥하고 있었다는 것이다. 신문은 니어링의 스승을 내쫓지 않는 한 니어링을 완전히 처리하는 것은 불가능했다고 단정지었다.[46]

그 사건이 있은 지 몇 해 뒤, 멩켄(Henry Louis Mencken)이라는 이름의 논쟁적인 학자가 니어링 해고가 남긴 산물에 대해 우려하는 발언을 했다. 멩켄이 보기에 그 사건은 한 경제학자에게 일어난 문제이면서 동시에 미국의 정치 경제 선체에 큰 문제를 던지는 것이었다. 멩켄은 니어링을 변호하려는 것이 아니었다. 니어링의 생각이 잘못되었으며, 자신의 확신과 본능은 니어링과 반대편에 있다고 말했다. 멩켄은 급진주의자로서가 아니라 가장 보수적인 정통의 신봉자로서 우려를 표명한 것이다. 하지만 멩켄도 항간에 떠도는 곤란한 질문을 무시할 수 없었다. 그 질문은 다음과 같았다. '만약 그 학구적인 교수들이 반대편에 선다면 그이들에게 무슨 일이 일어날 것인가?' 이를테면 니어링이 반대 방향으로 가서, 어린이 노동을 열렬히 감싸고 최저 임금제를 열정을 다해 비난했다면 니어링에게 무슨 일이 일어났을까? 멩켄은 '교수가 정치 경제를 어느 정도까지 자유롭게 과학으로 설명할 수 있는가?' 하는 의문을 제기했다. 멩켄은 니어링이 대학에서 쫓겨난 까닭을 이렇게 설명했다. "니어링이 정말 잘못했거나 실수해서 제자들이 2학년 진급 시험에 잘 대비하지 못하게 했기 때문이 아니다. 니어링이 쫓겨난 것은 진리를 알려고 애썼기 때문인데, 그 진리는 대학을 손아귀에 넣게 된 무지한 부자들의 안전과 평온을 깨뜨릴 수 있었다. '학문을 할 뿐이지 사실 상인들의 노예와 머슴이라고 해야 할 교수가 학생들의 주의를 끌려고 경쟁하면서 반항한 것'이다. 이 모든 것을 정리해 말하자면, 니어링이 쫓겨난 것은 그이가 안전하지도 건전하지도 정통이지도 않았기 때문이다."

멩켄은 니어링 사건의 여파에도 쫓겨나지 않은 다른 경제학 교수들에게 불만을 느꼈다. "누가 니어링 사태의 교훈이 자신과는 무관하다고 하는가? 그리고 누가 니어링의 사상에 반대하는 것이 니어링을 펀드는 것만큼이나 신뢰와 존경을 받을 만한 가치가 있다고 말하는가? 니어링처럼 '단두대'로 보내지는 교수는 거의 없을 것이나, 대부분은 수많은 형틀과 감옥을 각오해야 할 것이다. 최후까지 살아남는 교육자들은 모두 이것을 깨닫게 될 것이다." 멩켄은 학문의 자유가 튼튼한 기반에 놓여 있다는 것을 확신할 수만 있다면 자신이 받들어 온 정통 경제나 신념이 유효한지 여부는 그리 중요한 문제가 아니라고 보았다. 멩켄은 이렇게 말했다. "학구적인 교수들이 정말 완전하고도 절대적인 학문의 자유를 가지고 있다는 것을 확신한다면, 훨씬 더 안전하게 학문적 소신을 지킬 것이다."[47]

▬ 니어링의 경우가 학문 자유의 이상을 침해한 처음 사례도 아니고 마지막도 아니었다. 그러나 이 사건은 미국 역사에서 대학이 근대 구조로 탈바꿈하는 과정에서 일어났다. 현행 경제 질서에 의문을 제기하거나 도전하는 연구 주제를 가진 교수들이 점점 더 자주 해고되었다.* 니어링이 해고된 해인 1915년에만도 학문 자유 침해와 관련된 중요한 사건이 적어도 열한 건 일어났다.[48] 니어링 사건이 가장 널리 알려진 것은 폭넓은 홍보 활동에 더해 이제 갓 출범한 미국 대학교수 협회가 조사한 첫 사건이기 때문이었다.

니어링 사건은 적어도 한 가지 점에서 그 전에 일어난 비슷한 사건들과

달랐다.■■ 그 전 사람들과 달리 니어링은 순종을 요구하는 압력에 저항했
다. 생존과 진보를 위한 기회주의적인 전략의 하나로 일부러 급진주의에
서 물러선 일리(Richard T. Ely)가 1894년에 제공한 선례를 따르지 않은
것이다. 니어링은 경고에 귀 기울이기를 마다하고 학문 자유의 원칙에 호
소했다. 최근 한 저술가가 니어링을 두고 '급진적인 신념과 활동 때문에
대학에서 해고된 미국 최초의 교수'■■■■라고 주장한 것은 이 때문이다. 니

■ 1890년대 중반, 인기 있는 경제학자 일리(Richard Ely)가 위스콘신 대학 이사회의 비판을 받았을
때 여론이 비등했다. 1895년에는 일리의 제자 중 한 명인 비미스(Edward T. Beemis)가 경제 개혁에
서 정부의 역할과 관련한 논쟁에 참여했다가 시카고 대학에서 해고되었다. 1900년에는 일리의 또
다른 제자인 로스(Edward A. Ross)가 대학교수로서, 또 저명한 지성인으로서 경제, 정치 논쟁에 휩
쓸려들었다가 스탠퍼드 대학에서 해고된 사례가 있다. Ellen W. Schrecker, *No Ivory Tower;*
McCarthyism and the Universities (New York: Oxford University Press, 1986), pp. 12 19; John
Brubacher and Willis Rudy, *Higher Education in Transition* (New York: Harper & Row, 1968), p. 312;
Laurence R. Veysey, *The Emergence of the American University* (Chicago: University of Chicago Press,
1965), pp. 381-88; Carol S. Gruber, *Mars and Minerva: World War I and the Uses of the Higher*
Learning in America (Baton Rouge: Louisianan State University Press. 1975), pp. 162-212; Clyde
Barrow, *Universities and the Capitalist State: Corporate Liberalism and the Reconstruction of American*
Higher Education, 1894-1928 (Madison: University of Wisconsin Press, 1990), pp. 186-220 참조.

■■ 아마도 니어링 사건에 나타나는 새로운 정황들이, 학문 자유에 대한 최근의 연구에서 니어링
사례가 다시 등장하는 이유 중 하나일 것이다. Russell Jacoby, *The Last Intellectuals: American*
Culture in the Age of Academe (New York: Basic Books, 1987), pp. 125-26, 209; Schrecker. *No Ivory*
Tower, pp. 19-21, 26-27; Schrecker, "Academic Freedom: The Historical View," in Craig Kaplan and
Schrecker, eds., *Regulating the Intellectuals: Perspectives on Academic Freedom in the 1980s* (New
York: Praeger, 1983), pp. 29-30; "Postscript: Scott Nearing," in Kaplan and Schrecker, *Regulating the*
Intellectuals, pp. 241-47 참조.

■■■ Bertell Ollman, "Academic Freedom in America Today: A Marxist View," in Kaplan and
Schrecker, *Regulating the Intellectuals,* p. 45. 일리는 개혁에 관한 소신을 철회하고 교수 자리를 유지
했지만, 비미스는 보수 사고를 가진 시카고 대학 총장을 납득시키려다 해고당했다. 비미스와 관련
해 올먼(Bertell Ollman)은 "그이를 자신의 정치 소신 때문에 직업을 잃은 첫 급진주의자로 보기는
어렵다. 이런 사례로 첫 번째는 스코트 니어링이다."라고 주장했다. 배로는 이렇게 주장했다. "어
떤 단일 사례도, 이데올로기와 학문 자유의 문제 때문에 지식인과 기업가 출신 이사들이 교수직을
둘러싼 문제로 갈등을 빚지 않았다." *Universities and the Capitalist State,* p. 214.

어링 사건에서 좀더 중요한 것은 그것이 학문 자유의 의미를 널리 알렸으며, 사회에서 대학의 역할이 변화했음을 분명하게 보여 주었다는 점이다. 한 분석가는 니어링 해고 후 미국 대학의 일선에서까지 학문 자유에 대한 토론이 벌어졌으며, 대학 강의실뿐 아니라 공공 장소에서도 현행 경제 체제와 관련해 자신의 신념을 표현할 권리를 놓고 논쟁이 벌어졌다고 적었다.[49]

학문의 자유는 서서히 인정받던 참이었지만, 근대 대학이 부자와 국가, 시장에 기대게 되면서 공격을 받았다. 19세기 후반쯤 종교 권력이 점차 대학에 대한 지배력을 잃으면서 그것이 기부든 세금이든, 세속의 부가 근대 대학이 대규모로 확대되는 것을 뒷받침하는 것으로 환영을 받았다. 이 같은 변화는 대학의 행정 권력에도 영향을 미쳤다.[50] 대학은 존엄함과 예의바르고 점잖은 분위기를 유지해야 했다. 이것은 흔히 그 사회의 권력자와 평판 좋은 사람들에 대한 경의를 뜻했다. 그러나 여기에 점차 돈이 오가면서 행정의 중요성과 교수의 존엄이 맞서게 되었다. 대학이 커 가는 데 이바지한 부는 이제 대학의 자유롭고 열린 학구적 이념을 위협하고 있었다. 학문의 자유는 이제 교육 이론의 문제가 아니라 대학 구조의 문제였다.

이런 새로운 영향력이 대학의 자유로운 연구를 위협한다는 두려움이 중요한 문제로 나타났다. 전국 교수들의 조직인 미국 대학교수 협회는 초창기인 1915년에 발표한 첫 성명에서 학문 자유에 대해 이렇게 밝혔다. "가장 중요한 것은 학자가 어떤 사회 계층이나 집단의 호의에 기대는 처지에 몰리지 않아야 한다는 것이다."[51] 전쟁 기간에 사상의 독립 문제는 도리어 대학을 지배하는 기업에 대한 우려를 높였을 뿐이었다. 대학의 이념에 대해 말하며 보른은 이렇게 탄식했다. "미국의 대학은 완전히 드러내 놓고 금융 회사처럼 바뀌었다. 그 동기와 과정에서 산업 생산품에 관심을 쏟는 기업과 대학은 얼마나 유사한가. 이사들의 통제 아래에서 대학은 유서 깊고 고매한 학문 공동체라는 이상에서 벗어나 민간 상업 기업으로 떨어졌다."[52]

이와 비슷하게 베블런(Thorstein Veblen)도 대학의 학문적인 사명과 순수한 지식 추구를 더럽힌 부를 새로운 '학문의 지배자'라며 맹렬하게 비난했다. 베블런은 니어링 사건을 이렇게 설명했다.

재정의 이해관계를 잘 아는 한 대학 경영진이 해치운 눈치 빠른 조치이다. 이것은 사회, 경제, 정치, 종교 분야에서 기존의 고정관념을 연구하는 교수를 보호하고, 돈 많고 늙은 대기업주의 영향력에서 대학이 벗어나지 못하게 하겠다는 뚜렷한 증거이다. 대학으로서는 불필요한 골칫거리를 만드는 것이 바람직하지 않을 것이다. 이제 경제계 인사가 습관처럼 기부해 온 돈은 그 동안 자신들의 확신에 따라 연구하던 경제학자들에게 엄청난 영향을 미칠 것이다.[53]

듀이는 일찍이 1902년, 현대 대학 경영에서 재정은 계속해서 그 중요성을 더해 갈 것이며, 이것을 엄격한 교육 이념과 조화시키는 과정에서 심각한 문제가 발생할 것이라고 내다보았다. 듀이는 수단으로서 돈이 없으면 절대 안 된다고 인정했지만, 돈이 이상적인 목표를 뒤엎어 버리고 물질주의 학문을 부추기는 것을 우려했다. 이런 식으로 물질면에서 대규모로 팽창한, 새로운 형태의 대학 행정이 만들어지고 있었다. 거기에는 도덕 목표에 대한 개인과 집단 사이의 갈등이 있었다. 듀이는 이런 물질주의 학문이 전문화로 나아가는 시대 흐름과 관련되었기 때문에 더욱 위험하다고 주장했다.[54]

니어링 사건에서 니어링의 경제적, 도덕적 급진주의는 동료들에게 교수로서 니어링의 행동과 학문 수준에 의문을 갖게 했다. 많은 동료 학자들은 니어링이 대중 앞에 너무 자주 나서고, 경제학에 도덕 문제를 끌어들이는 것을 문제삼았다. 컬럼비아 대학의 보수 경제학자이자 미국 대학교수 협회의 학문 자유 위원회 위원장이던 셀리그먼(Edwin Robert Seligman)은 니어링의 학문적 업적에 문제가 많다고 생각하고 사건의 옳고 그름에 대해 유명한 학자들에게 물어 보았다. 이에 존스 홉킨스 대학의 정치 경제학 교수인 홀랜더(Jacob H. Hollander)가 나섰다. 하버드 대학의 경제학 교수인 앤더슨(B. M. Anderson)도 자신이 생각하기에 니어링이 해고당한 원인은 어린이 노동에 대한 발언이라고 셀리그먼에게 대답하면서도, 니어링의 '비과학적인 방법'은 대단히 모호하다고 토를 달았다. 인디애나 대학의 한 경제학 교수는 사건의 피해자가 상당히 말이 많고 절제력이 없어 보이는 젊은이라는 점은 문제가 있지만, 그것이 상황을 바꾸지는 않을 것이라는 의견을 내놓았다. 심지어 펜실베이니아 대학에서도 니어링의 전문성에 의문을 제기하는 동료가 있었으며, 그것이 니어링 반대파 중 일부가 니어링을 공격하는 핑곗거리이기도 했다. 맥크리아 학장이 이사회 산하의 위원회에 불려 갔을 때, 그이는 니어링이 충동적이고, 기대한 것만큼 능력이 있는 것도 아니라는 점을 인정했다. 또 니어링이 학문에 적극성이 없지 않느냐는 한 이사의 질문에 대략 그렇게 생각한다고 대답했다.[55]

그래서 펜실베이니아에서 니어링을 둘러싼 상황은 복잡한 양상을 띠게 되었다. 니어링 해고는 근대 대학의 구조가 커지면서 조직이 효율적이도록 하는 행정 관료주의의 탓도 있었지만, 지식을 조직화, 구조화하고 유지하는 학문의 전문화에도 원인이 있었다.[56] 대학을 관리하는 데 좀더 큰 권력과 함께 학문의 자유를 확대할 것을 요구하는 전문적이고 의식적인 교수들이 대학 행정에 문제를 제기하면서 긴장이 빚어졌다. 이것은 또한 교수 문화 내부에 긴장을 일으키기도 했다. 학문의 기준이 높아지고 과학적인 근거를 내놓도록 요구받으면서 학자들은 학문을 외부의 침입이 불가능한 은신처로 여기게 되었다. 동시에 과학 기술과 연관된 사회의 긴급한 문제가 줄어들면서 학문의 논란거리들이 일반인의 영역에서 벗어났다. 이에 따라 이 논란거리들은 고립된 전문 영역으로 들어가면서 미국 사람의 삶과 문화에 분열을 더해 주었다. 한 비평가에 따르면 이 새로운 지식인들은 대부분, 비판에 대해 훈련을 받고 연구를 즐기고 논란이 있는 곳이면 어디든 가는 열정으로 자신의 역할을 찾기보다는, 정보를 만들어 내는 교육과 훈련에 더 무게를 두는 경향이 강했다.[57] 그런데 대학이 부에 의존하게 되면서 재정을 쥔 쪽은 당연히 권위와 권력을 요구하게 되었고, 여기서 빚어진 갈등으로 인해 교수의 지위는 하찮은 전문 고용인으로 떨어졌다. 이것이 니어링 해고에도 중요한 역할을 했다. 하지만 또 하나 중요한 점은, 사상을 분리하고 억제하고 규제하려는 전문화 때문에 진정한 학문의 자유가 훼손되었다는 것이다. 니어링은 이런 흐름에 서 있었고, 끝내는 휩쓸려 갔다.

▬ 혼란스러운 여름이었지만 니어링은 아덴과 서토쿼를 오가며 일상을 보냈다. 서토쿼에서 니어링은 사회 조직의 핵심인 학교에 대해 강의했다. 니어링은 "우리는 토론으로 정부를 만들려고 하고 있으며, 모든 시민들이 문제 해결에 참여하게 하고 있다."라고 말했다. 그리고 학교는 공동체 중에서 분파와 당파가 없다는 독특한 장점을 가졌기 때문에 토론의 중심이 될 수 있다고 말했다. 니어링에 따르면 공동체의 다른 기관들은 그런 곳이 되지 못하지만 학교는 자연스럽게 사람이 모이는 장소이기 때문에 그것이 가능했다. 학교는 공동체에서 필수인 회의 장소이며, 민주 사회의 심장이었다. 교육 기관은 시민의 회의 장소이고, 무조건 같은 것에 동의하는

것이 아니라 서로 다른 것에 대해 싸우면서 진실을 보호하는 역할을 했다. 니어링은 정치 권력자나 부의 지배에 따라서가 아니라, 보통 사람들이 지닌 표현의 자유에 따라 정치 의견을 만들어야 한다고 주장했다.[58]

여름이 끝날 즈음, 니어링은 오두막을 팔고 아덴을 떠나 교육자로서 일거리를 찾으려 했다. 니어링은 강연 요청이 들어오면 가서 강연을 했다. 10월 초에는 코네티컷 주 하트퍼드의 공동체 모임에 가서 강연을 했다. 그 강연에서 니어링은 '여론과 학문의 자유'에 대해 말하면서 경제적 동기가 여론에 가장 크게 영향을 미친다는 것을 강조했다. 그래서 길게 내다볼 때 효율적인 여론을 만들려면 늘 깨어 있어야 한다고 말했다. 이것은 오직 교육 체제가 사상을 자유롭게 교환하도록 허용해야만 가능한 일이었다. 니어링은 이렇게 지성이 발전하는 데 필수적인 장소는 학교라고 덧붙였다.[59]

펜실베이니아 대학이 학기를 시작하자 니어링은 볼티모어에 있는 '사회봉사 법인(SSC, Social Service Corporation)'의 강의 요청을 받아들였다. 이 법인은 당시 산업 여건과 문제들을 주제로, 일반인을 대상으로 하는 강좌를 여섯 개 개설했다. '산업 체제'라는 제목의 강좌에서는 산업주의와 인간의 행복 사이에 존재하는 긴장을 다루었다. 니어링을 해고한 대학의 당국자와는 달리 법인의 관리자들은 이 해고된 교수를 선택한 것이 아주 적절했다는 것을 알았다. 법인의 공동체 위원회는 사회봉사자, 시민 운동 관계자, 노동조합, 시와 주 정부 부서, 공립학교, 사립학교, 모든 종파의 교회에서 온 대표들 50여 명으로 구성되어 있었다. 니어링은 도시의 중산층 출신 청중을 많이 끌어모았다. 볼티모어에서 하는 강연은 기관이 요구하는 것에 억지로 맞출 필요 없이 니어링이 교육적인 일을 계속할 수 있는 기회를 주었다.[60]

니어링은 또한 사회 과학을 가르치는 랜드 학교에서 좀더 오래 일할 수 있는 자리를 찾았다. 랜드 학교는 진보 가치를 지닌 한 부유한 명사가 기부한 교육 기관이었다. 1906년 뉴욕에서 설립되었으며, 사회주의와 노동조합 운동에서 활동할 보조자나 전문 요원을 양성하기 위한 한정된 목적만으로 운영되었다. 랜드 학교는 사회주의 운동의 원리와 목적, 방법을 공부할 수 있는 기회를 주었으며, 교육생들을 좀더 능력 있는 일꾼으로 만들기 위해 필요한 강의와 훈련을 했다. 랜드 학교는 사회당과 가까운 관계를 맺고 있었지만, 행정 문제는 당과 독립되어 미국 사회주의회(American Socialist Society)의 도움을 받았다. 대학 연합 사회주의회가 활동을 시작한 것도 랜드 학교에서였다. 힐퀴트는 미국 사회주의회와 대학 연합 사회주의회라는 중요한 두 단체가 사회주의 운동에서 문화 활동을 활성화시켰다고 말했다.[61] 1916년까지 힐퀴트, 비어드(Charles Austin Beard), 기딩스(Franklin Henry Giddings), 스파고(John Spargo), 워드(Lester Frank Ward) 등이 랜드 학교에서 배웠다. 니어링이 가르칠 즈음 학교는 '미국 노동자 대학'이라는 이름을 얻었다.[62]

니어링이 이 학교와 인연을 맺은 것은 니어링의 교육관이나 정치관이 바뀌었다기보다는, 될수록 울타리를 넓히려는 사회주의 운동의 노력이 있었고, 미국 사회에서 대안 가치를 위한 문화 공간이 활성화되었기 때문이라고 해야 맞는 말일 것이다. 니어링이 이 학교에서 쓴 교수법은 특별히 현대적인 것으로, 독선과는 거리가 멀었다.[63] 니어링은 자본주의 교육 기관에서 한때 그런 것처럼 사회주의 교육 기관인 랜드 학교에서도 모순이나 지적 억압 없이 가르칠 수 있었다. 랜드 학교 강사로 있으면서도 니어링은 교사 신분으로는 누구도 세상에 나가서 특정 당파를 선전해서는 안 된다고 굳게 믿었다. "나는 어떤 학교의 교사도 특정 당파를 편들 권리가 있다고 믿지 않는다. 교사는 교조주의적인 독단에 빠져서는 안 되며, 독단에 빠지는 것은 과학이 아니라고 믿는다."[64] 랜드 학교에서 부정기 강연으로 시작된 니어링의 강좌는 나중에 정규 교육 과정으로 바뀌었다. 그러나 1915년 가을에 니어링은 '경제학에서 인간적인 요소'라는 제목의 강좌 하나만 맡았다.

랜드 학교의 일은 기본적으로 공공 경제학자인 니어링에게 그리 중요한 것이 아니었다. 니어링은 곧 틸리도 대학의 정치학 교수, 예술 과학 대학 학과장 자리를 받아들였다. 워튼 대학에 있는 동료들은 니어링이 위스콘신 대학이나 컬럼비아 대학에 자리를 잡을 수 있도록 도왔으나 니어링은 두 대학 모두 관심을 보이지 않았다. 그러나 틸리도 대학은 적극적으로 니어링이 와 주기를 바랐으며, 이것은 펜실베이니아와 크게 달랐다.[65] 첫째로 틸리도 대학은 공공 봉사를 이념으로 삼는 시립 대학이었다. 대학 총장은 대학 기능을 '지성을 계발하고 역량 있는 시민을 교육하는 것'이라고 보았다. 또 시 정부의 한 부분으로서 대학의 기능은 시 정책에 따라 결정되며, 대학교수의 활동은 시 당국이나 시민에게 필요한 범위 안에서 그 도시의 사회, 시민 생활의 질을 높이도록 하는 것이라고 생각했다.[66] 그리고 시장이 임명하는 대학 이사들은 상공 회의소, 중앙 노동조합, 동업자 단체 따위에서 일하는 사람들로, 실로 그 도시를 대표하는 사람들이라고 할 만했다. 이들 단체 가운데 오직 경제 단체만이 니어링 임명을 반대했다.[67] 지방 신문은 10월 초 사설에서 니어링이 틸리도 대학에 부임하는 것을 환영하며 이렇게 썼다. "틸리도가 가진 것 중 가장 큰 것은 자유이다. 니어링 박사는 그이가 가진 어떤 의견이든 표현할 수 있으며, 그이가 믿는 어떤 진보 개혁이라도 내놓을 수 있다. 틸리도 대학에는 시대를 거스르려는 움직임도, 그이의 입을 다물도록 하려는 중세 사고방식을 가진 이사도 없을 것이다." 니어링은 그 다음 주에 임금 체계에 엄청난 잘못이 있음을 지적하는 신문 기사와 함께 그 도시의 시민들에게 자신을 알렸다.[68]

니어링에게 숨어 있는 논란거리가 경제적인 것뿐이었다면 니어링은 계속 털리도에 머물렀을 것이다. 니어링은 희망과 뜨거운 열정을 품고 털리도에 갔으며, 진보적인 사회 과학자로 환영을 받았다.[69] 하지만 제1차 세계 대전이 1916년 미국 대통령 선거와 결합되면서 문제는 다른 양상으로 바뀌었다. '반전과 친평화'라는 니어링의 강한 신념은 펜실베이니아 대학에 널리 알려져 있었지만, 그이들은 니어링을 해고하면서 그것을 거론하지는 않았다.[70] 그리고 니어링은 1915년 후반에 썼듯이, 예전에 찾아볼 수 없는 규모의 큰 군사적 충돌이 일어난 몇 해 동안 일상 존재에까지 영향을 끼치는, 점차 커져 가는 경제적 혼란을 잊지 않으려고 했다.[71] 전쟁은 니어링이 가지고 있는 사회 철학의 성공에 대한 희망은 말할 것도 없고 학문의 길에도 대재앙이었다.

제8장

언론 자유

　제1차 세계 대전은 니어링을 비롯한 많은 미국 사회 개혁가들에게 완전히 빈틈을 찌르는 사건이었다. 그이들은 평화로운 인간관계를 전제로 형제애에 바탕을 둔 사회를 꿈꾸는 사람들이었다. 듀이(John Dewey)는 이렇게 말했다. "그 전쟁은 멀고 비현실적인 것으로 보였으며, 미국 사람들은 믿지 못하면서도 분노했다."[1] 니어링은 "1914년 7월 터진 전쟁에 크게 놀랐으며, 충격과 당혹스러움을 느꼈다."라고 회상했다. 전쟁은 '평화'를 비롯해 여러 가지 문제를 제기했다. 그 중 사회 진보와 관련된 핵심 쟁점으로 미국 사회에서 대학이 어떤 역할을 하고 대학의 이념은 무엇이 되어야 하는지도 있었다. 또한 전쟁은 학문 자유 논쟁을 둘러싼 막연한 개념을 구체화하는 직접적인 계기가 되었다. 전쟁으로 니어링은 부자와 상류층이 시민으로서의 의무보다 이기심을 앞세우면서 자신들의 가치를 받아들이도록 억지로 들이민다는 사실을 생생히 확인하게 되었다. 결국 제1차 세계 대전에서 미국이 경험한 것은 이런 것이었다. 미국이란 나라가 풍요, 정복, 권력, 파괴의 광폭한 경주에 걸림돌이 되거나 심지어 의문만 제기해도 그것을 없애거나 파괴해 버리는 나라, 광란의 축제에 풍요로운 경제, 정치 자산을 낭비하는 나라가 되어 버렸다는 것이다. 그리고 이런 엄청난 파탄은 미국의 꿈을 버리고 이념을 바꾸는 결과를 낳았다.[2]

1916년 1월 니어링이 털리도에 도착했을 때, 평화 문제는 피할 수 없는 것이 되어 있었다. 이에 앞서 1915년 11월 초, 윌슨(Thomas Woodrow Wilson) 대통령은 군비 확장 계획을 발표했으며, 12월에는 사람들에게 전쟁 준비를 알리려고 전국을 누비며 홍보 활동에 들어갔다. 니어링이 대학의 이념과 학문의 자유를 실천하려고 시작한 일들은, 평화를 지키기 위해 표현의 자유를 주장하는 일에 밀려 점차 힘을 잃었다.

니어링은 털리도 대학에 올 때부터 평화를 감싸는 데 대담한 편이었다. 털리도 대학은 책임 있는 시민 의식 계발을 강조하는 고등 교육 기관이었으며, 공동체에서 해야 할 중요한 임무가 주어져 있었다.[3] 털리도의 신문 〈블레이드 Blade〉는 그 전 해 여름에 실은 한 사설에서, 교육계의 이런 새로운 개념 덕분에 대학교수가 공공 업무를 맡을 수 있게 되었다고 지지했다. 신문은 그것이 털리도 대학이 시에 큰 도움이 되는 길이며, 대학은 시 공무원들이 잘못을 반복하지 않을 수 있게 하는 지식의 관리자요, 그이들이 자유롭게 쓸 수 있는 기술의 곳간이 될 수 있다고 주장했다.[4] 대학은 교수들에게 시민을 위한 역할이 있음을 강조했으며, 대학에 기부하는 부자들의 간섭에 부담 가질 필요 없이 연구할 수 있는 분위기를 제공했다. 시장이 임명하는 이사 아홉 명은 변호사 네 명, 사업가 두 명, 노동계 대표 두 명, 사회주의 사상에 동조하면서 니어링이 털리도 대학으로 오는 데 도움을 준 의사 한 명으로 구성되었다. 니어링은 털리도 대학이 독특했다고 회상했다. 이사들은 시장이 임명하고 시 위원회가 승인했다. 그래서 털리도 대학은 펜실베이니아 대학보다 훨씬 더 민주적이었다.[5]

그럼에도 시립 대학이라는 개념은 그 새로움에서 논란거리였다. 그 도시의 진보주의자들은 정치 세력을 만들어 시민에게서 거둔 세금으로 대학을 지원하게 했으나 이 교육 실험에 강하게 반대하는 의견도 있었다. 시립 대학 이념을 옹호하는 사람들은 애초부터 전국적으로 유명한 교수를 지지했고, 니어링이 이 대학에 오게 된 것도 실은 그래서였다. 처음에는 니어링이 이 대학으로 오는 것에 아무도 문제를 제기하지 않았다. 도리어 한 지역 신문은 12월 니어링이 도착했다는 소식을 전하며 이렇게 말했다. "만일 진보주의자들이 자신들의 주의와 주장을 현실적으로 분명하게 실천에 옮긴다면, 털리도 사람들은 진보, 좀더 정확하게 말하면 니어링이 펜실베이니아에서 시도한 것들을 사랑할 것이다."[6]

━━ 니어링은 폭발하는 에너지를 가지고, 공공 학원을 실천하는 털리도 공동체에 몸을 던졌다. 니어링은 교수였지만 가르침은 학교 안에 한정되지 않았다. 니어링은 1월에 스톡데일(Allen Stockdale) 목사가 맡은 제일 조합 교회(First Congregational Church, 조합 교회는 각 교회의 독립과 자치를 주장하는 미국 기독교의 한 교파이다─옮긴이)에서 연설하는 것으로 시민 앞에 처음 모습을 드러냈다. 니어링에 따르면 스톡데일 목사는 공공 문제에 진보 의견을 가졌고, 자유주의 성향이 있으며, 존경받는 성직자였다.[7] 니어링의 연설 주제는 '사람의 왕국'이었다. 니어링은 현대 사회에서 교회가 해야 할 역할을 강조하면서 교회는 사회의 잘못을 비판하는 세력이 되어야 하고, 신자는 부자의 압력에 무릎을 꿇어 사회 문제에서 등을 돌리는 성직자를 거부해야 한다고 말했다. "보통 사람들은 우리가 수없이 들어 온 하느님의 왕국에 별 관심이 없다. 대신 사람들은 하루 스물네 시간을 어떻게 살지, 아이들의 도덕과 그 근거는 무엇인지에 대해 가르쳐 주는, 사람의 왕국에 관심이 많다."[8] 니어링은 이 날 연설을 시작으로 사회 현안을 주제로 삼아 여러 단체에서 계속 연설을 했다. 여기에 더해〈블레

이드〉지는 니어링에게 '산업 문제'를 주제로 연속 기획물을 쓸 수 있도록 지면을 내주었다. 또 주요 현안을 토론하는 '털리도 시민 포럼'이 만들어져 대학의 한 이사가 의장으로, 니어링이 사무 총장으로 지명되었다. 〈블레이드〉지의 한 기자는 니어링을 '미국 정신에 활력을 주는 박력 있는 사람'이라고 평했다.[9]

니어링을 가장 따뜻하게 맞아 준 곳은 '중앙 노동조합(CLU, Central Labor Union)'이었다. 니어링은 가끔 중앙 노동조합에서 연설했으며 그 단체의 투사로 활동했다.[10] 1월 중순 한 연설에서 니어링은 노동자들에게 대학에 관심을 가져 줄 것을 부탁했다. 이에 뒤따라 대학이 노동자 계층에 편의를 제공했으며 니어링은 조합원들을 위해 야간 강좌를 열었다. 그리고 일반인과 대학 사이의 거리를 완전히 없애기 위해 "시민 단체가 대학에 오는 것이 불가능하다면 우리가 그 단체로 가서 강좌를 열 수도 있다."라고 제안했다. "만약 유리공들이 철학 강좌에 관심이 있다면 우리는 그 회사에 강좌를 개설할 수 있다. 털리도 대학이 진정한 시립 대학이 되려면 털리도 사람 대다수가 요구하는 것을 충족시켜야 하는데, 털리도의 다수는 일하는 노동 계급이다."[11]

니어링이 윌슨 대통령의 전쟁 준비 계획을 비판한 것도 1월 하순 중앙 노동조합에서였다. 니어링이 전쟁 준비에 맞서 싸우는 것은 자본과 노동 사이에 이미 존재하는 투쟁의 한 부분으로, 여론을 조종하는 참전주의자들에 대한 싸움이자 대학의 이상을 실천하는 싸움이었다. 니어링은 군비 확장에 맞서 노동자들에게 이렇게 주장했다. "학교에서 아이들에게 자유와 진리, 정의를 가르쳐라. 그러면 자본에 맞서 벌이는 투쟁에서 승리할 수 있을 것이다." 또 윌슨 대통령을 '부자들의 도구'라고 비난하면서, 학교는 스스로 그런 도구가 되지 말아야 한다고 강조했다. 니어링은 청중에게 나라 안에 있는 어느 학교든 골라서 그 곳의 이사회를 구성하는 이사들이 누구인지 보라고 말했다. "이사들은 그이들의 업계에서 성공한 견실한 경제인들이다. 여러분이 어느 학교에 간다 하더라도 교사가 감히 현재의 추잡한 기존 질서에 대해 말하는 것을 들을 수 없을 것이다. 그이들은 삶을 진리와 정의, 형제애에 기초를 둔 평등이 아니라 기업의 이득으로 평가한다."[12]

지금까지 지배 계급이 고등 교육 기관의 품위를 떨어뜨리고 사회 진보를 위한 도구인 여론을 더럽힘으로써 민주주의를 위협해 왔듯이, 그이들은 이익을 늘리고 투자를 보호하려고 나라를 군국주의로 나아가게 부추기고 '인민의 정부'를 무너뜨리고 있었다. 전쟁 준비에 맞선 싸움은 미국의 이념을 지키기 위한 싸움이었다. 위기에 처한 것은 대학의 이념뿐 아니라 민주주의이기도 했다.[13] 얼마 후 니어링은 전쟁 준비 반대 단체가 후원하는 모임에서 연설했다. 니어링은 지역 학부모 모임에 나가 자신이 지지하는 프로그램은 총이 아니라 지적인 시민 의식이라고 강조하기도 했다.[14]

전쟁 준비는 니어링의 관심을 수준 높은 민주주의로 쏟게 했다. 이것을 위해 우선 니어링의 의식은 학문의 자유와 그것이 가지는 의미에 고정되었다. 3월 초 있었던 '교수, 학교, 민주주의'라는 제목의 강연에서 니어링은 나라가 위기에 빠진 상황에서 진리의 수호자로서 학교의 의무는 다음과 같은 것들이라고 주장했다. 첫째, 역사의 진실을 알 수 있도록, 그리고 자연의 본성을 극복할 수 있도록 가르치는 것. 둘째, 시민 의식에 좀더 큰 의미를 부여하는 것. 셋째, 학생들이 높은 시민 의식을 갖도록 애쓰는 것. 그리고 교수는 공공의 문제를 권위 있게 이야기할 수 있는 논리를 갖춘 사람이므로 교실에서처럼 학교 밖에서도 일반 시민들에게 진리를 가르쳐야 했다. 대학은 선교 단체를 닮아야 하며, 사소한 선전이나 진리의 특수한 한 부분이 아니라 지금까지 생각하고 말하고 행동해 온 것들 가운데 가장 높고 고귀하고 좋은 것을 퍼뜨리는 단체이어야 했다.

니어링이 주장하는 것의 핵심은 현대 사회에서 가장 중요한 것은 '여론을 움직이려는 거대한 투쟁'이라는 믿음이었다. 니어링은 청중에게 이렇게 말했다. "지배층의 추문이 폭로된 뒤 그 때문에 여론이 일어나고 금권정치가 위협받자, 금권은 전례 없이 여론을 통제하기 시작했다." 니어링은 금권 정치와 민주 정치 사이의 투쟁은 모두 여론을 잡기 위한 투쟁으로 간추릴 수 있다고 주장했다. 니어링에 따르면 학문 자유의 원칙은 여론의 지배에 맞서 성채처럼 서 있는 것이었다. 계몽된 시민 의식을 지키기 위해 가장 필요한 것은 확고한 언론 자유였다. 그래서 니어링은 민주주의의 미래는 언론 자유를 얼마나 보장하는지에 달려 있다고 단언했다.[15]

▬▬ 니어링은 대학 안팎에서 활발하게 활동하면서, 뉴욕에서 열린 대학연합 사회주의회(ISS) 총회에서 '새로운 경제와 사회주의'라는 제목으로 연설을 하기도 했다.[16] 그러나 이사회가 이듬해 교수 임용 여부를 결정짓는 3월이 되자 니어링은 다시 논란의 한가운데에 서 있었다. 이미 2월 초 〈블레이드〉지가 사설에서 "니어링이 피에 굶주려 미친 듯이 날뛰고 있다."[17]라고 비난했을 때부터 낌새는 있었다. 사설이 실리자 털리도 부동산 중개인회에서도 니어링을 공격하기 시작하면서 대학에서 해고하라고 요구했다.[18] 어떤 이는 이 공격을 조직화한 노동자에 대한 공격으로 받아들였고, 또 어떤 이는 대학의 조직과 목적에 대한 공격으로 여겼다. 중앙노동조합은 신속하고도 적극적으로 방어에 나섰다. 한 조합원은 소유 계급들은 니어링 교수를 대학에서 쫓아 내기 위해 온갖 일을 다 하고 있다며, 이것은 니어링이 소유 계급과 노동 계급을 분류하고 그 관념을 노동자들의 머릿속에 집어넣기 때문이라고 주장했다. 그 조합원은 니어링을 털리도에서 쫓아 내려는 어떤 움직임에도 반대할 것을 다짐하며, 지금은 조합이 니어링의 대의를 지키기 위해 싸워야 할 때라고 말했다. 조합은 방어

활동을 계속해 시장과 대학의 이사들에게 "만약 니어링이 쫓겨난다면 우리가 당신들을 쫓아 낼 것이다."라고 통보했다.[19] 대학 수뇌부들은 대학 자체를 위협할 수도 있는 니어링과 관련된 싸움은 피하기로 했다. 결국 그이들은 비공개 회의에서 계약이 3년 동안 갱신될 것이라는 단서를 붙여 일단 9개월 동안 니어링을 재임용하기로 했다. 니어링 옹호자와 학교는 갈등을 가라앉히는 데 성공한 것처럼 보였으나, 시 위원회가 세금 지원 문제를 논의할 때면 문제가 다시 거론되리라는 것을 모두 알고 있었다.[20]

니어링에 대한 갑작스러운 반대는 도시의 다른 곳에서 나타났다. 5월 초 니어링은 신시내티에서 연설하면서 이렇게 주장했다. "순진한 어린아이는 '모든 사람을 위한 자유와 정의'라는 말을 외우는데, 그것은 사기이다. 우리가 아이들에게 그 말을 되풀이하게 한다면 그것은 거짓말을 하게 하는 것이다." 니어링은 "깃발이 자본주의자들의 손에 있는데 왜 당신이 그이들을 위해 싸워야 하는가?"라고 묻기도 했다. 지역의 애국 단체들은 니어링의 연설이 비애국적이고 반국가적이라며 즉시 공격하고 나섰다. '미국 혁명가의 후손'이라는 시민 단체의 지역 분회는 조사를 한 뒤, 니어링의 연설이 여러 가지 면에서 시와 국가에 해악을 끼쳤다고 회원들에게 보고했다. 그이들은 책임을 맡은 정부 부서나 나라에서 보수를 받는 사람들이 나서서 그런 일이 재발하지 않도록 조치를 취할 것을 촉구했다. '남북 전쟁 참전 군인회' 털리도 지부도 이와 비슷하게, 털리도 시는 국기를 모욕하는 연설을 하는 사람을 공공 교육자로 채용해서는 안 된다고 결의했다.[21]

깃발 운운한 니어링의 연설을 둘러싸고 분노가 들끓고 있는 가운데, 니어링은 '유색인 진보를 위한 전국 연합(National Association for the Advancement of Colored People)' 지역 총회에서 브라운(John Brown)의 생일을 기념하는 연설을 했다. 회장은 니어링을 영웅이라고 부르면서 이렇게 말했다. "유색인들은 니어링을 비난하는 사람들의 의견에 동의하지 않는다. 니어링은 모든 사람을 위한 자유와 정의가 이 나라에 존재하지 않는다고 말했다. 유색인들은 자유와 정의가 보편적이지 않다는 것을 보여 주는 근거를 많이 가지고 있다." 이 연설에서 니어링은 순교자의 저항을 이야기해 청중에게 깊고 인간적인 감동을 주었다. 강연의 제목은 '브라운과 그이의 메시지'였으며, 니어링은 브라운을 기리면서 "위대한 사람은 모두 오해를 받았다. 그럼에도 세상에는 용감한 사람이 필요하다."라고 말했다. "집단의 대다수가 한 가지 생각을 가지고 있고 한 사람만 다른 생각을 하고 있을 때, 그 한 사람이 지는 것은 어쩔 수 없다. 존 브라운이 그것을 알았고, 예수가 그것을 알았다. 하지만 그이들은 메시지를 전달했다." 어떤 이는 니어링도 그것을 알았다고 생각했다.[22]

같은 달, 미국 대학교수 협회(AAUP)는 필라델피아에 모여, 니어링 해고를 결정한 펜실베이니아 대학 이사회의 조치에 대한 조사 결과를 발표했다. 이것으로 니어링은 가르치는 자유를 침해한 것을 밝혀 냄으로써 자신의 지위가 높아진 것을 느꼈을 것이다. 아니면 대학이 여론을 통제하려고 꾀하는 지배 계급의 공격을 받고 있다는 평소 믿음을 분명히 확인했을 수도 있다. 미국 대학교수 협회의 보고서는 털리도 대학에는 거의 영향을 미치지 못했다. 그 대학에 미국 대학교수 협회의 회원이 니어링밖에 없는 것도 이유 중 하나였다.[23]

협회가 사실을 확인했음에도 불구하고 학문 자유에 대한 위협에 맞서 한 목소리를 낼 방법이 없었다. 니어링은 브루클린 예술 과학 연구소에서 '미국 대학은 학문의 자유를 가졌는가?'라는 주제를 놓고, 유명한 경제학자이자 컬럼비아 대학의 교수인 셀리그먼(Edwin Robert Seligman)에 맞서 토론을 벌였다. 셀리그먼 교수는 학문의 자유를 제한하려는 고의적인 시도가 거의 없다고 생각하는 사람이었다. 셀리그먼은 미국 대학교수 협회의 '학문 자유 위원회' 위원장이었고 펜실베이니아 대학에서 일어난 니어링 사건을 조사하기 위해 특별 위원회를 소집한 사람이기도 했다. 니어링은 셀리그먼의 의견에 강력하게 반대하며 말했다. "나는 자신이 믿지 않는 것을 가르치는 대학교수를 많이 알고 있다. 나는 그런 교수들을 지식 매춘부라고 부르고 싶다." 니어링은 또 이렇게 말했다. "어떤 대학교수가 용감하게 자신이 믿는 것을 가르치고, 그것이 자신을 채용한 대학의 경제적인 이해와 어긋난다면 그 사람은 곧바로 해고될 것이다."[24]

니어링이 또 한 번 셔토쿼 여름 학교에 돌아올 즈음, 온 나라는 1916년 선거의 소용돌이에 휩싸였다. 국가적인 정치 토론에는 전쟁과 평화 문제로 불안한 그림자가 드리워졌다. 그 동안 전쟁 준비를 옹호하면서 우파를 달래던 대통령은 이제 진보적 민주주의 이념인 평화 운동을 무너뜨리는 데 정치 역량을 모았다.[25] 당시 미국은 활발한 지적 토론이 벌어진 시기로, 다양한 의견을 가진 집단과 개인이 활기차게 행동하던 때였다. 니어링은 셔토쿼에서 열린 한 심포지엄에 첫 강연자로 나서서 '미국의 방위'에 대해 이야기했다. 이 심포지엄에서는 군비를 늘리기 위한 의견이 이모저모 많이 나올 것으로 여겨지고 있었다.[26] 니어링은 강연에서 자신의 경제학 이론에 들어 있는 주제를 모두 되풀이했다. 특히 부의 재분배와 윤리, 미국의 이념, 산업 민주주의, 국제적인 차원에서 책임 있는 지도력 등에 대해 문제를 제기했다. 니어링은 지금 내놓는 이론은 자신이 오랫동안 주장하던 것과 동일한 것이라고 말했다.[27]

"우리는 전쟁 준비에 등을 떠밀리고 있다. 전쟁 준비는 국가 표어가 되었다. 미국 앞에 있는 문제는 우리가 전쟁을 준비하는가, 평화를 준비하는가이다. 답은 군국주의로 가느냐, 평화주의로 가느냐에 달려 있다." 니어링은 계속해서 이렇게 말했다.

나는 국토 방위, 번영, 전쟁 준비 따위를 믿지 않지만, 그래도 나는 미국 사람이다. 내가 역사를 바로 읽었다면, 이 나라는 자유, 정의, 공정의 원리 위에 서 있다고 믿는다. 국토 방위, 번영, 전쟁 준비 따위는 햄을 만들려고 돼지를 살찌우는 것과 같은, 돼지우리의 윤리이다.

자본주의자가 또 다른 나라의 경제를 정복하려고 하는 것은 조만간 전쟁이 일어난다는 것을 뜻한다. 전쟁의 싹은 국제적으로 경쟁하는 경제 속에 숨어 있다. 내전이나 전쟁 모두 상업 거래 때문에 생겨난다. 군국주의를 찾으려고 프러시아의 수도가 있던 베를린까지 갈 필요는 없다. 콜로라도나 웨스트버지니아의 탄광 지대, 피츠버그의 제철소, 이 밖에 또 다른 거대 산업 지역으로 가기만 하면 된다. 전쟁은 경제 이권을 놓고 벌이는 싸움이다.

만약 이 나라에서 전쟁이 사라지기를 바란다면 우리는 어떤 기준을 정해야 한다. 득권을 없애고, 경쟁 경제를 억누르고, 노동자에게는 그이가 버는 것을 정당하게 지급해야 한다. 그리고 노동 없이 임대료, 이자, 이윤을 얻는 사람들에게는 노동을 하라고 해야 한다. 민주주의는 확장되어야 하며, 경제계 지도자도 정치 지도자처럼 선출되어야 한다.

미국은 150년 전 세계에 새로운 정치 자유를 선보인 것처럼, 20세기에는 경제 자유를 이루어 내고 전쟁의 싹을 없애 버려야 할 의무가 있으며, 그것은 신성한 기회이다.[28]

니어링은 셔토쿼 사람들에게 ‘무엇이 미국인가?’라는 물음을 심각하게 생각해 보라고 말했다. 그것은 영토도 아니고 제도도 아니며 지정학적인 경계도 아니라고 설명했다. 미국을 이룬 것은 사상이요, 시대를 앞지르는 생각이며, 미국은 이상과 이념의 덩어리였다. 그래서 전쟁 준비 문제는 ‘우리가 어떻게 이 이념과 이상을 지키는지’가 중심이 되는 문제로 바뀌어야 했다. 이에 대한 답이 ‘군대로 미국을 지키겠다’일 수도 있지만, 민주주의는 삶을 폭넓게 나아지게 하는 것을 뜻하는 것이므로, 그렇게 해서는 안 된다고 니어링은 말했다. 니어링에 따르면 사회 진보는 오직 경쟁이나 협력, 두 가지 수단 가운데 하나를 통해 이루어지지만, 확실한 것은 결과만큼이나 그 과정 역시 중요하다는 것이다. 경쟁은 누군가 다른 사람을 밟고 올라가는 것인 반면, 협동은 우리 모두를 부유하게 해 결국 개인도 부유하게 하는 진보의 수단이었다.[29]

니어링은 그 해 여름 군국화하는 미국을 분석하고서 《전쟁의 기원 : 전쟁 준비 연구 The Germs of War: A Study in Preparedness》(1916)라는 소책자를 썼다. 거기서 니어링은 근대 전쟁은 사업의 일종으로, 착취자인 지배 계급은 여론을 마음대로 조작하려고 거짓 캠페인을 벌인다고 보았다. 따라서 미국 사람은 삶, 즐거움, 희망, 앞날을 위한 진정한 준비 작업을 시작해야 했다.[30] 니어링은 또한 이 준비는 군국주의와 민주주의 사이의 타협할 수 없는 투쟁이 될 것이라고 했다. 이것으로 국가는 독재, 기득권, 억압, 폭정, 부정이 있는 군국주의와 자유, 평등, 우애가 있는 민주주의 중 하나를 골라야 한다는 것이다. 니어링은 진정한 문제는 미국 사람의 이상에 가장 위협이 되는 적이 베를린에 있는지, 뉴욕에 있는지 아는 것이라고 했다. 만약 미국 사람이 민주주의 지키기에 진짜 관심을 갖는다면 왜 로렌스, 패터슨, 리틀 폴스, 웨스트버지니아, 콜로라도, 영스타운 따위의 광산이나 공장 지대에서 갈등이 생기며, 왜 구리광의 광부, 재봉공, 기계공 파업이 일어나느냐는 것이다. 답은 산업 권력이 끝없이 횡포를 부리기 때문에 사람들이 반역에 나선다는 것이다. 니어링이 보기로 든 곳들은 민주주의, 기회, 자유, 정의의 모습이 아니었다. 그것은 착취, 절망, 참을 수 없는 타락의 이야기였다. 니어링은 또한 전쟁 준비의 뿌리에는 민주주의를 위협하는 요소, 전쟁 상대국인 독일과는 전혀 관계 없는 문제가 있다고 강조했다. 니어링은 이렇게 결론지었다. "대규모 산업, 상업, 금융 중심지라면 어디에서나 볼 수 있는 비참한 생활은 모두 착취 구조의 산물로, 현재 우리가 침략을 막으려고 열심히 준비하고 있는 어떤 나라의 정책과 똑같은 것이다."[31]

가을과 겨울 몇 달 동안 니어링은 강의와 공공 연설, 신문에 발표하는 글에서 이런 주장을 되풀이하며 가다듬었다. 니어링이 주장하는 평화주의에 대해서는 갈수록 비판이 높아졌다. 미국이 전쟁에 개입하지 않을 수 없게끔 상황이 돌아가는 것처럼 보이는데도 니어링은 여전히 평화로 일관했기 때문이다. 니어링의 셔토쿼 강연은 털리도에서도 논란을 일으켰다. 전쟁 준비와 관련된 말을 하면서 니어링이 "털리도에서 진정한 기독교 신앙을 설교하는 교회를 보지 못했다. 만약 찾아 내면 그 교회에 나가겠다."[32]라고 한 말이 보도되면서부터였다. 저녁 강좌에서 니어링은 학생들에게 이렇게 말했다. "미국의 이념은 물질적으로 잘사는 것이 아니며 개인의 안전에 그치는 것도 아니다. 그것은 희망, 신뢰, 확신, 인류를 위한 이상에 중심을 두는 것이다."[33]

1월 초 〈블레이드〉지는 어느 용접 제조 회사 사장이 한 말—니어링이 가르치는 사회주의의 가치가 의심스럽다는—을 기사로 옮기며 니어링을 공격했다. 그 사업가는 니어링에게 '미스터 사회주의 선동가'라는 별명을 붙인 뒤, 니어링이 문제를 일으키고 계층 간 증오를 부추긴다고 비난했다.[34] 그럼에도 니어링은 멈추지 않고 2월에 열린 한 평화 집회에서 주당 10달러의 저임금이 카이저의 군대보다 국민 통합에 더 위험하다며 이렇게 되물었다. "전쟁보다 더 울화가 치미는 것은 없다. 왜 우리가 자본주의 장사꾼들을 위해 싸워야 하는가?"[35]

1917년 초, 평화를 향한 희망은 빠른 속도로 사라져 갔다. 독일이 무제한 잠수함 작전을 시작하면서 반전 지지자는 순식간에 설 땅을 잃었다. 한 달이 지나지 않아 윌슨 대통령은 '전쟁에서 승리 없는 평화'를 선택할 수 있는 대상에서 독일을 완전히 빼 버리고 외교 관계를 끊었다. 사태가 급속하게 전개되고 윌슨 대통령이 극적으로 태도를 바꾸면서 평화주의자들은 혼란에 빠졌다. 평화 단체들은 절망했을 뿐 아니라 서 있는 자리가 급속하게 내려앉는 것을 알았다. 커티(Merle Curti)가 말한 것처럼 비타협 평화주의자로 남은 사람들은, 자신들이 이제 합법이 아니며 미국 대외 정책 토론에서도 자신들의 주장이 받아들여지지 않는다는 것을 알았다.[36]

'니어링 반대'는 1917년 3월 8일 시 기념관에서 열린 애국 집회에서 최고에 이르렀다. 상공 단체가 후원한 이 모임의 목적은 한편으로는 대통령의 전쟁 계획을 지지하고, 다른 한편으로는 평화주의자를 비난하는 것이었다. 니어링은 분노와 비난의 최우선 표적으로 뽑혔다. 털리도의 한 변호사는 모인 사람들에게 니어링이 평화 운동을 이끌어 왔다고 밝힌 뒤, 누가 펜실베이니아 대학이 버린 사람을 털리도에 끌어들였는지 모르지만, 이제는 이사회에서 니어링을 쫓아 낼 때라고 목소리를 높였다. 한 성직자는 이렇게 목소리를 높였다. "하느님, 만약 이것이 비기독교적이라면 용서하시길. 나는 오늘 밤 그이의 목덜미를 잡아채어 가까이 있는 나무에 매달고 싶다. 나는 오늘 밤 기독교인이 아니다. 나는 미국의 애국 시민일 뿐이다." 다음 날 디트로이트에 연설을 하러 가는 길에 니어링은 애국심에 대한 질문을 받았다. 이에 니어링은 이렇게 답했다. "애국심은 자기 나라를 사랑하는 것이고, 이것은 자기 나라 사람을 사랑한다는 뜻이다. 그러므로 애국심은 자기 나라 사람들의 삶의 수준을 높이고 사회 여건을 개선하도록 도와 주는 과정에서 가장 잘 나타난다." 디트로이트에서 니어링은 털리도 대학 총장에게 전화를 걸어 다음과 같은 내용으로 조건부 사표를 냈다. "나는 털리도 대학의 교수직 사퇴서를 내놓습니다. 이 사퇴서는 내가 교수로 근무하는 것이 대학의 이익에 해롭다고 이사회가 판단할 때면 언제라도 효력을 발휘합니다."[37]

니어링은 미국과 독일 사이에 일어난 전쟁 때문에 상황이 혼란스러워서 자신의 일이 방해를 받으므로 조건부 사퇴서를 내놓았다고 설명했다.[38] 하지만 좀더 정확하게 말하면, 니어링은 대학 관리들에게 대학의 이념을 계속 유지해 자신의 행동을 받아들일 것인지 아닌지, 그 여부를 결정하도록 요구한 것이다. 이번 이사회의 조치는 펜실베이니아 대학 때와는 달라서, 일상적인 인사 처리 절차로는 해결할 수 없었다. 대학 행정 담당자들과 털리도 시민들은 대학의 성격부터 결정해야 했다. 니어링은 이렇게 그이들의 손에 공을 넘겼다. 만약 그이들이 대학의 이념을 유지한다면 니어링을 계속 채용할 것이요, 그렇지 않다면 내보낼 것이다. 니어링의 운명은 자신이 그토록 굳게 믿은 대학의 이념과 연결되어 있었다.

3월 10일, 해명서를 발표하고 니어링은 자신의 신념을 일반에 밝혔다.

평화와 애국 문제에 대한 나의 주장이 나와 대학에 격심한 비판을 몰고 왔다. 나는 민주주의와 인간의 형제애를 믿는다. '개인은 모든 이를 위해, 모든 이는 개인을 위해'라는, 사회생활의 기본 법칙인 이 황금률을 무시하고는 어떤 사회도 유지될 수 없다. 나는 군국주의를 부추기는 것을 반대한다. 그 과정에서 가장 소중한 자유 민주주의가 희생될 것이기 때문이다. 나는 군국주의를 반대한다. 군국주의는 사람의 본성 중 야만성을 상징하며, 군국주의를 선택하면 민주주의는 끝난다고 믿기 때문이다. 검으로 일어선 자는 검으로 망할지니……. 오로지 선으로 악을 이기겠다는 사람만이 인간성에 완전한 희망을 가질 수 있다. 나는 민주주의를 대표하는 정부를 존경한다. 나는 자유와 정의를 나타내는 국기를 존중한다. 그러나 나는 정부가 무책임한 관료주의에 빠진 것을 보며 강렬한 분노를 느낀다. 우리 민주주의의 상징인 국기가 특권과 뻔뻔스러운 착취를 호도하는 데 나쁘게 쓰이는 것에도 깊은 분노를 느낀다.

니어링은 군국주의는 사람을 타락시키고 파괴하는, 지난 시대의 광기라고 말했다. 사람 사이의 형제애와 선의는 한때 사라졌다 다시 나타난 광기에 무릎 꿇지 않을 것이며, 미래의 희망을 이야기하고 지금까지 알던 것보다 더 충만한 삶으로 사람들을 이끌 것이다. 니어링은 이렇게 강조했다. "내가 삶을 바칠 곳은 설령 결과가 잘못된다 하더라도 희망이 있는 미래이다."[39]

이사회는 니어링의 사퇴서에 신중하게 대응했다. 3월 11일, 이사회는 사퇴와 관련한 어떤 조치도 취하지 않았다. 대신 그이들은 니어링의 책임에 대해 조사하고, 진정으로 대학에 이익이 되는 것이 무엇인지 확인할 위원회를 만들었다.[40] 그리고 한 달 안에 다시 회의를 열기로 했다. 그 사이 털리도는 니어링과 대학의 운명에 대한 뜨거운 논란으로 들끓었다. 한때 니어링 지지자이던 〈블레이드〉지는 사설에서, 대학이 공격당하는 것은 모두 니어링 때문이며, 니어링이 평화주의자 집단의 지도자로 추켜세워지면서 대학에 심각한 부담을 주고 있다고 주장했다. 그리고 학교를 구하기 위해서는 니어링이 희생되어야 한다고 결론을 내리면서 이렇게 주장했다. "대학이 7~8년 전으로 뒷걸음질쳤다. 니어링이 대학에 머무는 한 대학은 계속 공격을 당할 것이다." 〈블레이드〉지는 이사들에게 니어링의 사퇴서를 받아들이라고 권고하면서 이것은 언론 자유의 문제가 아니라 털리도 대학과 도시의 평화, 미래가 달린 문제라고 주장했다.[41]

니어링의 사퇴에 동의하지 않는 사람들도 많았다. 니어링 지지자 500여 명은 대중 집회를 열고 사건의 본질은 언론 자유라고 선언했다. '털리도 합리주의자 협회(Toledo Rationalist Society)'를 포함한 수많은 단체들이 니어링을 해고하지 말라고 이사들에게 요구했다. 학생들도 니어링의 인기를 보여 주었다. 학생들은 거리 집회를 열고 호소문을 뿌렸으며 위기에 빠진 교수를 지지하는 서명을 1500명에게서 받아 냈다.[42] 조사 위원회가 학생 두 명을 불러 니어링이 한 것으로 알려진 사회주의 교육에 대해 질문하자 두 학생 모두 이를 부인했다. 그러나 니어링의 가장 든든한 배경은 무엇보다 노동자였다. 노동자 신문인 〈유니언 리더 Union Leader〉는 사설에서 이렇게 주장했다. "니어링은 짧은 기간에 노동자들의 우상이 되었으며, 자신이 철저한 투사라는 점을 보여 주었다. 니어링은 좋은 일을 하고 있고, 그런 사람은 극히 드물다."[43] 기계공 조합은 2000여 명에게서 니어링 사퇴 반대 서명을 받았다. 중앙 노동조합 관계자는 이사회에 있는 니어링 반대자들이 니어링을 내쫓기 위해 거짓으로 문제를 만들었다며 이렇게 증언했다. "중앙 노동조합은 대학교수가 강의실 밖에서 자기 의견을 표현하지 못한다면 그것은 언론 자유를 숨막히게 하는 것이라고 본다."[44]

그러는 동안에도 니어링은 '평화를 이야기하지 못하고 그저 학교와 관계를 유지하는 데 만족한다면, 그것이 오히려 민주주의의 변칙처럼 보일 것'이라는 생각을 버리지 않았다.[45] 3월 하순 니어링은 미시간 주의 앤아버에서 고작 학생들 300~400명을 앞에 두고 연설했는데, 막상 강연을 들으러 온 학생들은 대학 안 어디에서 연설이 진행되는지 찾지 못해 애를 먹었다.[46] 털리도 대학 이사들이 니어링의 주장과 활동을 조사하고 있는 중인데도, 니어링은 얼마 남지 않은 반전 단체 가운데 한 곳인 '군국주의에 반대하는 미국 연합(AUAM, American Union Against Militarism)에서 더욱 열성을 바쳐 활동하며 모임의 정책 결정에까지 참여했다.[47]

'미국 연합'은 전쟁이 시작된 직후 결성되었으며, 전쟁이 사회 개혁을 늦추고 해를 끼친다고 보는 사람들이 앞장서서 이끌고 있었다. 전쟁이 나던 해 미국 연합은 전쟁 준비 반대와 미국의 중립을 주장하는 운동을 벌였으며, 나중에는 군비를 늘리려는 윌슨 대통령에 가장 강력하게 반대하는 세력으로 성장했다. 단체는 정부 개혁에 꾸준하게 관심을 가졌으며, 군비와 전쟁에 반대하는 투쟁이 곧 국내 특권층에 대한 투쟁의 연장이라고 생각하게 되었다.[48] 단체 회원들은 상류 사회의 음모와 탄압에 맞부딪치면서 전쟁 준비는 부와 권력을 물려받은 사람, 특권 지배 계급, 대규모 사업가, 독점 산업가들이 부추긴 것이라고 믿게 되었다. 단체의 지도자 중 한 사람은 이렇게 말했다. "특권 계급 사람들이, 미국 경제가 가진 전제 권력은 신성불가침임을 가르치는 수단 중 하나로 전쟁 준비를 활용하고 있다." ■

니어링은 지배 계급의 권력에 대해 자신이 분석한 내용에 거의 대부분 동조하는 단체로 미국 연합을 꼽았으며, 반전 운동과 전반적인 사회 개혁 운동을 연결할 필요가 있다고 생각했다. 당시 미국 연합의 지역 대표이던 볼드윈(Roger Baldwin)은 세인트루이스에서 니어링의 연설을 듣고는 이렇게 말했다. "약간 귀에 거슬리는 목소리로 매우 날카롭고 교훈적이며 열정을 가지고 연설했다. 연설하는 동안 니어링에게서 자신감과 확신이 떠나지 않았다. 연설을 들으며 별 어려움 없이 그이가 거의 종교적인 인물, 설교자에 가깝다고 느꼈다."[49]

4월 11일, 대학 이사회는 니어링 사퇴를 투표에 부쳤으며, 5대 4로 니어링의 사표를 받아들이지 않기로 결정했다. 이 투표에서 사표를 받아들여야 한다고 주장한 사람은 변호사 두 명, 사업가 두 명이었다. 이사회나 일반 시민들처럼 조사 위원회의 의견도 나누어져 있었다.[50] 한 위원은 니어링이 복잡한 문제의 중심으로 대학을 끌어들였으므로 사퇴를 받아들여야 한다고 주장했다. 또 다른 위원은 니어링의 평화주의에 동의하지는 않지

■ Marchand, *American Peace Movement*, pp. 244-45에서 인용. 니어링은 1916년 봄 이미 미국 연합의 대변인이었으며, 1917년 봄에는 집행 위원회 위원 중 한 사람이었다. Lillian D. Wald to Wilson, April 21, 1916, Arthur S. Link, ed., *The Papers of Woodrow Wilson*, Vol. 36 (Princeton, N.J.: Princeton University Press, 1981); American Union Against Militarism Papers, microfilm reel 1, "A Challenge Accepted," [April] 1916, "Wartime Program of the AUAM," May 1917, SCPC 참조.

만, 이상주의자나 고등 교육자가 무엇을 말하고 옹호해야 하는지 판단하는 것은 이사회의 권한이 아니라며 니어링을 지지했다.[51] 결국 이사회는 투표를 통해 아주 근소한 차이로 니어링과 학문의 자유, 언론의 자유를 지지한 것이다. 하지만 그이들은 동시에 '시민 애국 연맹(Citizens Patriotic League)'이 낸 결의문을 채택하면서 스스로를 보호하는 조치도 취했다. 결의문은 "미국에 대한 확고한 충성심과 정부에 대한 신뢰를 다짐하고, 공적인 자격으로 대학에서 일하는 사람들은 모두 충실하게 정부를 지지해야 한다."[52]라고 지시하는 것이었다.

회의에서 이런 결의문을 채택한 것은 바로 나흘 전에 미국이 독일에게 선전 포고를 했기 때문이었다. 미국 연합은 참전에 찬성하라는 강력한 압력에 맞서면서 선전 포고, 월슨 대통령의 징병제 제안, 충성하지 않는다고 찍힌 사람들에게 가해지는 탄압, 동원에 필요한 재정을 채우는 세금 따위에 반대하는 투쟁을 시작했다. 미국 연합의 털리도 지부 총무이던 니어링은 이사회의 투표가 있는 다음 주, 회원 가입 운동을 벌이며 조직의 활성화를 꾀했다. 니어링은 털리도 시민들에게 회원 가입 신청서와 함께 다음과 같은 내용의 편지를 보냈다. "우리는 미국의 군국주의화에 반대하며, 언론의 자유와 집회의 자유가 보장되어야 한다고 믿습니다. 이번 전쟁 참여에 결정적인 영향력을 행사한 것에 이어서 지금도 계속 권력을 행사 중인 금권 정치를 걱정하는 털리도 시민 여러분은 적극적으로 회원에 가입해 주실 필요가 있습니다. 우리는 독재와 금권 정치에 맞서고, 전쟁 뒤 미국에 세워야 할 경제 민주주의를 위해 여러분과 함께 일하기를 원합니다."[53]

이사들이 니어링의 사퇴서를 받아들이지 않기로 투표한 지 일주일 뒤, 이사회가 다시 열려 다음 해 교수 재계약 문제를 논의했다. 니어링도 이미 이 회의의 의제를 들어서 알고 있었다. 한 이사가 니어링에게 이렇게 전한 것이다. "나는 털리도 상공 회의소 자문 변호사입니다. 상공 회의소에서는 다음 이사회에서 결의안을 통과시켜 당신을 대학에서 해고시키라고 했습니다."[54] 니어링을 지지하는 이사 두 명이 회의에 참석하지 않은 가운데 니어링 해고 결의안이 4대 3으로 통과되었다. 이 회의에서 해고된 교수는 니어링뿐이었다. 다른 교수와 직원들은 오히려 보수가 올랐다.[55]

니어링이 펜실베이니아 대학에서 해고된 것은 학문의 자유를 문제삼았기 때문이었다. 이에 반해 털리도 대학에서 해고된 것은 전쟁 준비와 제1차 세계 대전에 미국이 참전하는 것을 반대하는 활동이 이유가 되었다. 이는 교육 기관만의 문제가 아니라 더 나아가 언론 자유의 문제였다. 니어링은 이들 고등 교육 기관과 벌인 투쟁이 끝날 때까지 이것을 자유로운 연구, 그것을 보장하는 문제로 보기보다, 사회 지배 계급이 여론을 조정하고 규제할 때 시민에게 허용되는 자유의 문제로 보았다. 대학에 품고 있던 꿈이 깨지자 니어링은 곧 정치와 경제의 관계, 국가와 시민 사회의 관계로 관심의 초점을 옮겼다. 니어링은 민주주의 과정에서 동의의 문제, 곧 좀더 깊은 뜻을 가진 자유의 문제를 분명하게 제기했다.

■■■ 학생의 군사 훈련 문제를 놓고 벌인 한 토론에서 말했듯이, 니어링은 여전히 모든 기관 가운데 특히 학교에서 미래의 전쟁을 막을 훈련을 받을 기회가 있다고 굳게 믿었다.[56] 그렇다고 니어링이 지난날 교수 시절을 되돌아보고 있는 것만은 아니었다. 해고된 뒤 니어링은 평화를 위한 일에 모든 관심을 쏟았다. 4월 하순, 미국 연합의 회의에서 니어링은 전쟁을 수행하는 방법에 대해 의회에 보내는 편지를 썼다. 니어링은 편지에서 자신들의 단체가 대통령을 비난할 의사는 없으며, 이미 미국이 전쟁 중이기 때문에 참전을 막는 것도 활동의 초점은 아니라고 밝혔다. 그러나 징병제에는 반대하며, 전쟁에서 어떤 이득도 챙겨서는 안 된다고 강조했다. 그러면서

몇 가지를 제안했다. 첫째, 우선 털리도에 사무실을 열어 부자들이 자발적으로 기부를 하도록 할 것. 둘째, 정부가 전쟁에 필요한 철도, 토지, 시설, 기타 다른 재산을 모두 징발할 것. 이에 덧붙여서 어떤 사람도 월 150달러가 넘는 소득을 얻어서는 안 되며, 21~60세까지 모든 남녀는 전쟁 기간 동안 근로 소득이 아닌 소득은 얻지 못하게 하는 것도 포함시켰다. 이왕 치를 전쟁이라면 그것은 미국 사회 내부에 변화를 가져오는 것이 되어야 했다. 전쟁을 이용해 지배와 착취 계급을 없애고, 불로 소득을 없애고, 근로 소득에 바탕을 둔 경제를 제도화해야 한다는 것이다.[57]

이런 요구 사항을 제출한 후 니어링을 비롯한 평화 운동가들은 다시는 발언할 기회를 갖지 못했다. 니어링은 "전쟁이 터진 4월 둘째 주가 되기 전 몇 주일 동안 미국 전 지역에서 표현의 자유가 제한되었다."라고 말했다. 미국이 전쟁에 참여하면서 집회의 자유는 수없이 부인되었으며, '평화'라는 단어를 입에 올리는 시민들은 강당을 빌리는 것조차 거부당했다.[58] 이미 캔자스시티의 한 단체는 장소를 구할 수 없어서 평화 집회를 취소했으며, 4월 하순에는 털리도의 평화 단체도 그 전까지 늘 써 오던 강당을 빌릴 수 없게 되었다. 5월이 되자 털리도 시장은 미국 연합이 시립 기념관을 쓰는 것을 정당한 근거도 대지 않고 금지했다. 단체는 가까운 곳에서 집회 장소를 찾았으나 니어링은 거기에 참석하지 못했다. 하지만 니어링의 부인은 집회에 참석해 작은 소동으로 경찰이 개입할 때까지 연설을 강행했다. 니어링은 꼭 16개월 전, 자신이 털리도에 오는 것을 열광적으로 환영하던 사람들이 이제는 문을 닫고 자신의 활동을 비난하는 것을 지켜보았다.[59] 이런 변화를 알리는 대표적인 사건은 니어링이 털리도에 와서 처음으로 대중 연설을 한 스톡데일 목사의 교회에서 일어났다. 스톡데일 목사는 4월 29일 설교에서 청중에게 "스코트 니어링은 입 닥치고 가만히 있어야 한다."라고 강조했다. 전쟁과 평화가 토론 주제로 합법이던 때도 있었으나, 나라가 전쟁에 휩쓸려 들어간 마당에 충성하지 말라는 이 야기나 전쟁에 반대하는 이야기는 할 수 없었다. 이것을 어긴 사람들은 반 역 죄인이고 배신자들이었다.

다음 주 일요일, 니어링과 몇몇 사람들은 스톡데일 목사의 교회 밖에서 '표현 자유의 권리와 의무'라는 제목의 유인물을 나누어 주었다. 그 유인 물은 니어링이 쓴 것이었다. 유인물은 두 부분으로 되어 있었는데, 종교를 다룬 앞부분에서 니어링은 스톡데일 목사에게 이렇게 물었다.

당신은 예수의 교훈을 전하려고 이 도시에 왔다. 예수는 전 생애를 형제 애와 사랑과 평화의 복음을 가르치고 실천하는 것으로 보냈다. 예수도 사 람들을 자극하고 겉으로 꾸미는 율법학자와 바리새 인들을 따르지 말라고 하지 않았던가? 당신은 바울에게 다마스쿠스로 가는 길에서 본 빛에 대해 증거하지 말고 입을 다물고 있으라고 말하는가? 요점은 너무나 뚜렷하고 명백하다! 당신의 종교는, 사람은 자신 안에 있는 믿음을 말해야 한다고 큰 소리로 세상에 가르친다. 나는 이런 믿음을 가진 많은 사람 가운데 하나로, 오직 선이 악을 이기며, 사랑만이 미움을 정복하고, 사람들은 대부분 절반 의 기회만 있어도 좋은 일을 할 것이라고 믿는다. 나는 인류가 상호 협력과 동료애, 봉사를 통해 구원받을 것이라고 믿는다.

니어링은 "나는 인류에게 넘치는 믿음을 가지고 있으며, 이런 형제애의 꿈이 지금 바로 여기에서 이루어지길 바란다."라고 강조했다. 만약 자신 이 스톡데일 목사의 조언을 받아들여 입을 다문다면 세상 앞에서는 비겁 자, 양심 앞에서는 도덕의 매춘부가 될 수밖에 없다는 것이다.

유인물의 뒷부분은 민주주의 문제를 다루었다. 니어링은 이번 일을 다 른 측면에서도 보아 달라고 부탁했다. "민주주의 시민의 한 사람으로서,

나는 이런 일들이 공화국의 기초를 위협하고 있다고 믿는다. 나는 우리가 군국주의를 향해 치닫고 있으며, 군국주의는 사회의 자살이라는 결론에 이르렀다. 나는 소수에 지나지 않지만, 여전히 문제를 제기할 수 있는 권리를 가지고 있다. 아니, 내가 공공 비용으로 얻은 지식을 민주주의를 지키기 위해 써야 하는 것은 권리라기보다 의무이다. 민주주의는 자유로운 토론에 달려 있다. …… 당신의 종교를 만드신 이는 말하는 것에 도덕적 의무가 있음을 알고 계셨고, 미합중국을 건설한 사람들도 시민들이 공공 토론을 해야 할 필요가 있음을 강조했다."[60]

펜실베이니아 대학에서 해고되었을 때와는 달리, 털리도 대학에서 해고된 뒤에는 니어링을 돕거나 학문 자유, 언론 자유의 원칙을 지키기 위해 찾아오는 사람이 거의 없었다. 이번에는 미국 대학교수 협회도 사건을 조사하지 않았다. 집단 중에서도 미국의 교수 집단은 사실 가장 열렬한 전쟁 지지자였다.[61]

미국이 참전하고 일주일 뒤 〈뉴 리퍼블릭 New Republic〉지의 편집자는 '누가 미국이 참전하기를 바랐는가?'라는 물음에 답하면서 지성인, 특히 대학교수들이 미국을 전쟁으로 몰아갔다고 결론지었다. 그럼에도 전쟁을 지지하지 않은 것을 이유로 교수가 해고된 사례가 스무 건이 넘는다는 보고가 나왔다. 여기에는 니어링뿐 아니라 앞에서 적었듯이 패튼(Simon Nelson Patten)도 들어 있었다.[62] 미국 대학교수 협회는 1918년에 '전쟁 기간 학문의 자유에 관한 위원회 보고서'를 발간해 전쟁이 표현 자유의 권리·의무와 관련해 새로운 문제를 제기했다고 밝혔으나, 그 때까지는 침묵만 지켰다.[63] 중요한 것은, 미국 대학교수 협회가 1915년 보고서 수준에서 뒷걸음질쳐 학문 자유의 원칙에서 많이 물러섰을 뿐 아니라, 보고서 자체가 바로 대학의 이념을 위태롭게 한다고 〈네이션 Nation〉지의 편집자로부터 지적받을 정도였다는 점이다.[64]

전쟁 당시 미국 대학교수 협회는 교수의 주장에 문제가 있을 경우 합법적으로 정당하게 해임할 수 있다는 것을 결의했다. 실제로 교수도 국가가 일반 시민에게 지우는 것 이상의 특별한 규제를 받았다. 이전의 보고서에서는 전문가가 교수를 비판하고 감독하는 것을 원칙으로 했으나, 이제는 일반인들이 교수를 제소하고 문외한이 감독하는 것도 받아들였다.[65] 미국 대학교수 협회는 교수를 지키고 전문적인 지식과 대학의 이상을 북돋우는 것을 목표로 하던 조직에서 벗어나 권력과 돈에 무릎 꿇는 공룡 같은 조직이 되어 버렸다. 니어링은 친구에게 보내는 편지에 이렇게 썼다. "군부의 가장 열렬한 지지자는 목사와 교수들이다."■

니어링이 인정했듯, 전쟁은 니어링의 삶에 재앙 같은 변화를 몰고 왔다.[66] 니어링이 그리도 열렬히 믿던 것들은 모두 의문 속으로 던져졌다. 자서전에서 니어링은 젊은 시절에는 미국과 미국의 신조에 충성스러웠고, 미국의 목적과 제도에 충실했다고 적었다. 미국은 세상의 진보와 창조를 위한 힘이었다. 니어링은 전쟁 준비 캠페인이 벌어지기 전만 해도, 1917년 미국이 제1차 세계 대전에 뛰어들기 전만 해도 미국식이나 서구식 삶에 심각한 의문을 제기하지 않았다고 밝혔다.[67] 자유롭게 자기 생각을 토론하는 것을 민주주의의 주춧돌로 여긴 니어링의 믿음은 강의실, 광장, 교회 강단, 개방된 모임, 강연회, 대중 언론들이 그이를 비롯해 지배 계급의 신념에 반발하던 평화주의자들을 모두 외면해 버리는 현실 가운데 사라져 갔다.

9년 동안 니어링의 책을 펴내던 맥밀런 출판사가 1917년에 니어링의

■ Nearing to Henry Raymond Mussey, December 4, 1917, Henry Raymond Mussey Papers, Houghton Library, Harvard University, by permission of the Houghton Library, Cambridge, Mass. 이 같은 견해는 다른 반전 운동가들도 공유하는 것이었다. 보른(Randolph Bourne)은 1917년에 "War and the Intellectuals"라는 글에서 "전쟁은 지식인들이 계획적으로 일으켰다!"라고 주장했다.

책을 출판물 목록에서 지우고 창고에 쌓아 놓은 나머지 책들을 처리해 버렸다. 니어링은 그 해 여름에도 서토쿼에 갔으나 그것이 마지막 초청이었다. 열린 자아비판의 시대가 이제 전쟁으로 마감되어 버린 것이다.[68] 니어링은 혼자 힘으로 깊은 물에서 세상에 영합하는 것, 불관용, 두려움, 증오, 조직화한 폭력의 물결을 거슬러 헤엄치고 있었다.[69] 니어링은 다음과 같은 사실을 알았다.

나는 안다. 이제 돌아가 내 방식이 잘못되었다고 고백하고, 지난날의 잘못된 행동에 용서를 구하고, 전쟁 축제에 참여하고, 동맹국들과 함께 떠들썩하게 즐기고, 자유 공채(제1차 세계 대전 때 모집한 전시 공채─옮긴이)를 사고, 군중과 함께 세계 대전의 대소요 속으로 뛰어들기에는 지나치게 늦었다는 것을. 친구 몇몇이 워싱턴에 가서 정부에 일자리를 얻은 뒤 그런 것처럼, 권력이 있는 자리에 연연하지 말고 관심을 가진 사회 개혁에나 힘썼으면 차라리 좋았을 것을…….

니어링은 대학의 이념에 대한 자신의 마음가짐, 곧 사실을 추구하고 그것을 자라나는 세대에게 가르치며 그것을 이용해 공동체의 삶을 건설하는 일에 무슨 일이 일어났는지를 생각했다. 결국 전쟁이 그 신조를 산산조각으로 찢어 놓았다. 니어링은 견딜 수 없는 전쟁의 압박을 받으며 미국의 자유주의자와 진보주의자가 굽히고, 비위를 맞추고, 합리화하고, 항복하는 것을 지켜보았다. 니어링은 이렇게 탄식했다. "내 젊은 시절의 미국은 내 발 밑을 벗어나 눈앞에서 사라지고 있었다."[70]

제3부

지배층의 배신

제9장

민주주의와 평화를 위해

　"전쟁이냐, 희망찬 미국이냐. 우리는 선택해야만 한다. 둘 다 관심을 가질 수는 없다."[1] 보른(Randolph Bourne)은 정반대의 결과를 가져오는, 가혹하면서도 피할 수 없는 운명을 맞게 되었다고 썼다. 이 양자택일에서 미국은 전쟁을 선택했고, 니어링은 희망찬 미국을 편들었다. 니어링은 전쟁이 성취와 진보라는 인간 본연의 임무를 가로막는다고 생각했다. "제1차 세계 대전이 진행 중인 현재, 평화·진보·번영·탐구·교육·입법·재건·개량·개선 따위의 생각은 모두 쓸모가 없게 되었다."[2] 전쟁으로 어려운 선택을 할 수밖에 없게 되면서 니어링의 분석 또한 날카로워졌다.

　핵심 문제는 왜 미국이 희망을 버리고 전쟁을 치르는지였다. 니어링은 그 답을 미국 사회의 지배층에서 찾았다. 그이들이 문화에서 해야 할 역할과 유산으로 물려받은 이상을 버리고, 공교육 기관을 손아귀에 쥐고는 자신들의 가치를 시민들에게 억지로 요구하면서 미국의 민주주의 이념을 더럽혔다. 니어링에 따르면 미국은 지배 계급의 엄청난 배신 때문에 전쟁을 치르고 있었다. 이 모든 것이 '조직적인 거짓'으로 이루어졌다. 니어링은 미국을 손아귀에 쥔 권력자들, 여론의 지도자로 호의와 신뢰를 받던 특권층 사람들이 미국의 방향을 군국주의로 바꾸었다고 단언했다. "의식적이고 신중하게, 사전 계획과 악의를 가지고 그이들은 우리를 속였다! 양 떼를 지키는 목자, 사람의 영혼을 책임지는 사제, 학식 있고 신뢰받는 이들이 우리를 배신했다. 우리는 그이들을 모두 믿었으나 그이들 대부분은 우리를 저버렸다."[3]

미국은 소수 특권층이 거대한 부와 권력을 독점한 경제 체제로 전쟁을 치렀다. 이러한 경제 체제는 당시 미국 정치의 특징이던 금권 정치 속에 자리를 잡고 있었다. 니어링에 따르면 전쟁을 일으킨 금권 정치는 경제, 사회를 움직이고 보통 사람들의 생활에 권력을 행사하는 소수 집단이었다.[4] 니어링은 미국 사람의 자유를 가장 크게 위협한 것은 전쟁이고, 그것은 힘이 커진 금권 세력의 권력에서 나왔다고 주장했다.[5] 전쟁의 실체는 '돈벌이 사업'이라는 것이다.[6]

산업 자본주의 경제 체제는 경쟁하다 못해 최후의 수단으로 무력에까지 매달리는 격심한 경쟁을 선보였다.[7] 착취자들은 국제 전쟁을 일으켜서라도 착취 체제를 유지해야 했으며, 결국 전쟁으로 잉여를 보장받을 수 있었다.[8] 전쟁은 단순하지 않았다. 그것은 금권 정치 세력에게는 자신들의 자리를 힘있게 만들고 기득권을 보장하는 경제 체제를 더욱 단단히 굳히는 기회였다. 니어링은 자본가 계급은 자본주의를 없애기보다는 전쟁을 택한다고 생각했다.[9] 그래서 미국의 경제, 자원, 보통 사람의 생활을 주무르는 경제 지배가 사회 구조를 통해 어떻게 표출되는지를 드러내 보이려고 애썼다.[10]

미국이 왜 전쟁에 돌입했고, 왜 오늘날 경제 혼란과 사회 파멸로 가는 사회 해체 상태로 떨어졌는지는 이런 권력 통치를 알아야만 설명할 수 있었다. 대기업이 미국 사람의 일반 생활을 완벽하게 다스리는 경제 체제[11]

는 다음과 같은 환경을 만들었다.

중요한 일, 곧 자원·교통·제조·금융·상업을 비롯해 여러 핵심 업무를 맡아 보는 소수가 있고, 그 소수를 다스리는 더 작은 소수 집단이 있다. 그이들이 사회 구성원 다수의 일과 생산물, 산업 잉여를 독점했다. 소유권과 생계에 대한 경제 수단이 그이들에게 주어져 있으므로 나머지는 자연히 따라간다. 그래서 그이들이 금권으로 사회 전체를 지배하는 것이다. 이를테면 신문은 광고에 쩔쩔매는데, 신문에 광고하는 것은 부자들이므로 신문은 부자들이 바라는 대로 하게 된다. 이것은 뇌물도 부패도 아니다. 일상으로 존재하고 주무르는, 속속들이 배어든 영향력, 이런 환경에서 아주 자연스러운 영향력일 뿐이다.[12]

이런 권력 지배는 어떤 면에서는 본능이고 제멋대로이지만, 또 어떤 면에서는 지능적이고 조직적이다. 사회 특권층에게는 본능적으로 서로 결합하는 부와 계급의식이 있다. 그것들은 소유를 통해 경제를 지배하는 것, 동정을 통해 감성을 지배하는 것, 의식을 조작함으로써 지성을 지배하는 것으로 표현된다. 니어링은 이렇게 말했다. "이런 것들이 끼치는 영향은 대부분 의식할 수 없다. 신문 기자, 법률가, 목사, 우리가 전문가 계층이라고 부르는 사람들이 모두 이 같은 정신의 지배에 영향을 받고 있다."[13] 이런 수단이 영향을 미치고 성공할 수 있었던 까닭은 '침묵 속의 복종'이라는 한 마디로 간추려 말할 수 있다.[14] 사람들은 자동으로, 본능적으로, 알게 모르게 동의했다. 그이들은 침묵 속에서 복종한 것이다.[15] 그리고 결과는 대단히 완벽했다. 이러한 다스림은 정부 기구는 물론 신문, 대학, 교회 따위 여론을 이루는 다른 단체에까지 뻗어 갔다. *

미국 사회에서 문화와 권력의 관계를 드러내는 니어링의 분석은 대학 행정 당국에 맞선 자신의 체험에서 자연스럽게 나왔다. 펜실베이니아 대학과 털리도 대학에서 니어링은 소유권과 비소유권, 종교와 이념적 유대의 범위를 넘어선 문화 통치를 경험했다. 이 문화 통치는 확실하게 경제 이익을 뽑아 내고 사회의 주요 생산 수단을 다스렸다. 니어링은 다른 것들을 억누르는 계급 이익의 전체 모습을 보았으며, 그 이익이 서로 충돌할 수 있다는 것도 알았다.**[16] 이제 전쟁이 터지면서 국가, 곧 정부 기구를 지배하는 금권이 민주주의에 가장 큰 피해를 끼칠 터였다. 니어링은 금권 정치가 가장 공공연하게 나타난 기관은 자본주의 국가이며, 금권 정치는 국가 기구를 조작함으로써 지배를 영속화한다고 주장했다.[17]

'기업은 경제에서 발생하는 잉여를 지배함으로써 정부 업무를 지배하고, 그 결과 국가 기구는 한층 더한 착취의 도구로 쓰인다'[18]는 분석은 다른 사람에게서도 나왔다. 보른의 유명한 선언인 '전쟁은 국가의 건강도를 나타낸다'[19]도 이런 시각에서 나온 것이다. 그래서 니어링은 "군국주의와 민주주의는 서로 마주 설 수 없는 말이다. 군국주의는 민주주의의 목을 조른다."라고 말했다. 민주적인 미국 시민들이 동의 없이 강제로 전쟁에 끌려간다는 것이다.[20] 이런 국가는 민주 국가가 아니며, 지배 계급이 민주주의를 뒤엎고 자신들의 기득권을 보호하는 데 국가를 이용하는 것뿐이었다. 전쟁과 국가 지배는 경제 통제에 뿌리를 둔 것이었다.

■ Nearing, *Open Letters to Profiteers*, p.10; in *Nation Divided*, p. 15. 니어링은 이 공개 편지에서 이렇게 썼다 "누구도 금권 정치가 공동체의 직업과 산업 생산, 그리고 경제 잉여에 영향을 미친다는 사실을 부인할 수 없다. 이 같은 사실은 모든 사람이 인정한다. 하지만 실제 경제 생활의 원리에서 자연스럽게 추출된 이 당연한 결과가 그리 쉽게 받아들여지는 것은 아니다."

■■ 분석 개념의 문화 통치는 이탈리아의 마르크스주의자인 그람시(Antonio Gramsci)에서 비롯되었다. Gramsci, *Prison Notebooks* (New York: International Publishers, 1971), Joseph V. Femia, *Gramsci's Political Thought* (New York, Oxford University Press, 1981) 참조. 이 개념은 최근 미국 산업에서 관리와 순종, 지배와 복종, 동의와 강제를 이해하는 수단으로 새롭게 주목을 받고 있다.

미국이 희망찬 나라를 세운다면, 또 미국이 정치 이념에 충실하고 국민들에게 진정한 자유를 준다면 이런 경제 지배로 시민의 목을 조르는 일은 사라질 것이다.[21] 착취와 경쟁 위에 세워지고 소수 부유한 특권 계급이 다스리는 사회는 '경제 조건이 삶의 모든 조건을 결정한다'는 말이 그대로 적용되었다.[22] 경제적인 힘이 근원이라고 생각했기 때문에 니어링은 경제가 제일 먼저 변화하거나, 아니면 최소한 경제 변화가 여러 형태의 사회 변화와 함께 일어나야 한다고 보았다.[23] 니어링은 역사의 필연이라는 마르크스의 경제 결정론에는 관심이 없었다. 그보다는 금권이 경제를 통제하고 구속하는 것, 경제가 시민을 탄압하는 것을 인식하고 그것들을 없애기를 바랐다.[24]

경제가 공공 업무를 결정하는 가장 중요한 것이라고 인정했음에도 니어링은 경제 해방이 모든 분야의 자유를 보장하는 것은 아니며, 남아 있는 다른 많은 구속들이 사라져야 한다고 생각했다. 문제는 먹을 것을 위해 힘을 다하는 사람은 영원 불변한 목표에 마음을 쓸 여유가 거의 없다는 것이다. 서구식 효율을 숭배하는 삶에서는 철학적인 취향을 누릴 여유가 없었다. 니어링은 모든 사람이 할 수 있는 최고의 사랑, 아름다움, 정의, 진리를 끝없이 좇을 수 있기를 바랐으며, 모든 사람에게 건강한 몸, 깨인 의식, 즐겁고 찬란하고 아름다운 생명이 주는 메시지를 받아들이는 데 적극적인 영혼을 가질 기회가 주어지기를 희망했다.[25] 이 모든 것들이 경제 영역 밖에 있었다. 그러나 적절한 경제 체제가 세워지지 않으면 그것들을 얻을 수 없었다. 적절한 경제 체제는 사람들에게 자신의 적성이 무엇인지 깨달을 수 있도록 충분한 휴식 시간을 주고, 육체적인 건강의 바탕이 되는 필수품들을 제공할 수 있어야 했다.[26]

그렇다면 과연 미국을 다스리는 권력자들은 자신들에게 주어진 믿음에 충실했으며, 자신들을 따르는 사람들을 희망찬 미국, 진정한 자유가 있는 미래로 이끌었는가? 니어링에 따르면 그이들은 나라를 배반, 사기, 기만을 통해 타락의 길로 이끌었다. 착취로 거대한 부를 쌓고, 사람들을 '경제 노예'의 상태로 만들었다. 보통 사람들은 먹고살려고 자유와 문화를 제쳐놓고 직장에 들어간다. 이런 경제 질서가 생각에도 영향을 미쳐서, 노동자들은 사람 창고 같은 공장에 밀려 들어가 힘들게 일하는데도 굶주림이 계속되는 현실을 당연한 것으로 받아들인다.[27] 금권 정치가들은 전쟁으로 자신들의 경제 지배를 단단하게 다지기 전부터 이미 엄청난 배신을 저지른 것이다. 그러나 전쟁은 걸림돌을 없애고 사람의 눈을 명확하게 하는 경향이 있다. 보른이 말했듯이, 전쟁을 맞아 사람들은 결정을 내려야 했다. 니어링은 배신에 협조하지 않고 금권 정치의 통치에 동의하지 않는 길을 택했다.

사회당, '민주주의와 평화를 위한 미국 인민 위원회(People's Council of America for Democracy and Peace)', 다른 반전 단체들을 통해 니어링은 해방·정의·자유·여가·문화를 위한 투쟁을 시작했으며, 지배 계급의 강압적 지배에 반대했다. 니어링은 점차 자신이 속한 계급을 떠났으며, 자신이 한때 지배 계급과 함께한 문화적 토양을 뒤엎었다. 이런 저항 때문에 니어링은 자신이 애국심, 충성, 미국 정신 따위의 이름으로 전쟁 분위기를 따르라고 강요하는 사람들의 표적이 되었다는 것을 알았다. 선택은 분명했다. 니어링은 이렇게 선언했다. "현대 전쟁의 배경에는 기득권을 가진 약탈 세력과 금권 정치 세력이 있다. 미국인들은 자유를 위해 그이들에 맞서 싸워야 한다.[28] 전쟁이 문제를 뚜렷하게 만들기는 했지만, 똑같은 일들이 평화시에도 일어났다. 한쪽에는 보통 사람들이 있었고, 다른 쪽에는 부당하게 이득을 취하는 자들이 있었다.[29]

■■■■ 미국이 국가적인 위기에 마주친 것과 마찬가지로 지식인들은 사회

철학의 위기를 맞았다. 진보주의의 자유 가치를 감싸던 사람들은 실용주의 철학을 폭넓게 받아들였다. 열린 선택, 방법과 결과에 대한 관심, 경험으로 한번 검증된 결과를 통해 사회의 가치를 결정하는 것이 실용주의 철학의 특징이었다. 니어링도 이 진보주의 사회 철학에 관심을 가졌다. 애덤스(Jane Addams)가 지적했듯이, 당대의 학생들은 정도의 차이는 있지만 모두 실용주의의 제자였다.[30] 이 철학의 위대한 교사인 듀이(John Dewey)가 실용주의를 이용해 미국의 참전을 지지하는 근거를 밝혔을 때 많은 개혁가들은 커다란 충격을 받았다. 듀이의 컬럼비아 대학 제자인 프리먼(Joseph Freeman)이 보기에 듀이가 독일과 전쟁을 치르는 정부에 절대적이고 무조건적인 충성을 보인 것은 ― 물론 실용주의자인 듀이는 철학 전문 용어로서 '절대'와 '무조건'을 부인하겠지만 ― 그이의 철학과 크게 모순된 것이었다.[31] 한때 듀이를 우상으로 여기다 가장 가혹한 비판자가 된 보른은 이 일로 실용주의를 향한 열의가 식었으며, 실용주의는 이런 비상시국에 삶의 철학으로 알맞지 않다는 회의를 품게 되었다.[32]

　니어링이 볼 때 실용주의의 장점은 엄격한 방법론을 지키는 것에 있었다. 그러나 결정적인 모순은, 행동을 이끄는 원칙에 이르는 동안에는 절대적인 것을 거부해야 한다는 것이다. 이 중요한 원칙은 실용주의적인 결과와 종교, 윤리적인 미덕을 통합한 것이다. 역설적으로, 선택의 자유와 공동체 협력의 가치를 엄격하게 지키면서 군국주의와 전쟁이 강요한 절대를 거부한다면 실용주의가 제대로 움직일 터였다. 애덤스 또한 평화주의자를 위해 독단과는 거리가 먼 이 철학을 구하려고 노력하면서 해결되지 않을 것으로 보이는 모순에 맞닥뜨렸다. 애덤스는 이렇게 전쟁과 관련해 명확한 태도를 보이라는 압박을 받았다. 그리고 평화주의자들이 평화 원칙을 확고히 밝히자 애덤스는 이렇게 자신을 설명했다. "우리는 우리의 철학이 완전히 도그마로 인식되는 것을 서서히 깨닫게 되었다. 비록 우리는 이론만 따지는 공론가의 자리로 밀렸지만, 할 수만 있었다면 이른바 평화 원칙에 역사적, 과학적 검증 방식을 모두 썼을 것이다."[33]

평화주의가 위기를 맞은 원인은 실용주의가 당시 사상 위기의 중심에 있었기 때문이다. 소수의 핵심 사상가들이 실용주의에서 전쟁을 반대하는 근거를 찾은 반면, 대다수는 전쟁 때문에 불거진 이 사회 철학의 모순을 풀어야 했다. 대다수 사람들과 비슷하게 니어링도 이 토론에 직접 뛰어들지는 않았다. 그러나 니어링이 실용주의의 위기를 푸는 방법은 전쟁 반대 주장의 근거를 살펴보면 쉽게 이해가 된다.

듀이는 어느 모로 보아도 군국주의자가 아니었다. 그리고 미국이 전쟁에 참여하기 전까지만 해도 무력 충돌을 실용주의로 정당화해야 할 이유가 없었다. 그러나 윌슨(Thomas Woodrow Wilson) 대통령이 의회에 선전 포고를 요구하자 듀이도 다른 사람들과 마찬가지로 어쩔 수 없이 선택의 순간에 부딪혔다. 듀이는 우호적인 중립에서 참전으로 가는 데는 엄청난 도덕적 갈등이 있었다고 밝혔다.[34] 듀이는 전쟁을 지지하면서도, 사상을 구속할 필요가 있다는 주장은 비판했으며 자유 토론을 억압하는 것에도 반대했다.[35] 하지만 듀이의 철학이 공격 목표로 삼은 것은 무엇보다도 평화주의였다. 듀이는 이렇게 주장했다. "평화주의자들은 이 창조적인 전환기에 참전 상황에 따라 올바른 목적을 세우는 데 힘을 쏟는 대신에, 이미 세계로 번진 전쟁 참여를 목숨 걸고 반대하느라 헛되이 힘을 낭비하고 있다." 듀이에 따르면 실용주의는 현실적이어야 했다. 구체적인 현실에서 효과를 발휘하기 위해서는 평화주의자의 독단에 찬 저항을 이겨 내고 변화하는 힘을 만들 수 있어야 했다. 듀이는 이렇게 비판했다. "직업적인 평화주의자들은 무엇을 하든 전쟁에 뛰어드는 것보다는 낫다고 생각하며, 국제 관계의 총체적인 변화에 대해서는 무지하다."[36]

보른은 실용주의자를 '현실적 실용주의자'와 '진정한 실용주의자'로 구분하면서,[37] 듀이는 현실적 실용주의자라고 답했다. 그리고 진정한 실용주의자는 선택의 자유라는 실용주의의 근본 토대 위에서 전쟁에 반대하는 사람들이었다. 보른은 듀이의 주장을 처음부터 부인하지는 않았다.

듀이는 잘 알려진 자신의 노선대로, 사회 목적을 제대로 이루기 위해 지성을 도구로 이용하라고 주장한다. 양심은 좋지 않은 상황 때문에 지키지 않거나, 이루고 싶은 목적이 따로 있어서 따르지 않는다면 쓸모가 없다. 그래서 주어진 수단이나 목적에 만족하지 못하는 사람은 다른 대안을 고른다. 즉 수단을 바꿀 수 있는 새로운 목표나, 결과에 영향을 끼칠 수 있는 새로운 수단을 고르는 것이다.[38]

문제는 그 이론을 전쟁에 적용하는 경우였다. 듀이는 이론을 적용한 상황이, 대안이 엄격하게 제한되어 있는 전쟁이라는 사실을 무시했다. 보른은 물었다. "전쟁은 절대 상황으로, 목표 선택이 불가능한 것 아닌가?"[39] 보른은 전쟁을 치르는 사람은 다른 대안을 선택하지 못한다는 사실을 거듭 지적했다. "한번 전쟁을 받아들이면, 전쟁이 가리키는 불가피한 경로를 따라 떠밀려가는 것 이외에는 다른 선택이 없다. 전쟁은 스스로의 목적과 수단을 가진 절대 상황으로, 지성의 힘과 창조적인 통제를 벗어난다. 통제가 불가능한 곳에서 당신은 절대 상황에 빠진 것이다."[40]

보른은 "어떤 종류의 '절대'라도 실용주의 정신과 어울리는 것은 없다."라고 강조했다. 그만큼 전쟁은 절대적이고 강압적인 사회 상황이라는 지적이다.[41] 진정한 실용주의자로 어떤 종류든 절대를 두려워한 평화주의자들은 국가 전체의 힘에 도전하다가 시나브로 흐지부지되었다.[42] 이것은 전시에는 사람들이 실용주의적인 도덕의식을 잃어버리게 된다는 것을 뜻했다.[43] 보른은 현실적 실용주의자들이 진짜 적은 독일 제국이 아니라 전쟁이라는 사실을 잊은 것으로 보인다고 말했다.[44] 보른이 보기에 전쟁이 지닌 절대는, 열린 사고방식이 사라지고 반대자가 흔쾌히 받아들여 주지 않는 한 자기 생각을 말하지 않는 시대, 곧 반대자가 되어도 괜찮던 시대를 떠나보내는 것을 뜻했다.[45] 보른은 전쟁으로 더럽혀진 실용주의는 이제 유효하지 않다고 단호하게 말했다. 전시에도 지성이 창조적이고 자유롭게 제 기능을 할 수 있다는 이상은 냉혹한 현실과 너무 거리가 멀었다. 보른은 가뜩이나 어려운 현실 때문에 설자리가 없는 실용주의 철학이 냉혹한 전쟁에 맞추어 그렇게 쉽게 변화해야 하는 까닭이 뭔지 모르겠다고 말했다.[46]

니어링도 이 사회 철학의 위기를 풀려고 애썼다. 보른이 이름 붙인 '냉혹한 전쟁'은 공동체의 협력과 인류의 형제애라는 이상을 싹둑 자르고는 그 자리에 호전적인 국가주의를 세워 놓았다. 니어링은 어떤 사회 이론이든 편견과 선입견에서 벗어난 합리적 자유, 곧 열린 마음을 가지고 있다고 보았다.[47] 이와 함께 니어링은 전쟁이 사람을 단결시키는 속성이 있음도 알고 있었다. 그럼에도 니어링은 증오로 똘똘 뭉치는 것보다는 협력으로 똘똘 뭉치는 것을 원했다. "모든 미국 사람이 이기적인 선입관을 버리고, 평화를 실천할 수 있도록 단결하는 것이 더 쉽다. 나는 그것을 소망한다."[48] 그러나 공공 선은 전쟁으로 불가능해졌으며, 이 같은 사정이 비단 전시에만 국한되는 것도 아니었다. 군국주의의 절대는 압제, 폭정, 불의, 독재, 기득권에서도 나타났다. 니어링은 군국주의 국가는 자유, 평등, 정의, 동포애를 가질 수 없다고 주장했다. 군국주의와 민주주의의 싸움이 끝까지 계속되면서, 전쟁이 지닌 절대가 진보가 지닌 가장 소중한 가치들을 망가뜨릴 것이기 때문이다.[49]

니어링은 민주주의는 선택의 자유가 있음을 뜻한다고 주장했다.[50] 니어링은 멀리 떨어져 있는 적대국보다 전쟁 그 자체가 더 큰 문제라는 보른의 말에 동조하며 이렇게 덧붙였다. "군국주의가 가진 자기 파괴보다 더 나쁜 것은, 민주주의 신봉자들이 더할 수 없이 중요한 가치를 스스로 무시하는 것이다." 니어링은 민주주의의 진정한 적인 금권에 효과적으로 저항하기 위해 세계의 민주주의가 망가지지 않기를 꿈꾸었다.[51] 전쟁이 지닌 절대는 서로 협력하는 사회에서 민주주의가 성장할 가능성을 해쳤다. 니어링은 민주주의가 동료애와 형제애가 합쳐진 힘으로 움직이는 데 반해, 군국주의는 조직화한 힘이 다스리는 것이라고 생각했다.[52]

또 하나 어려운 문제는 징병이었다. 징병 문제는 실용주의가 선택의 자유에 근거하고 있다는 것을 부인하는 상징처럼 보였다. 듀이가 말했듯이, 징병은 사람들의 현실 윤리에 위기를 일으킨 것이 아니라, 현실 윤리 자체가 위기라는 것을 정확하게 보여 주었다.[53] 자유 의지와 자발성, 창조적인 지성은 사회의 진보를 이끌지만, 이 모든 것이 기정 사실이 된 비자발적인 징병 때문에 황폐해졌다.

군국주의를 받아들이는 자유인은 스스로 가장 소중하게 여기는 자유에 사형 선고를 내리는 것이다. 군국주의에는 선택이 없다. 평화를 좋아하는 사람이건 전쟁을 좋아하는 사람이건 모두 전쟁을 준비해야 한다. 민주주의는 그 구성원들이 반드시 성숙한 사고와 토론을 거친 뒤에 행동할 것을 기대한다. 군국주의는 사고와 협력을 모두 불가능하게 한다. 군인은 생각해서도 안 되고 선택해서도 안 된다. 오직 복종할 뿐이다.[54]

징병은 몸뿐 아니라 도덕의식까지 가져가는 것이었다. 징병은 민주적인 삶에 대한 위협이며, 인간을 삼중의 노예로 만들었다. 첫째는 몸의 노예요, 둘째는 마음의 노예요, 셋째는 영혼의 노예였다.[55]

평화주의자 니어링은 어떻게 실용주의의 위기를 풀었을까? 니어링의 해결 방법은 이중적이었다. 실용주의는 결과로 모든 것이 판단되는 사회에서 실험으로 사회 진보를 이룩하는 중요한 방법을 제공했다. 니어링에 따르면 실험의 성공 여부는 개인이 누리는 자유의 정도에 따라 결정되었다. 그래서 니어링은 한 사회가 지닌 제도의 역사는 그 사회가 어떤 것들을 실험했는지, 즉 어떠한 시행착오를 거쳤는지를 보여 주는 공동체 진보의 역사라고 말했다.[56] 진보는 사회가 변화하면서 문명을 발전시키고, 개인의 자유가 늘어나면서 이루어졌다. 삶에서 큰 꿈을 품게 만드는, 곧 사람의 체험을 좀더 넓고 깊게 만드는 것이라면 어떤 변화라도 진보였다.[57]

그러나 개인을 발달하게 하는 자유와 관련해 사회 행동을 판단한다 하더라도, 이 방법은 가치 체계,[58] 곧 사건과 행동 노선의 중요성을 평가할 수 있는 가치 체계가 모자라는 것이 문제였다.[59] 실용주의가 훌륭한 것이 되려면 자유를 발전시키기 위해, 공동체의 협력이나 선택의 자유처럼 전쟁을 치를 때 더욱 뚜렷해지는 확실한 가치가 필요했다. 이미 확정된 가치 안에서는 잘 움직이면서도 가치를 새로 만들지는 못하는 것이 실용주의의 문제였다. 실용주의는 사람에게 무엇을 할 수 있는지는 말해 주지만, 무엇을 해야 하는지는 말해 주지 않는 철학이었다. 이 사회 철학에 모자라는 것은 종합적인 개념, 삶 전체에 대한 시각이었다.[60]

니어링이 보기에 사회 철학이 쓸모 있으려면 선행 조건으로 윤리적인 가치 기준이 있어야 했다. 니어링은 이 가치 기준을―비록 기독교의 비중은 점차 낮아졌지만―종교에서 찾았다. 볼드윈(Roger Baldwin)은 니어링이 제1차 세계 대전 전까지 이름뿐인 기독교인으로 남아 있기는 했으나 조직화한 종교와는 인연을 끊었다고 전했다. 그러나 터그웰(Rexford Guy Tugwell)은 1917년 여름의 셔토쿼를 회상하면서 이렇게 말했다. "니어링이 내게 쓴웃음을 지으며 말했다. 목사들이 중심이 된 종교 모임에서조차 기독교 신앙 고백이라고는 한 번도 한 적이 없는 자신이, 기독교의 중요한 가르침인 평화주의의 유일한 수호자인 셈이라고 말이다."[61] 니어링은 동양 종교, 영성 수련, 어떤 형태의 우주론적 신앙이든 관계 없이 폭넓게 여러 가치 체계를 좇았다. 니어링은 사람의 활동 가운데 가장 중요한 것은 그것이 어떤 모습을 갖든 우주의 진리를 제대로 깨닫는 것이라고 주장했다.[■]

윤리의 모습을 한 종교는 진보적인 사회 철학에 도덕의 근거를 대 준다. "만약 위대한 영혼을 가진 세계의 지도자들에게서 가르침을 받고 실천한다면, 그것은 사회 진보로 나타날 것이다."[62] 그러나 단순히 실용주의 하나로는 종합적인 철학을 만드는 도덕 가치가 모자랐다. 1952년 듀이가 세상을 떠났을 때 니어링은 이렇게 논평했다.

> 듀이의 삶은 연습이었다. 오직 지레짐작만 있었을 뿐 원칙이 없었다. 그이의 삶은 시행착오를 거듭한 실험으로 산산조각이 났다. 그이의 삶에는 전체적인 체계가 없었다. 사람과 관련된 것은 부분뿐이었고, 그때그때의 문제에만 그쳤다.
>
> 1870년에 태어나 탐욕스럽고 경쟁적으로 살면서 1910년에 이미 크게 인정을 받았으나, 겉만 번지르르하고 속은 황폐한 기회주의를 정당화하기 위해 그이에게는 실용주의 철학이 필요했다. 이전 세대인 제임스(William James)와 현 세대인 듀이는 고독하게, 그리고 말도 안 되는 원칙으로 모든 문제를 다루면서 정당화했다.[63]

■ Nearing-Ward, *Practice of Christ's Teaching*, p. 47. 1921년에 합리주의와 사회주의에 대한 토론에서 니어링은 청중에게 이렇게 말했다. "(나를 반대하는 사람은) 마음을 '신'으로 규정하고, 우주에는 엄청난 기가 있는데 이는 별과 산과 강과 원숭이와 인간들에게서 스스로를 드러낸다고 말한다. 그러고 나서 그이는 내가 연단에서 물러나게 하려고 한다. 그이는 아마도 불교 신자와 이야기한 모양이다. 불교 신자는 모든 영혼은 업을 짊어지고 있으며 세상에 충만한 채 죽지 않고 윤회하다가 정신적인 기가 쌓여 만들어진 세계로 간다고 말한다." Nearing-Ward, *Rationalism vs. Socialism*, pp. 10-11.

니어링의 분석에 따르면, 문화를 지배하는 금권의 힘은 사회 철학에까지 미쳤으며, 실용주의는 그저 지배 계급의 비위를 맞출 뿐이었다. 사회 과학과 종교 사이에서 니어링은 좁은 길을 따라 나아갔다. 니어링은 수단과 목적은 모든 인간사에서 어쩔 수 없는 영역이라고 생각해 실용주의를 받아들이면서도, 도덕 가치를 첨가해 실용주의를 구원하기를 희망했다. "만약 우리가 윤리의 수준을 높이는 데 성공한다면 우리는 중요한 성공을 거두게 될 것이다. 언제 어디서든 사회 구성원들이 선언하고 실천해야 하는 것은 윤리와 도덕이며, 이것이 사회를 움직이는 수준을 결정한다."[64]

▬ 금권은 재산을 소유했다는 단 하나의 이유만으로 공동체를 지배하면서,[65] 속임수를 써 단 하나의 사상만 퍼뜨려 미국 사람들의 마음을 얻으려고 애썼다. 지배 계급이 자신들의 이익을 위해 여론을 조작하는 선전 활동을 펼치면서 실용주의의 핵심 사상은 왜곡되었으며, 그 생기 넘치는 사회 철학은 단순한 기회주의로 격이 떨어졌다. 전쟁 전 니어링은 "나는 선전가가 아니다."라고 선언하면서 옹졸함, 분파주의, 독단주의와 동의어인 선전으로 진실을 조작하는 것을 반대했다.[66] 그러나 1917년 중반, 전쟁 홍보와 정부의 탄압 때문에 평화를 주장하는 공공 토론이 점점 어려워지자,[67] 니어링은 금권이 강요하는 일방적인 시각을 반박해야 했기 때문에 정부에 반대하는 선전 활동을 감싸고 옹호했다. 선전은 조직이나 활동을 통해, 또는 이 둘을 결합하는 것으로 임무를 완수할 수 있었다. 가장 유력한 선전 수단은 정보가 가장 빨리 전달되는 정치 조직과 선전 조직이었다.[68]

니어링은 폭넓은 선전 활동을 펼쳐야 하며, 그 목적은 사실과 그 사실이 가진 뜻을 사람들에게 잘 전달하는 것이라고 했다. 그리고 전달해야 하는 사실은 현 질서가 붕괴할 가능성, 새로운 사회가 올 가능성, 새로운 사회를 건설하기 위해서 어떤 조치들이 필요한지 따위라고 생각했다.[69] 니어링이 반전 단체에 들어간 것도 선전 활동을 조직화해서 공공 정책을 토론하기 위해서였다.[70] 니어링은 선전 활동이 효율적이려면 사실을 요점만 잘 정리해야 하며, 보통 사람도 이해하기 쉬운 형태로 만들어야 하고, 대중에게 닿을 수 있는 방법으로 퍼뜨려야 한다고 주장했다.* 여론을 순수하게 유지하기 위해서는 지배 계급이 영향을 미치는 것을 막아야 했다. 니어링이 감싼 선전 활동은 금권의 선전 활동처럼 일방적이기는 했으나 정반대의 효과를 꾀하고 있었다. 니어링은 지배 계급이 막은 것들을 모두 대중에게 이야기하고 싶어했다. 니어링은 "내가 생각하는 것의 핵심은, 무엇보다도 진실이다."라고 설명했다. 곧 대다수 사람들이 알지 못하고 있으나, 그이들도 설명되거나 말해지지 않은 진실을 온전히 알아야 한다는 것이다. 상황의 다른 면을 보여 주어 사람들에게 진실을 말하는 것, 이것이 니어링이 생각하는 자신의 의무였다.**

니어링은 강제로 행해지는 선전 활동도 감쌌다. 니어링은 이렇게 주장했다. "극도로 긴박한 시대를 살고 있으므로, 우리는 일반 시민들을 억지로 간섭하고 통제해야 하며, 강제로라도 우리 생각을 그이들에게 알려야 한다." 예를 들어 국가가 질병과 가난에 반대하는 선전 활동을 펼쳐야 하듯이, 자신들도 전쟁에 반대하는 선전을 해야 한다는 것이다. 니어링은 사

■ Nearing, *Next Step*, p. 86. 맥밀런 출판사와 절연한 뒤, 니어링은 대부분 소책자만 썼으며, 그 글들은 보통 랜드 학교가 출판하고 배포했다.

■■ Hillquit, *Trial of Scott Nearing*, p. 99. *Where is Civilization Going?* 1927, p. 60에서 노동 운동에 대해 논의하면서 니어링은 이렇게 썼다. "노동 운동의 선전 기구는 다양하고 효율적이다. 노동자 신문, 잡지, 논문, 소책자, 서적, 노동자 학교, 포럼, 노동자 교회, 그리고 사회 운동 시설은 모두 자신의 역할을 다하고 있다. 이런 노력들은 모두 자본주의 체제하에서 시작되었다. 이와 함께 그이들은 의식적이건 무의식적이건, 현 경제와 사회 체제에 대항해 노동자를 보호하며, 궁극적으로는 이 체제에서 노동자들을 해방하려는 목적을 가지고 있다."

상의 자유로운 흐름이 제한되고, 돈을 가진 권력층이 대중의 정신을 통제하는 세상에서 선전 활동은 교육적인 가치도 지닌다고 주장했다. 그리고 이렇게 말했다. "내가 계발하고 싶은 자립 정신은 고립된 것이 아니라 해답을 요구하는 것에 응답할 수 있는 것이다."[71] 독단을 강요하기 위해서가 아니라 교화를 위해 선전 활동을 옹호하는데도 불구하고, 니어링의 논리는 매우 허술해서 그이가 비판하는 금권 정치가들이 자신들의 잘못된 행위를 정당화하는 데 쉽게 이용될 수 있었다.

니어링은 역선전 활동으로 지배 계급의 생각에 맞서야 한다고 확신했기 때문에 전쟁에 반대하는 단체들과 손을 잡기 시작했다. 이렇게 해서 연결된 정치 조직 가운데 하나가 사회당이다. 1917년 4월 7일 세인트루이스에서 사회당은 참전에 공식적으로 대응하기 위해 긴급 회의를 열었다. 이미 미국이 참전했지만 사회당 대표는 대부분 전쟁에 반대했으며, 의회가 전쟁을 선언한 것은 미국 시민에 대한 범죄라는 내용의 성명서를 지지했다. 그이들은 보고서를 작성해 이 전쟁은 자본주의자의 전쟁으로, 민주주의를 짓밟을 것이라고 주장하면서 끝까지 전쟁에 반대할 것을 다짐했다. 그리고 앞으로의 행동을 계획했는데, 거기에는 공개적으로 전쟁 반대, 징병 반대, 언론 출판의 자유를 제한하는 것에 반대, 공립학교에서 군사 훈련과 군사 교육을 하는 것을 반대하는 선전 활동을 지속적으로 할 것, 자본주의와 전쟁의 숨겨진 관계를 대중에게 드러내는 교육 선전 활동을 광범위하게 펼칠 것, 노동 계급의 국제적인 연대 따위가 들어 있었다.[72]

아직 당원이 아님에도 니어링은 〈대학 연합 사회주의 Intercollegiate Socialist〉 4~5월호로 출간된 〈사회주의와 전쟁의 문제 Socialists and the problem of war〉라는 제목의 논문집 집필에 참여했다. 니어링은 사회주의자나 다른 단체 사람들이 왜 참전을 반대하느냐고 물으면 이렇게 대답했다. "전쟁은 모든 사회 단체를 가장 철저하게 짓밟는다. 그러므로 사회주의 사고방식을 가진 사람은 모두 참전을 반대해야 한다. 내가 아는 한, 전쟁의 가장 좋은 대안은 나라 안팎에 경제, 사회 정의를 세우는 것이다." 정부가 이미 선전 포고를 한 뒤에도 반전 운동이 계속되어야 하는지에 대해 니어링은 사회주의자는 믿지 않는 것에 참여하기를 끝까지 거부해야 한다고 주장하며, 소로(Henry David Thoreau)의 정신과 '시민 불복종 의무'를 되돌아보라고 했다. 그렇다면 전시에 사회주의자는 어떤 방안을 좇아야 하는지에 대해 니어링은 언론의 자유, 출판의 자유를 비롯한 모든 형태의 자유를 위해 싸울 것을 제안했다. 그리고 기본적으로는 전쟁이 다시 일어나지 않도록 마음 속에 사회와 경제를 재편해야 한다는 생각을 계속 지녀야 했다.[73]

니어링은 사회당의 반전 의견에 확실히 동조하고 사회당의 경제 계획에 참여하면서도 당원으로 가입하는 것은 머뭇거렸다. 니어링은 당 강령과 사회주의 원리가 자신이 자유롭게 경제학을 탐구하는 것을 해칠 것이라고 믿었다. 니어링은 특정한 원칙 때문에 얽매이게 되어 새로운 상황에서 옴짝달싹할 수 없는 교사가 되고 싶지 않다며 당에 들어가는 것을 피했다. 그리고 정당에 가입하지 않는 것은 오로지 진리가 이끄는 곳으로 따라가고 싶기 때문이라고 말했다.[74] 그러나 자신이 좇는 진리가 금권에 가로막혀 오직 교육 선전 활동으로만 그것을 드러내 보일 수 있다는 결론에 이르자, 당은 금권에 맞서 사상을 가르칠 만한 매력적인 조직으로 다가왔다. 1917년 7월 1일, 니어링은 사회당에 가입했다. 그러면서 이렇게 해명했다. "전에는 학교에서 가르치는 교사가 선전가가 되어서는 안 된다고 생각했기 때문에 당에 가입하지 않았다."[75] 니어링은 이제 나라가 전쟁 중인데다 대중의 문화를 지배 계급이 통제하고 있다는 이유로, 진리를 가르치는 교사가 선전 활동이라는 필요악을 기꺼이 받아들여야 한다는 모순된 믿음을 인정하는 것처럼 보였다.

물론 당에 들어가는 것은 선전 활동 이상을 뜻했다. 니어링에게 입당은 오랫동안 지녀 온 신념과 가치를 유지하고 북돋우는 방법이기도 했다. 니어링은 "가장 건설적이고 창의적인 삶의 수준에서, 사람에게 최대로 많은 기회를 줄 수 있는 사회 양식을 기획하고 건설하려고 사회주의자가 되었다."라고 말하며 특별히 윤리를 강조했다.[76] 니어링은 당을 도덕 단체로 생각했다. 이론이나 정치 전략에는 관심이 없었다. 당을 윤리 문화 측면에서만 생각했다. 사회주의자가 된 까닭으로 니어링은 경제 장벽을 깨부수는 데 관심이 있기 때문이라고 말했다. "사회에서 경제 장벽을 깨고, 일한 사람에게 노동의 온전한 열매를 안겨 주기 위해서는 사회주의자가 되는 것이 유일한 방법이라고 생각했다." 그러므로 사회주의자로서 니어링은 "사람이 다른 사람의 노동에 기대어 살거나, 사채업이나 다른 형태의 부채 증서 따위로 일하지 않고도 살아갈 수 있게 해 주는 것이라면 무엇이든지 그 재산을 몰수하는 것에 동의한다."라고 말했다. 사회주의자로서 니어링은 무엇보다도 '국제주의자' 였다.

그것은 내가 모든 사람에게 형제애가 있음을 믿는다는 뜻이다. 독립 선언서의 말을 빌린다면, 나는 모든 사람이 평등하게 창조되었으며, 모든 사람에게 생명과 자유와 행복을 좇을 권리가 있음을 믿는다. 나는 사람의 형제애를 믿는다.[77]

니어링에게 사회당은 반전 운동을 하기 위해 조직된 당으로 구체적으로 도덕 가치, 사회 가치를 계발하는 정치 이론을 만드는 곳이었다.

▬ 니어링은 미국이 전쟁에 참여하는 것을 보고 사회당을 지지했으나 노력은 대부분 또 다른 반전 선전 조직인 인민 위원회(민주주의와 평화를

위한 미국 인민 위원회)에 쏟아 붓고 있었다. 이 단체는 1917년 여름 조직되었으며, 미국에서 가장 이름난 반전 단체였다. 5월 초 니어링은 '제1차 민주주의와 평화를 위한 미국 회의' 모임에 참석했다.[78] 매디슨 스퀘어 가든에서 크게 열린 이 집회에서 인민 위원회가 구상되었다. 평화주의자인 셸리(Rebecca Shelley)는 이 집회에서 연설하면서, 동의도 없이 미국 시민을 전쟁에 몰아넣은 의회는 국민의 뜻을 대변하기를 멈추라고 요구했다. 이미 의회는 국민의 뜻을 대표할 수 없으므로 좀더 민주적인 정부를 구성해야 한다는 것이다. 위원회의 역할은 '징병법 폐지를 위해 노력하는 것, 헌법에 보장된 시민권을 침해하는 것에 맞선 투쟁, 러시아 정부가 발표한 조건에 따른 신속하고 민주적인 평화 촉구, 명확하게 구성된 조직을 통해 미국의 민주 세력이 주장하는 것들을 일반 시민에게 알리는 것' 이라고 셸리는 설명했다.[79]

인민 위원회를 열정적으로 찬성하고 조직한 사람들은 모두 좌파에 포함되는 사람들이었다. 그이들은 대체로 온건 사회주의자, 반전 진보주의자, 평화주의자들이었다. 인민 위원회에 참여한 프리먼은 사회주의자, 주관 없이 흔들리는 사람, 무정부주의자, 자유주의자, 평화주의자 따위 모든 종류의 군중이 매디슨 스퀘어 가든으로 몰려들었다고 회고했다.[80] 그 회의에서 당시 조직이 만들어지고 있던 위원회가 상임 대표 조직을 구성하게 하자는 결의안이 통과되었다.[81] '제2차 민주주의와 평화를 위한 미국 회의'는 7월 초 시카고에서 열렸는데, 9월 초에 열릴 제3차 회의를 준비하면서 공식적으로 그것을 '제1차 인민 위원회 제헌 의회' 라고 부르기로 했다.[82]

니어링은 그 조직의 초기 운동에 참여했다. 미국이 참전하기 전에는 참전하지 않도록 하는 것이 목표였다. 참전한 뒤에는 가능한 한 피해를 적게 하면서 전쟁에서 빠져 나오도록 하는 것이 목표였다.[83] 니어링은 그 조직을 미국 안의 모든 반전 단체들을 한데 묶고 사회당과도 협력하는 전국 조직으로 구상하면서, 틀을 짜기 위해 서둘렀다.[84] 인민 위원회에는 세 가지 목표가 있었는데, 첫째는 평화의 조건과 전쟁 목표를 명확히 선언할 것, 둘째는 시민의 자유를 지킬 것, 셋째는 경제 수준과 권리를 보호할 것이었다.[85] 니어링은 이렇게 말했다. "전쟁 준비 캠페인에서 금융계와 산업계는 힘을 합쳐 자신들의 의견을 밝혔다. 내가 생각하기에 인민 위원회도 진보주의자, 급진주의자와 단결해 일관된 모습으로 의견을 발표해야한다."[86] 그 해 후반, 니어링은 켄터키 주 루이빌의 세인트존스 복음주의 교회에서 연설하면서 이렇게 말했다.

> 우리는 미국 모든 도시의 노동조합, 지방 사회주의자, 세계 산업 노동자 동맹(IWW, Industrial Workers of the World) 지부, 단일세주의자, 민주주의를 위해 애쓰는 단체가 모두 하나의 위원회에서 대표되기를 바랍니다. 그래서 이 단체들에서 올라온 지방 인민 위원회 대표가 각 지역 문제와 국내, 국제 문제를 논의하고, 공개 토론회를 운영하며, 신문을 발행하고, 전국 조직이나 미국 전역의 다른 조직과 관계를 유지할 수 있기를 희망합니다. 금권이 상공 회의소를 통해 단결하듯이 민주주의자가 함께 모일 수 있는 조직이 있었으면 좋겠습니다. 우리는 공동 회의소, 공동의 기초, 미국 민주주의를 위한 공동의 의견 교환소를 설치할 수 있기를 바랍니다. 우리는 민주적 힘을 지금까지 쓰지 않던 곳으로 쏟아 우리의 정치, 경제 권리가 다시 주장되고 건설되고 유지되기를 바랍니다.[87]

인민 위원회는 단순한 반전 조직이 아니었다. 그것은 대안적인 민주 정부를 실험하려는 것으로, 금권에 기대는 경제 정치 조직에 맞서 미국 민주주의 유산을 보존하고 북돋우려는 노력이었다. 승리하기 위해 그 단체는 여론을 통제하는 금권에 맞서야 했고 무엇보다 시민들의 마음을 얻어야 했다. 니어링에 따르면 인민 위원회의 기본 목표는 선전 활동이었다. 위원회는 대중 전략을 논의하기 위해 조직되었다.[88]

평화와 자유를 보호하는 것, 경제 정의를 위한 요구 따위는 비록 온건한 것이고 운동을 하나로 뭉치는 일은 복잡했지만, 인민 위원회는 점차 사회당의 조직으로 여겨지게 되었다. 물론 겉으로는 사회당 조직이 아니었다. 인민 위원회는 회원들이 사회당에 관련되지 않았다는 것을 강조했다.[89] 니어링조차 인민 위원회의 개방성이 어떤 원칙 때문에 막혀서는 안 된다고 걱정했다. 니어링은 인민 위원회의 의장이 되었을 때 조직이 산업 민주주의를 위해 일할 것이라고만 이해했다. 그것이 사회주의를 뜻하느냐는 질문에 니어링은 아니라고 대답했다.[90] 인민 위원회의 게시판에는 다음과 같은 글이 씌어 있었다.

인민 위원회는 뭔가를 위해서 일할 만한 이기적인 이해관계가 없다. 인민 위원회가 하는 일은 일부에서 주장하는 것처럼 사회주의 운동이 아니다. 노동 운동도 아니다. 인민 위원회는 어떤 계층이나 시민 계급의 조직, 기관이 아니다. 우리는 일하는 사람을 도우려 하며, 금권을 휘두르는 부자들이 거대한 부를 가지고 조국의 자유를 위태롭게 하는 것을 막아 그이들을 어리석음에서 건지려 할 뿐이다.[91]

그러나 사회당 지도자들이 인민 위원회에 영향을 끼치고 있다는 사실은 부인할 수 없었다. 인민 위원회의 한 부서에서 일한 볼드윈은 이렇게 말했다. "인민 위원회는 본질적으로 사회당의 반전 조직으로, 모든 좌파를 안은 연합 전선이다."[92] 볼드윈에 따르면, 사회당은 반전 집회에 가장 열성적으로 나섰으며 인민 위원회를 손에 넣었다. 공식적으로는 사회당이 아니었지만, 인민 위원회가 가진 힘은 대부분 사회당에서 나왔다.[93] 사실 사회당의 반전 프로그램과 인민 위원회의 주장은 매우 비슷했는데, 그것들이 가지고 있는 숨겨진 힘은 니어링에게 매력적이었다.

인민 위원회를 사회당보다 더 좌파 쪽으로 기울게 하는 일이 외부의 사건이 계기가 되어 일어났다. 인민 위원회가 2월 혁명으로 모습을 드러낸 '러시아 노동자 위원회'의 청사진에 바탕을 두고 사회를 재편해야 한다고 강조한 것이다. 차르 체제가 무너진 러시아는 중앙 정부 없이 지방 정부와 '페트로그라드 소비에트 노동자·군인 대표 회의'만 있는 나라가 되었다. 이 대표 회의는 소비에트 정부에게 노동자와 군인 대표를 선임하라고 요구했다. 전쟁을 찬성하는 자유주의자들도 러시아에서 일어난 사건을 예의 주시했다. 그 사건이 '미국은 독재를 끝장내고 세계의 민주주의를 안전하게 지키기 위해 참전했다'는 윌슨 대통령의 주장을 정당화할 것으로 보았기 때문이다. 그러나 반전을 주장하는 좌파들은 먼저 지방 정부의 상대 역인 페트로그라드 소비에트에 초점을 맞추었고, 다음으로는 러시아의 전쟁 목표에 관심을 두었다. 그이들에게는 소비에트가 순수한 민주주의와 평화의 본보기가 된 것이다.[94] 프리먼은 이렇게 말했다. "우리는 러시아를 지구상에서 가장 중요한 지역으로 보았다. 러시아는 사회주의를 책, 선전 책자, 회의장에서 끌어 내어 실제 생활에서 실험하고 있었다."[95] 소비에트가 요구한 자유, 빠른 평화 협상은 미국의 반전 단체들이 미국 정부에 요구하는 바로 그것이었다. 미국이 민주주의와 평화를 위해서가 아니라 이익을 챙기기 위해 참전했다고 생각하는 보른 같은 이는 이렇게 묻기도 했다. "우리가 싸우는 것은 금권이 다스리는 미국의 정치 민주주의를 위해서인가, 아니면 새로운 러시아의 사회 민주주의를 위해서인가?"[96]

인민 위원회 구성원들에게 러시아 혁명은 강력한 영감을 주었으며, 페트로그라드 소비에트는 본보기가 되었다.■ 그이들은 인민 위원회가 미국 사람의 평화 의지를—페트로그라드 소비에트 노동자·군인 대표 회의가 러시아를 위해 하는 것만큼 실수 없이—효과적으로 전하는 단체가 되기를 희망했다.[97] 러시아는 그이들이 미국에서 하고자 하는 것의 상징이 되었다. 전쟁이 불공평한 사회 질서 때문에 일어났으며, 지배층을 뒤엎을 수 있고, 사회는 다수인 노동자의 이름으로 민주적으로 재조직될 수 있다는 믿음에 러시아는 더욱 힘을 보태 주었다. 인민 위원회를 만든 사람들은 국제 평화는 오직 진정한 민주주의에서 온다는 교훈을 러시아로부터 끌어냈다. 세상이 민주주의를 지키기 위해 안전해야 하는 것이 아니라, 민주주의가 바로 세상을 안전하게 하는 것이다. 니어링은 이렇게 강조했다. "미국 사람들이 러시아 동지들의 사례를 따를 때가 왔다. 근대 산업 사회의 야만성을 벗어 던지고, 경제적으로 빌붙은 상태를 깨뜨리고, 사람이 다른 사람의 노동을 착취해 살아갈 수 있게 하는 모든 사회 제도를 뿌리뽑을 때가 왔다."[98] 반전 단체들은 러시아라는 거울에서 민주주의의 이상을 보았다.■■ 인민 위원회 구성원 중 한 명인 이스트먼(Max Eastman)은 이렇게 말했다. "러시아를 보면서 우리가 눈을 비빈 것은 우리 이론이 가리키는

■ '위원회'라는 말은 러시아 어 소비에트(soviet)를 직역한 것이다. Marchand, *American Peace Movement*, p. 306 참조. 니어링은 '인민 위원회'라는 용어를 1915년 교실의 사회적 기능에 대해 이야기하면서 사용했다. *Chautauquan Daily*, July 6, 1915, pp. 1-2 참조.

■■ 소비에트의 인민 위원회에 대해서는 Frank C. Grubbs, "Council and Alliance Propaganda, 1917-1919," *Labor History* (Spring 1966): 157; Merle Curti, *Peace or War: The American Struggle, 1636-1936* (New York: Norton, 1936), p. 259; Marchand, *American Peace Movement*, p. 311 참조. 소비에트와 인민 위원회 사이에 직접적인 접촉은 없었다. 니어링은 재판에서 인민 위원회가 정책이나 계획, 혹은 노선에서 소비에트와 어떤 관계가 있느냐는 심문에 이렇게 대답했다. "인민 위원회는 영토 합병 반대, 전쟁 배상 반대, 모든 인민의 발전과 관련해 몇몇 노선을 공표하고 선전했다는 것을 제외하고는, 소비에트와 어떤 관련도 없다. 나는 이것들이 인민 위원회의 노선이자 소비에트 정부 초기 강령 중 일부였다고 생각한다." Hillquit, *Trial of Scott Nearing*, p. 174.

길이 진실로 증명되고 있기 때문이었다."[99]

인민 위원회가 러시아를 보고 자신들의 목표가 정당하다고 생각한 것에 비해, 다른 평화 단체들은 달랐다. 그이들은 러시아를 따르는 것은 외국을 추종한다는 비난의 빌미를 만들어 불필요한 비판과 적대감을 불러일으킬 수 있다고 생각했다. 미국 연합(군국주의에 반대하는 미국 연합, AUAM)은 미국이 참전하자 정부와 전쟁에 대한 반대를 멈추고 전후 세계를 편성하는 것에 영향을 미치기 위해 힘을 쏟았다. 미국 연합은 인민 위원회 지지 문제를 둘러싸고 곧바로 분열되었다. 이 단체의 설립자 중 한 사람은 인민 위원회와 관계를 맺는 것은 외국 정부의 정책을 뒷받침하는 것으로 해석될 수 있다며 우려했다.[100] 의회의 '선발 징병법'이 실시되자마자 미국 연합의 핵심 인물인 볼드윈은 '양심적인 이의 제기를 위한 사무국'을 만들고 니어링이 그것을 관장하고 책임지도록 했다.[101] 볼드윈의 새 사무국은 미국 연합의 지도력을 분열시켰다. 회원들은 대부분 사무국을 인정했으나, 일부는 "협상으로 문제를 해결하고 세상을 민주주의로 재편하는 것이 목적인 우리가 전쟁을 치르는 것에 반대하기 위해 공격적인 정책을 쓸 수는 없다."[102]라며 사무국을 비판했다. 사무국을 지지한 다수는 인민 위원회의 노선에도 동조했다.[103]

여름을 넘기는 동안 사무국과 인민 위원회는 미국 연합을 점점 더 분열시켰다. 8월이 되자 9월 초로 예정된 전국 인민 위원회 회의에 미국 연합이 참석할 것인지 여부를 둘러싸고 위기가 찾아왔다. 월드(Lillian Wald)는 미국 연합의 보수파들에게 한 연설에서, 평화를 위한 조직의 노력이 볼드윈의 사무국 때문에 위험해졌다며 조직이 인민 위원회를 지지한다면 자신은 탈퇴하겠다고 협박했다. 월드는 "미국 연합이 전쟁에 반대하는 사람들의 깊은 고민을 대표한 반면, 인민 위원회는 충동적인 급진주의를 대변한다."라고 주장했다. 미국 연합과 인민 위원회 둘 다에서 활동하던 사람 중 토머스(Norman Thomas)는, 전자는 중산층 운동인 데 반해 후자는 노동자층 운동인 것이 두 조직의 유일한 차이라고 말했다.[104]

그러나 월드는 다른 차이도 찾아 냈다. 월드에 따르면 인민 위원회를 이끄는 사람들은 전쟁을 치르는 동안 정치, 사회적으로 힘있는 기존 단체와 별 관계가 없었다. 그래서 급진주의라는 비난을 받고 지원이 사라졌을 때도 조직에 위협이 되지 않았다. 인민 위원회는 지배 계급의 군국주의를 따르지 않은 채 사회 변화에 영향을 끼치려는 사람들이 발전시켰다. 월드는 그이들을 '자유 활동가'라고 불렀으며, 그이들은 강압적인 방법을 쓰지 않았다.[105] 인민 위원회 회의에 대표를 파견할 것인지를 둘러싸고 투표가 실시되었으며, 이는 미국 연합을 결정적으로 분열시키고 힘을 잃게 했다. 9월이 되자 사무국과 미국 연합은 모든 관계를 끊었다. 미국 연합이 무너지면서 평화 운동의 주도권은 논란을 더해 가는 와중에 인민 위원회가 거의 혼자서 차지하게 되었다.* 니어링은 인민 위원회가 짧은 기간에 반전 운동의 중심으로 자리를 잡았다고 기록했다.**

인민 위원회의 활동이 두드러지면서 이 단체는 반전 운동을 주저앉히려는 세력의 과녁이 되었다. 연방 정부가 반전 단체를 탄압하자, 주 정부와 지방 정부 역시 일제히 급진 운동을 억누르는 일에 나섰고, 인민 위원회는 그 일차적인 목표가 되었다.[106] 인민 위원회는 미니애폴리스에서 전국 대회를 열 예정이었으나, 적대적인 신문들은 대표들이 도착하기도 전에 평화주의자들은 친독일파라고 비난하며 대회에 찬물을 끼얹었다. 이

■ 피터슨(Peterson)과 파이트(Fite)는 *Opponents of War* p. 74에서 이렇게 주장했다. "1917년 가을 인민 위원회는 신속한 전쟁 종식을 위해 싸우는 가장 중요한 조직이 되었다." 그 해 9월 대회에서 니어링은 인민 위원회 집행위의 위원장이 되었다.

■■ Nearing, *Making of a Radical*, p. 11. 미국 연합의 집행 위원회는 1917년 10월 9일 표결에서 니어링의 사임을 받아들였다. AUAM Papers, Minutes of October 9 Meeting, Microfilm, reel 1. SCPC.

런 역선전으로 강당을 빌릴 수 없었을 뿐 아니라 천막을 칠 땅조차 마련할 수 없었다. 결국 주 지사는 인민 위원회가 미니애폴리스에서 집회를 여는 것을 금지한다고 발표했다.■ 니어링을 비롯해 이미 도시에 와 있던 대표들은 새로운 회의 장소를 찾는 동안 숙박한 호텔에서 비공식적으로 만났다. 이 가운데 법무부의 정보 수집 기관원이 있었으나 그 사람은 대표들의 이름이나 뭔가 특별한 것을 알아 내기가 몹시 어려웠다. 인민 위원회가 평화주의자로 이미 '악명'을 떨치지 않은 이는 누구든지 의심했기 때문이다. 그래도 기관원은 니어링이 "매우 똑똑해 보이는 사람으로 대단히 인기가 있고 위험하다."라고 보고했다.[107]

미니애폴리스 대회를 포기한 뒤, 인민 위원회 대표는 위스콘신 주의 허드슨이나 노스다코타 주의 파고에 가는 것도 금지당했다. 그리고 마침내 시카고에서는 대회가 물리적으로 막혀 버렸다. 시카고 시장은 헌법에 보장된 집회의 권리를 보호하려고 했으나, 주 지사가 그 모임을 허락하지 말라고 시장을 설득했다. 그 사이 9월 1일, 약 200명의 대표가 대회를 열었다. 그러나 주 지사가 시 경찰 책임자에게 대회를 막을 것을 지시해 모임은 깨졌고 회원 몇 명이 체포되었다. 대표들은 회의를 계속하기 위해 호텔로 돌아왔다가 시장이 경찰력을 쓰지 않겠다고 약속하자 다음 날 다시 강당으로 갔다. 이에 주 지사는 화를 내면서 국가 방위군을 불러 모아 출동할 것을 명령했다. 대표들은 군대가 닿기 전에 서둘러 회의를 마쳤다.[108] 인민 위원회가 당한 탄압은 미국에서 민주주의가 이루어지지 않고 있다는 주장을 분명하게 확인하는 것이었으나, 인민 위원회는 그 사건을 대중에게 효과적으로 알릴 수 없었다.

■ 금지 발표와 항의 서한은 다시 인쇄되었다. Arthur S. Link, ed., *The Papers of Woodrow Wilson*, Vol. 44 (Princeton, N.J.: Princeton University Press, 1983), Louis Lochner to Woodrow Wilson, August 28, 1917, pp. 78-79.

그 이유는, 지방 정부 관리들의 위협도 위협이지만 그보다는 인민 위원회가 침묵하도록 하기 위해 연방 정부가 모든 노력을 기울였기 때문이다. 8월 초만 해도 윌슨 대통령은 인민 위원회의 편지를 단속해야 한다는 건의를 받고는 인민 위원회가 뭔지조차 모른다고 대답했다.[109] 이에 체신부 장관은 이렇게 보고했다. "인민 위원회는 빠른 속도로 전국에 지부를 건설 중이며, 참전에 반대하는 모든 계층의 사람들이 정부의 힘을 빼기 위해 빠르게 이 조직과 손을 잡고 있다."[110] 또 인민 위원회는 현재 위기 국면에서 정부에 대단히 해로울 것이라고 덧붙였다.[111] 결과는 약 4000통의 편지와 3000건의 회람이 체신부에 억류된 채 발송되지 못한 것이다.[112] 인민 위원회가 드디어 윌슨 대통령의 주의를 끈 것이다. 8월 중순, 윌슨 대통령은 인민 위원회를 '대부분 해로운 패거리'라고 불렀다.[113] 8월 말, 윌슨 대통령은 각료들에게 인민 위원회가 '유명한 괴짜들과 평소에는 상식을 가진 사람들'로 구성되었다고 말했다.[114]

연방 정부는 인민 위원회를 침묵시키기 위해 무슨 일이든 했다. 1918년 3월에는 니어링이 반전 선전 책자에 쓴 글을 빌미삼아 그이를 간첩 혐의로 기소하기도 했다. 그 일이 있기 전에도 정부는 인민 위원회와 치열한 선전전을 벌였다. 평화를 위한 주장이건 경제와 정치 생활을 개편하자는 제안이건, 인민 위원회의 프로그램은 대부분 노동 운동에 목적을 두었다. 보수 노조, 기업, 정부 사이에는 인민 위원회에 반대하는 동맹이 맺어졌다. 그이들은 급진적인 인민 위원회에 두려움을 느꼈으며, 노동 운동을 보수적으로 유지할 필요가 있었기에 서로 손을 잡았다. 그래서 1917년 여름 동안, 곰퍼스(Samuel Gompers)의 미국 노동 총연맹(AFL)과 크릴(George Creel)의 '공공 정보 위원회(Committee on Public Information)'가 뒷받침하는 국가 시민 연합(NCF)이 함께 '노동과 민주주의를 위한 미국 동맹(American Alliance for Labor and Democracy)'을 만들었다. 연방 정부에서 재정 지원을 받는 따위 정부를 등에 업은 단체였다. 미국 동맹의 유일한 목적은 인민 위원회에 역선전 활동을 펼치고, 윌슨 대통령의 참전 선언을 노동자들에게 설득하는 것이었다. 미국 동맹은 인민 위원회에 반대하는 선전전을 펼치며 138만 장이 넘는 선전물을 뿌렸다.[115]

미국 동맹은 인민 위원회가 대회를 열기로 한 날 같은 시각에 세인트폴에서 전국 대회를 열어 인민 위원회의 분위기를 망치는 데 한몫 거들었다. 8월 말 크릴은 미니애폴리스의 한 전쟁 지지자에게 쓴 편지에서 이렇게 말했다. "인민 위원회는 반역자와 어리석은 자들로 구성되어 있다. 우리는 그 사람들과 끝까지 싸울 것이다. …… 애국 모임과 시민 조직들은 인민 위원회가 친독일적이고 충성스럽지 않은 단체라고 비난하는 결의안을 통과시켜라. 다른 질 높은 단체들과 함께 모든 신문을 돌아보고, 그이들이 인민 위원회에 대해 우리와 같은 관점을 가지고 움직이는지 살펴라." 마지막으로는 "이 편지를 찢어 버려라."라고 지시했다.[116] 사회당에서 변절한 전쟁 지지자인 월시(Frank Walsh)에 따르면 미국 동맹의 대회는 성공적이었다. 그러나 니어링은 월시가 지배 계급과 함께 전쟁을 지지하는 미국 동맹에 참여한 것에 크게 화를 냈다. 월시가 양심과 시민의 의무, 민주주의 이념을 배신했다는 것이다. 니어링은 월시에게 보내는 편지에 이렇게 썼다. "당신은 패터슨과 러들로(20세기 초반 노동 운동이 활발하던 매사추세츠 주의 공업 도시들 — 옮긴이)에 대해 알고 있습니다. 당신은 그 노동자들 뒤에 누가 있는지도 잘 알고 있습니다. 당신은 유럽에서 자유의 이름으로 민주주의를 목 졸랐듯이, 오늘날 미국에서 똑같은 세력들이 민주주의를 탄압하고 있다는 것을 알고 있습니다. 그런데 그런 당신이 그 세력에게 이름과 영향력을 빌려 주고 있습니다. 금권은 사슬을 죄기 위해 당신의 힘을 이용하고 있습니다. 어떻게 그럴 수 있습니까?"[117]

제10장

선거에 출마하다

인민 위원회(민주주의와 평화를 위한 미국 인민 위원회, People's Council of America for Democracy and Peace)는 1917년 가을 내내 꾸준히 투쟁을 벌였다. 인민 위원회는 힘있는 반전 단체가 되었으나, 반전 세력을 분열시켰으며 미국 연합(군국주의에 반대하는 미국 연합, AUAM)이 깨지는 원인이 되기도 했다. 인민 위원회는 러시아의 10월 혁명과 함께 '모든 권력을 소비에트로!' 라는 구호를 내건 볼셰비키의 봉기에서 활력을 찾았다. 하지만 인민 위원회와 니어링은 더욱 가혹한 탄압을 피할 수 없었다.[1] 이런 상황에서 사람들의 내면에 혁명 의식을 북돋우는 교육 선전 활동을 어떻게 펼칠지 하는 문제가 제기되었다. 미국이 전쟁에서 이권을 챙기는 것을 반대하는 사람들에게는 거의 모든 의사 표현 통로가 막혀 있던 때였다. 그래도 정치 조직을 통한 선전 활동 덕분에 다양한 사상이 어느 정도 자율적인 공간을 갖게 되었다. 또한 정치 조직이 탄압에서 보호받는 피난처가 될 수 있다는 것도 뚜렷해졌다. 사회당의 정치 활동은 민주주의 부활의 신호일 뿐 아니라 합법 무대에서 지배 사상에 반대하는 상징이 될 수 있었다. 1917년 늦가을, 니어링은 사회당이 선거에 참여할 수 있는지 그 가능성을 적극적으로 검토했다. 대학 연합 사회주의회(ISS) 전국 회의에서 니어링은 "1918년 11월 선거는 사회당에게 처음으로 좋은 기회가 될 것이다."라고 말하며 선거에서 어느 정도 가능성이 있다고 생각했다. 당의 지도자들이 훌륭한 선전가가 되어 사람들을 교육하는 것은 의무이기도 했다.[2] 반대 사상에 맞설 수 있는 이 기회를 놓치지 않고 니어링은 뉴욕 제14선거구에서 사회당 후보로 연방 하원 의원에 출마했다.

▰▰▰ 언제나 선거에 활발하게 참여하는 뉴욕의 로우어 맨해튼은 1918년 선거 때는 더욱 강렬하게 끓어올랐다. 제14선거구의 현역 의원인 라구아디아(Fiorello LaGuardia)는 전투기 조종사였다. 라구아디아는 이탈리아에서 전쟁에 참여했으며, 1918년 3월 돌아와서야 전시 간첩법 위반 혐의로 연방 검찰에 기소된 적이 있는 니어링에게서 도전을 받았다는 것을 알았다. 1917년 미국 내외에서 일어난 각종 사건들이 선거 운동의 열기를 더욱 뜨겁게 달구었다. 야외 집회가 잇따라 열렸고 개인 선거 운동, 군중대회, 행진, 대규모 시위가 밤낮 없이 계속되었다. 니어링은 날마다 열광적인 지지자 수천 명 앞에서 연설했다. 한낮에는 상가에서 노동자들을 만났으며, 저녁에는 50~75명의 유권자, 부녀자들과 함께 가정에서 모임을 열었다. 자신의 선거구만이 아니라 다른 선거구의 실내 집회에서 연설하는 것까지 합쳐 하룻밤에 네다섯 차례나 연설하는 날도 있었다. ▪

선거는 열기가 지나쳐서 유권자들의 감정을 건드리는 일도 비일비재했다.[3] 선거 운동 막바지에 벌어진 중요한 행사인 쿠퍼 유니언 토론회에서는 군중이 폭동을 일으키기 직전까지 갔다. 군중은 연설자들에게 성난 고

▪ New York *Call*, October 7, 1918; September 29, 1918; October 18, 1918. 1918년은 뉴욕 주에서 여성이 투표할 수 있는 권리를 얻은 첫해였다.

함을 질러 댔으며 상대 후보에게 항의하고 야유를 퍼부었다. 후보자들은 와자지껄한 고함 소리에 맞서 절규하듯 연설했다. 군중의 일부는 연단 앞으로 돌진했다가 상대 후보를 지지하는 군중이 있는 쪽으로 우르르 몰려가기도 했다. 자기들이 지지하는 후보가 그럴듯한 정견을 내놓을 때마다 이성을 잃은 환호성이 터져 나왔다.[4] 선거 운동은 후보와 대중 모두에게 적극적으로 대안을 내놓는 기회이기도 했다. 또한 활기차고 자율적인 정치 공간을 제공했다.

그러나 대중 집회가 대개 금지되던 당시 상황에 비추어 볼 때 제14선거구의 이런 혼란한 정치 문화는 특이한 선거 사례 중 하나로 꼽을 만했다. 이것은 독특한 의미와 중요성을 가지고 있었다. 니어링에 따르면 언론의 자유는 일상적으로 부인되었으며, 출판의 자유도 매우 심각하게 억눌렸다.[5] 사회당의 한 당원은 공개적으로 투쟁하고 선동하고 토론하고 반대하다가는 폭도들에게 폭행 당하고 법률적으로 테러 당할 것이라고 주장했다.[6] 전쟁에 반대하는 연설을 하거나 글을 쓰는 사람을 고발하고 기소하는 일이 갈수록 흔해졌다.** 신문은 협박받고 사무실은 습격당했으며 편지는 멋대로 개봉되었다. 나라 바깥으로 쫓겨날 위험도 커졌다. 뉴욕에서 전쟁에 항의해 거리 시위에 참여한 사람들이 너무 많이 붙잡히는 바람에 〈콜 Call〉지가 블랙웰 섬의 감옥에 사회당 지부를 창설하라고 요구할까 고민할 정도였다.[7] 1918년 선거를 치를 때까지 제14선거구의 주민들

** 전시 기소와 관련해, 전쟁 기간(1917년 4월 6일~1918년 11월 11일) 언론, 출판, 집회의 자유를 포함해 기소된 총 건수는 대략 4500에서 5000건 정도였다. 이는 군복무 의무가 있는 남자들의 징병법 사건을 제외한 것으로, 이 중 998건이 (1918년 7월 1일 발효된) 간첩법에 의한 것이었다. 재판에서 약 1500명이 유죄를 선고받고 형을 살았다. 주 정부와 도시 법령에 의한 기소와 관련해서 총 건수는 법령이 재판을 요구하는 것에 대해서만 어림잡을 수 있으며, 재판은 다양하게 열렸다. 뉴욕시에서만 20여 건의 사건이 지방 판사의 재판을 받았다. Alexander Trachtenberg, ed., *The American Labor Yearbook, 1919-1920* (New York: Rand School, 1920), pp. 91, 93-94. Paul L. Murphy, *The Meaning of Free Speech* (Westport, Conn.: Greenwood, 1972), p. 4 참조.

은 자신들의 정치 견해를 표현하는 여러 토론에서 그 전에 겪어 보지 못한 직접적인 위협을 받았다.

이런 상황에서 쿠퍼 유니언 토론회는 대중 토론과 투쟁을 위해 그나마 남아 있는 가장 훌륭한 토론회였다. 이 무대를 통해 사회당은 전쟁에 반대하는 강령을 대중 앞에 내놓을 수 있었다고 〈콜〉 지는 전한다. 사회당에 따르면 전쟁은 헌법상 보장된 언론, 출판, 집회의 자유를 제한하는 것조차 불필요하게 만들 뿐만 아니라 민주주의와 인간 자유의 미래 전체를 위협하는 것이었다.[8] 니어링은 후보직을 받아들이는 연설에서 지지자들에게 이렇게 선언했다. "나는 여러분의 이름으로 의회에 진출해 현 민주당 정부에 반대할 것입니다. 현 정부는 헌법상 보장된 권리가 박탈당하고 부정당한 가운데 간첩법이나 이와 비슷한 법률을 통과시키고 강제로 시행하고 있습니다."[9] 〈콜〉 지는 사회주의자들이야말로 미국 이념을 위해 투쟁하는 사람들이며, 사회당이야말로 진정한 미국 정신을 대변한다고 주장했다. "유사 이래 기존 정당에 사람의 마음을 끌 만한 것이 전혀 없는 적은 처음이며, 기존 정당과 사회당 사이를 가르는 선이 이렇게 뚜렷한 것도 처음이다."[10]

━━━ 1918년 7월이 될 때까지 선거 운동은 공식적으로 시작되지 않았지만, 선거에 대한 관심은 이미 높아져 있었다. 1917년 초가을 라구아디아가 이탈리아로 떠나자 선거구에서는 심한 불만이 터져 나왔다. 나라 밖에 있다면 그 사람은 제14선거구 주민을 대표하는 의원으로 활동하는 것이 아니라는 것이다. 그 해 12월 뉴욕 여성 평화당은 지역구에서 특별 선거를 실시할 것을 의회에 촉구하며, '지역구를 대표하라'는 구호가 적힌 청원서에 3000명의 서명을 받았다.[11] 청원이 늦게 전달된 탓에 결국 특별 선거 운동은 흐지부지되었다. 하지만 라구아디아에 반대하는 선거 운동

은 명백히 합법인 것으로 보이는 분위기였다.

한여름에 〈뉴욕 타임스 New York Times〉 지는 '가장 훌륭하고 지칠 줄 모르는 민주당의 선구자'라고 부르면서 현역 군인이자 하원 의원인 라구아디아를 잊어서는 안 된다고 주장했다.[12] 신문은 또 사회당 당원을 체포한 연방 정부에 박수를 보내면서 이렇게 비아냥거렸다. "동지들, 대중 앞에서 지나치게 많이 말하지 말게. 밖에 있을 수 있는데 왜 감옥에 가는가?"[13] 7월 13일 뉴욕 지방 사회당 중앙 위원회 회의에서 니어링은 많은 지지를 받으며 제14선거구 후보로 추천을 받았다.[14] 그 동안 '전쟁 지지 100퍼센트 미국 국가 안전 동맹'이라는 단체는 선거에서 이기기 위해 민주당과 공화당 후보를 단일화할 필요가 있다고 주장했다. 이 단체는 제14선거구가 뉴욕에서 사회당에 넘어갈 수 있는 5개 선거구 가운데 하나라고 걱정했다. 이 단체는 1917년 사회당 지지는 1916년 주 의회 선거에서 보여 준 수준을 넘어 61퍼센트에 이르렀다고 지적하며 후보 단일화에 합의할 것을 요구했다. 7월 말, 공화 민주 양당 집행 위원회는 라구아디아를 비롯한 여러 후보들의 연합 공천에 합의했다.[15] 제14선거구에서 처음으로 사회당이 연합 후보를 상대하게 된 것이다.

8월이 지나는 동안 〈콜〉 지는 《사회당 강령 National Socialist Party Platform》을 출판했는데, 이 책에는 헌법에 보장된 시민의 자유 보호, 체신부 장관이 지시한 우편 검열 폐지 따위를 요구하는 내용이 들어 있었다.[16] 이 요구는 제14선거구 주민들에게 각별한 뜻을 가졌다. 1917년 4월 이전, 뉴욕에 있는 주요 사회주의 매체가 모두 구독자 수를 늘렸으나, 미국이 선전 포고한 지 5개월이 채 못 되어 최소 한 번 이상 배달이 중단된 적이 있기 때문이다.[17] 〈콜〉 지를 보는 사람들은 미국 시민의 권리가 여러 모로 공격받고 있다는 것을 알았다. 당시 '무니 사건'이라고 불리는 유명한 사건이 있었다. 무니(Thomas J. Mooney)는 1916년 샌프란시스코에서 열린 전쟁 준비 행렬에 폭탄을 던진 사람이다. 8월 23일이 무니의 두 번째 처형 날짜였는데 아무 일 없이 그냥 지나갔다. 무니에 대해 〈콜〉 지는 이렇게 묘사했다. "미국 노동자에게 정의와 민주주의는 무니의 운명을 뒤섞어 짜 놓은 것처럼 보인다." 8월, 이 신문은 시카고에서 진행된 한 재판 소식을 묘사했다. 그것은 전쟁 준비 방해 음모죄로 헤이우드(Big Bill Haywood, 미국의 급진 노동 운동가. 세계 산업 노동자 동맹을 창설하고 지도 자로 활동함-옮긴이)와 93명의 세계 산업 노동자 동맹(IWW) 회원들에게 유죄 선고를 내린 것이었다.[18)

〈콜〉 지는 국가가 이렇게 행동한 것은 제14선거구 주민에 대한 법적 테러라고 규정했다. 그러나 이 신문의 독자들은 다른 사람의 재판 뉴스를 읽고만 있는 것이 아니었다. 테러는 실제 그이들 주변에서 계속 일어나고 있었다. 8월 23일 한 무리의 러시아 이민자들이 선거구 남쪽에 있는 건물 위에서 얼마 전 미군이 동부 러시아에 배치된 것에 항의해 영어와 이디시 어 (독일어와 히브리 어 따위가 섞인 말로 중부 유럽, 동부 유럽 여러 나라, 미국의 유대인들이 쓴다-옮긴이)로 쓰인 유인물을 뿌렸다. 그이들은 거리에서 군인들에게 붙잡혔고, 유인물을 빼앗겼으며, 경찰서에서 짐승 같은 대우를 받았다.[19) 8월 31일에는 정부가 200만 건의 인쇄물, 편지를 빼앗은 것과 300개 단체와 개인이 체신부의 검열을 받는 것에 항의하는 격렬한 시위가 있었다.[20) 편지를 압수당하는 일차 과녁은 사회당이었다. 사회당은 가을 선거 운동에 쓰기 위해 전국에서 100만 달러의 기금을 조성하려고 했다는 이유로 고발되어 있었다.[21) 민주주의를 지켜서 세상을 안전하게 만든다는 전쟁이 제14선거구 주민들에게는 심각한 반향을 불러일으킨 것이다.

9월, 〈뉴욕 타임스〉 지는 라구아디아 공천이 "오늘날 미국의 정신과 이 전쟁을 성공적이고 빠르게 끝장내기 위해 사람들이 어떻게 단결해야 하는지 분명히 보여 주고 있다."[22)라고 논평하고, 니어링이 당선되지 않을 것이라고 주장했다.[23] 그 동안 사회당은 기금과 지원이 필요하다고 호소했다. 사회당은 지금은 중요한 때라며 이렇게 덧붙였다. "우리는 공적인 삶에서 사람의 용기를 시험하는 시점에 이르렀다. 우리 신문은 우편물 인가를 받지 못했으며 집회는 탄압받았고 연사는 체포되었다."[24] 라구아디아는 자신의 선거 운동 간부에게 선거 포스터를 만들 때 자신이 군복을 입고 있는 사진은 절대 쓰지 말라고 지시했다.[25] 사회당 지도자인 데브스 (Eugene Victor Debs)가 간첩법 위반 혐의로 6월 30일에 체포된 뒤 재판을 받기 하루 전에 니어링은 데브스를 만나려고 클리블랜드에 가 있었다.[26] 데브스는 재판에서 유죄 판결을 받았고, 〈콜〉 지에 이렇게 말했다.

오늘날 연방 헌법이 보장한 것을 지키는 존재는 사회당 외에 거의 없다. 헌법에서 보장한 것들은 수백만 명의 이민자를 미국으로 끌어들인 주된 이유였다. 헌법은 미국 특유의 것으로 인정되었다. 이런 면에서 사회당은 확실한 미국의 정당이다.[27]

니어링은 서로 비난하지 않은 채 자유롭게 반대할 수 있는 권리를 내세웠지만 라구아디아는 가능한 한 전쟁과 그 결과를 강조하는 것으로 승부를 걸었다.

시민의 자유를 빼앗은 사건과 표현 자유의 권리와 관련된 문제가 제14 선거구 곳곳에서 계속 일어났다. 9월, 진보 잡지 〈매시스 Masses〉의 편집장에 대한 재판이 열렸다.[28] 10월, 의회는 이민법을 수정한 국외 추방법을 통과시켰는데, 이것은 대규모로 이민 온 사람들을 위협하는 수단이었다.[29] 10월에 열린 또 다른 재판에서는 선거구 남쪽 건물에서 유인물을 뿌린 러시아 이민자 에이브람스(Jacob Abrams)와 네 명에게 유죄를 선고했다.[30] 10월 하순, 사회당 후보인 런던(Meyer London)의 선거 운동원이

칼에 찔리는 사건이 발생하자 대규모 폭동이 일어났다.[31] 사회당이 경고한 자유에 대한 위협이 선거 기간 내내 절박한 문제가 되었다.

라구아디아가 10월 하순까지 이탈리아에 있는 동안 니어링은 적극적으로 선거 운동을 했다. 니어링은 9월 11일 인준 대회에서 제14선거구 주민들을 처음으로 만났다. 〈콜〉 지는 니어링이 사회당 강령과 자신의 선거 운동 원칙을 설명하면서 1000명에 이르는 남녀 시민들의 마음을 크게 흔들어 놓았다고 보도했다. 니어링은 또한 자본주의에 맞서 조직된 국제 사회주의자 강령, 소비에트 정부의 승인과 지원, 민주주의와 평화를 위한 전진, 산업 민주화 따위를 밝힌 성명서를 발표했다. 여기에다 "미국의 생산자 계급은 1776년 우리 조상이 정치 기구를 넘겨받고 왕권으로부터 독립을 선언했듯이, 생산 기구를 넘겨받고 대기업에게서 독립을 선언해야 한다."라고 주장했다. 니어링은 또 현 정부가 자유 시민들을 위협해 대단히 중요한 공공 문제에 대해 침묵하도록 만들고 있다고 공격했다.[32]

니어링은 탄압 때문에 선거 운동을 해야 하는 연사가 연설을 하지 못하고 있다고 주장했다. 사회당은 자신들의 주장을 주민들에게 전달하기 위해 다른 방법을 찾아야 했다.[33] 니어링은 유인물을 만들어 뿌렸는데, 이 유인물은 널리 알려진 니어링의 후보 수락 연설문을 싣고 있었다.[34] 니어링은 제14선거구 주민들에게 이렇게 다짐했다. "저를 의회에 보내 주신다면 저는 생산 계층의 대표, 미국 사회주의와 산업 민주화의 대변인으로 의회에 가겠습니다. 또한 민간 자본주의, 국가 자본주의, 민간 산업의 국가 지배, 일하지 않고 다른 사람의 노동에 빌붙어 살아가는 사람이 있게 하는 구조 따위, 모든 형태의 자본주의에 반대하겠습니다."[35] 제14선거구에 있는 다양한 이민자 집단에게 제대로 뜻을 전하기 위해 유인물의 일부는 이탈리아 어와 이디시 어로 번역되었다. 니어링은 또 사회당의 메시지를 전하기 위해 〈콜〉 지를 활용했으며, 선거 운동원들은 날마다 200~500장의 유인물을 지역구에 뿌렸다.[36] 〈콜〉 지에 따르면 그 선거 운동은 유인물과 방문을 중심으로 하는 특이한 선거 운동이었다.[37]

한 학생에 따르면 주민들에게 교육 기관이자 희망을 전하는 곳, 자선 기관, 사회 센터, 가족을 위한 놀이의 중심 역할을 하던 이디시 어 극장도 선거 기간 동안 정치 활동을 위한 광장이 되었다.[38] 니어링의 선거 운동을 돕기 위한 자선 공연으로 쇼(George Bernard Shaw)의 〈워런 부인의 고백 Mrs. Warren's Profession〉이 이디시 어로 무대에 오르기도 했다. 〈콜〉 지는 이 연극이 주민들에게 사회적 메시지를 전하고 있다고 평가했는데, 막간에는 니어링이 무대에 올라 정견을 발표하기도 했다.[39] 마지막으로 니어링은 사회당의 정견을 전달하는 토론장으로 랜드 학교에 크게 의지했는데, 여섯 차례에 걸쳐 목요일 밤에 '경제 충돌'을 강의하고, 열두 차례에 걸쳐 토요일 아침에 '현대사'를 가르쳤다.[40]

니어링은 선거 기간 동안 대중 연설이 방해받을 것을 걱정하면서도 제14선거구와 인근 선거구에서 선거 운동을 계속했다. 〈콜〉 지에 따르면 니어링은 규모와 열정에서 기록적인 대규모 군중을 앞에 놓고 연설했다. 신문은 "니어링이 꽉 차서 넘치는 강당에 도착해 야간 연설을 했으며, 반응은 전례 없이 뜨거웠다."라고 보도했다. 이 집회의 군중 규모는 강당이 가득 찼다고 말하는 것만으로는 적절히 표현할 수 없었다.[41] 뉴욕 주 의회의 사회당 후보로 나선 월드먼(Louis Waldman)은 당시 군중이 5000명을 넘었다고 회상하며 이렇게 말했다.

나는 "털리도 대학은 스코트 니어링을 원치 않을 것이나, 우리는 2번가의 열린 대학으로 온 그이를 환영한다."라고 말했다. 군중은 몇 분 동안 환호를 그치지 않았다. 젊고 정력적이고 매력적인 니어링은 이 열린 분위기의 집회에서 새로운 '학생들'의 환호를 받으며 앞으로 나아갔다. 학생들은 몇 주 만에 다시 열리는 니어링의 강의를 듣기 위해 돌아왔다. 보통 집회가 오래 계속되면 청중이 줄어들지만 니어링이 연설을 끝냈을 때 청중은 경찰 추산으로도 7000명 이상이었다. 이는 집회 시작 때보다 2000명 이상 늘어난 것이다.

"별이 빛나는 밤, 거기서 우리는 수천 명의 남자와 여자, 흑인과 백인, 미국인과 아일랜드 인, 폴란드 인, 러시아 인, 스칸디나비아 인, 유대인과 어우러져 동지애와 이해, 우정, 민주주의를 다짐했다."라고 월드먼은 전했다.[42]

니어링의 선거 운동은 대부분 경제 문제에 집중되었으며, 니어링은 노동 착취, 경제 평등 상실, 경제 권리, 균등한 기회 따위에 대한 토론으로 캠페인을 채웠다. 주간 유인물에 연재하는 편지에서 니어링은 '폭리 취득', '고비용이 드는 삶', '누가 미국을 소유하는가?' 따위를 주제로 자신의 견해를 말했다. 니어링에 따르면, 엄청난 이익을 얻는 사람은 다른 사람의 노동을 대가로 돈을 버는 것이며, 전쟁이 선포되면 이익은 더욱 커진다. 엄청난 이익을 보장하는 구조는 소수가 다수의 노동으로 부를 늘리는 것을 가능하게 한다.[43] 여기에 더해 전쟁이 터지면서 엄청난 속도로 물가가 뛰어오르는 것에 반해 임금은 뒤에서 어슬렁거리기만 한다. 하지만 전쟁이 삶의 비용을 높이는 원인은 아니었다. 전쟁이 터지면 평소 잘 굴러가던 것들이 그 도를 더할 뿐이다.[44] 니어링은 20명 중 19명이 자신의 집을 갖지 못한 채 살며, 얼마나 적은 사람들이 산업을 독차지하고 있는지를 지적했다. 니어링은 공장, 상점, 은행들은 뉴욕 사람의 5퍼센트에도 못 미치는 사람들의 손아귀에 있다며, 뉴욕 사람들이 도시를 소유하는 정도는 차르 체제에서 러시아 사람들이 러시아를 소유하던 것에 가깝다고 주장했다.[45] 니어링이 말하는 선거 구호는 뚜렷했다.

민주당과 공화당은 엄청난 이득을 얻는 사람들을 대변한다. 사회당은 그것에 반대한다. 낡은 정당은 자본주의를 대변하고, 고비용의 삶을 대변하며, 고비용의 삶을 살아야 하는 임금 소득자를 점점 더 착취하는 것을 대변한다. 사회당은 유일하게 폭리 취득자를 대변하지 않으며, 늘어나는 삶의 비용에 대안을 가지고 있다.

제14선거구에서 공화당과 민주당은 기득권 체제를 유지하기 위해 힘을 합쳤다. 그러나 사회당은 생산자들이 미국을 소유하고 다스리기를 바란다.[46]

3000명이 넘는 사람들이 니어링에게 이 도시에서 다른 사회당 당원들은 거의 받아 본 적이 없는 환영회를 열어 주었다. 니어링은 이 환영회에서 유인물에 쓴 편지 중 하나를 거론했다. 주제는 '애국심'이었다. 니어링은 이제 사회주의자인 자신들이 애국심의 정의를 제대로 알려야 할 때가 되었다고 선언했다. 그리고 큰 소리로 독립 선언서의 두 번째 단락을 읽고는 질문했다. "이것이 무엇을 뜻합니까? 이것은 아직도 우리가 언론, 출판, 집회의 자유를 가졌다는 것을 뜻합니다. 이것이야말로 우리가 싸우는 까닭이기도 합니다." 니어링은 체신부 장관도, 민주당 정권도 삶의 가장 고귀한 이상을 뜻하는 것은 아니라면서 이렇게 설명했다.

미국은 경제 권리, 평등한 기회, 시민의 자유를 보장하기 위해 나라를 세웠다. 진실하게 자유, 정의, 평등한 기회를 위해 몸을 바치는 것이야말로 애국심이다. 진실한 미국 사람은 자유와 정의, 인류의 공통 권리에 충실하다. 충성은 미국의 전통과 미국 사람의 삶에서 가장 위엄 있고 훌륭한 것에 충성하는 것을 뜻한다. ▪

니어링은 민주주의는 집안에서 시작되어야 하는데, 미국은 사슬에 묶인 것이나 다름없다고 주장했다.[47]

남자와 여자, 어린이를 비롯해 2000명의 청중이 모인 집회에서 니어링은 평화의 필요성을 힘주어 말했다. 니어링은 전쟁이 끝나 감에 따라 사회당이 평화를 요구하기 위해 나서야 한다고 말했다.[48] 10월 하순 일요일 오후, 니어링은 청중에게 세계는 지긋지긋한 자본주의 체제를 끝냈다고 선언했다. 이제 새로운 경제 체제를 만들 때가 되었다. 니어링이 내놓은 정치 연설의 표어는 '산업 민주주의'였다. 니어링은 단순한 정치 권리뿐 아니라 경제 시민권이 주어진 사람들로 구성된 체제를 옹호했다. 니어링은 정치 시민권은 뜻하는 것이 별로 없다면서 이렇게 말했다. "우리가 상점에 있는 것을 마음대로 고를 수 있는 권리를 가질 때까지, 고용주로부터 벗어날 때까지 우리는 경제 시민권을 가질 수 없을 것이다."[49] 그리고 경제 권리가 없는 노동자는 진정한 의미로 권리를 가졌다고 할 수 없다고 주장했다.

선거일이 다가오면서 선거 운동은 하루 16~18시간 동안 계속되었으며, 날마다 정오와 밤에 정기적으로 집회가 잡혀 있었다.[50] 간첩법으로 유죄 판결을 받은 것에 항소하는 동안 잠깐 석방되어 있던 오헤어(Kate Richards O'Hare)는 일요일 집회에 나와 니어링을 지지하면서 시민의 자유를 지킬 존재는 사회당뿐이라고 큰 소리로 말했다. 이 날 집회에는 〈매시스〉의 편집장인 이스트먼(Max Eastman)도 지원 연설을 했다. 소프라노 가수인 레빈(Helen Levine)은 모인 사람들에게 노래를 불러 주었고, 영(Art Young)은 정치 만화를 그려 주었다.[51] 그 지역구의 아일랜드계 미국인들은 니어링을 지지하는 모임을 가졌으며, 미국 의류 노동자 합동 모

■ New York *Call*, October 7. 1918. 니어링은 New York *Call*, October 20. 1918에 "Patriotism"이라는 논설을 발표했다.

임은 니어링에게 선거 운동 기금을 건넸다. 그것은 그 모임이 20년 만에 처음으로 한 후보를 선택해 한 일이었다.[52]

니어링은 '교수'라는 애칭으로 알려졌으며, 니어링의 등록 상표는 가르칠 때 쓰는 책과 접이식 흑판을 가지고 연단에 오르는 것이었다.** 이에 반해 라구아디아는 행동하는 사람으로 상징되었다. 10월 28일, 열광적으로 기다리는 한 무리의 기자들을 만나려고 뉴욕에 착륙했을 때 라구아디아는 메달로 장식된 줄무늬의 카키 색 군복을 입고 있었으며 승리를 자신했다.[53] 니어링의 기소에 대해 라구아디아는 애국심 문제는 이번 선거 운동에 끼어들어서는 안 될 것이라고 대답했다.[54] 그러나 전쟁을 선거에 이용하려는 유혹이 너무 강했는지, 이튿날 환호하는 군중 앞에서 이렇게 말했다. "사회당 후보에 반대하는 것은 애국적인 의무이다."[55]

라구아디아는 죽을힘을 다해 선거 운동에 몸을 던졌다. 그이도 니어링을 흉내내 임금 소득자의 불만에 초점을 맞추었다. "여러분은 그 전에 받던 것보다 조금 더 많은 임금을 받고 있습니다. 그러나 실질 임금은 2년 동안 줄어들었습니다. 요즘 1달러로는 1914년에 사던 것만큼 살 수 없습니다." 라구아디아는 만약 이것이 사회당 후보가 말한 것이라면 그저 말 뿐으로 끝났을 것이나, 자신은 의회로 가서 사회당보다 더 효율적으로 필요한 변화를 가져올 수 있다고 주장했다.[56]

선거 운동 마지막 날 민주당과 공화당 연합 선거 운동원들은 선거구를 집중 공략했다. "사회당이 원하는 것들이 옳으며 우리도 그것을 원한다. 그러나 사회당은 정부를 공격하고 잘못을 지적하기만 한다. 그이들은 한꺼번에 지나치게 많은 것을 원한다. 우리는 사회주의를 믿지만, 사회당에 대해서는 참을 수 없다."[57] 〈콜〉지는 민주 공화당 연합이 사회주의를 말

■■ Telephone interview with Morris Novik, September 18, 1989. 노빅(Morris Novik)은 처음에 니어링 지지자였으나, 그 뒤 뉴욕에서 정치 활동을 오래 하는 동안 라구아디아를 위해 일했다.

하면서도 사회당 자체는 불신한다는 것을 보여 주려고 웨스트사이드에 연설가들을 보냈다고 보도했다.[58] 당초 태머니 홀(Tammany Hall, 뉴욕에 있는 태머니 홀을 본거지로 하는 민주당의 강력한 정치 단체를 말함―옮긴이)을 이길 수 없어서 민주당이 아니라 공화당에 가입한 라구아디아에게 이번 선거는 의심할 여지 없이 연합 공천을 따내는 것보다 더 쉬운 일이었다.[59]

선거 운동이 절정에 이르자 3000명이 넘는 사람들이 후보의 정견을 듣기 위해 쿠퍼 유니언 토론회장을 가득 메웠다. 니어링과 라구아디아는 기둥 하나를 사이에 두고 있었는데, 기둥에는 다음과 같은 링컨(Abraham Lincoln)의 말이 새겨져 있었다. "우리가 잘 아는 것처럼 옳은 것이 힘을 가지도록 믿음을 보내고, 그 믿음 안에서 끝까지 우리의 의무를 다하자."[60] 라구아디아는 전쟁에 대해 말하는 것으로 토론을 시작했으며 전쟁을 끝내기 위해, 전쟁과 맞서 싸우기 위해 전쟁터에 갔다고 주장했다. "그저 이스트사이드 구석에서 말로만 전쟁에 반대해서는 전쟁을 끝낼 수 없다고 생각했다." 그러나 그 말은 사람들의 커다란 야유를 불러일으켰다. 라구아디아는 사회주의를 공격하는 대신, 유럽의 사회당은 전쟁을 지지했다고 지적하는 것으로 토론을 이어 갔다. 그런 뒤 사회당은 친독일적이고 충성심이 없으며 자주 난동을 일으키는 집단이기 때문에 믿을 수 없다고 말했다. 그 말을 듣고 사람들이 모두 일어나는 바람에 집회는 걷잡을 수 없이 혼란스러워졌다. 다시 질서가 잡히기까지 15분이나 걸렸다.[61]

차례가 되었을 때 니어링은 사회주의 원칙을 되풀이하고, 전쟁에 대한 자신의 생각을 밝혔다. 니어링은 폭리 취득자인 록펠러(John Davison Rockefeller)와 아머(J. Ogden Armour), 그리고 종합 철강 회사인 US 스틸이 라구아디아의 선거 운동을 도와 주었다는 의혹을 제기했다. 그리고 전쟁을 쟁점으로 삼는 것은 우연일 뿐이라고 지적했다.

제 상대방은 거듭 전쟁에 대해서 말합니다. 그분은 전쟁이 사실상 끝났고, 그것이 불과 며칠 전이라는 것을 깨닫지 못하고 있는 듯합니다. 그러나 그분이나 저나, 의회에 가면 우리는 전쟁 문제가 아니라 평화와 재건 문제에 마주치게 됩니다. 전쟁은 사실상 끝났습니다. 하지만 금권 정치와 민주 정치 사이의 전쟁은 계속되고 있습니다. 낡은 세계는 가고 새로운 세계가 창조되고 있는 것입니다.[62]

라구아디아는 사회당과 니어링은 희망을 말했을 뿐이라며 토론을 마쳤다. 그리고 러시아 혁명은 사회당이 퍼뜨리는 사회주의가 현실이 아니라는 것을 미국인에게 말해 주는 실패 사례라고 주장했다.[63] 라구아디아는 이렇게 말을 맺었다. "나는 이 사람과 토론할 수 없다. 나는 그이가 경제학 교수라고 알고 있었는데 그건 잘못이었다. 그이는 시인이었다."[64]

제14선거구 선거에서 사회당은 연합 후보에게 패했으나, 니어링은 1916년에 사회당이 얻은 표보다 두 배는 더 많은 표를 얻었다.[65] 개표가 끝났을 때 라구아디아는 1만 4523표, 니어링은 6214표를 얻었다.[66] 선거는 앞날이 창창한 사회당 후보가 민주 공화 연합 후보에게 지는 그 도시의 틀에 박힌 과정을 따랐다. 이스트먼(Crystal Eastman)은 〈리버레이터 Liberator〉지에 쓴 글에서, 선거가 상당 부분 이미 예정되어 있다는 것을 알고 있는 상황에서 사회당이 '놀라운' 성적을 거두었다고 말했다. 이스트먼은 또 이렇게 말했다. "사회당은 우연히도 정치인들이 알지 못하던 그 어떤 것을 다시 한 번 보여 주었다. 그것은, 진정한 소망을 충족시키기 위해 키워야 하는 뿌리 깊은 믿음, 그리고 문제를 철저히 이해하는 마음이다."[67]

니어링은 선거 결과 분석에는 거의 관심을 보이지 않았다. 선거로 사회주의가 직접 권력을 잡기보다는, 그 자체가 사회 변화의 기초로 의미가 크다고 보았기 때문이다. 볼드윈(Roger Baldwin)은 니어링이 자신은 당선될 수 없다는 것을 알았기 때문에 선거 운동을 교육의 기회로 활용했다고 지적했다.[68] 결과가 나온 직후 니어링은 이렇게 말했다. "선거 결과는 큰일을 하는 데 부차적인 것일 뿐이다. 선거로 노동자의 상식과 지성을 계발하는 교육 선전 활동이라는 큰일을 했다."[69]

제11장

거대한 광기

니어링은 전쟁에 반대했다. 니어링은 믿음을 배반하고, 민주 유산을 더럽히고, 국민의 신의를 저버린 금권 정치를 공격했다. 그와 함께 자신이 속해 있던 지배 계급의 신조와 권력에서 벗어나 사회 변화에 앞장서며 싸움을 계속했다. 결국 니어링의 행동은 의심을 받게 되었으며, 니어링은 금권 정치 권력에 의해 '사회의 적'이 되었다. 전시 체제 아래서 법령은 폭넓게 해석되어 정치적 반대자를 군사 목표의 걸림돌, 곧 반역으로 몰았다. 니어링은 주요 감시 대상이 되었다. 경찰은 니어링의 집 안을 구석구석 뒤지고 물건들을 빼앗아 보관했다. 그리고 마침내 니어링은 연방 정부에 의해 기소되어 재판에 넘어갔다. ■ 겉으로만 보면 니어링은 《거대한 광기 : 미국 금권 정치의 승리 The Great Madness: A Victory For American Plutocracy》(1917)라는 제목의 소책자를 쓴 것 때문에 법을 어겼다. 이 책은 미국 사회주의회(American Socialist Society)의 도움을 받아 출판되었으며 랜드 학교를 통해 뿌려졌다.

이미 니어링 자체가 위협적인 사람으로 여겨졌으나, 겉으로는 니어링의 발언이나 고발당한 소책자만이 문제였다. 정부는 니어링의 입만 다물게 하면 인민 위원회(민주주의와 평화를 위한 미국 인민 위원회, People's Council of America for Democracy and Peace)는 물론, 랜드 학교와 사회주의 운동에도 타격을 줄 수 있다고 보았다. 이런 조치는 금권을 가진 사람들이 자기 이익을 보호하려고 끝까지 민주주의의 목을 조른다는 니어링의 믿음을 더욱 굳게 만들었다. 이것은 또한 사회 변화에 영향을 미치기 위해서는 지배 문화의 가장자리에서 제도적인 형태를 통해 무언가를 만들고 시도해야 할 필요가 있다는 것을 확인하는 기회이기도 했다. 결론

■ 미국 연방 정부의 기록을 점차 이용할 수 있게 되면서 그 곳이 증거 자료의 보물 창고가 되고 있지만, 흩어진 자료들을 모으는 일은 아주 어렵다. 전쟁 중에 감시 활동을 한 기관들은 많지만, 그 중 분명히 중심 역할을 한 것으로 보이는 기관은 없다. 법무부의 여러 부서에서 파견된 기관원들이 비슷한 비중으로 활동했다. 그래도 그 중 가장 중요한 것은 '군사 정보'이다. 그것은 '군사 정보 분과 첩보부(MIBED, Military Intelligence Branch, Espionage Division)', 혹은 그냥 간단하게 '군사 정보부(MID, Military Intelligence Division)'로 불렸다. 군사 정보부의 기록은 워싱턴에 있는 국립 기록 보관소에서 이용할 수 있다. *U.S. Military Intelligence Report: Surveillance of Radicals, 1917-1941*, ed. Randolph Boehm (Frederick, Md.: University Publications of America, 1984)라는 이름의 마이크로필름에는 군사 정보부의 기록들이 잘 정리되어 있다. 니어링의 경우, 군사 정보부 자료 중 두 개가 그의 강의를 포함하고 있는데, 내용이 아주 많고 풍부하다. 당시 일반적으로 기관원이 누군가를 감시하는 방법은 속기사를 고용해 모임이나 연설에 보내는 것이었다. 말로 한 강연을 받아 적은 자료들은 다른 곳에서는 이용할 수 없기 때문에 이 곳 자료가 다시 복사되기도 한다. 쓸모는 덜하지만 여전히 중요한 자료는 1908년부터 1922년까지 수사국(BI, Bureau of Investigation)이 수사한 사건 파일인데, 그것 역시 국립 기록 보관소에서 이용할 수 있다. 수사국은 연방 수사국(FBI, Federal Bureau of Investigation)의 전신이며, 국내 활동에서 보다 중대한 책임을 지고 있었다. 수사국은 전쟁 중에는 니어링에 대해 최소한의 보고만 했으나, 1920년대에는 니어링 감시를 수행하는 주된 담당 기관이 되었다. 니어링의 기소와 재판에 대해서는 역시 국립 기록 보관소에서 이용할 수 있는 '법무부 9-19-1758번 파일'이 가장 중요하다. 여기 언급한 자료들은 모두 비밀이 해제되었기 때문에 누구나 이용할 수 있다. 정보 자유법에 의거해 예전에는 비밀로 분류되어 있던 327쪽짜리 '니어링 사건 관련 요약'을 비롯해, 1550쪽 분량의 자료도 다른 문서들과 함께 비밀 해제되었다. 하지만 자료들은 대부분 국가 안보를 이유로 검열당해서 소위 '불온한 부분'이 삭제된 것들이다. 연방 수사국의 니어링 관련 파일을 보면, 연방 수사국이 1969년까지 니어링의 활동에 대한 정보를 수집했음을 알 수 있다. 정보 자유법에 의거해 수집된 자료들은 현재 보스턴 대학 특별 보관소의 '스코트와 헬렌 니어링 보관실'에 보존되어 있다.

적으로 정부의 조치는 반전 단체와 사회당이 미국 이념을 지키는 진정한 파수꾼이라는 니어링의 믿음을 더욱 굳건하게 만들었다. 급진주의자들이 바로 미국 민주주의의 보호자였다.

▬▬ 1917년 7월 초부터 법무부에서 나온 기관원이 니어링을 감시하기 시작했다.[1] 연방 정부는 니어링의 반전 선전 활동, 특히 인민 위원회와 관련된 부분이 1917년 6월 15일부터 효력이 생긴 간첩법 제1편 제3조를 어겼을지도 모른다고 보았다.

　1. 미국이 전쟁을 할 때, 일부러 미국 육군이나 해군의 작전, 또는 승리를 방해하거나 적의 승리를 돕기 위해 잘못된 소문이나 말을 만들고 퍼뜨린 사람, 2. 미국이 전쟁을 할 때, 일부러 미국 육군이나 해군에 불복종, 불충성, 항명, 의무 거부를 하거나 꾀한 사람, 3. 일부러 미국의 신병 모집이나 군 입대를 방해한 사람은 1만 달러 이하의 벌금이나, 20년 이하의 금고에 부치거나, 두 가지 형벌을 함께 매긴다.[2]

　7월 말, 기관원 한 명이 인민 위원회를 조사하기 위해 시카고 회의에 따라왔다.[3] 8월을 보내면서 그 기관원은 더욱 니어링에게 단단히 달라붙어 움직임을 살폈다. 그런 짓은 제1차 인민 위원회 전국 대표 회의 장소인 미니애폴리스까지 따라오면서 계속되었다.[4] 니어링은 간첩법 위반 혐의를 받고 있었지만, 어떤 감시에서도 법을 어겼다는 증거가 나타나지 않았다. 미니애폴리스에서 회의가 열리지 않게 되자 니어링은 이리 호숫가에서 남은 여름을 보내려고 셔토쿼로 돌아왔다. 9월 18일, 연방 기관원이 털리도에 있는 세계 산업 노동자 동맹(IWW) 본부와 니어링의 집에 느닷없이 쳐들어와 구석구석 뒤졌다. 미국이 제1차 세계 대전에 참전한 뒤 개인의 집을 뒤진 것은 처음이었다. 니어링의 비서는 기관원의 행동에 놀랐으나 그이들을 친절하게 맞아 자료를 찾는 것을 도와 주었다. 기관원이 낸 보고서에 따르면, 그이들은 교육과 관련해 니어링이 쓴 산더미 같은 강의안과 비망록을 조사했으며, 사무실과 집 지하실, 다락까지 철저히 뒤진 뒤 상당량의 서류철, 편지, 인명록, 출판물, 기타 물품들을 빼앗아 가져갔다. 그리고 이것들을 클리블랜드와 워싱턴의 당국에 보내 철저히 조사했으나, 여전히 법에 어긋난 어떤 행위도 찾지 못했다.[5] 니어링이 볼 때 정부 기관원이 민간 건물에 침입한 것은 정부 당국이 병적이고 신경질적으로 예민하다는 증거였다.[6]

이렇게 집 안 뒤짐을 당한 뒤로 니어링은 더욱 철저히 감시를 받았으며, 인민 위원회도 당국의 과녁에서 벗어나지 못했다. 기관원들은 인민 위원회 대변인의 활동을 감시하면서 법에 어긋난 행위를 찾아내려고 했다. 인민 위원회 행사는 니어링을 감시하기에 아주 좋은 기회였다. 기관원들은 디트로이트, 로크빌, 시카고, 보스턴에서 니어링의 연설을 들었다. 한 기관원은 니어링이 시먼스 대학의 여학생들과 함께 잔디밭이나 학교 앞 보도에서 나눈 대화를 적어 두었다.[7] 그 기관원은 간첩법을 어겼다고 여겨지는 이야기를 할 경우 적당한 조치를 취하기 위해서 그랬다고 했다. 그러나 그 기관원은 결국 "니어링 씨가 형사 책임을 질 만한 어떤 말도 하지 않았다."라며 자신의 실수를 인정했다.[8] 11월 22일, 샌프란시스코에 있는 인민 위원회 사무실이 법무부 장관의 영장으로 압수 수색을 당했다.[9] 하루 뒤 니어링이 덜루스의 인민 위원회 모임에서 연설하며 "우리에게 평화를 달라. 지금 당장 그 평화를 달라!"라고 외치자 경찰이 모임을 해산하고 니어링을 체포했다. 그리고 연방 기관원이 직접 니어링을 심문했다.[10]

12월 초, 니어링이 켄터키 주 루이빌에서 연설했을 때는 법무부 기관원이 감시하며 니어링이 금권과 국가의 '보이지 않는 통제'에 대해 비판하는 말들을 적어 두었다.[11] 1918년 1월 니어링이 보스턴에서 '전쟁 동안 취하는 엄청난 이득'에 대해 연설할 때는 한 속기사가 그 말을 모두 받아 적었다. 그 연설에서 니어링은 신문이 탄압받고 있으며, 사람들은 자기 의견을 말하지 못하고 있다고 주장했다. 니어링은 인민 위원회의 공개 토론을 이끄는 동안 두려운 날들을 보냈다면서 이렇게 말했다. "지난 9월 이후 어떻게 지냈는지 모르겠다. 그러나 상황은 아직도 똑같다. 현 상황을 국민들에게 알리고, 그이들을 교육하고, 미국에서 지적인 여론을 만드는 데 특별히 관심을 가져야 한다."[12]

니어링이 뉴욕에서 연설할 때도 기관원이 따라붙었다. 한 여성이 비밀 경찰에게 감시받고 있다고 말하자 니어링이 "그렇다면 당신도 존경할 만한 인물 등급에 올랐군요. 존경할 만한 사람은 모두 비밀 경찰의 감시를 받고 있으니까요."라고 대답하는 것을 기관원이 엿듣기도 했다.[13] 감시는 니어링이 '사회주의와 그 의미'라는 제목으로 강연을 한 로드아일랜드 주 프로비던스에서도 계속되었다. 그 강연회에서 기관원은 800명의 청중 가운데 섞여 있었다.[14] 필라델피아 강연에서는 니어링이 간접적으로 정부를 비꼬는 발언을 했다고 기관원이 보고했다. 니어링은 그 날 모인 사람들에게 이렇게 말했다. "정부는 사회당 모임이 있는 곳이면 어디든지 법무부 기관원을 보냅니다. 아마 지금 이 자리에도 있을 것입니다."[15] 이렇듯 감시는 알기 쉬웠지만, 죄가 있다는 확실한 증거를 찾으려고 정부가 서류를 빼앗고 편지를 몰래 뜯어 보기까지 한다는 것을 니어링은 알지 못했다.[16]

▬▬ 2월, 법무부는 그토록 찾으려고 애쓰던 증거를 마침내 찾은 것처럼 보였다. 연초에 '미국 국방회(American Defense Society)'라는 단체가 뉴욕 〈트리뷴 Tribune〉 지에 니어링의 소책자 《거대한 광기》를 비판한 글

을 보고, 법무부는 증거를 찾기 위해 그 책을 주의 깊게 살폈다.[17] 소책자는 1917년 9월에 출판되었고, 1만 부씩 두 번이나 인쇄되었다. 그러나 연방 관리들이 "그 책은 전쟁을 자본주의자의 계획이라고 드러내 놓고 말했으며, 명백히 간첩법을 어겼다."라고 결정한 것은 1918년 2월이 되어서였다.[18] 법무부 관리는 이렇게 말했다. "그 책이 뚜렷하게 군복무나 기타 미국에 도움이 되는 행위를 거부하라고 말하지는 않았지만, 들어 있는 뜻은 전쟁에 맞선 대중 투쟁이었다. …… 드러내 놓고 직접 말한 것으로 보아 저자인 니어링이 법을 어긴다는 것을 알면서도 일부러 그랬다고 볼 수 있다."[19] 법무부는 '법무부 장관의 개인 의견으로, 니어링의 소책자《거대한 광기》는 간첩법을 어겼다는 증거를 갖추었다'는 훈령을 따로 붙여서 니어링 관련 서류를 모두 뉴욕의 연방 검찰로 보냈다.[20] 그러나 기관원들에게는 언제, 어디서, 누가 이 소책자를 전국에 뿌렸는지 조사하는 일이 여전히 남아 있었다.[21]

수사는 미국 사회주의회가 운영하는 사회 과학 학교인 랜드 학교로 곧장 이어졌다. 1917년 9월, 랜드 학교가 그 소책자를 인쇄해 뿌릴 당시 니어링은 그 곳의 정규 강사였다.[22] 그 뒤 랜드 학교의 강사들이나 학교 당국이 사회당, 반전 운동과 관련을 맺었고, 그로 인해 혐의도 점점 짙어졌다. 여기에다 랜드 학교는《거대한 광기》외에도 부자들이 민주주의를 부패시키고 전쟁을 벌여 기득권층의 이득을 보호한다고 비판하는 자료를 여럿 출판했다.■ 법무부가 니어링의 소책자에 눈길을 보내고 있을 때, 니어링은 학생들이 가장 많이 찾는 강사가 되어 있었다. 니어링의 '경제학

■ 1917년 7월 6일 랜드 학교 출판 위원회는 다음 세 가지 주제로 소책자를 출판하기로 했다. 하나, 전쟁과 관련한 당의 태도. 둘, 러시아 혁명. 셋, 군국주의. 이 중 뒤의 두 권을 니어링이 집필했다. *The Great Madness*, and *The menace of Militarism. United States v. American Socialist Society*, 260 F. 885, at 889 참조.

에서 인간의 요소' 강좌는 랜드 학교에서 가장 인기가 있었으며, 언제나 수천 명이 청중석을 꽉 채웠고 자리를 잡지 못한 또 다른 수천 명은 돌아가야만 했다.[23] 1918년 당시 니어링은 그 학교의 대들보임이 분명했다. 니어링이 기소된 것이 인민 위원회뿐 아니라 미국 사회당과 그 교육 기관에도 충격을 준 것은 이 때문이었다.

뉴욕 검찰은 간첩법 위반 따위 네 가지 혐의를 걸었으며 3월 21일, 5월 13일 두 차례에 걸쳐 법원에 니어링과 미국 사회주의회 심판을 요구했다. 니어링과 미국 사회주의회가 《거대한 광기》를 쓰고 펴내서, 따로따로 간첩법과 선발 징병법을 어겼으며, 또 어기려고 꾀했다는 것이다. 그이들을 변호하기 위해 곧바로 '스코트 니어링 변호 위원회'가 만들어졌다. 니어링은 보석금을 내고 풀려났다. 그 뒤 사회당 후보로 선거에 나가 정치 활동을 펼친 기간을 빼고는 반전 운동을 계속했다. 법무부는 계속 니어링의 활동을 집중 감시했다. 법무부 장관은 "그 사건은 죄가 있다는 판결을 받아 내기 어렵다."라는 뉴욕 검찰의 보고를 받았다. 뉴욕 검찰이 보기에는 증거가 불충분했다.[24]

니어링은 그 소책자의 제목은 "전쟁과 광기가 모든 것에 스며들었다."라고 주장한 윌슨(Thomas Woodrow Wilson) 대통령의 연설에서 따온 것이라고 말했다. 실제로는 제목만 전쟁에 관한 것일 뿐, 내용은 미국의 금권 정치를 비판하는 것이었다.[25] 징용, 검열, 자유 사체업, 군국주의 따위 전쟁과 관련된 모든 것을 비난했으나, 전쟁은 이미 터져 버렸다. 니어링에 따르면 전쟁이 일어난 이유는 금권이 전쟁을 바랐기 때문이었다. 전쟁은 금권이 그것을 지렛대삼아 미국을 좀더 강력하게 손아귀에 넣을 수 있는 기회였다.[26] 금권은 다른 사람의 노동에 빌붙어 살며, 정치 기구와 여론을 주무르려고 특권적인 지위와 경제력을 이용했다. 니어링은 전쟁이 민주주의를 지키기 위한 것이라는 그이들의 주장과는 반대로, "미국의 금권은 미국에 민주주의를 세우는 일만큼이나 독일에 민주주의를 세우는 일에도 관심이 전혀 없었다."라고 주장했다.[27] 니어링은 전쟁에 자신의 능력을 보탠 미국 지성인, 특히 실용주의자들의 배신에 실망한 보른(Randolph Bourne)의 논설에 깊이 공감했다. 《거대한 광기》에서 니어링은 보른의 글 〈전쟁과 지식인 War and the Intellectuals〉을 인용해 이렇게 말했다. "전쟁 준비와 전쟁이 어울리는 사람에게 자유와 민주주의는 걸맞지 않다. 한 마디로 말해 지식인은 스스로 미국에서 가장 비민주 세력이라는 것을 확연하게 보여 주었다."[■] 니어링은 미국이 전쟁에 돌입하면서 도덕과 이상은 바람에 날려 보냈다고 딱 잘라 말했다.[28]

니어링의 변호사인 힐퀴트(Morris Hillquit)는 검사가 법원에 두 차례나 재판을 청구하자 이것을 기각시키려고 애썼다. 8월 1일, 지방 법원 판사인 핸드(Learned Hand)는 두 개의 혐의를 기각했으나, 나머지 혐의에 대해서는 재판을 계속했다.[29] 핸드 판사는 니어링과 미국 사회주의회가 신병 모집을 방해하려고 일부러 소책자를 쓰고 펴냈다고 주장한 검사의 재판 청구는 잘못된 것이라고 결정했다. 핸드 판사는 문제의 소책자는 미국의 참전이 자본주의의 음모라는 것을 밝히려 하고 있다고 판단했다.[30] 그러나 기소된 내용과 꼭 맞는 것은 아니었다. 핸드 판사는 이렇게 말했다. "글쓴이가 치유책으로 소개한 정치 수단은 어떤 현행법도 어기지 않았다. 글쓴이와 펴낸이는 토론과 출판으로 자신들의 생각―학교를 더 확보하기, 산업·정치적으로 연대하기, 산업에서 부당한 이득을 모두 제거하기, 모든 사람에게 동등하게 기회를 주고 정의를 실현하기―을 주장하며 정치적으로 부추기는 일을 하고 있을 뿐이다. 소책자에는 신병을 모으는 일

■ Nearing, *The Great Madness*, pp. 12-13. 니어링은 보른의 글을 인용하면서 잡지 이름과 날짜만 기록해 두었는데, 위의 글은 *Seven Arts*가 출처이다. 그 잡지의 1917년 7월호에는 보른의 글 "Below the Battle"이 실려 있으며, 6월호에는 "War and the Intellectuals"가 실려 있다.

을 막거나 명령에 따르지 말라고 넌지시 귀띔하거나 권고하는 것으로 볼 만한 내용이 없으며, 글쓴이와 펴낸이의 생각은 모두 받아들일 수 있는 공공 토론의 울타리 안에 있다."[31]

그러나 간첩법에서는 형사 책임을 폭넓게 판단하는 과거 판례가 있기 때문에, 결국 핸드 판사는 이렇게 판시했다. "소책자의 내용을 넓게 해석해, 글쓴이가 쓴 낱말이 병사를 모으는 일을 막는 결과가 빚어질 수 있다는 것을 아는 것만으로도 글쓴이는 책임을 피할 수 없다." 이것은 "현행 질서를 무효라고 주장하는 사람을 기소하는 것은, 결국 의견을 발표할 기회를 막는 것이고, 그것이 옳든 그르든 현행 질서를 영원히 이어 가려는 것이다."라는 힐퀴트의 변론을 받아들이지 않고 검찰의 신청을 대부분 받아들인 것이다.[32]

검찰이 기소한 뒤 1919년 2월에 재판을 시작할 때까지 법무부는 니어링의 죄를 드러낼 새로운 증거를 찾기 위해 감시를 계속했다. 기관원들은 전국을 따라 다니며 니어링을 살폈다. 니어링이 드러내 놓고 법을 어기는 말을 하기를 기대하며 법무부는 뉴욕 스케넥터디의 경찰 책임자에게 니어링이 연설하는 것을 조바심내며 막지 말고 그냥 내버려 두라고 권고했다.[33] 한 기관원은 펜실베이니아 대학 스미스(Edgar F. Smith) 학무 부총장을 만나 니어링의 사회주의에 대해 물었으나, 사회주의는 그이의 해고 사유가 아니라는 말을 들었을 뿐이었다.[34] 정부 관리들은 털리도 대학에서도 니어링이 해고된 이유를 설명하는 보고서 사본을 받았다.[35] 한 기관원과 속기사는 니어링을 변호하는 데 필요한 기금을 마련하는 저녁 식사모임에 참석하기 위해 신문 기자라고 속이기도 했다.[36] 6월, 기관원들이 샌프란시스코에 있는 인민 위원회 사무실을 뒤졌다. 그이들은 영장도 없이 몰래 사무실을 뒤져서는 수많은 편지와 인민 위원회 회원 이름이 모두 적혀 있는 명단을 가져갔다.[37] 또 인민 위원회의 전화를 도청하려고 도청

장치를 설치하기도 했다.[38] 니어링이 선거 운동을 하는 동안에도 기관원들이 현장을 따라 다녔다.

한번은 기관원 두 명이 제14선거구의 사회당 비공개 모임에 왔다가 당원이 아니라는 이유로 퇴짜를 맞았다. 기관원들이 들어오겠다고 고집하며 몸싸움까지 벌이자, 니어링은 관중석 맨 앞자리에 의자 두 개를 놓고 거기에 앉혀서 자신의 말을 모두 들을 수 있도록 했다.[39]

▬ 재판에서 니어링은 배심원들이 자신의 견해를 분명히 이해할 수 있기를 바랐다. 프리먼(Joseph Freeman)의 회상에 따르면, 2월 5일부터 19일까지 진행된 재판에서 니어링은 자신의 생각을 당당히 밝혔으며, 아무것도 사과하지 않고 아무것도 취소하지 않았다.[40] 니어링과 미국 사회주의회는 네 개 혐의로 재판을 받았는데, 두 개는 간첩법 제3조 위반 혐의였고, 두 개는 이를 불법 공모한 혐의였다. 한 방청자는 니어링을 이렇게 묘사했다.

사회의 묵은 상처를 있는 대로 탐구하게 된 과학 연구자로서 니어링은 자신의 환자에 대해 말했다. 니어링은 재판 결과에 신경 쓰지 않았다. 니어링은 모든 것을 직접, 머뭇거림 없이, 거의 싸움하듯이 대답했다. 좀더 복잡하고 말꼬리를 물고 늘어지는 질문에는 좀더 직설적이고 논쟁적으로 답했다. 니어링은 자신이 쓴 모든 책에 대해 설명할 준비를 하고 있었으며, 아무것도 취소하지 않고 아무런 구실도 대지 않았다. 니어링은 자신이 쓴 내용들을 더욱 강조해 되풀이했다.[41]

니어링은 사회당의 세인트루이스 반전 강령, 자신과 사회당과의 관계 따위 질문에 대답하면서 사회주의의 뜻을 자세하게 설명했다. 배심원들에게 《거대한 광기》를 여러 줄 읽어 주면서 자신이 미국 금권 정치를 비판한 까닭을 설명했다. 니어링은 인민 위원회의 목적과 거기서 자신이 한 역할을 말했다. 랜드 학교와 그 학교가 가진 교육적인 중요성에 대해서도 강연을 펼쳤다. 재판을 시작할 당시 전쟁은 끝나 있었지만, 니어링은 "전쟁은 경제를 두고 싸우는 과정에서 일어난 사건이고, 경제를 둘러싼 전쟁은 뿌리 깊은 것이며 끝없이 계속될 것으로 본다."라고 배심원들에게 말했다. 니어링의 신념은 이런 것이었다. "우리가 세상의 민주화를 이룩하려면 먼저 미국 안에서 민주주의를 시작해야 하고, 미국 안에서 민주주의를 완성해야 한다." 니어링은 전쟁하는 동안이든 아니든 상관 없이 노동 계급은 계속해서 생활수준을 유지하고 권익을 보호받아야 한다고 주장했다. 그리고 산업 민주화를 이룩하려는 싸움은 임금 소득자들이 계속 애쓰는 문제라고 말했다.[42]

재판은 니어링이 배심원들에게 최후 진술을 하면서 절정에 다다랐다. 금고 20년 형을 받을 수도 있는 상황에서 니어링은 배심원들에게 이렇게 말하며 자신을 변호했다. "저는 공공의 일을 공부하는 학생이었습니다. 저는 사회주의자이고 평화주의자였습니다. 그러나 저는 이런 일을 하며 법을 어긴 것으로 고발당하지 않았습니다. 이 소책자를 써서 공공 토론을 했다는 이유로, 자기 의견을 냈다는 이유로 기소되어 법정에 서게 된 것입니다." 시민권에는 권리와 의무가 모두 들어 있다는 자신의 오랜 신념을 강조하면서 니어링은 《거대한 광기》를 쓴 것은 교수로서 사회에 어떤 의무를 가지고 있다고 느꼈기 때문이라고 밝혔다. "저는 지금까지 될 수 있는 한 말과 행동이 어긋나지 않도록 노력하며 살았습니다. 저는 오랫동안 정직하고 솔직하게 글을 쓰고 강연을 했습니다. 저는 오늘 여러분 앞에 경제 정의와 세상의 형제애, 평화 옹호자로 서 있는 것입니다." 니어링은 민주주의는 다수의 사람들이 자신들의 삶을 다스리는 것이고, 그래서 자신은 산업 민주주의 옹호자이기도 하다고 말했다. 니어링은 사회주의자가 정답을 가졌다거나 사회주의자가 권력을 잡으면 모든 문제를 해결할 것이라고 주장하지 않았다. 대신 생산 문제를 풀어 나가고 있으며, 분배 문제를 풀 수 있다고 설명했다.[43]

니어링은 미국이 전쟁에 뛰어들었을 때, 미국 사람의 자유에 커다란 위협이 되리라는 생각이 들었다고 말했다. 다시 말해 금권이 점차 커지고, 금권이 전쟁으로 더욱 굳고 단단한 권력을 얻을 것이라는 말이다. 이것은 원래부터 니어링이 깊은 관심을 가진 문제였다. 왜냐하면 니어링은 몇 년 전부터 미국이 가진 자원과 기회를 이용해 지금 미국이 누리는 것보다 훨씬 훌륭하고 수준 높은 삶이 가능하다는 신념을 가지고 있었기 때문이다. 그럼에도 최근 몇 년 동안, 필요한 것들을 소유한 사람들과 소유하지 못한 사람들 사이의 거리가 점차 멀어지는 것을 보았다고 니어링은 지적했다. 니어링은 자신이 항명과 불충성을 부추긴 혐의로 '올바르게' 기소된 것이 아니라면서 이렇게 말했다. "저는 누구보다도 질서 있고 훌륭하게 돌아가는 사회를 바랐습니다. 그러나 어떤 사람이나 집단은 일도 하지 않으면서 사치스럽게 살고, 또 어떤 사람이나 집단은 힘을 다해 일했음에도 가족이 필요한 것들을 사지 못하는 사회에서는 질서가 유지되는 것이 불가능하다고 생각했습니다." 그래서 니어링은 정의를 손에 넣을 수 있는 유일한 길은 경제 정의를 손에 넣는 것이라고 생각하게 되었다고 밝혔다.[44]

사건이 배심원들에게 넘어가기 전 변호사는 기각 신청을 했으며, 판사는 공모와 관련된 부분은 증거가 충분하지 않다면서 기소된 혐의 중 두 개를 기각했다. 배심원들은 서른 시간에 걸친 토론을 거쳐 《거대한 광기》를 쓴 니어링은 무죄이나, 그것을 펴낸 미국 사회주의회는 간첩법을 어겼다고 평결했다.[45] 니어링은 훗날 이렇게 회상했다. "정부는 그 재판에서 이기길 바라긴 했으나, 내가 어떤 선고를 받게 될지에 대해서는 큰 관심이 없었다. 정부의 첫 번째 목적은 전쟁 반대를 억누르고 처치하는 것이었다."[46]

■■■ 사건에 대한 관심은 곧바로 랜드 학교로 옮겨졌으며, 변호사들은 유죄 평결에 반발했다. 미국 사회주의회는 글을 쓴 것은 무죄이고 그것을 펴낸 것은 유죄라고 하는 것은 일관성이 없다면서 무효화해 달라고 요청했다. 1918년 3월 1일, 판사는 피고인 미국 사회주의회의 요청을 받아들이지 않았다. 판사는 니어링이 무죄로 풀려난 것은, 자연인과 법인이 함께 저지른 범죄 재판에서 법인은 추상인 반면 자연인은 살아 있는 사람이기 때문에 인간 자체에 이해가 집중된 것도 이유 중 하나라고 말했다. 만약 유죄 평결을 받으면 사람은 신체의 자유를 잃어버리는 데 비해, 법인은 가장 나쁜 경우라고 해 봐야 벌금을 내는 것뿐이라는 것이다.

여기에 덧붙여 핸드 판사는 "니어링이 살아온 길을 보면 자신이 해야 한다고 생각한 것을 해서 실패한 적이 한 번도 없었다."라고 말했다. 어쨌든 미국 사회주의회에 대한 평결을 무효화할 수 있는 길은 없었다. 오히려 판사는 그 재판 뒤 선고된 두 건의 대법원 판례—셍크(Charles Schenck) 대 미국 정부 사건, 데브스(Eugene Victor Debs) 대 미국 정부 사건—를 통해 그 평결에는 합법적 근거가 있음을 다시 확인했다. 데브스에 대한 판결에서 핸드 판사는 홈스(Oliver Wendell Holmes) 대법관의 판결 취지를 인용해 이렇게 말했다. "연설의 주제는 사회주의이다. 거기에는 문제가 없다. 그러나 연설 중 신병 모집을 막으라고 부추긴 내용이 있다면, 그리고 그런 부추김이 사람들에게 직접 전달되었다면 그 연설은 보호받지 못할 수도 있다."[47] 3월 21일, 미국 사회주의회는 3000달러 벌금형을 선고받았다. 미국 사회주의회가 항소했으나 상급 법원은 "배심원단이 니어링에 대해서는 신병 모집과 징병을 방해할 뜻으로 글을 쓰지 않았다고 생각하는 반면, 미국 사회주의회는 그런 뜻으로 책을 인쇄하고 뿌린 것으로 생각했을 수 있다."라며 항소를 기각했다.[48] 최종 상고심에서 대법원은 재심 요구를 받아들이지 않았으며, 1920년 10월 19일 미국 사회주의회는 벌금을 내라는 명령을 받았다.[49]

판결은 랜드 학교에 충격을 주었으나, 치명타는 아니었다. 그러나 곧바로 학교에 공격이 가해졌다. 1919년 3월, 뉴욕 주 의회는 주 안에서 벌어지는 급진 활동을 조사하기 위해 5만 달러를 책정하는 안을 통과시키고, 강제로 랜드 학교를 조사했다. 6월 21일, 러스크(Clayton R. Rusk) 상원의원이 위원장으로 있는 '러스크 위원회'가 랜드 학교를 뒤져 서류를 빼앗아 갔다. 〈뉴욕 타임스〉는 이 일을 긍정적으로 받아들였다. 그리고 랜드 학교가 증오와 계급 간 차별을 가르쳤으며, 지나치게 너그러운 미국의 법령 아래 아무 제지도 받지 않은 채 그 일을 계속했다고 주장했다.[50]

미국 사회주의회가 보기에 니어링을 공격한 것은 단순히 첫 공격에 불과하다는 사실이 뚜렷해졌다. 곧 미국의 사회주의자와 노동자 교육 기관에 당시까지 가해진 것 중 가장 지속적이고 강력한 공격이 본 모습을 드러낼 터였다.[51] 1920년 전국 회의에서 내놓은 결의문에서 사회당은, 교육은 노동 계급이 바라는 궁극적인 해방의 기본 조건이라면서 이렇게 덧붙였다. "그러나 이것은 일반적인 것이 아니라 특수한 교육이다. 그것은 노동자가 현 사회 경제 체제의 죄악과 속임수를 꿰뚫어 볼 수 있도록 해야만 가치를 갖는다. 자본가들은 이것을 잘 알고 있기 때문에 랜드 학교 같은 교육 기관을 없애려고 강력한 조치를 취하고 있는 것이다."▪ 랜드 학교는

▪ 랜드 학교를 지원하기로 결의한 것이 전국 대회와 주 대회에서 채택되어 New York *Call*, July 6, 1920에 실렸다. 이는 또한 러스크 위원회 조사에서 증거로 채택되어 러스크 위원회 보고서에도 실렸다. *Revolutionary Radicalism, Report of the Joint Legislative Committee Investigating Seditious Activities, The Senate of the State of New York, Part 1, Vol. 2*, Albany, N.Y., 1920, p. 1786.

니어링 재판 기록을 펴내 이 사건을 대중에게 알렸다. 힐퀴트가 쓴 서문에 따르면, 피고 니어링은 재판에서 사회주의 철학을 명쾌하게 설명했으며, 책은 미국의 정치 재판 모습을 분명하게 적어 놓은 것이었다.[52] 미국 사회주의회는 오래 전 노동자를 탄압한 바로 그 세력이 이제 랜드 학교를 공격한다고 주장했다. 그 세력은 "노동자와 자본가의 갈등에 대해 진실을 이야기하는 교사는 학교를 그만두어야 한다."라고 말한 바로 그 세력이었다. 그이들이 이제 공립학교를 지배하려 했다.[53]

러스크 위원회는 끈질기게 랜드 학교의 운영을 막으려 했다. 학교 재산을 법정 관리 상태에 두려고 시도하다가 그것이 법원에서 기각되자 미국 사회주의회의 정관을 무효화하려 했다. 그것마저 기각되자 법률을 새로 제정해 학교를 치려고 했다. 1920년 3월, 러스크 위원회는 주 의회에 낸 보고서에서 '종교 계통 학교를 빼고 모든 학교의 교사들은 충성 맹세를 하고, 모든 교육 기관은 뉴욕 교육 위원회의 허가를 받아야 한다'는 내용의 법률안을 추천했다. 이 법안에 따라 교육 계획이 '공공의 이익'에 해롭지 않도록 할 수 있다는 것이다. 결국 추천대로 법안이 통과되었다.[54]

니어링은 1923년까지 계속 랜드 학교에서 강의했다. 학교는 힘을 잃어 옛날의 그림자만 남아 있었다. 니어링의 부인은 학교 교감을 지냈으나 1925년에 그만두었다. 사람들이 사회주의 강좌에 관심이 없는데다 다른 강좌를 하기에는 학교 자원이 모자란다는 것이 이유였다.[55] 그러나 니어링이 일상적으로 마주친 탄압에 더해 랜드 학교마저 문을 닫게 되면, 그것은 민주주의에 결정적으로 중요한 공공 토론이 미국에서 사라지거나 통제되고 있다는 니어링의 주장을 뒷받침하는 것이 될 터였다. 그리고 그 때문에 니어링은 금권에 반대하는 활동을 계속했다. 니어링은 재판 때 최후 진술에서 배심원들에게 "지금까지 살아오는 동안 내내 민주주의를 지키는 일에 관심을 가졌습니다."라며 다음과 같이 말했다.

민주주의는 제가 근본적으로 중요하게 여기는 것 가운데 하나입니다. 저는 민주주의와 함께 미국 생활의 규칙과 이상을 공부하는 학생이었습니다. 저는 미국에서 일어나는 일을 이해하는 데 관심이 많았습니다. 무엇보다 먼저 자유에 대해 알고 싶었지요. 자유야말로 사회의 근원이라고 생각했기 때문입니다. 그 다음으로는 정의에 대해 알고 싶었습니다.

니어링은 그 일에 삶을 바치고 투쟁을 계속했다. 니어링은 어두운 미래와 다가오는 긴 싸움을 내다보았다. 니어링에게는 산업 사회 지배자들이 노동자들을 광범위하게 착취하는 미래가 보였다. 1919년에 니어링은 이렇게 말했다. "미국의 미래는 어둡다. 지평선에 어두운 구름이 걸려 있다. 나는 미국이 위기에 빠졌으며, 위험의 원인은 안에 있다고 생각한다. 그리고 나는 그것이 기본적으로 미국의 부와 소득이 불공정하고 부당하게 나누어지고 있기 때문이라고 믿는다." 미국의 민주주의가 땅바닥으로 떨어지는 데 맞서서 니어링은 배심원들에게 이렇게 말했다.

저는 미국이 자유로운 것을 보고 싶습니다. 저는 이 땅은 물론 지구에 있는 다른 모든 나라에서도 자유와 기회와 민주주의가 실현되기를 희망합니다. 미국이 자유롭지 않으면 여러분도 저도 자유롭지 않습니다.

니어링은 배심원들에게 말했다. "우리는 모두 미국 시민입니다. 그러므로 고통을 받아도 함께 받고, 혜택을 누려도 함께 누립니다."[56]

제12장

니어링의 스승, 톨스토이

전쟁의 소용돌이 속에서, 니어링은 비폭력을 주장한 예언자 톨스토이 (Leo Tolstoy) 백작의 책을 보고 자신의 잘못을 반성하고 행동의 방향을 찾았다. 톨스토이는 전쟁이 경쟁과 착취의 필연적인 결과라고 주장하면 서 반전에 강력한 논리를 대 주었다.[1] 톨스토이는 모든 지주 제도와 자본 주의 체제는 폭력과 무력으로 유지되며, 전쟁을 벌이는 근본 동기는 돈이 고 전쟁은 돈을 둘러싼 싸움이라고 말했다. 군국주의가 니어링의 마음에 상처를 주었듯이, 톨스토이는 틀에 박히고 강제적인 군대 생활에 큰 충격 을 받았으며 그 원초적인 야만성에 화를 냈다는 것을 니어링은 알았다.[2]

니어링은 랜드 학교에서 강의하면서, 그리고《전쟁, 애국심, 평화 War, Patriotism, Peace》(1926)라는 제목으로 현인들이 쓴 글을 모아 책을 엮음 으로써 톨스토이의 말을 퍼뜨렸다. 니어링은 조직화한 종교와 형식적인 애국심은 잘못된 가르침이라고 비난하고, 그렇게 잘못 교육받은 것에 머 물지 않고 인간 본연의 거룩함이 드러나는 진정한 믿음과 양심으로 되돌 아오기를 부추기는 수필들을 골라 책을 엮었다.[3] 니어링이 고른 수필에서 톨스토이는 애국심을 비도덕이라고 비판했다. 애국심에 영향을 받은 사람은 기독교 가르침대로 스스로를 하느님의 자녀로 여기거나 최소한 이성이 이끄는 대로 행동하는 자유로운 인간으로 인식하는 대신, 조국의 아들, 정부의 노예가 되어 스스로의 이성과 양심에 어긋나게 행동하기 때문이다.[4] 사회 윤리를 실천하기 위해 니어링은 다음과 같이 톨스토이를 인용했다.

우리는 상징도, 유물도, 거룩한 봉사도, 설교자도, 신성한 역사도, 교리 문답도, 정부도 필요하지 않다. 반대로 그 모든 것에서 해방되어야 한다. 설교자가 유일한 진리라고 가르친 우화에서 벗어나는 사람, 자기 마음대로 사람을 움직이게 하는 계약으로 다른 사람을 구속하지 않는 사람만이, 자신이 대접받기를 바라는 대로 다른 사람을 대접할 수 있다.[5]

톨스토이에게는 전쟁에 반대하는 진정한 영웅이 갖는 비극적인 진실이 있었다. 그것은 누구도 알지 못하며 누구에게도 보이거나 들리지 않지만, 고문을 당하거나 악취 나는 감옥에 갇히거나 강제 추방을 당해 숨겨 가면서도 마지막 숨결은 선과 진리로 남는 양심이었다.[6]

톨스토이는 이미 19세기부터 미국 사람들의 눈길을 끌었다. 대부분 호웰스(William Dean Howells)가 1886년부터 1892년까지 〈월간 하퍼스 Harpers Monthly〉의 '편집자의 서재'라는 칼럼에서 꾸준히 소개한 덕이었다. 톨스토이의 사회 철학과 평화를 지향하는 종교는 미국의 사회 개혁가, 평화주의자들의 상상력을 사로잡았으며, 그이들 중 일부는 야스나야 폴랴나(러시아 툴라 주에 있는 마을로, 톨스토이가 태어나 60년 동안 살면서 작품과 철학 수필을 쓴 곳. 톨스토이가 살아 있을 때 이미 많은 사람들이 그 곳으로 톨스토이를 만나러 갔다 — 옮긴이)로 순례를 떠나기도 했다. 이 러시아 사람의 사상은 많은 미국 사람에게 미국의 이념을 비추어 보는 거울이 되었다. 호웰스처럼 자신의 가치에 의문을 품는 수많은 사람들이 톨스토이가 평범한 사람들의 고뇌에 진심 어린 관심을 쏟는 것을 보고 큰 위로를 받았다. 그이들은 말과 행동이 하나가 되기를 바라는 톨스토이가 내놓은 도덕 청사진에 자극을 받았으며, 톨스토이를 쫓아 활력에 찬 삶, 거듭나는 삶을 추구했다. 그이들은 톨스토이에게서 물질주의의 부패, 일하지 않고 빌붙어 사는 부자의 본질이 무엇인지 배웠다. 니어링이 형제애에서 사회 문제의 해결책을 찾은 것도 톨스토이의 영향이었다.[7]

늘그막에 니어링은, 제1차 세계 대전이 터지면서 상담자이자 안내자로 점점 더 톨스토이에게 빠져들었다고 털어놓았다.[8] 자신의 꿈이 전쟁으로 파괴되어 산산조각 나자, 니어링은 톨스토이의 비폭력 사상에 더욱 기울었다. 그리고 톨스토이가 가진 수준 높은 개인주의적 급진주의에 더 많은 관심을 갖게 되었다. 하지만 톨스토이에 대한 관심은 전쟁과 평화의 문제를 넘어섰다. 니어링은 톨스토이의 삶에서 본 운동가의 모습에 깊이 공감했다. 그것은 곧 윤리를 실천으로 옮기고, 조직화한 종교와 인연을 끊어서 영성을 북돋우고, 채식을 하고 육체노동을 하면서 단순하고 절제 있고 건강하게 시골 생활을 하는 모습이었다. 또한 임금을 대가로 하는 노예 노동, 재산, 착취, 악에 대한 무저항, 감시당하는 고통, 검열, 금권의 탄압 따위를 비난하는 모습이었다. 니어링은 특권적인 지위와 재산을 버리고 농부의 삶에서 활기를 되찾으며, 좀더 충만한 것을 좇기 위해 물질을 외면하고, 타협하지 않는 도덕 원칙에 따라 살려고 애썼다. 이러한 니어링의 모습은 톨스토이에게서 영향을 받은 것이다. 톨스토이의 삶에서 니어링이 관심을 가진 것 중 가장 중요한 것은, 미래를 만드는 힘은 역시 지식인 계층에 있으며, 그이들이 먼저 개혁되어야 한다는 점이다. 지식인 계층은 다른 사람에게 모범을 보여 주면서 현 체제에 맞서 반역을 이끌어야 하는 특권층이었다.

톨스토이는 자신이 속한 계급과 그 계급이 다스리는 사회 제도에 맞서 싸웠다. 생산에 바탕을 둔 사회를 만들고, 사람들이 가난에서 벗어나 좀더 높은 수준의 문화를 누릴 수 있는 자유를 위해 싸웠다. 니어링은 전쟁 뒤 미국에 생산자 사회와는 정반대의 자본주의 소비 문화가 점차 뚜렷하게 나타나는 것을 지켜보았다. 니어링은 이 새로운 문화에서 일과 여가 문제에 관심을 가졌다. 그것은 린드 부부(Robert Lynd, Helen Lynd)가 1929년 인디애나 주 먼시에서 한 연구와 비슷했다. 니어링에 따르면, 소유의 사회 심리학은 고용주가 이익을 좇기 위해 생산하는 것과 비슷했다. 이익을 얻으려고 생산하면서 사람은 성장하는가, 아니면 새로운 경제 체제의 압력에 눌려 인간다운 성장을 포기하는가 스스로 묻기는 하지만 그 결과에 따라 생산을 그만두지는 않는다는 것이다. 니어링은 사람을 단일한 노동, 곧 자동화 기계의 틀에 집어넣는 것이 이익이며, 이 이익 때문에 한없이 지루하고 단조로운 노동이 생겨난다고 보았다. 노동자가 마음에서 우러나 일하지 못하고 자동화 기계의 틀 속에 밀려 들어가 할 수 없이 일한다면 재능이 발휘되지 못하고 죽어 버릴 수밖에 없었다.

또 일이 너무 단조롭고 지루하기 때문에 노동자들은 여가에만 관심을 쏟으며 어떻게든 노동을 잊어버리려고 한다. 노동에 얽매인 생기 없는 삶에서 벗어나려고 노동자들은 자극적인 신문, 스포츠, 술, 영화, 값싼 자동차를 사는 데 관심을 쏟는다. 이 새로운 소비 문화의 결과, 사람의 삶은 단순한 노동과 대중 생활, 대중오락, 대중 교육, 규격화, 판에 박힌 생각으로 다시 조정되고 구성되었다. 이처럼 근대에 들어와 달라진 새로운 삶은 사람들을 새로운 형태의 인간형으로 만들었다. 즉 '똑같은 습관을 가진 대중적 인간, 무산자 계급, 짓눌리고, 치우치고, 틀에 박히고, 불만에 가득차 있고, 영성이 바닥나고, 무지하고, 지나치게 자극적인 것을 추구하는 산업 노동자'라는 인간형이었다.[9] 이런 산업 노동자들의 대중 사회는 편견, 고집, 정신의 위축과 타락을 불러 왔으며, 순종을 강요했고, 지식을 포기하라고 억지로 요구했다. 여기에는 자신이 가진 것이 세계에서 최고라고 확신하는, 평범한 미국 사회의 풀 죽은 겉멋과 자기만족이 있었다.[10] 대중 사회의 정치적인 결과는 '자유 국가'이지만, 실제로는 아주 치우친 정치 사상을 가지고 있었다.[11]

미국의 소비자 사회와는 대조적으로, 생산자 사회는 개인마다 자신의 경제적 운명을 다스리는 사람들로 구성되었다.[12] 니어링은 온전한 삶과 개인의 독립, 사람의 성장에 관심을 가지면서 톨스토이와 마찬가지로 일과 여가의 유기적인 관계에 관심을 집중했다. 니어링은 일과 축복은 함께 간다고 강조했다. 일은 영감을 불러일으키며 창의적인 상상력을 펼칠 수 있게 한다. 그러나 산입 사회의 일은 일꾼이 가진 본능을 만족시키지 못했다. 니어링은 오늘날 거의 모든 일이 끝없는 단조로움 때문에 견딜 수 없다고 말했다.[13] 기계가 새로운 노예 — 틀에 박힌 생산에 매달린 노예, 무책임하고 의식 없이 금권 정치를 용인하는 노예 — 를 만들고 있다는 것이다.[14] 톨스토이의 처방에 따라 니어링도 '창의성, 자발성, 지성, 판단력, 열정을 요구하는 즐겁고 축복받은 일'을 옹호했다.[15]

여기에다 니어링이 축적보다 생산을 강조하는 것은 생산자 사회의 기본 목표가 재산보다는 일, 곧 재산을 늘리기보다는 표현의 기회를 늘리는 것임을 뜻했다. 생산자 사회의 가장 중요한 임무 가운데 하나는 여가를 효율적으로 쓸 수 있도록 가르치는 것이다.[16] 여가가 가치 있는 것이 되려면, 자유로운 시간 이상이 되어야 했다. 니어링은 여유 시간이 있는 여가가 되어야 할 뿐 아니라 활기가 넘치는 여가가 되어야 한다고 강조했다.[17] 그리고 현대 사회에서 사람의 성장은 대부분 여가를 어떻게 쓰는지에 달려 있다고 했다.[18]

니어링에 따르면 패권 자본주의는 노동자들을 생활에 필요한 물건을 얻기 위해 경쟁하도록 내몰았다. 그래서 하류층 사람들은 상류층 사람들을 흉내내는 반면, 상류층 사람들은 괴기스럽다고 할 만한 기준으로 사회를 이끌어 가려고 이성을 잃은 싸움에 몰두한다. 이것이 계층화한(또는 계급화한) 사회의 필연적인 결과이다.[19] 이런 식의 돈벌이 경쟁에서 벗어나야만 사람이 가진 활력을 최고로 발휘해, 사회에서 억지로 시키는 일보다 개인이 소망하는 일을 좇을 수 있다. 그러면 개인은 자유 중에서도 가장 충만한 자유, 곧 마음에서 자연스럽게 우러나오는 자유를 누릴 것이다.[20] 니어링은 경제적인 해방이 모든 자유를 뜻하는 것은 아니라고 했다. 깨져야 할 다른 구속이 많이 남아 있기 때문에, 사람의 자유가 순전히 물질적인 것에 달려 있다는 주장에는 반대했다. 니어링에 따르면 사람의 성스러운 소망, 곧 사랑, 아름다움, 정의, 진리를 자유롭게 좇는 것은 경제 바깥에 있는 일이었다. 그러나 대다수 사람들은, 아들딸이 적성을 찾기에 충분한 여유와 육체적인 건강을 유지하는 데 필요한 물품을 대 줄 수 있는 경제 체제가 아니면 성스러운 소망을 좇을 수 없었다.[21]

톨스토이를 성실하게 따르는 사람답게 니어링은 생산자 사회의 시민들은 몸에 좋은 음식을 먹되 지나치지 않고, 정신 또한 일에서 자유로우며, 돈벌이에서 벗어나 풍요 속에서 절제할 수 있도록 후세를 가르칠 것이라고 생각했다. 그러면 풍요로운 삶, 오직 이해와 평온과 내적인 성장을 통해서만 가능한 삶을 살 수 있었다. 니어링은 이것을 가장 충만한 윤리를 경제에 적용한 것, 사람이 할 수 있는 가장 근원적인 정의를 요구한 것이라고 보았다.[22]

톨스토이가 니어링에게 끼친 영향 중 가장 큰 것은 재산과 계급에 주어진 도덕적 바탕과 경쟁하듯 재산을 모으는 사회 제도에 덤벼드는 정신이었다. 톨스토이는 그이의 도덕적, 정치적 주장을 받아들이지 않을 뿐 아니라 자신의 신념을 실천하려는 이를 범죄자로 낙인찍는 사회에서 자기 신념에 따라 살려고 했다. 교훈을 남기는 데 그치지 않고 그것을 뛰어넘어 사회에 항의했다. 니어링은 톨스토이와 자신의 삶이 닮았다는 것을 느끼면서 이렇게 말했다. "톨스토이는 살아가면서 자신이 혜택을 받아 온 사회 체제와 싸웠고, 그 체제를 비난했을 뿐 아니라 비슷한 생각을 가진 다른 사람들과 함께 그 체제를 완전히 없애고 좀더 좋은 어떤 것을 건설하려고 했다." 니어링이 그랬듯이 톨스토이도 따돌림당하고 빼앗기면서 짓눌려 사는 러시아 농민과 공장 노동자 대중에 기댄 채 유지되는 계급 구조를 널리 알리면서 자신이 속해 있는 지배층의 눈을 가리고 있던 장막을 없애 버렸다. 그 계급 구조는 쓸데없이 형식에만 얽매인 관습으로 이루어졌으며, 게다가 나라 바깥에서 들어온 것이었다. 톨스토이도 니어링처럼 자신이 속한 계급에 등을 돌렸으며, 자신과 자신이 타고난 지위에 맞서 싸운 사람 가운데 한 사람이었다.[23]

러시아 사회주의자인 플레하노프(Georgii Valentinovich Plekhanov)가 톨스토이를 '회개하는 귀족'으로 규정하며 톨스토이 식 사회주의를 비판한 것에 빗대어 프리먼(Joseph Freeman)은 니어링을 '후회하는 귀족'이라고 이름지었다. 프리먼은 이렇게 말했다.

니어링은 굶주리는 무리 속에서 굶주린 사람들에게 먹을 것을 나누어 주지 않은 채 자기 혼자 배불리 먹을 수는 없다는 뜻에서 사회 윤리를 발전시켰다. 이런 톨스토이 식 철학은 본질적으로 유한 계급이 지닌 기독교적 양심을 향한 부르짖음이었다. 이것은 니어링의 혁명적인 도덕이, 무산자 계급의 이윤 확보라는 현실주의보다는 유산자 계급의 양보라는 이상주의를 강조한 것으로, '후회하는 귀족'의 자기 극기와 비슷한 것이다.

니어링은 글자 그대로 개인의 편안함을 버리고, 사보나롤라(Girolamo Savonarola, 15세기 북이탈리아 도미니크회 수도사이자 종교 개혁가. 시민의 사치품과 이교도적 미술품, 책을 불태운 이른바 '허영의 불태움' 따위로 교회와 세상을 새롭게 바꾸려고 했으나 반대파에 밀려 불에 타 죽었다 ─ 옮긴이)와 같은 단호한 의지로 새로운 세계의 복음을 널리 알리는 삶을 살았다.[24]

■■■ 톨스토이처럼 니어링도 늘 교사로 남아 있으려고 했다. 소속이 없는 대중 교사로 일하더라도 니어링은 교육을 계속하는 것이 시민의 의무라고 생각했다. 그래서 니어링은 여론이 어떻게 이루어지는지에 관심이 많았다. 1922년 3월 14일, 니어링은 매사추세츠 주 우스터에 있는 클라크 대학의 자유주의 클럽 강연에 초청되어 '미국에서 일어나는 여론 통제'라는 주제로 강연을 했다. 그 강연에는 300여 명의 학생과 시민, 이름 있는 사회 과학자, 대학의 전 총장인 홀(Granville Stanley Hall)을 비롯한 몇몇 교수들이 모였다.[25]

니어링은 일반적으로 미국 사람은 여론의 특징과 형성, 조작은 잘 이해하지 못하면서도, 민주주의에서 여론이 두드러진 위치를 차지하고 있으며 중요하다는 것은 인정한다는 말로 연설을 시작했다. 여론을 조작해 사회를 통제하는 것을 이해시키려고, 니어링은 청중의 관심을 베블런(Thorstein Veblen)의 《유한 계급론 Theory of the Leasure Class》으로 돌렸다. 이 이론에서는 '지배 계급은 국가 자산의 대다수를 가지고 있으면서 그것을 정당화하는 여론을 만들어 혜택을 누리고 있다'고 설명한다. 니어링은 이렇게 말했다.

지배 계급은 가르치고 퍼뜨리는 것으로 지배 사상과 동기를 만들 수 있으며, 자신들에게 유리한 여론을 만들어 낼 수 있다. 그래서 미국에서 여론의 문제는 유한 계급이 여론을 휘어잡을 수 있다는 여론 지배 방법의 문제와, 여론이 만들어진 기구의 주요 형태, 여론이 돌아다니는 길의 문제로 바뀐다.

니어링은 여론을 휘어잡는 도구 가운데 하나는 신문이요, 또 다른 하나는 교회라고 말했다. 이와 함께 법률도 생각해 봐야 한다면서 법의 테두리 안에서 부의 경제 철학이 활개치게 되었다고 말했다.

마지막으로 니어링은 여론을 만들고 다스리는 데 교육 기관이 어떤 역할을 하는지에 초점을 맞추었다. 니어링은 교육이 사회적 부의 엄청난 불평등을 정당화했다고 주장했다. 자신의 주장을 뒷받침하기 위해 러스크 위원회의 결론을 인용했다. "뉴욕 주 중등학교 교사가 어디에서 무엇을 하든 정부를 바꾸는 짓은, 설령 평화적인 방법을 써서 하더라도 감싸 줄 수 없다." 베블런에 따르면 이 같은 사정은 다른 대부분의 고등 교육 기관에서도 마찬가지였다. 베블런이 《미국의 고등 교육 Higher Learning in America》에서 보여 준 바와 같이, 이미 대학도 경제계 인사들의 생각에 영향을 받게 되었다. 니어링은 현대 고등 교육 기관의 규모가 커지면서 행정 문제가 자질구레하게 많고 복잡해져서 학자의 능력이나 취미 수준을 넘어서게 되었다며 이렇게 덧붙였다. "학자들은 지속적으로 점점 더 많은 일들을 경제계 인사나 경제계 인사처럼 행정 솜씨를 가진 교육자들에게 떠넘기고 있다."[26]

바로 이 기득권이 대학을 다스리고 있다는 이야기를 하고 있는데 클라크 대학의 총장인 애투드(Wallace W. Atwood)가 가만히 강연장 뒤쪽으로 들어왔다. 애투드는 하버드 대학에서 지질학 교수로 있다가 1920년 클라크 대학으로 옮겨 왔다. 그런 애투드를 두고 한 교수는 이렇게 빈정대기도 했다. "클라크 대학은 지질학자이자 교육자를 모셔 왔다고 생각할 것이나, 결국 지질학자도 교육학자도 모셔 오지 못했다는 것을 알게 될 것이다."[27] 실제로 애투드가 온 뒤부터 대학은 혼란에 휩싸였다. 교수들은 대학 이사회가 교수들과 협의도 없이 애투드를 데려왔을 때부터 자신들이 서 있는 자리가 흔들린다는 것을 알았다. 그 뒤 대학은 미리 말하지 않고, 교수들의 의견도 묻지 않고 대규모 학사 구조 조정을 총장 혼자서 하도록 했다. 새 총장이 니어링의 주장을 받아들일 수 없다는 것을 뚜렷이 나타냈지만 자유주의 클럽 학생들은 니어링이 강연할 수 있게 해 달라고 요구했다. 그러면서 대학 분위기는 이미 나빠졌다. 애투드는 니어링이 대학 행정을 비판하는 말을 단 5분 들은 뒤 강연에 문제가 있다고 결론을 내렸다.[28]

니어링이 큰 소리로 베블런의 책을 읽고 있는데(우연히도 베블런은 애투드의 처남이었다) 애투드가 자유주의 클럽의 회장에게 다가가 강연을 멈추라고 말했다. 애투드가 강연회를 해산하라고 지시하자 충격을 받은 클럽 회장은 당혹해하며 연단 앞으로 나아갔다. 놀란 니어링은 말을 멈춘 채 연단으로 온 클럽 회장에게 저 사람이 누구냐고 물었다. 애투드가 계속해서 해산을 지시하자, 니어링과 마찬가지로 놀란 학생들은 무슨 일이 일어났는지 몰라 웅성거렸다. 총장은 자신의 명령이 즉시 통하지 않자, 관리인에게 전기를 끄라고 지시하고는 경찰을 부르겠다고 위협했다.[29] 불만을 품은 학생들이 서서히 흩어지고, 교수 한 명과 몇몇 학생들이 니어링과 이야기하려고 멈춰 섰다. 그 교수는 니어링과 악수를 나누며 이렇게 말했다. "선생님의 연설을 듣게 되어 기쁩니다. 그리고 우리 학교에서 이런 일이 일어난 것을 부끄럽게 생각합니다."[30] 이 웃지도, 울지도 못할 연극 같은 사건을 두고 한 학생은 이렇게 말했다. "대학 총장이 무대에 올라와 연극을 할 때 선생님은 마침 대학 총장이 어떻게 행동하는지 말하려던 참이었습니다. 혹시 선생님은 이럴 줄 알고 총장을 불러들인 것은 아닙니까?"[31]

그 학생은 강연을 마치기 위해 가까운 학생 단체로 다시 니어링을 초청했다.

클라크 대학에서 '니어링 사건'이라고 알려진 이 일은 그 대학에 커다란 반향을 불러일으켰다. 그 사건은 교수 통제와 학문 자유에 대한 문제를 둘러싸고 심각한 긴장이 드러나는 계기가 되었다. 학생 단체는 점점 더 방어적으로 행동하는 총장에게 공격적인 자세를 취하기 시작했다. 부도덕한 몇몇 교수가 학교를 그만두고 다른 곳으로 옮긴데다 한 교수의 자살까지 겹쳐 혼란이 더했다. 이 사건은 또한 미국 대학교수 협회(AAUP)의 눈길을 끌었는데, 협회는 학문 자유를 침해한 것뿐 아니라 이 대학의 최근 역사가 다른 대학의 교직원들에게 교훈거리가 될 수도 있다고 보고 조사에 착수했다.[32]

애투드의 행동은 지역 신문과 사회 단체의 관심도 끌었다. 신문과 단체들은 대부분 '급진적인 선전 활동에 맞선 애국적인 조치'라고 추켜올린 '로터리 클럽(Rotary Club)'처럼 애투드 편을 들었다. 그러나 〈네이션 Nation〉 지는 총장은 물론 우스터 사람들도 모두 비판의 도마에 올렸다. 니어링의 강연을 막음으로써 총장은 단순히 그럴듯한 기세를 떨쳤을 뿐이라는 것이다. 또 이렇게 적었다. "우스터는 기득권 체제가 대학과 교회, 신문의 지원을 얻기가 얼마나 쉬운지 증명했을 뿐 아니라, 그러한 힘으로 일반 시민을 얼마나 간단히 무조건 복종하게 만들 수 있는지도 보여 주었다."[33] 〈뉴 리퍼블릭 New Republic〉 지도 "길게 보아 대학 총장은 올바르고 골치 아픈 교수와 공손하고 별 볼일 없는 교수 사이에서 선택해야 한다. 총장은 반항적이고 혈기 왕성한 젊은이로 가득한 학생 단체와 줏대가 없어서 신경 쓸 가치조차 없는 무리들 사이에서 선택해야 한다."라고 논평하면서 우려의 말을 했다.[34] 니어링은 지난날 대학에서 해고될 때와 같은 선상에서 이 사건을 받아들인 채 그 도시를 떠났다. 당시만 해도 니어링은 얼마 뒤면 학문을 통제하는 진짜 이유는 전쟁의 긴박함 때문일 터이기에, 전쟁이 승리로 끝나고 나면 통제도 점차 줄어들어 마침내 사라질 것이라고 예상했다. 그러나 학문 자유에 대한 억압은 니어링의 예상대로 되지 않았다.[35]

■■■ 니어링의 분석에 따르면 클라크 대학에서 일어난 사건은 결코 특별한 것이 아니었다. 미국에서 경제를 손아귀에 넣은 사람들이 의사 소통의 통로를 움켜쥐고 막아 버리는 또 하나의 보기일 뿐이었다. 1920년대 과학 기술의 발달로 의사 소통에서 중요하고 새로운 기술이 많이 개발되었으나, 의사 소통 통로는 점점 더 소수 사람들이 독차지하게 된 것은 참으로 역설적인 일이었다. 니어링은 이렇게 주장했다. "의사 소통의 새로운 통로가 그 효율성을 높일수록, 오히려 소수 사람이 독차지한 채 대중을 세뇌시키는 수단으로 쓴다." 니어링은 가장 효율적인 의사 소통 통로를 모두 갖거나 다스리는 소수 독재자와 맞서는 자신을 깨달았으며,[36] 급진적인 사회 변화는 오직 자본주의 문화의 핵심 기관이 자율성을 가져야만 가능하다는 것을 알았다. 지배 계급의 압도적인 영향에 맞서는 것은 부분적으로 대안 기관을 만들어 내는 것을 뜻했다. 그러나 열린 토론과 사회 진보를 가로막는 억압에서 완전히 자유로워지려면 제도권에서 벗어나는 적극적인 대안 또한 필요했다. 니어링이 클라크 대학 강연에서 설명했듯이, 여론을 경제적 기득권자의 손아귀에서 벗어나게 하려는 사람들에게는 두 개의 행동 양식이 있었다. 하나는 새로운 사회 질서를 창조하는 운동을 조직하는 것이다. 다른 하나는 현재의 질서를 연구하는 사회 철학자가 그 취약성과 불공정성을 밝혀 내고 바람직한 개혁 방향을 내놓는 것이다. 가장 바람직한 것은 기득권에 반대되는 사상과 행동이 함께 효율적으로 발전하는 것이었다.[37]

대학에서 해고되면서 니어링은 정서적으로나 지적으로 조직 생활은 맞지 않다는 것을 깨달았다. 니어링은 틀에 박힌 수업, 다람쥐 쳇바퀴 같은 일정이 주는 절차에 답답함을 느꼈다. 그래서 교실의 한계에서 벗어나는 것은 원기를 돋우는 경험이 되었다. 니어링은 동료들 때문에 무거운 책임의식을 느끼면서도, 장벽이 갑자기 사라지고 스스로 주인이 된 것을 깨닫고 말할 수 없는 기쁨을 경험했다.[38] 니어링은 대학과 사회 진보에 대한 마음가짐을 말하면서 가끔 휘트먼(Walt Whitman)의 〈풀잎 Leaves of Grass〉에 나오는 멋진 구절을 바꿔서 풍자하기도 했다.

내가 학교를 깨부수었다는 죄로 고발되었다는 소식을 들었지.

하지만 나는 정말 학교를 지키지도 깨부수지도 않은 것을.

(무엇이 진정 학교를 지키는 것이며, 무엇이 학교를 깨부수는 것인지?)

내가 맨해튼과 이 나라의 다른 모든 도시와 섬과 해변에

들판과 수풀, 물에 닮은 크고 작은 배에

건물도, 규칙도, 이사회도, 논쟁도 없이 짓고 싶은 것은

동료들과 진정한 사랑을 나누는 학교인 것을.[39]

1922년 2월 12일, 니어링은 '교회가 급진적일 수 있는가?' 하는 문제를 놓고 홈스(John Haynes Holmes) 목사와 논쟁을 벌였다. 이 논쟁에서 부정적인 의견을 말한 니어링은 자신이 교회를 분석한 내용을 끌어 오면서 이렇게 말했다. "교회는 사람의 권리와 자유에 반대하는 기득권을 갖고 있기 때문에, 교회는 급진적인 적이 없었고 현재도 급진적이지 않다. 오늘날 교회는 자본주의에 기대고 있다." 교회가 기득권 체제에 얌전히 따르면서 이득을 챙기는 점에서 다른 사회 기관과 다른 점이 없다고 주장한 것이다.[40]

니어링은 실제로 교회나 다른 어느 기관도 급진주의 기능이 있다고 말할 수 없다고 강조했다. 니어링은 이렇게 말했다. "교회가 대표자와 신조, 건물이 있는 기관을 만드는 순간, 그 기관의 윗자리에 앉아 있는 사람들은 보수적인 성향을 가지고 사람들을 가두어 놓으려고 애를 쓴다." 기관은 한번 세워지면 그것이 교회건, 교육 체제건, 정당이건, 노동조합이건 관계없이 현재 질서를 편드는 경향이 있었다. 니어링은 특정 교육 기관이 근본적으로 급진적일 수 있다는 것을 믿지 않았음에도 랜드 학교는 예외로 했다. 랜드 학교와 교회를 구별하는 것이 하나 있는데, 랜드 학교는 현 사회 질서의 일부가 아니라는 것이다. 그렇지 않으면 니어링의 논리는 '나는 정당이 계속해서 급진적일 수 있다는 것을 믿지 않는다. 나는 공산주의가 계속 급진적일 수 있다는 것을 믿지 않으며, 러시아의 소비에트 정부가 계속 급진적이라는 것을 믿지 않는다'라는 것이 되어 버리기 때문이다.[41]

이런 해석이 암흑과 절망으로 이끄는 것은 아니었다. 현 사회 질서를 근본적으로 재조정하려는 사람에게는 단 한 가지 길이 있었다. 그것은 찾고, 깊이 연구하고, 생각하고, 관찰하고, 결론을 끌어 내고, 믿음을 고결하게 유지하고, 이상을 더러워지지 않게 지키고, 마침내 행동할 시간이 되었을 때는 교회나 기관이 아니라 각자가 직접 행동에 나서야 한다는 것이다.

행동해야 할 때가 되었을 때 모든 사람이 스스로 급진주의자가 되고 사상가가 되며, 이상을 가지고 스스로 터득해 행동하는 것이 급진주의를 위한 유일한 길이다. 이것이야말로 현 사회 질서가 변화할 수 있는 유일한 기반이다.

니어링은 이것은 '개인주의 원칙'도 아니고, 사람의 영혼을 구원하지도 못했다고 말했다. 그러나 그것은 톨스토이를 따르는 사람이 도덕적 권위를 지키려고 개인의 양심에 호소하는 것이었다. 니어링은 모든 사람은 스스로 직접 급진주의자가 되어야 한다고 주장하면서 급진적인 세상을 바라면 스스로 급진적인 사람이 되라고 강조했다.[42]

제4부

급진주의자는 무엇을 할 수 있는가

제13장

미국 제국

전쟁이 옛일이 되면서 니어링은 기독교 문명의 극단적인 모순을 보았다. 기독교 문명은 한편으로는 평화와 선의를 가르치면서, 다른 한편으로는 조직화한 파괴와 대량 살상에 앞장서는 사람들에게 최상의 찬사를 보냈다. 니어링은 이렇게 말했다. "기존 제도가 보여 주는 것은 태초부터 존재하는 사회 규약이 아니라 경제를 지배하는 계급의 정치, 경제적 필요에 따른 것이라는 마르크스주의자의 주장보다 더 확실하게 들어맞는 말이 있는가?"[1] 전쟁은 그이가 태어난 사회에서 니어링을 '추방'하고[2] 억지로 쫓아 냈다.[3]

니어링은 회의하면서도 확신에 찬, 역설적인 상황에 빠졌다. 환상에서 깨어난 니어링은 사회를 향한 싸움에 더욱 열심히 뛰어들었다. 1920년대 초 니어링은 불확실성과 공허가 세계를 뒤덮고 있는 것을 보았다. 니어링에게는 혼란과 환멸, 포기한 이상, 기회주의, 순간순간의 삶에 빠진 비참한 모습들이 뚜렷하게 보였다.[4] 니어링은 대로(Clarence Darrow)와 한 토론에서 이렇게 주장했다. "대중이 현 체제를 검증한 결과, 이 체제는 대중의 손에 산산조각 나고 잿더미가 되었다."[5] 니어링은 청중은 물론이고 자신에게도 같은 말을 하는 것처럼 보였다. 이 같은 위기에 맞닥뜨려서 니어링은 자신의 역할에 의문을 품었다. 니어링은 나중에 자서전에서 당시 '내가 어디에 속해 있는가?'라는 의문에 부딪혔다고 회상했다. 니어링은 자신과 대다수 미국 사람들 사이에는 엄청난 장벽이 세워져 있으며, 자신은 건너편 세상에서 확실하게 추방당한 사람이라고 생각했다. 그리고 미국을 다스리는 산업 자본주의 바깥에 서서 자본주의를 반대하면서, 스스로 풍차를 공격하는 돈키호테라고 생각했다.[6]

니어링은 새로 태어난 자신을 깨달았다고 말했다. "정말 나는 다시 태어난 것 같았다."[7] 니어링은 자본주의 문화와 전시 체제에 부딪치면서 '자랑스럽고 명예로운' 미국 시민에서 세계의 시민으로 생각이 바뀌었다. 니어링은 미국과 관계가 있다는 것이 부끄러웠고, 완벽하게 따돌림당한 것처럼 느꼈다.[8] 니어링은 단순히 전쟁의 희생자가 아니었다. 좀더 깊은 힘이 움직이고 있었다. 전쟁은 니어링의 삶에 엄청난 변화를 일으킨 사건이었지만, 니어링의 삶을 바꾼 것은 전쟁뿐만이 아니었다. 단지 전쟁은 니어링에게 좀더 심각한 문제들을 일깨웠다. 니어링은 이렇게 덧붙였다. "전쟁이 낯익은 내 삶의 방식에 스며들면서, 삶 전체를 뒤흔들고 새로운 전망을 가리켰다."[9]

새로운 전망을 받아들이면서, 니어링은 소득 재분배와 자본주의가 가진 문제는 산업화한 미국만의 문제라고 보지 않았다. 자본주의는 미국의 울타리를 넘어서 제국주의의 특징을 뚜렷이 보여 주었다. 미국은 이미 제국주의 통치를 받아들였다. 니어링은 관심사가 바뀐 까닭을 설명하면서, 자신이 미국의 소득 분배를 연구하는 것으로 학문 이력을 시작했다는 점을 강조했다. 그런데 전쟁이 연구 범위를 넓히도록 만들었고 자신을 새로운 사회 과학 분야로 밀어 넣었다는 것이다. 니어링은 전문 분야인 소득 분배 문제에서 과감하게 벗어나 새롭고 훨씬 넓은 분야, 즉 '전쟁, 혁명, 제국주의, 문명' 연구로 뛰어들었다. 니어링은 지금까지 자신이 하던 연구는 미국 한 나라에만 중점을 두었다고 말했다. 하지만 전쟁, 혁명, 제국주의, 문명에 대한 연구는 민족주의를 뛰어넘었으며 사회사 전반으로 퍼져 나갔다.＊

니어링은 불로 소득 이론을 경제 잉여 개념으로 쉽게 바꾸었으며, 미국의 금권 정치 개념을 모든 산업 사회에서 볼 수 있는 지배 계급의 행태로 다시 정립했다. 그리고 이 모든 것은 전쟁이 자본주의 경제의 특징 중 하나라는 니어링의 신념을 더욱 강하게 만들었다. 니어링은 전쟁을 치르기 위해 국가가 조직되면서 현대 산업 체제와 현대 사회가 만들어졌다고 주장했다.[10] 미국에서 금권 정치가 불평등한 경제 체제에서 생겨나 사회 규율을 주무르게 되었듯이, 산업 혁명은 금융 제국주의로 다수가 특권을 가진 소수에게 봉사하는 경제 체제가 되도록 만들었다.[11] 전쟁 뒤 처음 쓴 《미국 제국 The American Empire》(1921)이라는 책에서 니어링은 이렇게 기술했다. "일부 자유주의 사상가들은 1917~1918년의 전쟁이 구체적인 논리를 갖지도 못했으며, 전쟁을 벌인 까닭을 대지도 못하는 대통령과 일부 참모의 실패라고 지적했다." 니어링은 이런 자유주의적인 해석은 미국의 국내 요인이 전쟁의 특징 중 하나라는 것을 건성으로 보아 넘기는 것이라고 주장했다.[12]

미국의 참전은 미국인의 삶에서 여러 세대 동안 물밑에만 있던 특별한 것들을 물 위로 끌어올렸다. 미국은 영토를 빼앗고 주민들을 무릎 꿇리는 따위 제국주의적인 행태와, 지배 계급 사람들이 나라 안팎에서 약탈을 저

＊ 니어링은 *Making of a Radical*, p. 137에서 자신의 사상을 재형성한 것에 대해 언급하고 있으며, 자서전을 위한 초고에서는 이를 보다 다양하게 설명하면서 광범위하게 다루고 있다. 본문은 Scott Nearing Papers, bk. 6, June 23, 1967, p. 73, DG 124; bk. 6, June 24, 1967, pp. 74-75, SCPC에서 인용.

지름으로써 스스로 제국주의 국가임을 드러냈다. 산업 혁명은 미국에서 제국적인 계층을 만들어 냈으며, 이 같은 경제 변화에 따라 정치 변화가 일어났다. 니어링은 이 과정에서 미국 공화국의 정치 전통은 한쪽으로 밀려났다고 지적했다. "공화국의 앙상한 뼈 위에 강대한 제국주의 구조를 가진 경제 체제가 우뚝 솟았다. 그 구조가 미국 제국이다."[13]

이런 이론에서 생겨나는 문제는, 슬프게도 이 제국주의 구조가 미국 사람의 삶이나 전통과 맞지 않는다는 것이다. 제국주의적 경쟁이 결국 전쟁으로 이어졌으며 표현의 자유, 출판의 자유, 집회의 자유, 법 절차 따위가 폐기되고, 사람들이 징집당하는 결과를 낳았다. 모든 행위는 미국 사람의 전통인 자유, 그렇게 조화롭게 구성되어 있던 바로 그 원칙들을 부인하는 쪽으로 나아갔다. 20세기의 현실과 '1776년 독립 선언 약속' 사이의 모순은 엄청나게 컸다. 니어링은 어떻게 인민을 무릎 꿇리고 영토를 빼앗는 짓과 독립 선언을 조화시킬 수 있는지 물음표를 던졌다. 왜냐하면 독립 선언의 뜻과 정신은 제국주의의 뜻과 정신에 어긋나기 때문이다. 이런 제국주의 구조가 미국을 세운 사람들이 공화국이 세워지기를 바란 바로 그 자리에 서 있다고 니어링은 주장했다. '미국 제국'을 받아들이는 것은, 1776년 한 무리의 사람들이 한 희망찬 약속과 20세기 미국 사람들의 삶에서 구체적으로 드러나고 있는 현실 사이에 엄청나게 깊은 연못이 있다는 사실을 인정하는 것을 뜻했다. 니어링은 제국은 자유를 대가로 삼아 이룩되었다고 말했다.[14]

《미국 제국》에서 니어링이 보여 준 분석은 영국의 급진 경제학자 홉슨 (John Atkinson Hobson)에게서 크게 영향을 받은 것이었다. 홉슨은 제국주의 연구에 일가견이 있었으며, 1902년에 그 분야의 개척서로 꼽히는 《제국주의 연구 Imperialism: A Study》를 썼다. 니어링은 홉슨이 내놓은 제국주의 경제 해석에 공감했다. 경제 통합, 계급 지배, 잉여 생산, 금융 제국주의, 최종적으로 분쟁으로 가는 과정에는 분명한 인과 관계가 있었다. 홉슨은 국민 경제 사이의 경쟁에서 벗어나 세계 연방과 국제주의로 나아가는 이념이 필요하다고 말했다. 또 노동조합과 사회주의는 날 때부터 제국주의의 적이라고 말했다. 왜냐하면 그 둘은 권력을 쥔 계급이 계속 잉여 소득을 약탈해 제국주의로 가려는 것을 방해하기 때문이다. 홉슨은 그러므로 사회 개혁은 노동자에게 초점을 맞추어야 할 것이라고 주장했다. 니어링과 마찬가지로 점진주의자인 홉슨은 조화로운 세계 질서를 만들기 위해 비폭력 운동을 내놓았다.[15]

잉여 문제에 대한 홉슨의 해결책은 나라마다 각자 안에서 모든 것을 생산하고 소비하는 것이었다. 그러기 위해 홉슨은 부와 지나친 소비를 제한할 수 있도록 불로 소득에 세금을 매기는 방법을 내놓았다. 그러나 니어링은 미국 자본주의가 재분배만 조정하면 된다는 생각을 이미 버렸으므로, 그 해결책을 받아들이지 않았다. 니어링은 이제 자본주의 경제 체제에서 잉여가 사회 성원 모두에게 이익이 되도록 쓰일 수 있다는 것을 믿지 않았다. 니어링은 훗날 이렇게 말했다. "역사에 비춰 볼 때, 가장 중요한 가정이 잘못되었다. 사람이 자연을 정복한 것을 보고, 우리는 사람 집단에서도 같은 정복이 가능하리라고 잘못 믿었으며, 분배하는 방법도 배울 수 있을 것이라고 잘못 생각했다."[16]

니어링은 또 제국주의를 자본주의의 자연스러운 결과물로 보는 홉슨의 주장에도 뜻을 같이하지 않았다. 니어링은 제국주의를 법칙에 따라 이끌리는 보편 사회 체제로 보고, 영국을 로마 제국에 견주어 보는 홉슨의 분석을 믿지 않았다. 니어링이 볼 때 제국주의의 특별한 성격은 근대 산업 자본주의의 특수한 환경에서 나왔다. 마지막으로 니어링은 다음과 같은 점에서 홉슨에 반대했다. 니어링은 자본주의는 개혁이 필요한 무엇인가가 아니라 반드시 극복되어야 하는 것이라고 생각했다. 오직 그래야만 제국주의가 끝나고, 조만간 제국주의의 길을 따르게 될 미국에 닥칠 길고도 끔찍한 부패와 파멸에서 벗어날 수 있었다. 니어링에게 자본주의는 하루라도 빨리 무엇인가 다른 새로운 발전 주기로 옮겨져야만 하는 어떤 것이었다.[17]

지금의 상황은 지배 계급의 통치와 격렬한 국제 경쟁에 이어 결과적으로 또 다른 전쟁 ─ 왜냐하면 현 자본주의의 경쟁 체제는 어쩔 수 없이 전쟁을 일으킬 터이므로[18] ─ 으로 가게 될 것을 뜻하는 반면, 영국 노동계나 소련의 존재는 자본주의적 제국주의에 맞서는 실제 보기였다. 영국 노동 운동에 대한 니어링의 견해에는 사회당의 시각이 들어 있었다. 영국의 노동 운동이 소련보다는 더 낯익었기 때문이다. 처음에는 러시아 혁명이 사회주의자들의 우상이 되었지만, 니어링은 점차 미국과 캐나다의 노동 운동은 영국을 따라가는 것이 당연할 것이라고 보았다.

니어링은 영국의 노동 운동도 대단하지만,[19] 러시아는 자신이 '경제 나누기'에서 가정한 바로 그 변화를 정확하게 실제로 나타내는 것이라고 생각했다. 랜드 학교에서 니어링은 "1917년 11월 7일, 러시아의 모든 노동자들이 산업 민주화를 선언했다."라고 가르쳤다. 그이들은 생산 수단을 차지했으며, 불로 소득이 끝장났음을 선언했고, 민주적인 경제 조직을 만들었다. 소련의 보기는 노동자와 착취자 사이의 근본적인 구분을 보여 주는 것이었다.[20] 니어링은 《미국 제국》에서 이렇게 주장했다. "세계의 눈이 온통 러시아에 쏠려 있다. 러시아의 실험을 다수인 노동자가 풍족한 삶을 만들어 가는 과정에서 일어난 특별한 사건으로 여기기 때문이다. …… 러시아 혁명은 러시아의 자본주의, 세계의 모든 제국주의에 맞섰다."[21]

니어링은 조합주의와 사회주의가 자본주의와 제국주의를 없애고, 노동자가 다스리는 생산 방식이 경제 잉여를 없애고 갈등이 사라지게 하기를 바랐다. 이것은 새로운 세계 질서로 나가는 또 다른 길이었다.

유럽의 노동자들은 세계를 만드는 사람이 세계를 가져야 하며, 삶에 필요한 물건을 생산한 사람이 그것들을 가져야 한다는 결론에 이르렀다. 이같은 모습을 국제적인 표현으로 말하면 '스스로 결정할 권리'이다. 일자리를 가진다는 것은 경제 평등을 가진다는 것이다. 이 두 가지 사상이 세계의 모든 거대 제국주의 국가에서 앞서 가는 노동 강령에 포함되어 있다.

니어링은 이런 생각이 러시아에서 나온 것이 아니며, 자본주의가 대영 제국에 한정되지 않는 것과 마찬가지로 이 또한 러시아에만 한정되는 것은 아니기 때문에 미국에도 맞추어 볼 수 있다고 말했다.[22] 미국 노동자들이 제국과 파괴의 악순환에서 벗어나는 길은 유럽의 프롤레타리아와 소련이 자본주의적 제국주의를 공격한 예를 따르는 것이다. 자본주의 국가들 사이의 충돌은 곁가지에 지나지 않으나, 세계의 유산자와 무산자, 곧 자본주의와 사회주의 사이의 갈등은 근본적인 것이었다. 그리고 노동자가 이겨 사회주의를 이룩하는 것만이 미국의 희망을 지킬 수 있었다.[23]

니어링은 러시아의 보기에서 자신이 편든 경제 사회 변화의 이상적인 형태를 보았으나, 소비에트 본보기를 얼마나 받아들일지는 신중하게 선택해야 하는 문제였다. 이것은 특히 러시아 혁명을 강조한 마르크스주의의 경우 더욱 그랬다. 마르크스주의는 '한 시대의 삶과 사상은 당시 존재하는 생산과 사회 체제를 아주 자연스럽게 비춘다'는 니어링의 믿음과 맞아떨어졌다.[24] 하지만 니어링은 근원적이고 절대적인 변증법으로 사회주의를 못 박는 것에는 손사래를 쳤다. 니어링은 사회 변화를 이해하기 위해 현재의 경험적인 연구와 자발적인 행동이 필요하다는 것은 받아들였다. 그러나 어떤 추상적인 신조를 불변의 진리라고 강조하는 이론에는 반대했다. 니어링은 고전적인 자유 정치 경제학에 맞선 것과 마찬가지로 마르크스(Karl Marx)가 주장한 역사 변증법 철학의 절대성에도 반발했다. 혁명의 목적이 새로운 가치와 사회 제도를 만드는 것이라고 본 니어링은 변증법적 유물론의 경제 결정주의를 거부하면서도 개인마다 몸을 던져 행동해야 할 필요가 있음을 강조했다.[25]

▬▬ 새로운 세계와 사회 변화를 보는 전망에 관심을 쏟으면서 니어링은 '급진주의자들이 바로 지금 무엇을 할 수 있는가?'라는 중요한 문제에 부딪치게 되었다. "첫째 할 일은 왜 지금 체제가 움직이지 않는지를 보여 주는 것이다. 단순히 움직이지 않는다는 것이 아니라 왜 움직이지 않는가? 둘째는 좀더 잘 움직이는 체제를 보여 주는 것이고, 셋째는 그것이 어떻게 만들어지고 보장되는지 보여 주는 것이다."[26] 니어링은 혼란스러운 1920년대에 이 문제에 대한 해답을 찾아 내는 것을 자신의 임무로 결정했다.

1920년대 전반기 몇 년 동안 니어링은 여행, 사회 현상 연구, 강연, 책 쓰기, 랜드 학교 강의 일로 바빴다. 1921년에 이어 1922년, 니어링은 노동 운동과 사회 상황을 살펴보려고 다시 한 번 미국 서부를 여행했다.[27] 이 여행과 1924년 후반의 또 다른 여행 때는 미국 서부에 이어 멕시코까지 갔다. 거기서 니어링은 외국의 노동 환경과 마주칠 수 있었다. 멕시코는 니어링에게 특별한 매력을 준 것으로 보인다. 멕시코는 미국 제국의 식민지다운 모습도 있었지만 생생하고 활기찬 삶이 있는 신비한 나라로 여겨졌다. 가난하지만 그 곳에는 매우 다양한 또 다른 삶의 모습이 있었다.[28] 멕시코시티에서 미국으로 돌아오는 길에 니어링은 호화 침대가 있는 특급 열차 '풀먼' 대신 일반인들이 타는 '세군다'를 탔다. 니어링은 같은 기차에 탄 승객들과 함께 멕시코의 정치와 노동 운동, 종교 따위를 이야기했으나, 그이의 마음을 사로잡은 것은 바로 그이들, 보통 사람들이었다. 니어링은 아들인 로버트(Robert)에게 보낸 편지에 이렇게 썼다. "이것은 진정한 사랑과 생활의 재미가 특급 열차 풀먼이 아니라 이등 열차 세군다에 있다는 것을 보여 주는 것이다." 그 편지가 뜻하는 바는 뚜렷했다. 훗날 아들이 국경 지역(또는 멕시코의 다른 곳)을 여행하게 되면 빈틈없고 고상하고 세련된 특급 열차를 타고 겉멋 든 맥 빠진 여행을 하지 말고, 진정한 삶이 있는 이등 열차를 타고 인간성과 다양성을 겪어 보라는 것이다.[29]

미국의 노동 운동에 대한 평가나 진정한 삶에 대한 도덕적 이상주의가 아직 니어링의 마음 속에 자리 잡고 있을 때, 니어링은 뉴저지 주 리지우드의 처갓집 가까운 곳에 집을 마련했다. 니어링의 집은 곧 도시를 벗어나 뉴저지 변두리에서 다시 급진주의를 다지려는 좌파들의 모임 장소가 되었다. 방문객들의 얼굴은 니어링이 관계한 급진주의의 다양성을 잘 보여 준다. 나중에 공산주의자가 된 캐넌(James P. Cannon), 뉴욕 〈콜 Call〉 지 편집자인 리게트(Walter Liggett), 랜드 학교 교장인 리(Algeron Lee), 중도파인 베렌베르그(David P. Berenberg), 평화주의자인 데이나(Henry W. L. Dana), 시인인 채플린(Ralph Chaplin), 하슬러(Carl Hassler), 워드(Harry F. Ward), 드레온(Solon DeLeon), 로흐너(Louis Lochner), 개니트(Lewis Gannett), 터그웰(Rexford Guy Tugwell), 갈런드(Charles Garland)와 함께 말할 것도 없이 볼드윈(Roger Baldwin)이 있었다. 〈매시스 Masses〉의 시사 만화가인 영(Art Young)은 방명록에 이름과 함께 성난 불길 앞에 서 있는 자신의 발을 그린 그림을 남겼다. 젊은 미드(Margaret Mead)도 수줍어하면서 왔다. 미드의 부모는 니어링의 친구였다. 공산주의자 예술가인 마이너(Robert Minor)는 니어링의 가족이 프롤레타리아 독재 정권에 참여하게 될 것이라는 희망을 나타냈다.■ 프리먼(Joseph Freeman)이 살펴본 바에 따르면, 리지우드에서 니어링은 조직

■ Guest book, Ridgewood, N.J., in the possession of Robert Nearing, Troy. Pa. 기록된 사람들은 모두 1918년에서 1927년까지 리지우드에 있는 니어링의 집을 방문한 사람들이다.

적으로 일하는 사람이었다. 날마다 시간표를 짜고 몇 년 뒤 다가올 일을 계획했다. 지하실에는 서류철 더미, 철제나 목재 상자, 목록을 적은 메모지, 접지기, 니어링이 모은 자료들을 보관하는 공책 따위가 반듯하게 정리되어 있었다. 이 중에서 니어링의 흥미를 끄는 책과 논문들이 얼추 정해졌으며 앞으로 글을 쓸 계획이 꾸며졌다.[30] 니어링은 현재를 똑바로 보고 있었고, 언제나 해야 할 일을 챙겼다.

━━━ 니어링은 모든 활동을 자신이 확실하게 알고 있는 급진주의자의 사회적 역할에 맞추었다. 무엇보다 먼저 해야 하는 가장 중요한 일은, 무엇이 문제인지, 어떤 변화가 있어야 하는지, 이 변화를 어떻게 이룰 것인지를 뚜렷이 하는 것이었다. 1922년 11월, 6주 동안의 서부 여행을 마치고 돌아와 다시 랜드 학교에서 강의를 시작했을 때 니어링은 미국 급진주의자의 기본적인 역할을 정의하는 것에 초점을 맞추었다. 그리고 그것을 《다음 단계 : 경제계 연합 계획 The Next Step: A Plan for Economic World Federation》(1922)이라는 제목의 책에서 밝혔다.

이 책에서 니어링은 제국주의를 넘어 자본 제국주의와 관련된 갈등 속에서 새로운 세계 질서를 세우는 문제를 주제로 삼았다. 프리먼이 "사회주의의 목표를 뚜렷하게 하면서 쓸 수 있는 해결책을 찾으려는 시도"라고 말하고, 터그웰이 "약속된 당으로 나아가는 이성적이고 특별히 잘 기획된 계획"이라고 논평한 이 책에서, 니어링은 세계적 차원으로 커진 생산과 분배의 문제를 풀려고 했다.[31] 니어링은 국제 경쟁이 심할수록 국제 연대가 힘을 얻는 모순―그것이 자본 제국주의의 모순이었다―을 짚는 것으로 논의를 시작했다. 경쟁이 심해지는 사회 체제에서 서로 기대는 정도가 강해진다는 것은 참으로 기묘한 모순이었다. 하지만 바로 이런 상황이 서로 손을 잡고 살아가는 방법을 알게 해 주었다. 경제에서 세계 민중의 연대를 가져온 변화는 이상주의자가 꿈꾸던 것이 아니라 세계 차원에서 서로 기대야만 하는 긴급한 사정 때문에 할 수 없이 생겨난 것이었다. 그것은 달콤하고 이성적인 근거에서가 아니라 절실한 필요 때문에 생겨난 것으로, 이것저것 고를 여유가 없는 것이다.

서로 기대는 경제는 생산자 사회를 조직할 수 있게 했다. 니어링은 끝없이 모양을 바꿀 수 있는 이상적인 청사진과, 경제를 다시 짜는 데 필요한 모든 주제를 실제 사회 과학 문제로 토론하려는 보편적인 계획을 내놓았다.[32] 모든 권력을 생산자가 가지는 것을 목적으로 꾸며진 '세계 생산자 연맹 계획'을 내놓은 것이다.[33] 《다음 단계》에서 나타난 니어링의 사상은 국제 조직이나 세계를 도덕적으로 연대할 수 있는 자연적인 단일 공동체라고 생각하는 사람들의 사상과 맞아떨어졌다. 이런 니어링을 두고 한 역사가는 '공동체 국제주의자'라고 불렀다. 공동체 국제주의자들은 조직적인 연대를 기를 수 있는 사회 경제적 대안에 관심을 쏟았다. 또한 세계를 서로 나뉜 채 경쟁하는 것으로 보고 법적인 해결과 공식적인 조약, 동맹 따위로 묶어 두려는 정부 차원의 제도적 해결책을 거부했다. 공동체 국제주의자들에게 가장 중요한 문제 가운데 하나는 전쟁이었다. 전쟁이 인류 공동체를 깨부수었기 때문이다.[34] 전쟁은 미국 사회의 조직적 연대에 대한 니어링의 오랜 신념을 무너뜨렸다. 니어링은 미국 사회에서 설자리를 찾지 못한 반면, 끝없이 이상을 좇으며 어떤 조직화한 제도를 만들려 하지 않는 세계 공동체에서는 구성원 중 한 명이 될 수 있었다.

니어링이 전쟁 뒤 국제 조직의 대안으로 '세계 생산자 연맹'을 설립하는 계획을 내놓은 것은 이 때문이었다. 니어링은 특히 국제 연맹(League of Nations)이나 세계 법정(World Court) 같은 법률 조직을 반대했다. 니어링은 이렇게 주장했다. "국제 연맹은 정치 협정이지 경제 협정이 아니기 때문에 실패할 수밖에 없으며, 세계 조직으로서 국제 연맹은 처음부터 실패할 슬픈 운명을 가지고 있다. 사회를 다시 세우려면 반드시 세계의 경제 생활을 헤아려야 제대로 된 계획을 세울 수 있다."[35] 니어링은 세계 법정을 펀드는 사람들과 자신의 견해에 동조하는 사람들을 구별했다. 니어링은 세계 법정을 펀드는 사람들은 노동자에게 경제적으로 평등한 기회를 주고, 혁명의 위험은 줄이고, 법과 질서는 살아 있는 그런 세상을 바라지 않는다고 보았다. 니어링은 이렇게 말했다. "우리가 관심을 가지는 것은 사람들이 더불어 살면서 부딪치는 문제를 세계 차원에서 해결할 수 있는 세상에 대한 희망이다. 세계 법정을 지지하는 사람들은 합리주의와 소유권에 매달리고 있는 반면, 우리는 인류가 서로 힘을 모으는 세상이 되기를 바란다."[36]

니어링은 국제 연맹은 동맹국과 일부 중립국 사이의 정치적인 타협이고, 중요한 경제 대책도 없으며 매우 반민주적이라고 비난했다.[37] 국제 연맹은 자본주의의 마지막 저항으로, 노동자가 경제 해방으로 가는 길에 마지막 걸림돌 노릇을 하고 있었다. 니어링은 현대 전쟁의 원인은 경제인데, 국제 연맹의 규약은 경제 문제를 완전히 깔아뭉갰으며, 이 때문에 그것은 세계의 평화를 가져올 수 없었다고 강조했다.[38]

국가 자본주의의 법적, 정치적 표현이 부르주아지 국가이듯이, 국제 자본주의의 법적, 정치적 표현이 바로 국제 연맹이다. 국제 연맹은 명령을 수단으로 하며, 자본주의 세계에서 가장 시대를 많이 거스르는 지배 기관이 될 것이다. 그것은 은행가, 외교관, 제조업자, 무역상들의 연맹이 될 것이다. 국제 연맹의 기능은 더할 나위 없이 나쁜 모든 불평등과 함께 자본주의 사회를 유지하는 것이 될 것이다.[39]

니어링은 노동자와 사회주의자들에게 국제 연맹을 받아들이지 말라고 권고했으며, 국제 연맹은 자유에 대해 잘못된 관념을 가지고 있다고 말했다. 국제 연맹에 대해 신랄하게 빈정거리며 니어링은 이렇게 강조했다. "미국 제국주의는 에버렛, 러들로, 비스비, 로렌스가 누린 자유를 고를 것인지, 헤이우드(Bill Haywood), 무니(Thomas J. Mooney), 오헤어(Kate Richards O'Hare), 데브스(Eugene Victor Debs)가 누린 자유를 고를 것인지 결정해야 한다."[40](에버렛, 러들로, 비스비, 로렌스는 20세기 초 미국에서 노동 운동이 활발하게 일어난 곳이며, 헤이우드, 무니, 오헤어, 데브스는 20세기 전반을 대표하는 미국의 진보적인 노동 운동가, 사회주의자들이다 — 옮긴이)

니어링은 국제적인 경제 연맹을 설립하려고 계획하면서 미국에서는 정치적인 본보기를 가져오고, 소련에서는 경제적인 본보기를 가져왔다고 말했다. 소련은 미국 연방과 비슷한 정치 체제를 가졌으면서도 자본주의를 버렸다는 점에서 눈길을 줄 만했다. 소련의 경제 체제는 경제 권력이 한 곳으로 쏠리고 경제가 중심 집단의 손 안에 있는 관료주의를 피하면서도, 소비에트 러시아의 노동자가 다스리는 경제 체제 실험에 바탕을 둔 것이었다.[41]

니어링은 '세계 생산자 연맹'의 조직 구조는 미국이나 소련의 그것과 비슷하게 될 것이라고 말했다.[42] 니어링은 소련의 실험에서 생산자 조직을 염두에 두면서, 그것이 세계 사상과 세계 연합의 주춧돌을 놓는 일에 알맞을 것이라고 생각했다.[43] 그리고 미국의 본보기에서, 각 지역의 특색이 보존되고 경제에서 자치가 보장되며, 노동자의 손으로 선출된 다양한 생산자 집단의 대표로 중앙의 권력을 꾸리는 세계 의회를 구성해 여기에서 모든 문제를 해결하는 생산자 사회를 계획했다.[44]

이러한 계획을 내놓으면서 니어링은 성공적이고 자율적으로 움직이는 경제 사회 조직이 있다면, 그 조직의 경제 정책에 영향을 미치는 결정에 대해 일반 대중이 모두 알 수 있도록 해야 할 것이라고 말했다. 이것은 몇 사람이 권력을 쥐고 있는 체제에서는 불가능했다. 조직의 존재와 그것이 지닌 뜻, 곧 현재 질서의 붕괴와 새로운 사회의 가능성, 새로운 사회 건설을 위해 해야 할 일들을 사람들에게 알리는 것을 목적으로 하는 광범위한 선전 활동이 있어야 하기 때문이다.[45]

■■■ 급진주의자의 또 다른 임무를 설명하면서, 니어링은 선전 활동은 현재 미국의 급진주의자들에게 가장 중요하다고 말했다. 그리고 당분간 급진주의자의 일은 교육이 될 것이라고 했다. 교육 선전 활동은 언론과 미술, 문학, 드라마 따위의 예술 분야, 이제 막 선전의 수단이 된 정치 분야에서 두루 펼쳐질 수 있었다.[46] 니어링은 강의와 글쓰기로 선전 활동을 시작했으며, '공공 서비스를 위한 미국 재단(American Fund for Public Service)'으로 좌파를 돕고, 대안적인 노동자 언론 서비스로 '연합 통신(Federated Press)'을 세워 진보적인 예술을 활성화하려고 애썼다.

1919년 봄에 니어링은 랜드 학교에서 강의를 하는 한편 '스코트 니어링의 미국 편지', '스코트 니어링의 기사 서비스'로 불리는 정기 소식지를 발행했다.[47] 니어링이 가장 관심을 많이 가진 것은 노동자를 교육하는 일이었다. 자신의 경제 운명을 결정하는 책임을 노동자 스스로가 지는 진정한 프롤레타리아 문화를 만들기 위해서는 지배 계급이 노동자를 교육하는 일을 손에 넣지 못하도록 해야 했다. 니어링은 노동자의 손으로 재정을 메우고 새로운 사회 체제를 만드는 싸움에 공개적으로 나서는 랜드 학교 같은 기관에 관심이 많았다.

니어링은 전쟁 전에 그런 기관들을 중요하게 여긴 것처럼 1925년 봄에도 마찬가지 생각으로 공부 모임을 따로 만들어 학생들을 가르쳤다.[48] 이 공부 모임은 랜드 학교나 사회당 본부, 공산당 사무실에서 주마다 한 번씩 열렸다. 이 모임에서 학생과 교사들은 '사회 혁명법'을 만들려고 시도하기도 했다.* 훗날 공산당의 당원이 된 젊은 체임버스(Whittaker Chambers)는 니어링이 당에서 제명된 후에도 이 모임에 열심히 참여했다. 체임버스는 모임에서 무엇을 하는지보다는 니어링의 마음가짐을 보기 위해서 모임에 나왔다. 체임버스는 자신은 물론이고 대부분의 학생들이 사회 혁명법보다 니어링에게 더욱 끌렸다고 회상했다. 체임버스는 니어링이 통귀리를 담은 사탕 병을 늘 가지고 다니면서 학생들 앞에서 한 줌씩 입에 넣고 힘차게 소리내어 씹으며 입을 찰싹찰싹 때렸다고 생생하게 기억했다.**

니어링은 교육 선전 활동을 하면서 미국 제국주의 연구도 꾸준히 했다. 이 연구 결과 니어링은 '미국 시민 자유 조합(American Civil Liberties Union)'에서 만난 젊은 급진주의자인 프리먼과 함께 《달러 외교 : 미국 제국주의 연구 Dollar Diplomacy: A Study in American Imperialism》(1925)라는 책을 썼다. 이 책은 객관적인 보기 연구 형식을 빌리고 있다는 점에서 《미국 제국》과 달랐다. 이 책은 제국주의 체제의 발전 이론이나 비제국주의 미래의 대안에 초점을 맞춘 것이 아니었다. '달러 외교'의 의미는 '미국의 경제 이익이 해외에서 커짐에 따라, 연방 정부의 외교나 군사 지원도 거기에 따라간다'는 것이다. 두 사람의 책은 단 두 가지 목적만 가

■ 이 시도의 결과는 *The Laws of Social Revolution: A Cooperative Study by the Labor Research Study Group*, 1926으로 출판되었다. Nearing, *Making of a Radical*, p. 174 참조.

■■ Whittaker Chambers, *Witness* (New York: Random House, 1952), pp. 201, 211, 212. '목격자'로서 체임버스의 정직성은 철저하게 검증되어야 한다. 일례로 체임버스는 니어링이 러시아 혁명이 일어나고 얼마 되지 않은 1920년 여름에 바쿠에서 열린 범아시아 회의에 참석했다고 주장하지만, 니어링은 거기 참석하지 않았으며 1925년 이전에는 소련으로 여행하지도 않았다. 이상하게도 니어링이 1920년에 소련을 여행했다는 주장이 1925년 7월 15일에 후버(John Edgar Hoover)가 받은 보고서에 나온다. 보고서의 요지는 '1920년에 니어링이 모스크바에서 열리는 제3인터내셔널에 참석하기 위해 여권도 없이 미국을 떠났다는 소문이 있다'는 것이었다. A. B. Lane to J. Edgar Hoover, U.S. Department of State, Doc. 61-1273, Case Control no. 8801789.

지고 있었다. 미국이 얼마나 제국주의 정책을 많이 부려 왔는지 보여 주는 것, 미국 외교 정책의 뚜렷한 특징을 몇 가지 보여 주는 것이었다. 프리먼은 이렇게 설명했다. "그 책 자체는 폭로 이상은 아니었다. 우리는 그 책에서 내놓은 사실들이 필연적으로 혁명적인 결론에 이르게 되는 것을 조심스럽게 피했다." 두 사람의 연구는 전반적으로 사건이나 생각을 차례로 말한 것으로, 주로 미국의 팽창과 다양한 형태의 제국주의 단계에 대한 문헌 조사였다. 프리먼에 따르면, 책의 본질은 자유주의적인 것으로, 마르크스적인 분석은 아니었다. 두 사람은 단계의 특징을 제국으로도, 식민지 국가로도 설명하지 않았다. 또한 자본주의의 일반적인 발달을 생각해서 제국과 식민지 국가 간의 관계를 비춘 것도 아니었다.[49] 책을 처음 출판할 때는 어려움을 겪었으나,《달러 외교》는 학술 연구서로 좋은 평판을 받았으며, 같은 주제로 니어링이 쓴 책들 중 가장 많이 알려진 책이 되었다. 프리먼은 훗날 이렇게 말했다. "그럼에도 우리는 공허감을 느꼈다. 우리는 미국 제국주의를 혁명적으로 연구하는 데 겨우 걸음마를 시작했을 뿐이라고 생각했다."■

　니어링이 뉴욕의 작은 좌파 출판사에서《달러 외교》를 출판했다는 것은 눈길을 줄 만하다. 1917년 맥밀런 출판사와 계약이 끝난 뒤, 니어링은 자신의 책을《다음 단계》처럼 직접 돈을 대 출판하거나 뱅가드 출판사, 국제 출판업자 모임, 사회 과학 출판사처럼 급진주의 신문사나 출판사, 랜드 학교에서 펴냈다. 주류 자본주의 출판사는 미국 제국주의 같은 주제를 다루는 책들을 거들떠보려고도 하지 않았다. 이 때문에 교육 선전 활동을 하

■ Nearing and Freeman, *Dollar Diplomacy: A Study in American Imperialism*, 1925, pp. v, xii; Freeman, *American Testament*, p. 303. *Dollar Diplomacy*는 급진 학계에서 이런 분야를 다룬 것으로는 처음 나온 포괄적인 연구서였다. 1920년대와 1930년대 미국 제국주의를 연구한 중요한 서적으로 인정받아 여러 학자들이 폭넓게 참조했다. 1966년에 다시 출간됨으로써 미국 제국주의 팽창을 연구한 이 책의 중요성을 다시 한 번 증명했다.

는 데 좌파 출판사는 반드시 필요했다. 그러나 이러한 상황은 생각을 전달하는 길이 정해져 있어서 니어링의 사상이 대중에게 닿는 데 어려움이 있다는 것을 뜻하기도 했다. 니어링은 대중 잡지에 원고를 보내 좀더 많은 독자를 확보하려 했으나, 정치적 좌파의 정기 간행물에 대한 제재로 독자층이 좁아졌다는 것을 깨달았다. 니어링은 뉴욕 〈콜〉, 〈리버레이터 Liberator〉, 〈뉴 매시스 New Masses〉, 〈일간 노동자 Daily Worker〉, 〈혁명 시대 Revolutionary Age〉, 〈네이션 Nation〉, 〈계간 모던 Modern Quarterly〉, 〈월간 노동 Labour Monthly〉, 〈노동 시대 Labor Age〉, 〈코뮤니스트 Communist〉 따위 좌파와 선이 닿는 일련의 신문과 잡지에 기고했다. 니어링이 '신앙심과 경제 결정주의 연구'라고 부제를 붙인 펜실베이니아 주에 대한 글은 품위가 부족하다는 이유로 〈네이션〉이 거절했는데 〈콜〉이 일요판에 그 글을 실었다. 임금과 생활수준에 대한 글은 좋지 않은 여운을 남긴다는 이유로 광고를 끌어들여야 하는 〈토요 이브닝 포스트 Saturday Evening Post〉가 거절하기도 했다. 니어링은 좌파가 아닌 간행물에 글을 쓰는 것이 거의 불가능하다는 것을 알았다.[50]

꽉 막힌 의사 소통 환경에서 열린 의사 소통 통로를 만들고 유지하는 것이 결정적으로 중요한 일이 되었다. 니어링이 자선 모임으로 급진 운동의 기금을 마련하려고 각별한 노력을 기울이게 된 것은 다 이런 목적 때문이었다. 1920년대에 폭넓게 좌파 운동을 뒷받침한 이 같은 기금 적립은 한 철도 금융가의 아들이 물려받은 재산을 기부하기로 결심하면서 시작되었다. 그이는 스물한 살 된 갈런드였다. 갈런드는 자신의 부는 스스로 번 것이 아니기 때문에 자기 것이 아니라고 생각했다. 나아가 그것을 사회가 쓰길 원한다고 밝혔다. 갈런드는 톨스토이(Leo Tolstoy)에게 커다란 영향을 받았다. 단순하게 열심히 일하고 소박하게 살면서 자신의 몸으로 흙에서 먹을 것을 마련하겠다고 결심했다. 갈런드는 그 전에 하루라도 빨리 진보적인 사회 운동에 100만 달러가 넘는 유산을 넘겨주려고 했다.

볼드윈은 갈런드의 고민을 듣고는 반가워하며 재단을 하나 세웠다. 그것은 비당파적이고 비전통적이며, 기존의 어떤 재단도 감히 꿈꾸지 못하던 것들을 하게 될 터였다. 즉 모든 종류의 좌파와 개척자적인 사람들을 도와 주는 것이다. 갈런드는 '공공 서비스를 위한 미국 재단' 이라고 이름 지어진 재단에 재산을 넘기는 문서에 서명한 뒤 단순한 삶을 살기 위해 농장으로 떠났으며, 그 후 다시는 돈을 맡긴 사람들을 만나지 않았다. 볼드윈은 재단의 이사회를 구성하고 1920년대의 호경기에 갈런드의 재산으로 무엇을 할 것인지 결정하기로 했다. 볼드윈은 혼합 집단이면서 좌파 위주로 이사들을 뽑았다. 시민 자유 운동가인 볼드윈 자신을 비롯해 사회주의자인 토머스(Norman Thomas), 훗날 공산주의자가 되었으나 당시는 명확하지 않던 포스터(William Z. Foster), 모험적 좌파인 니어링, 노동조합 운동가인 힐먼(Sidney Hillman), 변호사인 에른스트(Morris Ernst), 자유주의자인 커크웨이(Freda Kirchwey), 개니트, 세계 산업 노동자 동맹(IWW)의 일원인 플린(Elizabeth Gurley Flynn), 흑인인 존스(James Weldon Jones)와 몇몇 사람들이 이사회 구성원이 되었다.[*] 볼드윈에 따르면 이 다양한 집단이 공유한 것은 일반적으로 반자본주의, 자본주의를 대체해 새로운 정치 경제 권력을 세울 노동자에 대한 믿음이었다.[51]

니어링은 교육 선전 활동을 하는 개인과 조직의 사기를 북돋우고 옹호

[*] '공공 서비스를 위한 미국 재단' 에 대해서는 Gloria Garrett Samson, "Toward a New Social Order —the American Fund for Public Service: Clearinghouse for Radicalism in the 1920s," diss., University of Rochester, 1987; Peggy Lamson, *Roger Baldwin* (New York: Houghton Mifflin, 1976), pp. 148-49; The Reminiscences of Roger Baldwin, Part 1 (1954), Oral History Collection of Columbia University, New York, pp. 225-33; Nearing, *Making of a Radical,* p. 48 참조. 니어링은 '갈런드 재단' 이라고도 부른 이 재단의 이사가 되는 것과 동시에 '미국 시민 자유 조합' 의 임원을 맡았으며, '산업 민주주의 연맹(League for Industrial Democracy)' , '화해 협력 단체(Fellowship of Reconciliation)' 따위 좌파 조직에도 소속되어 있었다.

하면서 자신의 주장을 굽히지 않았다. 니어링은 미국 제국주의 부문과 노동자 부문, 노동자 교육 부문에서 연구할 수 있는 자금을 지원해 달라고 주장했다. 1924년 봄, 니어링은 '새로운 세계 질서 건설로 나가는 꾸준한 교육 연구'라고 이름 붙인 5개년 프로그램에 기금을 주는 방안을 내놓았다. 니어링은 "지금 이 순간 미국에 가장 필요한 것은 경제 사회 해방을 위해 조심스럽게, 그리고 꾸준히 선전 활동을 하는 것이다."라고 설명했다. 니어링은 좌파 내 배분 문제, 곧 이사회 안에서 기금을 어떻게 나눌 것인지를 의식해 이렇게 주장했다. "만약 재단이 그 일에 참여한다면 그 프로그램은 오직 성과를 내는 것만을 목표로 해야 한다. 어떤 파벌이나 당파적인 간섭 없이 지극히 교육적으로 이루어져야 한다."[52]

금권으로 조직을 다스린다는 인상을 주는 것을 의식적으로 피하면서, 이사회는 기금을 받는 어떤 조직의 정책에도 관여하지 않겠다고 선언했다. 관여할 경우 자칫 권력을 부적절하고 위험하게 행사할 수도 있었다. 이사회는 재단을 6개월간 운영한 뒤인 1923년 4월, 2만 5000달러를 그 프로그램에 지원했으며, 10만 달러를 급진적인 노동자 조직에 빌려 주었다. 기금은 랜드 학교, 파업으로 어려움에 빠진 가족을 돕기 위해 펜실베이니아 크레슨 제2지구의 광산 노동자 연합, 연방 고문 법안 반대 운동을 벌이는 뉴욕의 '유색인 진보를 위한 전국 연합(National Association for the Advancement of Colored People)' 따위 운동 단체들에 보내졌다. 광산 노동자 연합, 브룩우드 노동자 대학, 〈콜〉, 노동자 보호 위원회 따위 단체들에는 돈을 빌려 주었다. 기금을 지원하고 돈을 빌려 주는 일은 재단의 일반적인 활동이었다. 볼드윈은 이렇게 말했다. "우리는 신문이나 정기 간행물, 책들을 중요하게 취급했으며, 새로운 노동자 교육 실험을 지원했다." 뱅가드 출판사는 아예 기금에서 지원받은 돈을 초기 자본으로 해서 설립되었다. 볼드윈에 따르면, 1920년대 동안 '공공 서비스를 위한 미국 재단'은 조직화한 노동자 계급의 힘을 모으는 데 직간접으로 관계한 100여 개의 개척자적인 기업들을 지원했다.[53]

또 재단이 지원한 조직으로는 전쟁이 끝난 뒤 니어링과 로흐너가 세운 '연합 통신'이 있다. 이것은 좌파의 의사 소통 통로가 지원을 받은 한 보기였다. 연합 통신은 로흐너와 니어링이 인민 위원회(민주주의와 평화를 위한 미국 인민 위원회, People's Council of American for Democracy and Peace)에서 일하는 동안 만든 〈인민 위원회 공보 People's Council Bulletin〉를 모태로 1921년에 세워졌다. 연합 통신은 언론 자유의 원칙을 깨려는 세력에 맞서 원칙을 지키며, 자유주의자와 노동 운동 사이의 관계를 좀더 가깝게 하는 뉴스 서비스로 알려졌다. 연합 통신은 자체 신문인 〈연합 통신 공보 Federated Press Bulletin〉를 발행했다. 이 신문은 뉴스를 모으기 위해 인민 위원회 조직에 기댔다. 기존 언론 연합으로부터 공정한 뉴스 서비스를 받을 수 없던 연합 통신은 기자들이 노동자와 관계된 정보를 수집하고 교환하기 위해 서로 돕고 조직 안에서 단결할 것을 내규로 정했다.[54]

1921년 한 관측자는 〈네이션〉에 기고한 글에서 "연합 통신이 지난 해 운영된 언론 가운데 따로따로 찢긴 채 제 일을 못하는 미국의 노동자 신문을 합쳐 통일된 구조로 만들고, 대중이 노동자를 지지하도록 하는 데 가장 중요한 노릇을 한 언론이다."라고 논평했다. 이 관측자는 연합 통신이 국제 뉴스 서비스를 시작했으며, 특히 미국 언론계에서 한 세대 안에 이루어진 어떤 발전보다도 희망적이라고 말했다. 연합 통신은 세계의 뉴스를 모아 노동 계급의 시각으로 해석하고, 미국과 해외의 많은 신문에 보내 주는 협동 조합식 통신 연합이었다. 갈런드 재단의 이사회 구성처럼 연합 통신의 편집자도 좌파 정치권이 다양하게 포진했다. 또한 어떤 분파의 지시에도 자유로운 새로운 편집 정책에 합의했다. 연합 통신은 제일 잘 나갈 때는 미국과 해외의 일간 신문 100여 곳에 뉴스를 보냈다. 니어링은 처음에 부국장으로 일하다 나중에는 그이의 부인이나 해나(Paul Hanna), 하우(Frederick C. Howe), 스트롱(Anna Louise Strong), 샌드버그(Carl Sandburg)가 그런 것처럼 특파원이 되었다. 1920년대에 연합 통신은 갈런드 재단에서 재정 지원을 받았으며 자본주의자 언론이 무시하는 좌파, 노동 운동 관련 뉴스를 내보내며 싸움을 계속했다.[55]

일부 사람들에게는 놀랄 만한 일이나 니어링이 1920년대 초반 예술에 관심을 보였다는 사실은 교육 선전 활동에 대한 니어링의 열정과 그리 어긋나지 않는다. 문단에서 활동하던 프리먼은 니어링의 새로운 관심사를 반겼으나, 그이의 미학이 정치 주장과 마찬가지로 청교도주의와 사회주의가 뒤섞인 것이라는 사실을 알았다. 니어링은 미술 전시회를 보고 난 뒤 대중이 살아남으려고 큰 싸움을 벌이는 마당에 어떻게 화가들은 꽃을 그리거나 사치스럽게 차려입은 여성을 그리는 데 시간과 노력을 낭비할 수 있느냐면서 전시회를 비난하는 긴 격문을 썼다.[56] 니어링은 예술을 위한 예술에 손사래를 치면서, 문학과 예술은 대중을 부유하게 하기 위한 선전 수단이라고 생각했다.[57]

세계 산업 노동자 동맹 신문인 〈연대 Solidarity〉의 편집장으로 일하다 감옥에 갇힌 채플린의 시가 니어링의 눈길을 끈 것도 이런 맥락에서였다. 니어링은 감옥에 있는 채플린을 찾아가 만났으며, 채플린이 옥중에서 쓴 시를 모아 1922년 《장벽과 그림자 Bars and Shadows》라는 제목으로 출간하도록 도왔고 서문까지 썼다.[58] 니어링은 〈죽은 자를 위해 슬퍼하지 마라 Mourn Not the Dead〉라는 시에 특히 감명을 받았다.

차가운 대지에 누운 죽은 자를 위해 슬퍼하지 마라
흙에서 태어나 흙으로 돌아가는 것이니

모든 죽은 자는 고요하고 달콤한 대지가 돌보리라
모든 살아 있는 사람도 그런 것처럼

투옥된 동지를 위해 슬퍼하지 마라
투쟁을 하기에는 지나치게 강해
강철로 만든 관 같은 감방, 감방에
산 채로 묻혔네

하지만 냉담한 군중을 위해 슬퍼해야 할지니
비겁하고 굴종하는 자, 세상에 넘치는 고통과 부조리를 보고도
아무런 말도 하지 못하네![59]

　니어링에게 채플린은 지배 계급이 감옥에 집어넣은 지성이었으며, 채플린의 시는 새로운 사회를 세우려고 싸우는 예언자의 목소리였다. 채플린은 21년 형을 선고받았다. 니어링이 볼 때 이는 법정에서 그이가 밝힌 것처럼 전쟁하는 것을 가로막았기 때문이 아니라 현 경제 체제를 반대했기 때문이었다. 세계 대전은 다만 하나의 빌미였을 따름이다.[60] 니어링은 채플린이 멀리 내다보면 가장 중요한, 저항하는 지도자였으며, 기존 체제에서 진보의 가능성으로 나아가는 출발이었다고 주장했다.[61] 새로운 체제의 힘은 조직의 연대나 선전의 효율성뿐 아니라 예술의 상태에 따라서도 가능할 수 있었다. 니어링에 따르면 채플린의 시는 선전 활동에 이바지한 것이면서도 새로운 문화를 나타내는 예술이었다.[62]
　니어링은 또한 채플린의 시에서 놓칠 수 없는 종교 성향, 곧 국제적이고 우주적이기까지 하면서도 계급투쟁에 뿌리를 둔, 새로운 세상을 바라는 청교도 정신에 이끌린 것으로 보인다. 세계 산업 노동자 동맹에서 일하

면서 채플린은 단결의 길을 종교에서 찾으려고 했다. 이 시는 바로 계급의 단결을 위한 것이었다. 한 학생이 지적했듯이, 세계 산업 노동자 동맹은 간혹 모든 조직된 형태의 종교에 거세게 반발하면서도, 흔히 미국 자본주의에 대한 비판을 진보적이고 예언자적인 기독교 해석에서 끌어 냈다.[63] 니어링은 이렇게 말했다. "채플린과 워블리스(Wobblies, 세계 산업 노동자 동맹을 부르는 다른 이름─옮긴이)는 경제적 올가미에서 사람을 자유롭게 하는 방법을 열성적으로 몸을 던지는 믿음과 종교에서 찾았다. 그이들은 꿈을 가졌으며, 의무를 짊어지라는 신의 부름을 들었다. 그이들은 사람의 해방을 위한 운동에 자신의 삶을 바쳤다."[64] 니어링은 또 이렇게 말했다. "채플린 시에서 정신은 배경에 있다. 미국에는 지금 채플린 시의 배경이 되는 그런 정신이 필요하다. 그저 물질적인 것에 이렇게 전념한 때는 없었나. 우리는 살면서 삶에는 뭔가 중요한 것이 있다고 사람들이 말해 주기를 바란다. 이 사람, 채플린은 자유와 해방이야말로 사람이 싸워서 거머쥐어야 할 만한 위대한 이상이라고 보고 있다."[65]

━━━ 니어링은 이미 1917년 여름 사회당에 입당하면서 정치 활동으로 교육 선전에 몸을 던질 다짐을 했다. 정치 활동의 목적과 목표 문제는 20대 내내 니어링을 괴롭혔다. 결국 니어링은 사회당에 들어갔는데, 당시 좌파는 지식인이라면 보편적으로 동조하던 정서였다. 하지만 좌파의 끊임없는 분열은 이미 심각한 지경에 이르렀다. 미국 내에서는 제1차 세계 대전을 미국이 지원하는 것을 둘러싼 문제로, 국제적으로는 1914년 유럽 사회주의자 대다수가 민족주의로 돌아섰는데도 제2인터내셔널 강령이 자본주의 전쟁에 반대한 사실로 분열이 깊어졌다. 니어링이 입당했을 때 강령을 둘러싼 분파의 차이는 이 강령에서 중요한 문제점이 발견되면서 사라졌다. 때마침 전쟁과 러시아 혁명으로 사회당은 반군국주의, 반제국주의,

국제주의, 노동자 계급의 단결 따위로 화해하며 일부 조화를 이루었다. 이렇게 다양한 분파와 성향 사이에서 적대감이 줄어들었는데도, 1919년 사회당은 극복할 수 없는 위기를 맞았다.

1917년, 사회당에 새로 출현한 좌파인 공산주의는 프래니어(Louis Frania), 로어(Ludwig Lore), 보댕(Louis Boudin)이 편집하는 잡지 〈계급 투쟁 Class Struggle〉으로 여론의 지지를 얻었다. 이와 함께 제2인터내셔널이 실패하고 러시아 혁명이 성공하면서 그 영향이 미국에도 전해지기 시작했다.[66] 힐퀴트(Morris Hillquit) 같은 당 지도층과 새로운 좌익 간의 중요한 차이는, 당이 평화주의 단체와 얼마나 가까운 거리를 유지하는지에 있었다. 좌익은 평화주의자에게 볼셰비키의 표현대로 증오심을 보였다. 레닌(Nikolai Lenin)은 평화주의를 '노동자 계급을 어리석게 하는 수단'으로 못 박았다.[67] 이에 반해 힐퀴트 측, 특히 인민 위원회는 평화주의 단체와 유대하는 것을 지지했다. 그러나 그이들은 혁명 목표를 뚜렷하게 하지 못한다는 이유로 좌익의 집중 공격 목표가 되었다. 인민 위원회는 사회당이 관계를 끊어야 할 '부르주아지 평화주의자들'이라는 것이다.[68]

싸우는 말투는 당시 수준으로 보아 독기가 가득했으며, 최소한 처음에는 실제보다 다소 과장되게 나타났다. 예를 들어 1918년 11월, 좌익의 새로운 비평지인 〈혁명 시대〉가 나왔을 때, 그 잡지의 편집장인 프래니어와 함께 니어링은 리드(John Reed), 호르위츠(N. I. Hourwich), 카타야마(Sen Katayama), 웨인스타인(G. Weinstein), 외부 원고 편집자인 로어를 만났다. 잡지는 1918년에 니어링이 의회에 진출하지 못한 것을 한탄했다. 그러면서 니어링을 '앞으로 좀더 많은 사회주의자 의원을 만들기 위해 훌륭한 주춧돌을 놓을 사람'이라고 표현했다.[69] 그런데 이것이 좌익에게 심한 혼란을 불러일으켰으며, 결국 니어링의 평화주의가 문제가 되었다. 1919년 2월 발행된 〈혁명 시대〉에서 좌익은 한 달 전 모스크바에서 발표된 제3인터내셔널 투쟁을 곧바로 시작해 국제 혁명과 대중 봉기로 노동자 계급 독재 정권을 세울 것을 촉구했다.[70] 이 폭동 계획은 자유주의자와 개혁론자를 제쳐두고, 국제 공산주의에 무조건 충성을 요구하는 것이었다. 당내의 좌익과 중도, 우익의 결별이 불가피해진 것이다. 이렇게 그 잡지는 의회주의적 기회주의 폐기를 옹호하는 미국 좌익 사회주의 운동을 선언했다.[71] 2월 말, 니어링은 〈혁명 시대〉 편집진에서 물러났다.

평화주의와 러시아 혁명에 대한 헌신은 니어링을 버티기 어려운 상황으로 몰아갔다. 니어링은 진심으로 소비에트 노동자 평의회에 발을 맞추고 사회당의 개혁주의 성향을 넘어 행동하기를 바랐으나, 동시에 폭력 없이 혁명을 이룩하기를 바랐다. 3월, 니어링은 거리가 멀어질 대로 멀어진 사이를 중재하려는 당내 중도주의자 그룹을 만났다.™ 니어링과 다른 중도주의지들이 서명한 편지가 〈콜〉 지에 보도되었는데, 거기에서 그이들은 당이 국내외적으로 위기에 빠져 있다고 주장하고 조직화한 분열과 당파주의를 그만둘 것을 요구했다. 중도주의자들은 새로 보완된 모든 사회주의 강령을 폐기하라는 좌익의 주장에 보조를 맞추면서, 당이 혁명적 노동조합주의의 지원을 받아 자본주의를 뒤엎고 산업 민주주의를 세우기 위해 가르치고 선전하고 선동해야 한다고 주장했다.[72] 그이들은 전략적으로 프롤레타리아 독재 대신 산업 민주주의를 요구하고, 폭동 대신 선전 선동을 선호했으며, 볼셰비키가 유일한 혁명 정당이라고 말하는 것을 피했다. 이런 주장에 대해 좌익은 〈혁명 시대〉를 통해 다음과 같이 답했다. "중도주의자는 당을 위해, 혁명적 사회주의를 위해 당이 극복해야 할 필

■ 중도주의자에 대해서는 Draper, *Roots of American Communism*, pp. 143-44; Cantor, *Divided Left*, p. 69; Bertrand D. Wolfe, *A Life in Two Centuries: An Autobiography* (New York: Stein and Day, 1981), pp. 209-10 참조. 울프(Bertrand D. Wolfe)는 니어링이 '내면에 완고한 평화주의 성향과 함께, 혁명을 전파하기 위해 모든 엘리트를 쓸어 버리려는 살벌한 지령을 함께 지닌' 모순을 그냥 지나쳐 버릴 수 없었다.

수 과제이며, 당은 반드시 중도주의자를 쳐부수어야 한다."[73)

4월, 좁은 길을 걷던 니어링은 더욱 어려운 진퇴양난에 빠졌다. 4월 19일 랜드 학교에서 400~500명의 청중에게 강의하면서 니어링은 미국 사회당의 계획을 이야기했다. 니어링은 현재 사회당의 프로그램이 혁명이 아닌 개혁을 가리키고 있기 때문에 시대에 맞지 않다고 말했다. 혁명이 기존 세계 질서를 변화시키는 유일한 방법이라고 강조한 것이다.[74) 이것은 니어링의 강의를 지켜보던 법무부 기관원의 생각처럼 좌익 노선에 발맞추어 폭력 혁명을 감싸는 소리로 들렸으나, 니어링은 속으로 독특한 혁명을 생각하고 있었다. 4월 28일, 하트(Albert Bushnell Hart)와 한 토론에서 니어링은 자신이 가지고 있는 혁명 봉기의 개념을 다음과 같이 말했다. "내가 말하는 혁명은 사람들이 자신의 생산 수단을 손에 쥐는 것을 뜻한다. 나는 평화 혁명을 주장한다. 혁명은 반혁명주의자들이 오로지 피를 흘려야 한다고 대들지 않는 한 평화적인 수단으로 이루어져야 한다." 이런 설명이 하트를 만족시키거나 좌익에게 받아들여지지 않을 것을 알면서도, 니어링은 자신이 경멸받는 존재 중 한 사람인 평화주의자라는 것을 인정했다.[75)

니어링은 《폭력이냐 단결이냐, 총이 문제를 해결할 수 있을 것인가? Violence Or Solidarity; or, Will Guns Settle It?》라는 제목의 소책자에서 비폭력을 감싸는 주장을 내놓았다. 소책자 표지에는 레닌의 연설이 적혀 있었다. "우리가 세상을 정복하는 것은 무기가 아닌 사상이다." 이와 같은 니어링의 소신은 당에서 벌이는 싸움보다 더 중요했다. 니어링은 국제적인 충돌과 국내의 억압으로 나타나는 자본가 계급의 폭력을 비난했다. 폭력으로는 전쟁과 인종 차별, 노동자의 소요 문제를 풀지 못한다고 주장했다. 소책자의 마지막 부분에서 니어링은 노동자 혁명을 위한 좌익의 폭력 전술에 대해 다음과 같이 열변을 토했다.

노동자들은 사용자의 재산에 대해서나, 일자리를 가진 노동조합의 배신자에게 폭력을 행사해 왔다. 이런 폭력으로 노동자들이 투쟁에서 승리했는가? 천만에! 러시아 사람들은 나라 안에서 경제 정의, 선전 선동, 열린 외교로 승리한 것이다. 그이들은 무기가 아니라 철학과 유럽에 퍼져 있는 혁명을 보고 배워 이긴 것이다. 러시아 사람들은 그이들의 위대한 실험에서 실패할 수 있다. 만약 그이들이 실패한다면 그 실패의 원인 가운데에는 붉은 군대도 포함될 것이다.

니어링은 노동 운동에서 폭력은 단결을 대신하지 못한다고 주장했다. 니어링은 상식적인 목표, 생각, 이해, 용기, 단결을 호소하고, 이런 것들이 노동자가 이기게 만드는 것이지, 힘으로 이기는 것이 아니라고 강조했다. 니어링은 자본가와 좌파 모두에게 말하는 것으로 글을 마무리었다. "총은 사상을 이기거나 범죄를 막지 못하고, 평화를 지키지도, 노동 투쟁에서 이기게 하지도 못한다. 동지를 사랑하게 하는 제도를 만드는 데 어떤 역할도 할 수 없다. 총은 좋은 목적으로 쓸 때조차도 나쁜 결과를 낳는다."[76]

다시 니어링은 좌파의 공격을 받았다. 뉴욕의 당 좌익 기관지로 리드가 편집장을 맡은 〈뉴욕 코뮤니스트 New York Communist〉는 6월 초 니어링의 소책자를 공격해 댔다. "니어링 동지는 혁명의 이유가 온전히 도덕적인 것에 있다고 생각하는 것 같다. 그이는 노동자 계급이 권력을 거머쥐기를 바라는 이유와 권력을 손에 넣어야 하는 이유는 그것이 옳기 때문이라고 주장한다." 그리고 계속해서 다음과 같이 이어진다.

이런 주장에서 나오는 결론은, 모든 사람이 평화를 주장하고 선전 선동이라는 무기를 써야 한다는 것이다. 대다수 군중에게 사회주의가 가장 좋은 것이라고 설득해야 하기 때문이다. 그러나 문제는 사회주의가 도덕적으로 옳은지 아닌지가 아니다. 사회주의 국가가 문명을 건지고 사람 사회를 다시 세우는 데 가능한 유일한 길이라는 것이 문제의 핵심이다. 자본가 계급은 자신들을 없애는 것을 도덕적으로 당연하다고 여기지 않을 것이며, 수많은 노동자들도 그것이 옳다고 생각하지 않는다.

소극적인 저항은 지나치게 이상적이며, 폭력을 쓰지 않고는 자본가 계급의 폭력을 해결할 방법이 없었다. 그러나 좌익은 소책자가 나온 시기에 대해서도 신경을 곤두세웠다. 사회주의 운동이 두 분파로 쪼개질 때 나왔으므로, 그것이 자신들의 입지를 약하게 만들 수 있다는 것이다. 좌익은 분노를 표현하면서 이렇게 답했다. "우리는 그것이 폭력적이기 때문에 폭력을 대표하는 것이다. 우리는 이 혁명적인 시기에 소극적인 행동인 단결에 반대한다." 좌파는 니어링이 형제애로 사회주의 혁명을 설득하려 한다고 비난하면서, 평화주의는 노동자 계급을 무장 해제시키고, 가장 무서운 위험에 맨몸을 드러내게 하는 것이나 마찬가지라고 반박했다. 니어링에 대해서 좌익은 "공산주의 혁명에 평화주의자들이 설 자리는 없다."라고 잘라 말하며 거부를 표현했다.[77]

사회당의 8월 전당 대회 때까지 니어링은 당이 좌파 쪽으로 더 옮겨 가기를 바랐으나 극좌는 피하기를 바랐다. 니어링이 당 정치의 핵심에 들어가 있었다는 증거도, 좌익이 쫓겨나고 당이 사회주의자들과 공산주의자들로 인해 둘로 쪼개지는 이 불길한 전당 대회에 참여했다는 증거도 없다. 1934년에 니어링이 힉스(Glanville Hicks)에게 말한 바에 따르면, 그 당시 니어링은 리드에게 전당 대회에서 당을 손에 넣으려고 하지 말고, 당시 상황에서 모든 것을 할 수 있으니 6개월 동안 당의 정책을 바꿔 사회당의 조직을 넘겨받자고 요구했다.[78] 좌파가 완전히 깨지면서 니어링은 사회당에 남아 있기를 거부했다. 니어링의 생각은 큰 부분에서 대체로 사회당과 비슷했다. 니어링은 혁명을 앞으로 나가게 하기 위한 혁명적인 교육 선전 활동을 지지하면서도, 당시까지 미국에는 혁명적인 상황이 존재하지 않는다는 것에 동의했다. 그리고 사회당이 소비에트 정부를 계속 지지하는 한 사회당의 정책은 니어링의 소신과 맞아떨어졌다. 혁명이 일어나는 결정적인 계기나 자본주의와 사회주의 사이의 경계선 따위 러시아 혁명과 관련한 문제에서 양쪽의 생각은 비슷했다.[79] 혁명의 이상에 몸을 던지는 것이 반드시 소련의 본보기가 미국에 적용될 수 있다는 것을 뜻하는 것은 아니었기에 사회당은 다른 본보기, 특히 영국의 노동 운동에 눈길을 주었다. 니어링 또한 영국의 노동 운동을 대단히 흥미로운 눈으로 지켜보았으며, 그것이 합법적인 의회 활동이 혁명적인 사회 변화를 가져올 수 있을 것인지를 가늠하는 시금석이 될 수 있다고 생각했다. 결국 니어링의 평화주의는 사회당의 가능성, 미국 노동 계급 평가에 대한 사회당의 자체 분석과 전체적으로 맞아떨어졌다. 니어링은 사회당 안에서 좌파 쪽에 서 있었으나 분열을 받아들일 정도로 극좌는 아니었다.

　니어링은 급진주의 원리를 뒷받침할 수 있는 지성과 함께 그 동안 얻은 명성 덕택에 상당한 영향력을 가졌으며 당의 중요한 자산으로 인식되었다. 《미국 제국》이 출간되었을 때, 오닐(James Oneal)은 "니어링은 현재의 변화를 당대 가장 날카롭게 관찰한 사람 가운데 한 사람이다."라고 말하며 격찬했다. 니어링의 연구는 당의 정치적 목표 설정에 활용되었다. 오닐은 《미국 제국》이 미국 사회주의 운동의 가장 빼어난 성과물이라고 주장했다. 러시아 상황을 미국에 적용해 보려는 공산주의자의 신념을 받아들이지 않은 오닐은, 니어링의 책이 미국의 경제 상황에 특별히 관심을 쏟았다고 말했다. 그리고 마지막으로 공산주의자들에게 이렇게 물었다. "명쾌하고 단순한 문체로 씌어진 이 책은 프롤레타리아 독재에 관해 쓴 다른 어떤 책보다 이 나라의 노동자들을 잘 가르친다. 우리의 일부 열성

지지자들은 언제까지 이 책이 러시아 혁명에 대한 배반이라고 생각할 것인가?"[80] 니어링이 혁명에 이바지하려고 사회 과학과 교육의 길에 몸을 던지면서 정쟁에서 벗어날 수 없었다는 사실은 뚜렷하다. 무엇을 말했든, 니어링의 목소리는 20세기 좌파 정치권의 어두운 골짜기에 울려 퍼졌다.

제14장

우리는 꿈꾸는 대로 살 수 있을까

1922년과 1923년은 니어링이 심각하게 고뇌하며 영혼으로 무언가 탐색한 시기였다. 니어링은 좌파 사회주의에 만족하지 못했다. 좌파 사회주의와 좌파 공산주의의 도그마에 쫓겨났고, 소련 정부를 의심하며 자기 자신도 확신하지 못했다. 이렇게 삶의 중요한 시기에 니어링은 고뇌하면서 이렇게 적었다. "대부분 사람들은 삶에서 재미를 느낀다. 하지만 우리는 고통을 받아야 할 때도 계속 살기를 희망한다."[1] 니어링은 랜드 학교에 강사로 나가고 〈콜 Call〉 지에 글을 쓰는 자신의 역할에 의문을 가지기 시작했다. 자신의 일을 다시 평가하고, 자신과 대화에 빠져들었다. 1922년 1월, 니어링은 지난날을 돌아보며 이렇게 정리했다. "좌파는 그 때까지 표류하고 있었다. 사람들에게는 기도, 키잡이도, 목적지도 없었다. 급진주의자들도 다른 사람들과 마찬가지로 방황하기만 했다." 급진주의자는 가장 중요한 희망이 꺾였으며, 그래서 아무것도 이루지 못한 채 팔짱을 끼고 기다리기만 했다. 정말 중요하고 곧바로 해야 하는 일이 딱 하나 있었으니, 그것은 표류를 멈추는 것이었다. 니어링은 이렇게 강조했다. "자살을 하지 않을 사람들은 표류하는 것과 표류하지 않는 것, 수동성과 적극성, 아무것도 하지 않는 것과 무언가를 하는 것 사이에서 선택해야 한다."[2]

니어링은 급진주의자의 길은 표류하는 것에서 벗어나 방향을 잡는 것이라고 말했다. 이것은 또한 미국의 사회 현실과 멀어지고 노동자와도 거리를 둔 채 행동하는 공산당과 사회당 지도자들을 직접 비판하는 것이기도 했다. 니어링은 급진주의에 실망한 사람들을 위해 공산당과 사회당은 현재 위치에서 벗어나 어려운 환경에 있는 사람들과 함께하며, 사회를 뒤흔들어 새로운 균형을 얻어야 한다고 말했다. 니어링은 이어 공산주의 국가든 자본주의 국가든 세계의 일은 해야 하며, 지친 급진주의자들이 그 일을 돕기로 했든 아니든, 세상의 일을 하는 사람들과 함께해야 한다고 주장했다. 니어링은 급진주의자 동료들에게 공동체의 유기적인 삶에 적극적으로 참여해야 하며, 가장 적극적이고 활동적인 일을 맡은 사람이 공동체에서 가장 적극적이고 활동적인 구성원이 될 것이라고 말했다.[3]

니어링은 소련의 권위주의적인 지배와 혁명 전술에 문제를 제기하기도 했다. 니어링은 몇 년 동안 모든 거대 자본주의 국가의 노동자들은 깃발을 올릴 사람을 찾기 위해 소련 쪽으로 기울었다는 것을 인정했다. 그러나 소련 정부의 지도력은 기대 이하였다. 니어링은 이렇게 말했다. "러시아(소련)는 길을 알려 주고 다른 나라는 그 길을 따라가야 했으나, 러시아는 그렇게 하지 않았다."[4] 소련 정부는 깨어 있는 시민들에게 자본주의가 강요하는 지배만큼이나 심하게 교조주의를 강요했다는 것이다. "만약 지금 당장 우리가 이미 본 것과 같은 사회주의 혁명이 일어난다면 진보는 거의 없을 것이다. 그 혁명은 자본주의 대신 볼셰비즘을 보여 줄 것이다. 그리고 곧 어린이들을 자본가의 기계 대신 볼셰비키의 기계 앞에 세울 것이다."[5] 마지막으로 니어링은 복잡 미묘한 사회 문제를 거짓되고 지극히 단순한 해결책으로 풀려고 하는 데서도 자본주의와 공산주의에 유사점이 있음을 알았다. 니어링에 따르면 대부분 사람들은 돈으로 목숨을 사는 것이 가능하다고 생각하고, 만약 돈만 있으면 바라는 것은 무엇이든지 할 수 있다고 생각했다. 그러나 공산주의자들에게도 똑같은 생각이 있었다. 그이들은 돈은 아니지만, 혁명이나 직접적인 행동, 다른 어떤 수단으로 목숨을 살 수 있다고 생각하기 때문이다.[6]

좌파를 다시 평가하면서 니어링은 마르크스(Karl Marx)가 쓴 책들이 미국의 급진주의자들에게 어떤 의미를 갖는지 생각했다. 공산주의자들은 마르크스가 말한 대로, 그리고 당이 해석한 대로 혁명을 받아들이고 그 선언에 따라야 한다고 주장했다. 하지만 니어링은 마르크스의 이론에는 거의 주의를 기울이지 않았다. 니어링은 마르크스가 쓴 책에는 전술이나 경제 구조와 관련한 구체적인 계획이 없다고 주장했다.[7] 마르크스는 유사한 경제 환경에서 사람은 누구나 똑같이 행동한다는 가정에 근거해 이론을 세우고 있으나, 실제 환경은 저마다 다르다는 것이다. 니어링은 마르크스가 오늘날 경험하는 것과 같은 조직화한 산업 사회를 한 번도 보지 못했다고 주장했다.[8] 그래서 전술의 기본과 사회 혁명의 모습을 좀더 분명하게 보여 줄 필요가 있었다. 문제는 마르크스가 쓴 책의 특정한 구절이나 장이 무엇을 뜻하는지가 아니라, 어떻게 기존 체제를 무너뜨리고 새로운 체제를 세우는지 알아 내는 것이라고 니어링은 주장했다.[9] 하지만 만약 니어링이 마르크스의 말이 현실에 들어맞도록 하기 위해 애썼다면 "혁명은 반드시 폭동이나 파괴적인 폭력을 뜻할 필요는 없다."라고 한 〈공산당 선언 Communist Manifesto〉에도 주의를 기울였을 것이다. 니어링은 〈공산당 선언〉의 다른 구절을 인용했다. "서로 영원히 반대편에 있는 억압자와 피억압자의 계급투쟁은 사회가 충분히 혁명적으로 재조직되거나, 두 계급이 충돌해서 폐허만이 남거나 한 후에야 비로소 끝장이 날 것이다."[10]

니어링에 따르면, 마르크스의 이론은 열려 있었으나 계급투쟁, 착취,

잉여 가치와 관련해서는 특별히 논쟁의 여지가 없었다. 특히 산업 자본주의를 분석한 것은 경제 체제가 어떻게 사회의 나머지 부분에 영향을 미치는지 이해하는 데 쓸모가 있었다. 마르크스는 생산의 양태가 사회의 양태뿐 아니라 어떻게 도덕, 사상, 전체 사회의 환경을 형성하는지를 보여 주었다. 그것에 더해 사람들이 경제 정의—노동자는 자신이 생산하는 가치에 비례해 물질을 가져야 하며, 자신이 필요한 것에 비례해 역시 물질을 가져야 한다는 원칙—에 관심을 가지게 했다. 마르크스가 인류에게 이바지한 것 중 가장 위대한 것은, 사람의 구실에 대한 개념을 세운 것이다. 곧 사람은 사회 권력의 희생자가 아니며, 자신의 삶을 지배해야 한다는 것이다. 기존에는 노동자나 그 비슷한 계급은 영원히 그것으로 운명지어졌으나, 마르크스는 폭탄을 터뜨리는 것 같은 사상을 펼쳐서 그 생각을 벗어버리게 했으며, 떨쳐일어나 새로운 운명을 개척하는 것이 유일한 선택이라는 점을 분명히 했다.[11]

니어링 같은 급진주의자에게는 톨스토이(Leo Tolstoy)가 그랬듯이 마르크스도 살아가는 데 모범이 되었다. 니어링에게는 인간으로서 어떻게 살아야 하는지가 경제, 사회를 분석하는 것보다 더욱 중요했다. 니어링은 마르크스를 크로포트킨(Pyotr Alekseevich Kropotkin)이나 톨스토이처럼 중간 계급 이상에 속하는 부르주아지 지성이라고 보았다. 마르크스는 대단히 안락한 생활을 하면서 기존 체제에서 지도자가 될 기회가 있었으나 그 기회를 마다하고 혁명 운동에 뛰어들었다. 그 뒤 마르크스는 엄청난 어려움과 가난, 심지어는 굶주림을 견뎌야 했다. 마르크스는 니어링에게 자신감을 심어 준 역할 보기였다. 니어링이 마르크스를 이야기하는 것은 자신을 이야기하는 것이기도 했다. "마르크스는 기존 체제에서 자신이 서 있는 자리와 학문의 기회를 버렸을 뿐 아니라, 자신의 신념을 지키려고 경제적인 고통을 기꺼이 받아들였다."[12]

▬▬ 니어링의 고뇌는 공적인 정치 상황뿐 아니라 가정생활을 둘러싼 지극히 사적인 상황에서도 비롯되었다. 니어링은 20년에 걸친 결혼 생활이 무너지고 있다는 것을 이야기한 적이 없다. 하지만 결혼이 깨지게 된 데에는 약간의 실마리가 있다. 니어링의 삶에서 가장 힘들었을 이 시기를 설명할 때는 니어링의 사생활에도 무게를 두어야 한다.

결혼이 깨진 까닭 중 하나는 신조에 따라 살아가려고 노력한 니어링 자신이었다. 니어링은 자본주의 문화를 쉽게 감염되고 파괴력이 있는 것으로 생각해 피하려고 애썼다. 1915년 이후 니어링은 자신의 개성과 충돌하거나 지성의 독립을 해치는 문화라면 무조건 적극 저항했다. 그러나 부인, 가족, 친구 따위 니어링과 가까운 사람들은 니어링의 생각에 완전히 공감하지 않았으며, 문화 지배에 대한 생각도 니어링과 달랐다. 니어링이 날마다 저항의 신념에 따라 살기 시작하자 그것은 함께 사는 사람들의 생활에 영향을 미쳤다. 니어링은 자서전에서 이렇게 짧게 설명하고 있다. "나는 가정에서도, 사회에서도 문제에 부딪쳤다는 것을 깨달았다. 내 직계 가족들과 친척들은 내 신념에 따라 주지 않았다. 그이들은 보통 사람의 행복은 상품과 서비스, 사유 재산의 양에 따라 결정된다고 주장했다. 나는 이 모든 것들이 지나칠수록 더 나쁘다고 말했다."[13]

니어링은 직계 가족들이 그이의 수많은 특이한 행동과 모습들을 참고 살아야 했다는 점을 인정했다. 니어링의 집을 찾은 사람들은 누구든지 니어링이 독특하게 행동하는 것을 보지 않을 수 없었다. 프리먼(Joseph Freeman)은 니어링이 집에서 플란넬이나 거친 무명으로 된 셔츠와 조악한 바지, 농업용 구두를 신고 있었으며, 자신의 뉴저지 주 농장에서 육체노동을 즐기고 가끔 과일이나 야채로 된 음식을 준비했다고 말했다.[14] 니어링은 집에 레이스 달린 인형이나 유리 세공품이 들어오는 것을 싫어했다. 그런 사치품들을 거부하기 위해 나무로 만든 부엌 용품을 쓰고, 나무

그릇 하나에 음식을 모두 담아서 먹었다.[15] 불행히도 가족들은 단순한 삶에 대한 니어링의 열정에 공감하지 않고 힘들어했다.

니어링의 부인 넬리(Nellie Seeds Nearing)도 마찬가지였다. 부인과는 다른 문제도 있었다. 넬리는 1920년대 중반까지 랜드 학교에서 총무로 일하고 산업 민주주의 연맹(League for Industrial Democracy)의 집행 위원을 지냈다. 그러면서 자본주의 사회의 분열에 공감하고, 사회주의자의 일반적인 개혁에 동의했다. 그러나 성 역할과 관련해서는 지배와 엄격한 통제에 부딪쳤다. 가끔 남편이 인류를 구원하기 위해 집을 떠나 있는 동안 넬리는 홀로 가족을 먹여 살리는 의무를 떠맡았으며 자신의 지성이 숨막히는 것을 느꼈다. 넬리의 기록에 따르면, 자신이 가정의 울타리 안에 머물러 있는 동안 남편은 정신적인 자극, 심지어는 정서적인 자극을 찾기 위해 어딘가로 갔다.

결혼하기 전 이름으로 1922년에 출판한 폭로성 글에서 넬리는 가부장 개념을 이렇게 공격했다. "그것은 모든 젊은 여성의 머릿속에 다음과 같은 것을 이상적인 행동이라고 새겨 넣었다. 자신의 재능을 가정을 꾸리는 기술로 받아들여지도록 가능한 한 능숙하게 포장하라." 의심할 여지 없이 자전적인 이 글에서 넬리는 여성의 통찰을 무의미하게 만드는 가부장 이념을 다음과 같이 그렸다.

기회가 있을 때마다 바느질을 하거나 옷을 만들기 위해, 세탁하는 일에도 빼어난 실력을 지닌 여성이 되기 위해, 요리하는 데 아마추어가 아닌 전문가가 되기 위해, 가정의 일상사를 철저하고 근면하고 경제적이며 나아가서는 과학적으로 처리하기 위해, 인내하고 사랑스럽고 반드시 자신을 희생하는 어머니가 되기 위해, 생활 전선에 서 있는 임무를 지니고 있으며 여성을 삶의 어려운 현실에서 관대하게 지켜 주는 좀더 힘센 성에게 어울리도록 가구를 비치하고 심지어 취미까지 맞추어 주기 위해 여성이 서야 할 자리는 가정이었다.

넬리는 옛날에도 그랬듯, 여자가 한 남자를 '잡으려고' 한다면 남자가 바라는 여자가 되어야 한다고 주장했다. 여성의 선택은 말이 좋아 선택일 뿐, 실제로 골라잡을 수 있는 것은 없었다. 선택권은 전혀 없었다. 그러나 넬리는 세상은 바뀌고 있다고 말했다. 이제 여자는 자신을 가정에 한정시키라는 틀에 박힌 금언을 받아들이지 않으며, 스스로 바란다면 금언 없이도 행동할 수 있고 자신의 힘으로 금언을 만들 수도 있었다. 넬리는 여성은 지적으로 해방되기를 바란다고 말했다. 왜냐하면 해방된 삶이 분명히 더 재미있고 더 자극적이기 때문이다.

이런 자기반성은 니어링과 마찬가지로 넬리에게도 고뇌의 시간을 가져다 주었다. 넬리는 여성이 지적인 삶을 좇으면 일직선인 좁은 길에서 벗어난다는 것을 알았다. 일부 사람들은 가정에 속한 단조로운 삶을 기꺼이 참아 내지만 또 다른 사람들은 이런 제한을 뛰어넘기를 바란다. "만일 여자가 적극적으로 활동하기 위해 가정을 고른다면 그 승리는 잠깐이고 덧없을 것이다. 가정의 일상사가 한번 몸에 배면 여자의 운명은 거기에 붙박인다. 만약 그것에 만족하고 솜씨를 드러낸다면, 그것은 그 사람의 마음이 접시나 목욕통에서 떠나 본 적이 없고, 지식을 좇는 일은 자신의 관심 밖이라는 것을 보여 주는, 논란의 여지가 없는 뚜렷한 증거이다." 넬리는 왜 여성에게 가정 주부로서 덕성을 쌓으라고 가르치느냐고 항의하며, "지금이야말로 이론과 사실을 일치시킬 때가 아닌가?"라고 따졌다. 니어링이 지닌 자유와 사회 재편 이념과 마찬가지로, 넬리와 같은 여성이 찾는 해방도 어려움이 따르는 고통스러운 투쟁이었다. 넬리는 자신이 생각하는 해방은 이전 삶을 대부분 뒤집지 않고는 얻기 힘들며, 대가는 너무 큰 반면

성공할 가능성은 너무 낮다는 것을 인정했다. *

결국 넬리는 성공했으나 니어링 없이 그것을 해야 했다. 두 사람은 1920년대 후반 조용히 멀어졌다. 결혼 생활은 마무리되었으나 공식적으로는 결코 이혼하지 않았다. 넬리는 영국, 독일, 스위스, 네덜란드, 벨기에, 소련의 학교를 찾아다니면서 세계를 아우르는 교육 개혁에 계속 몸을 던졌다. 넬리는 1927년 스위스에서 열린 국제 교육 회의, 1929년 덴마크에서 열린 국제 교육 회의에 참석했다. 1927년부터 1932년까지는 뉴욕 폴링에 있는 매뉴미트 실험 학교의 교장으로 일했다. 곧 넬리는 뉴욕 교육부의 성인 교육 기관인 노동 보급청 감독관이 되었으며, 제2차 세계 대전 중에는 교과 과정 개발과 교사 훈련 전문가로 '연방 전쟁 노동 위원회 성인 교육 분과'를 이끌었다.[16] 니어링은 가치를 변화하는 것과 자본주의 문화가 구속해 오는 것에 저항하려면 그것이 종교 제도건 교육 제도건 결혼 제도건 그 제도 바깥에 있어야 했다. 하지만 넬리의 싸움은 좀더 근본적으로 남성이 다스리는 사회 규범에 초점을 맞추었으며, 남편과 달리 넬리는 자본주의 문화 안에서도 보람 있는 경험을 할 수 있는 해방을 좇았다.[17]

━━ 공적인 일, 사적인 일로 고민하면서 니어링은 참을성, 소망, 종교적 신앙에 바탕을 둔 평안으로 이겨 나갔다. 전쟁이 끝난 뒤 니어링은 자신의 종교 신념에 따라 타락한 교회에서 벗어났으며, 더는 기독교를 기댈 곳으로 삼지 않았다. 니어링은 신비하고 영적이면서 비밀스럽게 내려오는 신앙을 가지게 되었다. 니어링의 신비주의는 우주적이고 궁극적인 실재로 인식되는 총체적인 모습인 '신'으로 구성되어 있었다. 그것은 초월적이

■ Nellie Marguerite Seeds, "Why Martha," *Call Magazine*, May 7, 1922, p. 2. 이와 관련해, 1920년대에 니어링 가족의 가정생활이 어땠는지, 부모가 소원해진 상황 따위 사적인 일들을 세세하게 이야기해 준 니어링의 아들 로버트(Robert)에게 감사드린다.

고 전체를 조화시키며 사람을 지극히 중요하게 여겼다. 이런 우주적인 실재를 알려고 니어링이 쓴 도구는 삶의 내면을 깊숙이 살피는 유심론이었다. 사람의 내면을 조심스럽게 살피다 보면 침착한 정신과 육체의 건강, 나아가 우주와 일치하는 것에서 우러나오는 평안함으로 정신을 준비할 수 있었다. 니어링의 비밀을 알 정도로 가까운 친구인 볼드윈(Roger Baldwin)은 니어링이 운명에 대해 신비주의자의 감각을 가졌으며 대단히 종교적인 사람이라고 생각했다.

니어링은 믿음으로 산다. 이 믿음은 미래 인류의 자유뿐 아니라 사람이 노력하는 방향을 둘러싼 우주적인 질서 안에도 있다. 사실 니어링의 사회 철학은 종교에서 나왔다. 니어링은 실재의 본모습을 넘어서 자리 잡은 세계를 신비한 것이 아니라고 굳게 믿고 있다. 진정한 세계는 아직 알려지지 않았다. 니어링은 이것을 열정적으로 살피고 있다. 니어링은 유심론으로 이 문제를 풀고 있다.[18]

니어링에 따르면, 사람들은 20세기의 세계 상황으로 고통을 겪으면서 날마다 되풀이되는 생활에서는 드러나지 않는 어떤 치유책을 찾고 있었다. 니어링은 1923년 2월, 이렇게 기록했다. "우리는 현실을 살고 있으며, 오랫동안 이렇게 살아왔다. 아픈 사람은 아픈 세계에 살고 있다. 세상은 병들었으며, 사람들은 치유책을 찾고 있다."[19] 니어링은 급진주의자가 이처럼 가장 기본적인 사람의 요구를 지나쳐 버리는 것은 큰 잘못이라고 생각했다. 이는 부분적으로는, 대중을 어지럽게 만드는 잘못된 믿음이라고 하며 종교를 쳐다보지도 않은 마르크스주의에 대한 반발이었다. 또한 점차 세속화하는 자유주의적 정치 문화에 대한 반발이기도 했다. 니어링은 이렇게 말했다. "급진주의자와 스스로 자유주의자라고 일컫는 많은 사람들은 교회와 종교를 한 마디로 무시해 버리는 경향이 있다. 어떤 사회 문제를 생각할 때는 교회와 종교가 실제로 고려되어야 하는 가장 중요한 두 가지 요소인데도 말이다." 니어링이 생각하기에 종교는 대단히 명확하고 강력하게 사람이 바라고 희망하는 바를 표현한 것이었다.

니어링은 종교의 뜻을 신비의 영역으로 넓혔다. 니어링은 "우리가 종교라고 부르는 이 신념의 실체는 절대자, 선, 미래, 미지, 또는 운명으로 둘러싸여 있다."라고 설명했다. 급진주의자나 자유주의자는 사람은 이런 것들 따위에 흥미를 느끼지 않는다고 말하지만, 실은 이것이 사람의 일부라는 것이다.[20] 니어링은 이렇게 말했다. "누구도 자기 시대에만 고립되어 살 수 없다. 무의식에 대해서 이해하고 새로운 힘의 근원을 알기 위해 노력하는 사람들이 많아지고 있는데, 이러한 엄청난 변화를 모르는 사람들도 있다." 미국에서 자유의 뜻을 정의하기 위해 애쓰는 '거칠기 짝이 없는 유물론'에 대해 언급하면서, 니어링은 사람들이 물질보다는 정신에 대해 더 많이 생각하는 단계로 사회가 변화하고 있다고 주장했다.[21]

니어링은 선, 영원, 운명 같은 것에 흥미를 느끼는 사람들이 있다는 사실에 깊은 관심을 가졌다. 그래서 초월적인 실재를 알기 위해 진지하게 노력했으며, 동양의 유심론이나 기독교 정신 요법 따위, 폭넓은 영적 훈련들을 좇았다. 또한 1923년 초 적극적인 사고방식과 내면의 힘으로 건강과 성공의 문제를 푸는 프랑스 인 예언자 쿠에(Emile Coué)가 미국에 왔을 때도 정신 치료나 자기 암시 같은 것들을 진지하게 수련했다.[22] 니어링은 자유주의자와 급진주의자들이 쿠에를 비웃자 혼란스러워했다. 특히 〈네이션 Nation〉이 쿠에를 지칭하며 경솔한 사설을 싣자 당혹스러워했다. 니어링은 이렇게 말했다. "〈네이션〉은 마치 쿠에에 대해 아무런 논쟁도 없는 것처럼 썼다. 그 신문은 쿠에의 정신 치료를 한낱 희롱거리로 만들었다."[23]

니어링은 쿠에를 진지하게 맞았다. 쿠에는 니어링 같은 신비주의자에게 뭔가 중요한 것을 주었다. 니어링은 '쿠에 치료법'의 장점을 들면서, 이것을 다른 정신 치료법들과 비교했다. 니어링은 쿠에의 정신 치료는 새로운 것이 아니라, 실은 적어도 그리스 인들의 신앙 치료까지 거슬러 올라가는 매우 오래 된 방법이라고 말했다. 니어링은 현재 세 가지 종류의 정신 치료가 실제로 사용되고 있다고 말했다. 하나는 기독교 정신 요법으로, 그 시술자는 근원, 곧 영혼으로 가서 그것이 자신의 마음을 다스리도록 한다. 기독교 정신 치료는 하느님, 즉 육신이 아닌 성령에 기댄다. 또 하나는 일본식 신앙 요법으로, 신자는 단순하고 검소하게 살며 전통 기준을 거부한다. 니어링은 일본식 요법이 기독교 요법보다 역동적이고 위험하며, 이것을 따르는 사람들은 대부분 잘사는 사람들이라고 말했다. 그 다음 셋째가 쿠에의 요법이었다. 니어링은 기독교 요법을 하는 사람들이 하느님에게 기대는 것에 비해, 쿠에는 먼저 사람에 기댄다고 말했다. 니어링의 요점은 '사람과 사람 사이의 모든 교감이 이 같은 대규모 지적 운동의 바탕 위에 이룩되었다'는 것이다.[24]

니어링은 쿠에 같은 정신 과학자들에게 특별히 호감을 가졌다. 그이들의 중요한 착상은 첫째, 우리가 자연에 관여할 수 있다는 것이고, 둘째, 자연에 관여하는 것은 육체의 걸림돌에 마음을 비추는 과정에서 이루어진다는 것이었다. 정신 과학자들은 신에 대해서는 전혀 이야기하지 않는 반면, '내 몸은 무엇인가?'라는 질문을 던졌다. 니어링은 그이들의 설명을 이렇게 정리했다. "내 몸은 우주 에너지의 표현이다. 그 에너지는 여러 가지로 나타나지만 밑바닥에는 한 가지 원인이 있다. 정신 과학자들은 물질의 과학에 반대되는 정신의 과학, 겉으로 나타나는 것에 반대되는 내면의 힘, 둘째 원인이 아니라 첫째 원인 위에 자신의 이론 근거를 세웠다." 쿠에가 쓰는 자기 암시는 '상상이 의지보다 더 힘이 있으며, 그것이 더 중요하다'는 전제에 근거해 있었다. 니어링의 유물론으로는 "의식 영역 바로 밑에는 잠재의식이라 불리는 훨씬 더 큰 저수지가 있으며, 이 저수지의 뚜껑을 열고 일굴 수 있다면 위대한 창의력이 개인의 삶으로 흘러들 것이다."라는 주장으로 간추려진다.[25]

여기에는 틀림없이 니어링의 영적이고 신비적인 신앙이 있었다. 이것은 사람의 무의식을 벗기는 프로이트(Sigmund Freud) 식 심리학으로 잘못 이해될 수도 있었다. 내면의 조화와 갈등 해결을 위한 프로이트의 정신 분석 요법은 1920년대 좌파 지식인, 작가들에게 쿠에의 정신 요법보다 훨씬 더 큰 인기를 얻었다. 그럼에도 니어링은 프로이트 식 요법을 멀리했다. 그 요법이 지나치게 개인 중심이기 때문이었다. 니어링의 유물론이 특이하게 보이는 이유 중 하나는 그것이 사회 구원과 떨어질 수 없게 관련되어 있다는 것이다. 니어링은 이렇게 말했다. "조화롭게 사는 공동체는 사람들의 갈등을 가장 최소한으로 줄이고, 사람들이 더불어 사는 것이다. 조화롭게 사는 사람은 육신의 각 기관이 어우러져 적절하게 움직이고, 정신적으로 자유로운 상태이다." 니어링은 모두들 자유를 얻기 위해 노력한다고 말하는데, 자유가 도대체 무엇이냐고 물었다. 자유의 한 면은 내면의 조화를 위해 내적인 갈등에서 벗어난 상태이다. 자유는 두 가지 형식이 있으니, 하나는 개인의 자유이고, 다른 하나는 공동체의 자유라고 니어링은 설명했다.[26]

니어링은 종교적인 믿음에 대해서는 거의 기록을 남기지 않았다. 신비주의와 유심론에 대해 쓴 니어링의 하나뿐인 책은 그이의 삶이 혼란에 휩싸여 있던 1923년 초에 나왔다. 볼드윈은 이렇게 밝혔다. "우주적이고 총체적인 니어링의 삶 중 종교에 대한 것은 그이의 토론, 연설, 책에는 거의 드러나지 않았다. 그 모든 것에 넌지시 들어 있거나 큰 윤곽에서만 본성의 비밀스러운 부분을 드러냈다." 볼드윈은 니어링이 분명히 부딪쳤을 문제에 대해 슬며시 암시만 할 뿐 자세히 설명하지 않았다. 니어링의 종교 견해는 좌파 혁명 이론과 맞아떨어지는 것이 아니었다. 볼드윈은 니어링을 '철학은 우주나 보이지 않는 세계에서 찾고, 물질적인 세계는 다만 좀더 중요한 부분일 뿐이라고 생각하는 이상주의자'라고 설명하며, 정통 공산주의자는 유물론자로서 자연의 세계를 실재로만 받아들일 뿐이라는 점에서 니어링과 다르다고 말했다.[27] 니어링은 신비적인 종교를 통해 조화를 좇았으나, 니어링이 찾은 방법은 역설적으로 자신의 정치 주장과 조화되기 어려운 것이었다. ■

■■■ 영성이 사라지고 자본가에 둘러싸인 시대에 고뇌에 찬 급진주의 지성이 할 수 있는 역할이 무엇이었을까? 해답은 니어링이 이상과 행동의 길, 양심과 고통의 길을 고르는 것밖에 대안이 없다는 것이었다. 급진주의자는 어떤 종류이건 진보의 걸음을 걷는 데 가장 중요한 자산이었으며, 그 시대 니어링의 역할은 매우 중요하고 없어서는 절대 안 될 것이었다.[28] 니어링은 이상, 믿음, 사색을 강조했다. 이것은 사람의 삶을 만드는 데 결정적인 역할을 하는 것들이었다.[29] 여기에 더해 급진주의자의 사회적 역할 가운데 하나는 노동자들이 현재 진행하고 있는 싸움에 같이 참여하는 것이었다. 지성인은 사상에 관여하는 사람이라고 니어링은 말했다. 지성인은 창조하고 변화시키는 것이 역할인 연출가처럼 우리 문명의 물질, 정신, 도덕 분야를 창조한다. 겉보기에 지성인은 연출가와 비슷했다.[30]

니어링은 사회를 재조직하는 것에 적극적으로 끼어들어 역할을 맡았으나, 말을 어떻게 행동으로 옮길 것인지 갈등에 빠졌다. 급진주의자는 필연

■ 20세기 미국의 신비주의 일반에 대해서는 Hal Bridges, *American Mysticism, from William James to Zen* (New York: Harper & Row, 1970) 참조. 여기서도 로버트가 1920년대와 그 후에 아버지의 종교적인 신념이 어땠는지 설명하고 분류하는 일에 도움을 주었다.

적으로 넘치는 말과 모자라는 행동, 넘치는 이상과 모자라는 현실을 기꺼이 받아들여야 했다. 니어링은 이렇게 지적했다. "우리는 어떤 상황이 발생했을 때 우리가 할 것을 말하고 꿈꾼다. 하지만 그러는 동안에는 실제로 무엇을 하고 있는가?"[31] 니어링은 냉소하고 경멸하거나 나 몰라라 하는 태도를 갖지 않았으며, 오히려 혼란 속에서 무언가 만들기 위해 최선을 다했다.[32] 니어링은 일부 사람들은 흔히 급진주의를 부정적인 것과 혼동해 좌파를 비판하며, 급진주의자들은 스스로 자신이 인간이라는 사실을 잊어버린다고 보았다. 니어링은 좌파를 비판하며 그이들이 가끔 잊어버리는 세 가지 미덕이 정직, 충성, 효율이라며, 이것은 공산주의 사회에서도 자본주의 사회에서와 마찬가지로 중요한 미덕이라는 것을 떠올리라고 강조했다.[33] 물론 니어링은 사람의 관심이 자본주의에 집중되든 공산주의에 집중되든 지성인의 마지막 문제는 똑같다는 것을 알았다. 그것은 '이상주의는 실현 가능한가?' 였다. 이 질문의 답은 불가피한 역설을 낳았다. 니어링은 이렇게 정리했다. "행동에는 두 가지 주요 방안이 있다. 하나는 이상을 따르고 현실에 저항하며 비극을 연출하는 것이다. 다른 하나는 있는 그대로 받아들이고 비참하게 무릎을 꿇는 것이다."[34]

니어링은 자본주의자의 문화적 권위를 비롯한 어떤 종류의 사회적 지배도 받아들이려 하지 않았다. 니어링은 부의 명령이나 혁명의 도그마에 타협하거나 복종해 자신의 지적 독립과 자존심을 버리는 사람 역시 받아들이려 하지 않았다.

급진주의자가 해야 하는 일은 행정적인 일도 아니고, 집단으로 현재 체제에 책임을 지는 일도 아니다. 오늘의 급진 공산주의자는 내일의 행정가가 될 것이다. 미래 공산주의 사회에는 급진주의자가 반드시 필요하다. 때가 오면 급진주의자의 일이 될 것이나, 지금은 기존 체제에 들어가 어떤 특별한 일도 하지 마라. 급진주의자가 해야 하는 일은 비판하는 것이며, 가능한 한 혁명적인 견해로 소수를 대변하는 것이다. 앞으로도 급진주의자이기를 바라는 급진주의자는 기존 체제에서 중요한 부분을 맡아서는 안 되며 자신의 주의에만 충실해야 한다.[35]

니어링은 노동자를 교육시켜 스스로 결정할 수 있는 수준으로 끌어올리는 대신, 노동자를 아래로 끌어내린 뒤 마음대로 주무르면서 그러는 것이 혁명적인 저항인 양하는 태도를 비난했다. 그래서 급진주의자의 비판적인 기능을 편들었다. 지성인은 내면의 것에 관계하는 사람으로서, 자신이 속한 조직의 책임자가 되어서는 안 된다는 것이다. 니어링은 노동자의 지도자로 받들어진 상태에서는 노동자를 받들 수 없다고 보았다. 지성인은 노동 운동의 안내자가 아니라 머슴이 되어야 했다. 지성인 저항의 가장 훌륭한 본보기로 채플린(Ralph Chaplin)을 염두에 둔 니어링은 이렇게 말했다. "혹시 당신이 예술 분야에 재능을 가졌다면 멋진 저항 노래를 만들거나, 다른 종류의 창작물을 생산하라." 프롤레타리아적인 미국에서 이런 종류의 미적 표현은 그 운동을 이끌려고 나서는 것보다 노동자들에게 훨씬 더 크게 이바지할 것이라는 말이다.[36]

니어링의 지성인 개념은 예언자나 주창자로서 역할을 맡은 선전 선동가 개념과 같았다. 예언자 역할에서 지성인은, 이 체제는 속속들이 썩었으며 이런 방식의 삶은 인류가 잘사는 데 도움이 되지 않는다고 말한다. 예언자는 곧 위대한 지도자가 되는데, 그 까닭은 옳지 않은 것을 비난하고 옳은 것을 외치기 때문이다. 니어링은 이렇게 주장했다. "젊은이들이 강요가 아니라 자발적인 마음으로 교육에 임하고 슬기로운 가르침을 받으며 자랄 수 있도록 하기 위해 예언자 역할보다 지성인에게 더 중요한 것은 없다."[37]

예언자 역할에는 자신의 이상을 위해 십자가를 지는 운명을 기꺼이 받아들이는 것도 들어 있었다. 니어링은 소크라테스(Socrates), 간디(Gandhi Mohandas), 데브스(Eugene Victor Debs)를 예로 들며, 역사를 통해 예언자들은 모두 고통스런 상황을 기꺼이 받아들였다고 말했다. "수많은 사람들이 자신의 이상을 위해 감옥에 갔으며, 고문을 받고 죽었다. 그러나 그이들의 이상은 뒤따르는 세대의 이상에 엄청난 영향을 미쳤다. 살아 있는 이상을 간직하는 것에는 대가가 있다. 보통 사람의 일상에서 이상이 존재하려면 그것을 위해 대가를 치러야 한다. 만약 당신의 이상이 마음 속에 생생하게 살아 있고, 당신이 삶에 정직하고 진실을 좇으려 한다면, 당신은 그것을 위해 좋은 음식과 옷과 집을 버려야 할 것이다." 이상을 좇으며 사는 것은 소로(Henry David Thoreau) 식의 고독을 뜻하거나 사회에서 완전히 멀어지는 것을 뜻할 수도 있었다. 이것은 억지로 그렇게 해서가 아니라 고립되고 고귀한 존재가 되기를 의식적으로 선택하는 것이다. "홀로 살기 위해 세속을 떠나는 사람이 순교자로 나설 필요는 없다. 그이는 또 다른 예언자적 삶과 그 사이에서 하나의 보기를 고르는 것이다. 그이는 순교자와는 다른 길을 걸으며 거기서 대가를 치른다."[38]

숨어 사는 것, 사람과 사회에 영향을 끼치며 사는 것, 둘 중 하나를 고르는 문제를 두고 마지막으로 어려운 선택이 남아 있었다. 한편으로 개인의 이상 중 하나는 인간을 구원하는 것이었다. 사람이 자신의 이상에 충실하면 할수록 그이는 삶에서 고립될 것이다. 그렇게 사는 것은 자유를 대가로 치러야 할지 모르나, 그것은 그리 중요한 문제가 아니었다. 니어링은 "만약 그 사람의 정신과 육체가 건강하다면 가능한 한 멀리까지 자신의 이상을 따라가야 한다."라고 주장했다. 예언자적인 금욕주의 문제는 따로 있었다. 하지만 자신의 이상으로 사회를 북돋우려는 사람은 사회와 접촉을 유지할 수 있는 선에서만 멀리 갈 수 있었다. 스스로 중요하고 존귀한 인물이 되기를 피하는 급진주의자는 자신의 목소리가 사회에 들리는 범위 안에 있어야 했다. 니어링은 금욕, 사회와 접촉을 유지하는 것, 둘은 따로 나누어진 것이며, 하나는 인간 구원의 문제인 반면 하나는 사회를 북돋우는 문제라고 주장했다.[39] 하지만 니어링은 개인을 구원하든 사회를 구원하든, 어쩔 수 없이 그 가운데 하나만 골라야 했다. 니어링은 갈가리 조각난 이 현실을 조용히 받아들였다. 공적인 일과 개인적인 일, 개인과 사회가 어우러진 유기적인 공동체를 만들겠다는 니어링의 이상이 서로 나뉘어 따로따로 자리를 잡으면서, 니어링은 마음 속에 그런 이상적인 공동체를 해체하지 않을 수 없었다. '나를 위한 자유'와 '사회를 위한 자유' 문제는 니어링을 안팎에서 분열시키는 엄청난 역설을 낳았다.

제15장

미국 노동당에 입당하다

　니어링은 좌파의 맥박을 재려고 손가락을 올려놓은 채 결정적인 신호
를 기다리며 공산주의 분파들의 움직임에 신경을 곤두세우고 있었다. 니
어링이 공산주의자들과 합류하지 못한 것은 전략 문제 때문이었다. 공산
주의는 폭력 혁명을 요구했다. 하지만 그러한 공산주의의 노선은 싸움을
길게 내다보며 노동자들이 혁명적인 사회의식을 갖추도록 교육하는 평화
주의자 니어링을 외톨이로 만들었다. 1922년, 상황이 급박하게 바뀌기 시
작했다. 코민테른은 국제 혁명을 좇는 자신들의 전략이 실패했다는 것을
넌지시 인정하고, 1921년 말 비공산주의 조직과 동맹을 맺는 '연합 전선'
전략을 공식적으로 채택했다. 겉으로 이것은 사회당과 거의 차이가 없었
다. 하지만 1921년 12월 제3인터내셔널이 정의한 연합 전선 전략은, 이 운
동에 참여하는 조직들 안에서 직접 선전 선동을 해 공산주의를 강화하려
는 목적을 지닌 것이었다. 요컨대 '내부에 들어가서 구멍을 내는 것'을 뜻
한 것이다.[1]
　이듬해 이 새로운 전략의 세부 내용이 완성되었다. 공산주의자들은 연

합 전선 전략을 '노동자의 중요한 이익을 위해 다수의 노동자 대중이 일상적으로 투쟁하는 현장에서 공산주의 선두 조직이 지도력을 발휘하는 것'이라고 정의했다.[2] 연합 전선 전략은 미국 공산주의자들에게 깊고 넓은 영향을 끼쳤다. 전략이 바뀌면서, 서로 나뉜 채 폭동을 꾀해 온 공산주의 지하 조직들은 미국에 계속 존재할 수 없게 되었다. 코민테른은 미국 공산주의자들에게 연합 전선을 받아들이라고 명령을 내리면서 합법적인 연합 정당 조직을 만들 것을 지시했다. 1922년 12월, 이 새로운 명령에 따라 미국 공산주의 분파들은 '미국 노동당(Workers Party of America)'으로 통합했다.

1922년은 미국과 모스크바의 좌파 모두에게 혼란스러운 해이기도 했다. 2월에는 '진보 정치 행동 회의(CPPA, Coalition for Progressive Political Action)'라는 연합 조직이 시카고에서 새로운 정치 활동을 펼치려고 회의를 열었다. 제3당을 만들지 않으면서도 제3의 후보를 내기 위한 회의였다. 당시까지만 해도 연합 전선 전략은 미국의 공산주의 운동을 바꾸지 못했다. 그래서 공산주의자들은 혁명성이 모자라는 노동자나 '진보 정치 행동 회의'의 사회주의자들과는 타협하려 하지 않았다. 실제로 사회당, 농민-노동자당, 다른 노동자와 농민 조직의 대표들이 초청된 그 회의에 노동당은 초청되지 않았다.[3] 12월, 제2차 진보 정치 행동 회의의 대회가 열렸을 때, 하나의 미국 노동당으로 통합된 공산주의자들은 국제적인 연합 전선을 당 노선으로 받아들였다. 그래서 대표 한 사람을 회의에 보냈다. 그 사람이 니어링이었다. 진보 정치 행동 회의는 니어링이 참석하는 것을 막았으나, 농민-노동자당 대표가 니어링을 지원해 주어서 참석할 수 있었다.[4]

니어링은 옛날에는 평화주의를 주장했다는 이유로 비판을 받았으나 연합 전선 전략으로 그 책임에서 벗어났으며, 당분간 비판을 받지 않은 채 공산주의 토론에 참여하는 것이 허락되었다. 그러나 니어링이 생각하는 당의 임무는 공산주의와 사회주의, 둘의 노선과 모두 맞지 않았다. 이 같은 사정은 1923년에 점차 뚜렷해졌다. 1922년 12월, 진보 정치 행동 회의의 회의에서 노동당은 시카고의 농민-노동자당을 연합 전선의 짝으로 삼았다. 노동당의 전략은 농민-노동자당과 라폴레트(Robert Marion La Follette, 20세기 초 미국 혁신주의 운동의 지도자. 상원 의원을 지내던 1924년에 진보 정치 행동 회의의 대통령 후보로 나서 보수 세력에 도전했으나 떨어졌다―옮긴이)가 추진하던 제3당 운동 사이에 연합 전선을 쌓는 것이었다.

니어링은 이 연합 전선이 라폴레트의 자유주의를 급진주의로 오해하게 만들었다고 지적했다. 니어링은 자유주의자 라폴레트는 자신이 받아들일 수도 없는 변화를 약속하는 인물이라고 비판했다. 라폴레트는 제퍼슨(Thomas Jefferson) 식 민주주의가 다시 일어나기를 바라고 있으나, 제퍼슨이 죽은 뒤 거대 독점 기업의 상징인 스탠더드 석유 회사가 생겨나면서 미국의 상황은 바뀌었다고 말했다. 니어링은 라폴레트가 투사라는 점은 인정했으나 사회주의나 공산주의 체제를 위해 싸우는 것이 아니라 순수한 자본주의 체제를 위해 싸우고 있으며, 새로운 세상의 청사진을 가지고 있지 않다고 보았다. 니어링은 연합 전선을 반대하며 혁명적인 목적을 지닌 혁명적인 프로그램 없이는 아무것도 이루지 못할 것이라고 말했다.[5]

1924년 선거를 앞두고 모스크바에서는 연합 전선 전략을 요구하는 지령을 보냈다. 당은 자본주의가 꾸준히 이루어질 수 있는지 분석하고는, 미래가 비관적이라는 결론을 내렸다. 그러면서도 미국 대중이 지니고 있는 혁명적인 잠재력은 낙관적이라는 평가를 내리고 거기에 매달렸다. 공산주의자들은 연합 전선 형태로 되어 있던 조직을 1924년에 라폴레트를 앞세운 제3당으로 바꿀 계획이었다. 농민-노동자당은 강령을 채택하고 후보를 선출하기 위해 1924년 3월 30일에 전당 대회를 열었다. 이에 앞서 3월 초, 니어링은 공산주의 잡지 〈일간 노동자 Daily Worker〉에서 1923년 노동당 의장에 취임한 포스터(William Z. Foster)와 지상 논쟁을 벌였다.

니어링은 미국 노동자 대중이 혁명 프로그램에 찬성표를 던질 것이고 평균적인 노동자들은 노동조합의 지도자보다 훨씬 더 급진이라는 포스터의 주장을 반박하면서, 노동자 대중은 현재 경제 체제에 얌전히 따르고 있다고 주장했다. 노동자들이 자본가의 강요에 못 이겨 현재 체제를 받아들이고 있다는 것이다.

자본가들은 이미 만들어 놓은 선전 선동, 거짓말, 견제, 오락, 재미, 공포로 이루어진 가장 완벽한 체제로 노동자 대중을 길들였다. 교육 기관은 모두 자본가의 이익에 따라 움직이고 있으며, 자본가들은 사건을 해석하고 정보를 숨기고 사실을 조심스럽게 왜곡하는 데 신문과 영화를 머뭇거리지 않고 써먹는다. 미국의 노동자 대중이 자본가들의 말을 믿게 된 것은 그 때문이다.

니어링은 자신의 견해가 좌파에게 일반적으로 받아들여지는 견해가 아니라는 점은 잘 알고 있다고 인정했다. 그러나 그 판단은 매우 깊이 생각하고 노동자 조직과 대화한 끝에 나온 것이라고 말했다. 니어링이 말하려는 것은, 노동자들은 현재 경제 체제에 쌀쌀맞게 눈을 돌리지 않을 뿐 아니라 오히려 은근히 받아들이고 있다는 것이다. 그러면서 미국 노동자들에게 혁명적인 정서가 있다는 포스터의 판단은 순진하고도 잘못된 주장이라고 말했다. 니어링이 살펴본 노동자들은 불만은 있으나 현재 체제에서 시간이 지나면 풀릴 것이라고 생각했다. 니어링은 이렇게 잘라 말했다. "현재 미국에 있는 혁명적인 정서 중 어떤 것도 대중의 정서로 보아서는 안 된다."

니어링은 미국 노동 계급을 위와 같이 진단하고, 미국의 경제, 사회생활에서 급진적 변화가 있어야 한다고 믿는 사람들은 스스로 급진적 성향을 만들어 내야 한다는 주장을 펼쳤다. 이것은 노동자를 교육하는 일이 먼저라고 생각하는 노선이었다. 니어링은 이렇게 말했다. "우리는 본격적으로 밀어붙여야 할 전략이 만들어질 때까지, 우리를 반대하는 사람들 속에서 조용히 그 사람들을 교육해야 한다." 만약 니어링의 분석이 옳다면, 미국의 혁명 운동은 소수의 운동이고, 지역도 매우 한정되어 있으며, 외국에서 들여온 것들이 뒤섞여 분열된 상태였다.

니어링의 주장은 대부분 이런 것이었다. '좌파 운동은 느리면서도 확실한 힘을 갖고, 도덕성과 효율성을 지녀야 하며, 서로 손을 잡고 효과적으로 행동할 수 있도록 힘을 한 곳에 쏟아 부어야 한다. 근본을 세우는 것이 급진주의인데, 미국에 필요한 것이 바로 근본을 세우는 것이다.' 미국의 혁명 운동이 대중의 무관심과 반대라는 거대한 벽에 부딪친 이상, 강력한 결속과 엄격한 규율을 유지하고 혁명 이상에 따라 꾸준하게 이어져야 했다. 니어링은 전략 문제에 대해 포스터에게 이렇게 말했다. "당신은 러시아의 경험에 뿌리를 둔 전략을 따르고 있으나, 그것은 미국 상황에는 전혀 맞지 않는다. 당신이 그것을 계속 고집스럽게 지키려 한다면 당은 무너질 것이다. …… 노동당이 3월 30일 전당 대회에 참여해 라폴레트 같은 사람을 후보로 밀고 선거 운동을 벌인다면, 당원들에게 노동당은 잘못 알려질 것이다. 싸움을 벌이려는 마음이 허무하게 사라질 것이며, 당원들은 노동 운동을 믿지 않게 될 것이다. 후보들은 완전히 참패할 것이며, 당은 미국 정치의 갈래 많은 길에서 스스로 길을 잃게 될 것이다."[6]

포스터는 니어링의 글에 반박했다. 니어링의 주장은 용서할 수 없을 정도로 잘못되었으며, 특히 마르크스(Karl Marx)의 분석 틀을 써야 할 사람이 그런 주장을 하는 것은 문제가 있다고 말했다. 포스터는 당의 전략은 러시아의 경험에 뿌리를 둔 것이 아니라 전세계 공산주의자들의 전략과 경험에 따른 것이라고 주장했다. 하지만 이 역시 미국 상황이 당의 역사 결정주의에서 예외가 될 수도 있다는 점을 놓친 것이었다. 포스터는 니어링이 주장하는 평화적인 교육과 조직 프로그램이 제대로 움직이지 않을 것이라고 말했다. 그리고 미국 노동자와 농민 대중 사이에 혁명의 열기로 가득 찬 불만이 있다는 것은 부인할 수 없는 사실이라고 주장했다. 하지만 이 불만은 대부분 무의식적이고 무조건적이며, 그이들은 어리석고 겁에 질려 있어서 쉽게 흔들릴 수도 있다고 덧붙였다. 포스터는 평화주의자 니어링을 불쾌하게 여기며 이렇게 말했다. "이런 불만이야말로 혁명이 일어날 수 있는 생생한 재료이다. 혁명은 당신이 마음에 둔 것처럼 분명하게 보이는 형태의 혁명성으로 일어나는 것이 아니다. 혁명은 사회 상황의 압력에 맞서 누군가 떨쳐일어날 경우, 그것에 자극받은 어리석은 대중에 의해 일어난다. 그 폭풍을 슬기롭게 자본주의에 대항해 나아가도록 이끌면 대중이 혁명을 일으키는 것이다"[7]

여름이 지나면서 제3당 운동이 모습을 드러내자 공산주의자들은 이를 주무르지도 못하고, 라폴레트와 손을 잡지도 못한 채 모스크바의 지시를 기다렸다. 소련은 1924년 1월 레닌의 죽음으로 당 내부가 혼란에 빠졌지만, 새로운 해결책을 준비하고 있었다. 급기야 라폴레트가 노동당에 몸담은 이들을 '급진 운동과 민주주의 이상의 도덕적인 적'이라고 비난하고 나섰다. 결국 코민테른은 포스터가 대통령 후보, 기틀로우(Benjamin Gitlow)가 부통령 후보로 짝을 이루도록 미국 노동당에 승인했다. 이로써 연합 전선의 매력은 완전히 사라졌다.[8]

▬▬ 1923년 초, 니어링은 조건이 있긴 했으나 사회당과 관계를 끊고 당을 나왔다. 그 뒤 니어링은 좌파에게 가장 가능성이 있는 것으로 여겨지는

공산주의의 혁명 운동으로 기울었다.[9] 니어링은 미국 중심 지역을 여행한 뒤 사회당이 거의 사라졌다고 말했다. 급진 노동당도 세력이 움츠러든 상태였다. 당에 가입하지 않았으면서도 공산주의를 좌파에서 가장 중요한 위치에 올려놓은 니어링은 비판자로서 역할을 다하며 노동당의 문제에 초점을 맞추었다.

노동당이 과연 미국 노동자를 대변하려고 만들어진 것인가? 지금까지 급진 운동은 주로 유럽에서 미국으로 옮겨 온 노동자를 대변했다. 급진 정당은 지금 기회가 적지만, 옛날만큼 좋거나 사실 그 어느 때보다도 좋다. 노동당이 마주한 중요 문제는 노동자들 앞에서 급진적인 발상을 보여 주는 것이다. 두 번째이자 역시 중요한 문제는 모스크바와 적절한 관계를 맺는 것이다. 모스크바는 지나치게 강하고, 노동당은 지나치게 약하다. 모스크바는 너무 쉽게 노동당을 다스리고 있다.

모스크바의 '독재'에 맞서는 방법 중 하나는 다양한 집단과 손잡고 그 속에서 다양한 문제를 풀어 나가는 것이었다. 니어링은 연합 원칙을 당 스스로 찾을 수 있다고 주장했다. 공산주의자들은 러시아 민족주의에 봉사하는 대신 진정한 국제주의를 쌓고, 미국 좌파를 위해 어느 정도 자율성을 주어야 했다.[10] 니어링의 탈당은 사회당에 큰 충격을 주었다. 오닐(James P. Oneal)은 좌파를 재평가하는 니어링의 분석이 잘못되었다고 지적하면서 자꾸 스스로를 외톨이로 만들지 말라고 충고했다.[11] 노동당은 새로운 동지를 얻어서 기운이 넘쳤다. 당의 한 지도자는 "스코트 니어링이 멋진 문화를 만들었다."라고 말하며 니어링을 연합 전선 전략의 희망을 보여 준 사회주의자라고 평했다.[12] 노동당 의장인 캐넌(James P. Cannon)은 쿠데타라고 표현하며 니어링이야말로 대단한 인물이라고 말했다.

느슨한 사고와 경솔한 행동, 정직하지 못한 발표가 판치는 사회주의 운동권에서, 니어링은 지치지 않는 학생이자 사실을 파고드는 끈질긴 연구자로, 간단하면서도 적절하게 설명하는 솜씨가 뛰어나다. 아니, 그 이상이다. 우리는 그이가 부르주아지 대학에서 자진 해고된 반골 교수라는 것, 혁명가로 전쟁 기간에 연방 하원 의원에 출마해 제국주의 전쟁에 반대해 씩씩하고 굳건한 기상으로 싸운 투사임을 잊지 않고 있다. 이런 것이야말로 스코트 니어링의 진정한 모습이다. 그이는 급진 노동자들에게 상상력의 불을 지핀 사람이면서 그이들의 굳은 사랑을 받은 바로 그 사람이다.

'좌파의 이 핵심 인물이 공산주의 이론을 지지하게 하라.' 이것이 순수하고 간단한 연합 전선의 전략이었다. 만약 니어링이 당을 강하게 만드는 데 이바지한다면 니어링의 평화주의는 그냥 넘어갈 수도 있었다. 하지만 니어링에게는 그냥 넘어갈 수 없는 것이 있었다. 니어링의 연방주의는 제3인터내셔널의 극단적인 중앙 집권에 반대되는 것이었다.

캐넌은 니어링이 아직은 끝까지 가지 않은 것으로 보인다고 말했다. 니어링은 공산주의로 가는 길 위에 있으며, 아직 완전한 곳에 이르지는 않았다는 것이다. 캐넌은 모스크바와 자신들이 생각하는 관계는 니어링이 생각하는 것과 맞아떨어지지 않는다고 말했다. 니어링은 자율적인 국가 정당으로 이루어진 국제 연합을 말하는데, 그것은 세계를 무대로 강력한 계급투쟁을 벌이는 이 시기에 알맞지 않으며, 연방주의는 제2인터내셔널의 기본 약점 가운데 하나였다. 캐넌이 그 구상을 단호히 거부하자 니어링은 심각한 갈등에 빠졌다. 니어링은 공산주의 사회 이념에 찬성했지만 볼셰비키 형태의 정치 조직은 거부했다. 그렇다면 니어링은 공산주의자들의

당을 지지하지 않고 이미 떠난 사회당을 지지할 것인가? [13]

━━━ 니어링이 사회당에서 나오게 된 중요한 이유는 소비에트 실험을 떠받드는 것이 바람직한가 하는 회의가 들었기 때문이다. 러시아 혁명 이후 사회당은 소련에 친근감을 가졌다. 그러나 그 친근감은 제3인터내셔널과 미국 노동당이 계속해서 사회당을 공격하고, 사회당 당원들이 노동당으로 옮겨 가는 일이 잇따르면서 점차 사라졌다. 사회당은 미국 급진주의 무대에서 전략의 본보기로 생각하던 볼셰비키에서 서서히 멀어져 갔다. 사회당은 또 점차 소련에 반대하게 되었으며, 영국 노동당이 미국의 상황에 좀더 알맞다는 쪽으로 기울었다. [14] 이런 사회당의 생각은 니어링이 사회당에서 멀어지게 하는 데 큰 이유로 작용했다. 니어링은 영국 노동당이 보여 주는 협력 전략과 의회의 절차적인 방법으로는 혁명을 가져올 수 없다고 확신하고 있었다. 니어링은 또한 소련이 얼마나 불만스럽든 관계 없이, 혁명적인 미래로 나아가는 길은 소련 쪽에 있다고 확신했다. [15]

니어링이 보기에, 영국의 협력 전략은 실패했기 때문에 혁명의 미래로 나아가는 유일한 길은 소련이 러시아 혁명으로 걷기 시작한 길을 따르는 것이었다. 그러나 니어링은 러시아 혁명에 매달리면서도 소련 정부와는 다른 독자적인 혁명을 꿈꾸었다. 노동당 노선과 다른 니어링의 생각은 1924년에 영국의 철학자이자 평화주의자이며 맥도널드(James Ramsey MacDonald) 노동당 정부 지지자인 러셀(Bertrand Arthur William Russell)과 '소련의 성공이 미국이나 영국, 프랑스에도 적용될 수 있을까?'라는 주제를 놓고 벌인 토론에서 뚜렷하게 나타났다. 니어링은 토론에서 러시아가 인류에 가장 위대한 이바지를 했다며 소련의 보기를 여러 나라에도 적용할 수 있다고 주장했다. 니어링이 내놓은 경제 이론과 정치 대안이 마르크스주의와 비슷해지자, 러셀은 니어링을 가리켜 마르크스주의자라고 말했다. 이에 니어링은 이렇게 답했다. "나는 마르크스에 대해서는 한 마디도 하지 않았다. 하지만 내가 말한 것을 두고 마르크스주의자라고 하는 것을 반대하지는 않는다. …… 마르크스가 말했다고 해서 따라 말한 것은 아니다. 내가 말한 것은 그것이 진실이라고 믿었기 때문이다."[16]

니어링의 견해는 러셀이 받아들이기에는 지나치게 단단한 논리였다. 니어링은 러셀에게 볼셰비키의 상황에서 매우 중요한 요소 두 가지를 명확하게 이야기했다.

나는 볼셰비키에 대해 두 가지 점을 이야기했다. 하나는 공산당 통치 아래의 권력, 곧 독재에 대해서이다. 또 하나는 소비에트 정부가 현실화하고 있는 경제 형태, 곧 경제 기반과 경제 생활의 과학적인 조직화, 모든 사람이 자신의 재산에 따라서가 아니라 노력에 따라 보상받아야 하는 필요성에 대해서이다.[17]

니어링은 러셀에게 당신은 볼셰비즘을 좋아하지 않고 그것은 자신도 마찬가지라고 말했다.[18] 그러나 소비에트 정부 형태는 임시적이고 다른 쪽으로 옮겨 가는 과정이며, 자본주의와 사회주의 사이에 있는 깊은 연못에 놓인 다리이기 때문에 그것이 잘못되었다고 해서 소비에트 실험 전체가 칼질을 당해서는 안 된다고 주장했다. 니어링은 이렇게 말했다. "소비에트 정부가 유일한 사회주의나 유일한 공산주의 정부는 아니다." 그리고 거기에는 또 다른 길이 있으며, 영국의 맥도널드 정부가 가는 길도 그 길이 되기를 진심으로 바란다고 말했다. 미국도 의회의 입법으로 경제 사회 변화를 이룩할 수 있을 만큼 사람들이 슬기롭게 행동하기를 기대했으나 현실은 그런 바람과 반대였다는 말도 했다. 니어링에게 미래의 희망은 소비에트 정부의 현재 상태에 있는 것이 아니라 공산주의 철학에 있었다. 니어링은 만약 러시아 사람들이 공산주의의 이상을 실현하는 바른 길을 찾지 못한다면, 미국 사람이 그 길을 찾을 수 있도록 돕는 것이 러셀과 자신의 책임이라고 강조했다.[19]

▬▬▬ 진보 정치 행동 회의에 자본가 권력이 침투하면서 골치 아픈 문제가 생겼다. 광범위한 개혁을 지지하는 정도로는 사회 경제 구조를 급진적으로 변혁할 수 없었다. 니어링은 급진적인 수단을 피하는 연합에는 의문을 가졌다. 그래서 일찍이 농민-노동자당과 좌파의 급진 정당들이 연합하는 것에도 깊은 회의를 보였다. 1919년 노동자 정당 운동이 발전해 전국으로 퍼져 나갔을 때, 니어링은 사회당과 노동자 정당 운동을 통합하자는 제안에 반대했다.[20] 니어링은 진보 정치 행동 회의가 대회를 열었을 때는 좌파 연합이 새롭지도 급진이지도 않다고 주장하면서 또 한 번 걱정을 나타냈다.[21]

1922년, 니어링은 '급진주의자가 무엇을 할 수 있는가?'라는 의문에 해답을 찾은 것처럼 보였다. 연합 전선 전략이 급진 운동의 커다란 문제를 푼 것 같았다. 이미 니어링은 정당 간 연합을 버리고 적대 정당을 새로 만들어야 하는지 그러지 말아야 하는지 선택을 해야 하던 때가 있었다. 안에서 구멍을 뚫는 또 다른 대안이었다. 니어링은 이렇게 말했다. "연합 전선 전략으로 우리는 돌아가는 상황을 볼 수 있을 것 같다. 확실히 포스터가 옳았다. 만약 급진주의자들이 조직을 떠난다면, 그것은 조직을 보수주의자들의 손아귀에 넘겨주는 일이다. 하지만 안에 머문다면 조직 사람들과 이야기할 수 있다. 그러므로 좀더 슬기로운 것은 가능한 한 오래 머물고, 말하고, 조직하는 것이며, 조직 안에 머물러 있는 동안 무엇이든 할 수 있는 일을 하는 것이다." 그래도 니어링은 어떤 형태로든 자본가와 협력하는 것은 스스로를 속이는 짓이라 여겨 인정하지 않았다. 그래서 "자존심과 정직함이 안에 머무는 것을 더는 허용하지 않으면 과정에 신경 쓸 것 없이 떠나야 한다."라고 말하기도 했다.[22]

진보 정치 행동 회의의 실패로 협력주의자가 안에서 구멍을 뚫는 것은 곧 깨어진 희망이 되었다. 니어링은 이런 협력 전략을 마다하고 반대한 사람으로서, 이론을 다른 분야를 분석하는 데 사용했다. 보수적인 미국 노동총연맹(AFL) 언저리에서 노조 간 협력 관계를 쌓고 노동조합 운동의 발전을 지원한 것이다. 이런 가운데 니어링은 당 노선과 미묘한 차이로 문제가 생긴 것을 알았다. 공산주의 운동의 지도자인 브라우더(Earl Russell Browder)는 연합 문제에 대한 니어링의 발언이 심각하다는 것을 알았다. 브라우더는 당의 정기 간행물인 〈월간 노동자 Workers Monthly〉에 쓴 글에서, 니어링이 말하는 것을 존경스럽게 받아들이는 노동자들이 많이 있다며 '니어링 동지와 같은 영향력 있는 인물'을 일단 찬양했다. 또한 니어링은 공산주의자가 나아가는 길을 걸으며 힘들게 싸워 온 이름난 자유주의자라고 치켜세웠으나 그이가 생각하는 모든 것은 아직 완벽하지 않다고 꼬집었다. 브라우더가 특히 걱정한 것은 니어링이 연합 문제를 다루면서 얻은 논리적인 결론이 당의 연합 전선 전략에 어긋난다는 것이었다. 새로운 '전투적 노동조합들'을 위해 다른 노동조합을 저버린다는 발언은 연합 전선 전략에 반대되는 것이었다. 결국 브라우더는 니어링을 심하게 비판하면서 당의 전략을 설명했다. 연합 전선을 따르는 것은 협력자와 노동조합, 모든 다른 노동 계급 조직 안에서 싸우면서 이중성과 계급 간의 협력에 맞서는 것을 뜻한다는 주장이었다.[23]

하지만 니어링은 연합을 거부하는 자신의 생각이 미국뿐 아니라 영국 노동 운동의 역사와도 맞아떨어진다는 것을 알았다. 니어링은 일전에 영국 노동당이 현대 노동조합의 모체라고 주장하면서, 그것이 생산자 사회가 합법적인 절차에 따라 자본가 사회를 대체할 수 있다는 예를 보여 주기를 희망한 적이 있었다.[24] 영국의 보기는 자본주의를 끝장내기 위해 부르주아지 정당과 연합할 수 있다는 제2인터내셔널 이론의 마지막 실험을 상징했다.[25] 한편으로 니어링은 영국 노동당이 현재 체제를 안에서부터 바꾸려는 마지막이자 최선의 희망을 가지고 있다고 보았다. 그러나 다른 한편으로는 1924년에 취임한 맥도널드 정부의 노동부가 내부 개혁 전략에서 실패했다는 것이 뚜렷해졌다. 니어링은 이렇게 주장했다. "연합은 새로운 사회 질서를 가져오지 않았다. 반대로 옛 체제에서 버텨 온 무리들의 삶을 길게 늘였을 뿐이다." 제2인터내셔널은 자본주의 국가의 활력과 폭압적인 권력을 계산에 넣지 않았다는 것이다.[26] 니어링은 "그럴 가능성이 희박하기는 하지만, 만약 국가가 구성원이 모두 참여해 맺은 계약에 근거해 세워진다면, 그리고 국가가 공동체의 이익을 대변한다면 입법 활동은 사회 진보를 이룩하는 데 유일하고도 합법적인 수단일 것이다."라고 말했다. 그러나 국가는 경제 지배 집단의 기관이거나, 경제 지배 집단이 국가를 자신들의 이익을 늘리는 수단으로 사용하는 것이 현실이기 때문에 입법 정치 이론은 현실과 거리가 멀었다.[27]

니어링에 따르면 연합 전선 전략의 실패는 1926년 영국의 총파업으로 단번에 완벽하게 증명되었다. 이 파업은 권력을 손에 쥐려는 노동자의 투쟁으로 중요한 시험대였다. 총파업은 입법에 참여해 경제 정치 체제를 바꾼다는 이론에 의문을 던졌고, 확실하게 단합된 노동 계급의 행동이 필요하다는 이론이 등장하도록 만들었다.[28]

두 가지 노선을 가진 운동 세력이 참여했다. 하나는 입법 과정을 통해서 하자는 것이고, 하나는 직접 행동하자는 것이다. 만약 영국 노동자가 입법 수단을 따랐다면, 노동자들은 지방 정부나 의회에 대표자를 보내서 영국 사회를 헌법, 법률, 행정 수단에 따라 자본주의 제국에서 노동자 공화국으로 바꾸었을 것이다. 만약 노동자들이 직접 행동하기를 선택했다면, 그이들은 경제, 정치 기관을 손에 넣고, 구 체제를 부수어 버리고, 노동자 조직들이 가지고 있는 물리력을 직접적으로 사용해 노동자 계급의 정부를 건설했을 것이다. 맥도널드 행정부는 입법을 수단으로 하자는 모양새를 취했다. 하지만 총파업은 직접 행동하자는 혁명의 시작이었다.[29]

특히 총파업과 관련해 일어난 사건들은, 정부는 경제 지배 계급의 기관이며, 국가를 지지하는 사람은 어쩔 수 없이 지배 계급을 지지한다는 점을 분명히 했다고 니어링은 주장했다.[30]

▬ 1925년 당시 니어링은 당적이 없는 독립적인 공산주의자였다. 하지만 조만간 당의 지도자 자리에 오르는 조건으로 노동당에 입당할 예정이었다. 니어링은 이렇게 말했다. "노동당의 전략과 원칙에 일부 동의하지않으나, 노동당은 미국의 상황을 비추려고 애쓰는 유일한 정당이다." 결과적으로 니어링은 1922년부터 1927년까지 이 문제와 씨름했으며 감정으로, 그리고 정치적으로 고통을 받았다. 니어링은 여러 가지 이유로 입당을 망설였다. 첫째, 니어링은 제국주의 건설이나 제국주의와 관련한 좀더 큰 분야에서 상당히 앞서는 연구를 하고 있었고 책도 펴내고 있었다. 둘째, 노동당은 당파 간의 싸움에 깊이 휘말려 있었다. 니어링은 사회 과학의 중요한 일들을 버리고 당파 싸움에 말려드는 것은 바라지 않았다. 그래도 니어링은 입당이 중요한 문제를 남긴다고 해도 미래의 좀더 빛나는 가능성을 생각해 결국 입당 원서를 냈을 것이다.[31]

니어링은 1925년 말부터 1926년 초까지 흥미와 공감을 가지고, 또 일부는 사회 과학 연구를 위해 러시아를 여행했다.[32] 니어링은 소련 교육 체제를 연구했으며, 그 곳에 있는 동안, 그리고 돌아온 뒤에도 소련 교육에 대해 글을 많이 썼다. 물론 이것은 학교가 사회의 근본 요소이며, 교육이 사회 진보의 주춧돌이라는 니어링의 기본 신념에 어울리는 것이었다.[33] 니어링은 소비에트에서 자신의 믿음에 확신을 얻었다. 소련의 교육은 경제 지배 계급이 깨지고 노동자가 다스리기 시작하면서 자유화되었다. 니어링은 생산 수단의 소유권에 바탕을 두던 경제 권력이 모든 사회 기관으로 넓게 퍼졌으며, 이제 노동 계급은 국가, 교회, 학교, 언론 출판, 기타 여러 곳을 모두 다스리고 있다고 말했다.[34] 소비에트 체제가 부분이나마 성공한 것은 러시아의 권력 중심이 노동자 조직에 비교될 정도로 대규모인 집단으로 옮겨 갔기 때문이었다.[35] 소련은 이상 사회를 위해 투쟁하는 개척자였다. 니어링은 이렇게 말했다. "개척자라는 것은 실수가 있을 수 있다는 것, 그리고 어떤 방법이 성공하고 어떤 방법이 실패하는지에 따라 많은 변화가 있으리라는 것을 뜻한다."[36] 니어링은 소련의 노동자와 농민은 모든 강령을 실천에 옮길 수는 없었다고 주장했다. 소련에는 감히 사회주의가 내놓은 모든 방법이 성공적이었다고 주장할 만한 어떤 공산주의자도 없었다. 니어링은 그래도 소련은 결점보다 더 중요한 것이 있으며, 그것은 세계 어디에서도 찾아볼 수 없는 경제 조직을 만들었다는 것이라고 강조했다.[37] 니어링이 보기에 소련은 새로운 사회 체제를 실험했으며 큰 성공을 거두었다. 이것은 지구상에서 일어난 일 중 가장 중요한 단일 실험이며, 이로써 새로운 세계 체제의 경제 기초가 만들어졌다.[38]

니어링은 모스크바, 카르코프, 로스토프, 티플리스, 바쿠, 다른 도시와 마을을 두 달간 여행한 뒤 미국으로 돌아왔을 때는 머리가 조금 멍했다고 회상했다. 소비에트 사회와 서구 문명의 엄청난 차이에 충격을 받았으며, 미국으로 돌아왔다는 사실을 받아들이는 데 어려움을 느꼈다. 니어링은 〈뉴 매시스 New Masses〉 창간호에 이렇게 썼다. "나는 최초의 노동자 공화국에서 내 집이 있는 미국으로 왔으나, 이 곳은 나의 조국이 아니다."

소련에 다녀온 뒤 니어링은 소외감을 느꼈으며, 자본주의 국가가 들려주는 축하 노래는 매우 낯설었다.

> 내 조국은 당신들의 것, 보석으로 장식된 화려한 무도회와 진수성찬이 넘치는 잔치를 벌이는 유한 계급의 달콤한 나라. 나는 꽤 많고 잘 조직되고 편안한 당신들의 독재를 노래하네. 전체 노동자의 7분의 6이 조직도 없이, 자신을 지킬 수단도 없이 낮은 임금에 시달리며 더러운 공장에서 일하거나, 일거리를 찾아 거리를 헤매거나, 험한 세상에서 살아남기 위해 파업을 하는 동안 임금 노예 체제와 거기 따르는 온갖 특권을 유지하는 당신들의 독재.[39]

니어링은 누구도 미국의 자유를 이야기하려고 시간을 낭비할 필요가 없다고 선언했다.[40] "제국의 신기원을 맞으며 미국의 지배 계급은 세계의 지배 계급 중에서도 최고 지배 계급이 되었고, 물질적인 자원이나 노동의 관점 모두에서 지구를 약탈할 힘을 가진 권력자가 되었다."[41] 이것은 결국 세계를 이루는 두 개의 힘이 소비에트 공산주의와 미국의 자본주의라는 것을 뜻했다. 니어링은 그 두 체제 사이에서 타협은 있을 수 없으며, 현재 경제 체제가 만족스럽든 아니든, 자본으로 이익을 얻는 사람들이 국가를 경영하든지, 노동자가 국가를 경영하든지 둘 중 하나라고 보았다. 자본주의와 협력하는 것은 생각할 필요도 없는 일이었다. 현 단계의 경제적 권한과 잘못에 비추어 볼 때 자본가와 타협하는 것은 불가능했다.[42]

니어링은 전반적으로 노동자들이 유산 계급과 협력해서 뭔가 얻어 내기를 바랄 수는 없게 되었다는 확신에 이르렀다. 이런 단정은 또한 사회주의 미래를 꿈꾸는 사람이라면 소비에트 실험의 성공을 해칠 일은 어떤 것도 할 수 없다는 것을 뜻했다. 두 체제 간의 경쟁이 제로섬(zero-sum, 조직이나 사회의 전체 이득은 일정하기 때문에, 어느 한쪽이 이득을 얻으면 다른 쪽은 손해를 보는 상태가 된다—옮긴이) 싸움이 된 것이다. 소련을 비판하는 것은 자본주의를 돕는 것이고, 자본주의를 비판하는 것은 소비에트의 정책에 힘을 보태는 것이었다. 이것은 니어링이 1926년 5월 8일 워싱턴의 플레이 하우스에서 법무부 기관원이 있는 가운데 말한 것이다. 산업 민주주의 연맹(League for Industrial Democracy)의 후원을 얻어 니어링은 '소비에트 정부의 안정성'에 대해 강연했다. 강연하는 동안 니어링은 소비에트 정부에서 눈에 띄는 일부 문제점과 불평등을 인정했으나 이런 상황은 소비에트 러시아 밖에도 있다고 말했다. 이어 가장 먼저 중요하게 생각해야 할 것은 소비에트가 자본주의보다 뛰어나다는 점이라고 강조했다. 니어링은 자신은 소비에트 정부 편에 서 있으며 모든 자본주의 정부를 반대한다고 말했다.

늦은 저녁, 묻고 답하는 시간에 한 여성—나중에 법무부는 이 여성이 골드만(Emma Goldman, 러시아 태생의 무정부주의자. 미국에서 정치범으로 구속된 첫 번째 여성이다—옮긴이)의 이복누이라는 사실을 밝혔다—이 공산주의 체제에서 악명 높은 감옥 상황을 물었다. 니어링은 그럴 수 있다는 것을 인정했으나, 이 사실을 알리는 것은 삼가야 한다고 경고했다. 그렇게 하는 것은 소비에트를 공격하는 것으로, 자본주의 언론을 도울 뿐이라는 주장이었다. 기관원의 보고서에 따르면 니어링은 이렇게 말했다. "소비에트 러시아의 결점을 터뜨리는 사람은, 설령 자신이 소비에트 정부의 벗이라고 생각한다 하더라도 적에게 총알을 주었기 때문에 의식하든 못하든 소비에트 러시아의 적이다."[43] 자본주의 체제에 던진 니어링의 분노나, 소비에트 실험에 니어링이 내보인 희망, 확신과 상관 없이 니어링은 수단과 목적은 구별해야 한다고 주장했다. 그리고 더러 비인간적인 수단이 인간을 깨우치고 인류 평등을 이룩하며 정의로운 사회 체제를 가져올 수 있을 것이라고 믿었다.

니어링은 소비에트 러시아를 지지하면서 사회당과는 점차 멀어졌다. 1926년에는 공산주의 진영으로 확실하게 옮겼다. 사회당 당원이 아니고 마음으로는 명백히 공산주의에 공감하면서도, 니어링은 사회당이 후원하는 행사에 여전히 참여했다. 그 중 하나가 산업 민주주의 연맹의 연례 회의였다. 사회당 지도자 토머스(Norman Thomas)가 집행 이사로 있는 이 회의는 1926년 6월, 뉴욕 외곽의 캠프 테미먼트에서 열렸다. 니어링은 사회 갈등을 다루는 새로운 전략을 토론하려고 많은 좌파 지식인, 지도자들과 만났다. 사회당 좌파들에게 연설하면서 니어링은 예전에 공산주의자들에게 말할 때보다 훨씬 더 낙관적으로 말했다. 다른 참석자들보다 두드러지게 좌파에 치우친 니어링은 이렇게 말했다. "표현의 자유도 없고, 신문도 소유하지 못했으며, 노동조합도 마음대로 갖지 못하고, 자신의 마음을 표현할 수단도 없이, 수만 거대하게 많고 조직되지 않고 지리멸렬한 오늘날 미국의 노동자들은 앞으로 멀지 않은 때에 여기서 벗어나 뭔가 다른 것을 가지게 될 것이다."[44]

그 회의 결과가 책으로 출판되었을 때, 니어링은 〈뉴 매시스〉에서 책과 회의 모두 비판했다. 《사회 갈등에 맞서는 새로운 전략 New Tactics in Social Conflict》이라는 제목의 그 책은 '돌멩이 피하기'나 좀더 그럴듯하게 '자본주의의 즐거움'이라고 하는 것이 좀더 알맞았을 것이라고 말했다. 니어링은 이렇게 썼다. "회의는 즐거운 여름 캠프에서 넉넉하게 사는 남자와 여자 무리가 모여 사흘 동안 어울렸으며, 토론은 자신의 경제 위치를 지키는 것에 급급했다." 또 회의에 내놓은 보고서들은 미국의 지배 계급이 돈으로 노동자 계급을 사고 그 부와 착취 능력을 강화해서 갈등을 늦출 수 있는 대안을 여럿 줄줄이 썼을 뿐이라며 아주 나쁘게 평가했다. 니어링에 따르면 회의는 노동자들이 고용자에 맞서 싸울 전략을 짜낸 것이 아니었다. 노동자 조직도 사회당도 새로운 투쟁 전략을 내놓지 못했다. 그러나 니어링은 이렇게 덧붙였다. "공산주의자들은 그 문제를 꾸준히 연구하고 있다. 제3인터내셔널 전략은 제2인터내셔널과 본질적으로 다르다. 만약 제1차 세계 대전 뒤 사회 갈등을 다스리는 전략에 어떤 이바지가 있었다면 그것은 공산주의자들이 한 것이다." 새로운 사회 체제로 가는 길은 '즐거운 여름 캠프에 모인 넉넉하게 사는 남녀들'이 닦을 수 없었다. 그 길은 새로운 사회를 만들려는 대중의 투쟁으로 생겨날 터였다.[45] 니어링에게 앞날은 공산주의자와 함께하는 것이었다.

▬▬ 니어링은 사회주의의 성지로 순례를 떠나기 직전인 1925년에 노동당에 입당하려고 했다. 니어링은 자서전에서 입당하기로 마음먹은 과정, 당 일꾼들의 신중함, 이념에 대한 오랜 심사, 1927년의 입당 허가 따위를 더듬고 있으나 일부 믿을 수 없는 측면이 있다. 이 사건들은 잇따라 일어났으며 매우 복잡한데 자서전에서는 정확하게 설명하고 있지 않기 때문이다. 물론 오랜 망설임과 많은 의혹에도 입당 원서를 냈다는 니어링의 회상이나 당 지도자들이 그이의 전향에 의심을 가지고 있었다는 니어링의 주장을 깎아서 받아들이는 것은 아니다.[46] 그러나 니어링이 입당을 결심했다고 해서 허가를 받는 것이 기정사실인 것은 아니었다. 프리먼(Joseph Freeman)은 1925년에 낸 니어링의 첫 번째 입당 지원서가 거부되었다고 말했으며, 이것은 니어링의 입당 허가가 1년 늦추어졌다는 볼드윈(Roger Baldwin)의 회상과도 맞아떨어진다. 골드(Michael Gold)에 따르면 니어링은 입당을 허가받기까지 적어도 다섯 차례 입당 지원서를 냈다.[47] 니어링이 처음에 거부당한 입당 허가를 어떻게 받아 냈는지 설명하려면 니어링 쪽이 아니라 미국 노동당의 당권과 정책 쪽을 살펴보아야 한다. 니어링은 자서전을 만들려고 쓴 노트에 이렇게 썼다. "당 안에서 싸움이 계속되

면서, 나는 점점 더 입당으로 기울어지는 내 마음을 깨닫고 입당하겠다고 지원했다."[48]

1925년에 니어링이 입당하겠다고 지원했을 때, 노동당은 루덴버그(Charles E. Ruthenburg)와 포스터 사이의 당권 싸움으로 진통을 겪고 있었다. 진통을 내부에서 해결하지 못하자 양측은 모스크바에 도움을 호소했다. 루덴버그와 포스터가 코민테른의 지지를 얻으려고 모스크바로 갔을 때 당은 싸움에서 포스터를 편든 브라우더의 손에 있었다.[49] 프리먼은 당시를 이렇게 회상했다. 니어링이 고심 끝에 입당 지원서를 내자 당 서기권한 대행이던 브라우더는 니어링에게 중앙 집행 위원회가 질문을 할 것이니 거기에 답해야 한다고 했다. 당이 알고 싶은 것은 이런 것들이었다.

> ― 현재 미국의 상황에 대한 평가는 어떤 것이며, 당이 빨리 해야 할 일은 무엇인가?
> ― 프롤레타리아 독재와 공산당의 역사적 임무에 대한 당신의 견해는 어떤 것인가?
> ― 제국주의, 전쟁, 평화주의, 사회 혁명에 대한 견해는 어떤 것인가?
> ― 국가, 국제 강령에 대한 당신의 의견은 어떤가?

강령 문제는 당과 코민테른에서 가장 중요한 것이기 때문에 마지막 질문은 특히 조심스럽게 답해야 한다고 브라우더는 전했다.[50] 하지만 이 질문들은 당이 니어링과 심각한 견해 차이가 있다는 기존 진술에 비해 심사 과정은 그리 엄격하지 않았다는 것을 보여 주고 있다.

니어링은 이에 서른두 쪽짜리 답변서를 보냈다. 프롤레타리아 독재에 대해 니어링은 자본주의에서 공산주의로 옮겨 가는 단계로, 한때 수단이라면 필요하다고 썼다. 또한 프롤레타리아 독재로 노동자들이 경제 기구를 다스리고, 그 동안 지배 계급의 수단이던 국가를 손에 넣는 것이라고 적었다. 니어링은 "사회 발전 단계 중 자본주의에서 공산주의로 옮겨 가는 데 성공하려면 프롤레타리아 독재 이외에 다른 길이 없는 것으로 보인다."라고 답했다.[51] 니어링은 이탈리아의 파시즘이나 영국의 계급 간 협력과 비교해 소비에트 러시아가 밟은 길이 가장 좋은 방법이라고 썼다.

여기까지는 당의 교조적인 검열을 통과할 수 있을지 모르지만, 미국의 혁명 상황에 대한 평가는 당의 노선에서 크게 벗어났다. 미국은 전쟁을 치르는 몇 년 동안 경제 체제를 강화하면서 국제 사회의 지배자로 나타났다. 프리먼이 떠올리는 대로 옮겨 보자면 니어링은 이렇게 주장했다. "미국의 지배 계급은 매우 강력한 자리를 차지하고 있는 데 반해, 반대 세력은 조직화한 것이 전혀 없다. 다른 계급이 반대하려고 준비하지도 않았으며, 심각한 의문을 제기하지도 않았다. 여기에다 미국의 노동자들은 세계 자본주의 국가의 노동자 가운데에서 가장 좋은 대우를 받고 있다."[52] 미국 노동자들 사이에 계급의식은 있지만, 대다수가 어떤 종류의 계급 행동도 준비하지 않았다는 말이다. 니어링은 이런 상황 인식이 당 정책에 받아들여지지 않았다는 것을 알았다. 니어링이 여기서 끌어 낸 결론 역시 당은 받아들이지 않았다. 니어링의 결론은, 노동당은 대중 활동이 아니라 선전 선동 활동을 해야 한다는 것이었다.[53] 니어링은 언제 자본주의 체제가 무너질지, 격심한 경제 탄압이 1926년에 일어날지 1927년에 일어날지 확신하지 못했다. 프리먼에 따르면 니어링은 이렇게 주장했다. "당이 할 일은 노동자들을 조직해 효율적인 선전 선동 조직을 유지하는 것에 전념하는 것이다."[54]

니어링은 공산주의의 원칙과 목적에 가장 관심이 많았다.[55] 당의 역할을 설명하면서 니어링은 당의 교조주의를 바꾸고, 도그마를 활기찬 개인의 기풍으로 바꾸려고 했다. 니어링은 이렇게 주장했다. "공산당은 건강에 좋은 것, 깨끗한 생활, 활기차고 용기 있는 생각, 정직하고 올곧은 처신 따위, 사람을 전체적으로 최고 수준으로 만들기 위해 모든 노력을 기울여야 한다." 엄격하게 도덕을 갖춰 행동하는 개인 윤리, 사회적 책임, 활기찬 삶, 지적인 활동을 보장하는 '새로운 삶'은 혁명 운동 안에서 이루어질 수 있었다. 그래서 당은 작게는 내적인 삶에서 관대하고 서로 돕는 기준을 마련하고, 크게는 서로 협력하는 동료애를 이루어야 했다.[56] 그리고 이것은 니어링이 자신의 취향에 따라 당 원칙으로 동의하고, 개인의 책임으로 정의하면서 자주 쓰는 말이 되었다. 하지만 니어링은 자신의 답변에 나타난 미묘한 차이가 당의 단결을 깨는 것으로 보일 수 있다는 것을 알았다. "당은 내가 쓰는 책이나 교육 활동에서 당의 통제를 받아들일 수 있는지 질문했습니다. 나는 당의 원칙을 이해합니다. 대중이 물을 경우 답을 해야 하는데, 이것을 책임 있는 구성원들의 글과 말에까지 확대하는 것은 훌륭한 정책이라고 믿습니다. 따라서 나는 그것을 받아들이고 지지할 것입니다"[57]

니어링이 1925년 말부터 1926년 초 소련에 간 것과 루덴버그, 포스터가 모스크바에 있던 시기가 정확히 겹치는 것은 우연의 일치로 보인다. 니어링이 이 정치적인 사건에 영향력을 미치려 했거나 미쳤다는 증거는 없다. 니어링은 그 때 아직 노동당 당원이 아니었기 때문이다. 1926년 이른 봄, 소비에트 관료들은 루덴버그에게 노동당의 권력을 맡겼고, 니어링은 의기양양하게 귀국했다. 하지만 니어링은 입당을 거부당했는데, 니어링의 입당 지원서에 마지막으로 답한 사람은 루덴버그였다.

루덴버그는 프롤레타리아 독재의 문제, 특히 미국의 상황과 당의 임무에 대한 니어링의 견해는 당 중앙 집행 위원회의 견해와 맞지 않는다고 말했다. 루덴버그는 니어링에게 이렇게 설명했다. "당신의 공산당 개념은 선전 선동 사회의 것이다. 공산주의적 선전 선동과 공산당은 차이가 크다. 그것은 당신이 얼개를 그린 당과, 곧바로 노동자 싸움에 뛰어들어 기꺼이 지도자가 되고 영향력을 발휘하며 조직을 건설하는 당과의 차이만큼이나 크다." 니어링이 미국 노동자의 혁명적 잠재력을 적절하게 평가하지 않았기 때문에 당의 임무 또한 잘못 파악했다는 것이다. 루덴버그는 다시 이렇게 말했다. "당신이 답변서에 적은 것들은 모두 미국에 공산당을 건설하는 데 필요하지만, 그것만으로는 충분하지 못하다. 당신이 그린 얼개 안에서만 일할 경우, 우리는 결코 자본주의에 맞서 노동자 대중의 봉기를 일으킬 수 없을 것이다." 루덴버그는 마지막으로 이렇게 결론을 지었다. "이 같은 공산주의 전략에 비추어 당신은 우리 당과 국제 공산주의에 맞지 않는 것으로 보인다."[58]

니어링은 당권 싸움이 일어난 1927년 봄, 다시 당에 입당하려고 했다. 루덴버그가 3월에 갑자기 죽자, 루덴버그의 오른팔 격인 러브스톤(Jay Lovestone)이 코민테른의 지시로 당권을 이어받았다. 러브스톤은 독특한 견해를 가지고 있었는데, 그것은 미국 자본주의는 오히려 성장하는 단계에 있으며, 경제가 뒷걸음질치고 무너지는 공산주의 공식에 꼭 맞지 않는다는 것이었다. 미국의 경제, 정치에 예외를 두는 이런 '미국 예외주의'는 러브스톤 추종자들도 공통으로 가지고 있었다. 이것은 또한 쿨리지(John Calvin Coolidge) 대통령 때의 번영을 언급한 니어링의 견해와도 맞아떨어진다는 평가를 받았다.[59]

아마도 니어링은 루덴버그가 죽고 난 뒤 러브스톤이 권력을 이어받기 전에 다시 입당을 지원한 것으로 보인다. 니어링은 권력 승계 기간이 지나고 난 뒤 당의 통지를 받았다고 회상했다. 통지문은 새로 당 서기가 된 러브스톤이 보낸 것이었다. 그런데 러브스톤은 이 고집불통 좌익에게 일련의 질문에 다시 답해 줄 것을 요구했다.[60] 니어링이 어떻게 썼는지는 알수 없지만, 1925년에 제출한 답변서와 크게 달랐을 것이라고 말해 주는 증거는 없다. 우리는 같은 답변을 이번에는 당이 받아들였으리라고 짐작할 수 있다. 러브스톤은 미국이 자본주의 부패 법칙에서 예외라는 니어링의 소신을 보고 동료 의식을 가졌을 수도 있다. 러브스톤은 니어링이 당의 필연적인 임무라고 한 것을 받아들일 생각은 별로 없었다. 하지만 정치적으로 중요한 위치에 있기 때문에 러브스톤의 독특한 신념이 당 정책에 끼친 영향은 니어링의 경우보다 훨씬 컸다. 러브스톤이 니어링을 이용해 당내부 투쟁, 특히 포스터를 좇는 무리에 대응했을 수도 있다는 지적도 있다. 한 보기로, 니어링은 갈런드 재단(공공 서비스를 위한 미국 재단) 이사회에서 공개적으로 포스터에 반대했으며, 포스터의 의석을 빼앗는 결의안에 찬성했다. ▪

　니어링의 입당은 한 번 더 늦추어진 뒤 비로소 받아들여졌으며 니어링은 뉴욕 시 지구당에 배치되었다.[61] 니어링이 입당한 곳은 당원이 1만 명도 되지 않았으며, 대부분 최근 유럽에서 옮겨 온 사람들이었다. 전체 당원 중 3분의 1이 있다고 하는 뉴욕에서조차 노동당은 1927년 선거에서 약 1만 표밖에 얻지 못했다.[62] 니어링은 당내 문제에 관여하지 않았으며, 대중 모임에서 연설하고, 노동자 학교에서 가르치고, 당 출판물에 글을 쓰는 일들을 시작했다.[63] 니어링의 사상이 1925년에 처음 입당하려고 하던 때보다 당 노선과 더 맞아떨어진 것은 아니었다. 변한 것은 니어링이 아니라 당이었다. 문제는 당이 다시 변하면 니어링이 어떻게 될까 하는 것이었다.

▪ Gloria Garrett Samson, "Toward a New Social Order — the American Fund for Public Service: Clearinghouse for Radicalism in the 1920s," diss., University of Rochester, 1987, p. 298. 샘슨(Gloria Garrett Samson)은 1926년 9월에서 1927년 사이 니어링이 포스터의 의석을 박탈하는 것에 대해 말을 바꾼 것이 해명되지 않았으며, 해명될 수도 없다고 주장한다. 증거는 당의 정치적 관계가 부분적인 설명이 될 수도 있음을 보여 주고 있다.

▰▰ 1927년 6월, 니어링이 산업 민주주의 연맹의 연례 회의에 참석했을 때, 니어링은 여전히 사회당 좌파들과 거리가 멀었으며, 최근에 노동당에 입당함으로써 자신의 지적 독립성이 의심 받는다는 것을 알았다. 니어링은 "내가 비록 당원이긴 하지만, 노동당을 대표하지는 않는다."라고 말하는 것으로 자신을 변호했다.[64] 그러나 니어링은 사회당에 비타협적으로 행동하면서 마치 혁명 교조주의의 대변인처럼 굴었다. 사실 니어링이 '직접 행동하는 것'을 편드는 것은 전혀 새로운 일이 아니었다.

정말 근본적인 치유책만이 미국의 농부와 비숙련 노동자가 자신들을 확실히 알 수 있게 만들 것이다. 정치는 타협을 하기가 지나치게 쉽거나 타협을 해야만 하는 집단 사이에서 이루어진다. 어떤 정치 체제로도 경제 사회의 필요를 만족시킬 수 없으며, 현재로서는 비합법적이고 불법적이지만 직접 행동함으로써만 그것이 가능하다.[65]

니어링은 노동자들이 직접 행동하는 것은, 경제 지배 집단 역시 자신들의 이해가 위협받았을 때 직접 행동에 나선 전례가 무수하므로 정당하다고 주장했다.

니어링은 미국 정부가 억압적인 폭력을 마구 휘두르는 독재 국가를 만들었다고 보는 시각에 사회주의자들이 의문을 제기하고 있다며 비판했다. "물론 당신들은 우리의 전통이 독재가 아니라고 말할 것이다. 그러나 최근 14년 동안의 기록을 읽는다면 우리가 어디로, 얼마나 빨리 가고 있는지 알게 될 것이다."[66] 니어링은 이러한 자신의 생각이 대부분의 참석자들과 견해가 크게 달라 보이는 힐퀴트(Morris Hillquit)의 생각과도 근본부터 다르다고 강조했다. 직접 행동해야 한다는 니어링의 주장은 사회주의자 변호사인 월드먼(Louis Waldman) 같은 일부 인사들을 깜짝 놀라게

했다. 월드먼은 니어링이 힘과 폭력, 프롤레타리아 독재가 필요하다고 말하는 것에 놀랐다. 힐퀴트도 니어링이 폭력을 감싸는 것처럼 보인다고 생각했다.[67]

여기서 흥미 있는 것은 니어링이 그이들의 공격에 반박하지 않았다는 것이다. 니어링은 "정치 행동의 두 번째는 사람들에게 어떤 종류의 체제에서 살아가는지 말해 주기 위해, 다시 말해 선전을 위한 연합 전선을 위해 우리가 이용할 수 있는 수단과 매체를 모두 쓰도록 하는 것이다."라며 자신의 주장을 끝까지 밀고 나갔다. "자본주의자는 신문, 영화 따위 공공 여론을 조작할 수 있는 수단을 가지고 번영에 대해 이야기해 왔다. 그것은 새빨간 거짓말이다. 우리는 번영의 다른 면을 이야기해야 한다. 노동자들에게 현재 체제에 영원한 번영의 길이 있다고 이야기하면서 시간을 낭비해서는 안 된다. 그이들 스스로 체제를 바꾸라고 말해야 한다. 그것이 계급의식에 대한 직접 선전이다. 이는 정치 타협이 아니다."[68]

노동자들이 직접 행동하도록 준비하는 급진주의자의 역할은 확실히 공산주의자 간부, 곧 당을 위해 직업적으로 일하는 혁명 이론가와 비슷하게 보였다.[69] 니어링은 캠프 테미먼트 모임에서 다른 참석자들에게 혁명을 조직하고 권력을 손에 넣으려고 준비하는 것이 임무인 직업적인 혁명가들을 조직하는 의견을 내놓았다. 니어링은 이제 혁명 운동 조직에서 모험도 하고 적극적으로 노력할 때라고 말했다. 니어링은 곧 일어날 폭력 혁명의 윤리를 내놓았다. 전문적인 혁명가가 신중하게 준비하는 데는 한 세대나 두 세대가 걸릴 것이라는 말도 했다. "사회에서 우리가 필요한 것은 이상주의자나 혁명가이다. 또 사회가 내놓는 보상도 마다하고 자신이 좋아하는 것을 계속하며, 새로운 사회 질서를 만들려고 싸움에 나서는 사람들이다."[70]

여기서 니어링의 평화주의에 작지만 중요한 변화가 있음을 알 수 있다.

니어링은 일찍이 《폭력이냐 단결이냐, 총이 문제를 해결할 수 있을 것인가? Violence Or Solidarity; or, Will Guns Settle It?》(1919)에서 '혁명을 위한 폭력'에는 동조한 것으로 보인다. 니어링은 정치적이고 급진적인 노동자에게 가하는 자본가의 폭력 때문에 노동자가 어쩔 수 없이 폭력을 쓰게 된다고 말했다. 이 평화주의자는 자본가에게서 권력을 빼앗아 손에 넣으려면 어쩔 수 없는 수단으로 마지못해 폭력 혁명을 받아들인 것이다. 니어링은 오직 훈련된 혁명가가 오랫동안 교육 선전 활동을 편 뒤, 마지막 수단이기는 하나 반드시 필요한 의식적인 폭력을 인정했다. 그만큼 니어링은 극단적이지 않았다. 프로테스탄트 신학자인 니부어(Reinhold Niebuhr)가 1932년 《도덕적 인간과 비도덕적 사회 Moral Man and Immoral Society》에서 밝힌 것과 비슷했다. 니부어처럼 니어링도 자본주의 경제 정치 체제의 비도덕성과 관련해 평화주의의 윤리와 맞부딪쳐야 했다. 니부어도 니어링이 그런 것처럼 혁명의 결정적 단계로서 폭력을 받아들인 것이다. 물론 니어링은 사람이 자신의 양심에 지나치게 얽매일 필요는 없다고 했다. 최후의 심판은 먼 미래이기 때문이다. 그러나 중요한 것은 니어링이 미래에 일어날 폭력 혁명 가능성을 이해하고 이를 분명히 받아들인 것이다.[71]

■■■ 세계 시민의 일원으로서, 혁명적인 미래를 위한 운동가로서 니어링은 반자본주의 세계 연합을 만드는 데 가장 어려운 걸림돌은 제국주의라고 보았다. 사실 소련이 세계에 영향력을 미치기 시작하면서 소비에트가 벌이는 국제적 모험과 제국주의적인 자본가의 억압, 약탈, 지배가 서로 무엇이 다른가 하는 의문도 있었다. 소비에트 외교 정책을 평가하는 시험 사례는 극동, 특히 중국이었다. 1926년 니어링은 중국의 혁명뿐 아니라 중국이 소련을 대하는 외교에도 관심을 기울였다. 중국은 1911년 청나라가

무너지면서 사회, 정치적 소용돌이에 휘말려들었다. 전통 군벌의 통치와 곳곳에 퍼져 있는 제국주의에 맞서 중국 민족주의가 강력한 힘을 갖고서 꿈틀대었다. 쑨원(孫文)의 지도를 받으며 이 새로운 민족주의는 새 힘을 얻었다. 쑨원은 일본, 영국, 미국에 자신이 만든 국민당을 지지하고 도와 달라고 요청했으나 거절당하자, 군사 고문단과 물자, 정치 자문단 형태로 소련에서 지원을 받았다. 국민당은 중앙 집권적인 볼셰비키 방식으로 다시 채비를 갖추었다. 소련은 군사 훈련과 함께 특히 반제국주의, 민족주의를 강조하는 당 이데올로기를 제공했다. 그이들은 제국주의 반대자들을 길렀다. 또한 1924년 1월 국민당 우파의 반발에도 아랑곳하지 않고 국민당과 공산당 — 이제 막 싹이 트기 시작한 — 이 손을 잡도록 만들었다. 1925년 3월 쑨원이 죽을 당시 국민당은 광동 지방을 다스렸으며 좀더 광대한 지역에 영향력을 미쳤다.

이런 중국의 상황에서 구체적으로 드러나는 나라 안팎의 문제가 반제국주의와 소비에트 대외 정책의 시험 사례로 니어링의 관심을 끌었다. 1927년 초, 니어링은 자료를 모으고 연구들을 종합해 《중국은 어디로? : 최근 극동에서 일어난 사건들에 대한 경제 해석 Whither China?: An Economic Interpretation of Recent Events in the Far East》이라는 책을 냈다. 니어링은 중국의 발전에서 독특한 요소들을 발견했다. 제국주의자가 시작한 것이기는 하지만, 산업화가 이루어지면서 새로운 중국을 만들려는 바탕이 다져지고 있었다. 니어링은 이렇게 주장했다. "이 운동이 나가는 길을 알려면 다음을 알아야 한다. 중국은 마을 경제에서 자본주의적 제국주의로 옮겨 가는 것이 아니라, 마을 경제와 옛 자본주의적 제국주의에서 새로운 형태의 사회 조직으로 옮겨 가고 있다. 이 사실을 제대로 이해하고 평가해야 한다." 이런 까닭으로 중국은 다른 어떤 대제국보다 소련에 가까웠다.[72]

니어링은 중국을 연구하면서 소련도 공부했다. 니어링은 러시아 혁명으로 지역의 문화는 스스로 결정하는 힘을 가지고 있다고 믿게 되었다. 혁명 후 변화한 러시아 경제 형태는 외국의 착취에서 비롯된 경제 억압을 없앴다.[73] 니어링은 이렇게 말했다. "소비에트가 서로 돕고 자유로운 아시아 사람들에게 분명한 법칙을 주었다. 억압받는 사람들이 할 수 있는 선택은 이 법칙을 따르든지, 아니면 계속 서구 제국주의가 저지르는 약탈과 억압 가운데 있든지 둘 중 하나이다. 소련은 현대 경제 생활에 세계적인 영향력을 가지고 탄생한 사회 체제를 대변한다."[74] 중국은 소련의 성공을 평가하는 시금석이 되었다. 소수 인종과 정복당한 인민과의 관계를 다루는 새로운 소비에트 계획을 아시아에서 처음으로 실제 시험했기 때문이다.[75]

니어링은 이 때문에 다른 것들보다 중국의 혁명이야말로 현대에 가장 중요한 사회 혁명 가운데 하나라고 주장했다.[76] "중국 혁명은 그 전까지 현대 경제와 사회 발전이 거의 없던 상태에서 세계 규모의 새로운 사회 질서로 나아가는 운동이다. 이와 비교할 만한 것은 아무것도 없다."

만약 중국이 서구 제국주의의 손아귀에서 벗어나고, 개인 기업으로 이루어진 자본주의의 가장 나쁜 문제들을 피하고, 새로운 사회 체제의 기초를 세우고, 경쟁 체제와 전쟁으로부터 자유로울 수 있다면 전체 아시아가 중국을 따를 수 있을 것이다. 아시아 지역이 세계 인구의 3분의 2를 차지하고 있기 때문에 그런 발전은 인류에 전례 없는 기회를 가져다 줄 것이다.

중국에서 희망은 새로운 사회 체제가 나타나고 있다는 것이었다. 그것에 못지않게 뜻있는 것은 그것이 소련의 정신적인 지도 아래 있다는 것이었다.[77]

니어링은 미국에서 얻을 수 있는 정보에 만족하지 못해 직접 중국으로 가서 상황을 보기로 결심했다.[*] 니어링이 상하이에 도착할 때까지 알려지지 않은 사실이나, 1927년 봄 중국 혁명은 심각한 역풍에 부딪치고 있었다. 쑨원이 죽고 이후 벌어진 권력 투쟁에서 국민당의 군부 지도자인 장제스(蔣介石)가 당내 우익 세력, 외부 보수주의자와 동맹해 권력을 잡고 공산주의자를 깨끗이 없앨 것을 지시한 것이다. 중국 공산당에 무지막지한 '백색 테러'가 가해지면서, 국민당 좌파와 소비에트의 관계를 끊으라는 요구가 쏟아졌다. 니어링은 장제스의 백색 테러로 혁명이 꺾이는 바로 그 순간에 중국 혁명을 지켜보려고 중국에 도착했다. 혁명 대신 니어링이 본 것은 반혁명 폭력이 어지럽게 춤추는 모습이었다.

동양으로 항해하기 전, 니어링은 캐나다를 가로지르며 미국 제국과 제국주의, 전쟁에 대해 강연하면서 한 달을 보냈다. 니어링은 우연히 맞아떨어진 기회로 당시 볼셰비키 체제에 환멸을 느껴 캐나다에서 강연 여행을 하던 또 다른 방문자 골드만을 만났다. 니어링이 갖고 있는 소련에 대한 눈먼 이상주의는 골드만에게서 도전을 받았다. 니어링은 자본가들과 타협하는 것은 있을 수 없으며, 소련 정부를 비판하는 것은 자본주의에 협력하는 것과 같다는 극단적인 견해를 가지고 있었다. 골드만과 니어링은 캐

---

[*] Nearing, *Whither China?* p. 11. 니어링은 그 동안 자신이 중국을 여행한 이유에 대해 다양하게 설명했다. 1927년에 니어링은 혁명을 직접 보고 싶다고 했다. 이는 미국이나 멕시코, 유럽, 소련의 사회 환경을 직접 보고자 하는 동기와 다르지 않다고 했다. 여기에는 여행이 당원이라서, 혹은 당을 위한 공식 역할과 어떤 관련이 있어서 따위의 말은 없다. 그러나 니어링은 자서전에서 위튼 대학 졸업생이며 이제는 중국에서 주요 인사가 된 사람에게서 철도청 고문이 되어 달라는 초청을 받았다고 설명했다. 이것이 자신이 중국에 흥미를 가지고 여행을 하게 된 이유였다는 것이다. 니어링은 자서전에서 몇 년 동안 머물기를 희망하며 중국으로 떠났다고 덧붙였다. 캐나다를 횡단하면서 강연을 한 뒤 중국에 갔으나, 11월 7일 모스크바에서 개최된 러시아 혁명 기념일 행사에 참석하기 위해 중국에 단 3개월 머물렀을 뿐이었다. 베를린을 거쳐 미국으로 돌아온 것은 니어링이 1920년대에 한 현장에 대한 직접 연구와 여행 패턴을 따르고 있다. 오랫동안 입당이 받아들여지기를 기다린 니어링이 다른 나라를 여행하기 위해 오랜 기간 미국을 떠났다는 것은 다소 이상하게 여겨진다.

나다에 있는 동안, '소련 독재 체제에서 생활하는 것'이라는 주제로 토론을 벌일 것을 제안받았다. 골드만은 러시아에 머물고 있는 몇몇 공산주의자를 좋아하고 러시아 상황을 더 잘 알고 있음에도 어쨌든 그 토론에 응했다. 골드만이 회상한 바에 따르면, 니어링은 강단에서 골드만을 만나는 것을 거부했다. "토론이 죽어 가는 골드만을 구하는 것이 목적이라면, 골드만을 살리기 위해 토론을 하지는 않겠다."라고 니어링이 대답했다고 한다.[78]

니어링은 밴쿠버에서 항해를 시작한 뒤 필리핀을 거쳐 중국에 도착했다. 니어링은 중국 본토에 도착하자마자 어려움에 빠졌으며, 위험한 상황을 맞기도 했다. 중국에서 니어링은 한 좌파 정치인을 만나기로 되어 있었는데, 상하이에 도착해 니어링이 알게 된 사실은 좌파는 모두 몸을 숨겼다는 것이었다. 니어링은 혁명에 대한 경고로 처형되어 장대에 매달린 머리들도 목격했다. 니어링은 베이징에 도착했을 때 백색 테러가 절정에 이른 것을 보았다. 이것은 니어링이 기대한 사회는 분명 아니었다. 니어링은 미국 제국주의를 이야기하기 위해 옌칭 대학에서 한 반체제 학생을 만났다. 저녁에 잡혀 있는 강연을 위해 니어링은 안내하는 학생을 따라 대학으로 들어갔다. 거기서 빛도 없는 방으로 안내되어 어둠 속에 앉아 있는 청중에게 강연했다. 그이들은 니어링의 강연을 듣기는 하지만 정체를 드러내어 자신을 위험에 빠뜨릴 수는 없었다. 완전한 어둠 속에서 니어링은 오직 자신의 목소리와 청중의 숨소리만 들으면서 이야기를 했다. 니어링이 강연을 끝내자 그이들은 니어링을 건물 밖으로 데리고 나와 숙소로 데려다 주었다.[79]

석 달을 중국에서 머문 뒤, 니어링은 소련 우호국 회의에 미국 대표로 참석하기 위해 모스크바로 갔다. 이 회의는 마침 제10회 러시아 혁명 기념일인 11월 7일에 열렸다.[80] 니어링은 특히 스탈린(Iosif Vissarionovich

Stalin)에게 큰 감명을 받았다. 니어링은 스탈린을 이렇게 묘사했다. "이상적인 혁명가로, 뛰어나게 열심히 일하고 검소하게 살며, 사회주의 외에는 아무것도 생각하지 않는 사람이다."[81] 니어링은 스탈린을 보면서 자신과 꼭 닮았다고 생각했다. 모스크바를 떠난 니어링은 베를린에 들렀다. 그 곳은 얼마 전 공격적이고 팽창주의적인 독일 국가 사회주의당(나치스)이 선거에서 처음으로 이긴 곳이었다.[82] 베를린에 있는 동안 니어링은 친구이자 미국 사회당 당원인 스메들리(Agnes Smedley)를 만났다. 스메들리는 니어링이 샤를로텐부르크 시 강당에서 '필리핀에서 행해지는 미국 제국주의'를 주제로 강연할 수 있도록 도와 주었다.[83] 강연을 마친 뒤 니어링은 미국으로 돌아왔다. 니어링은 미국에서 도망치기 위해서가 아니라 미국 혁명에 필요한 지적 탄약을 모으기 위해서 세계를 여행했다. 니어링은 오랫동안 기다린 노동당 입당이 받아들여지고 얼마 후 중국으로 떠났다. 이제 다시 미국으로 돌아온 니어링은 당에서 삶을 배우게 되었다.

제16장

웃음거리가 된 민주 정치

미국에 돌아오자마자 니어링은 노동당 활동을 시작했다. 8월, 니어링은 뉴저지 주 주 지사 선거에 당 후보로 선출되었다.[1] 그러나 그것은 이상한 선택으로, 니어링에게 어울리지 않는 듯이 보였다. 니어링은 지난 여름 산업 민주주의 연맹(League for Industrial Democracy) 회의에서 참석자들에게 설명했듯이, 노동자들이 투표하기 위해, 곧 민주주의를 위해 투표소로 가느라 시간을 버려서는 안 된다고 생각했다. 니어링은 당시 어떤 정치 프로그램도 그 기초는 경제적으로 직접 행동하기 위한 것이어야 한다고 주장했다. 니어링은 노동당을 비롯한 모든 선전 수단을 쓰는 것에는 찬성했으나, 노동당이 문제의 정답이라고 믿어서는 안 되며, 노동당은 선전을 위한 수단이지 공직 진출을 위한 수단이어서는 안 된다고 말했다.[2]

정치 활동과 관련된 이런 두 가지 모습은 니어링의 선거 운동에도 영향을 끼쳤다. 니어링은 자신이 출마한 주에서 어느 정도 선거 운동을 했으나, 9월과 10월은 대부분 플로리다, 앨라배마, 조지아, 테네시, 켄터키, 웨스트버지니아 따위 남부 주에서 당의 일을 하면서 보냈다. 또 10월 중순에는 일주일 동안 공산주의 운동을 하려고 중서부를 여행했다.[3] 니어링의 '선거 운동'은 대중을 교육하기 위한 선전 전략이었지, 당선되기 위한 것이 아니었다. 니어링이 선거에서 이길 경우, 그 승리를 무시할 수는 없었을 것이다. 하지만 니어링은 그렇다고 선거 승리가 당이 혁명 목표에 다가가는 것을 뜻하는 것도 아니라고 보았다. 결국 선거 결과는 실망스러웠고, 당 후보로 나선 다른 사람들도 대개 비슷했다. 그러나 이 결과로 니어링은 혁명 정당이 해야 할 일을 더욱 단단히 생각하게 되었다.

니어링의 당 전략에 대한 평가는 당 내에서 니어링의 자리를 약하게 만드는 것까지는 아니더라도 상당히 심각한 문제를 낳았다. 이것은 당 기관지인 〈코뮤니스트 Communist〉의 편집자가 1928년 선거에 대해 논평한 니어링의 글에 덧붙인 말에서 잘 나타난다. 니어링의 논평에 편집자는 "이 글은 전반적인 여러 문제에서 당의 관점과 크게 다르다."라는 경고를 덧붙였다. 니어링은 논평에서 선거를 해설하며, 노동당 후보들이 부르주아지의 강력한 저항에 부딪혔다고 지적했다. 니어링이 선거의 교훈으로 든 것은 다음과 같았다.

미국의 대중은 노동당(공산주의)의 프로그램에 따를 이념적인 준비가 되어 있지 않다. 미국의 지배 계급은 지나치게 잘 조직되어 있고, 지나치게 계급의식이 강하며, 경찰과 치안 유지법 따위로 지나치게 잘 무장되어 있어서 노동당은 효율적으로 선거 운동을 할 수 없었다. 미국 대중이 가까운 앞날에 당의 정치 선전에 발을 맞추어 주리라고 보는 것은 근거가 없다. 당역시 지금부터 1932년까지 정치 세력으로 제 노릇을 하리라고 기대할 수 없다.

전략에 대한 니어링의 견해는 '미국 예외주의' 주장과 관련되어 있었다. 미국에는 이렇다 할 혁명 운동이 없었다. 심지어 불만에 찬 농부, 억압받는 흑인, 착취당하는 임금 노동자, 토지에서 쫓겨난 소 부르주아지들도 계급투쟁을 받아들이기에는 이념적으로 준비가 되어 있지 않았다. 이것은 혁명 정당이 합법적으로 정치에 참여하는 것은 당분간 불가능하다는 것을 뜻했고, 이에 니어링은 연합 전선 전략에 의문을 갖게 되었다. 니어링은 이렇게 말했다. "당은 당원을 새로운 조직에 집어넣되, 뒤에서 움직여 조직을 손에 넣는다거나 하는 어떤 희망도 가지지 말고, 그저 좌익의 정책과 전략 방향을 이끌어 간다는 목적만을 가져야 할 것이다." 니어링은 당이 유토피아적인 꿈을 만족시킨다는 것에 대해서도 비판했다. 니어링은 미국에서 당이 생각할 수 있는 가장 좋은 방법은 당원을 점차 늘려 가는 것과, 이미 계급의식을 지닌 농부와 노동자 따위 소수 집단에게서 마음 속으로 지지를 확보하는 것이라고 주장했다.[4]

1928년 선거는 니어링이 이미 가지고 있던 생각—당 노선과 일치하지 않는—을 다시 한 번 강화시켰으며, 미국의 인종 차별 문제를 다시 생각하게 하는 계기가 되어 주기도 했다. 남부에서 니어링이 벌인 선거 운동은 당이 코민테른의 정책 변화를 이끌어 내는 데 부분적으로 영향을 끼쳤으며, 이는 1928년 모스크바에서 열린 제6차 세계 의회에서 공식적으로 채택되었다. 당은 흑인 문제를 위해 오랫동안 투쟁했으나 그 때서야 비로소 흑인의 자결권과 관련된 정책을 공개적으로 발표했다.[5] 이 새로운 정책은 제국주의와 식민주의 문제에 대한 레닌(Nikolai Lenin)의 이론에 뿌리를 두고 있었다. 당에 따르면, 흑인은 미국에서 가장 착취당하는 사람들로, 미국의 프롤레타리아 운동을 활발하게 전개할 뿐 아니라 나머지 세계의 억압받는 인종들에게 자본주의 타도를 일깨우고 안내할 수 있는 천부적인 자원이었다. '자결권을 가진 흑인'이라는 개념은, 혁명으로 분리주의 운동이 일어날 수도 있는 남부 제일 아래에 있는 주의 흑인까지도 포함하는 것이었다. 결론적으로 당은, 미국에서 과거에 일어난 인종 운동과 마찬가지로, 흑인 억압은 계급투쟁으로 해소해야 한다는 주장을 더욱 굳건히 하면서 인종 문제를 계급 이론에 종속시켰다.[6] 1928년 코민테른은 이렇게 선언했다. "흑인이 야만스러운 착취에서 해방되는 길은 백인 프롤레타리아와 긴밀히 연합해 힘을 합쳐 미국 부르주아지에 맞서 투쟁하는 것뿐이다. 프롤레타리아 혁명이 승리하는 것만이, 미국 흑인 중 다수를 이루는 남부 흑인의 토지, 국가 문제를 완전하고도 영속적으로 해소할 수 있다."[7]

물론 니어링은 흑인 문제와 관련해 당의 노선을 따랐다. 니어링은 제국주의를 연구하면서 자신의 견해를 당의 주장과 일치시켰듯이, 인종 문제의 해결책도 당과 일치시켰다. 그러나 이것이 단순히 모스크바의 지시에 따르는 것은 아니었다. 더 정확히 말하면, 1928년의 당 정책은 인종 문제에 대해 니어링이 오랫동안 가지고 있던 생각과 큰 틀에서 일치했다. 1908년 니어링은 《경제학 Economics》 교과서에서 남부 흑인을 교육해야 한다고 강조했으며, 워싱턴(Booker T. Washington)이 제안하고 그이의 터스키기 연구소가 실천한 방식을 지지했다. 동시에 니어링은 의미 있는 교육을 제공하기 위해 노동 학교의 방식 중 장점을 취할 수 있을 것이라고 보았다. 니어링은 터스키기 연구소가 사람들에게 필요한 것을 교육해 성공을 거두었다고 기록했다.[8] 1913년, 니어링은 처음으로 남부 제일 아래에 있는 주들을 여러 곳 여행했다.[9] 니어링은 훗날 자신의 초기 주장을 버리고 워싱턴을 비판한 듀보이스(William Edward Burghardt Du Bois)에 동조하기도 했다. 듀보이스는 사회주의 이론이 인종 억압보다 계급을 강조한 것처럼, 워싱턴의 방식은 순종과 적응의 일종이라며 비판했다.

니어링은 1917년에 랜돌프(A. Philip Randolph)와 오언(Chandler Owen)이 〈메신저 Messenger〉에서 주장한 흑인 인종주의에 공감하고 지원했다. 미국에서 유일한 흑인 잡지라고 자처한 〈메신저〉는 1917년 가을에 창간되었으며, 미국이 제1차 세계 대전에 참전한 것에 항의하고 볼셰비키 혁명을 지지했다. 〈메신저〉는 노동자 조직에서 인종이 연대할 것과 세계 산업 노동자 동맹(IWW)의 노동자 정책, 사회당 정책 따위를 지지했다.[10] 니어링은 그 잡지의 창간호와 그 다음 호에 글을 냈다.[11] 니어링은 1919년 9월호에 랜돌프와 오언에게 보내는 편지를 쓰면서 "당신들이 하고 있는 일은 대단히 중요하다. 흑인은 전체 미국 인구의 10분의 1이 넘는다. 미국은 우리 모두의 조국이다. 만약 진보가 있어야 한다면 이는 특별히 남부에서, 사회주의 운동으로, 유색 인종에 의해, 또한 유색 인종을 통해 이루어져야 한다."라고 격려했다. 랜돌프와 오언도 니어링에게 고마워했다. 이 잡지의 편집자들은 니어링을 미국에서 가장 훌륭한 사람 중 하나라며 아낌없는 찬사를 보내고 니어링이 인종, 신조, 피부색, 성에 어떤 편견도 가지지 않았다고 말했다.[12] 1922년 6월호는 뒤표지를 모두 할애해 니어링을 격찬했다. "니어링의 최근 저작인 《미국 제국 The American Empire》은 최근 몇 년 동안 흑인 관련 출판물에서 볼 수 있었던 것보다 더 흑인 ― 아이티와 미국에 있는 ― 의 노예 상태에 대한 진실을 잘 전하고 있다."[13] 1928년, 니어링이 남부 주들을 여행하면서 미국 흑인은 갑자기 니어링의 가치관을 시험하는 시금석이자 미국 문화에서 자유를 뜻하는 상징이 되었다.

▬▬ 니어링은 《검은 아메리카 Black America》(1929)라는 역사, 사회 연구서에서 처음으로 미국 인종주의 문제를 체계적으로 다루었다. 흑인 문제는 북부의 인종 문제, 평화주의, 계급투쟁 문제와 마찬가지로 가장 근본적인 자유 문제와 마주치게 만들었다. 니어링은 흑인들의 자유와 자결에 대한 추상적인 원칙을 살피면서, 남북 전쟁으로 얻은 성과조차도 그저 종

이에 씌어진 해방에 지나지 않는다는 것을 알았다. 전쟁은 노예 해방을 선포했으나, 니어링은 "그것이 무엇으로부터 해방되는 것이며, 무엇을 위한 해방이었는가?"라고 반문했다. 니어링은 이렇게 주장했다. "이론적으로, 법적으로 흑인은 노예에서 해방되었으나 실질적, 경제적으로는 여전히 남부 백인이 소유한 땅에 얽매인 채 살아가고 있다."[14]

니어링은 흑인의 역사를 해석하면서, 제1차 세계 대전은 흑인의 자유에 결정적인 사건이라고 보았다. 전쟁 때문에 흑인은 남부에서 이주하고, 전쟁 물품을 생산하기 위해 산업 노동자가 될 수 있었다. 하지만 그것은 인종 문제가 남부에만 한정된 문제가 아니게 만들었으며, 흑인은 자본주의 체제에 정면으로 마주치게 되었다. 니어링은 미국에서 흑인이 된다는 것은 프롤레타리아가 된다는 것이라고 썼다. 표면적으로 전쟁은 민주주의와 자유, 그리고 자결을 위해 싸우는 것이었으나, 그 이면에서 미국 내에서는 민주적인 자유, 미국 외에서는 자본주의적 제국주의라는 어려운 문제를 남겼다. 이 같은 배경에서 니어링은 미국 흑인의 상황을 연구하며 이렇게 주장했다. "현대의 위대한 제국들 가운데 단 한 나라만이 국내에 인종 문제를 가지고 있다."[15]

그러나 흑인 억압이 인종이나 계급의 문제였을까? 이에 대한 답은, 자유를 성취하기 위해서는 아주 다른 전략이 여럿 있다는 것이었다. 니어링은 자신의 연구에서 계급 문제라는 관점을 취하면서 이렇게 주장했다. "어떤 지배 계급의 권위도 모두 경제력에 기대고 있다. 그래서 백인은 경제력을 자신들의 배타적인 지배 아래에 두려고 온갖 수단 방법을 가리지 않는다." 그러나 미국에서 경제력이 백인을 위해 기능하도록 되어 있다고 말하는 것은 착취당하는 백인 노동 계급을 설명하기에는 부족한 이론이었다.[16] 좀더 다듬어진 견해는 다음과 같았다. "흑인들은 자본주의에서 일반적으로 노동자의 부담을 졌으며, 착취하는 백인들이 산업 현장에서 특히 백인보다 흑인인 노동자들에게 부가한 경제적인 차별을 받아야 했다."[17] 백인이 흑인을 종속하고 착취하는 것은 근본적으로 경제적인 현상이며, 그러니 문제를 해결하려면 경제를 재조직하는 것에서 답을 찾아야 했다. 니어링은 미국의 백인 지배 계급이 경제 수단을 소유하고, 정치 수단을 지배한다고 주장했다. 니어링은 흑인은 경제 차별의 희생양으로, 이는 그이들이 소위 '자유'를 얻은 오늘날도 여전하다고 결론지었다. 착취당하는 흑인이 착취에 저항하지도, 벗어나지도 못하게 하는 것이 백인 지배 계급이 쓰는 수법의 일부였다.[18]

그러나 니어링은 제1차 세계 대전이 일어난 때는 많은 흑인이 의식화한 시기로, 흑인들은 자기 방어와 발전을 위해 흑인 조직을 만들었다고 말했다.[19] 그러나 흑인들은 쓰라린 경험을 했으며, 지적인 흑인들은 정치 참여를 통한 해방을 기대하지 못하게 되었다. 정치는 결코 자유를 얻는 통로가 아니었다. '웃음거리가 된 민주 정치'를 탄식하며 니어링은 이렇게 말했다. "정치 활동에 참여하는 것은 통상 지배 계급이 하는 역할이다. 흑인에게는 단순히 환상일 뿐이다." 니어링은 정치 행위와 선거는 착취당하는 계급을 해방시키는 수단이 아니라, 지배 계급이 착취를 위해 쓰는 수단이라고 주장했다.[20]

니어링은 이런 주장을 기초로 폭력적인 억압에 대한 대응과 사회 변혁 수단으로 직접 행동하기 전략, 심지어 폭력까지도 용인했다. 니어링은 전쟁 뒤 북부 흑인들, 특히 도시에서 일어나는 인종 폭동에 가해지는 보복성 폭력에 각별한 관심을 가졌다. 니어링은 《검은 아메리카》에서 1919년 여름 시카고에서 일어난 '인종 전쟁'을 자세히 적고 있다. 니어링은 인종 문제를 연구한 시카고 위원회의 1922년 연구서 《시카고의 흑인 The Negro in Chicago》에서 사실을 발췌해 그 사건을 상세하게 보고했다. 사건은 흑백 구역이 분리된 해변에서 길을 잘못 들어 백인 구역으로 들어선 한 흑인에게 어떤 백인이 돌을 던지면서 시작되었다. 백인들의 집단 공격이 있고, 곧 폭력을 사용한 흑인들의 저항이 터졌다. 사실 해변을 이용하는 것은 백인뿐 아니라 흑인에게도 정당한 요구이자 권리였다.[21] 니어링은 이 전쟁이 끝난 뒤 흑인 해방에 대한 백인의 전략은 이른바 평온의 법칙에 따르는 것이라고 비판했다.[22] 그리고 흑인이 자유를 얻기 위해서는 비폭력적인 정치 수단에 기대기만 해서는 안 된다고 강조했다.

계급투쟁을 위해 무엇보다 필요한 것은 인종이 서로 협력하는 것이었다. 니어링은 이것이 당 노선에 분명하게 반영되면, 백인과 흑인 노동자 모두에게 이득이 될 것이라고 보았다. 니어링은 이렇게 말했다. "오늘날 미국 노동자들에게 노동 계급의 인종 간 연대를 이룩하는 것보다 더 중요한 일은 없다." 하지만 백인은 아직 이런 상황을 깨닫지 못하고 있으며, 여전히 흑인이 열등하다는 지배 계급의 선전을 믿었다.[23] 니어링은 이성적으로 설득력이 있는 동맹 방법을 찾아 내 빨리 실행하면 할수록, 흑인들이 추구하는 해방을 더 빨리 쟁취하게 될 것이라며 이렇게 덧붙였다. "노동자들이 인종별로 분리되어 있는 한 노동자 계급의 승리는 없다. 흑인과 백인 노동자들은 노동 계급 해방을 위해 함께해야 한다." 흑인의 자유─또한 백인의 자유 역시─는 오직 흑인 노동 대중들이 개인과 인종에 대한 착취 위에 만들어진 경제 사회 구조를 타파하고, 노동 계급이 지배하는 협력적인 경제 체제로 바꾸기 위해 백인 노동 대중과 손을 잡을 때에만 가능했다.[24]

《검은 아메리카》의 특색은 사진 자료를 포함하고 있다는 것이다. 니어링은 그 책에 쓰려고 수백 장의 사진을 찍었으며, 그 중 159장을 책에 실었다. 이 사진들은 남부와 북부, 농촌과 도시 주거지, 농장과 공장 지대에서 흑인의 삶과 현실을 폭로하고 있다. 사진은 워싱턴의 학교와 놀이터, 아파트, 플로리다의 호텔, 노스캐롤라이나의 버스, 볼티모어의 집, 리치먼

드의 간이 식당, 버밍햄의 레스토랑 따위에서 목격한 흑백 분리를 통한 인종 차별을 기록했다. 가장 눈길을 끄는 사진은 흑인에게 폭력을 행사하는 백인을 찍은 것이다. 니어링은 테네시에서 무시무시한 교수형, 텍사스 주 웨이코에서 광포한 백인 군중이 자행한 흑인 교수형과 화형, 휴스턴에서 교수형, 플로리다에서 교수형, 테네시와 미시시피에서 교수형 여러 건과 말뚝 화형 등을 목격하고 사진을 찍었다. 니어링의 사진은 끔찍하고 야만적인 인종 차별 현실을 폭로하면서, 그 사진가의 내면을 형성하게 된 개인적인 체험을 드러내는 것이기도 했다.

니어링은 사회 이론을 전하면서 왜 사진이라는 매체를 선택했는지는 밝히지 않았다. 에이지(James Agee)가 지적했듯이 1930년대에 카메라는 그 시대 가장 중요한 도구[25]가 되었다. 1928년의 니어링에게 카메라는 사회 현실을 보고하기 위한 중요한 도구였다. 사진은 이성보다 감성에 호소하는 매체라 다소 반지성적인 요소도 내재되어 있었으나, 니어링은 책에서 사진이 증언하는 현실과 사회 이론을 결합시켜 지적이고 정치적인 의식화를 강조했다. 책에는 또 다른 긴장도 있었다. 사진이 예술로 쓰이든, 니어링이 그런 것처럼 선전을 위한 도구로 쓰여 사회 문제에 초점을 맞추든, 사회 변화를 위해 이용된다는 것이었다.

아마 니어링에게 카메라는 지배 문화의 가치에서 벗어날 수 있는 대단히 중요한 선전 도구였을 것이다. 사진은 문화를 지배하는 자본가의 권위로 왜곡되지 않은 채 보는 사람들이 증거를 직접 볼 수 있도록 했다. 사진가는 글로는 불가능한 확실성으로 자신의 경험을 사람들과 나눌 수 있었다. 사회 분석이 교육 선전으로 전환될 수 있듯이, 카메라의 미적인 기능도 사회적인 목적을 위해 이용할 수 있었다. 사진은 권위에 대항하는 잠재력을 가졌으며, 니어링의 사진들은 카메라가 계급투쟁에서 혁명적인 무기일 수 있다는 것을 말해 주었다.[26]

■■■■ 사진의 역할에 대한 니어링의 견해는 예술의 사회적 목적에 대한 관심과 함께했다. 니어링이 예술에 관심을 가졌다는 것은 일찍이 프리먼(Joseph Freeman)과 나눈 대화에서 예술 전시를 비판한 것, 시인인 채플린(Ralph Chaplin)에 대한 열정에서 나타난 바 있다. 1929년 니어링은 혁명적인 잠재력을 지닌 또 다른 예술 장르로 문학에 관심을 집중했다. 니어링은 프리먼과 함께 사회 소설 연구를 시작했는데, 프리먼은 미국이 자본주의에서 사회주의로 이행하는 과정에 있는 동안 노동 계급의 소설은 씌어질 수 없다고 생각했다. 니어링은 프리먼에게 물었다. "그 변화 과정이 소설이 될 수는 없는가? 아직 미국에 관한 소설은 쓸 수 없다고 하는데, 안 되는 이유가 무엇인가? 삶에서 한 부분이 변화하는 것은 변화가 아닌가?" 그러면서 니어링은 프리먼에게 진정한 프롤레타리아 정신에 입각한 미국 소설을 직접 써 보라고 권했다.[27] 《검은 아메리카》를 펴내고 얼마 뒤, 니어링은 《자유의 몸으로 태어나 Free Born》(1932)라는 소설을 직접 썼다. 남부에서 흑인으로 태어나 살다가 북부 산업 지대로 이주한 짐 로저스가 임금 차별로 인한 노예 같은 삶이 억압과 인종 차별의 뿌리라는 것을 발견하는 이야기였다. 미국 문학을 연구하는 한 학생에 따르면, 그 소설은 흑인의 삶에 대한 혁명 소설로는 처음이었다. 그러니 그 소설은 '미국 문학에서 가장 끔찍한 린치를 그린 것으로 기록될 만한 최소한의 가치'는 지닌 것이었다.[28]

'프롤레타리아 예술'이라는 말은 자기모순의 한계를 가지고 있기는 하나 이스트먼(Max Eastman)이 '제복을 입은 예술가' 개념에서 밝혔듯이, 1920년대 공산주의 지식인들 사이에서는 중요한 흐름이었다. 공산주의 지식인들은 '예술을 위한 예술'의 대안으로, 거친 노동 계급을 소설화하는 문학 이론을 주장했다. 마르크스주의 예술론은 예술을 생산과 문화의 표현 양식, 즉 하부 생산 구조와 상부 문화 구조 사이에 간접적이지만 고도로 복잡한 관계를 가진 하나의 사례로 보았다. 프롤레타리아 예술은 이를 둘러싼 다양한 논쟁 중에 나타났다. 예술이 사회를 지배하는 이념이나 신념을 변화시키는 데 쓰일 수 있다는 것이다.[29] 혁명 뒤에 볼셰비키는 이른바 '프롤레타리아 문화(Prolet-Kult)'라고 하는, 노동 계급의 문화를 발전시키기 위해 예술 해석에 공식적으로 제한을 가했다.[30] 공산당이 문학에 관해 처음으로 언급한 것은 1925년 모스크바에서였다. 공산당은 부르주아지 문화를 거부하면서, '예술은 노동 계급의 문화와 집단주의 가치를 형성하는 계급의 무기'라고 규정했다. 트로츠키(Leon Trotsky)가 《문학과 혁명 Literature and Revolution》*에서 이 문제를 다룬 때와 같은 해였다. 1928년 공산당 중앙 위원회는 "문학은 당의 이해를 위해 쓰여야 한다."라는 법령을 공표했다.[31]

1920년대 미국 지식인들은 기본적인 출판물 세 개를 통해 소비에트의 문학과 예술 이론에 익숙해 있었다. 그것은 〈리버레이터 Liberator〉, 〈뉴 매시스 New Masses〉, 〈계간 모던 Modern Quarterly〉이었다. 니어링은 이 세 개 잡지에 모두 깊이 관여하고 있었다. 미국 지식인에게 소비에트 프롤레타리아 문학 비평의 번역자로 유명한 골드(Michael Gold)는 1921년 2월 〈리버레이터〉에 프롤레타리아 예술의 첫째 조건을 발표했다.[32] 문학과 혁명을 통합하는 것은 1922년 그 잡지가 노동당에 넘어가면서 더욱 심화되었다. 1923년 9월, 니어링은 〈리버레이터〉의 객원 편집자가 되었으며, 1924년 10월에 마지막 호가 나올 때까지 니어링의 이름이 편집자 중 가장 앞자리에 있었다. 프리먼과 골드는 〈뉴 매시스〉에서 프롤레타리

■ 트로츠키가 예술론을 말하면서 프롤레타리아 계급은 일시적인 것이므로 프롤레타리아 예술을 통해 프롤레타리아 계급이 영원하도록 해서는 안 된다고 주장한 것은 지적되어야 한다. 트로츠키 예술의 목표는 모든 계급을 없애고 완전히 계급 없는 사회를 만드는 것이었다. 트로츠키의 예술과 계급에 대한 저술은 1926년에 영어로 번역되었다.

아 예술론을 더욱 발전시켰다. 창간 당시 갈런드 재단(공공 서비스를 위한 미국 재단)에서 지원을 받았고, 비공식적인 당 기관지이기도 한 이 잡지는 1926년 5월에 니어링을 객원 편집자로 해서 창간되었다.** 이 잡지는 1927년 '단순히 훌륭한 재주꾼이나 기록자가 아니라, 가치를 변화시키고 창조하는 예술가가 우리 사회에 필요한가?' 라는 주제로 심포지엄을 후원했다.[33] 골드가 1928년에 편집을 책임졌을 때, 니어링은 골드의 관리 아래 들어간 잡지에 대해 편지를 썼다. 〈뉴 매시스〉가 단호하고 활기차고 풍자적이며, 계급투쟁을 위한 이해와 공감으로 가득한 진정한 잡지가 되어야 한다는 내용이었다.[34]

마지막으로, 마르크스주의를 문학과 예술에 적용한 또 다른 핵심 잡지는 캘버턴(Victor Francis Calverton)이 독립적으로 만든 〈계간 모던〉이었다. 매우 급진적이었으며, 니어링은 거기에 정기적으로 글을 기고했다. 1923년 3월에 창간된 이 잡지는 소련에서 전파된 혁명 이론과 예술의 사회적인 시각을 주로 다루었다.[35] 1927년, 이 잡지에서 프리먼은 윌슨(Thomas Woodrow Wilson) 대통령 시대의 미국 문학을 강력하게 비판하며 "미국 문학에서는 현대 문명의 자본주의 성격이 도외시되고 있다." 라고 주장했다. 니어링도 이 같은 철저한 세뇌로 노동자 계급에게 결정적인 충격을 주는 문학이나 제철소, 공장, 광산에서 보내는 노동자들의 삶을 다룬 문학은 아직도 부족하다고 말했다. 니어링은 지금이야말로 미국 작가들이 미국의 사회 상황에 대해 발언할 때이며, 미국의 문학을 할 때라고 강조했다.[36] 1920년대 후반, 예술과 문학에 대한 마르크스주의는 미국에서 폭넓게 논의되었으며, 대의에 헌신하고 소외에서 벗어나고자 하는 지

■■ Aaron, *Writers on the Left*, pp. 101-2; Freeman discuss the founding of the *New Masses* in *An American Testament* (London: Gollancz, 1938), pp. 336-48. 프리먼에 따르면 니어링은 그 잡지에서 경영도 맡았다.

식인들 사이에서 상당한 인기를 얻었다.[37)]

혁명 문학은 니어링에게 사회적 메시지를 전할 수 있는 실험 수단이 되었다. 프롤레타리아 문학은 선전의 또 다른 수단일 뿐 아니라 지식인에게 새로운 역할을 주기도 했다. 니어링은 《자유의 몸으로 태어나》라는 소설을 쓰면서 선전과 예술을 결합하는 것을 시도했으며, 하층 계급, 곧 투쟁의 영웅인 노동자들을 이야기할 수 있어서 기뻤다. 소설의 결말은 노동 계급을 위해 자본주의를 타도하는 것에 초점을 맞추었다. 미국에서 자유가 얼마나 복잡한지 알리기 니어링은 흑인 탄압을 기록하고, 그이들의 투쟁이 얼마나 중요한지 강조했다. 흑인들의 진정한 삶을 전하려고 니어링은 그이들의 삶의 모습을 자세하게 썼으며, 본문 중에 나오는 대화에서는 프롤레타리아 문학의 전형적인 전략으로 그이들의 말투까지 제대로 전달하려고 애썼다. 주인공이 북부의 로스쿨에 가서 마르크스(Karl Marx), 레닌, 싱클레어(Upton Beall Sinclair)의 저작을 읽으면서 지적 수준이 높아졌는데도 처음부터 끝까지 흑인 특유의 말투에 변화가 없어서, 니어링의 시도는 별로 설득력을 얻지 못했지만, 어쨌든 니어링은 말투로 인종 분리를 강조하려는 의도를 가지고 있었다. 북부든 남부든 백인은 흑인의 말투를 쓰지 않았다.

또 하나 프롤레타리아 소설에서 전형은, 소설이 어느 정도 자전적인 요소를 갖추고 있다는 것이다. 이는 니어링의 경험이 남부 흑인의 경험과 동등하다는 말이 아니라, 사상의 영역에서 인간 대 인간으로 교감한다는 의미이다. 니어링이 현실을 이야기하는 것은 미국 사회에 대해 발언하는 것과 분리될 수 없었다. 소설은 주인공이 10대일 때 시작해 전쟁이 그이의 삶에 결정적이고 중요한 계기가 되는 내용이며, 이는 교육 소설이자 의식의 성장을 위한 소설이었다. 글이 자전적으로 되면서, 소설은 사회에서 추방당한 니어링 자신을 은유하는 회상기가 되었다. 소설의 주인공은 고향에서 추방되어 20대 중반 위기에 이르기까지 도주와 도피, 모색의 삶을 경험한다. 그러나 주인공이 추방당한 상황은 그이가 노동 계급과 공산주의 운동의 대의에 헌신하면서 갑자기 끝난다.

소설은 경제 사회 비평과 계급 이론을 내놓기는 하지만, 급진적인 명분과 평화주의, 부부 관계에 대한 이야기는 자전적인 요소를 많이 포함하고 있다. 소설에서 결정적인 전환점은 짐이 역시 활동가로 세탁소에서 일하는 제인 윌슨이라는 여성에게 구원받는 장면이다. 더욱 중요한 것은 제인이 공산주의자라는 것이다. 제인은 자살하려는 짐을 말리면서 이렇게 말한다. "당신은 우리 형제예요. 그래서 필요한 사람이에요." 짐은 이 구원자에게 진심을 털어놓으며 자신의 과거를 모두 이야기한다. 짐은 제인에게 빠져드는데, 제인이 말하려는 것은 스스로를 검은 심연에서 구하라는 것이다. 제인은 짐을 자신의 집으로 데려가고, 짐은 잠시 동안 노동 계급의 의식에 대해 이야기한다. 제인은 이미 그것에 대해 잘 알고 있으며 노동조합에 가입해 있고, 낮에는 하루 종일 세탁소에서 일하지만 밤에는 조합 활동으로 대부분의 시간을 보낸다. 제인이 짐에게 조합 모임에 대해 이야기하면서 설명하는 공산주의는 니어링이 생각하는 공산주의와 많이 닮았다.

> "그건 권력을 위한 투쟁이지요. 조합의 우익은 보수예요. 그이들은 지난해 선거에서 모두 쿨리지(John Calvin Coolidge)에게 투표했어요. 하지만 좌익은 공산주의자예요."
> "공산주의라고? 그건 볼셰비키와 같은 것이잖아요?" 짐이 물었다.
> "아뇨." 제인이 짧게 대답했다. "이 사람들은 달라요."[38]

짐이 제인에게 변호사가 되기 위해 공부하고 있다고 말하자, 제인은 이렇게 묻는다. "노동 계급의 몸과 마음에 지배자의 족쇄를 채우고 죄는 것이 변호사 아닌가요?" 제인은 짐에게 단결과 자본가의 권력에 대해 이야기한다.

"하지만 사람들은 지도자가 필요해요." 짐이 반발했다.

"그래요, 지도자가 필요하지요. 도망자가 아니라!" 제인이 대답했다.

"그러나 나는 그런 변호사가 못 될 겁니다."

"당신이 그럴 수 없다고요? 아니, 부탁이에요. 당신 힘으로 가난에 찌든 이 임금 노예 체제를 타도할 수 있어요."

"혼자서는 안 돼요." 짐이 말했다.

"그럼 당신은 두 가지 중 하나이겠군요. 지배 계급의 일원이거나 노예 계급의 일원. 100명의 변호사 중 99명 이상이 지배 계급에 속해 있지요. 하지만 당신은 우리를 잊고 있어요. 생각해 봐요. 우리가 이 동굴 같은 오두막에서, 악취 나는 진흙탕에 뒹굴면서 살아온 것을. 당신은 이 진흙탕에서 벗어나 이 악취에서 도망치려고 하는군요. 그럼 남은 우리는 어떻게 되는 거죠? 우린 무슨 행복이나 좋은 일을 꿈꿀 수 있나요?"[39]

순간적으로 짐의 의식이 바뀌었다. 짐은 제인에게 이렇게 말한다. "나는 늘 우리가 살고 있는 시궁창에서 어디론가 벗어나는 것만 생각했어요. 이제 나는 이 시궁창을 깨끗하게 하기 위해 일해야 한다는 것을 알았어요." 소설은 '짐은 자신에게 무슨 일이 일어났는지 말할 수 없었다. 뭔가 분명히 이상한 일이 일어났다. 짐은 이제 사물을 다른 눈으로 보았다.'라고 설명한다.[40]

제인은 짐에게 교육의 다른 면, 곧 지배 계급의 통제에서 벗어난 교육을 보여 준다. 짐은 제인에게서 투쟁을 위한 활기를 얻고, 제인이 가지고 있는 런던(Jack London), 레닌, 마르크스, 싱클레어, 도스토예프스키 (Fyodor Mikhailovich Dostoevskii), 톨스토이(Leo Tolstoy)의 저작들을 읽는다. 짐은 마르크스의 《가치, 가격, 이익 Value, Price and Profit》과 싱클레어의 《정글 The Jungle》을 읽는다. 제인은 "좋은 책이에요. 내면의 힘찬 행진을 이야기해 주는 교육 서적이죠."라며 싱클레어의 《힘찬 행진 The Goose Step》을 추천한다. 짐은 레닌의 《국가와 혁명 State and Revolution》을 읽으면서 사고가 전환되고 완전히 재정립하는 것을 경험한다.

> "레닌은 이렇게 말하고 있다. '권리와 자유와 정의는 물론 지배 계급을 위한 것이다. 노예를 위해서는, 모든 노예에게는 열심히 일해야 하는 의무와 그이들을 감시하는 경찰이 있다!' 나는 로스쿨에서 배운 것보다 훨씬 더 많은 것을 이 책에서 배웠다."

니어링은 소설에서 '이것은 지금까지 짐이 전혀 경험하지 못한 사상이었으나, 하나하나 전부 자신의 경험과 꼭 들어맞는 것이었다.'라고 썼다. 짐은 제인에게 이렇게 고백한다. "당신은 공부를 많이 한 사람이 아니에요. 하지만 당신 책을 5일 동안 읽으면서 도서관에서 2년 동안 배운 것보다 더 많은 것을 얻었어요."[41)]

제인의 급진주의에 담긴 인간적인 함의는 결혼과 가족 제도를 더욱 의미심장하게 건드리는 것이었다. 이 문제에 대해 니어링이 쓴 것은 그이가 20대에 이 문제를 어떻게 풀었는지 유일하게 시사해 주는 것이다. 《자유의 몸으로 태어나》는 결혼 제도를 부인하고 자유로운 사랑을 지지하며 혁명적인 목표를 성적 자유와 연결하는 프롤레타리아 소설이라는 점에서 독특하다." 제인은 짐에게 대부분의 여자들이 남자에게서 생계를 위한 티

켓을 구하고 있다고 말한다.

"당신은 남자를 찾지 않나요?" 짐이 슬쩍 물었다.
"나를 사랑해 주는 어떤 사람이요? 물론 찾고 있어요. 누가 사랑받기를
싫어하겠어요? 하지만 얼마간의 재산과 모자와 구두를 가지기 위한 것
이라면, 난 아니에요. 누가 집안에서까지 노예가 되기를 바라겠어요. 노
예로 생활하는 것은 이제 끝났어요!"

"내 몸은 내 것이에요. 나는 오직 내가 사랑하는 사람에게만 내 몸을 줄
수 있어요. 내가 사랑하는 동안만." 제인은 짐에게 말한다. 짐이 자유로운
사랑이 뭐냐고 묻자, 제인은 그것은 특별한 것이 아니라고 대답한다. 짐이
결혼과 좋은 가정 없이는 아이를 가지지 못할 것이라고 주장하자, 제인은
자본주의에서 부모들은 아이들에게 뭔가 주려고 애쓰면서 한편 덫에 걸
린 쥐처럼 아이들을 잡고 있다고 반박한다. 이런 상황은 혁명적인 노동자
들에게 더욱 나쁘다. 아이들이 고통을 받을 뿐 아니라 혁명에도 차질을 빚
기 때문이다. 제인은 이렇게 주장한다. "결혼과 가족이 당신을 온순하게
만들어요. 체제를 위한 온순한 노예, 투쟁을 할 수 없는 절름발이로 만들
어요."[42]

소설의 마지막 장에서 짐은 설령 그것이 제인과 헤어지는 것을 의미하
더라도 노동 계급을 위한 투쟁에 나서겠다는 결심을 확고히 굳힌다. 혁명
이 먼저라는 것이다. 제인은 짐에게 투쟁하지 않으면 결코 만족하지 못할
것이라고 말한다. 이제 짐은 추방당한 삶에서 빨치산의 대의를 위해 싸우

■ Rideout, *Radical Novel in the United States*, pp. 219, 317. 이런 장르의 소설이 또 하나 있는데, 스
메들리(Agnes Smedley)의 *Daughter of Earth*(1929)가 그것이다. 거기에서는 자유연애를 옹호하는
급진주의자가 주요 인물로 나온다.

는 삶으로 바뀌었다. 그러면서 짐은 제인에게 도망 다닐 때보다 더 불행한 적이 없었다고 말한다.[43] 짐은 첫 투쟁을 위해 배를 타고 시카고를 떠난다. 그리고 펜실베이니아 탄광―바로 니어링의 고향이다―에 파업을 파괴하기 위해 대신 투입되는 노동자가 되어 흑인들 사이로 들어간다. 위험스러운 작업 환경에서 일하던 중 짐 옆에서 한 흑인 노동자가 죽는다. 노동자들의 분노는 백인 감독관을 향하고, 짐은 감독관의 지시를 거부한다. 짐은 동료들이 느끼는 것을 표현하며 동료들의 대변인이 된다. 동료들이 그이를 지도자로 여기자 짐은 다른 사람이 자기 앞에 서서 지도해 주기를 바라는 것을 보며 힘이 생기는 것을 느낀다. 흑인 공산주의 신문이 노동자들에게 몰래 전해졌을 때 짐은 그것을 읽고, 비조합원 노동자에 대한 기사를 쓸 것을 제안한다. 그 이야기는 다음 호에 실리게 된다. 그러는 동안 흑인들 사이에 불만이 생기고, 한 경비원이 벽돌에 맞아 살해된다. 노동자의 숙소를 수색하던 중 짐의 침대에서 공산주의 운동을 위한 책과 급진 신문이 발견되고, 짐은 경비원을 살해한 혐의로 감옥에 간다.

짐은 혐의를 받고 있는 범죄 때문이 아니라 자신의 신념을 위해 재판을 계속한다. 검찰은 짐의 노동당 자료를 읽고 나서, '정당하게 형성된 권위에 저항하고, 이 위대한 공화국의 존경할 만한 조상들이 만든 민주 제도를 전복하려 한 노동자'라고 낙인찍으며 짐을 기소한다. 심리도 제대로 하지 않은 채 배심원은 유죄를 인정한다. 그러나 선고를 받기 전에 짐은 법정에서 다음과 같이 피고인 최후 진술을 한다.

"판사님, 판사님은 미국이 자유로운 나라라고 말했습니다. 아마 판사님에게는 그렇게 보일 것입니다. 판사님은 백인인데다 판사이니까요. 그러나 판사님이 백인 판사가 아니라 흑인 노동자라고 생각해 보십시오. 이 나라가 판사님에게 지금처럼 자유로운 나라로 보일까요? 저는 자유의 몸으로 태어났습니다. 하지만 저는 이 나라가 부자와 힘있는 사람들에게는 자유로운 나라이지만, 노동자들에게는 살기 위해 싸워야 하는 나라라는 것을 알았습니다. 이런 말도 어쨌거나 자유로운 나라니까 할 수 있는 것인가요? 시카고에서 저는 좋은 직장을 잡을 수 없었습니다. 저는 그것이 제가 흑인으로 태어났기 때문이라고 생각했습니다. 그런데 똑같은 일이 수많은 백인에게도 일어나고 있다는 것을 알았습니다. 판사님, 피부색은 달라도 피부색에 상관 없이 노동자는 노동자였습니다. 그리고 그이들은 백인과 흑인, 남자와 여자와 어린이가 함께 힘을 합치는 것을 배워, 자기들이 노동해 생산한 것을 가지고, 생산에 필요한 기계를 가지며, 필요한 음식과 옷을 가질 때까지는 결코 자유를 얻지 못할 것입니다. 자유를 얻게 하는 것은 계급투쟁입니다."[44]

소설은 판사가 화를 내며 비열하게 미국 체제의 붕괴를 기도한다는 혐의를 씌워 형을 선고하는 것으로 끝난다.[45] 소설 속 재판에서 니어링은 자본주의적 가치로 오염된 미국 법과 맞서며 자신이 1919년 받은 재판을 상기한다. 니어링은 법정에서 자유와 정의의 이념을 설명하며 이런 미국의 이념이 도둑맞았다는 것을 설파한다.

자본가의 권력에 대한 저항이 약화되었다는 것을 암시하는 마지막의 비관적인 메시지는 니어링이 소설을 출판하려 하면서 더욱 굳어졌다. 니어링은 출판업자를 안심시키려다 실패하자 1930년 여름, 원고를 프리먼에게 보냈다. 니어링은 프리먼에게 원고를 읽고 그것이 가치 있는지 솔직하게 의견을 말해 달라고 부탁했다. 프리먼은 그것을 발표하는 방법으로, 일부분이 잡지에 적합하니까 그렇게 출판하면 어떻겠느냐고 제안했다. 니어링은 프리먼에게 이렇게 말했다. "지금 어떤 상업 출판사도 그 책을 다루려 하지 않을 것으로 보인다. 하지만 출판으로 우리가 그 소설에서 다룬 사실과 관점을 더 많은 독자들에게 전할 수 있다면, 나는 어떤 형태든 할 수 있는 일을 하겠다."[46] 세상 어디에나 있는 지배 계급의 통제에 맞서면서 니어링은 자서전을 위해 메모한 공책에서 말한 대로 작가의 이상이 가위눌리는 것을 경험한다. "삶과 죽음에 대해 내가 아는 뭔가를 말하는 것은, 내가 소통해야 할 사람들에게 도움이 된다. 나는 사람들에게 무엇이 진행되고 있으며, 너무 늦기 전에 어떻게 행동해야 하는지를 알려야 한다. 하지만 내게는 그이들에게 이야기할 수 있는 방법이 없다. 내게 상황은 마치 비극을 읽는 것처럼 느껴진다. 인류에게 내가 들려주고 싶은 것은 운명의 슬픈 종소리이다."[47]

《자유의 몸으로 태어나》는 1932년 마침내 뉴욕 시의 한 작은 출판사에서 '출판될 수 없는 소설'이라는 부제를 달고 출판되었다. 책에는 원고가 미국과 해외에서 출판이 거절되었음을 설명하는 말과 출판업자의 호평, '보통 출판업자는 누구도 이 책을 펴낼 수 없었을 것'이라는 홍보 문구 따위가 적혀 있었다.[48] 몇 해 뒤 니어링은 《자유의 몸으로 태어나》는 '어느 분야를 탐색하면서 있었던 실패한 실험'이라고 말했다.[49] 그 탐색은 메시지를 전파하려 실패한 다른 실험과 함께 상황을 더욱 악화시켰다. 자본가의 권력이 속속들이 침투한 상황에서 대중을 계몽하는 것은 불가능한 것일까? 자유를 위한 개인적 투쟁과 사회적 투쟁의 고리는 완전히 끊어졌는가? 사람이 자유의 몸으로 태어나기만 하면 무슨 소용이 있는가?

제17장

황혼

1928년 선거에서 드러난 공산주의 운동의 현주소에 대해 니어링이 논평한 것을 앞 장에서 이미 언급했듯이, 니어링은 당 노선을 맹목적으로 추종하지 않았다. 이 논평을 당은 마지못해 출판했지만, 니어링의 일탈에 당이 애매한 반응을 보인 이유는 모스크바의 정치 분규와 음모, 새 시대 공산주의 운동의 투쟁 방향을 두고 벌어진 심각한 혼란 때문이었다. 1917년 혁명 직후의 혁명기와 자본가의 안정화 기간인 제2기에 이어, 1928년 7월에서 9월까지 열린 국제 공산당 세계 의회에서 제3기가 선포되었다. 스탈린(Iosif Vissarionovich Stalin)은 자본주의가 붕괴할 시기가 도래하고, 운동이 초혁명적인 계급투쟁 단계로 진입했다고 선언하며 국제 공산주의 운동이 좌로 선회할 것을 공식 요청했다.[1] 이같이 급격하게 정책이 변화한 것은 객관적인 경제 상황 때문이 아니라, 소비에트 경제 정책을 둘러싸고 스탈린과 그이의 정치적 비판자인 좌파 트로츠키(Leon Trotsky), 우파 부하린(Nikolai Ivanovich Bukharin) 사이에서 일어난 권력 투쟁 때문이었다.[2] 모스크바에서 벌어진 권력 투쟁은 미국 노동당에도 큰 영향을 미쳤다. 이는 극심한 당파주의의 원인이 되었으며 당을 더욱 약하게 했고,■ 마침내 러브스톤(Jay Lovestone)의 당권을 끝장냈다.

러브스톤의 이념이 당과 별로 조화롭지 않다는 것을 갑자기 발견하게 된 것은, 러브스톤이 특별히 스탈린의 정적들과 잘못 동맹을 맺었기 때문이 아니었다. 문제는 미국 예외주의 이론이 러브스톤과 동일시된다는 것이었다.[3] 개량주의 요소에 대한 투쟁은 피할 수 없었으며, 자본주의가 즉시 쇠퇴한다는 전제는 미국을 제외한 다른 곳에서만 진실이라고 주장하면서 어떻게 좌파 쪽으로 선회할 수 있는가? 세계 자본주의가 쇠퇴하리라고 코민테른이 밝힌 것에도 불구하고, 어떻게 미국 경제는 러브스톤이 1928년 후반 주장한 대로 풍요와 장엄, 평화와 번영의 신기원을 누릴 수 있는가? 만약 미국 노동당이 코민테른과는 독자적으로 경제 상황을 해석한다면, 실패한 제2인터내셔널 시기의 '일국 공산당'으로 돌아간 것 아닌가? 미국 노동당의 권력 투쟁은 모스크바의 싸움을 모방한 것이었다. 러브스톤은 캐넌(James P. Cannon), 포스터(William Z. Foster), 브라우더(Earl Russell Browder) 따위로 구성된 반대자들이 볼 때 미국의 우파 모험주의자, 즉 미국판 부하린이었다. 러브스톤에 대한 첫 공격은, 그이가 미국 자본주의를 과대평가하고 급진 세력의 잠재력을 과소평가한다는 것이었다. 여기서 중요한 것은 니어링도 러브스톤과 똑같은 그물에 걸려들어 비슷한 운명을 겪게 된다는 것이다. 니어링은 캘버턴(Victor Francis Calverton)에게 이렇게 쓰려고 했다. "트로츠키를 인간으로는 좋아했으나 정치적으로 그이는 위험했다. 나는 트로츠키나 트로츠키를 돕는 어떤 집단에게도 도움이나 편의를 제공하는 것을 피했다."[4] 니어링은 러브스톤파와 함께 쫓겨나지는 않았으나, 가깝게 지내는 당 지도부 사람도 별로

■ 1929년 9300명에 이르던 당원이 1930에는 7545명으로 감소했다. Harvey Klehr, *The Heyday of American Communism: The Depression Decade* (New York: Basic Books, 1984), p. 9 참조.

없었다. 새로운 거대 혁명 시기에, 니어링의 비정통 견해는 또다시 엄격한 검열을 받았으며, 당은 니어링의 독단적인 공산주의를 더는 인정하지 않았다.

니어링은 《제국의 황혼 : 제국주의 순환의 경제 해석 The Twilight of Empire: An Economic Interpretation of Imperialist Cycles》(1930)으로 노동당에서 벗어나는 루비콘 강을 건넜다. 이 책으로 니어링은 자진해서 정치적 비판을 감수하며 대단히 논쟁적인 문제에 휩쓸려들었다. 원고를 완성하고 니어링은 그것을 당의 공식 출판사이자 국제 출판업자인 트라첸버그(Alexander Trachtenberg)에게 넘겼다. 니어링은 그것을 출판하려고 몇 달 동안 트라첸버그를 설득했다. 그 동안 트라첸버그는 출판을 허락받기 위해 원고를 모스크바의 공산당 지도부로 보냈다.[5] 니어링은 이를 알고 프리먼(Joseph Freeman)에게 사본 한 부를 모스크바에 보냈으며, 답을 기다리고 있다는 내용의 편지를 보냈다. 니어링은 이 편지에서 "트라첸버그는 무척 우호적이지만 언제나 그렇듯 아주 신중하다."라고 덧붙였다. 니어링은 또한 프리먼에게 이렇게 썼다. "이 곳의 공산당 상황은 그리 좋은 것은 아니다. 이것이 미국에서 살기 때문만은 아니라고 생각한다."[6]

니어링은 《제국의 황혼》에 쓴 제국주의 해석은 홉슨(John Atkinson Hobson)만이 아니라 레닌(Nikolai Lenin)의 《제국주의 : 자본주의 최고의 단계 Imperialism: The Highest Stage of Capitalism》에서도 영감을 얻은 것이라고 밝혔다. 니어링은 이렇게 썼다. "홉슨은 제국주의의 경제적인 면을 강조했다. 그러나 레닌은 제국주의가 역사의 무대에서 발달해 온 측면을 덧보탰다."[7] 니어링의 이론은 객관적이면서도 엄밀하게 당의 노선을 따랐다. 니어링은 제국주의의 정의에서 그런 것처럼, 미세하게 당 노선에서 벗어나는 것처럼 보일 때에도 곧바로 레닌으로 되돌아왔다. 니어링은 레닌이 제국주의를 '자본주의 발달의 특별한 단계'라고 설명한 것으로 받아들였다. 그러나 니어링은 그 현상을 보편화했다. 니어링은 제국주의를 '지배 계급이 시민 국가의 범위를 넘어서 정복하고 착취하는 정치 경제 발전 단계'라고 정의했다.[8] 마르크스(Karl Marx)와는 대단히 거리가 있는 역사관에 따라, 니어링은 고대 이집트와 페르시아, 그리스, 로마 제국의 흥망으로 생겨난 유형에서 제국주의의 순환을 발견했다. 니어링은 제국주의는 모든 문명의 특징이라고 주장했으나, 곧 18세기 말 근대 제국주의 순환은 산업 혁명으로 파괴되었다고 말해 레닌의 노선으로 돌아갔다. 제국의 순환은 정상 경로를 따르는 대신 산업 혁명 때문에 붕괴되었다는 것이다.[9]

니어링은 문명의 흥망을 다루면서 마르크스주의를 벗어나는 시각으로 해석하지는 않았는지 신중을 기했다. 특별히 쇠퇴 유형들을 이야기하면서, 당이 부르주아지 역사가라고 비난하는 슈펭글러(Oswald Spengler)를 해석할 때는 한층 더 주의를 기울였다. 니어링의 연구는, 제국주의 개념을 보편화하고 위대한 문명이 흥망하는 유형, 혹은 순환을 찾아 내는 대목에서 특히 슈펭글러의 《서구의 쇠퇴 The Decline of the West》에서 영향을 받았기 때문이다. 그러나 니어링은 슈펭글러에 동의하지 않고, 1927년에 슈펭글러와 그 추종자들이 예측한 것은 잘못이었다고 주장했다. "그이들은 자본주의가 무너지고 있다고 보았다. 그이들은 문명의 기반이 발아래에서 붕괴하고 있다고 생각했다. 하지만 노동 운동이 문명의 폐허 위에서 이미 새로운 사회 구조를 만들고 있다는 것은 알지도, 이해하지도 못했다. …… 안일한 철학자들은 비관주의의 거처에서 날마다 살아가는 데에만 만족하고 있다. 그러나 노동자들은 그렇게 자유롭지 않다." 니어링은 슈펭글러가 이해하지 못한 것은 문명의 경과가 파괴가 아니라 해방을 의미한다는 것이라고 주장했다.[10]

중앙 집권보다 연방주의를 강조하기도 하지만 본질적으로는 정통 이념을 따르는 해석에서, 니어링은 산업 혁명이 두 가지 중요한 발달을 일으켰다고 설명했다. 첫째는 국제 경제 활동이 대규모로 커진 것으로, 이는 세계 경제 체제로 이어졌다. 새 시대는 경제 활동의 영역이 더욱 커지면서 새로운 종류의 국가, 즉 동맹이나 연방 형태의 주권 국가를 성립시켰다. 이는 지방을 문화적으로 자유롭게 두면서 동시에 주요 경제 이해는 국가의 지배 아래 두어 중앙 집권화하는 것으로, 지방주의와 연방주의가 균형을 이룬 것이다.[11] 둘째는 세계 경제 팽창이 지구의 모든 영역에 미친 19세기 후반, 금융 자본주의가 발전하면서 경쟁 경제를 낳았다. 그래서 세기 말의 특징은 산업 제국의 투쟁이 되었다. 제1차 세계 대전은 거대 제국의 세력이 무력으로 경쟁하는 국면이었다. 그러나 전후 세계는 제국의 경쟁자들이 판세를 재조정하면서 모순된 발전에 앞장서는 것으로 보였다. 한면으로 자본주의 발전은 국제 간의 상호 의존성을 가져왔고, 또 다른 면으로 그것은 전에 없이 격심한 해외 정복과 착취를 가져왔다.[12]

이런 경제적인 힘에 맞서 니어링은 이렇게 말했다. "오직 소련만이 항의의 목소리를 냈으며, 세계의 노동자와 농민들에게 제국주의의 족쇄를 벗고, 자본주의 체제를 타도하고, 가난과 전쟁을 없애고, 세계가 서로 협력하는 사회의 기초를 놓자고 요구했다."[13] 소련에서 일어난 프롤레타리아 혁명은 제국주의 국가가 생산자 집단을 중심으로 하는 세계 연방으로 바뀔 수 있다는 희망을 주었다.[14] 노동자들에게서 계급의식과 계급 연대가 나타났으며, 노동 운동과 마침내 제국주의의 순환을 붕괴시킨 프롤레타리아 혁명이 출현했다.[15]

이 부분은 당의 원리 원칙에서 벗어나지 않으면서 부드럽게 비판할 뿐이었으나, "오늘날까지 미국 노동자들은 95퍼센트가, 자신들이 무엇을 하는지 아무 의식이 없으며 자본가와 똑같이 투표할 정도로 계급의식이 희박하다."[16]라며 미국의 예외적인 환경을 강조한 것은 오히려 니어링을 곤경에 빠뜨렸다. 니어링이 미국 급진주의에 대한 자신의 평가가 옳다고 확신했다면, 그것은 여전히 그이가 평화주의 문제를 놓고 투쟁 중이라는 것을 뜻했다. 니어링은 평화 문제를 직접 말하지는 않았으나 해석의 바탕에 폭력을 비판하는 확실한 근거를 계속 마련해 두고 있었다. 니어링은 자본주의적 제국주의에서 어떻게 변화가 오는지는 다루지 않았으나, 변화는 점진적이고 발전적이며 비폭력적으로 올 것이라는 점을 분명히 했다.[17] 니어링이 "제국주의는 그 자체에 스스로 붕괴할 씨앗을 이미 가지고 있다. 제국주의는 자기 자신을 넘어 갈등과 착취보다 수준 높은 경제로 갈 것이다."[18]라고 밝힌 것은, 새로운 제3기 군사 혁명 기간에 특별히 민감한 문제에서 레닌을 따르지 않는다는 것을 명백히 한 것이다. 니어링의 전체 주장이 제3기를 거부한다는 것이 확실했다. 니어링은 혼란의 한가운데에서 갑작스럽게 나온 새로운 국면을 거부했을 뿐 아니라, 이런 변화 뒤에 자리한 근본 권력인 당도 받아들일 수 없었다. 니어링은 오히려 제3기가 뜻하는 것에 맞서 폭력을 허용하자던 생각을 되돌리고 일찍이 그이가 지니고 있던 절대 평화주의로 돌아가는 것처럼 보였다.

니어링이 제국주의에 대한 당의 해석을 거부하게 된 진짜 이유는 평화주의였다. 레닌에게 가장 중요한 문제이자 니어링의 출발점은 자본주의의 근본 모순을 인식하는 것으로, 나란히 있으면서 서로 결탁한 독점과 자유 경쟁 사이의 모순이었다.[19] 레닌은 《제국주의》에서 이렇게 말했다. "독점은 자유 경쟁에서 자라나, 자유 경쟁을 없애지 않고 끝까지 자유 경쟁과 나란히 존재한다. 그리고 수많은 사람들에게 격심하고 강렬한 적대감, 갈등, 분규를 일으킨다"[20] 또 이런 말도 했다. "평화주의나 민주주의 개념은 마르크스주의에는 아예 없다. 이런 개념들은 경제에서 독점이 비독점이나 비폭력, 혹은 비합병보다 더 경쟁력이 있다는 주장으로 이어진다."[21] 레닌은 자본주의가 스스로 최고 단계를 넘어서 착취하지 않는 체제로 바뀔 가능성을 이야기하는 것은 무의미하다고 주장했다. 니어링은 "제국주의는 합병을 낳고 더욱 심하게 억압할 것이며, 결과적으로 저항을 불러 와 폭력과 반작용을 낳을 것이다."라고 주장했다.[22] 자본주의의 모순이 불가피하게 폭력을 불러 온다는 것이다. 레닌은 이렇게 반문했다. "폭력에 의지하는 것을 빼고 다른 어떤 방법으로 모순을 해결할 수 있는가?"[23] 니어링은 《제국의 황혼》에서 자본주의는 폭력을 통해서만 붕괴한다고 장담할 수 없다며, 비폭력 혁명의 가능성을 열어 놓으려는 시도로 마르크스의 권위에 의지하기도 했다. 니어링은 이렇게 지적했다. "마르크스는 공개적인 계급투쟁이 대다수 사회의 혁명적인 재건에서나, 적대 계급을 끝장내는 데 있어서나 모두 끝났다고 가르쳤다."[24]

마침내 당의 지시가 내려왔다. 출판 허가가 나지 않았다. 트라첸버그는 니어링에게, 그 책의 흠은 레닌의 견해와 모순된다는 것으로, 레닌의 '제국주의'는 현대 자본주의 역사의 한 국면이지 보편적인 사회 유형이 아니라고 설명했다. 트라첸버그는 책을 출판하고 싶지만 책의 내용이 사회 이론보다 당 정책과 더 많이 관련되어 있어서 안 되겠다고 말했다.[25] 니어링은 당을 통하지 않은 출판은 당 규약 위반이라는 것을 알았다. 니어링은 충성심과 융통성 없는 절차 사이에서 갈등하며 이 문제를 깊이 생각했다.[26] 결국 니어링은 탈당해서 책을 출판하기로 결심했다. 니어링은 사퇴서를 제출하면서 《제국의 황혼》 출판이 거부되어서 자신에게는 세 가지 대안이 있다고 설명했다.

1. 원고를 출판하려는 생각을 버리는 것.
나는 이 원고가 지금까지 없었던 중요한 역사적 통찰을 하고 있다고 믿으므로 그렇게 할 수 없다.

2. 당 경로를 거치지 않고 원고를 출판하는 것.

이런 행동은 또 한 번 당 내에 논란을 일으킬 것이다. 이미 우리는 지나치게 많은 논란을 벌였다.

3. 탈당하고, 그 책을 출판하는 것.

니어링은 당 중앙 위원회에 편지를 보내 이렇게 밝혔다. "과거에 그랬듯이 당의 강령을 계속 지지하고 당의 일을 지원하되, 세 번째 길을 택해 당에서 나가기로 결심했다."[27]

하지만 당은 사퇴서를 받기보다 당에서 제명하기를 바랐다. 결국 당은 니어링을 제명했으며, 니어링의 고집이 제국주의 역사보다 더 심각한 문제였다는 것을 명백히 했다. 모스크바의 권위 있는 마르크스주의 조직의 결정과 다투겠다는 니어링의 결심은, 니어링 같은 유형의 지식인이 혁명가에게 지워진 무게를 견디는 것이 얼마나 어울리지 않는지를 분명히 보여 주었다. 당 위원회는 이렇게 밝혔다. "스코트 니어링은 결코 마르크스주의자가 아니었다. 그러나 그이가 당의 지시와 강령에 복종했다면 프롤레타리아 혁명에 기여할 수 있었을 것이다." 하지만 니어링의 마르크스적이지 못한 생각 때문에 당은 '혁명의 쓰레기 더미'에 그이를 버리기로 결정했다. *

이 일은 당과 독립된 생각을 가지고 성가시게 구는 당 소속 지식인에게

---

* Nearing, *Making of a Radical*. 니어링이 탈당하면서 당에 계속 협력하겠다고 한 것은 실제 당과의 관계에 약간의 혼란을 초래했다. 1939년 9월 5일 하원의 '반미 활동 특별 위원회'가 니어링의 노동당 관련 문제를 조사했을 때 당 서기이던 브라우더는 이렇게 진술했다. "예, 나는 스코트 니어링이 몇 번 입당을 되풀이한 것으로 알고 있습니다. 내 기억으로 한 번은 제명되었고, 한 번은 탈당했습니다." 브라우더가 니어링이 여러 번 입당했다고 한 것은 잘못이지만, 니어링이 제명되고 탈당했다고 한 것은 맞는 말이다. Investigation of Un-American Propaganda Activities in the U.S. Special Committee of Un-American Activities, House of Representatives, 76th Cong., H. Res. 282, Vol. 7, p. 4459.

당이 얼마나 참을성이 없는지 보여 주는 본보기 그 이상이었다. 당의 반응은 우선 혼란 때문으로 설명할 수 있다. 지도부는 스탈린의 권력 싸움, 러브스톤과 그이의 지지자를 추방한 것에 대한 후유증으로 여전히 혼란스러웠다. 니어링이 탈당할 즈음, 모스크바는 베다트(Max Bedacht)를 미국 노동당의 임시 당 서기로 임명했다. 그러나 제3기 출범으로 인한 혼란이 진정되기 시작하면서, 당에 새로운 지도자가 등장했다. 새 코민테른 노선의 강력한 지지자이자 러브스톤파의 강경 비판자인 브라우더였다. 그 해 연말 당 서기가 된 브라우더는 코민테른이 추천한 인물이었다.[28] 브라우더는 학자와 교사로 긴 관록을 지닌 니어링의 신망에 감동한 사람들을 무마하려고 1930년 6월 당 저널에 니어링의 원고에 붙이는 11쪽짜리 비평을 썼으며, 이것만 보아도 당 내에서 니어링의 위상이 어땠는지 알 수 있다.[29]

브라우더에 따르면 니어링은 혁명성이 모자랐기 때문에 '나쁜 길'로 빠졌다. 니어링의 지나친 이상주의와 종교적 신념이 그이의 과학적 마르크스주의를 황폐화시켰다는 것이다. 또 니어링이 미국을 예외로 본 것도 문제였다. 브라우더는 이렇게 주장했다. "《제국의 황혼》에서 니어링은 결국 마르크스주의를 이해할 수 없음을 드러냈고, 신비적이고 종교적인 철학을 되풀이했으며, 이것이 그이가 감정적으로 충성을 보인 혁명 운동을 이해하고 그것에 기여하는 것을 막았다." 니어링의 방법은 변증법적이지도 유물론적이지도 않고, 절충적이고 관념적이었다는 것이다.

브라우더에 따르면, 니어링은 미래를 결정하는 것은 당이 아니라 역사라고 보았기 때문에 예측의 근거로 '유형'을 찾으면서 슈펭글러에 폭넓게 의지했다. 그러면서 "우리는 다가오는 사회를 예측할 수 없으며, 다만 유형의 끝없는 순환만을 예측할 수 있을 뿐이다."라고 말했다. 브라우더는 이렇게 덧붙였다. "만약 누군가 미래의 전망을 위한 근거로 이 '유형'

을 믿을 수 있다면, 그이는 믿는 행위나 과학적인 확신의 문제가 아니라, 혁명적인 당이 역사의 과정을 이루어 낸다는 확신만으로도 혁명가가 될 수 있다." 브라우더는 니어링이 과학적인 단어를 쓰긴 했으나 그이의 사상은 부르주아지 관념 철학자인 슈펭글러와 같이 종교적인 선입관으로 결정되었다고 결론지었다.[30] 브라우더에 따르면, 니어링은 당과 새 혁명 노선에 적절한 정통성을 두지 않았다. 그래서 니어링의 말은 '후버 시대'를 폭동의 낌새라고는 없는 평화와 번영, 부와 장엄과 안정의 시대라고 표현하는 러브스톤과 마찬가지로 들렸다.[31] 니어링은 당의 제3기에 뛰어들지 못했으므로 당에 남을 수 없었다.

골드(Michael Gold)는 훗날 〈일간 노동자 Daily Worker〉에 이렇게 썼다. "스코트 니어링은 당에 있는 몇 해 동안 늘 곤경에 처해 있는 것처럼 보였다. 그이의 문제는 신비적인 개인주의로 빠져든 것이다. …… 과학으로 무장된 그이에게서 교회와 관련된 과거를 결코 떨쳐 내지 못하는, 그런 갈등이 계속되는 것을 느꼈다. 그이는 개인주의자와는 뭔가 달랐으며, 신비적인 자신의 충동과 논리를 따랐다."[32] 볼드윈(Roger Baldwin)은 니어링이 기질상 결코 적응할 수 없었던 당에서 나온 것은 예정된 결론이었다고 말했다. 혁명적인 경제학자로서 니어링은 운동의 대변인이 아니고 당과 운동을 넘어 존재하는 인물이었다.[33]

니어링은 《제국의 황혼》을 출판하려고 결심한 과정은 정치적으로나 개인적으로 격변이었고, 그 영향은 엄청났다고 말했다. 노동당은 니어링이 들어가 있던 마지막 제도였다.[34] 그 연결이 끊어지자 니어링은 급진 조직에 있는 모든 자리를 포기했다. 노동자 학교, 갈런드 재단(공공 서비스를 위한 미국 재단), 미국 시민 자유 조합(American Civil Liberties Union), 그 외 자신이 책임 있는 자리에 있던 다른 모든 조직에서 사퇴했다.[35] 니어링은 긴 싸움의 황혼에 이르렀으며, 나이 마흔여섯에 인생의 중대한 선택에 다다랐다. 니어링은 투쟁으로 격심한 고통을 겪었다. 니어링이 제명되고 얼마 후 볼드윈은 이렇게 적었다. "니어링을 행복한 사람이라고 하기는 어렵다. 폭풍우에 시달리고 햇볕에 그을린 얼굴의 굵은 주름들은 갈등의 주름이자 고통의 주름이다. 니어링은 행복한 전사가 아니다."[36] 니어링은 이렇게 회상했다. "좌파와 절연한 것은 중도나 우파와 절연한 것을 상징하던 대학에서 추방당한 것만큼이나 치명적이었다. 나는 다시 차갑고도 차가운 세계로 쫓겨났다."[37] 고립과 따돌림에도 불구하고, 볼드윈처럼 니어링을 잘 아는 사람들은 니어링이 가고자 하는 길을 결코 포기하지 않으리라는 것을 알았다. 볼드윈은 이렇게 예언했다. "니어링은 선전을 통해서가 아니라, 앞으로 그이의 성품이 될 엄격한 정직성, 매력적인 이타심, 서로 모순인 미덕을 통합하는 보기 드문 자질로, 급진 운동을 하는 수많은 사람들에게 계속 영감을 불어넣는 교사가 될 것이다."[38]

제5부

조화로운 삶

제18장

뉴잉글랜드의 폭풍 대피소로

문화를 보호하려는 자는 기본적으로 그 문화가 아예 사라지지 않고 살아남기만을 바란다. 그러나 더 좋은 사회를 건설하려는 의지는 단순히 살아남는 것에 더해 지방의 전통과 자조, 새롭고 멋진 사회의 비전을 가진 공동체 활동과 함께, 공동체 구성원들에게 신선한 활력을 준다. 옛 도덕 원리는 노동 윤리와 관련된 것이었다. 이 윤리는 한때 사유 재산권을 지키는 역할을 했으나, 여전히 그와는 다른 독립된 가치도 지니고 있다. 새로운 질서를 건설하는 일에서 없어서는 안 될 그 규범이, 옛 질서는 단순히 깨어진 약속일 뿐이라고 여기던 사람들에게 대부분 살아 있다. 그 규범은 이를 당연한 것으로 받아들인 사람들보다 이를 진지하게 받아들인 사람들에게 더욱 생생하게 살아 있다.

— 래쉬(Christopher Lasch), 《나르시시즘의 문화 The Culture of Narcissism》(1979)—

대공황이 시작되자 위기에 처한 미국과 마찬가지로 니어링도 큰 어려움에 빠졌다. 니어링의 위기는 인간적, 정치적 위기가 함께하는 것이었다. 자본가 권력의 압도적인 지배에 맞선 투쟁에서, 니어링은 사회 변혁을 위한 마지막이자 최선의 희망이라고 본 좌파, 즉 공산주의에 모든 것을 바쳤다. 그러나 노동당은 니어링의 사회적 비전을 만족시키지 못했다. 설상가상으로 심각하게 분열한 미국 문화는 사람과 사회를 구원하는 일을 멀고도 먼 것으로 만들었다. 미국 문화의 분열상은 니어링이 '정치적인 자서전'이라고 부제를 붙인 자서전에도 뚜렷하게 나타나 있다. 제1차 세계대전을 거치는 동안 니어링의 삶은 공과 사 모두 정치적인 것과 연결되어 있었다. 하지만 그 뒤 니어링의 사고는 극적으로 바뀌었다. 니어링은 공적인 업무와 사적인 일을 번갈아 했으나, 이 둘은 분명하게 분리된 영역에 속해 있었다. 니어링에게 개인과 사회는 서로 독립되었다. "

그러나 본질적인 추구, 더 큰 자유를 위한 투쟁은 계속되었다. 이 문제는 다음 반 세기 동안 니어링의 관심사로, 그이의 일상생활에서 가장 중요한 위치를 차지했다. 1930년에서 1983년 사이, 니어링은 가장 중요한 저술인《민주주의가 부족하다 Democracy Is Not Enough》(1945),《조화로운 삶 Living the Good Life》(1954),《자유 : 약속과 위협 Freedom: Promise and Menace》(1961)으로 미국에 진정한 자유의 가능성이 있는지 검토했다.

1930년에 좌파와 관계를 모두 끊으면서, 니어링은 사적인 자유를 추구하기 위해 공적인 관계를 모두 버렸다. 실제로 개인의 자유를 위한 유일한 희망은 자본주의 사회 문화와 관계를 끊은 채 사는 것이었다. 니어링은 어

■ 니어링의 자서전이 뒤죽박죽인 것은 헬렌(Helen Nearing)도 확실히 알았다. 첫 자서전 초안의 '감사의 말'에서 니어링은 다음과 같이 썼다. "나는 헬렌이 이 책의 많은 부분에 동의하지 않은 것을 특별히 감사한다. 헬렌은 특히 제3부를 타이핑하면서 동의하지 않음을 단호하게 표현했다. 헬렌은 이렇게 말했다. '책 목록에다 경제학 도식과 표, 세계의 사건 따위만 나열되어 있으니, 이 책은 자서전이라고 할 수도 없어요. 스코트, 왜 정상적인 자서전을 쓰지 않나요?'" Scott Nearing Papers, draft of autobiography, bk. 6, July 17, 1968, p. 269D, DG 124, Swarthmore College Peace Collection (SCPC).

려운 시기에 철저하게 자신의 삶을 살면서 종교적인 믿음으로 되돌아갔다. 니어링은 뉴저지 주 리지우드에서 자신보다 스무 살 어린 헬렌 노드(Helen Knothe)를 만나면서 정신의 평안을 찾았다. 헬렌은 채식주의자로, 모든 종교를 포용하는 운동인 신지학회(Theosophy)에 깊이 빠져 있었다. 헬렌은 니어링의 소설 《자유의 몸으로 태어나 Free Born》(1932)에서 남자 주인공 짐에게 구원을 가져다 주는 여자 주인공 제인의 모델이었다.■■ 헬렌의 강한 영성은 상당 부분 니어링에게 구원이 되기도 했다. 헬렌은 소설에서 이렇게 말하는 제인과 비슷했다. "나는 그 전에는 누구하고도 결코 즐겁지 않았어요. 그런데 짐, 우린 친구예요. 우리는 서로를 이해하고 있어요!" 니어링도 소설에서 짐이 '위기를 넘어 처음으로, 전에 만난 적이 없는 사람에게 빠졌다.'라고 묘사한 것과 비슷했다. '짐은 제인의 눈을 깊이 응시했다. 이렇게 모든 세월을 보낸 뒤에 마침내, 그이는 자신을 이해하는 사람을 만났다.'[1] 소설과 비슷한 현실은 또 있었다. 소설 속의 짐과 제인처럼 니어링과 헬렌은 함께 살았지만 결혼은 하지 않고, 아이도 가지지 않았다.■■■ 헬렌은 어느 면에서 니어링을 끝없는 심연에서 건져 준, 니어링만의 제인 윌슨이었다.

헬렌은 니어링과 비슷하게 특권층인 집안에서 태어났다. 네덜란드가 고향인 어머니는 예술가로 교육 받았고, 아버지는 뉴욕에서 성공한 사업가였다. 지적이고 부유한 환경에서 자란 헬렌은 음악가로서 자질을 보였다. 고등학교를 마친 뒤 헬렌은 음악 공부를 계속하려고 유럽으로 건너갔다. 암스테르담에 머물면서 헬렌은 신지학회의 핵심 인물들을 처음으로 만났는데, 특히 젊은 영적 지도자인 크리슈나무르티(Krishnamurti)에게

■■ 니어링이 소설 속의 인물을 헬렌과 비슷하게 그리려 했다는 것은 헬렌의 증언을 듣고 알았다.

■■■ 니어링과 헬렌은 니어링의 부인 넬리(Nellie Seeds Nearing)가 세상을 떠난 1948년에 결혼했다.

강하게 끌렸다. 훗날 헬렌이 말했듯이, 크리슈나무르티는 음악에 대한 헬렌의 열정을 동양 종교와 신지학 공부로 이끌었다. 1920년대 초 헬렌은 영성 훈련을 하러 인도로 갔으며, 그 뒤 오스트레일리아로 가서 제자의 길을 따랐다. 헬렌과 크리슈나무르티의 특별한 관계는 1926년에 약해졌고, 헬렌은 혼자 미국으로 돌아왔다. 헬렌과 니어링이 처음 만났을 때 겉으로 보기에는 둘 사이에 공통점이 거의 없었다. 스스로 인정했다시피 헬렌은 '머리를 구름 위에 둔 채, 세상에서 무슨 일이 일어나고 있는지 아는 것이 전혀 없었으며, 정치적으로 완벽한 문외한'이었다.[2]

니어링은 헬렌에게 정치를 공부할 것을 권했고, 헬렌은 니어링에게 영성을 가르쳤다. 두 사람이 난방도 안 되고 온수도 나오지 않는 맨해튼의 아파트에 사는 동안, 니어링은 헬렌에게 현실 세계와 만나기 위해 공장에서 노동을 해 보라고 설득했다. 헬렌은 최저 임금을 받는 직업을 가졌고, 임금 인상을 요구하다가 해고되었다. 헬렌이 현실의 삶을 배우는 것은 이렇게 시작되었다.[3] 니어링은 신지학의 가르침에 푹 빠졌다. 하지만 이는 골드(Michael Gold)나 그 외 니어링의 활동을 관심 있게 지켜보는 좌파들에게는 특히 고통스러운 일이었다. 골드는 니어링이 열렬하고 순박한 신지학회의 제자가 되었다고 적었다. 골드는 이렇게 말했다. "공적인 삶에서 노동 계급에 충성하기만 한다면, 누구든 사적으로 어떤 종교라도 가질 권리가 있다고 할 수 있다. 하지만 문제는, 공적으로는 경제학자인 사람이 점점 더 신지학에 빠져든다는 것이다." 골드는 이렇게 탄식했다. "도대체 누가 신지학 운동의 창시자인 블라바츠키(Helena Petrovna Blavatsky) 부인과 레닌(Nikolai Lenin)을 화해시킬 수 있을 것인가?"[4]

▬▬ 니어링은 자신의 이상주의에 한계가 있다는 것을 알았다. 진리에 대한 헌신은 니어링이 말했듯 겉만 번지르르한 것이었다. 만일 자본이 누군

가를 직장에서 내쫓고 굶주리게 한다면, 만사는 끝나는 것이다.[5] 이런 모순에 대한 해결책은 대공황이 한창이던 1932년에 나왔다. 니어링과 헬렌은 가지고 있는 것을 모두 털어 버몬트 주 그린 산맥에 있는 황폐한 농가를 샀다. 니어링이 일찍이 아덴에서 경험한 것들을 비싼 값을 치르고 다시 경험하는 그 곳에서,[6] 두 사람은 대체로 땅에서 나는 것을 직접 쓰는 경제에 기초해, 되도록이면 값을 매겨 이득을 얻는 경제에서 벗어나 반 자급자족인 가족 경제 단위를 꾸리려 했다. 두 사람은 당초 그 곳을 여름에만 가서 일하는 '여름 일터'로 생각했으나, 그래도 처음부터 땅에 기대어 단순하고 충족한 삶을 모색하는 모험을 생각하고 있었다. 그리고 이는 머지않아 연중 일터로 바뀌었으며, 시간이 흐르고 경험이 쌓이면서 두 사람은 자신들의 일을 어떤 원칙과 과정을 시험하는 실험으로 여기게 되었다.[7] 그이들 목적의 일부는 경제적인 것으로, 되도록 상품과 노동 시장에서 독립한 채 살아가는 것이었고, 일부는 사회, 윤리적인 것으로, 야만스러운 착취에서 해방되고 그 관계를 끊는 것이었다.[8] 자급자족 농장[9]이라는 생산 단위는 노동 소득과 관계 있는 가치를 표현할 수 있게 했으며 활기찬 삶, 실천적인 윤리, 자유 의지 영역이 넓어지도록 했다. 니어링은 '자유'를 이렇게 설명했다.

　자유는 제한이나 강제 없이 독립적, 주체적으로 선택하고 결심하는 기회와 이를 행동으로 옮길 수 있는 기회이다. 자유는 개인에 속하든, 사회 집단에 속하든 스스로 결정하는 것을 말한다. 자유는 개인이나 사회 집단이 육체적, 정서적, 정신적, 영적으로 자기 표현을 할 수 있는 기회에 제한을 받지 않아야 존재한다.[10]

버몬트에서 사는 것은 개인과 가족이 폭넓은 선택을 할 수 있다는 점에서 자유로웠다.[11] 니어링은 이렇게 말했다. "자본의 지배에서 벗어나기를 원하는 개인이나 가족에게, 자급자족할 수 있는 농장은 아주 큰 의미가 있다."[12]

물론 거기에는 중요한 문제가 있었다. 니어링이 비유로 말했듯이 그이들이 아무리 '뉴잉글랜드의 폭풍우 대피소'[13]로 물러났다 해도, 그것은 도피하려는 것이 아니었다. "우리는 의무를 피한 것이 아니라, 더욱 가치 있는 경험을 할 기회를 찾고 있었다. 우리는 버몬트에서 특별한 체험을 했다."[14] 니어링은 버몬트에서 반드시 필요한 것으로, 그 곳 공동체와 관계를 맺을 기회를 찾았다. 그러나 서류상으로는 소비조합에 가입했으나 공동체의 일원이 되지는 못했다.[15] 까다로운 버몬트 사람들은 니어링의 사회적 비전에 자신들을 조화시키거나 그이들 삶의 형태를 바꾸지 않았다. 굿맨(Paul Goodman)이 지적했듯이 니어링은 탈산업적인 정신을 전근대적인 공동체로 가지고 간 셈이었다.[16] 자본주의 문화를 지배하는 가치에서 속속들이 영향을 받은 그이들은 니어링과 협력하는 것에 깊은 관심을 보이지 않았다. 역으로, 니어링도 그이들이 사는 방식을 따를 의사가 없었다. 헬렌과 니어링은 협력해 보려는 시도가 모두 실패하는 것에 실망했다. 사실 사회 조건에 비추어 그런 실험은 애초부터 실패하게 되어 있었다. 버몬트 사람들은 직업과 일, 개인의 삶의 유형에 따라 태어날 때부터 이미 조건이 주어져 있었다.[17] 니어링의 귀농 실험은 직업과 취미를 이어주며 인격을 통합하는 것이었으나,[18] 개인과 사회의 조화에 실패했으며, 이웃간의 협력은 결핍된 채로 남았다.[19]

니어링은 이 일에 유감스러워하며 버몬트 생활이 사회에는 적합하지 않다는 것과 문제에 대한 대안이 개인적이라는 점을 인정했다. 결국 두 사람의 시도는 개인적인 임시방편이자 비상수단이었다. 그러나 두 사람은 단기적인 관점에서 이것은 자존을 지킬 수 있는 방법이라고 말했다. 보고 듣고 참여할 의사가 있는 소수에게는 이것이 욕망의 문화에서 시들어 가는 삶을 개인적, 사회적으로 의미 있고 창조적이고 건설적이며, 큰 보상을 주는 삶으로 만들 수 있는 방법이었다.[20] 니어링은 "자급자족 경제는 이상적인 삶의 방식이 아니라고 주장할 수도 있다. 왜냐하면 그것은 지나치게 개인과 가족을 강조하며, 더 큰 사회 집단을 지나쳐 버리기 때문이다." 라고 시인했다.[21] 그럼에도 니어링은 기존의 집단에서 추방당한 사람이 유명해지고, 그래서 다른 사람들에게 전범이 되기를 바랐다.[22] 두 사람은 사회 발전을 위한 기여가 미미하다는 점을 인정했다. 하지만 두 사람의 기여는 그이들에게 교훈을 얻거나 그이들의 실천 사례로 영향을 받은 사람들에 의해 가장 잘 드러났다.[23]

니어링은 자급자족 실험의 의미를 평가하면서 이렇게 주장했다.

행동에서 자유를 어떻게 생각하든, 개인이나 인류 집단이 자유를 선택하거나 실천할 기회를 확대하기 위해 계획된 수많은 실험을 어느 정도 고려해야 한다. 그런 모든 실험들은 기존 체제의 이론 기초에 의문을 제기하며, 기득권을 지키는 법규들을 파괴하고, 사람을 지나치게 구속하거나 강제하는 기존의 관습 따위를 초법적 수단으로 바로잡으려 한다.[24]

니어링은 이렇게 강조했다. "자유는 흔히 부당한 고통, 부정과 비효율, 사회 변화의 지지부진함에 분노한 이상주의자가 요구하게 된다. 그이들은 열정을 바쳐 사회를 사람의 고상한 이상이 실현될 수 있게 변화시키려고 노력한다."[25]

▬▬ 니어링이 자신의 삶을 재평가하면서 버몬트 숲의 덜 다져진 길을 가기로 했을 때, 니어링의 아들들도 자신의 길을 모색해야 하는 나이가 되었

다. 니어링은 부인 넬리(Nellie Seeds Nearing)와 멀어지면서 아들들과 같이 살지는 않았다. 그러나 아이를 사랑하는 아버지로서 늘 관심을 가지고 조언을 할 준비를 했으며, 아이들의 마음을 따라가 잘못된 생각이나 행동을 지적했다. 아들들이 커 감에 따라 니어링이 간혹 드리우는 그늘이, 아들들이 자신의 길을 찾는 데 어려움을 주기도 했다. 특히 큰아들 존(John)은 가족에서 벗어나지 못하는 것과 종속된 느낌에 대해 아버지에게 불만을 토로했다. *

존은 10대 후반 뉴욕의 프렌즈 세미너리에서 상류층 교육을 받고 리지우드의 공립학교에 진학했다. 1925년 가족 모두 유럽으로 건너갔으며, 니어링과 넬리가 자신들의 일에 빠져 있는 동안 존과 작은아들 로버트(Robert)는 스위스의 상류층 학교에 진학했다. 그 곳에서 존은 어학을 공부했다. 가족이 다시 미국으로 돌아온 후 로버트는 매뉴미트 실험 학교에서 공부를 계속하다 곧 넬리의 보살핌을 받게 되었으며, 존은 필라델피아의 조지 대학을 졸업했다. 로버트는 농업 학교에 진학해서 결국 농업에 종사하게 되었다. 1929년 존은 메이클레존(Alexander Meiklejohn)이 세운 위스콘신 대학의 실험 대학에 입학했는데, 그 곳의 급진 교육 프로그램은 고대 그리스의 고전에 기초를 둔 것으로, 서구 문명의 도덕, 정치적 가치를 가르쳤다.

가족의 통제에서 벗어난 존은 작가가 되기를 원했으나 스스로 지닌 사회적 양심 때문에 그렇게 하지 못했다. 존은 첫 학기 동안 쓴 자전적 수필에서 직업 선택과 씨름한 이야기를 풀어 놓았다. 존은 "가장 중요한 것은 계급투쟁이다."라고 적었다. 그러나 기숙사의 작고 하얀 방에 머물면서,

---

■ Scott Nearing to John Scott, January 29, 1931, in the possession of Elka Schumann, Glover, Vt. 존의 딸인 슈만(Elka Schumann)은 존과 니어링이 1920년대 후반부터 1940년대 초반까지 주고받은 많은 편지를 보여 주었다. 또한 로버트도 자세한 가족 이야기를 들려주어 많은 도움을 주었다.

모든 것을 객관적으로 보며 계급투쟁을 잘할 수 있을지, 지도자가 될 수 있을지 의문을 가졌다. 답은 부정적이었다. 현재 노동이 행해지는 현장은 노동자들 사이에 있었다. 존의 몸은 하얀 방에 얼마간 더 머물렀으나, 자신의 자리가 새로운 세상을 건설하려는 노동자들을 돕는 곳이어야 한다는 것을 깨달으면서, 존은 집중할 것은 플라톤(Plato)이 아니라 마르크스(Karl Marx)라는 것을 알았다.[26] 대학에서 첫 학년이 끝나기 전에 존은 아버지에게 미래 계획에 대한 편지를 썼다. 대학에서 수학이나 엔지니어링을 공부하거나, 노동을 하러 러시아로 갈 것이라는 내용이었다. 존은 아버지에게 몹시 지쳐 가고 있으며 학교는 아주 무의미해지고 있다고 털어놓았다.[27]

1931년, 위스콘신에 있는 동안 존은 니어링에게 보낸 편지에서 "최근 300년 동안 미국 문명은 전혀 아무런 문화도 생산하지 못했다는 결론에 이르렀습니다."라고 썼다. 니어링은 이 편지에 다음과 같은 내용의 답장을 보냈다.

1. 미국 사회는 가능한 한 최대로 경제 이익을 내는 것이 목적인 착취 세력에 의해 세워졌다. 필연에 의해 미국 사회는 이렇게 이익을 추구하는 세력이 나쁜 물을 들이고 있다.

2. 이런 사회는 반드시 겉모습과 외관을 강조한다. 부가 부득이하게 사람의 삶에 어느 정도 영향을 끼친다 하더라도, 이는 전반적으로 삶의 본질이 아닌 외형에 끼치는 것이기 때문이다.

3. 이를 움직이는 세력은 미개발 자연 환경으로 목재나 철 따위의 물질을 만든다. 석유와 같은 자연 자원이 엄청난 이득을 낳으면서, 온 나라를 앞뒤 없는 대규모 생산으로 몰아간다.

4. 그런 환경에서 건물을 장식하거나 예술을 하거나 문학을 하는 따위

기품 있는 삶은 거의 불가능하다. 이득을 추구하는 것은 사람의 활동 영역을 지나치게 좁히기 때문에 정성을 많이 들이지 못하도록 한다. 얄팍한 삶이 되어 장식 같은 것을 할 여지를 남기지 않는다. 드라이저(Herman Albert Theodore Dreiser)가 쓴 《미국의 비극 American Tragedy》은 그 말을 전하고 있다. 앤더슨(Sherwood Anderson)의 책도 마찬가지이다. 최소한도로 중요한 것만 필요하게 되면서 전체 '생활은 맥이 빠진다. 그것은 바늘에 찔리는 순간 가스 풍선처럼 폭발한다.

5. 미국의 철학자들은 표면의 이면, 즉 본질을 거의 탐구하지 않는다. 제임스(William James)처럼 상대성(실용주의)의 피상적인 부분에만 스스로를 가두어 둔다. 그보다 더 나쁘게, 대다수 현대 철학자들은 실험 심리학 위에서 얄팍한 철학만 만들고 있다.

6. 이를테면 고귀함으로 당대의 감탄을 자아내고 감동을 불러일으킨 그리스와 같은 방식으로 살기 위해서는 실용주의나 행동주의보다 깊이 있는 성찰이 필요하다.

7. 큰 우주에서 볼 때 사람은 아주 작다. 위엄 있고 영속적인 문화를 만들기 위해서는 사람과 우주에 대한 인식이 반드시 필요하다. 에머슨(Ralph Waldo Emerson)은 이런 관계의 일부를 알았다. 물론 휘트먼(Walt Whitman)이나 제임스도 그것을 깨달았다.

…… 그러나 나는 미국이 문화를 창조하게 될 것이라고 생각한다. 이를 위해서 미국은 자본주의적 이득 경제를 없애야 하며 세계의 지혜에서 가능한 것들을 배워야 한다. 물론 이는 사람들이 그리스에서 하던 것처럼 안정되어야 하며, 진리를 추구하는 데 자신들의 시간과 정력을 쏟아야 한다는 것을 뜻한다.

지금 내가 한 말을 늘 마음에 새겨라. 지금은 네 차례가 아니다. 엔지니어링 교육을 받고 직업을 가져라. 가족을 부양하고, 가장으로서 의무를 다해라. 그러나 네가 마흔다섯 살쯤 되면, 네가 살고 일해 온 지식의 홀을 떠나 지혜의 홀로 인도하는 길을 따라 여행을 해라.[28]

존이 미래에 대해 양면성을 가진 것은 아버지에게서 독립된 자신만의 정체성을 세우면서 어려움을 겪었기 때문이다. 존에게 아버지는 숭배의 대상이자 반항의 상대이기도 했다. 존은 니어링에게 상담을 바랐으나, 존경과 동시에 저항하는 모습도 보였다. 존은 니어링에게 새로운 전공을 설명하면서 이렇게 썼다. "염료 산업을 위한 화학, 다리 건설을 위한 수학, 기계 디자인이나 전기 기술을 위한 물리를 할 필요가 있습니다. 모든 진보 이론은 나중에 할 수 있습니다. 지금 큰일을 하기 위해서 필요한 것은 경제학이나 응용과학입니다."[29] 그런 한편 존은 혁명적인 변화를 위한 투쟁에서 공산주의자들이 소심했다고 비판하면서 젊고 혁명가적인 자신의 길을 찾았다. 니어링은 이런 생각에 엄하게 충고를 해 주었다. 니어링은 "나는 투쟁이 공산주의를 가능하게 할 것이라는 착각 때문에 힘들여서 일했다."라고 자신의 경험을 이야기하면서 "전반적으로 너는 너무 참을성이 없다."라고 나무랐다. "미국 공산주의 운동에는 직업도, 전문 기술도, 교육도 받지 못한 젊은 남녀들이 가득 차 있다. 그이들은 돕는 것보다 방해하는 것이 더 많다."[30] 니어링의 그늘은 멀리 위스콘신까지 이른 것으로 보인다. 존은 멀리 있었으나, 아버지로부터 해방되고 부자간을 둘러싼 심각한 모순을 상징하는 행동으로, 자신의 전체 이름인 '존 스코트 니어링'에서 성을 떼어 내고 이름을 '존 스코트'로 바꾸었다. 훗날 존은 이렇게 말했다. "내가 만난 사람들은 모두 내가 아버지의 아들인 것을 칭찬하거나 아버지의 의견을 반박했다."[31]

러시아에 가고 싶은 존의 마음은 1931년에 아버지가 러시아에서 보낸 편지에 힘입어 더 강렬해졌다. 그 해 여름 레닌그라드에 있는 동안 니어링은 노동자들이 우랄에 가고 있다는 것과 벽돌 공장에서 일한 자신의 경험을 존에게 알렸다. 니어링은 할 수 있다면 우랄이나 시베리아에서, 또는 건축 현장이나 공장 같은 곳에서 일하고 싶다고 말했다. 니어링은 "생활은 어렵다. 숙소는 거칠고 단조롭다. 그러나 아주 재미있다."라고 덧붙였다.[32] 러시아에 대한 동경과 함께 존은 결국 그 해에 대학을 떠났으며, 쓸만한 직업을 준비하라는 니어링의 충고에 따랐다. 니어링은 존에게 분야에 상관 없이, 유용한 노동자가 되려면 어느 정도 기술 교육을 받아야 한다고 말했다.[33] 존은 뉴욕 스케넥터디에 있는 제너럴 일렉트릭 공장에서 훈련 코스를 마치고 용접공 자격증을 땄다. 1932년 8월, 니어링과 존은 반전 세계 의회 미국 대표단의 일원으로 암스테르담을 여행했다. 존은 전기 노동조합의 간부로 회의에 참석했으나 최종 목적지는 모스크바였다. 손에 용접공 자격증을 쥔 존은 모스크바를 출발, 우랄 산맥 동쪽 사면에 있는 산업 도시 마그니타고르스크로 갔다.[34]

존은 러시아행을 이야기하면서 '슬프게도 자리를 잘못 잡은 미국, 젊은 에너지와 열정을 해소할 기회가 거의 없는 나라'를 떠났다고 말했다. 존은 점차 볼셰비키가 미국 사람들이 묻던 질문 일부에 최소한의 답을 찾았다는 결론에 이르렀고, 어쨌든 미국보다는 한 발 앞서 있는 것으로 보이는 사회를 건설하는 것에 자기도 힘을 보태기를 바랐다. 마그니타고르스크에서 존은 물질 소유를 숭배하는 것에서 벗어나기를 바랐다. 존은 소유를 숭배하는 것은 미국 사회의 고질 중 하나라고 부모한테서 배웠다고 말했다.[35]

존은 마그니타고르스크에서 열심히 살면서 계속 강렬한 삶을 추구했다. 존은 러시아 말을 배웠고, 당 대학에 등록했으며, 용접공에서 '코크스와 화학 부산물 공장'의 감독관, 화학자로 길을 바꾸었다. 1934년 존의 편지는 새로운 자신감과 성숙을 보여 주었다. 존은 아버지의 말에 동의하지 않는다고 이야기하면서도 머뭇거리지 않았으며, 이렇게 질문하기도 했다. "사람의 일상사에서 추리력의 역할이 공산주의자에 의해 과대평가되었다고 말씀하시는 것은 무엇 때문인가요? 아버지가 편지에서 생각을 마무리하지 않아서 저는 그것이 무엇을 의미하는지 알 수가 없습니다."[36] 니어링이 존의 삶과 누더기 상태인 편지, 옷, 수염, 일상생활을 비판했을 때 존의 대답은 자신에 차 있었다.

아버지는 제가 할 수 있는 것을 모두 배우라고 말씀하셨습니다. 저는 날마다 너무 많은 것을 배우고 있습니다. 만일 제가 배우는 것의 절반만이라도 소화할 수 있다면 다음 휴일쯤에는 소크라테스(Socrates)가 되어 있을 것입니다. 저는 여기서 시간을 낭비하지 않고 있습니다. 만약 아버지가 일주일 동안 여기 계시면서 제가 얼마나 잠을 자는지, 날마다 무엇을 하는지 보신다면 제 말에 동의하실 것입니다. 제 생활은 그 전에 많이 경험한 높은 수준의 삶보다 수준이 훨씬 높습니다. 제 생활은 아버지가 이미 1883년부터, 특히 1920년부터 누린 수준에 근접하고 있습니다.[37]

존은 1934년 러시아 여성과 결혼했고, 니어링은 그 해 여름 마그니타고르스크를 방문했다. 니어링은 그 뒤 3년 동안 존을 보러 매년 그 곳을 찾았다. 1937년 존은 잠시 미국에 왔다가 동생 로버트와 함께 러시아로 갔다. 로버트는 당시 미국에서 일정한 직업 없이 일거리를 찾고 있었다.[38] 그러나 형제가 찾은 러시아는 존이 불과 몇 달 전에 떠난 그 러시아가 아니었다. 스탈린(Iosif Vissarionovich Stalin)의 숙청이 소비에트 사회의 심장부에 이르고 있었다. 외국인은 의심을 받았고, 일거리를 찾을 수 없었다. 몇 달 뒤 로버트는 미국으로 돌아왔다. 존도 결국 프랑스 통신사의 특파원으로 일하려고 모스크바로 옮겼다. 존은 가족을 러시아 밖으로 내보내는 과정에서 어려움을 겪었으며, 눈앞에 드러나는 러시아의 분열된 현실에 괴로워했다. 진보가 야만스러운 억압으로 붕괴되었다. 스탈린의 공포 정치는 인간적, 문화적으로 충만한 삶의 방식에 대한 희망을 파괴해 버렸다.

1941년, 존은 소비에트 외교 정책을 비난했다는 이유로 소련에서 추방되었으나 아내와 두 딸은 안전한 여행을 보장받았다. 그래서 존은 가족을 이끌고 미국으로 이주했다. 다른 부분에서도 그랬지만, 특히 존이 돌아오면서 품고 온 반공 의식은 니어링과 존 사이에 벌어진 틈을 더욱 벌려 놓았다. 존은 코네티컷의 리지필드에 정착해 회사에 취직했다. 루스(Henry Robinson Luce)가 소유한 잡지 〈타임 Time〉에 들어간 존은 그 곳에서 소련 전문가, 특파원, 편집자, 순회 강사, 발행인 보좌역 따위 여러 가지 일을 했다.

이를 본 니어링은 존이 관계를 맺은 집단은 부끄러운 패거리라며 존을 나무랐다. 니어링은 냉전을 보는 존의 시각에 동의하지 않았으며, 이는 아들이 사는 방식에 반대하는 오랜 싸움의 시작이었다. 존은 아버지가 세상을 보는 눈에서 벗어나, 청년 시절의 희망과 가능성을 모두 배반했다. 니어링은 존에게 너 같은 배경과 능력을 가진 사람이, 소련의 힘이 전세계에 위협이라고 썼다는 것에 실망했다는 편지를 보냈다. 니어링은 소련이 인류의 적이자 인류 고통의 원천이라고 비난하는 것에는 근거가 없다고 주장했다. 니어링은 이렇게 썼다. "과거에 너는 좀더 잘 알았다. 그러나 너는 불과 몇 년 전에 알던 것들을 잊어버렸거나, 경제적으로 어려운 것과 리지필드에서 잘 되지 않은 것 때문에 고결함보다는 이기심과 권력을 선택했다. …… 이것은 네 삶에서 중요하고도 엄청난 문제이다. 무엇보다도 너는 경제적으로 어떻게 살아갈 것인지 결정해야 한다. 그 결과에 따라 너는 경제적인 요소에 지배받고 조종당하든지, 아니면 진리와 질서, 조화,

아름다움이 네 삶을 결정하도록 할 것이다."[39]

▬▬▬ 농사를 지어 자급자족하는 삶을 사는 동안에도 니어링은 공산주의자로 남아 소련을 미국 자본주의의 유일하고도 진정한 대안이라고 변호했다. 이는 니어링이 소련 체제에 환멸을 느낄 때조차도 그랬으며, 공개적으로 소련을 비판하는 경우는 드물었다. 니어링이 1920년대에 명확히 했듯이, 그런 비판은 자본주의자만 돕게 될 뿐이라고 우려한 것이다. 그럼에도 개인적인 불안감을 완전히 감출 수는 없었다. 무엇보다 존에게서 전해들은 스탈린의 숙청은 불안을 더 크게 했다. 니어링은 1938년 캘버턴 (Victor Francis Calverton)에게 쓴 편지에서 소비에트의 시련에 대해 무력감을 느낀다고 고백했다. 니어링은 "소련은 사회주의-노예 국가일지도 모른다."라고 걱정했다.

이념적으로 사회주의의 내용은 아주 다르다. 하지만 실제로는 무엇이 될 것인가? 아마도 소련이 해답이 될 수 있을 것이다.

어떤 사회 체제도 공포와 증오, 의심, 강제를 바탕으로 만들어져서는 안 된다. 그런 사회주의는, 현재 소련이 그렇듯 사회의 근본을 조각조각 찢어 버릴 것이다.

독일에서 국가 사회주의가 권력을 잡은 뒤, 나는 혼자 묻고 생각했다. 도대체 무엇이 사회주의인가? 만약 우리가 사회주의를 이룩한다면 자유를 전부 잃는 엄청난 대가를 치를 것인가? 나는 미국 공산당의 접근법과 조직에 뭔가 근본적인 문제가 있다고 확신한다. 다시 심사숙고할 필요가 있다. 지난 20년의 역사는 그 빼어난 마르크스의 이론보다 더 빼어난 것에서 형편 없는 것들을 만들어 내고 말았다.

1939년 8월에 독일 나치스와 소련이 불가침 조약을 맺은 것은 이런 생각을 더욱 굳게 만들 뿐이었다. 니어링은 캘버턴에게 보내는 편지에서 그 조약이 소련을 침략국의 일원으로 만들었다고 썼다. 니어링은 그것이 미국 공산당에 끼치는 영향은, 미국 공산당이 소련과 관계를 끊고 독자적인 길을 걸어야만 완화될 수 있을 것이라고 덧붙였다.[40]

그럼에도 여전히 자본주의의 대안으로 사람을 해방시키는 사회 유형은 사회주의였다. 니어링에게 사회주의는 20세기의 전반 몇 년 동안에 형성된 폭넓은 의미였다. 엄격한 원칙으로 구속되지 않은 채, 실용주의와 비슷한 성격을 지녔으며 넓게 열려 있었다. 니어링은 자서전에서 이렇게 썼다. "사회주의는 성취된 현실이라기보다 끝나지 않은 과업이다. 그것은 성장하고 변화하며 발전하고 진화하는 사회 제도이다."[41] 그래서 니어링은 마르크스에게 감동을 받았지만, 니어링이 사회주의에 대해 말하는 것이 마르크스주의를 그대로 따르는 것을 뜻하지는 않았다. 노동당에서 싸우고 나온 뒤에 니어링은 변증법적 유물론으로 자유 의지 원칙을 구속할 수는 없다고 보았다. 니어링은 자신이 정통 마르크스주의자가 되지 않고 자유 의지 원칙의 신봉자가 된 것은 이 때문이라고 말했다.[42] 정통 마르크스주의자가 될 수 없는 또 하나의 이유는 평화주의로, 니어링이 폭력의 효과와 정당성을 믿지 않았기 때문이다.[43] 결국 니어링은 정통 유물주의자가 아니었기 때문에 진정한 100퍼센트 마르크스주의 사회주의자는 절대 아니었다.[44]

니어링은 마르크스주의가 경제 발전을 강조하는 것은 사람과 우주의 관계를 무시하는 것이라고 보았다. 경제 발전을 지나치게 강조하는 것은 사람 본성 중 일부, 사람이 살면서 경험할지도 모르는 인간적인 재난을 무시하는 것이었다. 니어링은 이렇게 지적했다. "사회주의 국가들에서 발전 중인 사회주의에서 내가 고민한 문제 가운데 하나는 사회주의를 일상의 필수품을 생산하고 나누는 방법 정도로 정의하는 경향이다." 니어링은 더 많은 상품과 서비스가 편안함과 쾌적함을 제공할지는 모르지만, 이것들이 적극적이고 창조적인 삶의 욕구를 충족시키지는 못한다고 강조했다. 니어링은 육체적 만족을 넘어서는 요구에 따르면서 지식, 동경, 참여, 창조에 대한 욕구를 충족시키는 개혁 사회주의를 제안했다. 오직 이것이야말로 최대로 만족하고 진정한 충족이 가능한 사회주의였다. 만약 사회주의가 인류 문화에 뚜렷한 기여를 하려면, 그것은 복지 국가를 넘어 독창성, 탐구, 창조의 새로운 영역으로 옮겨 가야 했다.[45] 니어링은 사회주의를 자급자족 실험을 하는 목적과 같은 것으로 생각했다. "경제의 궁극 목적은 사회 환경을 개선하고 이를 융통성 있게 만들어, 개인의 개성을 최대한 발휘하는 기회를 확대하도록 사람의 의지와 천재성을 자극하는 것이다."[46]

▬ 1954년에 니어링이 헬렌과 함께 쓴 《조화로운 삶》이 출간되었을 때, 그 책은 소로(Henry David Thoreau)의 《월든 Walden》에 견주어졌다.[47] 그 책은 대안적인 삶의 방식으로 진정한 자유를 전하는 이야기로, 20세기 판 《월든》이었다. 《월든》이 나오고 꼭 100년 만에 출판되었을 뿐 아니라, 니어링과 헬렌은 소로에 직접 의지하고 있었다.[48] 《월든》에서 소로가 그런 것처럼, 《조화로운 삶》에서 두 사람도 자유를 실천하는 삶, 즉 시장 경제에 의지하는 것에서 벗어나는 삶을 모색하고 표현했다.[49] 두 사람은 자본주의의 문화 권력에서 멀어지려 했으며, 대부분 자급자족함으로써 경제적 압력 때문에 구속과 강제를 받는 것에서 벗어나려고 했다.[50] 이는 일종의 시민 불복종 행동이었으며, 심리적, 정치적 저항이자 대안 사회 질서의 원칙과 실천으로 자존을 유지하고 인간다우면서도 단순한 삶을 산 보기이기도 했다.[51]

《조화로운 삶》은 자급자족 실험의 실제적, 이론적 기초를 명확하게 나타낸 책으로, 니어링과 헬렌의 노력이 잘 드러났다. 이러한 자기반성은 1940년대 후반, 대안적인 삶의 방식이 상당한 성공을 거두었을 때 시작되었다. 1949년에 니어링은 이렇게 말했다. "우리는 '조화로운 삶'이 뜻하는 바를 선명하게 그려 낼 수 있다. …… 우리는 낡은 사회 체제에 근거한 제도를 유지하는 일이라면 어떤 일이든 참여를 거부할 수 있다."[52] 니어링은 자급자족 농장에서 자기 충족의 기반은 시장의 간섭 없이 자신이 소비할 물건을 스스로 생산하는 것이라며 "우리는 물건에 값을 매겨 이익을 내는 경제에 직접 의존하는 것에서 대부분 벗어났다."라고 기록했다.[53]

하지만 책은 삶의 궁극적인 의미를 이야기하려던 처음 의도에는 못 미쳤다. 니어링이 자서전에 기록했듯이, 그이가 철학적인 부분을 위해 현실적인 부분을 회피한 탓에 헬렌이 현실적인 부분을 대변하게 되었다. 1950년에 나온《단풍설탕 이야기 The Maple Sugar Book》는 기본적으로 헬렌의 작품으로, 두 사람이 생계를 꾸려 낼 목적으로 한 일에 대해 쓰고 있다. 이 책은 경제, 사회적으로 세세한 현실에는 집중하면서도 이론은 거의 완전히 포기한 책이었다.[54] 니어링은《그대로 갈 것인가 되돌아갈 것인가 Man's Search for the Good Life》(1954)에서 더욱 철학적인 근거를 모색했다.

1951년, 니어링과 헬렌은 동시에 총괄적인 버몬트 농장 보고서를 내고, 농장 계획을 전반적으로 다시 세우기로 했다.[55] 새로운 계획의 윤곽을 잡으면서 니어링은 추상적인 것을, 헬렌은 구체적인 것을 각각 담당했다.[56] 그 해에 두 사람은 버몬트를 떠나 메인에서 다시 시작하며 실험에 활기를 불어넣고자 했다. 존이 아버지의 계획에 실망을 나타냈을 때, 니어링은 이렇게 대답했다.

내 인생은 너와 다르다. 너는 한 자리에 정착하기를 바란다. 나는 정착하기를 기대하지 않는다. 나는 가까운 장래에 새 일을 할 수 있기를 바라며, 그 일이 끝나면 다음 일을 계속하기를 바란다.

우린 여기에 20년 동안 살았다. 건물을 지었고, 농사도 잘 지었다. 우린 여기에 무한정 있을 수 있고, 설탕 시럽 사업을 하며 편안하게 살 수도 있다. 그러나 그건 현상 유지이고, 후퇴를 의미한다.

버몬트 실험을 포기한 것은 또한 버몬트에서는 공동체를 만들려는 희망이 불가능하리라는 실망스러운 현실 때문이기도 했다. 헬렌과 니어링이 《조화로운 삶》의 마지막 장 제목처럼 공동체에서 더불어 산다는 것은 환상이었다. 메인으로 이주한 것은 공동체를 꾸리려는 이상이 실패했음을 암묵적으로 인정한 것이자, 새롭고 순수하게 개인주의자로 일을 시작하는 것을 상징하는 것이었다. 그 해에 니어링은 헬렌과 함께 검소하게 살면서 독서를 하고 글을 쓰고 있다고 존에게 말했다.[57] 이주하던 해, 두 사람의 '월든'은 형태를 갖추어 가기 시작했다.

《조화로운 삶》의 분위기는 《월든》과 많이 닮았다. 실제 삶의 방식을 사회, 경제적인 비판의 수준으로 고양시키는 것에서 그랬다. 책에서 근본 문제는 사람의 자유였다. 사람이 어떻게 지배 계급의 통제에서 벗어나 경제적, 정치적, 정신적 자유를 이룩할 것인가? 자유는 자결과 개인의 행동을 소중하게 여기는 삶의 방식을 모색하는 문제였다. 이를 위해서는 행동과 원칙에 관한 소신이 조화롭게 결합해야 했다. 만약 그것이 분리되면, 그것은 이론과 실제를 분리하는 것이요, 삶에서 개성을 분리하는 것이었다. 그래서 가장 조화로운 삶은 이론과 실제가 하나가 되는 삶이었다.[58] 소박한 가치와 인간적, 사회적 선을 만들고, 넉넉한 삶을 찾는 것을 넘어서, 니어링은 자본주의 문화의 경제, 윤리 근원에 도전하는 대안 문화 유형을 내놓

헬렌과 니어링. 1938년, 소련에서

헬렌과 니어링. 1950년대, 버몬트에서

메인 농장에서 강연을 하고 있는 니어링. 1950년대 말

니어링. 1976년, 메인 농장에서

나무를 자르는 니어링. 1970년대 말, 메인 농장에서

왔다.[59] 불로 소득은 비도덕적이고 사회를 파괴할 것이라는 생각은 일찍이 니어링이 쓴 경제학 책들의 본질을 그대로 반영하는 것이었다. 니어링과 헬렌은 이렇게 말했다. "우리는 이익을 축적하는 것과, 생산자가 아닌 계급이 불로 소득을 얻는 것에 반대한다." 두 사람은 소득을 얻기 위해서는 일해야 한다고 말했다. 공동체의 어느 부분이 불로 소득으로 살아갈 때 사회 분열이 커지고, 그것을 치유할 원칙 역시 불로 소득을 얻지 못하도록 하는 것임을 강조했다.[60]

두 사람이 전한 것 중 가장 중요한 메시지는 사람의 자유가 무서운 자본가의 문화 권력 때문에 크게 제한받았다는 것이다. "우리가 이런 사회 체제에 익숙하면 익숙할수록 이 체제에 구속받게 될 것이다. 우리는 이론에서 이를 거부했으므로, 가능한 한 실제에서도 이를 거부해야 한다." 두 사람은 그렇게 생각하고 말하고 행동하는 것을 독재자들이 용인하지 않는다 하더라도, 이 체제의 마수에서 벗어나 진정한 삶을 살 수 있도록 노력해야 한다고 말했다. 이 체제를 받아들이면 어쩔 도리 없이 비인격적이고, 무자비하고, 냉혹한 기계의 톱니바퀴가 되고 말 것이라고 경고했다.[61] 니어링과 헬렌은 삶 속으로 더욱더 깊숙이 들어가 거기에서 더 많은 것을 얻어 낼 수 있는 길을 찾기를 바랐다.

우리는 조화로운 삶에 반드시 필요하다고 여기는 최소한의 가치를 제공하는 방안을 모색했다. 이는 일하는 것에서 즐거움을 찾고, 그 즐거움을 확장하며 성취감을 얻고, 고결함과 자존을 높이도록 하는 것이다.[62]

▆▆▆ 니어링은 귀농하면서 미국의 지배 문화와 더욱 멀어졌다. 니어링과 미국 지배 문화의 거리는 미국이 일본에 원자 폭탄을 떨어뜨렸을 때 극에 달했다. 때는 1945년 8월 6일, 니어링의 예순두 번째 생일이었다. 니어링

은 분노해서 트루먼(Harry Truman) 대통령에게 원폭 투하에 항의하는 편지를 보냈다.

대통령의 정부는 이제 우리 정부가 아닙니다. 이 날 이후 우리는 대통령과 완전히 다른 길을 걷겠습니다. 대통령께서는 자살로 가는 길을 따라가며 세계를 폭파하고 세상에 저주를 내리겠지요. 하지만 우리는 협력과 사회 정의, 인류의 복지에 기초한 사람 사회를 만드는 것에 적극 나서겠습니다.[63]

말년에 니어링은 냉정하고 비타협적인 태도를 보여 존과 감정적으로 대립했으며, 끝내는 부자간의 관계마저 끊어졌다. 니어링은 아들이 사는 방식에 불만을 가졌으며, 이는 1952년에 니어링이 존에게 보낸 편지에 극명하게 드러났다.

존에게.

10년 전 네가 미국으로 돌아왔을 때 나는 네가 수수하게 살아가기를 바랐다. 좋은 도서관이 있는 어떤 도시에서 1~2년 공부하고 독서하면서 변화를 겪고, 또 실제로 어떤 변화가 올 것인지 논리적으로 바르게 판단하기를 바랐다.

그러나 너는 미국 최악의 착취 회사 가운데 하나인 루스의 회사에서 일했으며, 경제 사회적으로 특별한 이유 없이 호화로운 집을 지었고, 갈수록 반동 집단과 가까이 하고 있다. 해적질을 하거나 고속도로에서 강도짓을 해도 그보다 반동이거나 반사회적이지는 않을 것이다. 네가 아무 일이나 한다는 것은 말이 되지 않는다. 그럼에도 너는 루스에게 네 재능을 팔면서 인류의 평화와 행복에 가장 큰 위협인 거대한 반사회 세력과 결탁하고 있다.

너의 지난 10년을 돌아보며 다음과 같은 것들을 명심해라.

1. 10년 전 네 결심이 과연 옳았는지를 진지하게 생각해 보아라.

2. 네가 인류의 복지에서 최악의 것을 위해 일하고 있다는 것을 깨달아라.

3. 바른 길을 걸어라.

그렇게 하는 것이 쉽지는 않을 것이다. 그러나 네가 지금 가는 길을 계속 가면 너는 점점 더 고통스러워질 것이다. 네가 세계에서 가장 반동적인 사람들의 손아귀에 얼마나 강하게 잡혀 있는지 더욱 깊이 깨닫게 될 것이기 때문이다. 그리고 네가 20년 전에는 결코 받아들일 수 없었던 주장이나 '될 대로 되라지.' 하는 좋지 않은 생각에 철저하게 굴복했다는 것을 알게 될 것이기 때문이다.

내 말이 아프게 느껴질지도 모른다. 하지만 절망적인 상황에서는 독하고 극적인 처방이 필요한 법이다.

아들을 사랑하는 아버지로부터[64]

1963년 뉴욕에서 니어링의 여든 살 생일을 축하하는 기념 만찬이 열린 뒤, 한때 니어링의 가까운 친구이던 볼드윈(Roger Baldwin)은 존에게, 니어링이 세계를 보는 시각에 반대한다며 매우 유감스럽다는 내용의 편지를 보냈다.[65] 존은 아버지의 태도가 오래 전부터 냉정해졌다며 볼드윈의 말에 동의했다. 그리고 이렇게 덧붙였다. "내가 거기에 맞서 할 수 있는 유일한 일은 사람들한테 아버지와 말할 때 이야기를 전해 달라고 하는 것뿐입니다. 아버지는 우리를 둘러싸고 있는 사회의 직접적인 문제보다 철학, 심지어는 우주적 차원의 선입관에 사로잡혀 있습니다. 그것이 너무 괴롭습니다. 특히 아버지가 걸어오신 길을 숭배하기 때문에 더욱 그렇습니다. 나는 지금의 아버지보다 그 전에 아버지가 해 오신 일들을 더욱 높이 평가합니다."[66] 여러 해 동안 니어링과 존은 불편한 관계를 유지했다.

1973년 존은 〈타임〉에서 퇴사한 뒤, 자유 유럽 방송(Radio Free Europe, 미국의 민간 단체인 자유 유럽 협회가 동유럽을 대상으로 한 정치 선전 방송 — 옮긴이)의 부회장이 되었다. 이 소식을 들은 니어링은 완전히 존과 부자간의 인연을 끊어 버렸다. 존이 관계를 되살리려고 노력했지만 니어링의 거부로 헛되이 끝났다. 니어링은 존이 보낸 편지를 뜯지도 않은 채 로버트를 통해 되돌려 주었다. 이는 존이 1976년 시카고에서 강연하며 여행하다 심장 마비로 숨지기 두 달 전 일이었다.[67]

니어링의 이런 비타협적인 태도는 사람들이 그이에 대해 두 가지 서로 상반되는 감정을 갖게 만들었다. 니어링은 더 좋은 세상을 위한 꿈을 품고 있지만, 비정한 가슴, 냉정한 이성, 사람의 나약함을 인정하지 않는 냉혹함 따위도 함께 갖고 있다고 보인 것이다. 《조화로운 삶》의 서평자도 참된 삶을 위한 처방을 보며 어딘지 모를 고독, 사람의 약함과 결점을 인정하지 않는 독단, 행동을 결정하는 데 차가운 이성을 요구하는 비현실성, 인간적인 따뜻함이 결여된 것을 생각하지 않을 수 없었다.[68] 또 버몬트에서 니어링의 이웃은 이렇게 말했다. "니어링 부부의 진짜 비극은 야생 환경에 적응하는 쉽지 않은 역량을 가진 사람들이, 이웃의 진실한 애정을 얻어 이웃들을 끌어들이는 데는 실패했다는 것이다."[69] 이런 상반된 감정은 애덤스(Jane Addams)가 톨스토이(Leo Tolstoy)에 대해 다음처럼 의문을 제기한 것과 별반 다르지 않았다. "톨스토이의 주장이 삶에서 실천되고 있는가? 톨스토이가 삶에서 생산자 계급의 노동만 일방적으로 인정하는 것은 잘못 아닌가? 그리고 이 모든 것은 사람이 자신이 필요한 것만 생산해도 된다는 말로 바뀔 수 있지 않은가?"[70]

그러나 세기의 중반이 되면서 니어링에 대한 좋지 않은 평판과 소란스러운 과거는 대부분 잊혀졌다. 1970년대 초 《조화로운 삶》이 20만 부 넘게 팔리고 '땅으로 돌아가자'는 운동의 교과서로 새롭게 조명되면서, 니어링은 주로 이 책을 통해 신세대들에게 알려졌다.* 책이 재판되어 나오자 한 서평자는 이렇게 평했다. "미국 사회의 병리에 대한 인간적이면서도 비상한 대안이 운동으로 바뀌었으며, 이는 이 책의 저자들을 통해 그 의미와 세력을 넓혀 가고 있다."[71] 니어링의 부활에 정치적인 의미는 거의 없는 것으로 보였다. 많은 추종자들도 니어링이라는 사람에게 매력을 느꼈으나 그이의 정치 역정에 대해서는 거의 알지 못했다.

니어링은 삶에 불만을 가진 중산층 젊은이들의 우상이 되었다. 이 젊은 이들은 1960년대 정치 사회 운동에서 자신을 불태웠다가, 사회 변화를 위한 정치 대안에 희망을 잃으면서 내면으로 관심의 방향을 돌린 사람들이었다. 매년 수천 명의 삶에 지친 부르주아지 젊은이들이 메인 농장(Forest Farm)을 방문하면서 니어링은 어느 면에서 대항 문화의 영웅으로 떠올랐다. 니어링은 방문자들에 대해 이렇게 말했다.

이 사람들은 정통과 피상적인 것에 염증을 느끼고 탈출한 방황하는 사람들이요, 뭔가를 찾는 사람들이다. 이 사람들은 진정한 의미에서 안주할 곳이 없다. 그래서 그이들을 방랑자로 부를 수도 있을 것이다. 우리는 지금까지 살면서 이렇게 많은 사람들이 정주하지 못한 채 불안정하고 불안전하며 불확실한 모습을 보지 못했다.[72]

젊은이들이 이렇게 된 것은 어떤 목표나 의미 있는 사회적 가치에 대한 헌신이 부족하기 때문인 것이 분명했다. 이 때문에 니어링은 복잡한 감정으로 그이들을 보았으며,[73] 이는 나이 든 급진주의자와 새로운 해방의 감성을 지닌 젊은이들 사이의 충돌로 이어졌다. 니어링의 강건하고 엄격하

■ 1954년에 《조화로운 삶》이 처음 출간되었을 때는 약 1만 부가 팔렸다.

고 적극적인 생활 방식에는 대항 문화의 성적, 감각적 쾌락주의가 자리를
잡을 여지가 없었다. 니어링이 알기에 대항 문화는 문화가 아닌 것이나 마
찬가지였으며, 대안적인 비전이나 계획, 혹은 목적도 없이 모든 사회 구조
와 관례를 부인하기만 하는 것이었다.[74)

그 사람들은 대부분 자유를 좋아했다. 이는 그이들이 개인의 목표와 취
미를 추구한다는 것이다. 그이들은 어느 집단에 관계하는 사람이나, 어느
집단의 구성원이 아니었다. 그이들은 이상한 식사를 하고 요가 같은 것을
수련하며 보여 주는 독특한 행동들보다 더욱 독특한 사람들이었다.[75)

그이들은 땅으로 돌아가는 것의 의미를 위험하게 만드는 자아 도취를
극복할 능력이 없는 사람들, 즉 자본주의 사회의 부산물이었다. 그이들이
자기 보존을 위해 취하는 심리 치료 요법들은 사람과 사회를 진보시킨다
는 목적을 뒤엎고, 땅으로 돌아가자는 운동을 조화의 길에서 벗어나게 할
가능성이 얼마든지 있었다. 1974년 니어링은 이렇게 우려를 나타냈다.
"조화로운 삶을 모색하려고 시작하는 것이 점차 획득, 경쟁, 싸움, 부, 권
력을 추구하는 것으로 바뀔 수도 있다. 험한 길을 가는 동안 어느 시점에
조화로운 삶은 정반대의 것에 의해 수렁에 빠지고 질식할지도 모른다."[76)
만년에 니어링은 잡지 〈피플 People〉에 어울리는 주제나 ABC 방송의
'20/20' 같은 프로그램에 적합한 이야깃거리로, 대중적인 호기심의 대상
이 되었다. 니어링은 공룡처럼 잊혀진 과거의 살아 있는 유물이었으며,
1982년의 영화 〈레즈 Reds〉에서는 20세기 초반 미국 급진주의의 목격자
로 나왔다. 임시 제목을 《사회 권력 Social Forces》이라고 한 채 완성하지
못한 마지막 책을 집필하면서, 니어링은 자신의 생각이 더는 진지하게 받
아들여지지 않는다는 것을 알았다. 나이 아흔다섯에 이르러 니어링은 이

렇게 말했다. "한 친구는 내가 말하는 것들이 그 전처럼 사람들의 관심을 끌지 못할 것이라고 충고했다. 참 유감스럽다."[77] 1983년 8월 24일 세상을 떠나기 불과 몇 달 전인 아흔아홉 살 때, 니어링은 이렇게 털어놓았다. "대중을 움직이기 위해 한 세기 내내 뭔가 하려 했으나, 그 노력은 외형상 거의 성공하지 못했다."[78] 그러나 니어링은 《조화로운 삶》에 썼듯이, 어떤 일의 가치는 그것의 난이도나 성패 가능성에 있는 것이 아니라, 목적을 달성하려는 비전과 계획, 결의, 인내, 노력, 투쟁에 있다는 것, 삶은 획득이나 축적보다는 꿈과 노력으로 풍요로워진다는 것을 알고 있었다.[79]

그이는 꿈을 가졌네.
찬란한 봄날에서
숨이 막히는 무더운 여름을 지나
영광의 가을에 이르도록.

그래, 비와 태양과 바람에 맞서며
저녁 햇살에 반짝이고,
샛별에 손짓하는 나뭇잎처럼,
즐거운 방랑자에서
비천한 노예로 전락한 그이가
마침내 자유를 얻었네.

그이는 오랫동안 꿈을 가졌네.
지금도 그 꿈을 버리지 않았네.
빛나던 그이의 자리는
이제 다른 사람으로 채워져야 하네.

그이처럼 용기 있는 사람은 누구.
태양에게 인사하고
폭풍을 견디며
별빛과 함께 즐기다
마침내
삶의 끈을 늦춘 채 멀고 먼 곳으로
날아가네.

최선을 다한 사람은 갈 수 있네.
그이는 살며 열정적으로 일했네.
우리가 그이에게 진 빚을 갚는 길은
그이가 남긴 일을 하는 것.

스코트 니어링

〈10월 October〉(1920)

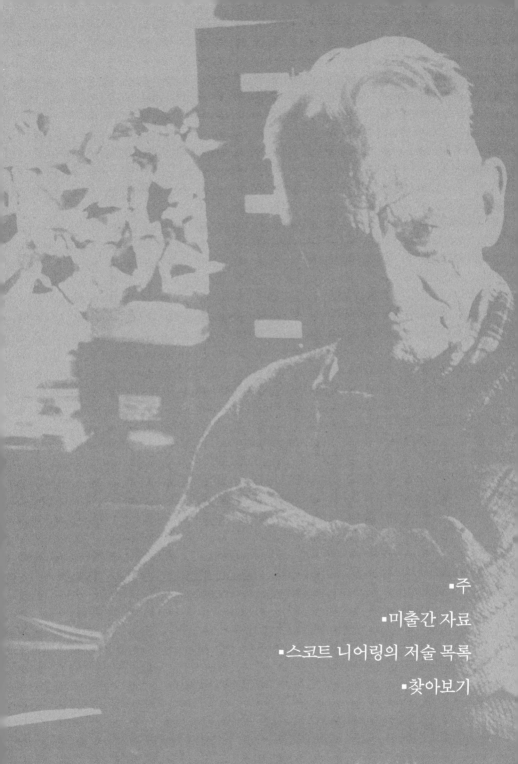

■ 머리말 주

(1) Sidney Hook, *Out of Step: An Unquiet Life in the 20th Century* (New York: Harper & Row, 1987), p. 357.

(2) Joseph Freeman, *An American Testament* (London: Gollancz, 1938), p. 300.

(3) Nearing, "The Teacher, the School, and Democracy," lecture given at the Garrick Theater, Chicago, March 12, 1916. Stenographers Transcript, Military Intelligence Division, Record Group 165, National Archives, Washington, D.C., p. 3.

■ 제1장 주

(1) Nearing, *The Making of a Radical: A Political Autobiography*, 1972, p. 36.(니어링 저술 목록에 대한 완전한 정보는 주(註) 뒤에 제시된 스코트 니어링의 저술 목록에 있다.)

(2) Ibid., p. 134.

(3) Ibid., p. 15; Eva Grover, *Historical Highlights of Morris Run, Pennsylvania* (1932) (Wellsboro, Pa.: Tioga County Historical Society, 1984), p. 8 참조.

(4) Nearing, *Making of a Radical*, p. 15; Grover, *Historical Highlights*, p. 8.

(5) Grover, *Historical Highlights*, p. 9; *History of Tioga County, Pennsylvania* (New York: R. C. Brown and Co., 1897), pp. 625-26.

(6) John L. Sexton, Jr., *History of Tioga County, Pennsylvania* (New York: W.W. Munseu and Co., 1883), p. 22.

(7) Nearing, *Making of a Radical*, p. 76.

(8) George Olin Zabriskie, *The Zabriskie Family: A Three-Hundred-and-One-Year History of the Descendants of Albrecht Zaborowski*, Salt Lake City, 1963, p. 1002; Nearing, *Making of a Radical*, pp. 5-11.

(9) Nearing, *Making of a Radical*, pp. 9-11, 13, 16; draft of *Making of a Radical*, November 2, 1966, May 23, 1967, bk. 4, p. 3, DG 124, Scott Nearing Papers, Swarthmore College Peace Collection, Swarthmore, Pa. (hereafter, SCPC); 빅토리아풍 감각에 대해서는 Daniel Walker Howe, ed., *Victorian America* (Philadelphia, University of Pennsylvania Press, 1976) 참조.

(10) Nearing, *Making of a Radical*, pp. 11-13.

(11) Ibid., p. 17.

(12) Nearing, "Education for What?" 1925, p. 578.

(13) Thorstein Veblen, *The Theory of the Leisure Class* (1899) (New York: Penguin, 1986), pp.

15, 33, 94, 259.

(14) "The Aged Autocrat of Morris Run," New York Herald, magazine sec., May 7, 1905, p. 5; 또한 *Making of a Radical*, pp. 15-16 참조.

(15) Scott Nearing Papers, draft of *Making of a Radical*, November 19, 1968, bk. 6, p. 91, DG 124, SCPC.

(16) Nearing, *Making of a Radical*, p. 5.

(17) Ibid., pp. 46, 60.

(18) 실업 학교의 설립과 관련된 교육 개혁에 관해서는 Lawrence Cremin, *The Transformation of the Schools; Progressivism in American Education, 1876-1957* (New York: Vintage, 1964), pp. 25-35 참조.

(19) Scott Nearing Papers, draft of *Making of a Radical*, November 19, 1968, bk. 6, p. 92, DG 124, SCPC.

(20) Nearing and Henry Reed Burch, *Elements of Economics*, 1912, p. 4.

(21) Nearing, *Making of a Radical*, pp. 30-31; Edward Bellamy, *Looking Backward* (1887)(New York: Penguin, 1985)

(22) Walter Rauschenbusch, "Why I am a Baptist," 1905, repr, in Sydnor L. Stealey, ed., *A Baptist Treasury* (New York: Ayer Co., 1980), pp. 163-83.

(23) Henry F. May, *Protestant Chruches and Industrial America* (New York: Harper, 1949), pp. 199-200.

(24) Nearing, *Making of a Radical*, p. 32.

(25) Russell H. Conwell, *Acres of Diamonds* (New York: Harper, 1915), p. 30.

(26) Ibid., p. 18.

(27) Nearing, *Making of a Radical*, pp. 32-34.

(28) James Dombrowski, *The Early Days of Christian Socialism in America* (1936) (New York: Columbia University Press, 1966), p. 24 참조.

(29) Nearing, *Making of a Radical*, p. 34.

(30) Ibid., pp. 19-21.

(31) 미국 학계에 대한 독일 대학 이념의 영향과 미국의 대학 발전에 대한 독일 대학의 역할에 대해서는 Richard Hofstadter and Walter P. Metzger, *The Development of Academic Freedom in the United States* (New York: Columbia University Press, 1955), pp. 367-83; Laurence R. Veysey, *The Emergence of the American University* (Chicago: University of Chicago Press, 1965), pp. 125-33; Carol S. Gruber, *Mars and Minerva: World War I and the Uses of the Higher Learning in America* (Baton Rouge: Louisiana State University Press, 1975), pp. 17-23; Barton J. Bledstein, *The Culture of Professionalism* (New York: Norton, 1978), pp. 309-

31 참조. 워튼 학교의 발전에 기여한 특별한 역할에 대해서는 Steven A. Sass, *The Pragmatic Imagination: A History of the Wharton School*, 1881-1981 (Philadelphia: University of Pennsylvania Press, 1982), pp. 55-129 참조.

(32) Sass, *Pragmatic Imagination*, pp. 22-23에서 인용.

(33) Ibid., pp. 72-83.

(34) Joseph Dorfman, *The Economic Mind in American Civilization, Volume 3*, 1865-1918 (New York: Viking, 1949), P. 186.

(35) Nearing, *Educational Frontiers : Simon Nelson Patten and Other Teachers*, 1925, p. 81.

(36) Simon Nelson Patten, "The Reconstruction of Economic Theory"(1912), repr. Rexford G. Tugwell, ed., *Essays in Economic Theory* (New York: Knopf, 1924), p. 279.

(37) From Patten's 1908 presidential address to the American Economics Association, Nearing, *Social Adjustment*, 1910, p. 312에서 인용.

(38) Scott Nearing Papers, working outline, *Making of a Radical*, December 23, 1965, p. 3, DG 124, SCPC.

(39) 터그웰의 스승에 대한 회상, Joseph Dorfman, *Economic Mind, Vol.5, 1918-1933*, p. 503에서 인용.

(40) Joseph Dorfman, "The Background of Institutional Economics," in Dorfman et al., *Institutional Economics* (Berkeley: University of California Press, 1963), pp. 1-44; Dorfman, *Economic Mind, Vol 3, 1865-1918*, pp. 161-62, 183, 276-78, 343; Sidney Fine, *Laissez Faire and the General Welfare State* (Ann Arbor: University of Michigan Press, 1956), pp. 198-221; Daniel M. Fox, *The Discovery of Abundance, Simon Nelson Patten and the Transformation of Social Theory* (Ithaca: Cornell University Press, 1967) 참조.

(41) John R. Everett, *Religion in Economics* (New York: King's Crown Press, 1946), p. 33.

(42) Patten, "The Reconstruction of Economic Theory," repr. Essays in Economic Theory, p. 276

(43) Patten, "Theory of Dynamic Economics"(1892), repr. Essays in Economic Theory, pp. 53-54.

(44) Patten, "The Conflict Theory of Distribution"(1908), repr. Essays in Economic Theory, p. 219.

(45) Dorfman, *Economic Mind, Vol.3*, p. 183.

(46) Patten, "Pragmatism and Social Science"(1911), repr. *Essays in Economic Theory*, p. 260.

(47) Dorfman, *Institutional Economics*, pp. v., 5, 9, 42; Dorfman, *Economic Mind*, Vol. 3, p. 343; 또한 David Hollinger, "The Problem of Pragmatism in American History," *Journal of American History* 67 (1980): 88-107 참조.

(48) Dorfman, *Economic Mind*, Vol. 4, p. 125.

(49) Patten, *The Social Basis of Religion* (New York: Macmillian, 1914), p. vi.

(50) Patten, "The Reconstruction of Economic Theory" (1912), repr. *Essays in Economic Theory*, p. 274.

(51) Patten, "Pragmatism and Social Science" (1911), repr. *Essays in Economic Theory*, p. 264

(52) Patten, "Is Christianity Ethics or Religion?" *The Independent*, March 30, 1911, p. 656.

(53) Ibid., p. 657.

(54) Patten, *Social Basis of Religion*, p. 210.

(55) Ibid., p. v.

(56) Mary Furner, *Advocacy and Objectivity, a Crisis in the Professionalism of American Social Science, 1865-1905* (Lexington: University Pres of Kentucky, 1975), p. 51; 또한 Charles Hopkins, *The Rise of the Social Gospel in American Protestantism, 1865-1915* (New Haven: Yale University Press, 1914), pp. 273-74 참조; 특히 Everett, *Religion in Economics*, pp. 124-36이 도움이 된다.

(57) Patten, "The Reconstruction of Economic Theory" (1912), repr. *Essays in Economic Theory*, p. 279.

(58) Everett, *Religion in Economics*, p. 119에서 인용.

(59) Patten, "The Economic Causes of Moral Progress" (1893), repr. *Essays in Economic Theory*, p. 164.

(60) 경제학의 전문성을 지지하는 이들과 사회적 표현을 지지하는 이들 사이의 일반적인 긴장에 대해서는 Furner, *Advocacy and Objectivity*; Thomas L. Haskell, *The Emergence of Professional Social Science* (Urbana: University of Illinois Press, 1976); Dorothy Ross, "The Development of the Social Sciences," in Alexandra Oleson and John Voss, *The Organization of Knowledge in Modern America, 1860-1920* (Baltimore: Johns Hopkins University Press, 1979), pp. 107-38, and "Socialism and American Liberalism: Academic Social Thought in the 1880s," *Perspectives in American History* 11 (1977-78): 5-79 참조.

(61) Patten, "The Reconstruction," p. 293.

(62) Simon Nelson Patten, *The New Basis of Civilization* (1907) (Cambridge, Mass.: Belknap Press, 1968), p. 40.

(63) Ibid., p. 158.

(64) Simon Nelson Patten, *Product and Climax* (New York: B. W. Huebsch, 1909), pp. 41, 44, 57-60, 65-66.

(65) Patten, "The Reconstruction," p. 293.

(66) Ibid., p. 292.

(67) Ibid., pp. 292-93.

(68) Patten, *New Basis of Civilization*, pp. 70-71.

(69) Patten, "The Conflict Theory of Distribution" (1908), repr. *Essays in Economic Theory*, p. 219.

(70) Patten, "The Reconstruction," p. 289.

(71) Everett, *Religion in Economics*, pp. 123, 133-134과 Dorfman, *Institutional Economics* 참조.

(72) Patten, "The Reconstruction," pp. 277-278, 291.

(73) On the German ideal and the question of academic freedom as it was transformed in the United States, 독일 대학의 이념과 이것이 미국에 이식되면서 생겨난 학문의 자유에 관해서는 Hofstadter and Metzger, *Development of Academic Freedom*, pp. 383-412와 Veysey, *Emergence of the American University*, pp. 381-418; Gruber, *Mars and Minerva*, pp. 17-23; Bledstein, *Culture of Professionalism*, pp. 309-31 참조.

(74) Patten, "Making of Economic Literature" (1908 presidential address), rept. *Essays in Economic Theory*, p. 240.

(75) Ibid., pp. 240-41.

(76) Ibid., pp. 242-47.

(77) Nearing, *Making of a Radical*, p. 54.

(78) Ibid.

(79) Ibid., p. 56.

(80) Nearing, *Making of a Radical*, p. 45.

(81) Ibid., p. 33.

(82) Ibid., p. 38.

(83) Nearing, *Educational Frontiers*, pp. 16-17.

(84) Nearing, *Making of a Radical*, pp. 56-57.

(85) Nearing, *Educational Frontiers*, p. 17.

(86) Nearing, *Making of a Radical*, p. 82.

(87) Nearing, *Educational Frontiers*, p. 4; *Making of a Radical*, p. 21.

(88) Nearing, *Making of a Radical*, p. 21.

(89) Ibid., p. 37.

(90) Nearing, *Educational Frontiers*, pp. ix, x.

(91) Scott Nearing Papers, draft of *Making of a Radical*, May 31, 1967, bk. 4, p. 69, DG 124, SCPC.

(92) Nearing, Making of a Radical, p. 36.

■ 제2장 주

(1) Nearing and Frank Watson, *Economics*, 1908, p. 28.

(2) Ibid., pp. 350-351.

(3) Scott Nearing Papers, draft of *Making of a Radical*, October 9, 1967, bk. 6, p. 175, DG 124, Swarthmore College Peace Collection (SCPC).

(4) Nearing and Henry Reed Burch, *Elements of Economics*, 1912, p. 135.

(5) Nearing, *Social Adjustment*, 1910, p. ix.

(6) Nearing and Nellie Seeds Nearing, "New Year Greetings," 1913, p. 38.

(7) Nearing and Watson, *Economics*, p. 1.

(8) Nearing, *Social Adjustment*, p. 11.

(9) Nearing, *Social Sanity*, 1913, pp. 70-71.

(10) Ibid., p. 341.

(11) Nearing, *Reducing the Cost of Living*, 1914, p. 119.

(12) Ibid., p. 119.

(13) Nearing, "Welfare and the New Economics," p. 506.

(14) Ibid., p. 504.

(15) Ibid., p. 507.

(16) Ibid., p. 506.

(17) Ibid., p. 509.

(18) Ibid., p. 507.

(19) Nearing and Burch, *Elements in Economics*, p. xiv.

(20) Ibid., p. 504.

(21) Nearing and Watson, *Economics*, p. 445.

(22) Nearing, *Income*, 1915, p. 198.

(23) Nearing, *Making of a Radical*, p. 37.

(24) Fox, *Discovery of Abundance*, p. 125.

(25) Nearing, *Social Adjustment*, pp. 4-5.

(26) Nearing. *Social Religion*, pamphlet, 1910, p. 23.

(27) Rexford G. Tugwell, *To the Lesser Heights of Morningside: A Memoir* (Philadelphia: University of Pennsylvania Press, 1982). pp. 28-29.

(28) Nearing and Burch, *Economics*, p. 341.

(29) Ibid., p. 18.

(30) Nearing, *Making of a Radical*, p. 56.

(31) Scott Nearing Papers, draft of autobiography, bk. 4, April 18, 1968, p. 28a, DG 124 SCPC.

(32) Nearing, *Income*, p. 18.

(33) Ibid., p. 61.

(34) Ibid., p. 17.

(35) Thorstein Veblen, *The Theory of the Leisure* Class (1899) (New York: Penguin, 1986), pp. 39, 209.

(36) Tugwell, *Lesser Heights of Morningside*, pp. 48, 67.

(37) Alvin S. Johnson, "Our National Income," *The Nation*, August 28, 1915, pp. 107-8.

(38) "Professor Nearing's Attitude on Economics and His Dismissal from The University of Pennsylvania: A Plea for Freedom in University Teaching of Economics," n.p., 1915, pp. 10-11.

(39) Nearing, "The Why of Income," 1915, pp. 745-62.

(40) Nearing, "The Service-Property Conflict," 1915, p. 385.

(41) Nearing, "Service Income and Property Income," 1914, pp. 236-27.

(42) Nearing, *Income*, p. 155, 또한 Nearing, "Wages and Salaries in Organized Industry," 1915, p. 478 참조.

(43) Nearing, and Watson, *Economics*, pp. 24-26.

(44) Nearing, *Income*, p. 184.

(45) Ibid., p. viii.

(46) Nearing, *Making of a Radical*, p. 46.

(47) Nearing, *Poverty and Riches: A Study of the Industrial Regime*, 1916, p. 206.

(48) Ibid., pp. 200-201.

(49) Nearing, *The Human Element in Economics*, 1919.

(50) Ibid.

(51) Nearing, *Social Sanity*, pp. 161, 169.

(52) Nearing, *Poverty and Riches*, p. 220.

(53) Nearing, *Human Element in Economics*.

(54) *Chautauquan Daily*, July 16, 1915, p. 2.

(55) Nearing, *Social Sanity*, p. 161.

(56) Ibid., pp. 228-32.

(57) Nearing, *Income*, pp. 20-21.

■ 제3장 주

(1) Nearing, *Reducing the Cost of Living*, 1914, p. 77.

(2) Nearing, "Social Decadence," 1913, p. 629.

(3) 공화주의에 관한 문헌은 대단히 많다. 이 책은 대부분 다음의 연구를 참조했다. Joyce Appleby, *Capitalism and the New Social Order: The Republican Vision of the 1790s* (New York: New York University Press, 1984); "Liberalism and the American Revolution," *New England Quarterly* (March 1976):3-26; "The Social Origins of the American Revolutionary Ideology," *Journal of American History* 64 (1978):935-58; Bernard Bailyn, *The Ideological Origins of the American Revolution* (Cambridge, Mass.: Belknap Press, 1967); John P. Diggins, The Lost Soul of American Politics (New York: Basic Books, 1984); and Gordon S. Wood, *The Creation of the American Republic, 1776-1787* (Chapel Hill: University of North Carolina Press), 1969). 미국 진보주의 시대의 사상에서 공화주의자의 이념에 대해서는 John P. Diggins, "Republicanism and Progressivism," *American Quarterly* 37(Fall 1985):572-98 참조.

(4) Nearing, *The Super Race*, An American Problem, 1912, p. 57.

(5) Nearing and Nellie Seeds Nearing, *Women and Social Progress*, 1912, p. 141.

(6) Nearing, *The Human Element in Economics*.

(7) Lawrence A. Cremin, *The Transformation of the School: Progressivism in American Education, 1876-1957* (New York: Vintage, 1964), p. 100에서 인용.

(8) Nearing, *The New Education: A Review of the Progressive Educational Movements of the Day*, 1915, p. 3.

(9) 일반적으로 Cremin, *The Transformation of the School* 참조.

(10) Nearing, *New Education*, pp. 22, 42.

(11) Nearing, *Social Adjustment*, 1910, pp. 17, 21; 진보주의 시대의 교육에 대한 논쟁에서 스펜서와 워드의 주장에 대해서는 Cremin, *The Transformation of the School*, pp. 90-100 참조.

(12) Nearing, *Social Adjustment*, p. 313.

(13) Ibid., pp. 50-51; 도제 제도에서 학교 제도로 변화한 것에 대해서는 Cremin, *The Transformation of the School*, pp. 34-41 참조.

(14) Nearing and Jessie Field, *Community Civics*, 1916, p. 129.

(15) Nearing, *New Education*, p. 82.

(16) Nearing and Field, *Community Civics*, p. 141.

(17) Ibid., p. v.

(18) Nearing, *Social Adjustment*, p. 318.

(19) Nearing, *New Education*, p. 222.

(20) Nearing, *Social Adjustment*, pp. 317, 320.

(21) Ibid., p. 314.

(22) Ibid., p. 288.

(23) Ibid., pp. 285-86.

(24) Ibid., p. 323.

(25) Ibid., p. 374.

(26) Ibid., p. 322.

(27) Ibid., p. 372.

(28) Ibid., p. 32.

(29) Ibid., p. 234.

(30) Ibid., p. 140.

(31) Nearing and Nellie Nearing, *Women and Social Progress*, pp. 54-55.

(32) Ibid., p. 128.

(33) Ibid., pp. 128-37.

(34) Ibid., pp. 138-39.

(35) Ibid., pp. 141-42.

(36) Ibid., p. 141.

(37) Ibid., p. 146.

(38) Ibid., pp. 145-146.

(39) Nearing, *Social Religion*, 1913, p. 208.

(40) Nearing, *Super Race*, pp. 81-83.

(41) Nearing and Nellie Nearing, *Women and Social Progress*, p. 199 참조.

(42) Nearing and Nellie Seeds Nearing, "Four Great Things a Woman Does at Home," 1912, p. 12.

(43) Nearing and Nellie Nearing, *Women and Social Progress*, p. xi.

(44) Nearing, *Poverty and Riches*, 1916, p. 234.

(45) Nearing, *Social Adjustment*, pp. 137.

(46) Ibid., p. 145.

(47) Rexford G. Tugwell, *To the Lesser Heights of Morningside: A Memoir* (Philadelphia: University of Pennsylvania Press, 1982), p. 39.

(48) Nellie Seeds Nearing, *Education and Fecundity*, repr. Publications of the American Statistical Association, June 1914, abstract of thesis, Chautauqua Print Shop, 1917, p. 19.

(49) Charles Hopkins, *The Rise of the Social Gospel in American Protestantism, 1865-1915* (New Haven: Yale University Press, 1940), p. 141.

(50) Nearing, *Social Religion*, p. xiii.

(51) Nearing, debate with John Haynes Holmes, *Can the Church be Radical?* 1922, p. 36.

(52) 사회 복음과 사회 과학의 일반적인 관계에 대해서는 Hopkins, *Rise of the Social Gospel*, John R. Everett, *Religion and Economics* (New York: King's Crown Press, 1946), and James Dombrowski, *The Early Days of Christian Socialism* (1936) (New York: Columbia University Press, 1966) 참조.

(53) Nearing, *Poverty and Riches*, p. 220.

(54) Nearing, *Social Sanity*, 1913, p. 59.

(55) Tugwell, *Lesser Heights of Morningside*, p. 59.

(56) Nearing, *Social Religion*, p. 2.

(57) Ibid., p. 11.

(58) Ibid., p. 197.

(59) Ibid., p. 170.

(60) Nearing, debate with Percy Ward, *Would the Practice of Christ's Teachings Make for Social Progress?* 1920, p. 14.

(61) Nearing, *Social Religion*, p. xiii.

(62) Nearing, *Social Adjustment*, p. 289.

(63) Nearing-Ward, *Practice of Christ's Teachings*, p. 43.

(64) Nearing, *Social Adjustment*, p. 290.

(65) Nearing, "Can the Church be Pacifist?" 1922, p. 665; *Social Religion*, pp. xv, x.

(66) Nearing, *Social Religion*, p. 193-94.

(67) Ibid., p. 200.

(68) Nearing, *Social Religion*, pamphlet, p. 8.

(69) Nearing, *Social Religion*, p. xiv.

(70) Ibid., p. 200.

(71) Nearing, *Social Adjustment*, p. 5.

(72) Ibid., p. 5.

(73) Nearing, *Social Religion*, pp. 170, 197-198.

(74) Ibid., p. 201.

(75) Nearing, *Social Sanity*, p. 7.

(76) Ibid., p. 245.

(77) Ibid., p. 100.

(78) Nearing, *Social Religion*, p. 215.

(79) Ibid., p. 5.

(80) Ibid., pp. 5-7.

(81) *Chautauquan Daily*, July 17, 1915, p. 2.

(82) Nearing, *Social Religion*, p. 168.

(83) Ibid., p. xvi.

(84) Ibid., p. xvi.

(85) Morton White, *Social Thought in America: The Revolt against Formalism* (New York: Oxford University Press, 1976), p. 107.

(86) Simon Nelson Patten, *The Social Basis of Religion* (New York: Macmillan, 1910), pp. xii-xiii.

(87) Nearing, *Making of a Radical*, p. 30; *The Next Step*, 1922, p. 145; *Making of a Radical*, pp. 36-37.

(88) Scott and Helen Nearing Paper, card file 2, 니어링은 이를 William Caldwell, *Pragmatism and Idealism*, London, 1913, Boston University Special Collections, Boston에서 인용했다.

(89) Nearing, *New Education*, p. 251.

(90) Nearing, "Education and the Open Mind," 1925, p. 284; *Man's Search for the Good Life*, 1974, p. 21.

(91) Scott and Helen Nearing Papers, card file 1, n.d., Boston University Special Collections, Boston.

■ 제4장 주

(1) Nearing, *Poverty and Riches: A Study of the Industrial Regime*, 1916, pp. 92, 109.

(2) Nearing, *Conscience of a Radical*, 1965, pp. 10-11.

(3) Nearing, *Making of a Radical*, 1972, p. 225; 또한 McFadden에 관해서는 James C. Whorton, *Crusaders for Fitness: A History of American Health Reformers* (Princeton: Princeton University Press, 1982), pp. 296-303 참조.

(4) Joseph Freeman, An American Testament (London: Gollancz, 1938), p. 271.

(5) Thorstein Veblen, *The Theory of the Leisure Class* (1899) (New York: Penguin, 1986), pp. 247, 250, 255, 261, 271.

(6) William James, *The Varieties of Religious Experience* (1902) (New York: Modern Library, 1929), p. 357.

(7) William James, "The Moral Equivalent of War," in John J McDermott, ed., *The Writings of William James* (Chicago: University of Chicago Press, 1977), pp. 663, 666, 669.

(8)   Theodore Roosevelt, "The Strenuous Life" (1899), in *The Works of Theodore Roosevelt*, Vol.13 (New York: National Edition, 1926), pp. 320, 322, 323, 331; 또한 George M. Fredrickson, *The Inner Civil War: Northern Intellectuals and the Crisis of Union* (New York: Harper, 1965), pp. 217-38 참조.

(9)   Nearing, *The American Empire*, 1921, p. 112.

(10) Nearing, *Social Sanity*, 1913, pp. 117, 122, 123.

(11) Nearing, *Reducing the Cost of Living*, 1914, p. 210.

(12) Ibid., p. 209.

(13) Ibid., p. 215.

(14) Nearing, *Poverty and Riches*, p. 79.

(15) James, "The Moral Equivalent of War," p. 669.

(16) James, The Varieties of Religious Experience, pp. 359-60.

(17) Ibid., p. 360.

(18) Scoot Nearing Papers, "The Spirit of Revolt," undated, DG 124; *Christianizing the Social Order*, 1912, p. 102, SCPC에서 인용.

(19) "Thoreau," *Atlantic Monthly*, August 1862.

(20) Nearing, *Making of a Radical*, p. 2.

(21) 일반적으로 Morton and Lucia White, *The Intellectual versus the City* (1964) (New York: Oxford University Press, 1977) 참조. 또한 Whorton, *Crusaders for Fitness*, pp. 164-67 참조.

(22) Nearing, *Reducing the Cost of Living*, p. 218.

(23) Nearing and Jessie Field, *Community Civics*, 1916, pp. 146, 178-81; *Social Adjustment*, 1910, p. 65.

(24) Nearing and Field, *Community Civics*, pp. 37, 39, 42.

(25) Nearing, *Man's Search for the Good Life*, 1974, p. 10.

(26) Nearing, *Reducing the Cost of Living*, pp. 20, 217-19, 227, 229; for an excellent discussion of the simple life as an ideal in American history with a disappointingly brief and superficial treatment of Nearing, 니어링을 지나치게 간략하고 피상적으로 다루긴 했지만, 미국 역사에서 이상으로서 단순한 삶에 대한 빼어난 논의는 David Shi, *The Simple Life: Plain Living and High Thingking in American Culture* (New York: Oxford University Press, 1985) 참조.

(27) Shi, *Simple Life*, pp. 176, 179, 또한 Whorton, *Crusaders for Fitness*, pp. 164-67에서 인용.

(28) Frank Stephens, "The Arden Enclave," in Charles White Huntington, *Enclaves of Single Tax*, Vol.4 (Harvard, Mass.: F. Warren, 1924), p. 72.

(29) Stephens, "Arden Enclave," p. 73.

(30) Huntington, *Enclaves of Single Tax*, Vol. 1, pp. 37-38.

(31) Nearing, *Man's Search for the Good Life*, 1974, pp. 1-10; *Making of a Radical*, p. 40; 또한 Stephen Whilfield, *Scott Nearing: Apostle of American Radicalism* (New York: Columbia University Press, 1974), pp. 15-17 참조.

(32) Upton Sinclair, *American Outpost: A Book of Reminiscences* (Pasadena, Calif.: the author, 1932), p. 230.

(33) Scott Nearing Eightieth Birthday Album, letter for Donald Stephens to Scott Nearing, October 28, 1963; in the possession of Helen Nearing.

(34) Ella Reeve Bloor, *We are Many* (New York: International Publishers, 1940), p. 71.

(35) Sinclair, *American Outpost*, p. 232.

(36) Scott Nearing Papers, draft of autobiography, bk. 4, October 5, 1967, p. 167, DG 124, SCPC.

(37) 건강 개선을 이해하기 위해 꼭 필요한 자료는 Whorton, *Crusaders for Fitness*.

(38) Nearing and Field, *Community Civics*, p. 178.

(39) Sinclair, *American Outpost*, p. 231.

(40) Nearing, *Making of a Radical*, p. 210.

(41) Nearing, "The New Education," 1917, p. 147.

(42) Nearing, *Social Adjustment*, p. 26.

(43) Robert and Helen Lynd, *Middletown* (New York: Harcourt, Brace, 1929) 참조.

(44) Nearing, "The New Education," p. 147.

(45) Nearing, *Making of a Radical*, p. 210.

(46) Ibid., p. 59; 서토쿼에 대해서는 Theodore Morrison, *Chautauqua: A Center for Education, Religion, and the Arts in America* (Chicago: University of Chicago press, 1974); Henry May, *Protestant Churches in Industrial America* (New York: Knopf, 1949), p. 206; Charles H. Hopkins, *The Rise of the Social Gospel in American Protestantism* (New Haven: Yale University Press, 1940), p. 163; Arthur E. Bestor, *Chautauqua Publications: An Historical and Bibliographical Guide* (Chautauqua, N.Y.: Chautauqua, 1934); Eldon E. Snyder, "The Chautauqua Movement in Popular Culture: A Sociological Analysis," *Journal of American Culture* 8 (Fall 1985):79-90; and David Mead, "1914: Chautauqua and American Innocence," *Journal of Popular Culture* 1, no. 4 (Spring 1968):339-56 참조.

(47) William James, "What Makes Life Significant," in John J. McDermott, ed., *The Writings of William James* (Chicago: University of Chicago Press, 1981)

(48) *Chautauqua Daily*, July 19, 1912, p. 2; July 14, 1914, p. 1.

(49) *Chautauqua Daily*, July 24, 1917.

(50) *Chautauqua Daily*, July 14, 1915, p. 6.

(51) *Chautauqua Daily*, July 15, 1914, p. 3.

(52) *Chautauqua Daily*, July 17, 1915, p. 2.

(53) *Chautauqua Daily*, July 16, 1914, p. 2.

(54) 서토쿼에 대한 제임스의 말에 대해서는 "What Makes Life Significant,"와 *The Letters of William James*, ed. Henry James, Vol. 2 (repr. New York: Kraus, 1969), pp. 243- 44 참조.

(55) *Chautauqua Daily*, July 14, 1914, p. 1.

(56) Beverly Seaton, "Helen Reimensnyder Martin's 'Caricatures' of the Pennsylvania Germans," *Pennsylvania Magazine of History and Biography* 104(January 1980): 86-95 참조.

(57) Helen R. Martin, *Fanatic or Christian?* (Garden City, N.Y.: Doubleday, 1918), pp. 88, 91.

(58) Ibid., pp. 92-93.

(59) Ibid., pp. 148, 256.

(60) Ibid., p. 96.

(61) Helen R. Martin, *The Church on the Avenue* (New York: Dodd, Mead, 1923), pp. 236-37, 284.

■ 제5장 주

(1) Nearing, *Reducing the Cost of Living*, 1914, p. 13.

(2) Nearing and Nellie Seeds Nearing, *Women and Social Progress*, 1912, p. 213.

(3) Nearing, *The Super Race: An American Problem*, 1912, p. 51.

(4) Nearing, *The Solution of the Child Labor Problem*, 1911, p. 134; *Reducing the Cost of Living*, pp. 206, 207, 257; *Chautauqua Daily*, July 18, 1914, p. 3.

(5) Nearing, *The Super Race*, p. 86.

(6) Simon Nelson Patten, *Heredity and Social Progress* (New York: Macmillan, 1903); "An Analysis of mental Defect," *The Monist* 30 (January 1920):107-12; "The Reconstruction of Economic Theory" (1912), repr. in Rexford G. Tugwell, ed., *Essays in Economic Theory* (New York: Knopf, 1924), p. 330 참조.

(7) Nellie Seeds Nearing's travel journal, "Our First Trip to Europe, Sailed from Philadelphia, June 10, 1911," in the possession of Robert Nearing, Troy, Pa.

(8) Rexford G. Tugwell, *To the Lesser Heights of Morningside: A Memoir* (Philadelphia: University of Pennsylvania Press, 1982), pp. 27-28n.

(9) Nearing, "Social Decadence," 1913, p. 634.

(10) Nearing and Nellie Seeds Nearing, *Women and Social Progress*, p. 152.

(11) Nearing, The Super Race, pp. 53, 16, 75, 56, 78; 일반적인 우생학 운동에 대해서는 Daniel
      J. Kevles, *In the Name of Eugenics: Genetics and the Uses of Human Heredity* (New York:
      Knopf, 1985); Donald K. Pickens, *Eugenics and the Progressives* (Nashville, Tenn.:
      Vanderbilt University Press, 1968); and Michael Freeden, "Eugenics and Progressive
      Thought: A study in Ideological Affinity," *Historical Journal* 22, no. 3 (1979):645-71 참조

(12) Nearing, *Super Race*, pp. 34, 41-42, 35, 40, 33, 71-72, 40-41, 155, 41.

(13) Nearing, "Social Decadence," pp. 634. 639.

(14) Nearing, "Race Suicide v. Overpopulation," 1911, p. 81.

(15) Ibid., p. 83.

(16) Llewellyn Jones, Review of *The Super Race, The Public*, November 8, 1912, p. 1073.

(17) Nearing, *Super Race*, pp. 72, 42.

(18) Ibid., p. 49.

(19) Ibid., p. 52.

(20) Ibid., p. 73.

(21) *Toledo Blade*, February 1, 1916.

(22) Nearing and Frank Watson, *Economics*, 1908, p. 144.

(23) Nearing , "The Child Labor Problem," 1910, p. 357.

(24) Nearing and Watson, *Economics*, p. 488.

(25) Ibid.

(26) Nearing , "Child Labor and the Child" 1910, p. 496.

(27) Nearing , *The Solution of The Child Labor Problem*, 1911, pp. 39-40.

(28) Nearing , "Child Labor and the Child" 1910, p. 495; *Solution of The Child Labor Problem*,
      p. 41.

(29) Nearing , *Solution of The Child Labor Problem*, p. 41.

(30) Nearing, *Social Adjustment*, 1910, p. 253.

(31) Nearing , "Child Labor and the Child," p. 441.

(32) Nearing , *Solution of The Child Labor Problem*, p. 29.

(33) Nearing , "Child Labor and the Child," pp. 413-14.

(34) Nearing , *Solution of The Child Labor Problem*, pp. 50, 51, 58-59.

(35) Ibid., p. 23.

(36) Ibid., p. vi.

(37) Ibid., p. 125.

(38) Ibid., pp. 129, 133, 124, 9.

(39) Dorothy Ross, "The Development of the Social Sciences," in Alexandra Oleson and John Voss, *The Organization of Knowledge in Modern America, 1869-1920* (Baltimore: Johns Hopkins University Press, 1979), p. 128.

(40) Nearing, *Reducing the Cost of Living*, p. 297.

(41) Nearing, *Social Adjustment*, p. 351.

(42) Ibid., pp. 317, 357.

(43) Ibid., p. 307.

(44) Nearing and Henry Reed Burch, *Elements of Economics*, 1912, p. 342.

(45) Nearing, *Social Sanity*, 1913, p. 225.

(46) Ibid., p. 226.

(47) Ibid., pp. 225-26.

(48) Nearing, *Social Adjustment*, p. 363.

(49) Nearing, *Social Sanity*, p. 53.

(50) Nearing, *Social Adjustment*, p. 366.

(51) Nearing, *Anthracite*, 1915, p. 229.

(52) Nearing and Burch, *Elements of Economics*, p. 346.

(53) Nearing and Watson, *Economics*, pp. 339, 470, 474-75.

(54) [Roger Baldwin], "A Puritan Revolutionist: Scott Nearing," in Devere Allen, ed., *Adventurous Americans* (New York: Farrar and Rinehart, 1932), p. 267. The unsigned article, according to Nearing, was written by Baldwin. Interview with author, Harborside, Me., March 20, 1983.

(55) Nearing and Watson, *Economics*, pp. 475-76, 483, 492, 476-78.

(56) Nearing, *Social Sanity*, p. 255.

(57) 19세기 말과 20세기 초 공동체의 일반적인 이념에 대해서는 Jean B. Quandt, *From the Small Town to the Great Community* (New Brunswick, N.J.: Rutgers University Press, 1970), 그리고 R. Jackson Wilson, *In Quest of Community: Social Philosophy in the United States, 1860-1920* (New York: John Wiley, 1968) 참조.

(58) Nearing, *Educational Frontiers*, 1925, p. 144.

(59) Ibid., pp. 162, 192.

(60) Ibid., p. 212; Scott Nearing papers, lecture notes, March 3, 1916, lecture 24, "The Teacher, the School, and the Democracy," Swarthmore College Peace Collection (SCPC).

(61) Nearing, *Educational Frontiers*, p. 155.

(62) Lecture 24, "The Teacher, the School, and the Democracy," SCPC.

(63) Nearing, *Educational Frontiers*, pp. 186, 159.

(64) "The Darrow-Nearing Debate," *Modern School*, March, April 1917, p. 207.

(65) Nearing, *Incom*, 1915, p. 195.

(66) "The Darrow-Nearing Debate," pp. 203-4, 231-32.

(67) Ibid., pp. 211, 213, 214, 225, 228-29.

(68) Randolph Bourne, Review of *Poverty and Riches, Intercollegiate Socialist* 5, no. 2 (December-January 1916-17):17.

(69) James Kloppenberg, *Uncertain Victory: Social Democracy and Progressivism in European and American Thought, 1870-1920* (New York: Oxford University Press, 1986), p. 62.

■ 제6장 주

(1) Nearing, *Social Sanity*, 1913, p. 20; Poverty and Riches, 1916, p. 126.

(2) Nearing, *Income*, 1915, p. 193.

(3) Nearing, "The Impending Conflict," 1915, p. 606.

(4) Ibid., p. 191.

(5) Nearing, "The Parasitic Power of Property," 1915, p. 606.

(6) Nearing, "Impending Conflict,": pp. 606-7.

(7) Rexford G. Tugwell, *To the Lesser Heights of Morningside: A Memoir* (Philadelphia: University of Pennsylvania Press, 1982). pp. 30, 39, 45, 46.

(8) Nearing, *The Making of a Radical*, 1972, p. 45.

(9) Stephen A. Sass, *The Pragmatic Imagination: A History of the Wharton School, 1881-1981* (Philadelphia: University of Pennsylvania Press, 1982), pp. 117-18.

(10) Edward Potts Cheyney, *The History of the University of Pennsylvania, 1740-1940* (Philadelphia: University of Pennsylvania Press, 1940), p. 376.

(11) 가스 전쟁에서 워튼 대학 교수들의 역할은 Sass, *Pragmatic Imagination*, pp. 111-113에 자세히 설명되어 있다.

(12) Sass, *Pragmatic Imagination*, p. 112에서 인용.

(13) Lincoln Steffens, "Philadelphia: Corrupt and Contented," *McClute's Magazine21* (1903): 249; 이 시기 필라델피아에서 시도된 개혁의 역사에 대해서는 Donald Disbrow, "The Progressive Movement in Philadelphia," Ph. D. diss., University of Rochester, 1956, and Lloyd Abernathy, "Insurgency in Philadelphia, 1905," *Pennsylvania Magazine of History and Biography* 87 (January 1963):3-20 참조.

(14) Tugwell, *Lesser Heights of Morningside*, p. 39n.

(15) Cheyney, *History of the University of Pennsylvania*, p. 362.

(16) Editorial, *Alumni Register*, March 1911, p. 23.

(17) Sass, *Pragmatic Imagination*, p. 119에서 인용; 또한 Cheyney, *History of the University of Pennsylvania*, pp. 371ff.; Lightner Witmer, *The Nearing Case: The Limitation of Academic Freedom at the University of Pennsylvania by Act of the Board of Trustees, June 14, 1915* (New York: B. W. Huebsch , 1915), pp. 63, 103-6; Nearing, *Educational Frontiers*, 1925, pp. 48, 78-79; Upton Sinclair, *The Goose Step: A Study of American Higher Education* (Pasadena, Calif.: the author, 1923), pp. 98, 97-101 참조.

(18) Nearing, *Educational Frontiers*, pp. 77-79; editorial, "The New Board of Trustees," *Alumni Register*, March 1911, p. 12 참조.

(19) "The New Board of Trustees," p. 12.

(20) Witmer, *Nearing Case*, p. 96.

(21) Editorial, "State Appropriations." *Alumni Register*, March 1911, p. 23.

(22) Nearing, "Postscript," interviews conducted in 1981, 1982, in Craig Kaplan and Ellen Schrecker, *Regulating the Intellectuals: Perspectives on Academic Freedom in the 1980s* (New York : Praeger, 1983), p. 242.

(23) Ibid., p. 243.

(24) Witmer, *Nearing Case*, p. 116.

(25) Ibid., p. 116, and Sass, *Pragmatic Imagination*, p. 119 참조.

(26) Nearing, *Making of a Radical*, p. 58.

(27) Witmer, *Nearing Case*, p. 116.

(28) Cheyney, *History of the University of Pennsylvania*, pp. 364-67와 Sass, *Pragmatic Imagination*, pp. 119-20 참조.

(29) Sass, *Pragmatic Imagination*, p. 120에서 인용.

(30) Tugwell, *Lesser Heights of Morningside*, pp. 39, 26.

(31) "The Case of Scott Nearing-University of Pennsylvania 1915," Nearing Case File, American Association of University Professors, Washington, D.C., pp. 1-2.

(32) "Report of the Committee of Inquiry on the Case of Professor Scott Nearing of the University of Pennsylvania," *Bulletin of the American Association of University Professors* 2 (1916):20 (hereafter cited as "AAUP Report on Nearing").

(33) Witmer, *Nearing Case*, p. 81.

(34) Editorial, "Academic Freedom," *Alumni Register*, March 1912, p. 140.

(35) Editorial, "Changes in the Collage," *Alumni Register*, September 1912, p. 43.

(36) Editorial, "A Partnership," *Alumni Register*, June 1913; Witmer, *Nearing Case*, pp. 116-17

참조.

(37) *Proceedings of the American Political Science Association*, 1913, p. 42.

(38) AAUP의 조직에 대해서는 Barrow, *Universities and the Capitalist State*, pp. 170, 208 참조.

(39) Nearing Dismissal Scrapbook, p. 3, Wharton School 1915, Archives, General Manuscript Collection, University of Pennsylvania Archives, Philadelphia.

(40) Philadelphia *Ledger*, January 4, 1914, Nearing Dismissal Scrapbook, p. 1, University of Pennsylvania Archives, Philadelphia.

(41) Editorial, "The Professor's Union," *Alumni Register*, February 1914.

(42) Editorial, *New Republic*, July 3, 1915, p. 214.

(43) Nearing, *Making of a Radical*, pp. 57-58.

(44) Ibid., p. 38.

(45) Witmer, *Nearing Case*, pp. 117-118.

(46) Ibid., p. 118.

(47) Ibid., pp. 118-119.

(48) Ibid., p. 120.

(49) Ibid., p. 120.

(50) "AAUP Report on Nearing," p. 17.

(51) Scott Nearing to Joel Springarn, February 9, 1914, Joel Springarn Papers, box 9, folder 2, Rare Books and Manuscripts Division, Astor, Lenox and Tilden Foundations, New York Public Library, New York.

(52) Trustee Minutes, May 11, 1914, University of Pennsylvania Archives, Philadelphia.

(53) Professor Ordinarius, "Academic Freedom-A Confession," *New Republic*, January 2, 1915, p. 18.

(54) "AAUP Report on Nearing," p. 9.

(55) Editorial, "Free Speech Again," *Alumni Register*, November 1914, pp. 69-70.

(56) Nearing, response to "Freedom of Teaching in the United States," by Ulysses G. Weatherly, 또한 "Reasonable Restrictions upon the Scholar's Freedom," by Henry Pritchet, 1914, p. 165.

(57) Ibid., response by Ross, p. 166; 그 대회에 대해서는 또한 Herman Schwendinger and Julia R. Schwendinger, *The Sociologists of the Chair: A Radical Analysis of the Formative Years of North American Sociology, 1883-1922* (New York: Basic Books, 1974), pp. 531-38 참조.

(58) AAUP의 설립에 대해서는 Ellen Schrecker, *No Ivory Tower: McCarthyism and the Universities* (New York: Oxford University Press, 1986), p. 17 참조; 관련 자료로는 *List of Charter Members of the American Association of University Professors* in May 1915.

(59) Disbrow, "Progressive Movement in Philadelphia," pp. 199-210; *The Pennsylvanian*, January 9, 1915, p. 1, February 13, 1915, p. 1, March 13, 1915, p. 1; Sass, *Pragmatic Imagination*, p. 120.

(60) Witmer, *Nearing Case*, p. 52.

(61) William G. McLoughlin, Jr., *Billy Sunday Was His Real Name* (Chicago: University of Chicago Press, 1955), p. 239에서 인용.

(62) *The Pennsylvanian*, Marcn 15, 1915, p. 1.

(63) Witmer, *Nearing Case*, p. 49.

(64) Nearing, *Making of a Radical*, p. 79.

(65) Witmer, *Nearing Case*, pp. 54-55; Nearing, *Making of a Radical*, pp. 77-79.

(66) 곰퍼스 사건에 대해서는 Witmer, *Nearing Case*, p. 51; Samuel Gompers, *Seventy Years of Life and Labor: An Autobiography*, Vol. 1 (New York: E. P. Dutton, 1925), p. 141; editorial, *New Republic*, March 15, 1915, p. 1; Kenneth FonesWolf, "trade Union Gospel: protestantism and the Labor Movement In Philadelphia, 1865-1915," Ph. D. diss., Temple University, 1985, p. 415 참조.

(67) 스토티스버리 사건에 대해서는 Tugwell, *Lesser Heights of Morningside*, pp. 67-68, "AAUP Report on Nearing," p. 18, Sass, *The Pragmatic Imagination*, p. 121; on Stotesbury, see Witmer, *Nearing Case*, p. 105 참조.

(68) ISS의 구성에 대해서는 Max Horn, *The Intercollegiate Socialist Society, 1905-1921: Origins of the Modern American Student Movement* (Boulder, Colo.: Westvies Press, 1979), app. A 참조

(69) Horn, *Intercollegiate Socialist Society*, p. 30.

(70) The Intercollegiate Socialist Society Papers, "Report of Organizer of ISS," reel 27: R2656, Tamiment Institute, New York University, New York.

(71) Horn, *Intercollegiate Socialist Society*, p. 28.

(72) Henry Flury, "College Men and Socialism," *International Socialist Review* August 1908, 131-34.

(73) *Intercollegiate Socialist*, February-March 1915, 19.

(74) Paul Howard Douglas, editorial, "Professors and Free Speech," *Intercollegiate Socialist*, February-March 1915, 3-4.

(75) Nearing, *Income*, 1915.

(76) N.I. Stone, Review of *Income*, *Intercollegiate Socialist*, February - March 1916, 31.

(77) Nearing, "The Parasitic Power of Property," 1915, pp. 536-37; Nearing, "The Impending Conflict," 1915, pp. 606-7.

(78) Nearing, *Making of a Radical*, p. 84.

(79) Nearing, *Making of a Radical*, p. 104.

(80) Editorial, "The Professor's Calling," *Alumni Register*, January 1915, p. 246.

(81) Editorial, "Public Utterances," *Alumni Register*, February 1915, p. 319.

(82) Editorial, *Alumni Register*, p. 322.

(83) "AAUP Report on Nearing," p. 15.

(84) Ibid., pp. 17-18.

(85) Ibid., p. 17.

(86) Editorial, *New Republic*, May 1, 1915, p. 314.

(87) Witmer, *Nearing Case*, p. 84에서 인용.

(88) Editorial, "Our Universities," *New Republic*, May 22, 1915, pp. 57-58.

(89) Editorial, *New Republic*, April 17, 1915, p. 271.

(90) Nearing, *Making of a Radical*, p. 83; Witmer, *Nearing Case*, p. 15.

■ 제7장 주

(1) Lightner Witmer, *The Nearing Case: The Limitation of Academic Freedom at the University of Pennsylvania by Act of the Board of Trustees, June 14, 1915*, (New York: B. W. Huebsch , 1915), p. 83; Louis C. Madeira to Edgar F. Smith, September 29, 1915, Wharton School 1915, Archives, General Manuscript Collection, University of Pennsylvania Archives, Philadelphia.

(2) Witmer, *Nearing Case*, p. 19.

(3) Ibid., p. 35.

(4) Ibid., p. 31.

(5) "Report of the Committee of Inquiry on the Case of Professor Scott Nearing of the University of Pennsylvania," *Bulletin of the American Association of University Professors* 2 (1916):33 (이하 "AAUP Report on Nearing"으로 표기).

(6) Clyde Barrow, *Universities and the Capitalist State: Corporate Liberalism and the Reconstruction of American Higher Education, 1894-1928* (Madison: University of Wisconsin Press, 1990), p. 216.

(7) Nearing, *The Making of a Radical*, 1972, pp. 85, 93-94; Steven A. Sass, *The Pragmatic Imagination: A History of the Wharton School, 1881-1981* (Philadelphia: University of Pennsylvania Press, 1982), p. 122.

(8)   Nearing, *Making of a Radical*, p. 84.

(9)   Nearing folder, newspaper clipping no. 1205, University of Pennsylvania Archives, Philadelphia.

(10) Nearing, *Making of a Radical*, pp. 84.-85.

(11) Rose Pastor Stokes Papers, box 2, folder 56, June 22, 1915, Tamiment Institute, New York University, New York.

(12) Nearing, *Making of a Radical*, p. 85.

(13) Editorials, *New Republic*, June 26, 1915, front page; July 3, 1915, p. 214; October 9, pp. 245-46.

(14) McCrea to Smith, June 22, 1915, Wharton School 1915, Archives, General Manuscript Collection, University of Pennsylvania Archives, Philadelphia.

(15) J. Russell Smith, "Dismissing th Professor," *Survey*, November 6, 1915, pp. 131-34.

(16) Witmer, *Nearing Case*, pp. 16-17.

(17) Edward Potts Cheyney, *The History of the University of Pennsylvania, 1740-1940* (Philadelphia: University of Pennsylvania Press, 1940), p. 370.

(18) Witmer, *Nearing Case*, pp. xi, 120.

(19) Rexford G. Tugwell, *To the Lesser Heights of Morningside: A Memoir* (Philadelphia: University of Pennsylvania Press, 1982). p. 68.

(20) Witmer, *Nearing Case*, pp. 20, 42-44, 59-60.

(21) Tugwell, *Lesser Heights of Morningside*, p. 68.

(22) "AAUP Report on Nearing," p. 33.

(23) Witmer, *Nearing Case*, p. 122.

(24) Edward Cheyney, "Trustees and Faculties," *School and Society*, December 4, 1915, p. 794.

(25) Witmer, *Nearing Case*, p. 51.

(26) Scott Nearing Papers, draft of autobiography, bk. 6, April 30, 1968, p. 85b, DG 124 (SCPC).

(27) Review of Nearing's *Wages in the United States, International Socialist Review* (December 1911):355.

(28) Debate, *Should Socialism Prevail?* 1915, pp. 12-13, 30-32.

(29) John Dewey, "Is the College Professor a Hired Man ?" *Literary Digest*, July 10, 1915, p. 65.

(30) 국가 시민 연합(NCF)에 대해서는 James Weinstein, *The Corporate Ideal in the Liberal State, 1900-1918* (Boston: Beacon press, 1968), pp. 3-39 참조.

(31) Ibid., p. 22에서 인용.

(32) Ibid., p. 128에서 인용. 국가 시민 연합(NCF)과 사회주의에 반대한 이 단체의 활동에 대해서

는 pp. 117-38 참조.

(33) Ibid., p. 28.

(34) Bell to Easley, July 3, 1915, and November 9, 1915, box 15, general correspondence, 1915, National Civic Federation Records, Rare Books and Manuscripts Division, New York Public Library, Astor, Lenox and Tilden Foundations, New York.

(35) Dewey, "Is the College Professor a Hired man?" p. 65; 피고용자의 생각에 대해서는 Barrow, *Universities and the Capitalist State*, pp. 166-67 참조.

(36) Randolph Bourne, "Who Owns the Universities ?" *New Republic*, July 17, 1915, repr. Olaf Hansen, ed., *The Radical Will: Randolph Bourne, Selected Writings 1911-1918* (New York: Urizen, 1977), pp. 216-22.

(37) "AAUP Report on Nearing," pp. 13, 29, 34; Douglas, "Professors and Free Speech," pp. 3-4; B. Boyesen, "What the Universities Needs," *The Masses*, November 1915, p. 16; John Dewey, "The Case of the Professor and the Public Interest," *The Dial*, November 8, 1917, pp. 435, 437.

(38) "AAUP Report on Nearing," p. 25; Nearing, *Making of a Radical*, p. 89; Sass, *Pragmatic Imagination*, p. 124.

(39) McCrea to Smith, June 22, 1915, Wharton School 1915 Archives, General Manuscript Collection, University of Pennsylvania Archives, Philadelphia.

(40) Cheyney, "Trustees and Faculties," pp. 794, 808.

(41) Nearing, *Making of a Radical*, p. 94.

(42) Tugwell, *Lesser Heights of Morningside*, p. 69.

(43) Cheyney, *The History of the University of Pennsylvania*, pp. 370-71; Owsald Garrison Villard, "Academic Freedom," *The Nation*, December 23, 1915, pp. 235-46; "What the Nearing Case Won," *Literary Digest*, January 8, 1916.

(44) Tugwell, *Lesser Heights of Morningside*, p. 70; Sass, *Pragmatic Imagination*, pp. 124-25.

(45) Nearing, *Educational Frontiers*, 1925, pp. 62, 76.

(46) Daniel M. Fox, *The Discovery of Abundance: Simon Nelson Patten and the Transformation of Social Theory* (Ithaca: Cornell University Press, 1967), p. 126.

(47) H. L. Mencken, *Prejudices, Third Series* (London: Jonathan Cape, 1923), pp. 280-84, 287-88.

(48) "AAUP Report on Nearing," p. 4.

(49) 니어링 사건에 나타난 새로운 환경이 그이의 사례가 학문 자유에 대한 최근의 연구에서 다시 등장하는 한 이유이다. Russell Jacoby, The Last Intellectuals : American Culture in the Age of Academe (New York: Basic Books, 1987), pp. 125-26, 209; Schrecker. No Ivory

Tower, pp. 19-21, 26-27; Schrecker, "Academic Freedom: The Historical View," in Craig Kaplan and Schrecker, eds., Regulating the Intellectuals : Perspectives on Academic Freedom in the 1980s (New York: Praeger, 1983), pp. 29-30; see also "Postscript: Scott Nearing," in Kaplan and Schrecker, Regulating the Intellectuals, pp. 241-47 참조.

(50) Harry W. Laidler, "Academic Freedom," in The American Labor Yearbook, Vol. 1, New York, 1916, p. 319.

(51) Bruce Kuklick, Churchmen and Philosophers: From Jonathan Edwards to John Dewey (New Haven, Conn.: Yale University Press, 1985), pp. 196-97 참조.

(52) Report of Committee on Academic Freedom and Academic Tenure, American Association of University Professors, December 1915.

(53) Randolph Bourne, "The Idea of a University," The Dial, November 22, 1917, pp. 509-10.

(54) Thorstein Veblen, The Higher Learning in America: A Memorandum on the Conduct of Universities by Businessmen (1918)(New York: Hill and Wang, 1957), P. 134.

(55) John Dewey, "Academic Freedom," Educational Review, January 1902, pp. 10-13.

(56) Jacob H. Hollander to E. R. A. Seligman, June 29, 1915; E. R. A. Seligman to J. H. Hollander, July 2, 1915; B. M. Anderson, Jr. to Seligman, August 5, 1915; U. G. Wetherly to Seligman, June 26, 1915; "Reference Scott Nearing," p. 1, Nearing Case file, American Association of University Professors, Washington, D. C.

(57) 근대 대학의 출현과 전문 교수직의 등장, 그리고 그이들이 학문의 자유에 끼친 영향에 대해서는 Gruber, Mars and Minerva, pp. 34-35; Burton J. Bldestein, The Culture of Professionalism: The Middle Class and the Development of Higher Education in America (New York : Norton, 1976), pp. 92-93, 287-331 참조.

(58) Arthur Livingston, "Academic Freedom," New Republic, November 17, 1917, p. 70.

(59) Chautauquan Daily, July 6, 1915, pp. 1, 2.

(60) Nearing File, from the New York Sun, October 19, 1915, University of Pennsylvania Archives, Philadelphia.

(61) "Scott Nearing in College Opening Week," The Survey, October 9, 1915, p. 35; The Survey, January 22, 1916, p. 449.

(62) Morris Hillquit, Loose Leaves from a Busy Life (New York: Macmillan, 1934), p. 60.

(63) Frederick Cornell, "History of the Rand School," Ed. D. diss, Columbia University Teachers College, 1976; The American Labor Yearbook, Vol. 1, New York, 1916, pp. 151-153, Vol. 3, 1919-1920, pp. 206-7; Papers of the Rand School of Social Science, reel 54, R2683, Tamiment Institute, New York University, New York 참조.

(64) American Labor Yearbook, Vol. 3, 1919-1920, New York, p. 207.

(65) Nearing, "Teacher, School, and Democracy," p. 19.

(66) Nearing, *Making of a Radical*, p. 96; Trustee Minutes, July 26, 1915, Toledo University Archives, Toledo, Ohio.

(67) Monroe Stowe, "The Work of a Municipal College of Arts and Science," *School and Society*, November 27, 1915, p. 786.

(68) Nearing, *Making of a Radical*, p. 98.

(69) Editorial, *Toledo Blade*, October 15, 1915, and Nearing, "Grave Faults of the Wage System," *Toledo Blade*, October 21, 1915, Toledo University Archives, Toledo, Ohio.

(70) Nearing, *Making of a Radical*, pp. 97, 99.

(71) Ibid., p. 87.

(72) Nearing, *Anthracite*, 1915, p. 9.

■ 제8장 주

(1)   John Dewey, Introduction to Jane Addams, *Peace and Bread in Time of War* (1922) (New York: Garland Press, 1971), p. ix.

(2)   Nearing, *The Making of a Radical*, 1972, pp. 177, 127-28.

(3)   A. M. Stowe, "Work of a Municipal College of Arts and Sciences," *School and Society*, November 29, 1915, pp. 786-88 참조.

(4)   Elliot J. Anderson, "The Scott Nearing Controversy in Toledo, 1916-1917," *Northwest Ohio Quarterly* 29 (1957):72-88, 161-73, 206-33에서 인용.

(5)   Morris Hillquit, ed., *The Trial of Scott Nearing and the American Socialist Society* (New York: Rand School, 1919), p. 31.

(6)   Ibid., p. 208에서 인용.

(7)   Nearing, *Making of a Radical*, p. 99.

(8)   Anderson, "Scott Nearing Controversy," p. 79에서 인용.

(9)   Ibid.

(10) Ibid., p. 84.

(11) Scrapbook, *Toledo Blade*, January 14, 1916, Toledo University Archives, Ward M. Canaday Center, University of Toledo, Toledo, Ohio.

(12) Ibid., January 31, 1916.

(13) David M. Kennedy, *Over Here: The First World War and American Society* (New York: Oxford University Press, 1980), pp. 41, 47; Arthur S. Link, *Woodrow Wilson and the*

Progressive Era, 1910-1917 (New York: Harper, 1954), pp. 180-82 참조; 또한 C. Roland Marchand, *The American Peace Movement and Social Reform, 1898-1918* (Princeton, N.J.: Princeton University Press, 1972), pp. 244-48 참조.

(14) Anderson, "Scott Nearing Controversy," p. 162.

(15) 강연를 위한 노트는 the Scott Nearing Papers, lecture 24, March 3, 1916, Swarthmore College Peace Collection (SCPC)에 있다; 1916년 3월 12일 시카고의 개릭 극장(Garrick Theater)에서 행해진 강연의 사본은 Military Intelligence Division, Record Group 165, National Archives, Washington, D.C.에 있다.

(16) *Intercollegiate Socialist* (April-May 1916):35.

(17) Editorial, *Toledo Blade*, February 14, 1916, Toledo University Archives, Ward M. Canaday Center, University of Toledo.

(18) Anderson, "Scott Nearing Controversy," p. 85.

(19) Ibid., pp. 85-86에서 인용.

(20) Ibid., pp. 210, 163.

(21) *Toledo Blade*, May 9, 1916, Toledo University Archives, Ward M. Canaday Center, University of Toledo; Anderson, "Scott Nearing Controversy," pp. 162-64.

(22) *Toledo Blade*, May 12, 1916, Toledo University Archives, Ward M. Canaday Center, University of Toledo; Anderson, "Scott Nearing Controversy," pp. 80-81.

(23) "Report of the Committee of Inquiry on the Case of Scott Nearing of the University of Pennsylvania," *Bulletin of the American Association of University Professors* 2 (March 1916):38.

(24) Anderson, "Scott Nearing Controversy," pp. 207-8.

(25) 관련 내용은 *Woodrow Wilson and the Progressive Era*, pp. 223-51 참조.

(26) *Chautauquan Daily*, July 25, 1916, p. 1.

(27) Hillquit, *Trial of Scott Nearing*, p. 32.

(28) *Chautauquan Daily*, July 25, 1916, p. 1.

(29) Nearing, "What is America ?" 1916, p. 360.

(30) Nearing, *The Germs of War*, pamphlet, 1916, pp. 18, 11, 30.

(31) Ibid., pp. 28-29.

(32) Anderson, "Scott Nearing Controversy," p. 80.

(33) Scrapbook, newspaper clipping, December 13, 1916, Toledo University Archives, Ward M. Canaday Center, University of Toledo.

(34) *Toledo Blade*, January 8, 1917, Toledo University Archives, Ward M. Canaday Center, University of Toledo.

(35) Anderson, "Scott Nearing Controversy," p. 165, scrapbook, newspaper clipping, February 14, 1917, Toledo University Archives, Ward M. Canaday Center, University of Toledo.

(36) Merle Curti, *Peace or War: the American Struggle, 1636-1936* (New York: Norton, 1936), pp. 251-59; Charles DeBenedetti, *The Peace Reform Movement in American History* (Bloomington : University of Indiana press, 1980), pp. 96-99; Charles Chatfield, *For Peace and Justice: Pacifism in America, 1914-1941* (Knoxville: University of Tennessee Press, 1971), pp. 21-27; Blanche Wiesen Cook, "Democracy in Wartime: Antimilitarism in England and the United States, 1914 - 1918," in Charles Chatfield, ed., *Peace Movements in America* (New York: Schocken Books, 1973), pp. 40-43; and Marchand, *American Peace Movement*, pp. 179, 241-45 참조.

(37) Anderson, "Scott Nearing Controversy," pp. 166-67, 211-12 참조.

(38) *Toledo Blade*, March 10, 1917, Toledo University Archives, Ward M. Canaday Center, University of Toledo.

(39) Nearing, "A Letter of Explanation," 1917.

(40) Anderson, "Scott Nearing Controversy," p. 213.

(41) *Toledo Blade*, March 10, 1917, Toledo University Archives, Ward M. Canaday Center, University of Toledo ; Anderson, "Scott Nearing Controversy," p. 215에서 인용.

(42) Anderson, "Scott Nearing Controversy," p. 216.

(43) Toledo *Union Leader*, March 16, 1917, Toledo University Archives, Ward M. Canaday Center, University of Toledo.

(44) Anderson, "Scott Nearing Controversy," p. 216-17에서 인용.

(45) Ibid., p. 214.

(46) *Intercollegiate Socialist* (April-May 1917).

(47) Marchand, *American Peace Movement*, pp. 252 -53.

(48) Cook, "Democracy in Wartime," pp. 40-43; DeBenedetti, *Peace Reform in American History*, p. 96; *American Peace Movement*, pp. 241-45 참조.

(49) Stephen Whitfield, *Scott Nearing: Apostle of American Radicalism* (New York: Columbia University press, 1974), p. 60에서 인용; AUAM의 조직에 대해서는 Donald Johnson, *The Challenge to American Freedoms: World War One and the Rise of the ACLU* (Lexington: University Press of Kentucky, 1963), pp. 1-23 참조.

(50) University of Toledo Board of Trustee, Minutes, March 11, 1917, Toledo University Archives, Ward M. Canaday Center, University of Toledo; Anderson, "Scott Nearing Controversy," p. 217-18.

(51) Anderson, "Scott Nearing Controversy," p. 218에서 인용.

(52) University of Toledo Board of Trustee, Minutes, March 11, 1917, Toledo University Archives, Ward M. Canaday Center, University of Toledo.

(53) Anderson, "Scott Nearing Controversy," p. 169에서 인용.

(54) Nearing, *Making of a Radical*, p. 100.

(55) University of Toledo Board of Trustee, Minutes, April, 18, 1917 and newspaper clippings, April 18, 1917, Toledo University Archives, Ward M. Canaday Center, University of Toledo ; Anderson, "Scott Nearing Controversy," p. 219.

(56) Scrapbook, newspaper clipping, May 4, 1917, Toledo University Archives, Ward M. Canaday Center, University of Toledo.

(57) Newspaper clipping, April 21, 1917, Toledo University Archives, Ward M. Canaday Center, University of Toledo; Anderson, "Scott Nearing Controversy," p. 169.

(58) Nearing, *The Menace of Militarism*, 1917, pp. 29-30.

(59) *Toledo Blade*, April 2, 1917, Toledo University Archives, Ward M. Canaday Center, University of Toledo; Anderson, "Scott Nearing Controversy," pp. 169-72.

(60) Nearing, *Making of a Radical*, p. 100; Nearing, "The Right and Duty of Free Speech," 1917.

(61) Carol, Gruber, *Mars and Minerva: World War I and the Uses of the Higher Learning in America* (Baton Rouge: Louisiana State University Press, 1975), p. 82; on intellectuals' support of the war generally, see Roland Stromberg, *Redemption by War: The Intellectuals and 1914* (Lawrence: Regent Press of Kansas, 1982).

(62) Ibid., pp. 82, 174.

(63) American Association of University Professors, "Report of Committee on Academic Freedom in Wartime," *Bulletin of the American Association of University Professors* 4 (February 1918):29.

(64) Gruber, *Mars and Minerva*, p. 170에서 인용.

(65) AAUP, "Report of Committee on Academic Freedom in Wartime," pp. 29-47 참조.

(66) Scott Nearing Papers, handwritten notes for autobiography, n.d., SCPC.

(67) Nearing, *Making of a Radical*, p. 193.

(68) Scott Nearing Papers, draft of autobiography, bk. 6, June 27, p. 78, SCPC.

(69) Nearing, *Making of a Radical*, p. 126.

(70) Ibid., pp. 103, 104, 126-27.

(1) Randolph Bourne, "A War Diary," in Carl Resek, ed., *War and Intellectuals: Essays by Randolph Bourne, 1915 - 1919* (New York: Harper & Row, 1964), p. 45.

(2) Nearing, *The Making of a Radical*, 1972, pp. 121, 127-28.

(3) Nearing, *The Menace of Militarism*, pamphlet, 1917, pp. 17, 22.

(4) Morris Hillquit, ed., *The Trial of Scott Nearing and the American Socialist Society* (New York: Rand School, 1919), p. 121.

(5) Ibid., p. 193.

(6) Nearing, *The Germs of War, A Study in Preparedness, pamphlet*, 1916, p. 18.

(7) Nearing, *The Next Step: A Plan for Economic World Federation*, 1922, p. 34.

(8) Nearing, *Germs of War*, p. 27.

(9) Nearing, *Making of Radical*, p. 121; Hillquit, *Trial of Scott Nearing*, p. 123.

(10) Hillquit, *Trial of Scott Nearing*, p. 123.

(11) Nearing, *Open Letters to Profiteers*, pamphlet, 1916, p. 10.

(12) Hillquit, *Trial of Scott Nearing*, pp. 60-61.

(13) Ibid., pp. 62, 63, 66.

(14) Nearing, Irrepressible America, pamphlet, 1922, p.16.

(15) Nearing, A Nation *Divided; or, Plutocracy versus Democracy*, pamphlet, 1920, p. 16.

(16) T. J. Jackson Lears, "The Concept of Cultural Hegemony: Problems and Possibilities," *American Historical Review* (June 1985):567-93 와 "Power Culture, and Memory," *Journal of American History* (June 1988):137-40; Thomas L. Haskell, "Capitalism and the Origins of Humanitarian Sensibility," *American Historical Review* (April 1985):339-61, (June 1985): 547-66; "Convention and Hegemonic Interest in the Debate over Antislavery," *American Historical Review* (October 1987):829-78; John Patrick Diggins, "Comrades and Citizens: New Mythologies in American Historiography," *American Historical Review* (June 1985):614-38; and "The Misuses of Gramsci," *Journal of American History* (June 1988): 141-45; David Byron Davis, "Reflections on Abolition and Ideological Hegemony," *American Historical Review* (October 1987):797-812; John Ashworth, "The Relation between Capitalism and Humanitarianism," *American Historical Review* (October 1987):813-28; Leon Fink, "The New Labor History and the Powers of Historical Pessimism : Consensus, Hegemony, and the Case of the Knights of Labor," *Journal of American History* (June 1988):115-36; George Lipsitz, "The Struggle for Hegemony," *Journal of American History* (June 1988):146-50 참조.

(17) Nearing, *Next Step*, p. 117.

(18) Ibid., p. 38.

(19) Bourne, "The State," in Resek *War and the Intellectuals*, p. 71 ; 또한 Charles Chatfield, "World War I and the Liberal Pacifist in the United States," *American Historical Review* (December 1970):1934-35; Charles Chatfield, *For Peace and Justice: Pacifism in America, 1914-41* (Knoxville: University of Tennessee press, 1971), pp. 61-62 참조.

(20) Nearing, *Menace of Militarism*, pp. 4, 29.

(21) Hillquit, *Trial of Scott Nearing,* p. 37.

(22) Nearing, *Next Step*, p. 15.

(23) Nearing, *Nation Divided*, p. 31.

(24) Nearing, debate with Percy Ward, *Rationalism v. Socialism: Is the Economic Factor or the Mental Factor More Important in Social Evolution?* 1921, p. 3.

(25) Hillquit, *Trial of Scott Nearing.* p. 127; Nearing, *Next Step*, pp. 153, 163; *Nation Divided*, p. 19; *Menace of Militarism*, p. 41.

(26) Nearing, *Next Step*, p. 163.

(27) Nearing-Ward, *Rationalism v. Socialism*, p. 3.

(28) Nearing, *Menace of Militarism*, pp. 49.

(29) Nearing , "The Mater Blunder," *Bulletin of the People's Council of America*, November 28, 1917; U.S. *Military Intelligence Reports, Surveillance of Radicals in the United States, 1917-1941*, ed. Randolph Boehm (Frederick, Md.: University Publications of America, 1984), microfilm, reel 5, 0001-10110-219.

(30) Jane Addams, *Peace and Bread in Time of War* (1922) (New York: Garland, 1971), p. 143; 또한 "World war I and the Liberal Pacifist in the United States," pp. 1926, 1929-31; Chatfield, For Peace and Justice, p. 35; Carol Gruber, *Mars and Minerva: World War I and the Uses of the Higher Learning in America* (Baton Rouge: Louisiana State University Press, 1975), pp. 89-93 참조.

(31) Joesph Freeman, *An American Testament* (London: Gollancz, 1935), p. 101.

(32) Bourne, "Twilight of Idols," in Resek, *War and the Intellectuals*, p. 53.

(33) Addams, *Peace and Bread*, pp. 133, 150.

(34) Dewey, "Conscience and Compulsion," in Joseph Ratner, ed., *Characters and Events*, Vol. 2 (1929) (New York: H. Holt, 1970), p. 577.

(35) Dewey, "Conscience of Thought," p. 566, "In Explanation of our Lapse," pp. 571-75, in Ratner, *Characters and Events.*

(36) Dewey, "The Future of pacifism," in Ratner, *Characters and Events*, pp. 583-84.

(37) Bourne, "A War Diary," in Resek, *War and the Intellectuals*, pp. 39, 40, 42 참조.

(38) Randolph Bourne, "Conscience and Intelligence in War," *The Dial*, September 13, 1917, p. 193.

(39) Ibid.

(40) Ibid., pp. 193-95.

(41) Bourne, "A War Diary," in Resek, *War and the Intellectuals*, p. 39.

(42) Ibid., p. 42.

(43) Bourne, "Conscience and Intelligence in War," p. 194.

(44) Bourne, "War and the Intellectuals," in Resek, *War and the Intellectuals*, p. 13.

(45) Randolph Bourne, "Radicals in Wartime," *A Voice in the Wilderness*, December 1917, p. 17.

(46) Bourne, "Twilight of Idols," in Resek, *War and the Intellectuals*, pp. 55, 59.

(47) Nearing, *Irrepressible America*, p. 23.

(48) Nearing, *Germs of War*, p. 3.

(49) Ibid., p. 4; Nearing, *Menace of Militarism*, p. 4.

(50) Nearing, *Nation Divided*, p. 28.

(51) Ibid., p. 28.

(52) Nearing, *Menace of Militarism*, p. 4.

(53) Dewey, "Conscience and Compulsion," in Ratner, *Characters and Events*, p. 577; on the issue of conscription, see Chatfield, "World war I and the Liberal Pacifist," pp. 1927-28; H. C. Peterson and Gilbert Fite, *Opponents of War, 1917-1918* (Madison: University of Wisconsin Press, 1957), pp. 21-42.

(54) Nearing, *Menace of Militarism*, pp. 5, 7.

(55) Ibid., p. 6.

(56) Nearing, *Next Step*, p. 137.

(57) Nearing, debate with Percy Ward, *Will the Practice of Christ's Teaching Make for Social Progerss?* 1920, pp. 5-6. 니어링은 이 토론에서 찬성하는 편을 들었다.

(58) Nearing, "Education and the Open Mind," 1925, pp. 282, 284.

(59) Nearing, *Educational Frontiers*, 1925 , pp. 155-56.

(60) Nearing, "Education and the Open Mind," 1925, p. 282.

(61) [Roger Baldwin], "A Puritan Revolutionist: Scott Nearing," in Devere Allen, ed., *Adventurous Americans* (New York: Farrar and Rinehart, 1932), p. 266; Rexford G. Tugwell, *To the Lesser Heights of Morningside: A Memoir* (Philadelphia: University of Pennsylvania Press, 1982), p. 60.

(62) Nearing - Ward, *Practice of Christ's Teaching*, p. 42.

(63) Nearing, *World Event*, Summer 1952, letter 75. *World Events*는 니어링이 사적으로 출판한 편지이다. 이 편지의 거의 완전한 모음은 Scott and Helen Nearing Papers, Boston University Special Collections, Boston에 있다.

(64) Scott nearing Papers, draft of autobiography, bk. 6, temp. box 6, February 10, 1969, p. 444, DG 124 (SCPC).

(65) Nearing, *The One Big Union of Business*, 1920, p. 31.

(66) Nearing, "The Teacher, the School, and the Democracy," lecture given at the Garrick Theater, Chicago, March 12, 1916, Stenographer's transcript, Military Intelligence Division, Record Group 165, National Archives, Washington, D.C., p. 2.

(67) Chatfield, *For Peace and Justice*, p. 60.

(68) Nearing, *Irrepressible America*, pp. 26-27.

(69) Nearing, *Next Step*, p. 149.

(70) Hillquit, *Trial of Scott Nearing*, pp. 102, 175.

(71) Nearing and Alexis Fermi, debate, *Has Propaganda Any Walue in Education?* 1925, pp. 7, 10, 20, 22-24.

(72) James Weinstein, *The Decline of Socialism in America, 1912-1925* (1967) (New Brunswick: N.J.: Rutgers University Press, 1984), pp. 125-29, and David A Shanon, *The Socialist Party of America* (Chicago: Quadrangle, 1955), pp. 93-98 참조.

(73) "Socialists and the Problem of War: A Symposium," *Intercollegiate Socialist*, April-May, 1917, p. 20.

(74) Nearing, *Making of a Radical*, p. 145.

(75) Hillquit, *Trial of Scott Nearing*, p. 110.

(76) Ibid., pp. 124-25.

(77) Ibid., pp. 120, 195, 197.

(78) *Survey*, May 19, 1917, p. 180. 패튼 또한 서명자 중 한 사람이었다. People's Council of America for Democracy and Peace Papers, reel 3. 1, SCPC 참조.

(79) Morris Hillquit, *Loose Leaves from a Busy Life* (New York: Macmillan, 1934), p. 171에서 인용.

(80) Freeman, *American Testament*, p. 106.

(81) *The American Labor Year Book, 1919-1920*, New York, 1920, p. 80.

(82) 인민 위원회에 대해서는 Roland Marchand, *The American Peace Movement and Social Reform, 1898-1918* (Princeton, N, J.: Princeton University Press, 1972), pp. 294-322, and Peterson and Fite, *Opponents of War*, pp. 74-80 참조.

(83) Hillquit, Trial of Scott Nearing, p. 105.

(84) Frank C. Grubbs, Jr., *The Struggle for Labor Loyalty: Gompers, the A.F. of L. and the*

Pacifists, 1917-1920 (Durham, N.C.: Duke University Press, 1968), pp. 26-18.

(85) Hillquit, *Trial of Scott Nearing*, p. 108.

(86) Ibid., p. 108.

(87) U.S. *Military Imtelligence Reports, 1917-1941*, December 8, 1917.

(88) Hillquit, *Trial of Scott Nearing*, p. 174.

(89) Grubbs, *Struggle for Labor Loyalty*, p. 49.

(90) Chatfield, "World War I and the Liberal Pacifist," p. 1934.

(91) People's Council Statement, "Why We Went to War" [Fall 1917], *U. S. Military Intelligence Reports, 1917-1941*, pp. 34-35.

(92) The Reminiscences of Roger Baldwin, Part 1 (1954), pp. 55-56, in the Oral History Collection of Columbia University, New York.

(93) Peggy Lamson, *Roger Baldwin* (Boston: Houghton Mifflin, 1976), p. 73에서 인용.

(94) Christopher Lasch, *The American Liberals and the Russian Revolution* (New York: Mcgraw-Hill, 1962), pp. 23, 27, 30; Adam Ulam, *The Bolsheviks* (New York: Macmillan, 1965), pp. 314-31; Peter Filence, *America and the Soviet Experiment, 1917-1933* (Cambridge, Mass.: Harvard University Press, 1967.), pp. 9, 13 참조.

(95) Freeman, *American Testament*, p. 106.

(96) Bourne, "Twilight of Idols," In Resek, *War and the Intellectuals*, p. 57.

(97) People's Council Papers, microfilm, reel 3. 1, SCPC.

(98) Nearing, Open Letters to Profiteers, p. 11

(99) Chatfield, "World War I and the Liberal Pacifist," p. 1929에서 인용.

(100) Grubbs, *Struggle for Labor Loyalty*, p. 22.

(101) Donald Johnson, *The Challenge to American Freedoms: World War I and the Rise of the ACLU* (Lexington: University Press of Kentucky, 1963), pp. 18-19.

(102) Ibid., pp. 19-20.

(103) Chatfield, *For Peace and Justice*, pp. 28-29.

(104) Johnson, *Challenge to American Freedoms*, pp. 22-23; American Union Against Militarism Papers, Lillian Wald to Crystal Eastman, August 29, 1917, microfilm, reel 1, SCPC.

(105) Marchand, *American Peace Movement*, p. 259에서 인용.

(106) Charles DeBenedetti, *The Peace Reform in American History* (Bloomington: University of Indiana Press, 1980), pp. 103-4 참조.

(107) *U. S. Military Intelligence Reports, 1917-1941*, September 4, 1917.

(108) 그 대회에 대한 가장 자세한 설명은 Grubbs, *Struggle for Labor Loyalty*, pp. 58-64에 나온다.

(109) Link, *Papers of Woodrow Wilson*, Vol. 43, Wilson to Albert Burleson, August 7, 1917, pp.

382-83.

(110) Ibid., Memorandum for the Postmaster General, August 8, 1917, pp. 394 - 96.

(111) Ibid., Burleson to Wilson, August 8, 1917, pp. 396 - 97.

(112) Ibid., Memorandum for the Postmaster General, August 15, 1917, pp. 480-82.

(113) Ibid., Wilson to Heath Dabney, August 13, 1917, p. 437.

(114) *Papers of Woodrow Wilson*, Vol. 44, Diary of Joseph Daniels, August 31, 1917.

(115) 그 선전전에 대한 가장 철저하고 숨김 없는 설명은 Grubbs, "Council and Alliance Propaganda: 1917-1919," pp. 156-72; 또한 Grubbs, *Struggle for Labor Loyalty*, pp. 40-43, and Weinstein, *Decline of Socialism in America*, p. 131.

(116) Peterson and Fite, *Opponents to War*, p. 76에서 인용.

(117) James Weinstein, *The Corporate Ideal in the Liberal State, 1900-1918* (Boston: Beacon Press, 1968), p. 244에서 인용; 또 Stephen J. Whitfield, *Scott Nearing Apostle of American Radicalism* (New York: Columbia University Press, 1974), pp. 82-85; 그리고 Lasch, *American Liberals and the Russian Revolution*, p. 39 참조.

■ 제10장 주

(1)   Frank C. Grubbs, *The Struggle for Labor Loyalty: Gompers, the A. F. of L. and the Pacifists, 1917-1920* (Durham, N. C.: Duke University Press, 1968), p. 87; Adam Ulam, *The Bolsheviks* (New York: Macmillan, 1965), p. 331 참조.

(2)   "Our Ninth Convention," *The Intercollegiate Socialist* (February - March 1918): 20.

(3)   Charles Leinenweber, "Socialist in the Streets: The New York City Socialist Party in Working Class Neighborhoods, 1908 - 1918," *Science and Society* 41 (1977): 157 참조.

(4)   Lowell M. Limpus and Burr W. Leyson, *This Man LaGuardia* (New York: Dutton, 1938), pp. 76-78 참조.

(5)   Morris Hillquit, ed., *The Trial of Scott Nearing and the American Socialist Society* (New York: Rand School, 1919), p. 93.

(6)   Elizabeth Gurley Flynn, *The Rebel Girl: An Autobiography, My First Life, 1906-1926* (New York: International Publishers, 1955), p. 239.

(7)   James Weinstein, *The Decline of Socialism in America, 1900-1925* (1967) (New Brunswick, N. J.: Rutgers University Press, 1984), p. 145.

(8)   New York *Call*, August 30, 1918.

(9)   *New York Times*, September 12, 1918.

(10) Editorial, New York *Call*, August 18, 1918.

(11) Collection 6, microfilm , reels 9, 10, Socialist Party Minutes, Regular Meeting of the Executive Committee of local New York, December 12, 1917, Socialist Collection, Tamiment Library, New York University, New York; 또한 Fiorello LaGuardia, *The Making of an Insurgent: An Autobiography 1882-1919* (Philadelphia: Lippincott, 1948), p. 197 참조.

(12) Limpus and Leyson, *This Man LaGuardia*, p. 72에서 인용.

(13) Editorial, *New York Times*, July 2, 1918.

(14) Collection 6, microfilm, reels 9, 10, July 13, 1918, Socialist Collection, Tamiment Library, New York University, New York.

(15) *New York Times*, July 15, 1918; LaGuardia, *The Making of an Insurgent,*: p. 198.

(16) New York *Call*, August 30, 1918.

(17) Weinstein, *Decline of Socialism*, pp. 90, 99.

(18) New York *Call*, September 4, 1918.

(19) Zechariah Chaff, Jr., *Freedom of Speech* (New York: Harcourt, Brace, 1920), pp. 120, 159.

(20) New York *Call*, September 1, 1918.

(21) Ibid.

(22) *New York Times*, September 5, 1918.

(23) Ibid.

(24) New York *Call*, September 7, 1918.

(25) Limpus and Leyson, *This Man Laguardia*, p. 64에서 인용.

(26) Nearing, *The Debs Decision*, pamphlet, 1919, p. 17.

(27) Editorial, New York *Call*, September 14, 1918.

(28) New York *Call*, September 23, 1918.

(29) *American Labor Yearbook, 1919-1920*, pp. 91-92.

(30) New York *Call*, October 24, 1918.

(31) New York *Call*, October 27, 1918.

(32) Ibid., September 12, 1918; *New York Times*, September 12, 1918.

(33) *New York Times*, September 12, 1918; New York *Call*, September 22, 1918.

(34) New York *Call*, September 11, 1918; September 22, 1918.

(35) Nearing, *Letter of Acceptance*, no.1, Wednesday, September 11, 1918, in Scott Nearing Papers, temp. box 15, Swarthmore College Peace Collection (SCPC).

(36) New York *Call*, October 3, 1918.

(37) Ibid., October 16, 1918.

(38) Moses Rischin, *The Promised City: New York Jews, 1870-1914* (Cambridge, Mass.: Harvard

University Press, 1962), pp. 133-35.

(39) New York *Call*, October 11, 1918.

(40) Ibid., October 17, 1918 , October 19, 1918.

(41) Ibid., September 12, 20, 22, 29, 1918; October 13, 23, 1918.

(42) Louis Waldman, *Labor Lawyer* (New York: Dutton, 1944), pp. 82-83.

(43) Nearing, *Profiteering*, pamphlet, 1918, pp. 1, 3.

(44) Nearing, *The Cost of Living*, pamphlet, 1918, pp. 1, 2.

(45) Nearing, *Who Owns the United States*, pamphlet, 1918, pp. 1, 2.

(46) Nearing, *Profiteering*, p. 3; *Cost of Living*, p. 3; *Who Owns the United States*, p. 3.

(47) New York *Call*, October 7, 1918.

(48) Ibid, October, 14, 1918.

(49) Ibid, October, 21, 1918.

(50) Ibid, October, 20, 21, 1918.

(51) Ibid, October, 19, 28, 1918; 또한 Art Young, *Art Young's Political Primer: Scott Nearing for Congress, 1918*, in Scott Nearing Papers, temp. box 15, SCPC 참조.

(52) New York *Call*, October 30, 1918.

(53) *New York Times*, October 29, 1918; Limpus and Leyson, *This Man LaGuardia*, p. 75.

(54) LaGuardia, *Making of an Insurgent*, p. 199.

(55) Howard Zinn, *LaGuardia in Congress* (New York: Norton, 1959), p. 31에서 인용.

(56) Bella Rodman, *Fiorello LaGuardia* (New York: Hill and Wang, 1962), pp. 70-71.

(57) New York *Call*, November 1, 1918.

(58) Ibid.

(59) LaGuardia, *Making of an Insurgent*, p. 101에서 인용.

(60) Limpus and Leyson, *This Man LaGuardia*, p. 32.

(61) Zinn, *LaGuardia in Congress*, p. 32; Limpus and Leyson, *This Man LaGuardia*, p. 77.

(62) New York *Call*, November 2, 1918.

(63) *New York Times*, November 2, 1918.

(64) New York *Call*, November 2, 1918.

(65) Editorial, ibid., November 7, 1918.

(66) Board of City Record, *The City Record, supplement; Official Canvas of the Votes*, December 1918.

(67) *The Liberator*, December 1918.

(68) [Roger Baldwin], "A Puritan Revolutionist: Scott Nearing," in Devere Allen, ed., *Adventurous Americans* (New York: Rarrar and Rinehart, 1932), p. 270.

(69) New York *Call*, November 6, Stephen J. Whitfield, *Scott Nearing: Apostle of American Radicalism* (New York: Columbia University Press), p. 110에서 인용.

■ 제11장 주

(1) Name index to Correspondence of the Military Intelligence Division of the War Department General Staff, 1917-1941, reel 162, 9140-1160, July 10, 1917.

(2) Zechariah Chafee, Jr., *Freedom of Speech* (New York: Harcourt, Brace, 1920), pp. 42-43 참조.

(3) U.S. Military Intelligence Reports, Surveillance of Radicals in the United States, 1917-1941, microfilm, reel 7-8, 0001-10110-559, report dated July 30, 1917 (이하 Military Intelligence Reports로 표기).

(4) Ibid., reel 5, 0001-10110-219, report dated September 4, 1917.

(5) Ibid., reel 7-8, 10110-559, report September 20, 1917; 이와 함께 Justice Department File, Memorandum for Mr. Bettmann, April 11, 1918, no. 9-19-1758, National Archives, Washington, D.C. 참조.

(6) Elliot J. Anderson, "The Scott Nearing Controversy in Toledo, 1916-1917," *Northwest Ohio Quarterly* 29 (1957):172에서 인용.

(7) Military Intelligence Reports, reel 5, 0001-10110-219, October 8, 1917, October 23, 1917, November 12, 1917, November 16, 1917.

(8) Ibid., reel 8, 0001-10110-559, October 23, 1917; reel 5, 0001-10110-219, October 23, 1917.

(9) Ibid., reel 5, 0001-10110-219, November 28, 1917.

(10) Ibid.

(11) Ibid., reel 8, 0001-10110-559, December 8, 1917.

(12) Ibid., stenographer's report, January 29, 1918, pp. 19-22.

(13) Ibid., reel 5, 0001-10110-219, February 20, 1918.

(14) Ibid., reel 8, 0001-10110-559, March 15, 1918.

(15) Ibid., March 13, 1918.

(16) Ibid., reel 5, 0001-10110-219, February 25, 1918.

(17) Alexander Trachtenberg, ed., *The American Labor Yearbook, 1919-1920* (New York: Rand School, 1920), p. 108.

(18) Justice Department File, Alfred Bettmann to John O'Brian, February 18, 1918, file no. 9-19-1758, National Archives, Washington, D.C.

(19) Ibid., Bettmann to O'Brian, February 21, 1918.

(20) Ibid., O'Brian to Francis Caffey, February 28, 1918.

(21) Ibid., Bettmann to O'Brian, February 18, 1918.

(22) Reel 54, R2683, the Papers of the Rand School of Social Science, Tamiment Library, New York University, New York.

(23) Frederick Cornell, "A History of the Rand School of Social Science," Ph. D. diss., Columbia University Teachers College, 1976, pp. 64, 68, 105.

(24) Military Intelligence Reports, reel 8, 0001-10110-559, March 29, 1918.

(25) Morris Hillquit, ed., *The Trial of Scott Nearing and the American Socialist Society* (New York: Rand School, 1919), 121.

(26) Nearing, *The Great Madness*, pamphlet, p. 5.

(27) bid., p. 36.

(28) Ibid., p. 12.

(29) *United States v. Nearing*, 252 F. 223(S.D.N.Y., 1918).

(30) Ibid., pp. 225-26.

(31) Ibid., pp. 226, 228.

(32) Ibid., pp. 226, 228.

(33) Military Intelligence Report, reel 5, 0001-10110-219, April 12, 1918.

(34) Ibid., reel 8, 0001-10110-559, April 11, 1918.

(35) Ibid., August 5, 1918.

(36) Ibid., reel 5, 0001-10110-219, May 26, 1918.

(37) Ibid., June 8, 1918.

(38) Ibid., July 15, 1918.

(39) Ibid., September 11, 1918.

(40) Joseph Freeman, An American Testament (London: Gollancz, 1938), p. 156.

(41) Arturo Giovannitti, "Scott Nearing Reprieves Democracy," *The Liberator*, April 1919, p. 5.

(42) Hillquit, *Trial of Scott Nearing*, pp. 117, 157.

(43) Nearing, *Address to Jury*, pamphlet, 1918, pp. 5, 11, 12, 19-20, 24-25, 28.

(44) Ibid., pp. 7, 9, 10-11, 13.

(45) Hillquit, ed., *The Trial of Scott Nearing* p. 249; *United States v. American Socialist Society*, 260 F. 885 (S.D.N.Y., 1919).

(46) Nearing, *The Making of a Radical*, 1972, p. 117.

(47) *United States v. American Socialist Society*, 260 F. 885, 886, 888, 891.

(48) United States v. American Socialist Society, 266 F. 212 (2nd Cir., 1920).

(49) Cornell, "History of the Rand School," p. 87.

(50) Ibid., pp. 88, 89, 90.

(51) Charles Recht, "The Prosecution of the Rand School of Social Science." in *American Labor Yearbook*, 1919-1920, p. 109.

(52) Hillquit, *Trial of Scott Nearing*, p. 3.

(53) *Case of the Rand School*, pamphlet, 1919, p. 1.

(54) Cornell, "History of the Rand School," pp. 95-98.

(55) Ibid., p. 121.

(56) Nearing, *Address to the Jury*, 1918, pp. 28, 29-30.

■ 제12장 주

(1) Nearing, ed., *War, Patriotism, Peace* by Leo Tolstoi (New York: Vanguard, 1926), p. v.

(2) Ibid., pp. iii, iv.

(3) Ibid., p. 50.

(4) Ibid., p. 88.

(5) Ibid., p. 51.

(6) Ibid., p. 42.

(7) Clair R. Goldfarb, "William Dean Howells: An American Reaction to Tolstoy," *Comparative Literature Studies* (December 1971):317-35; Kenneth S. Lynn, *William Dean Howells: An American Life* (New York: Harcourt Brace Jovanovich, 1971), pp. 282-304; Peter Brock, *Pacifism in the United States from the Colonial Era to the First World War* (Princeton, N.J.: Princeton University Press, 1968), p. 934; Henry F. May, *Protestant Churches and Industrial America* (New York: Harper, 1949), p. 153 참조.

(8) Nearing, *The Making of a Radical*, 1972, p. 29.

(9) Nearing, *Where is Civilization Going?* 1927, pp. 49-51.

(10) Nearing, "Why American Teachers Do Not Think," 1925, pp. 225, 226, 229.

(11) Nearing, *Where is Civilization Going?* p. 46.

(12) Nearing, *The Next Step: A Plan for Economic World Federation*, 1922, p. 159.

(13) Nearing, *Work and Pay*, pamphlet, 1917, pp. 3-4.

(14) Nearing, "The Man and the Machine," 1917, p. 47.

(15) Nearing, *Work and Pay*, p. 4.

(16) Nearing, *Next Step*, pp. 158, 162.

(17) Nearing, *A Nation Divided; or Plutocracy versus Democracy*, pamphlet, 1920, p. 25.

(18) Nearing, *Next Step*, p. 162.

(19) Ibid., p. 160.

(20) Nearing, *Where is Civilization Going?* p. 100.

(21) Nearing, *Next Step*, pp. 153, 163.

(22) Ibid., p. 161.

(23) Nearing, *Making of a Radical*, pp. 26-29.

(24) Joseph Freeman, *An American Testament* (London: Gollancz, 1938), p. 299.

(25) Nearing, *Making of a Radical*, pp. 79-82; "Report of Committee of Inquiry concerning Clark University," *Bulletin of the American Association of University Professors 10* (October 1924):40-107; Upton Sinclair, *The Goose Step: A study in American Education* (Pasadena, Calif.: the author, 1923), pp. 287-302; J. E. Kirkpatrick, *The American College and its Rulers* (New York: New Republic, 1926), pp. 133-34, 147 참조.

(26) "Report concerning Clark University," pp. 67-68; Nearing, "The Control of Public Opinion in the United States," 1922, pp. 421-23.

(27) Sinclair, *Goose Step*, p. 293.

(28) "Report concerning Clark University," pp. 63-69.

(29) Ibid., pp. 68-69; Nearing, *Making of a Radical*, p. 80.

(30) Haven D. Brackett, letter to the editor, *The Nation*, April 5, 1922, p. 397.

(31) Nearing, *Making of a Radical*, p. 80.

(32) "Report concerning Clark University," pp. 40-41.

(33) Arthur Warner, "Fiat Lux'-But No Red Rays," *The Nation*, March 29, 1922, p. 364.

(34) Bruce Bliven, "Free Speech, But - ?" *New Republic*, April 5, 1922, p. 161.

(35) Nearing, *Educational Frontiers: Simon Nelson Patten and Other Teachers*, 1925, p. 182.

(36) Nearing, *Making of a Radical*, pp. 74-75, 158, 172,

(37) Nearing, "Control of Public Opinion," p. 422.

(38) Scott Nearing Papers, draft of autobiography, bk. 6, June 24, 1967, p. 74, DG 124 (SCPC),

(39) Nearing, *The Menace of Militarism*, pamphlet, 1917, p. 42.

(40) Nearing, debate with John Haynes Holmes, *Can the Church be Radical?* 1922, pp. 17-18.

(41) Ibid., pp. 21-22, 33-34.

(42) Ibid., pp. 21, 23, 38.

(1) Nearing, War: *Organized Destruction and Mass Murder by Civilized Nations*, 1931, p. 97.

(2) Scott Nearing Papers, draft of autobiography, chapter 8, July 7, 1968, Swarthmore College Peace Collection(SCPC).

(3) Nearing, *The Making of a Radical*, 1972, p. 136.

(4) Nearing, *The Next Step*, 1922, p. 13.

(5) Scott and Helen Nearing Papers, November 25, 1919, "Lecture with Darrow," box 9, F 1, Boston University Special Collections, Boston.

(6) Nearing, *Making of a Radical*, p. 138; the quote comes from a slightly different version in a written draft of his autobiography in Scott Nearing Papers, DG 124, n.d., n.p., SCPC.

(7) Nearing, *Making of a Radical*, p. 137.

(8) Ibid., pp. 198, 199.

(9) Scott Nearing Papers, written draft of autobiography, Scott Nearing Papers, DG 124, n.d., n.p., SCPC.

(10) Nearing, *Next Step*, p. 34.

(11) Nearing, *Oil and the Germs of War*, pamphlet, 1923, p. 26.

(12) Nearing, The American Empire, 1921, p. 24.

(13) Ibid., pp. 23, 24, 15.

(14) Ibid., pp. 24, 14, 169, 21.

(15) J. A. Hobson, *Imperialism: A Study* (1902) (Ann Arbor: University of Michigan Press, 1962), p. 90.

(16) Scott and Helen Nearing Papers, "The Role of Revolution," lecture, 1938, p. 3, Boston University Special Collections, Boston.

(17) Nearing, *American Empire*, 1921, pp. 261, 255.

(18) Ibid., p. 241.

(19) Nearing, *British Labor Bids for Power: The Historic Scarboro Conference of the Trade Union Congress*, 1926, p. 29; American Empire, pp. 243, 250.

(20) Nearing, "The Human Element in Economics," 1919?

(21) Nearing, *American Empire*, 1921, p. 244.

(22) Ibid., p. 254.

(23) Ibid., pp. 244, 265, 254-55.

(24) Scott Nearing to George Goetz [V. F. Calverton], December 23, 1924, box 11, V. F. Calverton Papers, New York Public Library, Astor, Lenox and Tilden Foundations, Rare

Books and Manuscripts Division, New York.

(25) Nearing, *Next Step*, p. 143.

(26) Nearing, "What Can the Radical Do?" 1923, p. 5.

(27) Nearing, "Taking Stock of American Labor," 1922, pp. 11-13; New York Call, November 19, 1922, p. 9.

(28) Nearing, "Old Mexico," 1921, p. 4.

(29) Letter from Nearing to Robert Nearing, October 4, 1924, in the possession of Robert Nearing, Troy, Pa.

(30) Joseph Freeman, *An American Testament* (London: Gollancz, 1938), p. 301.

(31) Joseph Freeman, "A Blue Print of Utopia," *The Liberator*, May 1923, p. 43; Rexford G. Tugwell, *To the Lesser Heights of Morningside: A Memoir* (Philadelphia: University of Pennsylvania Press, 1982), p. 591; Nearing, *Next Step*, p. 35.

(32) Nearing, *Next Step*, pp. 7, 74.

(33) Ibid., p. 117.

(34) Sondra R. Herman, *Eleven against War: Studies in American International Thought, 1898 -1921* (Stanford, Calif.: Hoover Institution Press, 1969), pp. ix, 7-8, 137-38, 220; Herman, in Charles Chatfield, ed., *Peace Movements in America* (New York: Schocken, 1973), p. 172.

(35) Nearing, *Next Step*, pp. 23-24 ; 이와 함께 경제적 기초를 건설하기 위한 전후 연맹의 제안에 관해서는 Warren F. Kuehl, *Seeking World Order: The United States and International Organization to 1921* (Nashville, Tenn.: Vanderbilt University Press, 1969), pp. 252-53 참조.

(36) Nearing, "On Joining the World Court," 1923, p. 25.

(37) Nearing, *Labor and the League of Nations*, pamphlet, 1919, p. 10.

(38) Ibid., pp. 17, 20.

(39) "Notes on the Tenth Annual Convention, I.S.S.," *Intercollegiate Socialist*, February-March 1919, p. 27.

(40) Nearing, *Labor and the League of Nations*, p. 25.

(41) Nearing, *Next Step*, pp. 167, 59.

(42) Ibid., p. 113.

(43) Ibid., p. 100.

(44) Ibid., P. 104, 107; 세계 연맹을 위한 모델로 미국 연방을 채택하는 것이 유력하다는 점에 대해서는 Kuehl, *Seeking World Order*, pp. viii, 37, 54, 86 참조.

(45) Nearing, *Next Step*, pp. 148, 149.

(46) Nearing, "What Can the Radical Do?" p. 5.

(47) Justice Department, MID files, 10110-741, National Archives, Washington, D.C.

(48) Nearing, "The Control of Labor Education," 1923, pp. 35, 36, 37.

(49) Freeman, *American Testament*, p. 302.

(50) Nearing, *Making of a Radical*, pp. 171, 158-70.

(51) Samson, "Toward a New Social Order," p. 41에서 인용.

(52) "Memorandum Regarding Fund Policy for Consideration at May 14th Meeting, from Scott Nearing," n.d.; "Consistent Educational Work Looking to the Establishment of a New World Order," April 3, 1924, Am 1888.3 (160)(159) Lewis Gannett Papers, by permission of Houghton Library, Harvard University, Cambridge, Mass.

(53) Ibid., "American Fund for Public Service, Press Release," April 12, 1923; Reminiscences of Roger Baldwin, Part 1 (1954), p. 328; Lamson, *Roger Baldwin*, p.149.

(54) "American Fund for Public Service, Press Release," April 12, 1923; Lewis Gannett Papers, by permission of Houghton Library, Harvard University; Nearing, *Making of a Radical*, p. 173; *Revolutionary Radicalism: Its History, Purpose and Tactics: Report of the Joint Legislative Committee Investigating Seditious Activities, Filed April 24, 1920, in the Senate of the State of New York, Vol. 2*, Albany, N.Y., 1920, p. 1991; *Federated Press Bulletin*, Vol. 1, no. 1, April 9, 1921; p. 2; Vol. 1, no. 12, June 25, 1921, p. 2.

(55) Arthur Warner, "Enter the Labor Press," The Nation, June 1, 1921, quoted in Federated Press Bulletin, June 11, 1921, p. 2; *Revolutionary Radicalism*, Vol. 2, pp. 1996-7.

(56) Freeman, *American Testament*, p. 303.

(57) Nearing, *Irrepressible America*, pamphlet, 1922, pp. 26, 27.

(58) Nearing, *Making of a Radical*, p. 114; Ralph Chaplin, *Wobblie: The rough and Tumble Story of an American Radical* (Chicago: University of Chicago Press, 1948), pp. 281-82; Nearing, "Industrial Heretics," 1922, p. 6.

(59) Nearing, *Making of a Radical*, p. 114.

(60) Nearing, Introduction to *Bars and Shadows: The Prison Poems of Ralph Chaplin* (New York: Leonard Press, 1922), p. 5.

(61) Nearing, "Industrial Heretics," p. 6.

(62) Nearing, Introduction to *Bars and Shadows*, pp. 7, 10, 11.

(63) Donald Winters, Jr., *The Soul of the Wobblies: The IWW, Religion, and American Culture in the Progressive Era, 1905-1917* (Westport, Conn.: Greenwood, 1985), p. 15.

(64) Nearing, Introduction to *Bars and Shadows*, p. 5.

(65) Nearing, "Industrial Heretics," p. 6.

(66) Milton Cantor, *The Divided Left: American Radicalism, 1900-1975* (New York: Hill and

Wang, 1978), p. 67; Theodore Draper, *The Roots of American Communism* (New York: Viking, 1957), p. 87.

(67) Draper, *Roots of American Communism*, p. 111에서 인용.

(68) Ibid., pp. 111-12; Lewis Coser and Irving Howe, *The American Communist Party: A Critical History, 1919-1957* (New York: Praeger, 1962), p. 21; James Weinstein, *The Decline of Socialism in America, 1912-1925* (1967) (New Brunswick, N.J.: Rutgers University Press, 1984), pp. 188-89; Cantor, *Divided Left*, p. 55.

(69) Weinstein, *Decline of Socialism*, p. 189.

(70) Ibid., p. 192.

(71) "Manifesto and Program of the Left Wing of the American Socialist Movement," *Revolutionary Age*, February 3, 1919.

(72) New York *Call*, March 23, 1919, p. 7.

(73) Draper, *Roots of American Communism*, p. 154.

(74) MID files, April 21, 1919, "Sub: Scott Nearing (lecture at Rand School)," National Archives, Washington, D.C.

(75) New York *Call*, April 28, 1919, p. 2.

(76) Nearing, *Violence or Solidarity; or, Will Guns Settle It?* 1919, pp. 10, 11.

(77) "Violence or Solidarity?" *New York Communist*, June 14, 1919, p. 7.

(78) Nearing to Granville Hicks, September 9, 1934, Granville Hicks Papers, George Arendts Research Library for Special Collections at Syracuse University, Syracuse, New York.

(79) Nearing, debate with Edwin R. Seligman, *Resolved: That Capitalism Has More to Offer the Workers of the United States than Has Socialism*, 1921, p. 38.

(80) James Oneal, "The American Empire," *Call Magazine*, March 6, 1921, p.5.

■ 제14장 주

(1) Nearing, "What Shall I Do in the Next War?" 1923, p. 1.

(2) Nearing, "The New Year," 1922, p. 8.

(3) Ibid.

(4) Ibid.

(5) Nearing, "Thought Factories," 1922, p. 5.

(6) Nearing, "New Year," p. 8.

(7) Nearing, "Karl Marx and Economic Emancipation," 1923, p. 9.

(8)   Nearing, "The Industrial Worker," 1922, p. 8.

(9)   Nearing, "Karl Marx and Economic Emancipation," p. 9.

(10) Ibid., p. 8.

(11) Ibid., pp. 8, 9.

(12) Ibid., p. 8.

(13) Nearing, *The Making of a Radical*, 1972, p. 44.

(14) Joseph Freeman, *An American Testament* (London: Gollancz, 1938), p. 298.

(15) Nearing, *Making of a Radical*, p. 45.

(16) Nellie M. Seeds, "Essentials of Teacher Education," *Our Weekly News*, June 9-11, 1941, sec. 2, p. 1, in possession of Robert Nearing, Troy, Pa.

(17) *League for Industrial Democracy News Bulletin*, March-April 1924, p. 6; November 1926, p. 5; Nellie M. Seeds, "William M. Fincke, The Founder of Brookwood and Manumit," *Labor Age*, August 1927, p. 10; *New York Times*, December 5, 1946, p. 31 참조.

(18) [Roger Baldwin], "A Puritan Revolutionist: Scott Nearing," in Devere Allen, *Adventurous Americans* (New York: Farrar and Rinehart, 1932), p. 273.

(19) Nearing, "Couéism," 1923, p. 6.

(20) Nearing, "The Social Significance of Dr. Grant," 1923, p. 7.

(21) Nearing, "Couéism," p. 7.

(22) Nearing, "Couéism," p. 7; 또한 Sydney E. Ahlstrom, *A Religious History of the American People*, Vol. 2 (New York: Image, 1975), p. 391과 Frederic Lewis Allen, *Only Yesterday, An Informal History of the 1920s* (1931) (New York: Harper & Row, 1959), p. 6 참조.

(23) Nearing, "Couéism," 1923, p. 6.

(24) Ibid., pp. 6, 7.

(25) Ibid., p. 7.

(26) [Baldwin], "Puritan Revolutionist," p. 273.

(27) Nearing, "What Can the Radical Do?" 1923, p. 5.

(28) Nearing, "What Can the Intellectual Do?" 1922, p. 4.

(29) Ibid.

(30) Nearing, "Can We Live Up to Our Ideals?" 1923, p. 1.

(31) Nearing, "What Can the Intellectual Do?" p. 4.

(32) Nearing, "What Can the Radical Do?" p. 5.

(33) Nearing, "Can We Live Up to Our Ideals?" p. 1.

(34) Nearing, "What Can the Radical Do?" p. 5.

(35) Nearing, "What Can the Intellectual Do?" p. 4.

(36) Ibid.

(37) Nearing, "Can We Live Up to Our Ideals?" p. 2.

(38) Ibid.

■ 제15장 주

(1) 연합 전선 전략에 대해서는 James Weinstein, *The Decline of Socialism in America, 1900-1925* (1967) (New Brunswick, N.J.: Rutgers University Press, 1984), pp. 269-71; Milton Cantor, *The Divided Left: American Radicalism, 1900-1975* (New York: Hill and Wang, 1978), p. 76; Theodore Draper, *The Roots of American Communism* (New York: Viking, 1957), pp. 327-29, 343 참조.

(2) Theodore Draper, *American Communism and Soviet Russia* (1960) (New York: Vintage, 1986), p.34에서 인용.

(3) 진보 정치 행동 회의(CPPA)와 공산주의자들에 대해서는 Draper, *American Communism*, pp. 30-31 참조.

(4) Ibid., pp. 36-37.

(5) Nearing, "What Can La Follette Do?" 1923, p. 3.

(6) Nearing, "Scott Nearing and Party Policy," 1924, pp. 4-5.

(7) William Z. Foster, "Foster's Reply to Nearing," Daily *Worker*, magazine supplement, May 17, 1924, pp. 4, 5.

(8) Draper, *American Communism*, p. 114; on the 1924 Third Party fiasco generally, see pp. 96-123에서 인용.

(9) Nearing, *The Making of a Radical*, 1972, p. 146.

(10) Nearing, "What Can the Radical Do?" 1923, p. 5.

(11) James Oneal, "The Future of the Socialist Party," *Call Magazine*, February 11, 1923, pp. 3, 9.

(12) John Pepper, "The S.P.-Two Wings without a Body," *The Liberator*, May 1923, p. 33.

(13) James P. Cannon, "Scott Nearing and the Workers' Party," *The Worker*, February 24, 1923, pp. 1-2.

(14) Weinstein, *Decline of Socialism in America*, p. 331, also pp. 243-44, 246; Cantor, *Divided Left*, p. 89 참조.

(15) [Roger Baldwin], "A Puritan Revolutionist: Scott Nearing," in Devere Allen, ed., *Adventurous Americans* (New York: Farrar and Rinehart, 1932), p. 270.

(16) Nearing, debate with Bertrand Russell, *Resolved: That the Soviet Form of Government Is*

Applicable to Western Civilization (Nearing in the Affirmative), pamphlet, 1924, pp. 24, 51.

(17) Ibid., p. 51.

(18) Ibid., p. 53.

(19) Ibid., pp. 23, 54, 55.

(20) "American Labor and Socialist Party Symposium," *Intercollegiate Socialist*, April-May 1919, pp. 11-12.

(21) Nearing, "The Chicago Conference," 1922, p. 4.

(22) Nearing, "The Social Significance of Dr. Grant," 1923, p. 9.

(23) Earl R. Browder, "What is Collaboration of Classes?" *Workers Monthly*, June 1925, pp. 366-68.

(24) Nearing, *The British General Strike*, 1926, p. 100.

(25) Nearing, *Can Britain Escape Revolution?* pamphlet, 192[4], pp. 3, 4.

(26) Ibid., pp. 2, 3.

(27) Nearing, *British General Strike*, p. 18.

(28) Ibid., pp. vi, 2.

(29) Ibid., p. 13.

(30) Ibid., P. 18.

(31) Nearing, *Making of a Radical*, p. 146.

(32) Nearing, *Glimpses of the Soviet Republic*, pamphlet, 1926, p. 3.

(33) Nearing, *Making of a Radical*, p. 140. 이 여행에 관한 글로는 *Federated Press Bulletin*, 1926; *Glimpses of the Soviet Republic*, 1926; *Education in Soviet Russia*,1926에 게재한 "The Organizing of Educational Workers in Soviet Russia," 1926; "Higher Education in Russia," 1926; and "Russianizing American Education," 1926이 있다.

(34) Nearing, *Education in Soviet Russia*, p. 151.

(35) Harry Laidlet and Norman Thomas, eds., *Prosperity? A Symposium* (New York: Vanguard, 1927), p. 59.

(36) Nearing and Jack Hardy, *The Economic Organization of the Soviet Union*, 1927, p. 39.

(37) Ibid., pp. xvii-xviii, 221.

(38) Nearing, *World Labor Unity*, 1926, p. 4 ; "The Soviet Union Forges Ahead," 1929, p. 12.

(39) Nearing, "Return of the Native," 1926, p. 18.

(40) Nearing, "Answering Uncle Sam," 1923, p. 19.

(41) Nearing, Symposium with Sam A. Lewisohn, M. C. Rorty, and Morris Hillquit, *The Future of Capitalism and Socialism in America*, pamphlet, 1927, p. 20.

(42) Nearing, "Answering Uncle Sam," p. 21.

(43) Military Intelligence Division, Record Group 165, "Stability of Russian Soviet Government - Scott Nearing Meeting Held under the Auspices of the League for Industrial Democracy - Play House, Washington, D.C. - Saturday, May 8, 1926," pp. 1-3. National Archives, Washington, D.C.

(44) Harry W. Laidler and Norman Thomas, eds., *New Tactics in Social Conflict* (New York: Vanguard, 1926), p. 27.

(45) Nearing, "Conflict and Avoidance," 1927, p. 26.

(46) Nearing, *Making of a Radical*, p. 147.

(47) 볼드윈의 설명은 "A Puritan Revolutionist: Scott Nearing," p. 270; Joseph Freeman, *An American Testament* (London: Gollancz, 1938), p. 309; Michael Gold, "Change the World," *Daily Worker*, January 31, 1935, in the Scott and Helen Nearing Papers, Boston University Special Collections, Boston에 있다.

(48) Scott Nearing Papers, handwritten notes, April 29, 1969, bk. 4, p. 85E, DG 124, Swarthmore College Peace Collection (SCPC).

(49) Draper, *American Communism*, p. 219 참조.

(50) Freeman, *American Testament*, p. 309.

(51) Ibid., p. 311에서 인용.

(52) Ibid., p. 311.

(53) Ibid., p. 311에서 인용.

(54) Ibid., pp. 311-12.

(55) Ibid., p. 312에서 인용.

(56) Ibid., p. 313에서 인용.

(57) Ibid., p. 310에서 인용.

(58) Ibid., pp. 313-14에서 인용

(59) Draper, *American Communism*, pp. 243, 249, 272, 298; Cantor, Divided Left, p. 93.

(60) Nearing, *Making of a Radical*, p. 147.

(61) Draper, *American Communism*, p. 268.

(62) [Baldwin], "Puritan Revolutionist," p. 271; Nearing, *Making of a Radical*, p. 147.

(63) Harry Laidler and Norman Thomas, eds., *Prosperity? A Symposium* (New York: Vanguard, 1927), p. 228.

(64) Ibid., p. 205.

(65) Ibid., pp. 207, 209.

(66) Ibid., pp. 214-16.

(67) Ibid., pp. 212-13.

(68) Draper, *American Communism*, p. 197; Harvey Klehr, *The Heyday of American Communism: The Depression Decade* (New York: Basic Books, 1984), p. 7.

(69) Ibid., pp. 213, 214, 230.

(70) [Baldwin], "Puritan Revolutionist," p. 264.

(71) Nearing, *Whither China?: An Economic Interpretation of Recent Events in the Far East*, 1927, p. 12.

(72) Ibid., pp. 63, 64.

(73) Nearing, *Russia Turns East: The Triumph of Soviet Diplomacy in Asia*, pamphlet, 1926, pp. 29, 30.

(74) Nearing, *Whither China?* p. 65.

(75) Nearing, "Revolution in China," 1930, p. 16.

(76) Ibid., pp. 183, 184, 206.

(77) Emma Goldman, *Living My Life* (1931) (Salt Lake City, Utah: Gibbs H. Smith, 1982), p. 987.

(78) Nearing, *Making of a Radical*, pp. 140, 142-43.

(79) Ibid., p. 144.

(80) Joseph Freeman, *American Testament*, p. 531.

(81) Ibid., p. 183.

(82) Janice R. MacKinnon and Stephen R. MacKinnon, *Agnes Smedley: The Life and Times of an American Radical* (Berkeley: University of California Press, 1988), p. 364.

■ 제16장 주

(1) *Daily Worker*, August 9, 1928, p. 1.

(2) Harry Laidler and Norman Thomas, eds., *Prosperity? Symposium* (New York: Vanguard, 1927), pp. 211, 228.

(3) *Daily Worker*, August 30, 1928; September 18, 1928.

(4) Nearing, "The Political Outlook for the Workers (Communist) Party - a Discussion article," 1928, pp. 756-59.

(5) Theodore Draper, *American Communism and Soviet Russia* (1960) (New York: Vintage, 1986), pp. 349, 354.

(6) Wilson Record, *The Negro and the Communist Party* (Chapel Hill, N.C.: University of North Carolina Press, 1951), pp. 14-15; Draper, *American Communism*, pp. 349, 354.

(7) Draper, *American Communism*, p. 349에서 인용.

(8) Nearing and Frank Watson, *Economics,* 1908, pp. 134-35.

(9) Scott Nearing Papers, draft of autobiography, bk. 6, June 29, 1969, p. 84, DG 124, Swarthmore College Peace Collection (SCPC).

(10) Jervis Anderson, *A. Philip Randolph: A Biographical Protrait* (Berkeley: University of California Press, 1986), pp. 85-93.

(11) Nearing, "Business and War," 1917, pp. 11-12; "War Shouters and War Contracts," 1918, pp. 11-12; "The Big Ten," 1919, pp. 27-28.

(12) "Scott Nearing," *The Messenger,* March 1919, p. 23.

(13) *The Messenger,* June 1922.

(14) Nearing, *Black America,* 1929, pp. 5, 221-22.

(15) Ibid., pp. 5, 132, 249.

(16) Ibid., p. 70.

(17) Ibid., p. 106.

(18) Ibid., pp. 7, 142.

(19) Ibid., p. 256.

(20) Ibid., pp. 223, 227, 228.

(21) Ibid., pp. 153, 209-12.

(22) Ibid., p. 257.

(23) Ibid., pp. 262, 261.

(24) Ibid., p. 262.

(25) William Scott, *Documentary Expression in Thirties America* (New York: Oxford University Press, 1973), p.76에서 인용.

(26) 사진이 가진 문화적 의미에 대해서는 Scott, *Documentary Expression,* and Susan Sontag, *On Photography* (New York: Farrar, Straus and Giroux, 1980) 참조.

(27) Nearing to Joseph Freeman, April 7, 1929, Joseph Freeman Collection, Hoover Institution Archives, Stanford, Calif.

(28) Walter B. Rideout, *The Radical Novel in the United States, 1900-1954* (New York: Hill and Wang, 1956), p. 194; Sterling Brown, *The Negro in American Fiction* (1937) (Port Washington N.Y.:Kennikat Press, 1968), p. 181.

(29) Raymond Williams, *Marxism and Literature* (Oxford: Oxford University Press, 1977), and Terry Eagleton, *Marxism and Literary Criticism* (Berkeley: University of California Press, 1976) 참조.

(30) Daniel Aaron, *Writers on the Left* (1961) (New York: Oxford University Press, 1977), p. 94.

(31) James B, Gilbert, *Writers and Partisans, A History of Literary Radicalism in America* (New

York: John Wiley, 1968), pp. 80-81; Eagleton, *Marxism and Literary Criticism*, pp. 37-39.

(32) Gilbert, *Writers and Partisans*, pp. 79-84.

(33) Ibid., p. 84.

(34) Aaron, *Writers on the Left*, p. 209.

(35) Gilbert, *Writers and Partisans*, pp. 74-75, 82-84.

(36) Freeman, "The Wilsonian Era in American Literature," *Modern Quarterly*, June-September, 1927, pp. 132, 133, 135.

(37) Richard H. Pells, *Radical Visions and American Dreams* (New York: Harper & Row, 1973), p. 151 참조.

(38) Nearing, *Free Born: An Unpublishable Novel*, 1932, p. 172,

(39) Ibid., p. 166.

(40) Ibid., p. 171.

(41) Ibid., pp. 169, 177, 181, 183.

(42) Nearing, *Free Born*, pp. 175, 188, 189, 190.

(43) Ibid., p. 203.

(44) Ibid., pp. 235-36.

(45) Ibid., p. 237.

(46) Nearing to Joseph Freeman, June 21, 1930, Joseph Freeman Collection, Hoover Institution Archives, Stanford, Calif.

(47) Scott Nearing Papers, notes for autobiography, bk. 6, November 2, 1967, p. 196, DG 124, SCPC.

(48) Nearing, *Free Born*, "Publishers Note."

(49) Helen K. Nearing, Harborside, Me., to author [September 1981].

■ 제17장 주

(1) 제3기에 대해서는 Theodore Draper, *American Communism and Soviet Russia* (1960) (New York: Vintage, 1986), pp. 300-30;Milton Cantor, *The Divided Left: American Radicalism, 1900-1975* (New York: Hill and Wang, 1978), p. 92 참조.

(2) Draper, *American Communism*, pp. 305-6.

(3) Harvey Klehr, The Heyday of American Communism: The Depression Decade (New York: Basic Books, 1984), pp. 272, 298, 307, 414-15; Cantor, *Divided Left*, p. 93.

(4) Nearing to George Goetz [V. F. Calverton], March 2, 1933, V. F. Calverton Papers, Rare

Books and Manuscripts Division, New York Public Library, Astor, Lenox and Tilden Foundation, New York.

(5) Nearing, *The Making of a Radical*, 1972, p. 149; Scott Nearing Papers, draft of autobiography, April 29, 1968, bk. 6, p. 85H, DG 124, Swarthmore College Peace Collection (SCPC).

(6) Nearing to Freeman, April 7, 1929, Joseph Freeman Collection, Hoover Institution Archives, Stanford, Calif.

(7) Nearing, *The Twilight of Empire: An Economic Interpretation of Imperialist Cycles,* 1930, p. 15.

(8) Ibid., pp. 15, 16.

(9) Ibid., pp. 21, 127, 130.

(10) Nearing, *Where is Civilization Going?* 1927, pp. 77, 78, 90.

(11) Nearing, *Twilight of Empire,* pp. 136, 137.

(12) Ibid., p. 167.

(13) Ibid., p. 162.

(14) Ibid., p. 169.

(15) Ibid., p. 140.

(16) Ibid., p. 171.

(17) Ibid., pp. 167-68.

(18) Ibid., pp. 168, 169.

(19) V. I. Lenin, *Imperialism: The Highest Stage of Capitalism* (1916) (New York: International Publishers, 1939), p. 117.

(20) Ibid., p. 88.

(21) Ibid., pp. 12, 93.

(22) Ibid., pp. 121, 91.

(23) Ibid., pp. 96-97.

(24) Nearing, *Twilight of Empire,* p. 92.

(25) Nearing, *Making of a Radical,* p. 149.

(26) Ibid; 이는 조금 다른 판에서 인용한 것으로, 니어링의 자서전 초고에 나온다. Scott Nearing Papers, DG 124, April 29, 1969, bk. 6, p. 85J, SCPC.

(27) *Daily Worker,* editorial page, January 8, 1930; Nearing, Making of a Radical, pp. 151-52.

(28) Klehr, *Heyday of American Communism,* pp. 17-27.

(29) Earl Browder, "A 'Fellow Traveler' Looks at Imperialism," *The Communist,* June 1930, p. 568.

(30) Ibid., pp. 564, 565.

(31) Ibid., p. 562.

(32) Michael Gold, "Change the World," *Daily Worker*, January 21, 1935; February 22, 1935, box 9, file 12, Scott and Helen Nearing Papers, Boston University, Special Collections, Boston.

(33) [Roger Baldwin], "A Puritan Revolutionist: Scott Nearing," in Devere Allen, ed., *Adventurous American* (New York: Farrar and Rinehart, 1932).

(34) Scott Nearing Papers, draft of autobiography, DG 124, April 29, 1968, bk. 6, p. 85L; June 30, 1967, bk. 6, p. 92, SCPC.

(35) Nearing, *Making of a Radical*, p. 153.

(36) [Roger Baldwin], "A Puritan Revolutionist," p. 275.

(37) 이 인용은 니어링의 출판된 자서전과 이에 앞서 출판되지 않은 자서전 초고에 나오는 문구를 합성한 것이다. Nearing, *Making of a Radical*, p.153; Scott Nearing Papers, draft of autobiography, April 29, 1968, bk. 6, 85L. SCPC.

(38) [Roger Baldwin], "A Puritan Revolutionist: Scott Nearing," *World Tomorrow*, July 1930, p. 308.

■ 제18장 주

(1) Nearing, *Free Born: An Unpublishable Novel*, 1932, pp. 86, 87.

(2) Helen Nearing, *The Good Life Album of Helen and Scott Nearing* (New York: Dutton, 1974), pp. 8-9; 헬렌과 신지학회의 관계, 크리슈나무르티와의 관계에 대해서는 Mary Lutyens, *Krishnamurti: The Years of Awakening* (1975) (New York: Avon, 1983) 참조.

(3) Helen Nearing, *Good Life Album*, pp. 8, 9.

(4) Michael Gold, "Change the World," *Daily Worker*, January 21, 1935, p. 7, February 22, 1935.

(5) Nearing, "Teaching Is My Job," leaflet, 1944.

(6) Nearing, *Man's Search for the Good Life*, 1974, pp. 1-10 참조.

(7) Nearing and Helen Nearing, *Living the Good Life: How to live Sanely and Simply in a Troubled World* (1954) (New York: Schocken, 1977), pp. vii, 10.

(8) Ibid., p. ix.

(9) Nearing, *Democracy Is Not Enough*, 1945, p. 98.

(10) Nearing, *Freedom: Promise and Menace*, 1961, pp. 6-7.

(11) Nearing and Helen Nearing, *Living the Good Life*, p. 194.

(12) Nearing, *Democracy Is Not Enough*, p. 98.

(13) Nearing, *Making of a Radical*, 1972, p. 207.

(14) Nearing and Helen Nearing, *Living the Good Life*, pp. 5, vii.

(15) Ibid., pp. 158, 161; chapter 7, "Living in a Community." 참조.

(16) Paul Goodman, introduction to Nearing and Helen Nearing, *Living the Good Life*, p. xxi.

(17) Nearing and Helen Nearing, *Living the Good Life*, pp. 159, 166, 173.

(18) Nearing, *Making of a Radical*, p. 211.

(19) Nearing and Helen Nearing, *Living the Good Life*, p. 192.

(20) Ibid., pp. 126, 185, 192.

(21) Nearing, *Making of a Radical*, p. 229.

(22) Nearing, *Freedom: Promise and Menace*, p. 11.

(23) Nearing and Helen Nearing, *Living the Good Life*, p. 126.

(24) Nearing, *Freedom: Promise and Menace*, pp. 82-83.

(25) Ibid., p.62.

(26) Stephen Kotkin, introduction to reissue of John Scott's *Behind the Urals* (1942) (Bloomington: University of Indiana Press, 1989), pp. xi-xii에서 인용.

(27) John Scott to Scott Nearing, no date [1930], in the possession of Elka Schumann, Glover, Vt.

(28) Scott Nearing to John Scott, August 1931, in the possession of Elka Schumann, Glover, Vt.

(29) Ibid.

(30) Scott Nearing to John Scott, October 29 [1930], in the possession of Elka Schumann, Glover, Vt.

(31) Stephen J. Whitfield, *Scott Nearing: Apostle of American Radicalism* (New York: Columbia University Press, 1974), p. 142에서 인용.

(32) Scott Nearing to John Scott, August 1931; Scott Nearing to John Scott, postmarked August 25, 1931; Scott Nearing to John Scott, August 20, 1931, in the possession of Elka Schumann, Glover, Vt.

(33) Scott Nearing to John Scott, January 29, 1931, in the possession of Elka Schumann, Glover, Vt.

(34) Kotkin, introduction, pp. xiii-xiv; Whitfield, *Scott Nearing*, p. 181 참조.

(35) John Scott, *Behind the Urals*, pp. 3-4.

(36) John Scott to Scott Nearing, February 2, 1934, in the possession of Elka Schumann, Glover, Vt.

(37) John Scott to Scott Nearing, June 28, 1934, in the possession of Elka Schumann, Glover, Vt.

(38) Telephone interview with Robert Nearing, October 10, 1989.

(39) Scott Nearing to John Scott, April, 1951, in the possession of Masha Scott, Ridgefield, Conn.

(40) Nearing to George Goetz [V. F. Calverton], March 13, 1938, September, 26, 1939, box 11, V. F. Calverton Papers, Rare Books and Manuscripts Division, New York Public Library, Astor, Lenox and Tilden Foundation, New York.

(41) Nearing, *Making of a Radical*, p. 267-68.

(42) Nearing, "Further Nationalism," lecture, 1938, Scott and Helen Nearing Papers, Boston University Special Collections, Boston.

(43) Nearing, *Making of a Radical*, p. 272.

(44) Interview with author, Harborside, Me., March 20, 1983.

(45) Nearing, *Making of a Radical*, pp. 257, 265, 272.

(46) Scott and Helen Nearing to "Friends," September 3, 1949, in the possession of Helen Nearing, Harborside, Me.

(47) Reviews of *Living the Good Life in Catholic Worker*, March 1955, and *Journal of Natural Hygiene*, April-May 1955, pp. 49-54 참조.

(48) Nearing and Helen Nearing, *Living the Good Life*, pp. 4, 162; 또한 *The Maple Sugar Book* (1950), 1972, p. xii. 참조.

(49) Nearing and Helen Nearing, *Living the Good Life*, p. 147.

(50) Ibid., p. 6.

(51) Ibid., p. viii.

(52) Scott Nearing, *World Events* 6, no. 3 (Summer 1949), letter 63, p. 23, box 9, file 5, in Scott and Helen Nearing Papers, Boston University Special Collections, Boston.

(53) Nearing to "Friends," September 3, 1949, in the possession of Helen Nearing, Harborside, Me.

(54) Nearing and Helen Nearing, *The Maple Sugar Book*, pp. 236, 244.

(55) Nearing and Helen Nearing, *Living the Good Life*, p. xi.

(56) Outline for "Vermont Life," February 4, 1951, box 1, file 1, in Scott and Helen Nearing Papers, Boston University Special Collections, Boston.

(57) Scott Nearing to John Scott, October 2, 1951, in the possession of Masha Scott, Ridgefield, Conn.

(58) Nearing and Helen Nearing, *Living the Good Life*, p. 183.

(59) Ibid., pp. 4, 181.

(60) Ibid., pp. ix, 144.

(61) Ibid., pp. 184, 187.

(62) Ibid., pp. 5, 6.

(63) Nearing, *Making of a Radical*, p. 203.

(64) Scott Nearing to John Scott, August 4, 1952, in the possession of Masha Scott, Ridgefield, Conn.

(65) Roger Baldwin to John Scott, November 10, 1963, box 26, Roger Baldwin Papers, Princeton University Library, Princeton, N.J., published with permission of Princeton University Library.

(66) John Scott to Roger Baldwin, November 25, 1963, box 26, Princeton University Library, Princeton, N.J., published with permission of Princeton University Library.

(67) Telephone interview with Robert Nearing, October 10, 1989.

(68) *Catholic Worker*, March 1955, box 1, file 2, Scott and Helen Nearing Papers, Boston University Special Collections, Boston.

(69) Norman Williams to Scott and Helen Nearing, December 5, 1954, Scott and Helen Nearing Papers, Boston University Special Collections, Boston.

(70) Jane Addams, *Twenty Years at Hull House* (1910) (New York: Macmillian, 1936), p. 274.

(71) Martin Jezer, "Don't Admire the Turnips," *New Republic*, September 12, 1970, pp. 26-28. 또한 John Thompson, "Away from It All," *Harper's Magazine*, November 1970, pp. 120-22; Sonya Rudikoff, "O Pioneers," *Commentary*, July 1972, pp. 62-74; *The Nation*, June 17, 1972, p. 765; *New Republic*, February 5, 1972, p. 25 참조.

(72) Nearing and Helen Nearing, *Continuing the Good Life*, 1979, pp. 150-51.

(73) Ibid., p. 156.

(74) 반문화를 대항 문화와 대별하는 관점에 대해서는 Frances Fitzgerald, *Cities on a Hill* (New York: Simon and Schuster, 1987), p. 408 참조.

(75) Ibid., p. 150.

(76) Nearing, *Man's Search for the Good Life*, 1974, p. 50.

(77) Unfinished manuscript of "Social Forces," draft dated December 6, 1978, p. 4. 이 책의 완전한 제목은 '사회 권력과 인간의 미래 : 사회학을 넘어 우주학으로'(Social Forces and the Human Future: Beyond Sociology and into Cosmology)이다. Scott and Helen Nearing Papers, Boston University Special Collection, Boston.

(78) Interview with author, Harborside, Me., March 20, 1983.

(79) Nearing and Helen Nearing, *Living the Good Life*, p. 197.

· American Union against Militarism Papers, Swarthmore College Peace Collection, Swarthmore, Pa.

· Roger Baldwin, Oral History Collection of Columbia University, New York, N.Y.

· Roger Baldwin Papers, Princeton University Library, Princeton, N.J.

· Frederick Blossom Papers, State Historical Society of Wisconsin, Madison, Wis.

· Randolph Bourne Papers, Columbia University, New York, N.Y.

· Earl Browder Papers, George Arendts Research Library, Syracuse University, Syracuse, N.Y.

· V. F. Calverton Papers, Rare Books and Manuscripts Division, New York Public Library, Astor, Lenox and Tilden Foundations, New York, N.Y.

· Max Eastman Papers, Lilly Library, Indiana University, Bloomington, Ind.

· Joseph Freeman Papers, Hoover Institution, Stanford, Calif.

· Lewis Gannett Papers, Houghton Library, Harvard University, Cambridge, Mass.

· Powers Hapgood Papers, Lilly Library, Indiana University, Bloomington, Ind.

· Granville Hicks Papers, Syracuse University, Syracuse, N.Y.

· Jacob H. Hollander Papers, Johns Hopkins University, Baltimore, Md.

· Charles Humbolt Papers, Yale University, New Haven, Conn.

· Intercollegiate Socialist Society, Tamiment Library, New York University, New York, N.Y.

· Henry Raymond Mussey Papers, Houghton Library, Harvard University, Cambridge, Mass.

· National Civic Federation Collection, New York Public Library, New York, N.Y.

· Nearing Case File, The American Association of University Professors Archives, Washington, D.C.

· Scott Nearing Papers, Swarthmore College Peace Collection, Swarthmore College, Swarthmore, Pa.

· Scott and Helen Nearing Papers, Boston University Special Collection, Boston, Mass.

· People's Council for Democracy and Peace Papers, Swarthmore College Peace Collection, Swarthmore College, Swarthmore, Pa.

· Frances Perkins Papers, Columbia University, New York, N.Y.

· Rand School of Social Science Papers, Tamiment Library, New York University, New York, N.Y.

· John Reed Papers, Houghton Library, Harvard University, Cambridge, Mass.

· John Scott Papers, State Historical Society of Wisconsin, Madison, Wis.

· Upton Sinclair Papers, Lilly Library, Indiana University, Bloomington, Ind.

· Socialist Party Collection, Tamiment Library, New York University, New York, N.Y.

· Joel Springarn Papers, New York Public Library, New York, N.Y.

· Rose Pastor Stokes Papers, Tamiment Library, New York University, New York, N.Y.

· Rose Pastor Stokes Papers, Yale University, New Haven, Conn.

· Toledo University Trustees Papers, Toledo University, Toledo. Ohio.

· Rexford Tugwell Papers, National Archives and Records Administration, Franklin D. Roosevelt Library, Hyde Park, N.Y.

· Harvey Weinberger Papers, Yale University, New Haven, Conn.

· Wharton School Papers, University of Pennsylvania Archives, University of Pennsylvania, Philadelphia, Pa.

· Charles Erskine Scott Wood Papers, Huntington Library, San Marino, Calif.

Books

· With Frank Watson. *Economics*. New York: Macmillan, 1908.

· *Social Adjustment*. Ph. D. diss. New York: Macmillan, 1910.

· *The Solution of the Child Labor Problem*. New York: Moffat, Yard, 1911.

· With Henry Reed Burch. *Elements of Economics*. New York: Macmillan, 1912.

· *The Super Race: An American Problem*. New York: B.W. Huebsch, 1912.

· With Nellie Seeds Nearing. *Women and Social Progress: A Discussion of the Biologic, Domestic, Industrial, and Social Possibilities of American Women*. New York: Macmillan, 1912.

· *Financing the Wage Earner's Family: A Survey of the Facts Bearing on Income and Expenditures in the Families of American Wage Earners*. New York: B.W. Huebsch, 1913.

· *Social Religion: An Interpretation of Christianity in Terms of Modern Life*. New York: Macmillan, 1913.

· *Social Sanity*. New York: Moffat, Yard, 1913.

· *Reducing the Cost of Living*. Philadelphia: G.W. Jacobs, 1914.

· *Wages in the United States, 1908-1910: A Study of State and Federal Wage Statistics*. New York: Macmillan, 1914.

· *Anthracite: An Instance of a Natural Resource Monopoly*. Philadelphia: John C. Winston, 1915.

· *Income: An Examination of the Returns for Services Rendered and from Property Owned in the United States*. New York: Macmillan, 1915.

· *The New Education: A Review of the Progressive Educational Movements of the Day*. Chicago: Row, Peterson, 1915.

· With Jessie Field. *Community Civics*. New York: Macmillan, 1916.

· *Poverty and Riches: A Study of the Industrial Regime*. Philadelphia: John C. Winston, 1916

· *The American Empire*. New York: Rand School, 1921.

· *The Next Step: A Plan for Economic World Federation*. Ridgewood, N.J.: N. S. Nearing, 1922.

· With Joseph Freeman. *Dollar Diplomacy: A Study in American Imperialism*. New York: B.W. Huebsch, Viking, 1925.

· *Educational Frontiers: Simon Nelson Patten and Other Teachers*. New York: T. Seltzer, 1925.

· *The British General Strike.* New York: Vanguard, 1926.

· With associates. *The Law of Social Revolution: A Cooperative Study by the Labor Research Study Group.* New York: Social Science, 1926.

· Ed. Leo Tolstoi. *War, Patriotism, Peace,* New York: Vanguard, 1926.

· With Jack Hardy. *The Economic Organization of the Soviet Union.* New York: Vanguard, 1927.

· *Where is Civilization Going?* New York: Vanguard, 1927.

· *Whither China? An Economic Interpretation of Recent Events in the Far East.* New York: International Publishers, 1927.

· *Black America.* New York: Vanguard, 1929.

· *The Twilight of Empire: An Economic Interpretation of Imperialist Cycles.* New York: Vanguard, 1930.

· *War: Organized Destruction and Mass Murder by Civilized Nations.* New York: Vanguard, 1931.

· *Free Bone: An Unpublishable Novel.* New York: Urquart, 1932.

· *Democracy Is Not Enough.* New York: Island Workshop. 1945.

· *The Tragedy of Empire.* New York: Island, 1945.

· *United World: The Road to International Peace.* New York: Island, 1945.

· *The Soviet Union as a World Power.* New York: Island, 1946.

· *War or Peace?* New York: Island, 1946.

· *The Revolution of Our Time.* New York: Island, 1947.

· With Helen Nearing. *The Maple Sugar Book.* New York: J. Day, 1950.

· *Economics for the Power Age.* New York: J. Day, 1952. Citations in text from 1972 edition. New York: Schocken Books.

· With Helen Nearing. *Living the Good Life: How to Live Sanely and Simply in a Troubled World.* Harborside, Me.: Social Science Institute, 1954. Citations in text from 1977 edition. New York: Schocken Books.

· *Man's Search for the Good Life.* Harborside, Me.: Social Science Institute, 1954.

· With Helen Nearing. *USA Today.* Harborside, Me.: Social Science Institute, 1955.

· With Helen Nearing. *Brave New World.* Harborside, Me.: Social Science Institute, 1958.

· With Helen Nearing. *Socialists around the World.* New York: Monthly Review, 1958.

· *Freedom: Promise and Menace, A Critique of the Cult of Freedom.* Harborside, Me.: Social Science Institute, 1961.

· *Socialism in Practice: The Transformation of East Europe.* New York: New Century, 1962.

· *The Conscience of a Radical.* Harborside, Me.: Social Science Institute, 1965.

· *The Making of a Radical: A Political Autobiography.* New York: Harper and Row, 1972.

· *Man's Search for the Good Life.* rev. ed. Harborside, Me.: Social Science Institute, 1974.

· *Civilization and Beyond: Learning from History.* Harborside, Me.: Social Science Institute, 1975.

· With Helen Nearing. *Continuing the Good Life: Half a Century of Homesteading.* New York: Schocken, 1979.

Pamphlets and Debates

· *Social Religion: A Discussion of the Place of Social Welfare in a Religious Program.* Philadelphia : Friends' General Conference, 1910.

· Debate with Morris Hillquit, Rev. John L. Bedford, and Prof. Fredrick M. Davenport. *Should Socialism Prevail?* New York: Rand School, 1915.

· *Women in American Industry.* Philadelphia: American Baptist Publishing Society, 1915.

· *The Germs of War: A Study in Preparedness.* St. Louis: National Ripsaw, 1916.

· *Open Letter to Profiteers.* New York: People's Council of America, 1916.

· *The Great Madness : A victory for American Plutocracy.* New York: Rand School, 1917.

· *A Letter of Explanation.* Toledo, 1917.

· *The Menace of Militarism.* New York: Rand School, 1917.

· *The Right and Duty of Free Speech: An Answer to Rev. A. A. Stockdale.* Toledo, April 1917.

· Debate with Clarence Darrow. *Will Democracy Cure the Ills of the World?* Chicago: Worker's University Society, 1917.

· *Work and Pay.* New York: Rand School, 1917.

· *Address to the July.* New York: Rand School, 1918.

· *The Coal Question.* New York: Rand School, 1918.

· *The Cost of Living: Weekly Letter to the Citizens of the Fourteenth Congressional District.* New York, September 1918.

· *Profiteering: Weekly Letter No. 2 to the Citizens of the Fourteenth Congressional District.* New York, September 1918.

· *Who Owns the United States?: Weekly Letter No. 4 to the Citizens of the Fourteenth Congressional District.* New York, September 1918.

· *Before the Court.* New York: People's Print, 1919.

· *The Debs Decision.* New York: Rand School, 1919.

· *The Human Element in Economics.* Twelve Lessons, Correspondence Dept., Rand School of Social Science. New York: Rand School [1919].

· *Labor and the League of Nations.* New York: Rand School, 1919.

· *Violence or Solidarity; or, Will Guns Settle It?* New York: Rand School, 1919.

· *Europe and the Next World War.* New York: Rand School, 1920.

· *Europe in Revolution.* New York: Rand School, 1920.

· *Labor and the League of Nations.* New York: Rand School, 1920.

· *A Nation Divided; or, Plutocracy versus Democracy.* Chicago: Socialist Party of the United States, 1920.

· *The New Slavery; or, the World Made Safe for Plutocracy.* Chicago: Socialist Party of the United States, 1920.

· *The One Big Union of Business.* New York: Rand School, 1920.

· *Profiteering.* N.p., 1920.

· Debate with Percy Ward. *Would the Practice of Christ's Teachings Make for Social Progress?* Girard, Kans.: Appeal to Reason, 1920.

· Debate with Percy Ward. *Rationalism vs. Socialism.* Chicago, 1921.

· Debate with Edwin R. Seligman. *Resolved: That Capitalism Has More to Offer the Workers of the United States than Has Socialism.* New York: Convention Reporting, 1921.

· Debate with John Haynes Holmes. *Can the Church Be Radical?* New York: Hanford, 1922.

· *Irrepressible America.* New York: League for Industrial Democracy, 1922.

· *Oil and the Germs of War.* Ridgewood, N.J.: N.S. Nearing, 1923.

· *The A. F. of L. at the Crossroads.* New York: Rand School, 1924.

· Debate with Bertrand Russell. *Bolshevism and the West: A Debate on the Resolution "That the Soviet Form of Government Is Applicable to Western Civilization."* London: G. Allen, Unwin, 1924.

· *Can Britain Escape the Revolution?* New York: Rand School, 1924.

· Debate with Alexis Fermi. *Has Propaganda Any Value in Education?* New York: Modern School Press, 1925.

· *British Labor Bids for Power: The Historic Scarboro Conference of the Trade Union Congress.* New York: Social Science, 1926.

· *Education in Soviet Russia.* New York: International, 1926.

· *Glimpses of the Soviet Republic.* New York: Social Science, 1926.

· *Russia Turns East: The Triumph of Soviet Diplomacy in Asia.* New York: Social Science,

1926.

- *Stopping a War: The Fight of the French Workers against the Moroccan Campaign of 1925.* New York: Social Science, 1926.
- *World Labor Unity.* New York: Social Science, 1926.
- Debate with Sam A. Lewisohn, M. C. Rorty, and Morris Hillquit. *The Future of Capitalism and Socialism in America.* New York: League for Industrial Democracy, 1927.
- *Fascism.* Ridgewood, N.J.: N. S. Nearing, 1930.
- *A Humanist Approach to Economics.* Salt Lake City, Utah: The Humanist [1930].
- Debate with A. F. Seligman. *Resolved: That Capitalism Offers More to the Workers of the World than Socialism or Communism.* New York: Rand School, 1930.
- *A Warless World.* New York, 1931.
- *The Decisive Year, 1931: Capitalism, Imperialism, Sovietism before the Bar of History.* New York: Urquart, 1932.
- *Must We Starve?* New York: Vanguard, 1932.
- *The One Way Out.* New York: Urquart, 1932.
- Debate with Norman Thomas and Don D. Lescohier. *Which Offers More for the Future: Communism, Socialism, or Capitalism?* Chicago: Popular Interest, 1932.
- *Why Hard Times?: A Study of the Economic and Social Forces That Are Sweeping Away Capitalist Imperialism.* New York: Urquart, 1932.
- *An ABC of Communism.* N.p., 1934.
- *Europe: West and East.* Ridgewood, N.J.: N.S. Nearing, 1934.
- *The European Civil War: The First Twenty Years, 1917-1936.* Baltimore: Christian Social Science Fund, 1936.
- Symposium with Dorothy Thompson and Lawrence Dennis. *Public Opinion and the TownMeeting Idea.* New York: American Book, 1936.
- *World Perspective: A Survey, Analysis, and Synthesis.* Ridgewood, N.J.: N.S. Nearing, 1937.
- *The Rise and Decline of Christian Civilization.* Ridgewood, N.J.: N.S. Nearing, 1940.
- *The Second World War: An Evaluation.* Ridgewood, N.J.: N.S. Nearing, 1940.
- Debate with Harry Watson. *Should the United States and Great Britain Police the World?* New York: Spinoza Institute, 1943.
- *From Capitalism to Communism.* N.p., 1945.
- *The New Age-Will It Be Dark or Golden?* Washington, D.C.: World Events, 1946.
- *The New World Order and Some of Its Immediate Problems.* Washington, D.C.: World Events, 1946.

· *Victory without Peace.* Washington, D.C.: World Events, 1946.

· *Sound the Alarm.* New York: Monthly Review, 1949.

· *Soviet Education: What Does It Offer to America?* Harborside, Me.: Social Science Institute, 1949.

· *To Promote the General Welfare: An Essay on the Powers and Duties of Government and the Rights, Obligations and Responsibilities of Citizens.* Harborside, Me.: Social Science Institute, 1956.

· With Helen Nearing. *Our Right to Travel.* Harborside, Me.: Social Science Institute, 1959.

· *Economic Crisis in the United States.* Harborside, Me.: Social Science Institute, 1961.

· *Cuba and Latin America: An Eyewitness Report on the Continental Congress for Solidarity with Cuba.* Harborside, Me.: Social Science Institute, 1963.

Articles

· With Lawrence W. Trowbridge. "How Pennsylvania Primary Legislation and Party Rules Work in Philadelphia." *National Conference for Good City Government, Proceedings* (1905): 302-8.

· With Lawrence W. Trowbridge. "Political Organization and Primary Legislation in Pennsylvania, 1881-1904." *National Conference for Good City Government, Proceedings* (1905): 293-302.

· "Can the State Afford to Pay the Cost of Overworking Its Children?" *Charities and the Commons,* February 3, 1906, 602-6.

· "The History of a Christmas Box." *Charities and the Commons,* December 29, 1906, 555-58.

· "Newsboy at Night in Philadelphia." *Charities and the Commons,* February 2, 1907, 778-84.

· "Stanny Mattevitez." *The Independent,* September 26, 1907, 746-47.

· "On the Trail of the Pittsburgh Stogie." *The Independent,* July 2, 1908, 22-24.

· "The Automobile Point of View." *The Independent,* May 20, 1909, 1081.

· "Evolution of the Small Board of Education." *Educational Review* 29 (June 1909): 663-68.

· "The Workings of a Large Board of Education." *Educational Review* 38 (June 1909): 43-51.

· "The Extent of Unemployment in the United States." *Quarterly Publications of The American Statistical Association* 2 (September 1909): 525-42.

- "The Selection of the Board of Education." *Educational Foundations*, December 21, 1909, 46-52.
- "The Child Labor Problem." *Educational Foundations*, February 22, 1910, 344-58.
- "Child Labor and the Child." *Education* 30 (March-April 1910): 407-515.
- "Elementary Economics for the College Freshman." *Journal of Politics and Economics* 18 (June 1910): 444-47.
- "Prosperity." *The Public*, November 25, 1910, 1109.
- "Race Suicide v. Overpopulation." *Popular Science Monthly* 78 (January 1911): 91-93.
- "The Goal of Education As Seen by an Economist." *Journal of Education* 73 (March 1911): 340-41.
- "Social Life Insurance." *The Public*, March 3, 1911, 209.
- "The Premium on Abnormality." *Survey*, March 4, 1911, 940-42.
- "Race Suicide-an Appreciation." *Educational Foundations*, March 22, 1911.
- "Most or Best: A Quality Test for Population." *Educational Foundations*, April 22, 1911, 468-71.
- "The Increase in Unskilled Labor in American Universities." *Educational Foundations*, June 22, 1911, 603-6.
- "Concerning Prejudice." *Everybody's*, September 1911, 289.
- "The Barterer." *Everybody's*, January 1912, 1.
- "Two O'Clock Sunday Morning." *The Independent*, February 1912, 288-89.
- "The Dawn of Optimism." *The Public*, February 9, 1912, 135-36.
- "One District Messenger." *The Independent*, February 22, 1912, 412-13.
- "Efficiency Wage Standards." *Popular Science Monthly* 80 (March 1912): 257-62.
- With Nellie Seeds Nearing. "When a Girl Is Asked to Marry." *Ladies Home Journal*, March 1912, 7.
- With Nellie Seeds Nearing. "Four Great Things a Woman Does at Home." *Ladies Home Journal*, May 1912, 12.
- "Wages in Massachusetts and New Jersey." *Quarterly Publication of the American Statistical Association* (June 1912): 157-73.
- "What Public Schools Have Done." *Journal of Education* 73 December 12, 1912, 630-31.
- With Nellie Seeds Nearing. "New Years Greetings and Suggestions." *The Public*, January 10, 1913, 38.
- "The Power behind Our Silk Mills." *The Independent*, February 1, 1913, 255-56.
- "An Inquiring Manufacturer." *The Public*, February 14, 1913, 159-61.

· With Nellie Seeds Nearing. "Fitting the Public Schools to the Children." *Ladies Home Journal*, March 1913, 20.

· "Masters and Slaves." *Everybody's*, March 1913, 425.

· "Elementary Schools That are Linked to Real Life." *Ladies Home Journal*, April 1913, 19-20.

· "Experimental Democracy." *The Public*, April 18, 1913, 377-78.

· "High Schools That Are in Step with Life." *Ladies Home Journal*, May 1913, 10.

· "Social Decadence." *North American Review* 197 (May 1913): 629-39.

· "Welfare and the New Economics." *Popular Science Monthly*, May 1913, 504-9.

· "A Challenge to Education." *Journal of Education*, May 15, 1913, 542.

· "The New Basis for Education." *Journal of Education*, May 22, 1913, 563-64.

· "The Cost of Living: A Fragment." *The Public*, May 23, 1913, 498-99.

· "The Child: Social Asset or Liability?" *Kindergarten Primary Magazine*, May 25, 1913. 246-48.

· "Bit of Evidence." *Survey*, May 31, 1913, 306.

· "Where the Rural School Has Made Good." *Ladies Home Journal*, June 1913, 22.

· "Higher Education in Lowville." *Journal of Education*, June 12, 1913, 649-51.

· "English as an Education Pass-key." *Educational Foundations*, June 24, 1913, 593-99.

· "Wages in the United States." *Annals of the American Academy of Political and Social Science* 48 (July 1913): 41-44.

· "Pay Envelope and Market Basket." *Survey*, July 26, 1913, 544-45.

· "Watered Farm-Land Values." *The Public*, August 1, 1913, 725-27.

· "Prize Apron." *Survey*, August 2, 1913, 562-653.

· "The Increase of American Land Values." *Popular Science Monthly*, November 1913.

· Response to "Freedom of Teaching in the United States," by Ulysses G. Weatherly and "Reasonable Restrictions upon the Scholar's Freedom," by Henry Pritchet. *Publications of the American Sociological Society* 9 (1914): 165-66.

· "The Public School Teacher and the Standard of Living." *National Educational Association, Addresses and Proceedings* 52 (July 1914): 78-94.

· "Geographical Distribution of American Genius." *Popular Science Monthly*, August 1914, 189-99.

· "Service Income and Property Income." *Quarterly Publication of the American Statistical Association* 14 (September 1914): 236-59.

· "A Religious Lesson for Billy Sunday." *The Public*, February 12, 1915, 155.

· "The Parasitic Power of Property." *International Socialist Review*, March 1915.

· "The Recent Increase in Land Values." *Annals of the American Academy of Political and Social Science* 58 (March 1915): 149-57.

· "If Wage Earners Kept Accounts Like Business Concerns." *Survey*, March 13, 1915, 655.

· "The Impending Conflict." *International Socialist Review*, April 1915.

· "The Service-Property Conflict." *The Public*, April 16, 1915, 385-86.

· "The Adequacy of American Wages." *Annals of the American Academy of Political and Social Science* 59 (May 1915): 111-24.

· "Wages and Salaries in Organized Industry." *Popular Science Monthly*, May 1915, 478-503.

· "The Why of Income." *American Journal of Sociology* 20 (May 1915): 745-63.

· "Increasing Land Values and the Cost of Living." *The Public*, June 4, 1915, 550-52.

· "Property Philosophy." *The Public*, August 20, 1915, 806-7.

· "Migrations of Distinguished Americans." *Science* n.s. 42 (September 1915): 413-15.

· "The Sex of Distinguished Americans." The Public, October 22, 1915, 1031-33.

· "Land Value Increase in American Cities." *The Public*, November 26, 1915, 1149-52.

· With Pat H. Tooney et al. "The Fight of the Young Coal Miners." *Coal Miner* [1916].

· "The Younger Generation of American Genius." *Science Monthly*, January 1916, 46-61.

· "Persistent Prosperity." *International Socialist Review*, March 1916.

· "One Hot Meal per Day." *The Public*, March 24, 1916, 272.

· "Child Poverty and Child Delinquency." *The Public*, April 14, 1916, 351.

· "A Challenge to Education." *Journal of Education*, May 11, 1916, 514.

· "British Labor Misled," *The Public*, June 16, 1916, 568-69.

· "What Chance Has Worker to become a Capitalist?" *Appeal to Reason*, August 12, 1916.

· "Brigandage." *The Public*, October 13, 1916, 972.

· "We Want to Know." *The Public*, November 24, 1916, 1127.

· "Beating Germany to It". *The Independent*, December 18, 1916, 487-88.

· "The Public Library as an Index of Culture." *School and Society*, December 30, 1916, 980-84.

· "The New Education." *Modern School*, January 1917.

· "Who's Who on Our Boards of Education." *School and Society*, January 20, 1917, 89-90.

· "Germany." *Journal of Education*, March 8, 1917, 260-61.

· "Who Is Doing It to Us?" *The Public*, March 9, 1917, 235.

· "The High Cost of Living." *American Socialist*, March 24, 1917, 1.

· Debate with Clarence Darrow. "Can Democracy Cure the Ills of the World?" *Modern*

School, March-April 1917, 201-32.

· "Symposium: Socialists and the Problems of War." *Intercollegiate Socialist*, April-May 1917.

· "Direct Action." *The Public*, May 18, 1917, 487.

· "The Menace of Higher Wages." *The Public*, May 25, 1917, 510-11.

· "Farewell to Meat." *The Public*, June 8, 1917, 559-60.

· "Farm Youngsters in a Summer Camp." *The Independent*, July 1917, 164-65.

· "Who's Who Among College Trustees?" *School and Society*, September 8, 1917, 297-99.

· "Ownership and Democracy." *The Public*, September 21, 1917, 920-21.

· "Business and War." *The Messenger*, November 1917, 11-12.

· "War Shouters and War Contracts." *The Messenger*, January 1918, 11-12.

· "Patriotism." New York *Call*, October 20, 1918, editorial page.

· "Necessity." *The Commonwealth*, March 1919, 3.

· "Twenty Years." *The Commonwealth*, March 1919, 15.

· "Symposium: The American Labor and Socialist Parties-Competition or Cooperation?" *Intercollegiate Socialist*, April-May 1919.

· "The Big Ten." *The Messenger*, August 1919, 27-28.

· Introduction to Senator Richard Franklin Pettigrew, *The Course of Empire*. New York: Boni andLiveright, 1920.

· "October: A Poem." *Survey*, January 10, 1920, 390.

· "Profiteering." *Socialist World*, July 1920, 7-8.

· "American Imperialism." *Labour Monthly*, November 1921.

· "When Will Work Begin Again." *The Nation*, November 2, 1921.

· "The Conference at Washington." *Call Magazine*, December 4, 1921, 8.

· "Irrepressible America." *Call Magazine*, December 11, 1921, 7.

· "Old Mexico." *Call Magazine*, December 18, 1921, 4.

· "Individual Incomes in the United States." In *American Labor Yearbook*, Vol.4, 114-118. New York: Rand School, 1921-1922.

· "Introduction to *Bars and Shadows: The Prison Poems of Ralph Chaplin*, New York: Leonard Press, 1922.

· "The Irish Free State." *Call Magazine*, January 1, 22, 1922, 9.

· "Peace and Good Will," *Call Magazine*, January 15, 1922, 5, 8.

· "The New Year," *Call Magazine*, January 22, 1922, 8.

· Debate with William D. Guthrie. "Are the Present Day Schools a Menace to Democracy?"

(Nearing in the affirmative). *Call Magazine*, January 29, 1922, 1-6.

· "Taking Stock of American Labor." *Labor Age*, February 1922, 11-13.

· "Penroism." *Call Magazine*, February 5, 1922, 7.

· "What Does France Want?" *Call Magazine*, February 12, 1922, 7.

· "Income in the United States." *Call Magazine*, February 26, 1922, 4, 9.

· "The Arms Conference Harvest." *Call Magazine*, March 5, 1922, 8, 9.

· "The Industrial Workers." *Call Magazine*, March 12, 1922, 5, 8.

· "The Chicago Conference." *Call Magazine*, March 19, 1922, 4.

· "What Can the Intellectual Do?" *Call Magazine*, March 26, 1922, 4.

· "The Mine Workers Crisis." *Call Magazine*, April 9, 1922, 7.

· "The Control of Public Opinion in the United States." *School and Society*, April 15, 1922, 421-23.

· "Social Revolution" *Call Magazine*, April 16, 1922, 7, 11.

· "Industrial Heretics." *Call Magazine*, April 23, 1922, 6.

· "Genoa—Is It Too Late?" *Call Magazine*, April 30, 1922, 6, 7.

· "The Workers Toll of the New Society." *Call Magazinæ*, May 7, 1922, 6.

· "Thought Factories." *Call Magazine*, May 14, 1922, 5, 11.

· "Pennsylvania: A Study in Godiness and Economic Determinism." *Call Magazine*, December 3, 1922, 3, 10.

· "Can the Church Be Pacifist?" *The Nation*, December 13, 1922, 665-66.

· "The Election Returns in Terms of Fact." *Call Magazine*, December 17, 1922, 4.

· "Oil and the Near East." *Call Magazine*, December 31, 1922, 3, 14.

· "What Can La Follette Do?" *Call Magazine*, January 7, 1923, 3.

· "This Present Era." *Call Magazine*, January 21, 1923, 7, 9.

· "What Can the Radical Do?" *Call Magazine*, February 4, 1923, 5.

· "Karl Marx and Economic Emancipation." *Call Magazine*, February 11, 1923, 8.

· "Couéism." *Call Magazine*, February 18, 1923.

· "The Control of Labor Education." *Modern Quarterly*, March 1923, 35-37.

· "The Social Significance of Dr. Grant." *Call Magazine*, March 11, 1923, 2, 9.

· "I Recommend." *New Student*, March 24, 1923, 8.

· "What Shall I Do in the Next War?" *Call Magazine*, April 1, 1923, 1, 9.

· "Labor in Silk Stocking." *Call Magazine*, April 8, 1923, 4, 5.

· "Can We Live Up to Our Ideals?" *Call Magazine*, April 29, 1923, 1, 2.

· "Answering Uncle Sam." *The Liberator*, May 1923, 19-21

· "The Lab of Luxury." *The Liberator,* June 1923, 23-25.

· "On Joining the World Court." *The Liberator,* August 1923, 24-25.

· "France and Soviet Russia Join Hands." *The Nation,* January 9, 1924, 33-34.

· "France Is Next." *The Liberator,* February 1924, 11.

· "Imperial Hari-Kiri." *The Liberator,* March 1924, 9.

· "Black Lands." *Labour Monthly,* April 1924, 236-37.

· "The Economic Conquest of Canada." *The Nation,* April 16, 1924, 432-33.

· "The Crumbling British Empire," *The Nation,* April 30, 1924, 514-515.

· "Dear Government." *The Liberator,* May 1924, 12.

· "The Imperial Struggle for Canada." *Labour Monthly,* May 1924, 286-92.

· "Scott Nearing and Party Policy." *Daily Worker,* magazine suppl., May 10, 1924, 4-5.

· "The Dawes Plan." *The Liberator,* June 1924, 7.

· "Cooperative Democracy: Will It Work?" *Cooperation,* August 10, 1924, 129-30.

· "Why American Teachers Do Not Think." *Modern Quarterly,* April 1925, 222-29.

· "Education for What?" *The Nation,* May 1925, 577-79.

· "The Labour Situation in Western Canada." *Labour Monthly,* May 7, 1925, 288-93.

· "Another Lost Year." *Advance,* May 8, 1925.

· "Education and the Open Mind." *Monthly Quarterly,* June 1925, 280-89.

· "British Labor Turns to the Left." *The Nation,* October 14, 1925, 405-6.

· "The Organization of Educational Workers in Soviet Russia." *School and Society,* March 13, 1926, 324-27.

· "Higher Education in Russia." *New Student,* March 31, 1926, 4.

· "Returns of the Native." *New Masses,* May 1, 1926, 18-30.

· "Russianizing American Education." *Monthly Quarterly,* May-June 1926, 189-91.

· "British Labour in Transition." *The Nation,* October 6, 1926, 321-322.

· "Is This 'Education'?" *New Masses,* November 1926, 20.

· "Conflict and Avoidance." *New Masses,* February 1927, 26.

· "Crow's Nest Path." *Labour Monthly,* February 1927, 120-23.

· "Is Oil Thicker than Blood?" *New Masses,* February 1927, 5.

· "See America First." *New Masses,* February 1927, 21.

· "Uncle Sam-Buccaneer." *New Masses,* February 1927, 5.

· "American Imperialism in the Caribbean." *Labour Monthly,* March 1927.

· "Prosperous Profiteers." *New Masses,* March 1927, 24.

· "Jay Walking." *New Masses,* May 1927, 12.

· "England Runs Amuck." *New Masses*, July 1927, 15.

· "What's Ahead in the Caribbean?" *Labour Monthly*, August 1927, 496-505.

· "The Movement of World Wealth." *The Nation*, September 7, 1927, 234-35.

· "White Terror in China." *The Nation*, December 28, 1927, 734-35.

· "On a Chinese River Boat." *New Masses*, January 1928, 20-21.

· "Introducing Mr. Hsu." *New Masses*, February 1928, 24.

· "Imperial Hong Kong." *The Nation*, February 8, 1928, 150.

· "Another Month." *New Masses*, September 1928, 8.

· "Free and Fair Elections." *The Nation*, October 31, 1928, 449.

· "Democracy." *Labour Monthly*, November 1928, 681-85.

· "Sinclair 's One Hangover." *New Masses*, November 1928, 7.

· "Slave of the Machine." *New Masses*, November 1928, 18-19.

· "Soviet Russia and Peace."*New Masses*, November 1928.

· "Symposium on Soviet Russia." *Labor Defender*, November 1928.

· "The Political Outlook for the Workers (Communist) Party-a Discussion Article." *The Communist*, December 1928, 756-59.

· "The Coming War with England." *New Masses*, February 1929, 11.

· "Academic Mortuaries." *New Masses*, April 1929, 71.

· "Hoover and MacDonald." *Labour Monthly*, November 1929, 753-56.

· "The Soviet Union Forges Ahead." *New Masses*, November 1929, 17-19.

· "The Color Line in Art." *New Masses*, December 1929, 11-12.

· "Open Letter." *American Fund for Public Service*, December 12, 1929.

· "The Child in Soviet Russia." In V. F. Calverton and Samuel Schmalhausen, eds., *The New Generation*, 23-28. New York: Macaulay Co., 1930.

· "Revolution in China." *New Masses*, May 1930, 16.

· "The Five Year Plan." *New Masses*, August 1930, 16-17.

· "Reparations." *New Masses*, May 1931, 8.

· "The Communist Way Out." *Christian Century*, October 12, 1932, 1234-36.

· "Drift toward Insurrection." *World Tomorrow*, March 22, 1933, 273-75.

· "Marx's Contribution to Social Advance." *World Tomorrow*, March 22, 1933.

· "Class against Class." *New Masses*, April 1933, 27-28.

· "Symposium: Against Fascist Terror in Germany." *New Masses*, April 1933, 12.

· "Dr. beard Cooperates." *New Masses*, January 2, 1934, 25.

· "A Primer for Lambs." *New Masses*, September 11, 1934, 27-28.

· "What I Will Do When America Goes To War: A Symposium." *Modern Monthly*, September 1935.

"Will Germany Go Left?" *Modern Quarterly* 11 (1939): 62-69.

"Can Democracy Survive?: A Symposium." *Modern Quarterly*, Summer 1939.

"The Second World War: An Evaluation." *Modern Quarterly*, Summer 1940.

"The Shifting Center of World Poser." *Modern Quarterly*, Fall 1940.

"Britain's Rivalry." In Latin American Economic Institute, *The Economic Defense of the Western Hemisphere: A Study in Conflicts.* Washington, D.C.: American Council on Public Affairs, 1941.

· "World Events." Newsletter 1944-1953, Scott and Helen Nearing Papers, Boston University Special Collections, Boston.

· "What the U.S. Could Do for the World." World Events Committee, Washington, D.C., 1948.

· "Why I Believe in Socialism." *Monthly Review 1* (1949): 44-50.

· "Statement Presented to the Senate Foreign Relations Committee, Feb. 17, 1959." *Simplified Economics*, April 1950.

· "Views in Favor of World Government." *Congressional Digest* 31 (August 1952): 214.

· "World Events." Monthly column in *Monthly Review*, 1953-1970.

스코트 니어링 평전

2004년 11월 15일 1판 1쇄 펴냄 | 2005년 2월 14일 1판 2쇄 펴냄 | **글쓴이** 존 살트마쉬 | **펴낸이** 정낙묵 | **편집** 김성재, 김은주, 남우희, 서혜영, 심명숙, 윤은주 | **디자인** 윤용태 | **제작** 이옥한 | **교정** 성경아 | **표지 디자인** bemine | **분해·제판** 아이·디 | **인쇄·제본** (주)삼성인쇄 | **펴낸곳** (주)도서출판 보리 | **출판 등록** 1991년 8월 6일 제 9-279호 | **주소** 경기도 파주시 교하읍 문발리 파주출판도시 498-11 우편 번호 413-756 | **전화** (031)955-3535 | **전송** (031)955-3533 | **홈페이지** www.boribook.com | **전자 우편** bori@boribook.com

이 책의 국립중앙도서관 출판시도서목록(CIP)은 e-CIP 홈페이지 (http://www.nl.go.kr/cip.php)에서 볼 수 있습니다. (CIP 제어 번호: CIP2004001886)

새로운 삶의 방식을 찾아서

조화로운 삶의 지속

헬렌 니어링, 스코트 니어링 씀
윤구병, 이수영 옮김 / 248쪽 / 8,000원

니어링 부부가 메인에서 땅에 뿌리내리고 산 스물여섯 해의 기록이다. 니어링
부부는 땅에 뿌리내리고 사는 삶이야말로 진정 조화로운 삶이라는 것을 보여 준
다. 꼭 농사를 지으리라 마음먹지 않은 사람에게도 큰 감동을 준다.

조화로운 삶

헬렌 니어링, 스코트 니어링 씀
류시화 옮김 / 224쪽 / 7,500원

헬렌 니어링과 스코트 니어링이 서구 도시 문명 속에서 살 수 없다고 느끼고 버
몬트 숲 속으로 들어가 산 스무 해의 기록이다. 둘은 버몬트에서 땅에 뿌리박은
삶, 조화로운 삶을 시작한다. 이 책은 원칙대로 산 두 사람의 삶을 낱낱이 기록했다.

아름다운 삶,
사랑 그리고 마무리

헬렌 니어링 씀, 이석태 옮김 / 248쪽 / 6,800원

자유로운 영혼 헬렌 니어링이 스물한 살 위인 스코트 니어링과 존경하는 동반자
로 조화로운 삶을 산 감동의 기록이다. 적게 갖되 충만하게 살고, 욕구를 줄이는
데서 진정한 자유를 찾으려 했던 두 사람의 이야기를 책 속에서 만날 수 있다.

그대로 갈 것인가
되돌아갈 것인가

Man's search for the Good Life

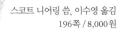
스코트 니어링 씀, 이수영 옮김
196쪽 / 8,000원

스코트 니어링이 젊은이들에게 주는
자본주의 문명에 대한 통렬한 비판서

스코트 니어링은 차별, 가난, 착취, 식민주의에 줄기차게 반대했다.
불황, 전쟁, 파시즘을 겪으며 분노했다. 그래서 분명하게 말한다.
지금 우리가 겪고 있는 자본주의 문명은
결코 조화로운 삶의 본보기가 될 수 없다고.
이 책은 스코트 니어링이 온몸으로 저항했던
현대 자본주의 문명에 대한 통렬한 비판서이다.
스코트 니어링은 이 시대 젊은이들에게 강한 질문을 던진다.
전쟁과 광기로 가득 찬 이 시대 '자살하는 문명' 앞에서
우리는 그대로 갈 것인가, 되돌아갈 것인가.